Max Weber

Gesammelte Aufsätze zur Religionssoziologie I

J. C. B. Mohr (Paul Siebeck) Tübingen

Diese Ausgabe ist ein photomechanischer Nachdruck der 1920 erschienenen Erstauflage. Weitere ebenfalls photomechanisch gedruckte Auflagen erschienen: [2]1922, [3]1934, [4]1947, [5]1963, [6]1972, [7]1978, [8]1986.

Cip-Titelaufnahme der Deutschen Bibliothek:

Weber, Max:
Gesammelte Aufsätze: 7 Taschenbuchbd. / Max Weber. –
Tübingen: Mohr.
(UTB für Wissenschaft: Uni-Taschenbücher; 1495)
ISBN 3-16-845373-0
NE: Weber, Max: [Sammlung]; UTB für Wissenschaft / Uni-Taschenbücher

Weber, Max: Gesammelte Aufsätze zur Religionssoziologie. –
[Taschenbuchausg.]
1. – 9. Aufl. – 1988

Weber, Max:
Gesammelte Aufsätze zur Religionssoziologie / Max Weber. –
[Taschenbuchausg.]. – Tübingen: Mohr
(Gesammelte Aufsätze / Max Weber)
NE: Weber, Max: [Sammlung]

1. – 9. Aufl. – 1988
(UTB für Wissenschaft: Uni-Taschenbücher; 1488)
ISBN 3-16-845366-8
NE: UTB für Wissenschaft / Uni-Taschenbücher

Printed in Germany

MARIANNE WEBER

1893 »bis ins Pianissimo des höchsten Alters«

7. JUNI 1920

Uni-Taschenbücher 1488

UTB
FÜR WISSEN
SCHAFT

Eine Arbeitsgemeinschaft der Verlage

Wilhelm Fink Verlag München
Gustav Fischer Verlag Jena und Stuttgart
Francke Verlag Tübingen und Basel
Paul Haupt Verlag Bern · Stuttgart · Wien
Hüthig Verlagsgemeinschaft
Decker & Müller GmbH Heidelberg
Leske Verlag + Budrich GmbH Opladen
J. C. B. Mohr (Paul Siebeck) Tübingen
Quelle & Meyer Heidelberg · Wiesbaden
Ernst Reinhardt Verlag München und Basel
Schäffer-Poeschel Verlag · Stuttgart
Ferdinand Schöningh Verlag Paderborn · München · Wien · Zürich
Eugen Ulmer Verlag Stuttgart
Vandenhoeck & Ruprecht in Göttingen und Zürich

Inhaltsübersicht.

Vorbemerkung.

Universalgeschichtliche Probleme wird der Sohn der modernen europäischen Kulturwelt unvermeidlicher- und berechtigterweise unter der Fragestellung behandeln: welche Verkettung von Umständen hat dazu geführt, daß gerade auf dem Boden des Okzidents, und nur hier, Kulturerscheinungen auftraten, welche doch — wie wenigstens wir uns gern vorstellen — in einer Entwicklungsrichtung von universeller Bedeutung und Gültigkeit lagen?

Nur im Okzident gibt es »Wissenschaft« in dem Entwicklungsstadium, welches wir heute als »gültig« anerkennen. Empirische Kenntnisse, Nachdenken über Welt- und Lebensprobleme, philosophische und auch — obwohl die Vollentwicklung einer systematischen Theologie dem hellenistisch beeinflußten Christentum eignet (Ansätze nur im Islam und bei einigen indischen Sekten) — theologische Lebensweisheit tiefster Art, Wissen und Beobachtung von außerordentlicher Sublimierung hat es auch anderwärts, vor allem: in Indien, China, Babylon, Aegypten, gegeben. Aber: der babylonischen und jeder anderen Astronomie fehlte — was ja die Entwicklung namentlich der babylonischen Sternkunde nur um so erstaunlicher macht — die mathematische Fundamentierung, die erst die Hellenen ihr gaben. Der indischen Geometrie fehlte der rationale »Beweis«: wiederum ein Produkt hellenischen Geistes, der auch die Mechanik und Physik zuerst geschaffen hat. Den nach der Seite der Beobachtung überaus entwickelten indischen Naturwissenschaften fehlte das rationale Experiment: nach antiken Ansätzen wesentlich ein Produkt der Renaissance, und das moderne Laboratorium, daher der namentlich in Indien empirisch-technisch hochentwickelten Medizin die biologische und insbesondere biochemische Grundlage. Eine rationale Chemie fehlt allen Kulturgebieten außer dem Okzident. Der hochentwickelten chinesischen Geschichtsschreibung fehlt das thukydideische Pragma. Macchiavelli hat Vorläufer in Indien. Aber aller asiatischen Staatslehre fehlt eine der aristotelischen gleichartigen Systematik und die rationalen Begriffe überhaupt. Für eine rationale Rechtslehre fehlen anderwärts trotz aller Ansätze in Indien (Mimamsa-Schule), trotz umfassender Kodifikationen besonders in Vorderasien und trotz aller indischen und sonstigen Rechtsbücher, die streng juristischen Schemata und Denkformen des römischen und des daran geschulten okzidentalen Rechtes. Ein Gebilde ferner wie das kanonische Recht kennt nur der Okzident.

Aehnlich in der Kunst. Das musikalische Gehör war bei anderen Völkern anscheinend eher feiner entwickelt als heute bei uns; jedenfalls nicht minder fein. Polyphonie verschiedener Art war weithin über die Erde verbreitet, Zusammenwirken einer Mehrheit von Instrumenten und auch das Diskantieren findet sich anderwärts. Alle unsere rationalen Tonintervalle waren auch anderwärts berechnet und bekannt. Aber rationale harmonische Musik: — sowohl Kontrapunktik wie Akkordharmonik, — Bildung des Tonmaterials auf der Basis der drei Dreiklänge mit der harmonischen Terz, unsre, nicht distanzmäßig, sondern in rationaler Form seit der Renaissance harmonisch gedeutete Chromatik und Enharmonik, unser Orchester mit seinem Streichquartett als Kern und der Organisation des Ensembles der Bläser, der Generalbaß, unsre Notenschrift (die erst das Komponieren und Ueben moderner Tonwerke, also ihre ganze Dauerexistenz überhaupt, ermöglicht), unsre Sonaten, Symphonien, Opern, — obwohl es Programmusik, Tonmalerei, Tonalteration und Chromatik als Ausdrucksmittel in den verschiedensten Musiken gab, — und als Mittel zu dem alle unsre Grundinstrumente: Orgel, Klavier, Violine: dies alles gab es nur im Okzident.

Spitzbogen hat es als Dekorationsmittel auch anderwärts, in der Antike und in Asien, gegeben; angeblich war auch das Spitzbogen-Kreuzgewölbe im Orient nicht unbekannt. Aber die rationale Verwendung des gotischen Gewölbes als Mittel der Schubverteilung und der Ueberwölbung beliebig geformter Räume und, vor allem, als konstruktives Prinzip großer Monumentalbauten und Grundlage eines die Skulptur und Malerei einbeziehenden S t i l s , wie sie das Mittelalter schuf, fehlen anderweitig. Ebenso aber fehlt, obwohl die technischen Grundlagen dem Orient entnommen waren, jene Lösung des Kuppelproblems und jene Art von »klassischer« Rationalisierung der gesamten Kunst — in der Malerei durch rationale Verwendung der Linear- und Luftperspektive — welche die Renaissance bei uns schuf. Produkte der Druckerkunst gab es in China. Aber eine gedruckte: eine nur für den Druck berechnete, nur durch ihn lebensmögliche Literatur: »Presse« und »Zeitschriften« vor allem, sind nur im Okzident entstanden. Hochschulen aller möglichen Art, auch solche, die unsern Universitäten oder doch unsern Akademien äußerlich ähnlich sahen, gab es auch anderwärts (China, Islam). Aber rationalen und systematischen Fachbetrieb der Wissenschaft: das eingeschulte Fachmenschentum, gab es in irgendeinem an seine heutige kulturbeherrschende Bedeutung heranreichenden Sinn nur im Okzident. Vor allem: den Fachbeamten, den Eckpfeiler des modernen Staats und der modernen Wirtschaft des Okzidents. Für ihn finden sich nur Ansätze, die nirgends in irgendeinem Sinn so konstitutiv für die soziale Ordnung wurden wie im Okzident. Natürlich ist der »Beamte«, auch der arbeitsteilig spezialisierte Beamte, eine uralte Erscheinung der verschiedensten Kulturen. Aber die absolut unentrinnbare Gebanntheit unserer ganzen Existenz, der politischen, technischen und wirtschaftlichen Grundbedingungen unseres Daseins, in das Gehäuse einer fachgeschulten Beamtenorganisation, den technischen, kaufmännischen, vor allem aber den juristisch geschulten staatlichen Beamten als Träger der wichtigsten Alltagsfunktionen des sozialen Lebens, hat kein Land und keine Zeit in dem Sinn gekannt, wie der moderne Okzident. Ständische Organisation der politischen und sozialen Verbände ist weit verbreitet gewesen. Aber schon den Ständestaat: »rex et regnum«, kannte im okzidentalen Sinn nur der Okzident. Und vollends Parlamente von periodisch gewählten »Volksvertretern«, den Demagogen und die Herrschaft von Parteiführern als parlamentarisch verantwortliche »Minister« hat — obwohl es natürlich »Parteien« im Sinn von Organisationen zur Eroberung und Beeinflussung der politischen Macht in aller Welt gegeben hat — nur der Okzident hervorgebracht. Der »Staat« überhaupt im Sinn einer politischen Anstalt, mit rational gesatzter »Verfassung«, rational gesatztem Recht und einer an rationalen, gesatzten Regeln: »Gesetzen«, orientierten Verwaltung durch Fachbeamte, kennt, in dieser für ihn wesentlichen Kombination der entscheidenden Merkmale, ungeachtet aller anderweitigen Ansätze dazu, nur der Okzident.

Und so steht es nun auch mit der schicksalsvollsten Macht unsres modernen Lebens: dem Kapitalismus.

»Erwerbstrieb«, »Streben nach Gewinn«, nach Geldgewinn, nach möglichst hohem Geldgewinn hat an sich mit Kapitalismus gar nichts zu schaffen. Dies Streben fand und findet sich bei Kellnern, Aerzten, Kutschern, Künstlern, Kokotten, bestechlichen Beamten, Soldaten, Räubern, Kreuzfahrern, Spielhöllenbesuchern, Bettlern: — man kann sagen: bei »all sorts and conditions of men«, zu allen Epochen aller Länder der Erde, wo die objektive Möglichkeit dafür irgendwie gegeben war und ist. Es gehört in die kulturgeschichtliche Kinderstube, daß man diese naive Begriffsbestimmung ein für allemal aufgibt. Schrankenloseste Erwerbsgier ist nicht im mindesten gleich Kapitalismus, noch weniger gleich dessen »Geist«. Kapitalismus kann geradezu identisch sein mit Bändigung, mindestens mit rationaler Temperierung, dieses irrationalen Triebes. Allerdings ist Kapitalismus identisch mit dem Streben nach Gewinn, im kontinuierlichen, rationalen kapitalistischen Betrieb: nach immer erneutem Gewinn: nach »Rentabilität«. Denn er muß es sein. Innerhalb einer kapitalistischen Ordnung der gesamten Wirtschaft würde ein kapitalistischer Einzelbetrieb, der sich nicht an der Chance der Erzielung von Rentabilität orientierte, zum Untergang verurteilt sein. — Definieren wir zunächst einmal etwas genauer als es oft geschieht. Ein »kapitalistischer« Wirtschaftsakt soll uns heißen zunächst ein solcher, der auf Erwartung von Gewinn durch Ausnützung von Tausch-Chancen ruht: auf (formell) friedlichen Erwerbschancen also. Der (formell und aktuell) gewaltsame Erwerb folgt seinen besonderen Gesetzen und es ist nicht zweckmäßig (so wenig man es jemand verbieten kann) ihn mit dem (letztlich) an Tauschgewinn-Chancen orientierten Handeln unter die gleiche Kategorie zu stellen [1]). Wo kapitalistischer Erwerb ratio-

[1]) Hier wie in einigen anderen Punkten scheide ich mich auch von unserem verehrten Meister Lujo Brentano (in dessen später zu zitierenden Werk). Und zwar zunächst terminologisch. Weiterhin aber auch sachlich. Es scheint mir nicht zweckmäßig, so heterogene Dinge, wie den Beuteerwerb und den Erwerb durch Leitung einer Fabrik unter dieselbe Kategorie zu bringen, noch weni-

nal erstrebt wird, da ist das entsprechende Handeln orientiert an Kapital**rechnung**. Das heißt: es ist eingeordnet in eine planmäßige Verwendung von sachlichen oder persönlichen Nutzleistungen als Erwerbsmittel derart: daß der **bilanz**mäßig errechnete Schlußertrag der Einzelunternehmung an geldwertem Güterbesitz (oder der periodisch bilanzmäßig errechnete Schätzungswert des geldwerten Güterbesitzes eines kontinuierlichen Unternehmungsbetriebs) beim Rechnungsabschluß das »Kapital«: d. h. den **bilanz**mäßigen Schätzungswert der für den Erwerb durch Tausch verwendeten sachlichen Erwerbsmittel **übersteigen** (bei der Dauerunternehmung also: **immer wieder** übersteigen) soll. Einerlei ob es sich um einen Komplex von in natura einem reisenden Kaufmann in Kommenda gegebenen Waren handelt, deren Schlußertrag wiederum in erhandelten anderen Waren in natura bestehen kann, oder: um ein Fabrikanwesen, dessen Bestandteile Gebäude, Maschinen, Vorräte an Geld, Rohstoffen, Halb- und Fertigprodukten, Forderungen darstellen, denen Verbindlichkeiten gegenüberstehen: — stets ist das Entscheidende: daß eine Kapital**rechnung** in Geld aufgemacht wird, sei es nun in modern buchmäßiger oder in noch so primitiver und oberflächlicher Art. Sowohl bei Beginn des Unternehmens: Anfangsbilanz, wie vor jeder einzelnen Handlung: Kalkulation, wie bei der Kontrolle und Ueberprüfung der Zweckmäßigkeit: Nachkalkulation, wie beim Abschluß behufs Feststellung: was als »Gewinn« entstanden ist: Abschlußbilanz. Die Anfangsbilanz einer Kommenda ist z. B. die Feststellung des zwischen den Parteien gelten**sollenden** Geldwertes der hingegebenen Güter, — soweit sie nicht schon Geldform haben —, ihre Abschlußbilanz die der Verteilung von Gewinn oder Verlust am Schluß zugrunde gelegte Abschätzung; Kalkulation liegt — im Rationalitätsfall — jeder einzelnen Handlung des Kommendanehmers zugrunde. Daß eine wirk-

---

ger: als »Geist« des Kapitalismus — im Gegensatz zu anderen Erwerbsformen — jedes Streben nach Erwerb von **Geld** zu bezeichnen, weil mit dem zweiten m. E. alle Präzision der Begriffe, mit dem ersten vor allem die Möglichkeit: das Spezifische des okzidentalen Kapitalismus gegenüber anderen Formen herauszuarbeiten, verloren wird. Auch in G. **Simmels** »Philosophie des Geldes« ist »Geldwirtschaft ‚und' Kapitalismus« viel zu sehr gleichgesetzt, zum Schaden auch der sachlichen Darlegungen. In W. **Sombarts** Schriften, vor allem auch der neuesten Auflage seines schönen Hauptwerks über den Kapitalismus, tritt — wenigstens von meinem Problem aus gesehen — das **Spezifische** des Okzidentes: die rationale Arbeitsorganisation, sehr stark zugunsten von Entwicklungsfaktoren zurück, welche überall in der Welt wirksam waren.

lich genaue Rechnung und Schätzung ganz unterbleibt: rein schätzungsmäßig oder einfach traditionell und konventionell verfahren wird, kommt in jeder Form von kapitalistischer Unternehmung bis heute vor, wo immer die Umstände nicht zu genauer Rechnung drängen. Aber das sind Punkte, die nur den Grad der Rationalität des kapitalistischen Erwerbs betreffen.

Es kommt für den Begriff nur darauf an: daß die tatsächliche Orientierung an einer Vergleichung des Geldschätzungserfolges mit dem Geldschätzungseinsatz, in wie primitiver Form auch immer, das wirtschaftliche Handeln entscheidend bestimmt. In diesem Sinne nun hat es »Kapitalismus« und »kapitalistische« Unternehmungen, auch mit leidlicher Rationalisierung der Kapitalrechnung, in allen Kulturländern der Erde gegeben, soweit die ökonomischen Dokumente zurückreichen. In China, Indien, Babylon, Aegypten, der mittelländischen Antike, dem Mittelalter so gut wie in der Neuzeit. Nicht nur ganz isolierte Einzelunternehmungen, sondern auch Wirtschaften, welche gänzlich auf immer neue kapitalistische Einzelunternehmungen eingestellt waren und auch kontinuierliche »Betriebe«, — obwohl gerade der Handel lange Zeit nicht den Charakter unsrer Dauerbetriebe, sondern wesentlich den einer Serie von Einzelunternehmungen an sich trug und erst allmählich innerer (»branchenmäßig« orientierter) Zusammenhang in das Verhalten gerade der Großhändler hineinkam. Jedenfalls: die kapitalistische Unternehmung und auch der kapitalistische Unternehmer, nicht nur als Gelegenheits-, sondern auch als Dauerunternehmer, sind uralt und waren höchst universell verbreitet.

Nun hat aber der Okzident ein Maß von Bedeutung und, was dafür den Grund abgibt: Arten, Formen und Richtungen von Kapitalismus hervorgebracht, die anderwärts niemals bestanden haben. Es hat in aller Welt Händler: Groß- und Detailhändler, Platz- und Fernhändler, es hat Darlehensgeschäfte aller Art, es hat Banken mit höchst verschiedenen, aber doch denjenigen wenigstens etwa unsres 16. Jahrhunderts im Wesen ähnlichen Funktionen gegeben; Seedarlehen, Kommenden und kommanditeartige Geschäfte und Assoziationen, sind auch betriebsmäßig, weit verbreitet gewesen. Wo immer Geldfinanzen der öffentlichen Körperschaften bestanden, da erschien der Geldgeber: in Babylon, Hellas, Indien, China, Rom: für die Finanzierung vor allem der Kriege und des Seeraubes, für Lieferungen und Bauten aller Art, bei überseeischer Politik als Kolonialunternehmer, als Plantagenerwerber und -betreiber mit Sklaven oder direkt oder indirekt gepreßten Arbeitern, für Domänen-, Amts- und vor allem: für Steuerpacht, für die Finanzierung von Parteichefs zum Zwecke von Wahlen und von Kondottieren zum Zweck von Bürgerkriegen und schließlich: als »Spekulant« in geldwerten Chancen aller Art. Diese Art von Unternehmerfiguren: die kapitalistischen A b e n t e u r e r, hat es in aller Welt gegeben. Ihre Chancen waren — mit Ausnahme des Handels und der Kredit- und Bankgeschäfte — dem Schwerpunkt nach entweder rein irrational-spekulativen Charakters oder aber sie waren an dem Erwerb durch Gewaltsamkeit, vor allem dem Beuteerwerb: aktuell-kriegerischer oder chronisch-fiskalischer Beute (Untertanen-Ausplünderung), orientiert.

Der Gründer-, Großspekulanten-, Kolonial- und der moderne Finanzierungskapitalismus schon im Frieden, vor allem aber aller spezifisch k r i e g s orientierte Kapitalismus tragen auch in der okzidentalen Gegenwart noch oft dies Gepräge und einzelne — nur: einzelne — Teile des internationalen Großhandels stehen ihm, heute wie von jeher, nahe. Aber der Okzident kennt in der N e u z e i t daneben eine ganz andere und nirgends sonst auf der Erde entwickelte Art des Kapitalismus: die rational-kapitalistische Organisation von (formell) f r e i e r A r b e i t. Nur Vorstufen dafür finden sich anderwärts. Selbst die Organisation u n f r e i e r Arbeit hat ja nur in den Plantagen und, in sehr begrenztem Maß, in den Ergasterien der Antike eine gewisse Rationalitätsstufe erreicht, eine eher noch geringere in den Fronhöfen und Gutsfabriken oder grundherrlichen Hausindustrien mit Leibeigenen- oder Hörigenarbeit in der beginnenden Neuzeit. Für freie Arbeit finden sich selbst eigentliche »Hausindustrien« außerhalb des Okzidents nur vereinzelt sicher bezeugt und die natürlich überall sich findende Taglöhnerverwendung hat mit sehr wenigen und sehr besonders, jedenfalls aber: sehr abweichend von modernen Betriebsorganisationen gearteten Ausnahmen (besonders: Staatsmonopolbetrieben) nicht zu Manufakturen und nicht einmal zu einer rationalen Lehrorganisation des Handwerks vom Gepräge des okzidentalen Mittelalters geführt. Die an den Chancen des G ü t e r m a r k t e s, nicht an gewaltpolitischen oder an irrationalen Spekulationschancen, orientierte, rationale Betriebsorganisation ist aber nicht die einzige Sondererscheinung des okzidentalen Kapitalismus. Die moderne rationale Organisation des kapitalistischen Betriebs wäre nicht möglich gewesen ohne zwei weitere wichtige Entwicklungselemente: die Trennung von Haushalt und Betrieb, welche das heutige Wirtschaftsleben schlechthin beherrscht und, damit eng zusammenhängend, die rationale Buchführung. Oertliche Trennung der Werk- oder Verkaufsstätten von der Behausung findet sich auch sonst (im orientalischen Bazar und in den Ergasterien anderer Kulturgebiete). Und auch die Schaffung von kapitalistischen Assoziationen mit gesonderter Betriebsrechnung findet sich in Ostasien wie im Orient und in der Antike. Aber: gegenüber der modernen Verselbständigung der Erwerbsbetriebe sind das doch nur Ansätze. Vor allem aus dem Grunde, weil die inneren Mittel dieser Selbständigkeit: sowohl unsre rationale Betriebsbuchführung wie unsre rechtliche Sonderung von Betriebsvermögen und persönlichem Vermögen ganz fehlen oder nur in Anfängen entwickelt sind [1]). Die Entwicklung hat überall sonst dazu geneigt, Erwerbsbetriebe als Teile eines fürstlichen oder grundherrlichen Großhaushalts (des »Oikos«) entstehen zu lassen: eine, wie schon Rodbertus erkannt hatte, bei mancher scheinbaren Verwandtschaft doch höchst abweichende, geradezu entgegengesetzte, Entwicklung.

Ihre heutige Bedeutung aber haben alle diese Besonderheiten des abendländischen Kapitalismus letztlich erst durch den Zusammenhang mit der kapitalistischen Arbeitsorganisation er-

---

[1]) Natürlich darf der Gegensatz nicht absolut gefaßt werden. Aus dem politisch orientierten (vor allem: dem Steuerpacht-)Kapitalismus sind schon in der mittelländischen und orientalischen Antike, aber wohl auch in China und Indien, rationale Dauerbetriebe erwachsen, deren Buchführung — uns nur in kümmerlichen Bruchstücken bekannt — »rationalen« Charakter gehabt haben dürfte. Auf das engste berührt sich ferner der politisch orientierte »Abenteuer«-Kapitalismus mit dem rationalen Betriebskapitalismus in der Entstehungsgeschichte der zumeist aus politischen, kriegerisch motivierten, Geschäften entstandenen modernen Banken, auch noch der Bank von England. Der Gegensatz der Individualität Patersons z. B. — eines typischen »promoter« — zu jenen Mitgliedern des Direktoriums, welche den Ausschlag für dessen dauernde Haltung gaben und sehr bald als »The Puritan usurers of Grocers' Hall« charakterisiert wurden, ist dafür bezeichnend, ebenso die Entgleisung der Bankpolitik dieser »solidesten« Bank noch gelegentlich der South Sea-Gründung. Also: der Gegensatz ist, natürlich, ganz flüssig. Aber er ist da. Rationale Arbeitsorganisationen haben die großen promoters und financiers ebensowenig geschaffen wie — wiederum: im allgemeinen und mit Einzelausnahmen — die typischen Träger des Finanz- und politischen Kapitalismus: die Juden. Sondern das taten (als Typus!) ganz andere Leute.

halten. Auch das, was man die »Kommerzialisierung« zu nennen pflegt: die Wertpapierentwicklung und die Rationalisierung der Spekulation: die Börse, steht damit im Zusammenhang. Denn ohne kapitalistisch-rationale Arbeitsorganisation wäre dies alles, auch die Entwicklung zur »Kommerzialisierung«, soweit überhaupt möglich, nicht entfernt von der gleichen Tragweite. Vor allem für die soziale Struktur und alle mit ihr zusammenhängenden spezifisch modern-okzidentalen Probleme. Eine exakte Kalkulation: — die Grundlage alles andern, — ist eben nur auf dem Boden freier Arbeit möglich. Und wie — und weil — keine rationale Arbeitsorganisation, so — und deshalb — hat die Welt außerhalb des modernen Okzidents auch keinen rationalen Sozialismus gekannt. Gewiß: ebenso wie Stadtwirtschaft, städtische Nahrungspolitik, Merkantilismus und Wohlfahrtspolitik der Fürsten, Rationierungen, regulierte Wirtschaft, Protektionismus und Laissez-faire-Theorien (in China), so hat die Welt auch kommunistische und sozialistische Wirtschaften sehr verschiedener Gepräge gekannt: familiär, religiös oder militaristisch bedingten Kommunismus, staatssozialistische (in Aegypten), monopolkartellistische und auch Konsumentenorganisationen verschiedenster Art. Aber ebenso wie — trotzdem es doch überall einmal städtische Marktprivilegien, Zünfte, Gilden und allerhand rechtliche Scheidungen zwischen Stadt und Land in der verschiedensten Form gab, — doch der Begriff des »Bürgers« überall außer im Okzident und der Begriff der »Bourgeoisie« überall außer im modernen Okzident fehlte, so fehlte auch das »Proletariat« als Klasse und mußte fehlen, weil eben die rationale Organisation freier Arbeit als Betrieb fehlte. »Klassenkämpfe« zwischen Gläubiger- und Schuldnerschichten, Grundbesitzern und Besitzlosen oder Fronknechten oder Pächtern, Handelsinteressenten und Konsumenten oder Grundbesitzern, hat es in verschiedener Konstellation überall längst gegeben. Aber schon die okzidental-mittelalterlichen Kämpfe zwischen Verlegern und Verlegten finden sich anderwärts nur in Ansätzen. Vollends fehlt der moderne Gegensatz: großindustrieller Unternehmer und freier Lohnarbeiter. Und daher konnte es auch eine Problematik von der Art, wie sie der moderne Sozialismus kennt, nicht geben.

In einer Universalgeschichte der Kultur ist also für uns, rein wirtschaftlich, das zentrale Problem letztlich nicht die überall nur in der Form wechselnde Entfaltung kapitalistischer Betätigung als solcher: des Abenteurertypus oder des händlerischen oder des an Krieg, Politik, Verwaltung und ihren Gewinnchancen orientierten Kapitalismus. Sondern vielmehr die Entstehung des bürgerlichen Betriebskapitalismus mit seiner rationalen Organisation der freien Arbeit. Oder, kulturgeschichtlich gewendet: die Entstehung des abendländischen Bürgertums und seiner Eigenart, die freilich mit der Entstehung kapitalistischer Arbeitsorganisation zwar im nahen Zusammenhang steht, aber natürlich doch nicht einfach identisch ist. Denn »Bürger« im ständischen Sinn gab es schon vor der Entwicklung des spezifisch abendländischen Kapitalismus. Aber freilich: nur im Abendlande. Der spezifisch moderne okzidentale Kapitalismus nun ist zunächst offenkundig in starkem Maße durch Entwicklungen von technischen Möglichkeiten mitbestimmt. Seine Rationalität ist heute wesenhaft bedingt durch Berechenbarkeit der technisch entscheidender Faktoren: der Unterlagen exakter Kalkulation. Das heißt aber in Wahrheit: durch die Eigenart der abendländischen Wissenschaft, insbesondere der mathematisch und experimentell exakt und rational fundamentierten Naturwissenschaften. Die Entwicklung dieser Wissenschaften und der auf ihnen beruhenden Technik erhielt und erhält nun andererseits ihrerseits entscheidende Impulse von den kapitalistischen Chancen, die sich an ihre wirtschaftliche Verwertbarkeit als Prämien knüpfen. Zwar nicht die Entstehung der abendländischen Wissenschaft ist durch solche Chancen bestimmt worden. Gerechnet, mit Stellenzahlen gerechnet, Algebra getrieben haben auch die Inder, die Erfinder des Positionszahlensystems, welches erst in den Dienst des sich entwickelnden Kapitalismus im Abendland trat, in Indien aber keine moderne Kalkulation und Bilanzierung schuf. Auch die Entstehung der Mathematik und Mechanik war nicht durch kapitalistische Interessen bedingt. Wohl aber wurde die technische Verwendung wissenschaftlicher Erkenntnisse: dies für die Lebensordnung unsrer Massen Entscheidende, durch ökonomische Prämien bedingt, welche im Okzident gerade darauf gesetzt waren. Diese Prämien aber flossen aus der Eigenart der Sozialordnung des Okzidents. Es wird also gefragt werden müssen: aus welchen Bestandteilen dieser Eigenart, da zweifellos nicht alle gleich wichtig gewesen sein werden. Zu den unzweifelhaft wichtigen gehört die rationale Struktur des Rechts und der Verwaltung. Denn der moderne rationale Betriebskapitalismus bedarf, wie der berechenbaren technischen Arbeitsmittel, so auch des berechenbaren Rechts und der Verwaltung nach formalen Regeln, ohne welche zwar Abenteurer- und spekulativer Händlerkapitalismus und alle möglichen Arten von politisch bedingtem Kapitalismus, aber kein rationaler privatwirtschaftlicher Betrieb mit stehendem Kapital und sicherer Kalkulation möglich ist. Ein solches Recht und eine solche Verwaltung nun stellte der Wirtschaftsführung in dieser rechtstechnischen und formalistischen Vollendung nur der Okzident zur Verfügung. Woher hat er jenes Recht? wird man also fragen müssen. Es haben, neben anderen Umständen, auch kapitalistische Interessen ihrerseits unzweifelhaft der Herrschaft des an rationalem Recht fachgeschultem Juristenstandes in Rechtspflege und Verwaltung die Wege geebnet, wie jede Untersuchung zeigt. Aber keineswegs nur oder vornehmlich sie. Und nicht sie haben jenes Recht aus sich geschaffen. Sondern noch ganz andre Mächte waren bei dieser Entwicklung tätig. Und warum taten die kapitalistischen Interessen das gleiche nicht in China oder Indien? Warum lenkten dort überhaupt weder die wissenschaftliche noch die künstlerische noch die staatliche noch die wirtschaftliche Entwicklung in diejenigen Bahnen der Rationalisierung ein, welche dem Okzident eigen sind?

Denn es handelt sich ja in all den angeführten Fällen von Eigenart offenbar um einen spezifisch gearteten »Rationalismus« der okzidentalen Kultur. Nun kann unter diesem Wort höchst Verschiedenes verstanden werden, — wie die späteren Darlegungen wiederholt verdeutlichen werden. Es gibt z. B. »Rationalisierungen« der mystischen Kontemplation, also: von einem Verhalten, welches, von anderen Lebensgebieten her gesehen, spezifisch »irrational« ist, ganz ebenso gut wie Rationalisierungen der Wirtschaft, der Technik, des wissenschaftlichen Arbeitens, der Erziehung, des Krieges, der Rechtspflege und Verwaltung. Man kann ferner jedes dieser Gebiete unter höchst verschiedenen letzten Gesichtspunkten und Zielrichtungen »rationalisieren«, und was von einem aus »rational« ist, kann, vom andern aus betrachtet, »irrational« sein. Rationalisierungen hat es daher auf den verschiedenen Lebensgebieten in höchst verschiedener Art in allen Kulturkreisen gegeben. Charakteristisch für deren kulturgeschichtlichen Unterschied ist erst: welche Sphären und in welcher Richtung sie rationalisiert wurden. Es kommt also zunächst wieder darauf an: die besondere Eigenart des okzidentalen und, innerhalb dieses, des modernen okzidentalen, Rationalismus zu erkennen und in ihrer Entstehung zu erklären. Jeder solche Erklärungsversuch muß, der fundamentalen Bedeutung der Wirtschaft entsprechend, vor allem die ökonomischen Bedingungen berücksichtigen. Aber es darf auch der umgekehrte Kausalzusammenhang darüber nicht unbeachtet bleiben. Denn wie von rationaler Technik und rationalem Recht, so ist der ökonomische Rationalismus in seiner Entstehung auch von der Fähigkeit und Disposition der Menschen zu bestimmten Arten praktisch-rationaler Lebensführung überhaupt abhängig. Wo diese durch Hemmungen seelischer Art obstruiert war, da stieß auch die Entwicklung einer wirtschaftlich rationalen Lebensführung auf schwere innere Widerstände. Zu den wichtigsten formenden Elementen der Lebensführung nun gehörten in der Vergangenheit überall die magischen und religiösen Mächte und die am Glauben an sie verankerten ethischen Pflichtvorstellungen. Von diesen ist in den nachstehend gesammelten und ergänzten Aufsätzen die Rede.

Es sind dabei zwei ältere Aufsätze an die Spitze gestellt, welche versuchen, in einem wichtigen Einzelpunkt der meist am schwierigsten zu fassenden Seite des Problems näher zu kommen: der Bedingtheit der Entstehung einer »Wirtschaftsgesinnung«: des »Ethos«, einer Wirtschaftsform, durch bestimmte religiöse Glaubensinhalte, und zwar an dem Beispiel der Zusammenhänge des modernen Wirtschaftsethos mit der rationalen Ethik des asketischen Protestantismus. Hier wird also nur der einen Seite der Kausalbeziehung nachgegangen. Die späteren Aufsätze über die »Wirtschaftsethik der Weltreligionen« versuchen, in einem Ueberblick über die Beziehungen der wichtigsten Kulturreligionen zur Wirtschaft und sozialen Schichtung ihrer Umwelt, beiden Kausalbeziehungen soweit nachzugehen, als notwendig ist, um die Vergleichspunkte mit der weiterhin zu analysierenden okzidentalen Entwicklung zu finden. Denn nur so läßt sich ja die einigermaßen eindeutige kausale Zurech-

nung derjenigen Elemente der okzidentalen religiösen Wirtschaftsethik, welche ihr im Gegensatz zu andern eigentümlich sind, überhaupt in Angriff nehmen. Diese Aufsätze wollen also nicht etwa als — sei es auch noch so gedrängte — umfassende Kulturanalysen gelten. Sondern sie betonen in jedem Kulturgebiet ganz geflissentlich das, was im *Gegensatz* stand und steht zur okzidentalen Kulturentwicklung. Sie sind also durchaus orientiert an dem, was unter *diesem* Gesichtspunkt bei Gelegenheit der Darstellung der okzidentalen Entwicklung wichtig erscheint. Ein anderes Verfahren schien bei dem gegebenen Zweck nicht wohl möglich. Aber es muß zur Vermeidung von Mißverständnissen hier auf diese Begrenztheit des Zweckes ausdrücklich hingewiesen werden. Und noch in einer anderen Hinsicht muß wenigstens der Unorientierte vor einer Ueberschätzung der Bedeutung dieser Darstellungen gewarnt werden. Der Sinologe, Indologe, Semitist, Aegyptologe wird in ihnen natürlich nichts ihm sachlich Neues finden. Wünschenswert wäre nur: daß er nichts zur Sache *Wesentliches* findet, was er als sachlich *falsch* beurteilen muß. Wie weit es gelungen ist, diesem Ideal wenigstens so nahezukommen, wie ein Nichtfachmann dazu überhaupt imstande ist, kann der Verfasser nicht wissen. Es ist ja ganz klar, daß jemand, der auf die Benützung von Uebersetzungen und im übrigen darauf angewiesen ist, über die Art der Benutzung und Bewertung der monumentalen, dokumentarischen oder literarischen Quellen sich in der häufig sehr kontroversen Fachliteratur zu orientieren, die er seinerseits in ihrem Wert nicht selbständig beurteilen kann, allen Grund hat, über den Wert seiner Leistung sehr bescheiden zu denken. Um so mehr, als das Maß der vorliegenden Uebersetzungen wirklicher »Quellen« (d. h. von Inschriften und Urkunden) teilweise (besonders für China) noch sehr klein ist im Verhältnis zu dem, was vorhanden und wichtig ist. Aus alledem folgt der vollkommen *provisorische* Charakter dieser Aufsätze, insbesondere der auf Asien sich beziehenden Teile [3]). Nur den Fachmännern steht ein endgültiges Urteil zu. Und nur weil, begreiflicherweise, fachmännische Darstellungen mit diesem besonderen Ziel und unter diesen besonderen Gesichtspunkten bisher nicht vorlagen, sind sie überhaupt geschrieben worden. Sie sind in einem un-

---

[1]) Auch die Reste meiner hebräischen Kenntnisse sind ganz unzulänglich.

gleich stärkerem Maß und Sinn dazu bestimmt, bald »überholt« zu werden, als dies letztlich von aller wissenschaftlicher Arbeit gilt. Es läßt sich nun einmal, bei derartigen Arbeiten, ein solches vergleichendes Uebergreifen auf andere Fachgebiete, so bedenklich es ist, nicht vermeiden; aber man hat dann eben die Konsequenz einer sehr starken Resignation in bezug auf das Maß des Gelingens zu ziehen. Mode oder Literatensehnsucht glaubt heute gern den Fachmann entbehren oder zum Subalternarbeiter für den »Schauenden« degradieren zu können. Fast alle Wissenschaften verdanken Dilettanten irgend etwas, oft sehr wertvolle Gesichtspunkte. Aber der Dilettantismus als Prinzip der Wissenschaft wäre das Ende. Wer »Schau« wünscht, gehe ins Lichtspiel: — es wird ihm heut massenhaft auch in literarischer Form auf eben diesem Problemfeld geboten [1]). Nichts liegt den überaus nüchternen Darlegungen dieser der Absicht nach streng empirischen Studien ferner als diese Gesinnung. Und — möchte ich hinzusetzen — wer »Predigt« wünscht, gehe ins Konventikel. Welches Wertverhältnis zwischen den hier vergleichend behandelten Kulturen besteht, wird hier mit keinem Wort erörtert. Daß der Gang von Menschheitsschicksalen dem, der einen Ausschnitt daraus überblickt, erschütternd an die Brust brandet, ist wahr. Aber er wird gut tun, seine kleinen persönlichen Kommentare für sich zu behalten, wie man es vor dem Anblick des Meeres und des Hochgebirges auch tut, — es sei denn, daß er sich zu künstlerischer Formung oder zu prophetischer Forderung berufen und begabt weiß. In den meisten andern Fällen verhüllt das viele Reden von »Intuition« nichts anders als eine Distanzlosigkeit zum Objekt, die ebenso zu beurteilen ist wie die gleiche Haltung zum Menschen.

Der Begründung bedarf es, daß für die hier verfolgten Ziele die ethnographische Forschung entfernt nicht so herangezogen ist, wie es bei deren heutigem Stand für eine

---

[1]) Ich brauche nicht zu sagen, daß darunter nicht etwa Versuche wie die von K. Jaspers (in seinem Buch über »Psychologie der Weltanschauungen«, 1919) oder andererseits Klages (in der »Charakterologie«) und ähnliche Studien fallen, die sich von dem hier Versuchten durch die Art des Ausgangspunktes unterscheiden. Zu einer Auseinandersetzung wäre hier nicht der Raum.

wirklich eindringende Darstellung insbesondere der asiatischen Religiosität natürlich unumgänglich wäre. Es geschah dies nicht nur deshalb, weil menschliche Arbeitskraft ihre Grenzen hat. Sondern vornehmlich schien es deshalb erlaubt, weil es hier gerade auf die Zusammenhänge der religiös bestimmten Ethik jener Schichten ankommen mußte, welche »Kulturträger« des betreffenden Gebiets waren. Um die Einflüsse, welche deren Lebensführung geübt hat, handelt es sich ja. Es ist nun völlig richtig, daß auch diese in ihrer Eigenart nur wirklich zutreffend zu erfassen sind, wenn man den ethnographisch-volkskundlichen Tatbestand damit konfrontiert. Es sei also nachdrücklich zugestanden und betont: daß hier eine Lücke besteht, welche der Ethnograph mit gutem Recht beanstanden muß. Einiges zu ihrer Ausfüllung hoffe ich bei einer systematischen Bearbeitung der Religionssoziologie tun zu können. Den Rahmen dieser Darstellung mit ihren begrenzten Zwecken hätte ein solches Unternehmen aber überschritten. Sie mußte sich mit dem Versuch begnügen, die Vergleichspunkte zu unseren okzidentalen Kulturreligionen tunlichst aufzudecken.

Schließlich sei auch der anthropologischen Seite der Probleme gedacht. Wenn wir immer wieder — auch auf (scheinbar) unabhängig voneinander sich entwickelnden Gebieten der Lebensführung — im Okzident, und nur dort, bestimmte Arten von Rationalisierungen sich entwickeln finden, so liegt die Annahme: daß hier Erbqualitäten die entscheidende Unterlage boten, natürlich nahe. Der Verfasser bekennt: daß er persönlich und subjektiv die Bedeutung des biologischen Erbgutes hoch einzuschätzen geneigt ist. Nur sehe ich, trotz der bedeutenden Leistungen der anthropologischen Arbeit, z. Z. noch keinerlei Weg, seinen Anteil an der hier untersuchten Entwicklung nach Maß und — vor allem — nach Art und Einsatzpunkten irgendwie exakt zu erfassen oder auch nur vermutungsweise anzudeuten. Es wird gerade eine der Aufgaben soziologischer und historischer Arbeit sein müssen, zunächst möglichst alle jene Einflüsse und Kausalketten aufzudecken, welche durch Reaktionen auf Schicksale und Umwelt befriedigend erklärbar sind. Dann erst, und wenn außerdem die vergleichende Rassen-Neurologie und -Psychologie über ihre heute vorliegenden, im einzelnen vielversprechenden, Anfänge weiter hinausgekommen sind, wird man vielleicht befriedigende Resultate auch für jenes Problem erhoffen dürfen[1]). Vorerst scheint mir jene Voraussetzung zu fehlen und wäre die Verweisung auf »Erbgut« ein voreiliger Verzicht auf das heute vielleicht mögliche Maß der Erkenntnis und eine Verschiebung des Problems auf (derzeit noch) unbekannte Faktoren.

---

[1]) Die gleiche Ansicht sprach mir vor Jahren ein sehr hervorragender Psychiater aus.

I.

Die protestantische Ethik und der Geist des Kapitalismus[1]).

I. Das Problem.

1.

Ein Blick in die Berufsstatistik eines konfessionell gemischten Landes pflegt mit auffallender Häufigkeit [2]) eine Erscheinung zu zeigen, welche mehrfach in der katholischen Presse und Literatur [3]) und auf den Katholikentagen Deutschlands lebhaft er-

---

[1]) Veröffentlicht im Jafféschen »Archiv für Sozialwissenschaft und Sozialpolitik« (J. C. B. Mohr, Tübingen) Band XX, XXI (1904 bzw. 1905). Aus der umfangreichen Literatur darüber hebe ich nur die ausführlichsten Kritiken hervor: F. Rachfahl, Kalvinismus und Kapitalismus, Internationale Wochenschrift für Wissenschaft, Kunst und Technik, 1909, Nr. 39—43. Dazu meinen Artikel: Antikritisches zum »Geist« des Kapitalismus, »Archiv« Band XXX, 1910. Hiergegen wieder Rachfahl a. a. O. (Nochmals Kalvinismus und Kapitalismus.) 1910, Nr. 22—25 und dazu mein »Antikritisches Schlußwort« »Archiv« Band XXXI (Brentano in der gleich zu zitierenden Kritik hat anscheinend diese letzteren Darlegungen nicht gekannt, da er sie nicht mit zitiert). Ich habe von der unvermeidlich ziemlich ertraglosen Polemik gegen Rachfahl, der, — ein sonst auch von mir geschätzter Gelehrter, — sich hier auf ein von ihm nicht wirklich beherrschtes Gebiet begeben hatte, nichts in diese Ausgabe aufgenommen, sondern lediglich die (sehr wenigen) ergänzenden Zitate aus meiner Antikritik nachgetragen und durch eingeschobene Sätze oder Anmerkungen alle denkbaren Mißverständnisse für künftig auszuschließen gesucht. — Ferner: W. Sombart in seinem Buch »Der Bourgeois« (München und Leipzig 1913), auf das ich in Anmerkungen unten zurückkomme. Endlich: Lujo Brentano in Exkurs II im Anhang zu seiner Münchener Festrede (in der Akademie der Wissenschaften 1913) über: Die Anfänge des modernen Kapitalismus (München 1916 gesondert und durch Exkurse erweitert erschienen). Auch auf diese Kritik komme ich in besonderen Anmerkungen bei gegebenem Anlaß zurück. — Ich stelle jedem, der (wider Erwarten) daran Interesse nehmen sollte, anheim, sich

örtert worden ist: den ganz vorwiegend protestantischen Charakter des Kapitalbesitzes und Unternehmertums sowohl, wie der oberen gelernten Schichten der Arbeiterschaft, namentlich aber des höheren technisch oder kaufmännisch vorgebildeten Personals der modernen Unternehmungen [1]. Nicht nur

---

durch Vergleichung davon zu überzeugen: daß ich nicht einen einzigen Satz meines Aufsatzes, der irgendeine sachlich wesentliche Behauptung enthielt, gestrichen, umgedeutet, abgeschwächt oder sachlich abweichende Behauptungen hinzugefügt habe. Es bestand dazu keinerlei Anlaß und der Fortgang der Darlegung wird die noch immer Zweifelnden nötigen, sich davon schließlich zu überzeugen. — Die letztgenannten beiden Gelehrten sind untereinander in noch schärferem Streit als mit mir. Brentanos Kritik gegen W. Sombarts Werk: Die Juden und das Wirtschaftsleben halte ich in der Sache in Vielem für begründet, dennoch aber für vielfach sehr ungerecht, abgesehen davon, daß auch bei Brentano das Entscheidende an dem hier vorerst ganz ausgeschalteten Judenproblem (wovon später) wohl nicht erkannt ist.

Von theologischer Seite waren zahlreiche wertvolle Einzelanregungen anläßlich dieser Arbeit zu verzeichnen und war die Aufnahme im ganzen eine freundliche und auch bei im einzelnen abweichenden Ansichten sehr sachliche — was mir um so wertvoller ist, als ich mich über eine gewisse Antipathie gegen die Art der hier unvermeidlichen Behandlung dieser Dinge nicht gewundert hätte. Das, was dem seiner Religion anhänglichen Theologen daran das Wertvolle ist, kann ja hier naturgemäß nicht zu seinem Recht kommen. Wir haben es mit — religiös gewertet — oft recht äußerlichen und groben Seiten des Lebens der Religionen zu tun, die aber freilich eben auch da waren und oft, eben weil sie grob und äußerlich waren, äußerlich auch am stärksten wirkten. — Als auf eine, neben seinem reichen sonstigen Inhalt, auch für unser Problem höchst willkommene Ergänzung und Bestätigung sei auch hier nochmals kurz — statt öfteren Zitierens zu allen Einzelpunkten — auf das große Buch von E. Troeltsch, Die Soziallehren der christlichen Kirchen und Gruppen (Tübingen 1912) verwiesen, welches von eignen und sehr weit gespannten Gesichtspunkten die Universalgeschichte der Ethik des okzidentalen Christentums behandelt. Dem Verf. kommt es dabei mehr auf die Lehre, mir mehr auf die praktische Wirkung der Religion an.

[2]) Die abweichenden Fälle erklären sich — nicht immer, aber häufig — daraus, daß natürlich die Konfessionalität der Arbeiterschaft einer Industrie in erster Linie von der Konfession ihres Standorts bzw. des Rekrutierungsgebiets ihrer Arbeiterschaft abhängt. Dieser Umstand verschiebt oft auf den ersten Blick das Bild, welches manche Konfessionsstatistiken — etwa der Rheinprovinz — bieten. Ueberdies sind natürlich nur bei weitgehender Spezialisierung und Auszählung der einzelnen Berufe die Zahlen schlüssig. Sonst werden unter Umständen ganz große Unternehmer mit alleinarbeitenden »Meistern« in der Kategorie »Betriebsleiter« zusammengeworfen. Vor allem aber ist der heutige »Hochkapitalismus« überhaupt, namentlich bezüglich der breiten ungelernten Unterschicht seiner Arbeiterschaft, von denjenigen Einflüssen, welche die Konfession in der Vergangenheit haben konnte, unabhängig geworden. Darüber später.

[3]) Vgl. z. B. Schell, Der Katholizismus als Prinzip des Fortschrittes. Würzburg 1897, S. 31. — v. Hertling, Das Prinzip des Katholizismus und die Wissenschaft. Freiburg 1899, S. 58.

[1]) Einer meiner Schüler hat s. Z. das eingehendste statistische Material, welches wir über diese Dinge besitzen: die badische Konfessionsstatistik,

da, wo die Differenz der Konfession mit einem Unterschied der Nationalität und damit des Grades der Kulturentwicklung zusammenfällt, wie im deutschen Osten zwischen Deutschen und Polen, sondern fast überall da, wo überhaupt die kapitalistische Entwicklung in der Zeit ihres Aufblühens freie Hand hatte, die Bevölkerung nach ihren Bedürfnissen sozial umzuschichten und beruflich zu gliedern, — und je mehr dies der Fall war, desto deutlicher, — finden wir jene Erscheinung in den Zahlen der Konfessionsstatistik ausgeprägt. Nun ist freilich die relativ weit stärkere, d. h. ihren Prozentanteil an der Gesamtbevölkerung überragende Beteiligung der Protestanten am Kapitalbesitz [1]), an der Leitung und den oberen Stufen der Arbeit in den großen modernen gewerblichen und Handelsunternehmungen [2]), zum Teil auf historische Gründe zurückzuführen [3]), die weit in der Vergangenheit liegen und bei denen die konfesionelle Zugehörigkeit nicht als Ursache ökonomischer Erscheinungen, sondern, bis zu einem gewissen Grade, als Folge von solchen erscheint. Die Beteiligung an jenen ökonomischen Funktionen setzt teils Kapitalbesitz, teils kostspielige Erziehung, teils, und meist, beides voraus, ist heute an den Besitz ererbten Reichtums oder doch einer gewissen Wohlhabenheit gebunden. Gerade eine große Zahl der reichsten, durch Natur oder Verkehrslage begünstigten und wirtschaftlich entwickeltsten Gebiete des Reiches, insbesondere aber die Mehrzahl der reichen Städte, hatten sich aber im 16. Jahrhundert dem Protestantismus zugewendet und die Nachwirkungen davon kommen den Protestanten noch heute im ökonomischen Kampf ums Dasein zugute. Es entsteht aber alsdann die historische Frage: welchen Grund

---

durchgearbeitet. Vgl. Martin Offenbacher, Konfession und soziale Schichtung. Eine Studie über die wirtschaftliche Lage der Katholiken und Protestanten in Baden. Tübingen und Leipzig 1901 (Bd. IV, Heft 5 der volkswirtschaftlichen Abhandlungen der badischen Hochschulen). Die Tatsachen und Zahlen, die nachstehend zur Illustration vorgeführt werden, entstammen alle dieser Arbeit.

[1]) Es kam z. B. im Jahre 1895 in Baden
auf je 1000 Evangelische ein Kapitalrentensteuerkapital von 954 060 Mk.
» » 1000 Katholiken » » » » 589 000 Mk.
Die Juden mit über 4 Millionen auf 1000 marschieren freilich weit an der Spitze. (Die Zahlen nach Offenbacher a. a. O. S. 21.)

[2]) Hierüber sind die gesamten Ausführungen der Offenbacherschen Arbeit zu vergleichen.

[3]) Auch hierfür nähere Darlegungen für Baden in den beiden ersten Kapiteln der Offenbacherschen Arbeit.

hatte diese besonders starke Prädisposition der ökonomisch entwickeltsten Gebiete für eine kirchliche Revolution? Und da ist die Antwort keineswegs so einfach wie man zunächst glauben könnte. Gewiß erscheint die Abstreifung des ökonomischen Traditionalismus als ein Moment, welches die Neigung zum Zweifel auch an der religiösen Tradition und zur Auflehnung gegen die traditionellen Autoritäten überhaupt ganz wesentlich unterstützen mußte. Aber dabei ist zu berücksichtigen, was heute oft vergessen wird: daß die Reformation ja nicht sowohl die Beseitigung der kirchlichen Herrschaft über das Leben überhaupt, als vielmehr die Ersetzung der bisherigen Form derselben durch eine andere bedeutete. Und zwar die Ersetzung einer höchst bequemen, praktisch damals wenig fühlbaren, vielfach fast nur noch formalen Herrschaft durch eine im denkbar weitgehendsten Maße in alle Sphären des häuslichen und öffentlichen Lebens eindringende, unendlich lästige und ernstgemeinte Reglementierung der ganzen Lebensführung. Die Herrschaft der katholischen Kirche, — »die Ketzer strafend, doch den Sündern mild«, wie sie früher noch mehr als heute war, — ertragen in der Gegenwart auch Völker von durchaus moderner wirtschaftlicher Physiognomie und ebenso ertrugen sie die reichsten, ökonomisch entwickelsten Gebiete, welche um die Wende des 15. Jahrhunderts die Erde kannte. Die Herrschaft des Calvinismus, so wie sie im 16. Jahrhundert in Genf und Schottland, um die Wende des 16. und 17. in großen Teilen der Niederlande, im 17. in Neuengland und zeitweise in England selbst in Kraft stand, wäre für uns die schlechthin unerträglichste Form der kirchlichen Kontrolle des einzelnen, die es geben könnte. Ganz ebenso wurde sie auch von breiten Schichten des alten Patriziats der damaligen Zeit, in Genf sowohl wie in Holland und England, empfunden. Nicht ein Zuviel, sondern ein Zuwenig von kirchlich-religiöser Beherrschung des Lebens war es ja, was gerade diejenigen Reformatoren, welche in den ökonomisch entwickeltsten Ländern erstanden, zu tadeln fanden. Wie kommt es nun, daß damals gerade diese ökonomisch entwickeltsten Länder, und, wie wir noch sehen werden, innerhalb ihrer grade die damals ökonomisch aufsteigenden »bürgerlichen« Mittelklassen jene ihnen bis dahin unbekannte puritanische Tyrannei nicht etwa nur über sich ergehen ließen, sondern in ihrer Verteidigung ein Heldentum entwickelten, wie gerade bürgerliche Klassen als solche es selten vorher und niemals nachher gekannt haben: »the last of our heroisms«, wie Carlyle nicht ohne Grund sagt?

Aber weiter und namentlich: mag, wie gesagt, die stärkere Beteiligung der Protestanten am Kapitalbesitz und den leitenden Stellungen innerhalb der modernen Wirtschaft heute zum Teil einfach als Folge ihrer geschichtlich überkommenen durchschnittlich besseren Vermögensausstattung zu verstehen sein, so zeigen sich andererseits Erscheinungen, bei welchen das Kausalverhältnis unzweifelhaft so nicht liegt. Dahin gehören, um nur einiges anzuführen, u. a. die folgenden: Zunächst der ganz allgemein, in Baden ebenso wie in Bayern und z. B. in Ungarn, nachweisbare Unterschied in der Art des höheren Unterrichts, den katholische Eltern im Gegensatz zu protestantischen ihren Kindern zuzuwenden pflegen. Daß der Prozentsatz der Katholiken unter den Schülern und Abiturienten der »höheren« Lehranstalten im ganzen hinter ihrem Gesamtanteil an der Bevölkerung beträchtlich zurückbleibt [1]), wird man zwar zum erheblichen Teile den erwähnten überkommenen Vermögensunterschieden zurechnen. Daß aber auch innerhalb der katholischen Abiturienten der Prozentsatz derjenigen, welche aus den modernen, speziell für die Vorbereitung zu technischen Studien und gewerblich-kaufmännischen Berufen, überhaupt für ein bürgerliches Erwerbsleben bestimmten und geeigneten Anstalten: Realgymnasien, Realschulen, höheren Bürgerschulen usw. hervorgehen, wiederum auffallend stärker hinter dem der Protestanten zurückbleibt [2]), während diejenige Vorbildung,

[1]) Von der Bevölkerung Badens waren 1895: 37,0 Proz. Protestanten, 61,3 Proz. Katholiken, 1,5 Proz. Juden. Die Konfessionalität der Schüler aber stellte sich 1885/91 auf den über die Volksschulen hinausgehenden und nicht obligatorisch zu besuchenden Schulen wie folgt (nach Offenbacher a. a. O. S. 16):

	Protestanten	Katholiken	Juden
Gymnasien	43 Proz.	46 Proz.	9,5 Proz.
Realgymnasien	**69** »	31 »	9 »
Oberrealschulen	**52** »	41 »	7 »
Realschulen	49 »	40 »	11 »
höhere Bürgerschulen	51 »	37 »	12 »
Durchschnitt	48 Proz.	42 Proz.	10 Proz.

Genau die gleichen Erscheinungen in Preußen, Bayern, Württemberg, den Reichslanden, Ungarn (s. die Zahlen bei Offenbacher a. a. O. S. 18 f.).

[2]) S. die Ziffern in voriger Note, wonach die hinter der katholischen Bevölkerungsquote um ein Drittel zurückbleibende katholische Gesamtfrequenz der mittleren Lehranstalten nur in den Gymnasien (wesentlich behufs Vorbildung zum theologischen Studium) um einige Prozente überschritten wird. Als charakteristisch sei mit Rücksicht auf spätere Ausführungen noch herausgeho-

welche die humanistischen Gymnasien bieten, von ihnen bevorzugt wird, — das ist eine Erscheinung, die damit nicht erklärt ist, die vielmehr umgekehrt ihrerseits zur Erklärung der geringen Anteilnahme der Katholiken am kapitalistischen Erwerb herangezogen werden muß. Noch auffallender aber ist eine Beobachtung, welche die geringere Anteilnahme der Katholiken an der gelernten Arbeiterschaft der modernen Großindustrie verstehen hilft. Die bekannte Erscheinung, daß die Fabrik ihre gelernten Arbeitskräfte in starkem Maße dem Nachwuchs des Handwerks entnimmt, diesem also die Vorbildung ihrer Arbeitskräfte überläßt und sie ihm nach vollendeter Vorbildung entzieht, zeigt sich in wesentlich stärkerem Maße bei den protestantischen als bei den katholischen Handwerksgesellen. Von den Handwerksgesellen zeigen m. a. W. die Katholiken die stärkere Neigung zum Verbleiben im Handwerk, werden also relativ häufiger Handwerksmeister, während die Protestanten in relativ stärkerem Maße in die Fabriken abströmen, um hier die oberen Staffeln der gelernten Arbeiterschaft und des gewerblichen Beamtentums zu füllen [1]. In diesen Fällen liegt zweifellos das Kausalverhältnis so, daß die anerzogene geistige Eigenart, und zwar hier die durch die religiöse Atmosphäre der Heimat und des Elternhauses bedingte Richtung der Erziehung, die Berufswahl und die weiteren beruflichen Schicksale bestimmt hat.

Die geringere Beteiligung der Katholiken am modernen Erwerbsleben in Deutschland ist nun aber um so auffallender, als sie der sonst von jeher [2] und auch in der Gegenwart gemachten Erfahrung zuwiderläuft: daß nationale oder religiöse Minderheiten, welche als »Beherrschte« einer anderen Gruppe als der »herrschenden« gegenüberstehen, durch ihren freiwilligen oder unfreiwilligen Ausschluß von politisch einflußreichen Stellungen gerade in besonders starkem Maße auf die Bahn des Erwerbes getrieben zu werden pflegen, daß ihre begabtesten Angehörigen hier den Ehrgeiz, der auf dem Boden des Staatsdienstes keine

---

ben, daß in Ungarn die Reformierten die typischen Erscheinungen der protestantischen Mittelschulfrequenz in noch gesteigertem Maß aufweisen (Offenbacher a. a. O. S. 19 Anm. a. E.).

1) S. die Nachweise bei Offenbacher a. a. O. S. 54 und die Tabellen am Schluß der Arbeit.

2) Besonders gut an den später mehrfach zu zitierenden Stellen in Sir. W. Petty's Schriften.

Verwertung finden kann, zu befriedigen suchen. So verhielt es sich unverkennbar mit den in zweifellosem ökonomischen Fortschreiten begriffenen Polen in Rußland und im östlichen Preußen — im Gegensatz zu dem von ihnen beherrschten Galizien —, so früher mit den Hugenotten in Frankreich unter Ludwig XIV., den Nonkonformisten und Quäkern in England und — last not least — mit den Juden seit zwei Jahrtausenden. Aber bei den Katholiken in Deutschland sehen wir von einer solchen Wirkung nichts oder wenigstens nichts in die Augen Fallendes, und auch in der Vergangenheit hatten sie im Gegensatz zu den Protestanten weder in Holland noch in England in den Zeiten, wo sie entweder verfolgt oder nur toleriert waren, irgendeine besonders hervortretende ökonomische Entwicklung aufzuweisen. Vielmehr besteht die Tatsache: daß die Protestanten (insbesondere gewisse später besonders zu behandelnde Richtungen unter ihnen) sowohl als herrschende wie als beherrschte Schicht, sowohl als Majorität wie als Minorität eine spezifische Neigung zum ökonomischen Rationalismus gezeigt haben, welche bei den Katholiken weder in der einen noch in der anderen Lage in gleicher Weise zu beobachten war und ist [1]). Der Grund des verschiedenen Verhaltens muß also der Hauptsache nach in der dauernden inneren Eigenart und nicht nur in der jeweiligen äußeren historisch-politischen Lage der Konfessionen gesucht werden [2]).

---

[1]) Denn die gelegentliche Exemplifikation Petty's auf Irland hat den sehr einfachen Grund: daß dort die protestantische Schicht nur als absentistische Landlords saß. Würde sie mehr behaupten, so wäre sie (bekanntlich) irrig gewesen, wie die Stellung der »Scotch-Irish« beweist. Die typische Beziehung zwischen Kapitalismus und Protestantismus bestand in Irland ebenso wie anderwärts. (Ueber die »Scotch-Irish« in Irland s. C. A. Hanna, The Scotch-Irish, 2 Bände, New-York, Putnam).

[2]) Das schließt natürlich nicht aus, daß auch die letztere höchst wichtige Konsequenzen gehabt hat und steht namentlich damit nicht im Widerspruch, daß es, wie späterhin zu erörtern, für die Entwicklung der ganzen Lebensatmosphäre mancher protestantischer Sekten von ausschlaggebender, auch auf ihre Beteiligung am Wirtschaftsleben zurückwirkender Bedeutung war, daß sie kleine und deshalb homogene Minoritäten repräsentierten, wie dies z. B. bei den strengen Calvinisten außerhalb von Genf und Neu-England eigentlich überall, selbst da wo sie politisch herrschten, der Fall war. — Daß Emigranten aller Konfessionen der Erde: indische, arabische, chinesische, syrische, phönikische, griechische, lombardische, »cawerzische« als Träger kaufmännischer Schulung hochentwickelter Länder in andere übersiedelten, war eine ganz universelle Erscheinung und hat mit unserem Problem nichts zu tun. (Brentano in dem öfter zu zitierenden Aufsatz über »Die Anfänge des modernen

Es würde also darauf ankommen, zunächst einmal zu untersuchen, welches diejenigen Elemente jener Eigenart der Konfessionen sind oder waren, die in der vorstehend geschilderten Richtung gewirkt haben und teilweise noch wirken. Man könnte nun bei oberflächlicher Betrachtung und aus gewissen modernen Eindrücken heraus versucht sein, den Gegensatz so zu formulieren: daß die größere »Weltfremdheit« des Katholizismus, die asketischen Züge, welche seine höchsten Ideale aufweisen, seine Bekenner zu einer größeren Indifferenz gegenüber den Gütern dieser Welt erziehen müßten. Diese Begründung entspricht denn auch in der Tat dem heute üblichen populären Schema der Beurteilung beider Konfessionen. Von protestantischer Seite benutzt man diese Auffassung zur Kritik jener (wirklichen oder angeblichen) asketischen Ideale der katholischen Lebensführung, von katholischer antwortet man mit dem Vorwurf des »Materialismus«, welcher die Folge der Säkularisation aller Lebensinhalte durch den Protestantismus sei. Auch ein moderner Schriftsteller glaubte den Gegensatz, wie er in dem Verhalten beider Konfessionen gegenüber dem Erwerbsleben zutage tritt, dahin formulieren zu sollen: »Der Katholik . . . ist ruhiger; mit geringerem Erwerbstrieb ausgestattet, gibt er auf einen möglichst gesicherten Lebenslauf, wenn auch mit kleinerem Einkommen, mehr, als auf ein gefährdetes, aufregendes, aber eventuell Ehren und Reichtümer bringendes Leben. Der Volksmund meint scherzhaft: entweder gut essen, oder ruhig schlafen. Im vorliegenden Fall ißt der Protestant gern gut, während der Katholik ruhig schlafen will [1]«. In der Tat mag mit dem »gut essen wollen« die Motivation für den kirchlich indifferenteren Teil der Protestanten in Deutschland und für die Gegenwart, zwar unvollständig, aber doch wenigstens teilweise richtig charakterisiert sein. Aber nicht nur lagen die Dinge in der Vergangenheit sehr anders: für die englischen, holländischen und amerikanischen

---

Kapitalismus« verweist auf seine eigene Familie. Aber: Bankiers fremder Provenienz als vorzugsweise Träger kaufmännischer Erfahrung und Beziehungen hat es zu allen Zeiten in allen Ländern gegeben. Sie sind kein Spezifikum des modernen Kapitalismus und wurden — s. später — von den Protestanten mit ethischem Mißtrauen beachtet. Anders stand es mit den nach Zürich gewanderten Locarneser Protestantenfamilien Muralt, Pestalozzi usw., welche in Zürich sehr bald zu den Trägern einer spezifisch modernen kapitalistischen (industriellen) Entwicklung gehörten).

[1]) Dr. Offenbacher, a. a. O. S. 68.

Puritaner war bekanntlich das gerade Gegenteil von »Weltfreude« charakteristisch und zwar, wie wir noch sehen werden, grade einer ihrer für uns wichtigsten Charakterzüge. Sondern z. B. der französische Protestantismus hat den Charakter, der den calvinistischen Kirchen überhaupt und zumal denen »unter dem Kreuz« in der Zeit der Glaubenskämpfe überall aufgeprägt wurde, sehr lange und in gewissem Maße bis heute bewahrt. Er ist dennoch — oder, so werden wir weiterhin zu fragen haben: vielleicht gerade deshalb? — bekanntlich einer der wichtigsten Träger der gewerblichen und kapitalistischen Entwicklung Frankreichs gewesen und in dem kleinen Maßstabe, in welchem die Verfolgung es zuließ, geblieben. Wenn man diesen Ernst und das starke Vorwalten religiöser Interessen in der Lebensführung »Weltfremdheit« nennen will, dann waren und sind die französischen Calvinisten mindestens ebenso weltfremd wie z. B. die norddeutschen Katholiken, denen ihr Katholizismus unzweifelhaft in einem Maße Herzenssache ist, wie keinem anderen Volke der Erde. Und beide unterscheiden sich dann nach der gleichen Richtung von der vorherrschenden Religionspartei: den in ihren unteren Schichten höchst lebensfrohen, in ihren oberen direkt religionsfeindlichen Katholiken Frankreichs und den heute im weltlichen Erwerbsleben aufgehenden und in ihren oberen Schichten vorwiegend religiös indifferenten Protestanten Deutschlands [1]. Kaum etwas zeigt so deutlich, wie diese Parallele, daß mit so vagen Vorstellungen, wie der (angeblichen!) »Weltfremdheit« des Katholizismus, der (angeblichen!) materialistischen »Weltfreude« des Protestantismus und vielen ähnlichen hier nichts anzufangen ist, schon weil sie in dieser Allgemeinheit teils auch heute noch, teils wenigstens für die Vergangenheit gar nicht zutreffen. Wollte man aber mit ihnen operieren, dann müßten außer den schon gemachten Bemerkungen noch manche andere Beobachtungen, die sich ohne weiteres aufdrängen, sogar den Gedanken nahelegen, ob nicht der ganze Gegensatz zwischen Weltfremdheit, Askese und kirchlicher Frömmigkeit auf der einen Seite, Beteiligung am kapita-

---

[1]) Ungemein feine Bemerkungen über die charakteristische Eigenart der Konfessionen in Deutschland und Frankreich und die Kreuzung dieser Gegensätze mit den sonstigen Kulturelementen im elsässischen Nationalitätenkampf in der vortrefflichen Schrift von W. Wittich, Deutsche und französische Kultur im Elsaß (Illustrierte Elsäß. Rundschau, 1900, auch als Sonderabdruck erschienen).

listischen Erwerbsleben auf der anderen Seite geradezu in eine innere Verwandtschaft umzukehren sei.

In der Tat ist nun schon auffallend — um mit einigen ganz äußerlichen Momenten zu beginnen — wie groß die Zahl der Vertreter gerade der innerlichsten Formen christlicher Frömmigkeit gewesen ist, die aus kaufmännischen Kreisen stammen. Speziell der Pietismus verdankt eine auffallend große Zahl seiner ernstesten Bekenner dieser Abstammung. Man könnte da an eine Art Kontrastwirkung des »Mammonismus« auf innerliche und dem Kaufmannsberuf nicht angepaßte Naturen denken, und sicherlich hat, wie bei Franz von Assisi, so auch bei vielen jener Pietisten, sich der Hergang der »Bekehrung« subjektiv dem Bekehrten selbst sehr oft so dargestellt. Und ähnlich könnte man dann die gleichfalls — bis auf Cecil Rhodes herab — so auffallend häufige Erscheinung, daß aus Pfarrhäusern kapitalistische Unternehmer größten Stils hervorgehen, als eine Reaktion gegen asketische Jugenderziehung zu erklären suchen. Indessen diese Erklärungsweise versagt da, wo ein virtuoser kapitalistischer Geschäftssinn mit den intensivsten Formen einer das ganze Leben durchdringenden und regelnden Frömmigkeit in denselben Personen und Menschengruppen zusammentrifft, und diese Fälle sind nicht etwa vereinzelt, sondern sie sind geradezu bezeichnendes Merkmal für ganze Gruppen der historisch wichtigsten protestantischen Kirchen und Sekten. Speziell der Calvinismus zeigt, wo immer er aufgetreten ist[1]), diese Kombination. So wenig er in der Zeit der Ausbreitung der Reformation in irgendeinem Lande (wie überhaupt irgendeine der protestantischen Konfessionen) an eine bestimmte einzelne Klasse gebunden war, so charakteristisch und in gewissem Sinn »typisch« ist es doch z. B., daß in französischen Hugenottenkirchen alsbald Mönche und Industrielle (Kaufleute, Handwerker) numerisch besonders stark unter den Proselyten vertreten waren und, namentlich in den Zeiten der Verfolgung, vertreten blieben[2]). Schon

[1]) Dann natürlich, soll das heißen: wenn die Möglichkeit kapitalistischer Entwicklung in dem betreffenden Gebiet überhaupt gegeben war.

[2]) S. darüber z. B.: Dupin de St. André, L'ancienne église réformée de Tours. Les membres de l'église (Bull. de la soc. de l'hist. du Protest. 4. s. t. 10). Man könnte auch hier wieder — und namentlich katholischen Beurteilern wird dieser Gedanke naheliegen — die Sucht nach Emanzipation von der klösterlichen oder überhaupt kirchlichen Kontrolle als das treibende Motiv ansehen. Aber dem steht nicht nur das Urteil auch gegnerischer Zeitgenossen (einschließlich Rabelais) entgegen, sondern es zeigen z. B. die Gewissensbedenken

die Spanier wußten, daß »die Ketzerei« (d. h. der Calvinismus der Niederländer) »den Handelsgeist befördere« und dies entspricht durchaus den Ansichten, welche Sir W. Petty in seiner Erörterung über die Gründe des kapitalistischen Aufschwungs der Niederlande vortrug. Gothein [1]) bezeichnet die calvinistische Diaspora mit Recht als die »Pflanzschule der Kapitalwirtschaft« [2]). Man könnte ja hier die Ueberlegenheit der französischen und holländischen wirtschaftlichen Kultur, welcher diese Diaspora überwiegend entstammte, für das Entscheidende ansehen, oder auch den gewaltigen Einfluß des Exils und der Herausreißung aus den traditionellen Lebensbeziehungen [3]). Allein in Frankreich selbst

---

der ersten Nationalsynoden der Hugenotten (z. B. 1. Synode, C. partic., qu. 10 bei Aymon, Synod. Nat. p. 10), ob ein Bankier Aeltester einer Kirche werden dürfe und die, trotz Calvins unzweideutiger Stellungnahme, auf den Nationalsynoden stets wiederkehrende Erörterung der Erlaubtheit des Zinsennehmens anläßlich der Anfrage bedenklicher Gemeindeglieder zwar die starke Beteiligung der hieran interessierten Kreise, zugleich aber doch wohl auch: daß der Wunsch, die »usuraria pravitas« ohne Beichtkontrolle ausüben zu können, nicht maßgebend gewesen sein kann. (Das gleiche — s. u. — in Holland. Das kanonische Zinsverbot spielt, um dies ausdrücklich zu sagen, in diesen Untersuchungen überhaupt keinerlei Rolle.)

1) W.G. des Schwarzwalds I, 67.

2) Daran anschließend die kurzen Bemerkungen Sombarts, Der moderne Kapitalismus, 1. Aufl. S. 380. Später hat Sombart leider, in dem in diesen Partien m. E. weitaus schwächsten seiner größeren Werke (Der Bourgeois, München 1913), unter der Einwirkung einer ebenfalls, trotz vieler guter (aber in dieser Hinsicht nicht neuer) Bemerkungen, unter dem Niveau anderer modern-apologetisch katholischer Arbeiten bleibenden Schrift von F. Keller (Unternehmung und Mehrwert, Schriften der Görres-Gesellschaft, 12. Heft) eine völlig verfehlte »These« verfochten, auf die gelegentlich zurückzukommen ist.

3) Denn daß die bloße Tatsache des Heimatwechsels bei der Arbeit zu den mächtigsten Mitteln ihrer Intensivierung gehört, steht durchaus fest (vgl. auch S. 23 Anm. 2). — Dasselbe polnische Mädchen, welches in der Heimat durch keine noch so günstigen Verdienstchancen aus seiner traditionalistischen Trägheit herauszubringen war, wandelt scheinbar seine ganze Natur und ist ungemessener Ausnutzung fähig, wenn es als Sachsengängerin in der Fremde arbeitet. Bei den italienischen Wanderarbeitern zeigte sich genau die gleiche Erscheinung. Daß hier keineswegs nur der erziehende Einfluß des Eintrittes in ein höheres »Kulturmilieu« das Entscheidende ist — so sehr er natürlich mitspielt, — zeigt sich darin, daß die gleiche Erscheinung eintritt, auch wo — wie in der Landwirtschaft — die Art der Beschäftigung genau die gleiche ist wie in der Heimat und die Unterbringung in Wanderarbeiterkasernen usw. sogar ein temporäres Herabsteigen auf ein Niveau der Lebenshaltung bedingt, wie es in der Heimat nie ertragen werden würde. Die bloße Tatsache des Arbeitens in ganz anderen Umgebungen als den gewohnten bricht hier den Traditionalismus und ist das »Erziehliche«. Es braucht kaum angedeutet zu werden, wieviel von der amerikanischen ökonomischen Entwicklung auf solchen Wirkungen ruht. Für das Altertum ist die ganz ähnliche Bedeutung des babylonischen Exils für die Juden, man möchte sagen, mit Händen in den Inschriften zu greifen und trifft

stand, wie aus Colberts Kämpfen bekannt ist, im 17. Jahrhundert die Sache ganz ebenso. Selbst Oesterreich hat — von anderen Ländern zu schweigen — protestantische Fabrikanten gelegentlich direkt importiert. Nicht alle protestantischen Denominationen scheinen aber gleich stark in dieser Richtung zu wirken. Der Calvinismus tat dies anscheinend auch in Deutschland; die »reformierte« Konfession [1]) scheint, im Wuppertal ebenso wie anderwärts, im Vergleich mit anderen Bekenntnissen der Entwicklung kapitalistischen Geistes förderlich gewesen zu sein. Förderlicher als z. B. das Luthertum, wie der Vergleich im großen ebenso wie im einzelnen, insbesondere im Wuppertal, zu lehren scheint [2]). Für Schottland haben Buckle und von den englischen Dichtern namentlich Keats diese Beziehungen betont [3]). Noch eklatanter ist, woran ebenfalls nur erinnert zu werden braucht, der Zusammenhang religiöser Lebensreglementierung mit intensivster Entwicklung des geschäftlichen Sinnes bei einer ganzen Anzahl gerade derjenigen Sekten, deren »Lebensfremdheit« ebenso sprichwörtlich geworden ist, wie ihr Reichtum: insbesondere den Quäkern und Mennoniten. Die Rolle, welche die ersteren in England und Nordamerika spielten, fiel den letzteren in den Niederlanden und Deutschland zu. Daß in Ostpreußen selbst Friedrich Wilhelm I. die Mennoniten trotz ihrer absoluten Weigerung, Militärdienst zu tun, als unentbehrliche Träger der Industrie gewähren ließ, ist nur eine, aber allerdings bei der Eigenart dieses Königs wohl eine der stärksten, von den zahlreichen wohlbekannten Tatsachen, die das illustrieren. Daß endlich für die Pietisten die Kombination von intensiver Frömmigkeit mit ebenso stark entwickeltem geschäft-

das Gleiche z. B. für die Parsen zu. — Aber für die Protestanten spielt, wie schon der unverkennbare Unterschied in der ökonomischen Eigenart der puritanischen Neu-England-Kolonien gegenüber dem katholischen Maryland, dem episkopalistischen Süden und dem interkonfessionellen Rhode Island zeigt, der Einfluß ihrer religiösen Eigenart ganz offenbar als selbständiger Faktor eine Rolle, ähnlich wie in Indien etwa bei den Jaina.

[1]) Sie ist bekanntlich in den meisten ihrer Formen ein mehr oder minder temperierter Calvinismus oder Zwinglianismus.

[2]) In dem fast rein lutherischen Hamburg ist das einzige bis in das 17. Jahrhundert zurückreichende Vermögen dasjenige einer bekannten reformierten Familie (freundlicher Hinweis von Prof. A. Wahl).

[3]) »Neu« ist also nicht, daß hier dieser Zusammenhang behauptet wird über den schon Lavaleye, Matthew Arnold u. a. gehandelt haben, sondern umgekehrt seine ganz unbegründete Anzweiflung. Es gilt ihn zu erklären.

lichen Sinn und Erfolg ebenfalls galt[1]), ist bekannt genug: — man braucht nur an rheinische Verhältnisse und an Calw zu erinnern —; es mögen daher in diesen ja nur ganz provisorischen Ausführungen die Beispiele nicht weiter gehäuft werden. Denn schon diese wenigen zeigen alle das eine: der »Geist der Arbeit«, des »Fortschritts« oder wie er sonst bezeichnet wird, dessen Weckung man dem Protestantismus zuzuschreiben neigt, darf nicht, wie es heute zu geschehen pflegt, als »Weltfreude« oder irgendwie sonst im »aufklärerischen« Sinn verstanden werden. Der alte Protestantismus der Luther, Calvin, Knox, Voët hatte mit dem, was man heute »Fortschritt« nennt, herzlich wenig zu schaffen. Zu ganzen Seiten des modernen Lebens, die heute der extremste Konfessionelle nicht mehr entbehren möchte, stand er direkt feindlich. Soll also überhaupt eine innere Verwandtschaft bestimmter Ausprägungen des altprotestantischen Geistes und moderner kapitalistischer Kultur gefunden werden, so müssen wir wohl oder übel versuchen, sie n i c h t in dessen (angeblicher) mehr oder minder materialistischer oder doch anti-asketischer »Weltfreude«, sondern vielmehr in seinen rein r e l i g i ö s e n Zügen zu suchen. — Montesquieu sagt (Esprit des lois Buch XX cap. 7) von den Engländern, sie hätten es »in drei wichtigen Dingen von allen Völkern der Welt am weitesten gebracht: in der Frömmigkeit, im Handel und in der Freiheit«. Sollte ihre Ueberlegenheit auf dem Gebiet des Erwerbs — und, was in einen anderen Zusammenhang gehört, ihre Eignung für freiheitliche politische Institutionen — vielleicht mit jenem Frömmigkeitsrekord, den Montesquieu ihnen zuerkennt, zusammenhängen?

Eine ganze Anzahl möglicher Beziehungen steigen, dunkel empfunden, alsbald vor uns auf, wenn wir die Frage so stellen. Es wird nun eben die Aufgabe sein müssen, das, was uns hier undeutlich vorschwebt, so deutlich zu f o r m u l i e r e n, als dies bei der unausschöpfbaren Mannigfaltigkeit, die in jeder

---

[1]) Das schließt natürlich nicht aus, daß der offizielle Pietismus, ebenso wie auch andere religiöse Richtungen, sich gewissen »Fortschritten« kapitalistischer Wirtschaftsverfassung — z. B. dem Uebergang aus der Hausindustrie zum Fabriksystem — aus patriarchalistischen Stimmungen heraus später widersetzt haben. Es ist eben das, was eine religiöse Richtung als Ideal e r s t r e b t e und das, was ihr Einfluß auf die Lebensführung ihrer Anhänger faktisch b e w i r k t e, scharf zu scheiden, wie wir noch oft sehen werden. (Ueber die spezifische Arbeitseignung pietistischer Arbeitskräfte finden sich von mir errechnete Beispiele aus einer westfälischen Fabrik in dem Aufsatz: »Zur Psychophysik der gewerblichen Arbeit, Archiv f. Soz. Band XXVIII, S. 263 und öfter).

historischen Erscheinung steckt, überhaupt möglich ist. Um dies aber zu können, muß das Gebiet der vagen Allgemeinvorstellungen, mit dem wir bisher operiert haben, notgedrungen verlassen und in die charakteristische Eigenart und die Unterschiede jener großen religiösen Gedankenwelten einzudringen versucht werden, die in den verschiedenen Ausprägungen der christlichen Religion uns geschichtlich gegeben sind.

Vorher aber sind noch einige Bemerkungen erforderlich: zunächst über die Eigenart des Objektes, um dessen geschichtliche Erklärung es sich handelt; dann über den Sinn, in welchem eine solche Erklärung überhaupt im Rahmen dieser Untersuchungen möglich ist.

2.

In der Ueberschrift dieser Studie ist der etwas anspruchsvoll klingende Begriff: »Geist des Kapitalismus« verwendet. Was soll darunter verstanden werden? Bei dem Versuch, so etwas wie eine »Definition« davon zu geben, zeigen sich sofort gewisse, im Wesen des Untersuchungszwecks liegende Schwierigkeiten

Wenn überhaupt ein Objekt auffindbar ist, für welches der Verwendung jener Bezeichnung irgendein Sinn zukommen kann, so kann es nur ein »historisches Individuum« sein, d. h. ein Komplex von Zusammenhängen in der geschichtlichen Wirklichkeit, die wir unter dem Gesichtspunkte ihrer Kulturbedeutung begrifflich zu einem Ganzen zusammenschließen.

Ein solcher historischer Begriff aber kann, da er inhaltlich sich auf eine in ihrer individuellen Eigenart bedeutungsvolle Erscheinung bezieht, nicht nach dem Schema: »genus proximum, differentia specifica« definiert (zu deutsch: »abgegrenzt«), sondern er muß aus seinen einzelnen der geschichtlichen Wirklichkeit zu entnehmenden Bestandteilen allmählich komponiert werden. Die endgültige begriffliche Erfassung kann daher nicht am Anfang, sondern muß am Schluß der Untersuchung stehen: es wird sich m. a. W. erst im Lauf der Erörterung und als deren wesentliches Ergebnis zu zeigen haben, wie das, was wir hier unter dem »Geist« des Kapitalismus verstehen, am besten — d. h. für die uns hier interessierenden Gesichtspunkte adäquatesten — zu formulieren sei. Diese Gesichtspunkte wiederum (von denen noch zu reden sein wird) sind nun nicht etwa die einzig möglichen, unter denen jene historischen Erscheinungen, die wir betrachten, analysiert werden können. Andere Gesichtspunkte der Betrachtung würden hier, wie bei jeder historischen Erscheinung, andere Züge als die »wesentlichen« ergeben: — woraus ohne weiteres folgt, daß man unter dem »Geist« des Kapitalismus durchaus nicht notwendig nur das verstehen könne oder müsse, was sich uns als das für unsere Auffassung Wesentliche daran darstellen wird. Das liegt eben im Wesen der »historischen Begriffsbildung«, welche für ihre methodischen Zwecke die Wirklichkeit nicht in abstrakte Gattungsbegriffe einzuschachteln, sondern in konkrete genetische Zusammenhänge von stets und unvermeidlich spezifisch individueller Färbung einzugliedern strebt.

Soll gleichwohl eine Feststellung des Objektes, um dessen Analyse und historische Erklärung es sich handelt, erfolgen, so kann es sich also nicht um eine begriffliche Definition, sondern vorerst wenigstens nur um eine provisorische Veranschaulichung dessen handeln, was hier mit dem »Geist« des Kapitalismus gemeint ist. Eine solche ist nun in der Tat zum Zwecke einer Verständigung über den Gegenstand der Untersuchung unentbehrlich, und wir halten uns zu diesem Behufe an ein Dokument jenes »Geistes«, welches das, worauf es hier zunächst ankommt, in nahezu klassischer Reinheit enthält und doch zugleich den Vorteil bietet, von aller direkten Beziehung zum Religiösen losgelöst, also — für unser Thema — »voraussetzungslos« zu sein:

»Bedenke, daß die Zeit Geld ist; wer täglich zehn Schillinge durch seine Arbeit erwerben könnte und den halben Tag spazieren geht, oder auf seinem Zimmer faulenzt, der darf, auch wenn er nur sechs Pence für sein Vergnügen ausgibt, nicht dies allein berechnen, er hat nebendem noch fünf Schillinge ausgegeben oder vielmehr weggeworfen.

Bedenke, daß Kredit Geld ist. Läßt jemand sein Geld, nachdem es zahlbar ist, bei mir stehen, so schenkt er mir die Interessen, oder so viel als ich während dieser Zeit damit anfangen kann. Dies beläuft sich auf eine beträchtliche Summe, wenn ein Mann guten und großen Kredit hat und guten Gebrauch davon macht.

Bedenke, daß Geld von einer zeugungskräftigen und fruchtbaren Natur ist. Geld kann Geld erzeugen und die Sprößlinge können noch mehr erzeugen und so fort. Fünf Schillinge umgeschlagen sind sechs, wieder umgetrieben sieben Schilling drei Pence und so fort bis es hundert Pfund Sterling sind. Je mehr davon vorhanden ist, desto mehr erzeugt das Geld beim Umschlag, so daß der Nutzen schneller und immer schneller steigt. Wer ein Mutterschwein tötet, vernichtet dessen ganze Nachkommenschaft bis ins tausendste Glied. Wer ein Fünfschillingstück umbringt, mordet(!) alles, was damit hätte produziert werden können: ganze Kolonnen von Pfunden Sterling.

Bedenke, daß — nach dem Sprichwort — ein guter Zahler der Herr von jedermanns Beutel ist. Wer dafür bekannt ist, pünktlich zur versprochenen Zeit zu zahlen, der kann zu jeder Zeit alles Geld entlehnen, was seine Freunde gerade nicht brauchen.

Dies ist bisweilen von großem Nutzen. Neben Fleiß und Mäßigkeit trägt nichts so sehr dazu bei, einen jungen Mann in der Welt vorwärts zu bringen, als Pünktlichkeit und Gerechtigkeit bei allen seinen Geschäften. Deshalb behalte niemals erborgtes Geld eine Stunde länger als du versprachst, damit nicht der Aerger darüber deines Freundes Börse dir auf immer verschließe.

Die unbedeutendsten Handlungen, die den Kredit eines Mannes beeinflussen, müssen von ihm beachtet werden. Der Schlag deines Hammers, den dein Gläubiger um 5 Uhr morgens oder um 8 Uhr abends vernimmt, stellt ihn auf sechs Monate zufrieden; sieht er dich aber am Billardtisch oder hört er deine Stimme im Wirtshause, wenn du bei der Arbeit sein solltest, so läßt er dich am nächsten Morgen um die Zahlung mahnen, und fordert sein Geld, bevor du es zur Verfügung hast.

Außerdem zeigt dies, daß du ein Gedächtnis für deine Schulden hast, es läßt dich als einen ebenso sorgfältigen wie ehrlichen Mann erscheinen und das vermehrt deinen Kredit.

Hüte dich, daß du alles was du besitzest, für dein Eigentum hältst und demgemäß lebst. In diese Täuschung geraten viele Leute, die Kredit haben. Um dies zu verhüten, halte eine genaue Rechnung über deine Ausgaben und dein Einkommen. Machst du dir die Mühe, einmal auf die Einzelheiten zu achten, so hat das folgende gute Wirkung: Du entdeckst, was für wunderbar kleine Ausgaben zu großen Summen anschwellen und du wirst bemerken, was hätte gespart werden können und was in Zukunft gespart werden kann. . . .

Für 6 £ jährlich kannst du den Gebrauch von 100 £ haben, vorausgesetzt, daß du ein Mann von bekannter Klugheit und Ehrlichkeit bist. Wer täglich einen Groschen nutzlos ausgibt, gibt an 6 £ jährlich nutzlos aus, und das ist der Preis für den Gebrauch von 100 £. Wer täglich einen Teil seiner Zeit zum Werte eines Groschen verschwendet (und das mögen nur ein paar Minuten sein), verliert, einen Tag in den andern gerechnet, das Vorrecht 100 £ jährlich zu gebrauchen. Wer nutzlos Zeit im Wert von 5 Schillingen vergeudet, verliert 5 Schillinge und könnte ebensogut 5 Schillinge ins Meer werfen. Wer 5 Schillinge verliert, verliert nicht nur die Summe, sondern alles, was damit bei Verwendung im Gewerbe hätte verdient werden können, — was, wenn ein junger Mann ein höheres Alter erreicht, zu einer ganz bedeutenden Summe aufläuft.«

Es ist Benjamin Franklin[1]), der in diesen Sätzen — den gleichen, die Ferdinand Kürnberger in seinem geist- und giftsprühenden »amerikanischen Kulturbilde«[2]) als angeb-

[1]) Der Schlußpassus aus: Necessary hints to those that would be rich (geschrieben 1736), das übrige aus: Advice to a young tradesman (1748), Works ed. Sparks Vol. II p. 87.

[2]) »Der Amerikamüde« (Frankfurt 1855), bekanntlich eine dichterische Paraphrase der amerikanischen Eindrücke Lenau's. Das Buch wäre als Kunstwerk heute etwas schwer genießbar, aber es ist als Dokument der (heute längst verblaßten) Gegensätze deutschen und amerikanischen Empfindens, man kann auch sagen: jenes Innenlebens, wie es seit der deutschen Mystik des Mittelalters den deutschen Katholiken und Protestanten trotz alledem gemeinsam geblieben ist, gegen puritanisch-kapitalistische Tatkraft schlechthin unübertroffen. — Kürnbergers etwas freie Uebersetzung der Franklinschen Traktate ist hier nach dem Original korrigiert.

liches Glaubensbekenntnis des Yankeetums verhöhnt — zu uns predigt. Daß es »Geist des Kapitalismus« ist, der aus ihm in charakteristischer Weise redet, wird niemand bezweifeln, so wenig etwa behauptet werden soll, daß nun alles, was man unter diesem »Geist« verstehen kann, darin enthalten sei. Verweilen wir noch etwas bei dieser Stelle, deren Lebensweisheit Kürnbergers »Amerikamüder« dahin zusammenfaßt: »Aus Rindern macht man Talg, aus Menschen Geld«, so fällt als das Eigentümliche in dieser »Philosophie des Geizes« das Ideal des kreditwürdigen Ehrenmannes und vor allem: der Gedanke der Verpflichtung des einzelnen gegenüber dem als Selbstzweck vorausgesetzten Interesse an der Vergrößerung seines Kapitals auf. In der Tat: daß hier nicht einfach Lebenstechnik, sondern eine eigentümliche »Ethik« gepredigt wird, deren Verletzung nicht nur als Torheit, sondern als eine Art von Pflichtvergessenheit behandelt wird: dies vor Allem gehört zum Wesen der Sache. Es ist nicht nur »Geschäftsklugheit«, was da gelehrt wird — dergleichen findet sich auch sonst oft genug: — es ist ein Ethos, welches sich äußert, und in eben dieser Qualität interessiert es uns.

Wenn Jakob Fugger einem Geschäftskollegen, der sich zur Ruhe gesetzt hat und ihm zuredet, das gleiche zu tun, da er nun doch genug gewonnen habe und andere auch gewinnen lassen solle, dies als »Kleinmut« verweist und antwortet: »er (Fugger) hätte viel einen andern Sinn, wollte gewinnen dieweil er könnte«[1]), so unterscheidet sich der »Geist« dieser Aeußerung offensichtlich von Franklin: was dort als Ausfluß kaufmännischen Wagemuts und einer persönlichen, sittlich indifferenten, Neigung geäußert wird [2]), nimmt hier den Charakter einer ethisch gefärbten Maxime der Lebensführung an. In diesem spezifischen

---

[1]) Sombart hat dies Zitat dem Abschnitt über die »Genesis des Kapitalismus« (Der moderne Kapitalismus 1. Aufl. Band I, S. 193 cf. das. S. 390) als Motto vorgesetzt.

[2]) Was selbstverständlich weder bedeutet, daß Jakob Fugger ein sittlich indifferenter oder irreligiöser Mann gewesen sei, noch, daß Benjamin Franklins Ethik überhaupt sich in jenen Sätzen erschöpfe. Es hätte wohl nicht der Zitate Brentanos (Die Anfänge des modernen Kapitalismus, München 1916, S. 150 f) bedurft, um diesen wohlbekannten Philanthropen dagegen zu schützen, so verkannt zu werden, wie Brentano es mir zuzutrauen scheint. Das Problem ist umgekehrt ja gerade: wie konnte ein solcher Philanthrop eben diese Sätze (deren besonders charakteristische Formung Brentano wiederzugeben unterlassen hat) im Stil eines Moralisten vortragen?

Sinne wird hier der Begriff »Geist des Kapitalismus« gebraucht [1]). Natürlich: des modernen Kapitalismus. Denn daß hier nur von diesem westeuropäisch-amerikanischem Kapitalismus die Rede ist, versteht sich angesichts der Fragestellung von selbst. »Kapitalismus« hat es in China, Indien, Babylon, in der Antike und im Mittelalter gegeben. Aber eben jenes eigentümliche Ethos fehlte ihm, wie wir sehen werden.

Allerdings sind nun alle moralischen Vorhaltungen Franklins utilitarisch gewendet: die Ehrlichkeit ist nützlich, weil sie Kredit bringt, die Pünktlichkeit, der Fleiß, die Mäßigkeit ebenso, und deshalb sind sie Tugenden: — woraus u. a. folgen würde, daß, wo z. B. der Schein der Ehrlichkeit den gleichen Dienst tut, dieser genügen und ein unnötiges Surplus an dieser Tugend als unproduktive Verschwendung in den Augen Franklins verwerflich erscheinen müßte. Und in der Tat: wer in seiner Selbstbiographie die Erzählung von seiner »Bekehrung« zu jenen Tugenden [2]) oder vollends die Ausführungen über den Nutzen, den die strikte Aufrechterhaltung des Scheines der Bescheidenheit, des geflissentlichen Zurückstellens der eigenen Verdienste für die Erreichung allgemeiner Anerkennung [3]) habe,

---

[1]) Darauf beruht die gegenüber Sombart andere Problemstellung hier. Die sehr erhebliche praktische Bedeutung des Unterschieds wird später hervortreten. Es sei schon hier bemerkt, daß Sombart diese ethische Seite des kapitalistischen Unternehmers keineswegs unbeachtet gelassen hat. Nur erscheint sie in seinem Gedankenzusammenhang als das vom Kapitalismus Bewirkte, während wir für unsere Zwecke hier die umgekehrte Hypothese in Betracht ziehen müssen. Endgültig kann erst am Abschluß der Untersuchung Stellung genommen werden. Für Sombarts Auffassung cf. a. a. O. I S. 357, 380 usw. Seine Gedankengänge knüpfen hier an die glänzenden Bilder in Simmels »Philosophie des Geldes« (letztes Kapitel) an. Auf die von ihm in seinem »Bourgeois« vorgetragene Polemik gegen mich komme ich weiterhin zu sprechen. An dieser Stelle muß zunächst jede eingehende Auseinandersetzung zurückgestellt werden.

[2]) In deutscher Uebersetzung: »Ich überzeugte mich endlich, daß Wahrheit, Ehrlichkeit und Aufrichtigkeit im Verkehr zwischen Mensch und Mensch von höchster Wichtigkeit für unser Lebensglück seien, und entschloß mich von jenem Augenblick an, und schrieb auch den Entschluß in mein Tagebuch, sie mein Lebenlang zu üben. Die Offenbarung als solche hatte jedoch in der Tat kein Gewicht bei mir, sondern ich war der Meinung, daß, obschon gewisse Handlungen nicht schlecht, bloß weil die offenbarte Lehre sie verbietet, oder gut deshalb seien, weil sie selbige vorschreibt, doch — in Anbetracht aller Umstände — jene Handlungen uns wahrscheinlich nur, weil sie ihrer Natur nach schädlich sind, verboten, oder weil sie wohltätig sind, uns anbefohlen worden seien.«

[3]) »Ich rückte mich soviel wie möglich aus den Augen und gab es« — nämlich die von ihm angeregte Schöpfung einer Bibliothek — »für ein Unternehmen einer »Anzahl von Freunden« aus, welche mich gebeten hätten, herumzugehen

liest, muß notwendig zu dem Schluß kommen, daß nach Franklin jene wie alle Tugenden auch nur soweit Tugenden sind, als sie in concreto dem einzelnen nützlich sind und das Surrogat des bloßen Scheins überall da genügt, wo es den gleichen Dienst leistet: — eine für den strikten Utilitarismus in der Tat unentrinnbare Konsequenz. Das, was Deutsche an den Tugenden des Amerikanismus als »Heuchelei« zu empfinden gewohnt sind, scheint hier in flagranti zu ertappen. — Allein so einfach liegen die Dinge in Wahrheit keineswegs. Nicht nur Benjamin Franklins eigener Charakter, wie er gerade in der immerhin seltenen Ehrlichkeit seiner Selbstbiographie zutage tritt, und der Umstand, daß er die Tatsache selbst, daß ihm die »Nützlichkeit« der Tugend aufgegangen sei, auf eine Offenbarung Gottes zurückführt, der ihn dadurch zur Tugend bestimmen wollte, zeigen, daß hier doch noch etwas anderes als eine Verbrämung rein egozentrischer Maximen vorliegt. Sondern vor allem ist das »summum bonum« dieser »Ethik«: der Erwerb von Geld und immer mehr Geld, unter strengster Vermeidung alles unbefangenen Genießens, so gänzlich aller eudämonistischen oder gar hedonistischen Gesichtspunkte entkleidet, so rein als Selbstzweck gedacht, daß es als etwas gegenüber dem »Glück« oder dem »Nutzen« des einzelnen Individuums jedenfalls gänzlich Transzendentes und schlechthin Irrationales [1]) erscheint. Der Mensch ist auf das

und es denjenigen Leuten vorzuschlagen, welche sie für Freunde des Lesens hielten. Auf diese Weise ging mein Geschäft glatter vonstatten, und ich bediente mich dieses Verfahrens hernach immer bei derartigen Gelegenheiten und kann es nach meinen häufigen Erfolgen aufrichtig empfehlen. Das augenblickliche kleine Opfer der Eigenliebe, welches man dabei bringt, wird später reichlich vergolten werden. Wenn es eine Zeitlang unbekannt bleibt, wem das eigentliche Verdienst gebührt, wird irgend jemand, der eitler als der betreffende ist, ermutigt werden, das Verdienst zu beanspruchen, und dann wird der Neid selbst geneigt sein, dem erstern Gerechtigkeit widerfahren zu lassen, indem er jene angemaßten Federn ausreißt und sie ihrem rechtmäßigen Eigentümer zurückgibt.«

[1]) Brentano (S. 125, 127 Anm. 1) nimmt diese Bemerkung zum Anlaß, um die späteren Ausführungen über jene »Rationalisierung und Disziplinierung«, welche die innerweltliche Askese an dem Menschen vorgenommen habe, zu kritisieren; das sei also eine »Rationalisierung« zu einer »irrationalen Lebensführung«. In der Tat ist dem so. »Irrational« ist etwas stets nicht an sich, sondern von einem bestimmten »rationalen« Gesichtspunkte aus. Für den Irreligiösen ist jede religiöse, für den Hedoniker jede asketische Lebensführung »irrational«, mag sie auch, an ihrem letzten Wert gemessen, eine »Rationalisierung« sein. Wenn zu irgend etwas, so möchte dieser Aufsatz dazu beitragen, den nur scheinbar eindeutigen Begriff des »Rationalen« in seiner Vielseitigkeit aufzudecken.

Erwerben als Zweck seines Lebens, nicht mehr das Erwerben auf den Menschen als Mittel zum Zweck der Befriedigung seiner materiellen Lebensbedürfnisse bezogen. Diese für das unbefangene Empfinden schlechthin sinnlose Umkehrung des, wie wir sagen würden, »natürlichen« Sachverhalts ist nun ganz offenbar ebenso unbedingt ein Leitmotiv des Kapitalismus, wie sie dem von seinem Hauche nicht berührten Menschen fremd ist. Aber sie enthält zugleich eine Empfindungsreihe, welche sich mit gewissen religiösen Vorstellungen eng berührt. Fragt man nämlich: warum denn »aus Menschen Geld gemacht« werden soll, so antwortet Benjamin Franklin, obwohl selbst konfessionell farbloser Deist, in seiner Autobiographie darauf mit einem Bibelspruch, den, wie er sagt, sein streng calvinistischer Vater ihm in der Jugend immer wieder eingeprägt habe: »Siehst du einen Mann rüstig in seinem Beruf, so soll er vor Königen stehen«[1]. Der Gelderwerb ist — sofern er in legaler Weise erfolgt — innerhalb der modernen Wirtschaftsordnung das Resultat und der Ausdruck der Tüchtigkeit im Beruf und diese Tüchtigkeit ist, wie nun unschwer zu erkennen ist, das wirkliche A und O der Moral Franklins, wie sie in der zitierten Stelle ebenso wie in allen seinen Schriften ohne Ausnahme uns entgegentritt[2].

In der Tat: jener eigentümliche, uns heute so geläufige und in Wahrheit doch so wenig selbstverständliche Gedanke der Berufspflicht: einer Verpflichtung, die der Einzelne empfinden soll und empfindet gegenüber dem Inhalt seiner »beruflichen« Tätigkeit, gleichviel worin sie besteht, gleichviel insbesondere ob sie dem unbefangenen Empfinden als reine Verwertung seiner Arbeitskraft oder gar nur seines Sachgüterbesitzes (als »Kapital«) erscheinen muß: — dieser Gedanke ist es, welcher der »Sozialethik« der kapitalistischen Kultur charakteristisch, ja in gewissem Sinne für sie von konstitutiver Bedeutung ist. Nicht als ob er nur auf dem Boden des Kapitalismus gewachsen wäre: wir werden ihn vielmehr später in die Vergangenheit zurück zu verfolgen suchen. Und noch weniger soll natürlich behauptet werden, daß für den heutigen Kapitalismus die subjektive

---

[1]) Spr. Sal. c. 22 v. 29. Luther übersetzt: »in seinem Geschäft«, die älteren englischen Bibelübersetzungen »business«. S. darüber S. 63 Anm. 1.

[2]) Gegenüber Brentanos (a. a. O. S. 150 f.) ausführlicher aber etwas unpräziser Apologie des vermeintlich von mir in seinen ethischen Qualitäten verkannten Franklin verweise ich lediglich auf diese Bemerkung, welche m. E. hätte genügen dürfen, jene Apologie unnötig zu machen.

Aneignung dieser ethischen Maxime durch seine einzelnen Träger, etwa die Unternehmer oder die Arbeiter der modernen kapitalistischen Betriebe, Bedingung der Fortexistenz sei. Die heutige kapitalistische Wirtschaftsordnung ist ein ungeheurer Kosmos, in den der einzelne hineingeboren wird und der für ihn, wenigstens als einzelnen, als faktisch unabänderliches Gehäuse, in dem er zu leben hat, gegeben ist. Er zwingt dem einzelnen, soweit er in den Zusammenhang des Marktes verflochten ist, die Normen seines wirtschaftlichen Handelns auf. Der Fabrikant, welcher diesen Normen dauernd entgegenhandelt, wird ökonomisch ebenso unfehlbar eliminiert, wie der Arbeiter, der sich ihnen nicht anpassen kann oder will, als Arbeitsloser auf die Straße gesetzt wird.

Der heutige, zur Herrschaft im Wirtschaftsleben gelangte Kapitalismus also erzieht und schafft sich im Wege der ökonomischen A u s l e s e die Wirtschaftssubjekte — Unternehmer und Arbeiter — deren er bedarf. Allein gerade hier kann man die Schranken des »Auslese«-Begriffes als Mittel der Erklärung historischer Erscheinungen mit Händen greifen. Damit jene der Eigenart des Kapitalismus angepaßte Art der Lebensführung und Berufsauffassung »ausgelesen« werden, d. h.: über andere den Sieg davontragen konnte, mußte sie offenbar zunächst entstanden sein, und zwar nicht in einzelnen isolierten Individuen, sondern als eine Anschauungsweise, die von Menschen g r u p p e n getragen wurde. Diese Entstehung ist also das eigentlich zu Erklärende. Auf die Vorstellung des naiven Geschichtsmaterialismus, daß derartige »Ideen« als »Wiederspiegelung« oder »Ueberbau« ökonomischer Situationen ins Leben treten, werden wir eingehender erst später zu sprechen kommen. An dieser Stelle genügt es für unseren Zweck wohl, darauf hinzuweisen, daß jedenfalls ohne Zweifel im Geburtslande Benjamin Franklins (Massachusetts) der »kapitalistische Geist« (in unserem hier angenommenen Sinn) v o r der »kapitalistischen Entwicklung« da war (es wird über die spezifischen Erscheinungen profitsüchtiger Rechenhaftigkeit in Neuengland — im Gegensatz zu anderen Gebieten Amerikas — schon 1632 geklagt), daß er z. B. in den Nachbarkolonien — den späteren Südstaaten der Union — ungleich unentwickelter geblieben war, und zwar trotzdem diese letzteren von großen Kapitalisten zu G e s c h ä f t s zwecken, die Neuengland-Kolonien aber von Predigern und Graduates in

Verbindung mit Kleinbürgern, Handwerkern und Yeomen aus religiösen Gründen ins Leben gerufen wurden. In diesem Falle liegt also das Kausalverhältnis jedenfalls umgekehrt als vom »materialistischen« Standpunkt aus zu postulieren wäre. Aber die Jugend solcher Ideen ist überhaupt dornenvoller, als die Theoretiker des »Ueberbaues« annehmen und ihre Entwicklung vollzieht sich nicht wie die einer Blume. Der kapitalistische Geist in dem Sinne, den wir für diesen Begriff bisher gewonnen haben, hat sich in schwerem Kampf gegen eine Welt feindlicher Mächte durchzusetzen gehabt. Eine Gesinnung wie sie in den zitierten Ausführungen Benjamin Franklins zum Ausdruck kam und den Beifall eines ganzen Volkes fand, wäre im Altertum wie im Mittelalter [1]) ebenso als Ausdruck des schmutzigsten Geizes und einer

[1]) Ich benütze diese Gelegenheit, einige »antikritische« Bemerkungen schon hier vorweg einzuflechten. — Es ist eine unhaltbare Behauptung, wenn Sombart (Der Bourgeois, München und Leipzig 1913) gelegentlich versichert: diese »Ethik« Franklins sei die »wortwörtliche« Wiederholung von Ausführungen des großen Universalgenies der Renaissance: Leon Battista Alberti's, der neben theoretischen Schriften über Mathematik, Plastik, Malerei, (vor allem:) Architektur und über die Liebe (er war persönlich Frauenfeind) auch über den Haushalt (della famiglia) eine Schrift in 4 Büchern verfaßte (von der mir im Augenblick der Niederschrift leider nicht die Ausgabe von Mancini, sondern nur die ältere von Bonucci vorliegt). — Die Stelle Franklins steht ja wörtlich abgedruckt oben, — wo finden sich denn nun entsprechende Stellen aus Albertis Werken, insbesondere die Maxime, die an der Spitze steht: »Zeit ist Geld« und die anschließenden Vermahnungen? Die einzige daran auch nur aus weitester Distanz erinnernde Stelle steht m. W. gegen Schluß des 1. Buchs della famiglia (Ausg. v. Bonucci Vol. II, p. 353) wo ganz allgemein von dem Gelde als dem Nervus rerum des Haushalts die Rede ist, mit dem daher ganz besonders gut gewirtschaftet werden müsse — ganz wie schon bei Cato de re rustica. Die Behandlung Albertis, der allen Nachdruck darauf legt, aus einer der vornehmsten Kavaliersfamilien von Florenz zu stammen (»nobilissimi cavalieri«: della famiglia p. 213, 228, 247 in der Ausgabe von Bonucci), als eines Mannes mit »verpantschtem Blut«, eines mit Ressentiment gegen die Geschlechter erfüllten, weil — wegen seiner (ihn nicht im mindesten deklassierenden) außerehelichen Erzeugung — von den Signorengeschlechtern ausgeschlossenen Bürgerlichen, ist grundverkehrt. Für Alberti charakteristisch ist gewiß seine Empfehlung großer Geschäfte, die allein einer nobile e onesta famiglia und eines libero e nobile animo würdig seien (das. p. 209) und: weniger Arbeit kosten (vgl. del governo della famiglia IV, p. 55, ebenso in der Redaktion für die Pandolfini p. 116: darum am besten Verlagsgeschäft in Wolle und Seide!), ferner einer geordneten und strengen Haushaltung, d. h. der Bemessung der Ausgaben nach den Einnahmen. Dies, also: primär ein Prinzip der Haushaltsführung, nicht aber: des Erwerbs (wie gerade Sombart recht gut hätte erkennen können) — ganz ebenso wie es sich bei der Diskussion über das Wesen des Geldes (a. a. O.) primär um Vermögensanlage (Geld oder possessioni) handelt, nicht um Kapitalverwertung — ist die »santa masserizia«, deren Vertretung dem Gianozzo in den Mund gelegt wird. Empfohlen

schlechthin würdelosen Gesinnung proskribiert worden, wie dies noch heute von allen denjenigen sozialen Gruppen regelmäßig

---

wird, — als Selbstschutz gegen die Unsicherheit der »Fortuna«, — die frühe Gewohnung an stete, übrigens auch (della famiglia p. 73—74) allein dauernd gesund erhaltende, Tätigkeit in cose magnifiche e ample (p. 192) und Meidung des stets für die Erhaltung der eigenen Stellung gefährlichen Müßiggangs, daher auch fürsorgliches Lernen eines standesgemäßen Metiers für den Fall von Wechselfällen (aber: jede opera mercenaria ist unstandesgemäß: della famiglia l. I p. 209 das.). Sein Ideal der »tranquillità dell' animo« und seine starke Hinneigung zum epikureischen „λάθε βιώσας" (vivere a sè stesso — das. p. 262), insbesondere die Abneigung gegen jedes Amt — das. p. 258 — als Quelle von Unruhe, Feindschaft, Verwicklung in schmutzige Geschäfte, das Jdeal des Lebens auf der ländlichen Villa, seine Speisung des Selbstgefühls durch den Gedanken an die Ahnen, und die Behandlung der Ehre der Familie (die deshalb auch ihr Vermögen nach Florentiner Art zusammenhalten, nicht teilen, soll) als des entscheidenden Maßstabs und Zieles: dies alles wäre in den Augen jedes Puritaners eine sündhafte »Kreaturvergötterung«, in Benjamin Franklins Augen aber eine diesem unbekannte aristokratische Pathetik gewesen. Man beachte noch die hohe Schätzung des Literatentums (denn auf literarisch-wissenschaftliche Arbeit ist die »industria« vor allem gerichtet, sie ist das eigentlich Menschenwürdige und wesentlich nur dem Illiteraten Gianozzo wird die Vertretung der masserizia — im Sinn von »rationalem Haushalt« als dem Mittel, von Andern unabhängig zu leben und nicht ins Elend zu kommen — als gleichwertig in den Mund gelegt und dabei der Ursprung des der Mönchsethik (s. u.) entstammenden Begriffs auf einen alten Priester zurückgeführt p. 249). Man stelle dies alles neben die Ethik und Lebensführung Benjamin Franklins und, vollends, seiner puritanischen Ahnen, die an die humanistischen Patriziate sich wendenden Schriften des Renaissanceliteraten neben die an die Massen des bürgerlichen Mittelstandes — ausdrücklich: der Commis — gerichteten Schriften Franklins und neben die Traktate und Predigten der Puritaner, um die Tiefe des Unterschieds zu ermessen. Der ökonomische Rationalismus Albertis, überall durch Zitate aus antiken Schriftstellern gestützt, ist am wesensähnlichsten der Behandlung ökonomischer Stoffe in den Schriften Xenophons (den er nicht kannte), Catos, Varros und Columellas (die er zitiert), — nur daß insbesondere bei Cato und Varro das Erwerben als solches ganz anders als bei Alberti im Vordergrund steht. Im übrigen wirken die freilich nur sehr gelegentlichen Ausführungen Albertis über die Verwendung der fattori, ihre Arbeitsteilung und Disziplin, über die Unverläßlichkeit der Bauern usw. in der Tat ganz wie eine Uebertragung catonischer Lebensklugheit aus dem Gebiet des Sklavenfronhofs auf das der freien Arbeit in Hausindustrie und Teilbau. Wenn Sombart (dessen Bezugnahme auf die Ethik der Stoa entschieden verfehlt ist) den ökonomischen Rationalismus schon bei Cato »zu äußerster Konsequenz entwickelt« findet, so ist das, richtig verstanden, nicht geradezu unrichtig. Man wird den »diligens pater familias« der Römer mit dem Ideal des »massajo« bei Alberti in der Tat unter die gleiche Kategorie bringen können. Charakteristisch ist bei Cato vor allem: daß das Landgut als Objekt einer Vermögens-»Anlage« gewertet und beurteilt wird. Der Begriff der »industria« ist allerdings anders gefärbt infolge christlichen Einflusses. Und da zeigt sich eben der Unterschied. In der Konzeption der »industria«, die aus der Mönchsaskese stammt und von Mönchsschriftstellern entwickelt ist, liegt der Keim eines »Ethos«, der in der protestantischen ausschließlich innerweltlichen »Askese« (s. später!) voll entwickelt wurde (daher, wie noch oft zu betonen sein wird, die Verwandtschaft beider, die

geschieht, welche in die spezifisch moderne kapitalistische Wirtschaft am wenigsten verflochten oder ihr am wenigsten angepaßt

übrigens zur offiziellen Kirchenlehre des Thomismus geringer ist als zu den Florentiner und Sieneser Mendikanten-Ethikern). Bei Cato und auch in den eignen Darlegungen von Alberti fehlt dieses Ethos: um Lebensklugheitslehre handelt es sich bei beiden, nicht um Ethik. Um Utilitarismus handelt es sich auch bei Franklin. Aber die ethische Pathetik der Predigt an die jungen Kaufleute ist ganz unverkennbar und ist — worauf es ankommt — das Charakteristische. Mangel an Sorgfalt mit dem Gelde bedeutet ihm, daß man — sozusagen — Kapital-Embryonen »mordet« und ist deshalb auch ein ethischer Defekt.

Eine innere Verwandtschaft beider (Albertis und Franklins) liegt dabei lediglich insofern tatsächlich vor, als bei Alberti — den Sombart »fromm« nennt, der aber in Wahrheit zwar die Weihen und eine römische Pfründe hatte, wie so viele Humanisten, aber seinerseits religiöse Motive (von zwei gänzlich farblosen Stellen abgesehen) überhaupt nicht als Orientierungspunkt für die von ihm empfohlene Lebensführung verwertet — noch nicht, bei Franklin nicht mehr religiöse Konzeptionen mit der Empfehlung der »Wirtschaftlichkeit« in Beziehung gesetzt sind. Der Utilitarismus, — bei Albertis Empfehlung des Woll- und Seide-Verlagsbetriebs auch der merkantilistische Sozialutilitarismus (daß »viele Menschen in Arbeit gesetzt werden« a. a. O. p. 292) — führt auf diesem Gebiete, formell wenigstens, allein das Wort, bei dem einen wie bei dem andern. Die hierhergehörigen Ausführungen Albertis sind ein sehr geeignetes Paradigma für diejenige Art von — sozusagen — immanentem ökonomischem »Rationalismus«, wie er als, in der Tat, »Wiederspiegelung« ökonomischer Zustände, bei rein »an der Sache selbst« interessierten Schriftstellern sich überall und zu allen Zeiten, im chinesischen Klassizismus und in der Antike nicht minder als in der Renaissance und in der Aufklärungszeit, gefunden hat. Gewiß ist, wie in der Antike bei Cato, Varro, Columella, so hier bei Alberti und seinesgleichen, namentlich in der Lehre von der »industria«, wirtschaftliche ratio weitgehend entwickelt. Aber wie kann man nur glauben, daß eine solche Literatenlehre eine lebenumwälzende Macht entwickeln könne von der Art, wie ein religiöser Glaube, der Heilsprämien auf eine bestimmte (in diesem Fall: methodisch-rationale) Lebensführung setzt? Wie demgegenüber eine religiös orientierte »Rationalisierung« der Lebensführung (und damit eventuell auch: der Wirtschaftsgebarung) aussieht, kann man ausser an den Puritanern aller Denominationen, in unter sich höchst verschiedenem Sinn an den Beispielen der Jaina, der Juden, gewisser asketischer Sekten des Mittelalters, an Wyclif, den böhmischen Brüdern (einem Nachklang der Hussitenbewegung), den Skopzen und Stundisten in Rußland und zahlreichen Mönchsorden ersehen. Das Entscheidende des Unterschiedes ist (um das vorwegzunehmen): daß eine religiös verankerte Ethik auf das von ihr hervorgerufene Verhalten ganz bestimmte, und, so lange der religiöse Glaube lebendig bleibt, höchst wirksame psychologische Prämien (nicht ökonomischen Charakters) setzt, welche eine bloße Lebenskunstlehre wie die Albertis eben nicht zur Verfügung hat. Nur soweit diese Prämien wirken und — vor allem — in derjenigen, oft (das ist das Entscheidende) von der Theologen-Lehre (die ihrerseits ja auch nur »Lehre« ist) weit abweichenden Richtung, in der sie wirken, gewinnt sie einen eigengesetzlichen Einfluß auf die Lebensführung und dadurch auf die Wirtschaft: dies ist, um es deutlich zu sagen, ja die Pointe dieses ganzen Aufsatzes, von der ich nicht erwartet hätte, daß sie so völlig übersehen werden würde. Auf die freilich von Sombart ebenfalls sehr stark mißver-

sind. Nicht etwa deshalb, weil »der Erwerbstrieb« in den präkapitalistischen Epochen noch etwas Unbekanntes oder Unentwickeltes gewesen wäre — wie man so oft gesagt hat — oder weil die »auri sacra fames«, die Geldgier, damals — oder auch heute — außerhalb des bürgerlichen Kapitalismus geringer wäre als innerhalb der spezifisch kapitalistischen Sphäre, wie die Illusion moderner Romantiker sich die Sache vorstellt. An diesem Punkt liegt der Unterschied kapitalistischen und präkapitalistischen »Geistes« nicht: Die Habgier des chinesischen Mandarinen, des altrömischen Aristokraten, des modernen Agrariers hält jeden Vergleich aus. Und die »auri sacra fames« des neapolitanischen Kutschers oder Barcajuolo oder vollends des asiatischen Vertreters ähnlicher Gewerbe, ebenso aber auch des Handwerkers südeuropäischer oder asiatischer Länder äußert sich, wie jeder an sich erfahren kann, sogar außerordentlich viel penetranter, und insbesondere: skrupelloser, als

standenen relativ »kapitalfreundlichen« theologischen Ethiker des Spätmittelalters (Antonin von Florenz und Bernhardin von Siena insbesondere) komme ich an andrem Ort zu sprechen. Jedenfalls gehörte L. B. Alberti absolut nicht in diesen Kreis. Nur den Begriff der »industria« hat er mönchischen Gedankengängen, gleichviel durch welche Mittelhände, entnommen. Alberti, Pandolfini und ihresgleichen sind Repräsentanten jener, trotz aller offiziellen Obödienz, doch innerlich von dem überlieferten Kirchentum schon emanzipierten, und bei aller Gebundenheit an die geltende christliche Ethik weitgehend antik-»heidnisch« orientierten Gesinnung, welche, wie Brentano meint, ich in ihrer Bedeutung für die Entwicklung der modernen Wirtschaftslehre (und auch: der modernen Wirtschaftspolitik) »ignoriert« habe. Die Tatsache, daß ich diese Kausalreihe hier nicht behandle, ist nun zwar völlig richtig: in eine Abhandlung über die »protestantische Ethik und den Geist des Kapitalismus« gehört sie eben nicht hinein. Weit entfernt, — wie sich bei anderer Gelegenheit wohl zeigen wird, — ihre Bedeutung zu leugnen, war und bin ich aber allerdings, aus guten Gründen, der Ansicht: daß ihre Wirkungssphäre und Wirkungsrichtung durchaus andere waren als die der protestantischen Ethik (deren praktisch keineswegs ganz unwichtige Vorläufer die Sekten und die Wyclifisch-hussitische Ethik gewesen sind). Nicht die Lebensführung (des entstehenden Bürgertums), sondern: die Politik der Staatsmänner und Fürsten hat sie beeinflußt, und diese beiden zwar teilweise, aber keineswegs überall konvergierenden Kausalreihen wollen zunächst einmal sauber auseinandergehalten werden. Was Benjamin Franklin anlangt, so gehören seine — s. Z. als Schullektüre in Amerika verwerteten — privatwirtschaftlichen Traktate in diesem Punkt, im Gegensatz zu Albertis kaum über die Gelehrtenkreise hinaus bekannt gewordenem umfangreichem Werke, in der Tat der für die Lebenspraxis einflußreichen Kategorie an. Aber ausdrücklich ist er von mir hier als ein Mann zitiert, der ganz ebenso schon jenseits der inzwischen verblaßten puritanischen Lebensreglementierung stand, wie die englische »Aufklärung« überhaupt, deren Beziehungen zum Puritanismus ja öfter dargestellt worden sind.

diejenige etwa eines Engländers im gleichen Falle[1]). Die universelle Herrschaft absoluter Skrupellosigkeit der Geltendmachung des Eigeninteresses beim Gelderwerb war gerade ein ganz spezifisches Charakteristikum solcher Länder, deren bürgerlich-kapitalistische Entfaltung — an den Maßstäben der okzidentalen Entwicklung gemessen — »rückständig« geblieben war. Wie jeder Fabrikant weiß, ist die mangelnde »coscienziosità« der Arbeiter[2]) solcher Länder, etwa Italiens im Gegensatz zu Deutschland, eines der Haupthemmnisse ihrer kapitalistischen Entfaltung gewesen und in gewissem Maße noch immer. Der Kapitalismus kann den praktischen Vertreter des undisziplinierten »liberum arbitrium« als Arbeiter nicht brauchen, so wenig er, wie wir schon von Franklin lernen konnten, den in seiner äußern Gebarung schlechthin skrupellosen Geschäftsmann brauchen kann. In der verschieden starken Entwicklung irgendeines »Triebes« nach dem Gelde also liegt der Unterschied nicht. Die auri sacra fames ist so alt wie die uns bekannte Geschichte der Menschheit; wir werden aber sehen, daß diejenigen, die ihr als Trieb sich vorbehaltlos hingaben — wie etwa jener holländische Kapitän, der »Gewinnes halber durch die Hölle fahren wollte, und wenn er sich die Segel ansengte«— keineswegs die Vertreter derjenigen Gesinnung waren, aus welcher der spezifisch moderne kapitalistische »Geist« als Massenerscheinung — und darauf kommt es an — hervorbrach. Den rücksichtslosen, an keine Norm innerlich sich bindenden Erwerb hat es zu allen

[1]) Leider hat auch Brentano a. a. O. zunächst jede Art von Streben nach Erwerb (einerlei ob kriegerisch oder friedlich) in einen Topf geworfen und dann als Spezifikum des »kapitalistischen« (im Gegensatz z. B. zum feudalen) Erwerbsstreben nur die Richtung auf Geld (statt auf Land) hingestellt, jede weitere Scheidung aber — die überhaupt erst zu klaren Begriffen führen könnte — nicht nur abgelehnt, sondern (S. 131) auch von dem hier, für die Zwecke dieser Untersuchung, gebildeten Begriff »Geist« des (modernen!) Kapitalismus die mir unverständliche Behauptung aufgestellt: er nehme schon in seine Voraussetzungen das auf, was bewiesen werden solle.

[2]) Vgl. die in jeder Hinsicht treffenden Bemerkungen Sombarts, die deutsche Volkswirtschaft im neunzehnten Jahrhundert S. 123 oben. Ueberhaupt brauche ich — obwohl die nachfolgenden Studien in ihren sämtlichen entscheidenden Gesichtspunkten auf viel ältere Arbeiten zurückgehen — wohl nicht besonders zu betonen, wieviel sie in ihrer Formulierung der bloßen Tatsache, daß Sombarts große Arbeiten mit ihren scharfen Formulierungen vorliegen, verdanken, auch — und gerade — da, wo sie andere Wege gehen. Auch wer durch Sombarts Meinungen sich immer wieder zu entschiedenstem Widerspruch angeregt fühlt und manche Thesen direkt ablehnt, hat die Pflicht, sich dessen bewußt zu sein.

Zeiten der Geschichte gegeben, wo und wie immer er tatsächlich überhaupt möglich war. Wie Krieg und Seeraub, so war auch der freie, nicht normgebundene Handel in den Beziehungen zu Stammfremden, Ungenossen, unbehindert; es gestattete die »Außenmoral« hier, was im Verhältnis »unter Brüdern« verpönt war. Und wie, äußerlich, der kapitalistische Erwerb als »Abenteuer« in allen Wirtschaftsverfassungen heimisch war, welche geldartige Vermögensobjekte kannten und Chancen boten, sie gewinnbringend zu verwerten: — durch Kommenda, Abgabenpacht, Staatsdarlehen, Finanzierung von Kriegen, Fürstenhöfen, Beamten, — so fand sich auch jene innerliche Abenteurer-Gesinnung, welche der Schranken der Ethik spottet, überall. Die absolute und bewußte Rücksichtslosigkeit des Gewinnstrebens stand oft ganz hart gerade neben strengster Traditionsgebundenheit. Und mit dem Zerbröckeln der Tradition und dem mehr oder minder durchgreifenden Eindringen des freien Erwerbes auch in das Innere der sozialen Verbände pflegte nicht eine ethische Bejahung und Prägung dieses Neuen zu erfolgen, sondern es pflegte nur faktisch t o l e r i e r t, entweder als ethisch indifferent oder als zwar unerfreulich, aber leider unvermeidlich, behandelt zu werden. Dies war nicht nur die normale Stellungnahme aller ethischen Lehre, sondern — worauf es wesentlich mehr ankommt — auch des praktischen Verhaltens der Durchschnittsmenschen der präkapitalistischen Epoche: — »präkapitalistisch« in dem Sinn: daß die rationale b e t r i e b s mäßige Kapitalverwertung und die rationale kapitalistische A r b e i t s organisation noch nicht beherrschende Mächte für die Orientierung des wirtschaftlichen Handelns geworden waren. Eben dies Verhalten aber war eines der stärksten innerlichen Hemmnisse, auf welche die Anpassung der Menschen an die Voraussetzungen geordneter bürgerlich-kapitalistischer Wirtschaft überall stieß.

Der Gegner, mit welchem der »Geist« des Kapitalismus im Sinne eines bestimmten, im Gewande einer »Ethik« auftretenden, normgebundenen Lebensstils in erster Linie zu ringen hatte, blieb jene Art des Empfindens und der Gebarung, die man als T r a d i t i o n a l i s m u s bezeichnen kann. Auch hier muß jeder Versuch einer abschließenden »Definition« suspendiert werden, vielmehr machen wir uns — natürlich auch hier lediglich provisorisch — an einigen Spezialfällen deutlich, was damit gemeint ist, dabei von unten: bei den Arbeitern, beginnend.

Eins der technischen Mittel, welches der moderne Unternehmer anzuwenden pflegt, um von »seinen« Arbeitern ein möglichstes Maximum von Arbeitsleistung zu erlangen, die Intensität der Arbeit zu steigern, ist der Akkordlohn. In der Landwirtschaft z. B. pflegt ein Fall, der die möglichste Steigerung der Arbeitsintensität gebieterisch fordert, die Einbringung der Ernte zu sein, da, zumal bei unsicherem Wetter, an der denkbar größten Beschleunigung derselben oft ganz außerordentlich hohe Gewinn- oder Verlustchancen hängen. Demgemäß pflegt hier durchweg das Akkordlohnsystem verwendet zu werden. Und da mit Steigerung der Erträge und der Betriebsintensität das Interesse des Unternehmers an Beschleunigung der Ernte im allgemeinen immer größer zu werden pflegt, so hat man natürlich immer wieder versucht, durch Erhöhung der Akkordsätze die Arbeiter, denen so sich Gelegenheit bot, innerhalb einer kurzen Zeitspanne einen für sie außergewöhnlich hohen Verdienst zu machen, an der Steigerung ihrer Arbeitsleistung zu interessieren. Allein hier zeigten sich nun eigentümliche Schwierigkeiten: Die Heraufsetzung der Akkordsätze bewirkte auffallend oft nicht etwa, daß mehr, sondern: daß weniger an Arbeitsleistung in der gleichen Zeitspanne erzielt wurde, weil die Arbeiter die Akkorderhöhung nicht mit Herauf-, sondern mit Herabsetzung der Tagesleistung beantworteten. Der Mann, der z. B. bei 1 Mark für den Morgen Getreidemähen bisher 2 ½ Morgen täglich gemäht und so 2 ½ Mk. am Tag verdient hatte, mähte nach Erhöhung des Akkordsatzes für den Morgen um 25 Pfg. nicht wie gehofft wurde, angesichts der hohen Verdienstgelegenheit etwa 3 Morgen, um so 3,75 Mk. zu verdienen — wie dies sehr wohl möglich gewesen wäre — sondern nur noch 2 Morgen am Tag, weil er so ebenfalls 2 ½ Mk., wie bisher, verdiente und damit, nach biblischem Wort, »ihm genügen« ließ. Der Mehrverdienst reizte ihn weniger als die Minderarbeit; er fragte nicht: wieviel kann ich am Tag verdienen, wenn ich das mögliche Maximum an Arbeit leiste, sondern: wieviel muß ich arbeiten, um denjenigen Betrag — 2 ½ Mk. — zu verdienen, den ich bisher einnahm und der meine traditionellen Bedürfnisse deckt? Dies ist eben ein Beispiel desjenigen Verhaltens, welches als »Traditionalismus« bezeichnet werden soll: der Mensch will »von Natur« nicht Geld und mehr Geld verdienen, sondern einfach leben, so leben wie er zu leben gewohnt ist und soviel erwerben, wie dazu erforderlich ist. Ueberall, wo der moderne Kapitalismus sein Werk der Steigerung der »Produktivität« der menschlichen Arbeit durch Steigerung ihrer Intensität begann, stieß er auf den unendlich zähen Widerstand dieses Leitmotivs präkapitalistischer wirtschaftlicher Arbeit, und er stößt noch heute überall um so mehr darauf, je »rückständiger« (vom kapitalistischen Standpunkt aus) die Arbeiterschaft ist, auf die er sich angewiesen sieht. Es lag nun — um wieder zu unserem Beispiel zurückzukehren — sehr nahe, da der Appell an den »Erwerbsinn« durch höhere Lohnsätze versagte, es mit dem gerade umgekehrten Mittel zu versuchen: durch Herabsetzung der Lohnsätze den Arbeiter zu zwingen, zur Erhaltung seines bisherigen Verdienstes mehr zu leisten als bisher. Ohnehin schien ja und scheint noch heute der unbefangenen Betrachtung niederer Lohn und hoher Profit in Korrelation zu stehen, alles, was an Lohn mehr gezahlt wurde, eine entsprechende Minderung des Profits bedeuten zu müssen. Jenen Weg hat denn auch der Kapitalismus von Anfang an wieder und immer wieder beschritten, und Jahrhunderte lang galt es als Glaubenssatz, daß niedere Löhne »produktiv« seien, d. h. daß sie die Arbeitsleistung steigerten, daß, wie schon Pieter de la Cour — in diesem Punkte, wie wir sehen werden, ganz im Geist des alten Calvinismus denkend — gesagt hatte, das Volk nur arbeitet, weil und so lange es arm ist.

Allein die Wirksamkeit dieses anscheinend so probaten Mittels hat Schranken [1]. Gewiß verlangt der Kapitalismus zu seiner Entfaltung das Vorhandensein von Bevölkerungsüberschüssen, die er zu billigem Preis auf dem Arbeitsmarkt mieten kann. Allein ein Zuviel von »Reservearmee« begünstigt zwar unter Umständen sein quantitatives Umsichgreifen, hemmt aber seine qualitative Entwicklung, namentlich den Uebergang zu

[1] Auf die Frage, wo diese Schranken liegen, gehen wir hier natürlich so wenig ein wie auf eine Stellungnahme zu der bekannten von Brassey zuerst aufgestellten, von Brentano theoretisch, von Schulze-Gävernitz historisch und konstruktiv zugleich, formulierten und vertretenen Theorie vom Zusammenhang zwischen hohem Lohn und hoher Arbeitsleistung. Die Diskussion wurde durch Hasbachs eindringende Studien (Schmollers Jahrbuch 1903 S. 385—391 und 417 f.) wieder eröffnet und ist nicht endgültig erledigt. Für uns genügt hier die von niemand bezweifelte und auch nicht bezweifelbare Tatsache, daß niederer Lohn und hoher Profit, niederer Lohn und günstige Chancen industrieller Entwicklung jedenfalls nicht einfach zusammenfallen, — daß überhaupt nicht einfach mechanische Geldoperationen die »Erziehung« zur kapitalistischen Kultur, und damit die Möglichkeit kapitalistischer Wirtschaft herbeiführen. Alle gewählten Beispiele sind rein illustrativ.

Betriebsformen, welche die Arbeit intensiv ausnützen. Niederer Lohn ist mit billiger Arbeit keineswegs identisch. Schon rein quantitativ betrachtet, sinkt die Arbeitsleistung unter allen Umständen mit physiologisch ungenügendem Lohn und bedeutet ein solcher auf die Dauer oft geradezu eine »Auslese der Untauglichsten«. Der heutige durchschnittliche Schlesier mäht bei voller Anstrengung wenig mehr als zwei Drittel soviel Land in der gleichen Zeit wie der besser gelohnte und genährte Pommer oder Mecklenburger, der Pole leistet physisch, je weiter östlich er her ist, desto weniger im Vergleich zum Deutschen. Und auch rein geschäftlich versagt der niedere Lohn als Stütze kapitalistischer Entwicklung überall da, wo es sich um die Herstellung von Produkten handelt, welche irgendwelche qualifizierte (gelernte) Arbeit oder etwa die Bedienung kostspieliger und leicht zu beschädigender Maschinen oder überhaupt ein irgend erhebliches Maß scharfer Aufmerksamkeit und Initiative erfordern. Hier rentiert der niedere Lohn nicht und schlägt in seiner Wirkung in das Gegenteil des Beabsichtigten um. Denn hier ist nicht nur ein entwickeltes Verantwortlichkeitsgefühl schlechthin unentbehrlich, sondern überhaupt eine Gesinnung, welche mindestens während der Arbeit von der steten Frage: wie bei einem Maximum von Bequemlichkeit und einem Minimum von Leistung dennoch der gewohnte Lohn zu gewinnen sei, sich loslöst und die Arbeit so betreibt, als ob sie absoluter Selbstzweck —»Beruf« — wäre. Eine solche Gesinnung aber ist nichts Naturgegebenes. Sie kann auch weder durch hohe noch durch niedere Löhne unmittelbar hervorgebracht werden, sondern nur das Produkt eines lang andauernden Erziehungsprozesses sein. Heute gelingt dem einmal im Sattel sitzenden Kapitalismus die Rekrutierung seiner Arbeiter in allen Industrieländern und innerhalb der einzelnen Länder in allen Industriegebieten verhältnismäßig leicht. In der Vergangenheit war sie in jedem einzelnen Fall ein äußerst schwieriges Problem [1]). Und selbst heute kommt er wenigstens

[1]) Die Einbürgerung auch kapitalistischer Gewerbe ist deshalb oft nicht ohne umfassende Zuwanderungsbewegungen aus Gebieten älterer Kultur möglich gewesen. So richtig Sombarts Bemerkungen über den Gegensatz der an die Person gebundenen »Fertigkeiten« und Gewerbegeheimnisse des Handwerkers gegenüber der wissenschaftlich objektivierten modernen Technik sind: für die Zeit der Entstehung des Kapitalismus ist der Unterschied kaum vorhanden, — ja, die (sozusagen) ethischen Qualitäten des kapitalistischen Arbeiters (und in gewissem Umfang auch: Unternehmers)

nicht immer ohne die Unterstützung eines mächtigen Helfers zum Ziele, der, wie wir weiter sehen werden, ihm in der Zeit seines Werdens zur Seite stand. Was gemeint ist, kann man sich wieder an einem Beispiel klar machen. Ein Bild rückständiger traditionalistischer Form der Arbeit bieten heute besonders oft die Arbeiter i n n e n , besonders die unverheirateten. Insbesondere ihr absoluter Mangel an Fähigkeit und Willigkeit, überkommene und einmal erlernte Arten des Arbeitens zugunsten anderer, praktischerer, aufzugeben, sich neuen Arbeitsformen anzupassen, zu lernen und den Verstand zu konzentrieren oder nur überhaupt zu brauchen, ist eine fast allgemeine Klage von Arbeitgebern, die Mädchen, zumal deutsche Mädchen, beschäftigen. Auseinandersetzungen über die Möglichkeit, sich die Arbeit leichter, vor allem einträglicher, zu gestalten, pflegen bei ihnen auf völliges Unverständnis zu stoßen, Erhöhung der Akkordsätze prallt wirkungslos an der Mauer der Gewöhnung ab. Anders — und das ist ein für unsere Betrachtung nicht unwichtiger Punkt — pflegt es regelmäßig nur mit spezifisch religiös erzogenen, namentlich mit Mädchen pietistischer Provenienz zu stehen. Man kann es oft hören, und gelegentliche rechnerische Nachprüfungen bestätigen es [1]), daß weitaus die günstigsten Chancen wirtschaftlicher Erziehung sich bei dieser Kategorie eröffnen. Die Fähigkeit der Konzentration der Gedanken sowohl als die absolut zentrale Haltung: sich »der Arbeit gegenüber verpflichtet« zu führen, finden sich hier besonders oft vereinigt mit strenger Wirtschaftlichkeit, die mit dem Verdienst und seiner Höhe überhaupt r e c h n e t und mit einer nüchternen Selbstbeherrschung und Mäßigkeit, welche die Leistungsfähigkeit ungemein steigert. Der Boden für jene Auffassung der Arbeit als Selbstzweck, als »Beruf«, wie sie der Kapitalismus fordert, ist hier am günstigsten, die Chance, den traditionalistischen Schlendrian zu überwinden, i n f o l g e der religiösen Erziehung

---

standen an »Seltenheitswert« oft höher als die in jahrhundertelangem Traditionalismus erstarrten Fertigkeiten des Handwerkers. Und selbst die heutige Industrie ist von solchen durch lange Tradition und Erziehung zur intensiven Arbeit erworbenen Eigenschaften der Bevölkerung in der Wahl ihrer Standorte durchaus noch nicht schlechthin unabhängig. Es entspricht dem heutigen wissenschaftlichen Gesamtvorstellungskreis, daß, wo diese Abhängigkeit einmal beobachtet wird, man sie gern auf ererbte Rassenqualität, statt auf die Tradition und Erziehung schiebt, m. E. mit sehr zweifelhaftem Recht.

[1]) S. die oben S. 29 Anm. 1 zitierte Arbeit.

am größten. Schon diese Betrachtung aus der Gegenwart des Kapitalismus [1]) zeigt uns wieder, daß es sich jedenfalls verlohnt, einmal zu fragen, wie diese Zusammenhänge kapitalistischer Anpassungsfähigkeit mit religiösen Momenten sich denn in der Zeit seiner Jugend gestaltet haben mögen. Denn daß sie auch damals in ähnlicher Art bestanden, ist aus vielen Einzelerscheinungen zu schließen. Der Abscheu und die Verfolgung, welchen z. B. die methodistischen Arbeiter im 18. Jahrhundert von seiten ihrer Arbeitsgenossen begegneten, bezog sich, wie schon die in den Berichten so oft wiederkehrende Zerstörung ihres Handwerkszeuges andeutet, keineswegs nur oder vorwiegend auf ihre religiösen Exzentrizitäten: — davon hatte England viel, und Auffallenderes, gesehen —, sondern auf ihre spezifische »Arbeitswilligkeit«, wie man heute sagen würde.

Doch wenden wir uns zunächst wieder der Gegenwart und zwar nunmehr den Unternehmern zu, um auch hier die Bedeutung des »Traditionalismus« uns zu verdeutlichen.

Sombart hat in seinen Erörterungen über die Genesis des Kapitalismus [2]) als die beiden großen »Leitmotive«, zwischen denen sich die ökonomische Geschichte bewegt habe, »Bedarfsdeckung« und »Erwerb« geschieden, je nachdem das Ausmaß des persönlichen B e d a r f s oder das von den Schranken des letzteren unabhängige Streben nach G e w i n n und die M ö g l i c h k e i t der Gewinnerzielung für die Art und Richtung der wirtschaftlichen Tätigkeit maßgebend werden. Was er als »System der Bedarfsdeckungswirtschaft« bezeichnet, scheint sich auf den ersten Blick mit dem, was hier als »ökonomischer Traditionalismus« umschrieben wurde, zu decken. Das ist d a n n in der Tat der Fall, wenn man den Begriff »Bedarf« mit »t r a d i t i o n e l l e m B e d a r f« gleichsetzt. Wenn aber nicht, dann fallen breite

---

[1]) Die vorstehenden Bemerkungen könnten mißverstanden werden. Die Neigung eines bekannten Typus von Geschäftsleuten, den Satz: »Dem Volke muß die Religion erhalten bleiben« in ihrer Weise zu fruktifizieren und die früher nicht seltene Neigung breiter Kreise speziell der lutherischen Geistlichkeit, aus einer allgemeinen Sympathie für das Autoritäre heraus sich ihnen als »schwarze Polizei« zur Verfügung zu stellen, wo es galt, den Streik als Sünde, die Gewerkvereine als Förderer der »Begehrlichkeit« zu brandmarken usw., — das sind Dinge, womit die Erscheinungen, von denen hier die Rede ist, nichts zu tun haben. Es handelt sich bei den im Text berührten Momenten um nicht vereinzelte, sondern sehr häufige, und wie wir sehen werden, in typischer Art wiederkehrende Tatsachen.

[2]) Der moderne Kapitalismus Band I 1. Aufl. S. 62.

Massen von Wirtschaften, welche nach derForm ihrer Organisation als »kapitalistische« auch im Sinne der von Sombart an einer anderen Stelle seines Werkes [1]) gegebenen Definition des »Kapitals« zu betrachten sind, aus dem Bereich der »Erwerbs«-Wirtschaften heraus und gehören zum Bereich der »Bedarfsdeckungswirtschaften«. Auch Wirtschaften nämlich, die von privaten Unternehmern in der Form eines Umschlags von Kapital (= Geld oder geldwerten Gütern) zu Gewinnzwecken durch Ankauf von Produktionsmitteln und Verkauf der Produkte, also zweifellos als »kapitalistische Unternehmungen« geleitet werden, können gleichwohl »traditionalistischen« Charakter an sich tragen. Dies ist im Lauf auch der neueren Wirtschaftsgeschichte nicht nur ausnahmsweise, sondern — mit stets wiederkehrenden Unterbrechungen durch immer neue und immer gewaltigere Einbrüche des »kapitalistischen Geistes« — geradezu regelmäßig der Fall gewesen. Die »kapitalistische« Form einer Wirtschaft und der Geist, in dem sie geführt wird, stehen zwar generell im Verhältnis »adäquater« Beziehung, nicht aber in dem einer »gesetzlichen« Abhängigkeit voneinander. Und wenn wir trotzdem für diejenige Gesinnung, welche berufsmäßig systematisch und rational legitimen Gewinn in der Art, wie dies an dem Beispiel Benjamin Franklins verdeutlicht wurde, erstrebt, hier provisorisch den Ausdruck »Geist des (modernen) Kapitalismus« [2]) gebrauchen, so geschieht dies aus dem historischen Grunde, weil jene Gesinnung in der modernen kapitalistischen Unternehmung ihre adäquateste Form, die kapitalistische Unternehmung andererseits in ihr die adäquateste geistige Triebkraft gefunden hat.

Aber an sich kann beides sehr wohl auseinanderfallen. Benjamin Franklin war mit »kapitalistischem Geist« erfüllt zu einer Zeit, wo sein Buchdruckereibetrieb der Form nach sich in nichts von irgendeinem Handwerkerbetrieb unterschied. Und wir werden sehen, daß überhaupt an der Schwelle der Neuzeit keineswegs allein oder vorwiegend die kapitalistischen Unternehmer des Handelspatriziates, sondern weit mehr die aufstrebenden

---

[1]) S. 195 a. a. O.

[2]) Natürlich des dem Okzident spezifischen modernen rationalen Betriebs, nicht des seit 3 Jahrtausenden in der Welt, von China, Indien, Babylon, Hellas, Rom, Florenz bis in die Gegenwart verbreiteten Kapitalismus der Wucherer, Kriegslieferanten, Amts- und Steuerpächter, großen Handelsunternehmer und Finanzmagnaten. S. die Einleitung.

Schichten des gewerblichen Mittelstandes die Träger derjenigen Gesinnung waren, die wir hier als »Geist des Kapitalismus« bezeichnet haben [1]). Auch im 19. Jahrhundert sind nicht die vornehmen Gentlemen von Liverpool und Hamburg mit ihrem altererbten Kaufmannsvermögen, sondern die aus oft recht kleinen Verhältnissen aufsteigenden Parvenüs von Manchester oder Rheinland-Westfalen ihre klassischen Repräsentanten. Und ähnlich stand es schon im 16. Jahrhundert: die damals neu entstehenden Industrien sind meist dem Schwerpunkt nach von Parvenüs geschaffen [2]).

Der Betrieb etwa einer Bank, oder des Exportgroßhandels, oder auch eines größeren Detailgeschäfts, oder endlich eines großen Verlages hausindustriell hergestellter Waren sind zwar sicherlich nur in der Form der kapitalistischen Unternehmung möglich. Gleichwohl können sie alle in streng traditionalistischem Geiste geführt werden: die Geschäfte der großen Notenbanken dürfen gar nicht anders betrieben werden; der überseeische Handel ganzer Epochen hat auf der Basis von Monopolen und Reglements streng traditionellen Charakters geruht; im Detailhandel — und es ist hier nicht von den kleinen kapitallosen Tagedieben die Rede, welche heute nach Staatshilfe schreien — ist die Revolutionierung, welche dem alten Traditionalismus ein Ende macht, noch in vollem Gange: — dieselbe Umwälzung, welche die alten Formen des Verlagssystems gesprengt hat, mit dem ja die moderne Heimarbeit nur der Form nach Verwandtschaft besitzt. Wie diese Revolutionierung verläuft und was sie

---

[1]) Es ist eben — nur das soll hier hervorgehoben werden — a priori durchaus nicht die Annahme geboten, daß einerseits die Technik des kapitalistischen Unternehmens und andererseits der Geist der »Berufsarbeit«, der dem Kapitalismus seine expansive Energie zu verleihen pflegt, in denselben sozialen Schichten ihren ursprünglichen Nährboden finden mußten. Entsprechend liegt es mit den sozialen Beziehungen religiöser Bewußtseinsinhalte. Der Calvinismus war historisch einer der Träger der Erziehung zum »kapitalistischen Geist«. Aber gerade die großen Geldbesitzer waren, in den Niederlanden z. B., aus Gründen, die später zu erörtern sein werden, überwiegend nicht Anhänger des Calvinismus strengster Observanz, sondern Arminianer. Das zum Unternehmer aufsteigende Mittel- und Kleinbürgertum war hier und sonst »typischer« Träger kapitalistischer Ethik und calvinistischen Kirchentums. Aber eben das stimmt recht gut mit dem hier Vorgetragenen überein: Große Geldbesitzer und Händler hat es zu allen Zeiten gegeben. Eine rationale kapitalistische Organisation der gewerblichen bürgerlichen Arbeit aber hat erst die Entwicklung vom Mittelalter zur Neuzeit gekannt.

[2]) S. darüber die gute Züricher Dissertation von J. Maliniak (1913).

bedeutet, mag — so bekannt ja diese Dinge sind — wiederum an einem Spezialfall veranschaulicht werden.

Bis gegen die Mitte des vorigen Jahrhunderts war das Leben eines Verlegers wenigstens in manchen Branchen der kontinentalen Textilindustrie [1]) ein für unsere heutigen Begriffe ziemlich gemächliches. Man mag sich seinen Verlauf etwa so vorstellen: Die Bauern kamen mit ihren Geweben — oft (bei Leinen) noch vorwiegend oder ganz aus selbstproduziertem Rohstoff hergestellt — in die Stadt, in der die Verleger wohnten und erhielten nach sorgsamer, oft amtlicher, Prüfung der Qualität die üblichen Preise dafür gezahlt. Die Kunden der Verleger waren für den Absatz auf alle weiteren Entfernungen Zwischenhändler, die ebenfalls hergereist kamen, meist noch nicht nach Mustern, sondern nach herkömmlichen Qualitäten und vom Lager kauften oder, und dann lange vorher, bestellten, woraufhin dann eventuell weiter bei den Bauern bestellt wurde. Eigenes Bereisen der Kundschaft geschah, wenn überhaupt, dann selten einmal in großen Perioden, sonst genügte Korrespondenz und, langsam zunehmend, Musterversendung. Mäßiger Umfang der Kontorstunden — vielleicht 5—6 am Tage, zeitweise erheblich weniger, in der Kampagnezeit, wo es eine solche gab, mehr, — leidlicher, zur anständigen Lebensführung und in guten Zeiten zur Rücklage eines kleinen Vermögens ausreichender Verdienst, im ganzen relativ große Verträglichkeit der Konkurrenten untereinander bei großer Uebereinstimmung der Geschäftsgrundsätze, ausgiebiger täglicher Besuch der »Ressource«, daneben je nachdem noch Dämmerschoppen, Kränzchen und gemächliches Lebenstempo überhaupt.

Es war eine in jeder Hinsicht »kapitalistische« Form der Organisation, wenn man auf den rein kaufmännisch-geschäftlichen Charakter der Unternehmer, ebenso wenn man auf die Tatsache der Unentbehrlichkeit des Dazwischentretens von Kapitalien, welche in dem Geschäft umgeschlagen wurden, ebenso endlich, wenn man auf die objektive Seite des ökonomischen Hergangs oder auf die Art der Buchführung sieht. Aber es war

---

[1]) Das nachstehende Bild ist aus den Verhältnissen verschiedener Einzelbranchen an verschiedenen Orten »idealtypisch« kompiliert; es ist für den illustrativen Zweck, dem es hier dient, natürlich gleichgültig, daß der Vorgang in keinem der Beispiele, an die gedacht ist, sich gerade ganz genau in der geschilderten Art abgespielt hat.

»traditionalistische« Wirtschaft, wenn man auf den Geist sieht, der die Unternehmer beseelte: die traditionelle Lebenshaltung, die traditionelle Höhe des Profits, das traditionelle Maß von Arbeit, die traditionelle Art der Geschäftsführung und der Beziehungen zu den Arbeitern und dem wesentlich traditionellen Kundenkreise, der Art der Kundengewinnung und des Absatzes beherrschten den Geschäftsbetrieb, lagen — so kann man geradezu sagen — dem »Ethos« dieses Kreises von Unternehmern zugrunde.

Irgendwann nun wurde diese Behaglichkeit plötzlich gestört, und zwar oft ganz ohne daß dabei irgendeine prinzipielle Aenderung der Organisations form — etwa Uebergang zum geschlossenen Betrieb, zum Maschinenstuhl und dgl. — stattgefunden hätte. Was geschah, war vielmehr oft lediglich dies: daß irgendein junger Mann aus einer der beteiligten Verlegerfamilien aus der Stadt auf das Land zog, die Weber für seinen Bedarf sorgfältig auswählte, ihre Abhängigkeit und Kontrolle zunehmend verschärfte, sie so aus Bauern zu Arbeitern erzog, andererseits aber den Absatz durch möglichst direktes Herangehen an die letzten Abnehmer: die Detailgeschäfte, ganz in die eigene Hand nahm, Kunden persönlich warb, sie regelmäßig jährlich bereiste, vor allem aber die Qualität der Produkte ausschließlich ihren Bedürfnissen und Wünschen anzupassen, ihnen »mundgerecht« zu machen wußte und zugleich den Grundsatz »billiger Preis, großer Umsatz« durchzuführen begann. Alsdann nun wiederholte sich, was immer und überall die Folge eines solchen »Rationalisierungs«-Prozesses ist: wer nicht hinaufstieg, mußte hinabsteigen. Die Idylle brach unter dem beginnenden erbitterten Konkurrenzkampf zusammen, ansehnliche Vermögen wurden gewonnen und nicht auf Zinsen gelegt, sondern immer wieder im Geschäft investiert, die alte behäbige und behagliche Lebenshaltung wich harter Nüchternheit, bei denen, die mitmachten und hochkamen, weil sie nicht verbrauchen, sondern erwerben wollten, bei denen, die bei der alten Art blieben, weil sie sich einschränken mußten[1]). Und — worauf es hier vor allem ankommt — es war in solchen Fällen in der Regel nicht etwa ein Zustrom

[1]) Es ist auch aus diesem Grunde kein Zufall, daß diese erste Periode des beginnenden Rationalismus, der ersten Flügelschläge der deutschen Industrie z. B., mit einem gänzlichen Verfall des Stils der Bedarfsgegenstände des Alltagslebens Hand in Hand geht.

neuen G e l d e s , welcher diese Umwälzung hervorbrachte — mit wenigen Tausenden von Verwandten hergeliehenen Kapitals wurde in manchen mir bekannten Fällen der ganze Revolutionierungs-Prozeß ins Werk gesetzt —, sondern der neue G e i s t , eben der »Geist des modernen Kapitalismus«, der eingezogen war. Die Frage nach den Triebkräften der Expansion des modernen Kapitalismus ist nicht in erster Linie eine Frage nach der Herkunft der kapitalistisch verwertbaren Geldvorräte, sondern vor allem nach der Entwicklung des kapitalistischen Geistes. Wo er auflebt und sich auszuwirken vermag, v e r s c h a f f t er sich die Geldvorräte als Mittel seines Wirkens, nicht aber umgekehrt [1]. Aber sein Einzug pflegte kein friedlicher zu sein. Eine Flut von Mißtrauen, gelegentlich von Haß, vor allem von moralischer Entrüstung stemmte sich regelmäßig dem ersten Neuerer entgegen, oft — mir sind mehrere Fälle derart bekannt — begann eine förmliche Legendenbildung über geheimnisvolle Schatten in seinem Vorleben. Es ist so leicht niemand unbefangen genug zu bemerken, daß gerade einen solchen Unternehmer »neuen Stils« nur ein ungewöhnlich fester Charakter vor dem Verlust der nüchternen Selbstbeherrschung und vor moralischem wie ökonomischem Schiffbruch bewahren können, daß, neben Klarheit des Blickes und Tatkraft, vor allem doch auch ganz bestimmte und sehr ausgeprägte »ethische« Qualitäten es sind, welche bei solchen Neuerungen ihm das schlechthin unentbehrliche Vertrauen der Kunden und der Arbeiter gewinnen und ihm die Spannkraft zur Ueberwindung der ungezählten Widerstände erhalten, vor allem aber die so unendlich viel intensivere Arbeitsleistung, welche nunmehr von dem Unternehmer gefordert wird und die mit bequemem Lebensgenuß unvereinbar ist, überhaupt ermöglicht haben: — nur eben ethische Qualitäten spezifisch anderer A r t als die dem Traditionalismus der Vergangenheit adäquaten.

Und ebenso waren es in der Regel nicht waghalsige und skrupellose Spekulanten, ökonomische Abenteurernaturen, wie sie in allen Epochen der Wirtschaftsgeschichte begegnen, oder einfach »große Geldleute«, welche diese äußerlich unscheinbare und doch für die Durchsetzung des ökonomischen Lebens mit diesem neuen Geist entscheidende Wendung schufen, sondern in harter Lebensschule aufgewachsene, wägend und wagend zu-

---

[1]) Damit soll die Bewegung des Edelmetallbestandes nicht etwa als ökonomisch gleichgültig bezeichnet werden.

gleich, vor allem aber nüchtern und stetig, scharf und völlig der Sache hingegebene Männer mit streng bürgerlichen Anschauungen und »Grundsätzen«.

Man wird zu glauben geneigt sein, daß diese persönlichen moralischen Qualitäten mit irgendwelchen ethischen Maximen oder gar religiösen Gedanken an sich nicht das geringste zu schaffen haben, daß nach dieser Richtung wesentlich etwas Negatives: die Fähigkeit, sich der überkommenen Tradition zu entziehen, also am ehesten liberale »Aufklärung« die adäquate Grundlage einer solchen geschäftlichen Lebensführung sei. Und in der Tat ist dies heute im allgemeinen durchaus der Fall. Nicht nur fehlt regelmäßig eine Beziehung der Lebensführung auf religiöse Ausgangspunkte, sondern wo eine Beziehung besteht, pflegt sie wenigstens in Deutschland negativer Art zu sein. Solche vom »kapitalistischen Geist« erfüllte Naturen pflegen heute, wenn nicht gerade kirchenfeindlich, so doch indifferent zu sein. Der Gedanke an die fromme Langeweile des Paradieses hat für ihre tatenfrohe Natur wenig Verlockendes, die Religion erscheint ihnen als ein Mittel, die Menschen vom Arbeiten auf dem Boden dieser Erde abzuziehen. Würde man sie selbst nach dem »Sinn« ihres rastlosen Jagens fragen, welches des eigenen Besitzes niemals froh wird, und deshalb gerade bei rein diesseitiger Orientierung des Lebens so sinnlos erscheinen muß, so würden sie, falls sie überhaupt eine Antwort wissen, zuweilen antworten: »die Sorge für Kinder und Enkel«, häufiger aber und — da jenes Motiv ja offenbar kein ihnen eigentümliches ist, sondern bei den »traditionalistischen« Menschen ganz ebenso wirkte, — richtiger ganz einfach: daß ihnen das Geschäft mit seiner steten Arbeit »zum Leben unentbehrlich« geworden sei. Das ist in der Tat die einzig zutreffende Motivierung und sie bringt zugleich das, vom persönlichen Glücksstandpunkt aus angesehen, so Irrationale dieser Lebensführung, bei welcher der Mensch für sein Geschäft da ist, nicht umgekehrt, zum Ausdruck. Selbstverständlich spielt die Empfindung für die Macht und das Ansehen, welches die bloße Tatsache des Besitzes gewährt, dabei ihre Rolle: wo einmal die Phantasie eines ganzen Volkes in der Richtung auf das rein quantitativ Große gelenkt ist, wie in den Vereinigten Staaten, da wirkt diese Zahlenromantik mit unwiderstehlichem Zauber auf die »Dichter« unter den Kaufleuten. Aber sonst sind es im ganzen nicht die eigentlich führenden und namentlich nicht die dauernd erfolgreichen Unternehmer, die sich davon einnehmen lassen. Und vollends das Einlaufen in den Hafen des Fideikommißbesitzes und Briefadels mit Söhnen, deren Gebarung auf der Universität und im Offizierkorps ihre Abstammung vergessen zu machen sucht, wie es der übliche Lebenslauf deutscher kapitalistischer Parvenü-Familien war, stellt ein epigonenhaftes Décadenceprodukt dar. Der »Idealtypus« des kapitalistischen Unternehmers [1]), wie er auch bei uns in einzelnen hervorragenden Beispielen vertreten war, hat mit solchem gröberen oder feineren Protzentum nichts Verwandtes. Er scheut die Ostentation und den unnötigen Aufwand ebenso wie den bewußten Genuß seiner Macht und die ihm eher unbequeme Entgegennahme von äußeren Zeichen der gesellschaftlichen Achtung, die er genießt. Seine Lebensführung trägt m. a.W. oft — und es wird gerade auf die geschichtliche Bedeutung dieser für uns wichtigen Erscheinung einzugehen sein — einen gewissen asketischen Zug an sich, wie er ja in der früher zitierten »Predigt« Franklins deutlich zutage tritt. Es ist namentlich keineswegs selten, sondern recht häufig bei ihm ein Maß von kühler Bescheidenheit zu finden, welches wesentlich aufrichtiger ist als jene Reserve, die Benjamin Franklin so klug zu empfehlen weiß. Er »hat nichts« von seinem Reichtum für seine Person, — außer: der irrationalen Empfindung guter »Berufserfüllung«.

D a s aber ist es eben, was dem präkapitalistischen Menschen so unfaßlich und rätselhaft, so schmutzig und verächtlich erscheint. Daß jemand zum Zweck seiner Lebensarbeit ausschließlich den Gedanken machen könne, dereinst mit hohem materiellen Gewicht an Geld und Gut belastet ins Grab zu sinken, scheint ihm nur als Produkt perverser Triebe: der »auri sacra fames«, erklärlich.

In der Gegenwart, unter unseren politischen, privatrechtlichen und Verkehrsinstitutionen, bei den Betriebsformen und der Struktur, die unserer Wirtschaft eigen ist, könnte nun dieser »Geist« des Kapitalismus, wie gesagt, als ein reines Anpassungsprodukt verständlich sein. Die kapitalistische Wirtschaftsordnung braucht diese Hingabe an den »Beruf« des Geldverdienens:

---

[1]) Das soll nur heißen: derjenige Unternehmertypus, den w i r hier zum Gegenstand unserer Betrachtung machen, nicht irgendein empirischer Durchschnitt (über den Begriff »Idealtypus« s. m. Ausf. im Archiv f. Sozialwissensch. Bd. XIX Heft 1).

sie ist eine Art des Sichverhaltens zu den äußeren Gütern, welche jener Struktur so sehr adäquat, so sehr mit den Bedingungen des Sieges im ökonomischen Daseinskampfe verknüpft ist, daß von einem notwendigen Zusammenhange jener »chrematistischen« Lebensführung mit irgendeiner einheitlichen »Weltanschauung« heute in der Tat gar keine Rede mehr sein kann. Sie hat es namentlich nicht mehr nötig, sich von der Billigung irgendwelcher religiöser Potenzen tragen zu lassen und empfindet die Beeinflussung des Wirtschaftslebens durch die kirchlichen Normen, soweit sie überhaupt noch fühlbar ist, ebenso als Hemmnis, wie dessen staatliche Reglementierung. Die handelspolitische und sozialpolitische Interessenlage pflegen dann die »Weltanschauung« zu bestimmen. Wer sich in seiner Lebensführung den Bedingungen kapitalistischen Erfolges nicht anpaßt, geht unter oder kommt nicht hoch. Aber das sind Erscheinungen einer Zeit, in welcher der moderne Kapitalismus, zum Siege gelangt, sich von den alten Stützen emanzipiert hat. Wie er dereinst nur im Bunde mit der werdenden modernen Staatsgewalt die alten Formen mittelalterlicher Wirtschaftsregulierung sprengte, so könnte — wollen wir vorläufig sagen — das gleiche auch für seine Beziehungen zu den religiösen Mächten der Fall gewesen sein. Ob und in welchem Sinne es etwa der Fall gewesen ist, das eben soll hier untersucht werden. Denn daß jene Auffassung des Gelderwerbs als eines den Menschen sich verpflichtenden Selbstzweckes, als »Beruf«, dem sittlichen Empfinden ganzer Epochen zuwiderlief, bedarf kaum des Beweises. In dem in das kanonische Recht übergegangenen, damals (ebenso wie die Stelle des Evangeliums vom Zins [1])) für echt gehaltenen Satz »Deo

[1]) Es ist hier vielleicht der geeignete Ort, ganz kurz auf die Bemerkungen in der schon zitierten Schrift von F. Keller (Heft 12 der Schriften der Görres-Ges.) und die daran anknüpfenden Bemerkungen Sombarts (im »Bourgeois«) einzugehen, soweit sie hergehören. Daß ein Schriftsteller eine Abhandlung, in der das kanonische Zinsverbot (außer in einer beiläufigen Bemerkung und ohne jede Beziehung zu der ganzen Argumentation) überhaupt nicht erwähnt ist, unter der Voraussetzung kritisiert, daß eben dies Zinsverbot — welches doch fast in allen religiösen Ethiken der Erde Parallelen findet! — es sei, was hier als Unterscheidungsmerkmal der katholischen von der reformatorischen Ethik in Anspruch genommen wurde, ist eigentlich ein starkes Stück: man darf doch Arbeiten nur kritisieren, die man wirklich gelesen oder deren Darlegungen, wenn man sie gelesen, man noch nicht wieder vergessen hat. Der Kampf gegen die usuraria pravitas durchzieht die hugenottische ebenso wie die niederländische Kirchengeschichte des 16. Jahrhunderts. »Lombarden«, also Bankiers, wurden oft als solche vom Abendmahl ausge-

placere vix potest«, der von der Tätigkeit des Kaufmanns gebraucht wurde, in der Bezeichnung des Gewinnstrebens durch

schlossen (s. S. 23 Anm. 2). Die freiere Auffassung Calvins (die übrigens nicht hinderte, daß im ersten Entwurf der Ordonnanzen noch Wucherbestimmungen vorgesehen waren) ist erst durch Salmasius zum Siege gelangt. Also h i e r lag der Gegensatz nicht: im Gegenteil. — Aber noch übler sind die eignen hierher gehörigen Argumentationen des Verfs., die gegenüber den (m. E. übrigens auch keineswegs nach Verdienst von ihm zitierten) Schriften von Funck und andren katholischen Gelehrten und gegenüber den heute im einzelnen veralteten, aber noch immer grundlegenden Untersuchungen von Endemann peinlich durch ihre Oberflächlichkeit auffallen. Zwar von Exzessen, wie den Bemerkungen Sombarts (a. a. O. p. 321): daß man den »frommen Männern« (Bernhardin v. Siena und Antonin von Florenz sind die im wesentlichen gemeinten) förmlich anmerke, »wie sie auf alle Weise den Unternehmungsgeist anstacheln möchten« — indem sie nämlich, ganz ähnlich, wie das in aller Welt mit den Zinsverboten geschehen ist, das Wucherverbot so interpretierten, daß die (in unserer Terminologie) »produktive« Kapitalanlage unberührt blieb — hat sich K. freigehalten. (Daß bei Sombart einerseits die Römer zu den »Heldenvölkern« gehören, andererseits — bei ihm sonst ein unversöhnlicher Gegensatz — angeblich der ökonomische Rationalismus schon bei Cato »zur äußersten Konsequenz« entwickelt war — S. 267 —, sei nur nebenher als Symptom dafür notiert: daß hier eben ein »Thesenbuch« im schlechten Sinn des Wortes vorliegt). Aber die (hier nicht im einzelnen darzustellende, früher zunächst oft überschätzte, dann stark unterschätzte, jetzt, in der Aera auch katholischer Multimillionäre — zu apologetischen Zwecken — geradezu auf den Kopf gestellte) Bedeutung des Zinsverbots, (welches bekanntlich — trotz biblischer Fundamentierung! — erst im letzten Jahrhundert durch Instruktion der Congregatio S. Officii außer Kraft gesetzt wurde, und zwar nur temporum ratione habita und i n d i r e k t, nämlich: durch Verbot, die Beichtkinder, wenn man sich ihres Gehorsams a u c h f ü r d e n F a l l der Wiederinkraftsetzung versehen könne, fernerhin durch Recherchen nach usuraria pravitas zu beunruhigen), hat auch er völlig verzerrt. Denn jemand, der irgendwelche eingehendere Studien über die höchst verwickelte Geschichte der kirchlichen Wucherdoktrin gemacht hat, darf, angesichts der endlosen Kontroversen z. B. über die Erlaubtheit des Rentenkaufes, des Wechseldiskonts und der verschiedensten andern Verträge (angesichts vor allem dessen, daß die oben erwähnte Verfügung der Congregatio S. Officii anläßlich einer S t a d t anleihe erging) nicht (S. 24) behaupten, das Darlehenszinsverbot habe sich nur auf den Notkredit bezogen, es habe den Zweck der »Kapitalerhaltung« verfolgt, ja es sei der »kapitalistischen Unternehmung förderlich« gewesen (S. 25). Die Wahrheit ist, daß die Kirche sich erst ziemlich spät auf das Zinsverbot erneut besann, daß, als dies geschah, die üblichen rein geschäftlichen Kapitalanlageformen n i c h t festverzinsliche Darlehenshingaben, sondern foenus nauticum, commenda, societas maris und das dare ad proficuum de mari (nach der Risikoklasse in der Höhe der Gewinn- und Verlustanteile tarifierte Darleben) waren (und bei dem Charakter des Unternehmerleihzinses sein m u ß t e n), die alle nicht (oder doch nur nach einzelnen rigorosen Kanonisten) betroffen wurden, daß aber dann, als festverzinsliche Kapitalanlagen sowohl als Diskontierungen möglich und üblich wurden, diesen (auch später) recht fühlbare Schwierigkeiten von seiten des Zinsverbotes erwuchsen: Schwierigkeiten, welche zu allerhand scharfen Maßregeln der Kaufmannsgilden (schwarze Listen!) führten, daß aber dabei die Behandlung des Zinsverbots durch die Kanonisten normalerweise r e i n juristisch-formal war, jedenfalls ohne alle und jede von K. ihnen unterstellte

Thomas als turpitudo (mit dem selbst das unvermeidliche und daher ethisch erlaubte Gewinnmachen belegt wurde), lag, gegen-

»kapitalschützende« Tendenz, daß endlich, soweit sich überhaupt einmal Stellungnahmen zum Kapitalismus als solchem feststellen lassen, einerseits traditionalistische, meist mehr dumpf empfundene, Abneigung gegen die um sich greifende unpersönliche, daher der Ethisierung schwer zugängliche, Macht des Kapitals (wie sie ja noch Luthers Aeußerung über die Fugger und über das Geldgeschäft wiederspiegeln), andererseits die Notwendigkeit der Akkommodation bestimmend einwirkte. — Doch das gehört nicht hierher, denn, wie gesagt: das Zinsverbot und sein Schicksal haben für uns höchstens symptomatische Bedeutung und auch diese nur begrenzt.

Die Wirtschaftsethik der scotistischen und besonders gewisser quattrocentistischer mendikantischer Theologen, vor allem des Bernhardin von Siena und Antonin von Florenz: spezifisch rational asketisch gerichteter Mönchsschriftsteller also, verdient unzweifelhaft ein besonderes Blatt und kann in unserem Zusammenhang nicht nebenher erledigt werden. Ich müßte sonst hier in einer Antikritik das vorwegnehmen, was ich erst bei der Darstellung der katholischen Wirtschaftsethik in ihrer positiven Beziehung zum Kapitalismus zu sagen habe. Diese Schriftsteller bemühen sich — und sind darin Vorläufer mancher Jesuiten — den Unternehmergewinn des Kaufmanns als Entgelt für dessen »industria« ethisch als erlaubt (mehr kann auch K. selbstverständlich nicht behaupten) zu rechtfertigen.

Der Begriff und die Schätzung der »industria« ist selbstverständlich letztlich der Mönchsaskese entnommen, wohl auch der nach eigener, dem Gianozzo in den Mund gelegter, Angabe, aus dem priesterlichen in den Sprachgebrauch Albertis übernommene Begriff der masserizia. Ueber die Mönchsethik als Vorläuferin der innerweltlich asketischen Denominationen des Protestantismus ist eingehender erst später zu reden (in der Antike finden sich bei den Kynikern, auf späthellenistischen Grabschriften und — aus ganz andern Bedingungen heraus — in Aegypten Ansätze ähnlicher Konzeptionen). Was vollkommen fehlt (ebenso wie bei Alberti), ist gerade das für uns Entscheidende: die, wie wir später sehen werden, für den asketischen Protestantismus charakteristische Konzeption der Bewährung des eigenen Heils, der certitudo salutis, im Beruf: die psychischen Prämien also, welche diese Religiosität auf die »industria« setzte und welche dem Katholizismus notwendig fehlen mußten, da seine Heilsmittel eben andere waren. Es handelt sich bei diesen Schriftstellern dem Effekte nach um ethische Lehre, nicht um praktische durch Heilsinteressen bedingte individuelle Antriebe, und überdies um Akkommodation (wie sehr leicht zu sehen ist), nicht, wie bei der innerweltlichen Askese, um Argumentationen aus zentralen religiösen Positionen heraus. (Antonin und Bernhardin haben übrigens schon längst bessere Bearbeitungen erfahren als durch F. Keller.) Und selbst diese Akkommodationen blieben bis in die Gegenwart hinein bestritten. Trotzdem ist die Bedeutung dieser mönchischen ethischen Konzeptionen symptomatisch keineswegs gleich Null zu schätzen. Die wirklichen »Ansätze« aber einer in den modernen Berufsbegriff einmündenden religiösen Ethik lagen bei den Sekten und bei der Heterodoxie, vor allem bei Wyclif, wenn auch allerdings dessen Bedeutung von Brodnitz (Engl. Wirtschaftsgeschichte), der meint: sein Einfluß habe so stark gewirkt, daß der Puritanismus nichts mehr zu tun gefunden habe, doch sehr stark überschätzt ist. Auf all das kann (und soll) hier nicht eingegangen werden. Denn hier kann nicht nebenher auseinandergesetzt werden, daß und inwiefern die christliche Ethik des Mittelalters tatsächlich bereits mit an der Schaffung der Vorbedingungen kapitalistischen Geistes gearbeitet hat.

über den radikal antichrematistischen Ansichten ziemlich breiter Kreise, schon ein hoher Grad von Entgegenkommen der katholischen Doktrin gegenüber den Interessen der mit der Kirche politisch so eng liierten Geldmächte der italienischen Städte [1]). Und auch wo die Doktrin noch mehr sich akkommodierte, wie namentlich etwa bei Antonin von Florenz, schwand doch die Empfindung niemals ganz, daß es sich bei der auf Erwerb als Selbstzweck gerichteten Tätigkeit im Grunde um ein pudendum handle, welches nur die einmal vorhandenen Ordnungen des Lebens zu tolerieren nötigten. Einzelne damalige Ethiker vor allem der nominalistischen Schule nahmen die entwickelten Ansätze kapitalistischer Geschäftsformen als gegeben hin, und suchten sie als statthaft, vor allem den Handel als nötig, die darin entwickelte »industria« als legitime Gewinnquelle und ethisch unanstößig zu erweisen: — nicht ohne Widerspruch, — aber den »Geist« des kapitalistischen Erwerbes lehnte die herrschende Lehre als turpitudo ab oder konnte ihn mindestens nicht positiv ethisch werten. Eine »sittliche« Anschauung wie die Benjamin Franklins wäre einfach undenkbar gewesen. Dies war vor allem die Auffassung der beteiligten kapitalistischen Kreise selbst: ihre Lebensarbeit war, wenn sie auf dem Boden der kirchlichen Tradition standen, günstigenfalls, etwas sittlich Indifferentes, Toleriertes, aber immerhin schon wegen der steten Gefahr, mit dem kirchlichen Wucherverbot zu kollidieren, für die Seligkeit Bedenkliches: ganz erhebliche Summen flossen, wie die Quellen zeigen, beim Tode reicher Leute als »Gewissensgelder« an kirchliche Institute, unter Umständen auch zurück an frühere Schuldner als zu Unrecht ihnen abgenommene »usura«. Anders standen — neben häretischen oder als bedenklich angesehenen Richtungen — nur die innerlich von der Tradition schon losgelösten patrizischen Kreise. Aber auch skeptische und unkirchliche Naturen pflegten, weil es zur Versicherung gegen die Ungewißheiten des Zustandes nach dem Tode immerhin besser so war und weil ja (wenigstens nach der sehr verbreiteten laxeren Auffassung) die äußere Unterwerfung unter die Gebote der

---

[1]) Die Worte „μηδὲν ἀπελπίζοντες“ (Luk. 6,35) und die Uebersetzung der Vulgata »nihil inde sperantes« sind vermutlich (nach A. Merx) aus μηδένα ἀπελπίζοντες (= neminem desperantes) entstellt, geboten also das Darlehen an jeden, auch den armen, Bruder, ohne überhaupt von Zins zu reden. Dem Satz Deo placere vix potest wird jetzt arianischer Ursprung nachgesagt (was sachlich für uns gleichgültig ist).

Kirche zur Seligkeit genügte, sich durch Pauschsummen mit ihr für alle Fälle abzufinden[1]). Gerade hierin tritt das entweder Außersittliche oder geradezu Widersittliche, welches nach der eigenen Auffassung der Beteiligten ihrem Tun anhaftete, deutlich zutage. Wie ist nun aus diesem, im günstigen Fall, sittlich tolerierten Gebaren ein »Beruf« im Sinne Benjamin Franklins geworden? Wie ist es historisch erklärlich, daß im Zentrum der kapitalistischen Entwicklung der damaligen Welt, in Florenz im 14. und 15. Jahrhundert, dem Geld- und Kapitalmarkt aller politischen Großmächte, als sittlich bedenklich oder allenfalls tolerabel galt, was in den hinterwäldlerisch-kleinbürgerlichen Verhältnissen von Pennsylvanien im 18. Jahrhundert, wo die Wirtschaft aus purem Geldmangel stets in Naturaltausch zu kollabieren drohte, von größeren gewerblichen Unternehmungen kaum eine Spur, von Banken nur die ersten Anfänge zu bemerken waren, als Inhalt einer sittlich löblichen, ja gebotenen Lebensführung gelten konnte? — Hier von einer »Wiederspiegelung« der »materiellen« Verhältnisse in dem »ideellen Ueberbau« reden zu wollen, wäre ja barer Unsinn. — Welchem Gedankenkreise entstammte also die Einordnung einer äußerlich rein auf Gewinn gerichteten Tätigkeit unter die Kategorie des »Berufs«, demgegenüber sich der einzelne verpflichtet fühlte? Denn dieser Gedanke war es, welcher der Lebensführung des Unternehmers »neuen Stils« den ethischen Unterbau und Halt gewährte.

Man hat — so namentlich Sombart in oft glücklichen und wirkungsvollen Ausführungen — als das Grundmotiv der modernen Wirtschaft überhaupt den »ökonomischen Rationalismus« bezeichnet. Mit unzweifelhaftem Recht, wenn darunter jene Ausweitung der Produktivität der Arbeit verstanden wird, welche

---

[1]) Wie man sich dabei mit dem Wucherverbot abfand, lehrt z. B. Buch I c. 65 des Statuts der Arte di Calimala (mir liegt augenblicklich nur die italienische Redaktion bei Emiliani-Giudici, Stor. dei Com. Ital. Ed. III S. 246 vor): Procurino i consoli con quelli frati, che parrà loro, che perdono si faccia e come fare si possa il meglio per l'amore di ciascuno, del dono, merito o guiderdono, ovvero interesse per l'anno presente e secondo che altra volta fatto fue. Also eine Art Beschaffung des Ablasses von seiten der Zunft für ihre Mitglieder von Amts wegen und im Submissionswege. Höchst charakteristisch für den außersittlichen Charakter des Kapitalgewinns sind auch die weiter folgenden Anweisungen, ebenso z. B. das unmittelbar vorhergehende Gebot (c. 63), alle Zinsen und Profite als »Geschenk« zu buchen. Den heutigen schwarzen Listen der Börse gegen solche, die den Differenzeinwand erheben, entsprach oft der Verruf gegen solche, die das geistliche Gericht mit der exceptio usurariae pravitatis angingen.

durch die Gliederung des Produktionsprozesses unter wissenschaftlichen Gesichtspunkten dessen Gebundenheit an die natürlich gegebenen »organischen« Schranken der menschlichen Person beseitigt hat. Dieser Rationalisierungsprozeß auf dem Gebiete der Technik und Oekonomik bedingt nun unzweifelhaft auch einen wichtigen Teil der »Lebensideale« der modernen bürgerlichen Gesellschaft: die Arbeit im Dienste einer rationalen Gestaltung der materiellen Güterversorgung der Menschheit hat den Vertretern des »kapitalistischen Geistes« zweifellos immer auch als einer der richtungweisenden Zwecke ihrer Lebensarbeit vorgeschwebt. Man braucht z. B. Franklins Schilderung seiner Bestrebungen im Dienst der kommunalen improvements von Philadelphia nur zu lesen, um diese sehr selbstverständliche Wahrheit mit Händen zu greifen. Und die Freude und der Stolz, zahlreichen Menschen »Arbeit gegeben«, mitgeschaffen zu haben am ökonomischen »Aufblühen« der Heimatsstadt in jenem, an Volks- und Handelszahlen orientierten, Sinn des Worts, den der Kapitalismus nun einmal damit verbindet, — dies alles gehört selbstverständlich zu der spezifischen und unzweifelhaft »idealistisch« gemeinten Lebensfreude des modernen Unternehmertums. Und ebenso ist es natürlich eine der fundamentalen Eigenschaften der kapitalistischen Privatwirtschaft, daß sie auf der Basis streng rechnerischen Kalküls rationalisiert, planvoll und nüchtern auf den erstrebten wirtschaftlichen Erfolg ausgerichtet ist, im Gegensatz zu dem von der Hand in den Mund Leben des Bauern, dem privilegierten Schlendrian des alten Zunfthandwerkers und dem »Abenteuerkapitalismus«, der an politischer Chance und irrationaler Spekulation orientiert war.

Es scheint also, als sei die Entwicklung des »kapitalistischen Geistes« am einfachsten als Teilerscheinung in der Gesamtentwicklung des Rationalismus zu verstehen und müsse aus dessen prinzipieller Stellung zu den letzten Lebensproblemen ableitbar sein. Dabei käme also der Protestantismus nur insoweit historisch in Betracht, als er etwa als »Vorfrucht« rein rationalistischer Lebensanschauungen eine Rolle gespielt hätte. Allein sobald man ernstlich den Versuch macht, zeigt sich, daß eine so einfache Problemstellung schon um deswillen nicht angeht, weil die Geschichte des Rationalismus keineswegs eine auf den einzelnen Lebensgebieten parallel fortschreitende Entwicklung zeigt. Die Rationalisierung des Privatrechts z. B. ist, wenn man sie als begriffliche Vereinfachung und Gliederung des Rechtsstoffes auffaßt, in ihrer bisher höchsten Form im römischen Recht des späteren Altertums erreicht, sie blieb am rückständigsten in einigen der ökonomisch am meisten rationalisierten Länder, speziell in England, wo die Renaissance des römischen Rechts seinerzeit an der Macht der großen Juristenzünfte scheiterte, während seine Herrschaft in den katholischen Gebieten Südeuropas stets fortbestanden hat. Die rein diesseitige rationale Philosophie hat im 18. Jahrhundert ihre Stätte durchaus nicht allein oder auch nur vorzugsweise in den kapitalistisch höchstentwickelten Ländern gefunden. Der Voltairianismus ist noch heute Gemeingut breiter oberer und — was praktisch wichtiger ist — mittlerer Schichten gerade in den romanisch-katholischen Ländern. Versteht man vollends unter »praktischem Rationalismus« jene Art Lebensführung, welche die Welt bewußt auf die diesseitigen Interessen des e i n z e l n e n I c h bezieht und von hier aus beurteilt, so war und ist noch heute dieser Lebensstil erst recht typische Eigenart der Völker des »liberum arbitrium«, wie es dem Italiener und Franzosen in Fleisch und Blut steckt; und wir konnten uns bereits überzeugen, daß dies keineswegs der Boden ist, auf welchem jene Beziehung des Menschen auf seinen »Beruf« als Aufgabe, wie sie der Kapitalismus braucht, vorzugsweise gediehen ist. Man kann eben — dieser einfache Satz, der oft vergessen wird, sollte an der Spitze jeder Studie stehen, die sich mit »Rationalismus« befaßt — das Leben unter höchst verschiedenen letzten Gesichtspunkten und nach sehr verschiedenen Richtungen hin »rationalisieren«. Der »Rationalismus« ist ein historischer Begriff, der eine Welt von Gegensätzen in sich schließt, und wir werden gerade zu untersuchen haben, wes Geistes Kind diejenige konkrete Form »rationalen« Denkens und Lebens war, aus welcher jener »Berufs«-Gedanke und jenes, — wie wir sahen, vom Standpunkt der rein eudämonistischen Eigeninteressen aus so irrationale — Sichhingeben an die Berufs a r b e i t erwachsen ist, welches einer der charakteristischsten Bestandteile unserer kapitalistischen Kultur war und noch immer ist. U n s interessiert hier gerade die Herkunft jenes i r r a t i o n a l e n Elements, welches in diesem wie in jedem »Berufs«-Begriff liegt.

3.

Nun ist unverkennbar, daß schon in dem deutschen *Worte* »Beruf« ebenso wie in vielleicht noch deutlicherer Weise in dem englischen »calling«, eine religiöse Vorstellung: — die einer von Gott gestellten *Aufgabe* — wenigstens *mit*klingt und, je nachdrücklicher wir auf das Wort im konkreten Fall den Ton legen, desto fühlbarer wird. Und verfolgen wir nun das Wort geschichtlich und durch die Kultursprachen hindurch, so zeigt sich zunächst, daß die vorwiegend katholischen Völker für das, was wir »Beruf« (im Sinne von Lebensstellung, umgrenztes Arbeitsgebiet) nennen, einen Ausdruck ähnlicher Färbung ebensowenig kennen wie das klassische Altertum [1]), während es bei

---

[1]) Von den antiken Sprachen hat *nur* die *hebräische* Ausdrücke ähnlicher Färbung. Zunächst in dem Wort מְלָאכָה: Es wird gebraucht für *priesterliche* Funktionen (Ex. 35, 21; Neh. 11, 22; 1 Chr. 9, 13; 23, 4; 26, 30) für Geschäfte im Dienst des Königs (insbesondre 1 Sam. 8, 16, 1 Chr. 4, 23; 29, 6), Dienst eines *königlichen* Beamten (Esth. 3, 9; 9, 3), eines Arbeits*aufsehers* (2. Reg. 12, 12), eines Sklaven (Gen. 39, 11), von *Feld*arbeit (1. Chr. 27, 26), von *Handwerkern* (Ex. 31, 5; 35, 21; 1 Reg. 7, 14), Händlern (Ps. 107, 23) und für jede »Berufsarbeit« in der zu besprechenden Stelle Sir. 11, 20. Das Wort ist vom Stamm לאך = senden, schicken, abgeleitet, bedeutete also ursprünglich »Aufgabe«. Seine Herkunft aus der Fron- und Leiturgie-bürokratischen Begriffswelt des ägyptischen und nach ägyptischen Mustern angelegten salomonischen Fronstaates scheint nach den vorstehenden Zitaten evident. Gedanklich war, wie A. Merx mich s. Z. belehrte, schon im Altertum dieser Stammbegriff völlig verloren gegangen, das Wort wurde für jede »Arbeit« gebraucht und war in der Tat ganz so farblos geworden wie unser »Beruf«, mit dem es auch das Schicksal teilte, primär von geistlichen Funktionen gebraucht zu werden. Der Ausdruck חק = das »Bestimmte«, »Zugewiesene«, »*Pensum*«, welcher ebenfalls Sirach 11, 20 vorkommt und dort von der LXX mit „διαθήκη" übersetzt wird, entstammt ebenso der Sprache der Fron-Bürokratie, wie דְּבַר־יוֹם (Ex. 5, 13, vgl. Ex. 5, 14, wo die LXX ebenfalls διαθήκη für »Pensum« hat. Sirach 43, 10 ist es in der LXX mit κρίμα übersetzt). Es wird Sirach 11, 20 offenbar von der Erfüllung von *Gottes* Geboten gebraucht, — also ebenfalls eine Verwandtschaft mit unserem »Beruf« Ueber die Sirach-Stelle sei hier auf Smends bekanntes Buch über Jesus Sirach zu diesen Versen und auf dessen »Index zur Weisheit des Jesus Sirach«, Berlin 1907 zu den Worten διαθήκη, ἔργον, πόνος verwiesen. (Bekanntlich war der hebräische Text des Sirach-Buchs verloren, ist aber von Schechter wiederentdeckt und z. T. aus talmudischen Zitaten ergänzt. Luther lag er nicht vor und auf *seinen* Sprachgebrauch haben die beiden hebräischen Begriffe *keine* Wirkung geübt: s. u. über Spr. Sal. 22, 29). — Im Griechischen fehlt eine dem deutschen Wort in der ethischen Färbung entsprechende Bezeichnung überhaupt. Wo Luther unserem heutigen Sprachgebrauch schon ganz entsprechend (s. u.) bei Jesus Sirach 11, 20 u. 21: »bleibe in deinem Beruf« übersetzt, hat die LXX das eine Mal: ἔργον, das andere Mal in einer allerdings, scheint es, völlig verderbten Stelle (im hebräischen Original ist vom Aufleuchten der

allen vorwiegend protestantischen Völkern existiert. Es zeigt sich ferner, daß nicht irgendeine ethnisch bedingte Eigenart der

göttlichen Hilfe die Rede!): πόνος. Sonst wird im Altertum τὰ προςήκοντα in dem allgemeinen Sinn von »Pflichten« verwendet. In der Sprache der Stoa trägt gelegentlich κάματος (auf welches mich s. Z. Alb. Dieterich aufmerksam machte) eine ähnliche gedankliche Färbung bei sprachlich indifferenter Provenienz. Alle anderen Ausdrücke (wie τάξις usw.) sind nicht ethisch gefärbt. — Im Lateinischen drückt man das, was wir mit »Beruf« übersetzen: die arbeitsteilige dauernde Tätigkeit eines Menschen, welche (normalerweise) zugleich für ihn Einkommensquelle und damit dauernde ökonomische Existenzgrundlage ist, neben dem farblosen »opus«, mit einer dem ethischen Gehalt des deutschen Wortes wenigstens verwandten Färbung entweder durch officium (aus opificium, also ursprünglich ethisch farblos, später, so besonders bei Seneca de benef. IV, 18 = Beruf) oder durch munus — von den Fronden der alten Bürgergemeinde abgeleitet, — oder endlich durch professio aus, welch letzteres Wort in dieser Bedeutung charakteristischerweise ebenfalls von öffentlichrechtlichen Pflichten, nämlich den alten Steuerdeklarationen der Bürger abstammen dürfte, später speziell für die im modernen Sinn »liberalen Berufe« (so: professio bene dicendi) verwendet wird und auf diesem engeren Gebiete eine unserem Wort »Beruf« in jeder Hinsicht ziemlich ähnliche Gesamtbedeutung annimmt (auch im mehr innerlichen Sinn des Wortes; so wenn es bei Cicero von jemand heißt: non intelligit quid profiteatur, in dem Sinn von: »er erkennt seinen eigentlichen Beruf nicht«), — nur daß es eben natürlich durchaus diesseitig, ohne jede religiöse Färbung gedacht ist. Dies ist bei »ars«, welches in der Kaiserzeit für »Handwerk« verwendet wird, natürlich erst recht der Fall. — Die Vulgata übersetzt die obigen Stellen bei Jesus Sirach das eine Mal mit »opus«, das andere Mal (v. 21) mit »locus«, was in diesem Fall etwa »soziale Stellung« bedeuten würde. Von einem Asketen wie Hieronymus stammt der Zusatz »mandaturam tuorum«, was Brentano ganz richtig hervorhebt, ohne hier — wie auch sonst — zu bemerken: daß eben dies charakteristisch für die asketische — vor der Reformation außerweltliche, nachher innerweltliche — Provenienz des Begriffs ist. Es ist im übrigen unsicher, nach welchem Text die hieronymische Uebersetzung gemacht wurde; eine Einwirkung der alten leiturgischen Namenbedeutung von מְלָאכָה scheint nicht ausgeschlossen — In den romanischen Sprachen hat nur das spanische »vocacion« im Sinne des inneren »Berufes« zu etwas: vom geistlichen Amt übertragen, eine dem deutschen Wortsinn teilweise entsprechende Färbung, wird aber nie vom »Beruf« im äußerlichen Sinn gebraucht. In den romanischen Bibelübersetzungen wird das spanische vocacion, das italienische vocazione und chiamamento sonst in einer dem gleich zu erörternden lutherischen und calvinistischen Sprachgebrauch teilweise entsprechenden Bedeutung nur zur Uebersetzung des neutestamentlichen κλῆσις, der Berufung durch das Evangelium zum ewigen Heil, verwendet, wo die Vulgata »vocatio« hat. (Seltsamerweise meint Brentano a. a. O., dieser von mir selbst für meine Ansicht angeführte Umstand spreche für die Existenz des »Berufs«-Begriffs in seiner nachreformatorischen Bedeutung auch schon vorher. Aber davon ist doch gar keine Rede: κλῆσις mußte ja durch »vocatio« übersetzt werden, — aber wo und wann wäre es im Mittelalter in unserem heutigen Sinne gebraucht? Die Tatsache dieser Uebersetzung und das Fehlen der innerweltlichen Wortbedeutung trotz ihrer sind ja gerade das Beweisende). »Chiamamento« verwendet in dieser Art z. B. die italienische Bibelübersetzung aus dem 15. Jahrhundert, die in der Collezione di opere inedite e rare, Bologna 1887 abgedruckt ist, neben »vocazione«,

betreffenden Sprachen, etwa der Ausdruck eines »germanischen Volksgeistes« dabei beteiligt ist, sondern daß das Wort in seinem heutigen Sinn aus den Bibelübersetzungen stammt und zwar aus dem Geist der Uebersetzer, nicht aus dem Geist des Originals [1]). Es scheint in der lutherischen Bibelübersetzung zuerst an einer Stelle des Jesus Sirach (11, 20 u. 21) ganz in unserem heutigen Sinn verwendet zu sein [2]). Es hat dann sehr

---

welches die modernen italienischen Bibelübersetzungen benutzen. Die für »Beruf« im äußerlichen, innerweltlichen Sinn von regelmäßiger Erwerbstätigkeit verwendeten Worte in den romanischen Sprachen tragen dagegen, wie aus dem lexikalischen Material und aus einer freundlichen eingehenden Darlegung meines verehrten Freundes Professor Baist (Freiburg) hervorgeht, durchweg keinerlei religiöse Prägung an sich, mögen sie nun, wie die von ministerium oder officium abgeleiteten, ursprünglich eine gewisse ethische Färbung gehabt haben oder wie das von ars, professio und implicare (impiego) abgeleiteten auch dieser von Anfang an völlig entbehren. Die eingangs erwähnten Stellen bei Jesus Sirach, wo Luther »Beruf« hat, werden übersetzt: französisch v. 20 office, v. 21 labeur (calvinistische Uebersetzung), spanisch v. 20 obra, v. 21 lugar (nach der Vulgata), neue Uebersetzungen: »posto« (protestantisch). Den Protestanten der romanischen Länder ist es, infolge ihrer Minderzahl, nicht gelungen, resp. sie haben gar nicht versucht, einen solchen sprachschöpferischen Einfluß zu üben wie Luther ihn auf die noch weniger akademisch rationalisierte deutsche Kanzleisprache ausüben konnte.

[1]) Dagegen enthält die Augsburger Konfession den Begriff nur teilweise entwickelt und implicite. Wenn Art. XVI (s. die Ausg. v. Kolde S. 43) lehrt: »Denn das Evangelium . . . stößt nicht um weltlich Regiment, Polizei und Ehestand, sondern will, daß man solches alles halte als Gottes Ordnung und in solchen Ständen christliche Liebe und rechte gute Werke, ein jeder nach seinem Beruf, beweise« (lateinisch heißt es nur: et in talibus ordinationibus exercere caritatem« eod. S. 42), so zeigt die daraus gezogene Konsequenz: daß man der Obrigkeit gehorchen müsse, daß hier, wenigstens in erster Linie, an »Beruf« als objektive Ordnung im Sinn der Stelle 1 Kor. 7, 20 gedacht ist. Und Art. XXVII spricht (bei Kolde S. 83 unten) von »Beruf« (lateinisch: in vocatione sua) nur in Verbindung mit den von Gott geordneten Ständen: Pfarrer, Obrigkeit, Fürsten- und Herrenstand u. dgl., und auch dies im Deutschen nur in der Fassung des Konkordienbuches, während in der deutschen Ed. princeps der betreffende Satz fehlt.

Nur Art. XXVI (Kolde S. 81) wird in der Wendung . . . . »daß Kasteiung dienen soll nicht damit Gnade zu verdienen, sondern den Leib geschickt zu halten, daß er nicht verhindere, was einem nach seinem Beruf (lateinisch: juxta vocationem suam) zu schaffen befohlen ist«, — das Wort in einem unseren heutigen Begriff wenigstens mit umfassenden Sinn gebraucht.

[2]) Vor den lutherischen Bibelübersetzungen kommt, wie die Lexika ergeben und die Herren Kollegen Braune und Hoops mir freundlichst bestätigten, das Wort »Beruf«, holländisch: »beroep«, englisch: »calling«, dänisch: »kald«, schwedisch: »kallelse« in keiner der Sprachen, die es jetzt enthalten, in seinem heutigen weltlich gemeinten Sinn vor. Die mit »Beruf« gleichlautenden mittelhochdeutschen, mittelniederdeutschen und mittelniederländischen Worte bedeuten sämtlich »Ruf« in dessen heutiger deutscher Bedeutung, einschließlich insbesondere auch — in spätmittelalterlicher

bald in der Profansprache aller protestantischen Völker seine heutige Bedeutung angenommen, während vorher in der pro-

Zeit — der »Berufung« (= Vokation) eines Kandidaten zu einer geistlichen Pfründe durch den Anstellungsberechtigten — ein Spezialfall, der auch bei den skandinavischen Sprachen in den Wörterbüchern hervorgehoben zu werden pflegt. In dieser letzteren Bedeutung braucht auch Luther das Wort gelegentlich. Allein, mag später diese Spezialverwendung des Wortes seiner Umdeutung ebenfalls zugute gekommen sein, so geht doch die Schöpfung des modernen »Berufs«-Begriffs auch sprachlich auf die Bibelübersetzungen, und zwar die protestantischen, zurück und nur bei Tauler (+ 1361) finden sich später zu erwähnende Ansätze dazu. Alle Sprachen, welche durch die protestantischen Bibelübersetzungen beherrschend beeinflußt sind, haben das Wort gebildet, alle, bei denen dies nicht der Fall ist (wie die romanischen) nicht oder nicht in der heutigen Bedeutung. —

Luther übersetzt zweierlei zunächst ganz verschiedene Begriffe mit »Beruf«. Einmal die paulinische „κλῆσις" im Sinne der Berufung zum ewigen Heil durch Gott. Dahin gehören: 1 Kor. 1, 26; Eph. 1, 18; 4, 1. 4; 2 Thess. 1, 11; Hebr. 3, 1; 2. Petri 1, 10. In allen diesen Fällen handelt es sich um den rein religiösen Begriff jener Berufung, die durch Gott vermittelst des durch den Apostel verkündeten Evangeliums erfolgt ist, und hat der Begriff κλῆσις nicht das Mindeste mit weltlichen »Berufen« im heutigen Sinne zu tun. Die deutschen Bibeln vor Luther schreiben in diesem Fall: »ruffunge« (so sämtliche Inkunabeln der Heidelberger Bibliothek), brauchen auch wohl statt »von Gott geruffet«: »von Gott gefordert«. — Zweitens aber übersetzt er — wie schon früher erwähnt — die in der vorigen Note wiedergegebenen Worte Jesus Sirachs: in der Uebertragung der LXX ἐν τῷ ἔργῳ σου παλαιώθητι und καὶ ἔμμενε τῷ πόνῳ σου mit: »beharre in deinem Beruf« und »bleibe in deinem Beruf«, statt: bleibe bei deiner Arbeit, und die späteren (autorisierten) katholischen Bibelübersetzungen (z. B. die von Fleischütz, Fulda 1781) haben sich hier (wie in den neutestamentlichen Stellen) ihm einfach angeschlossen. Die lutherische Uebersetzung bei dieser Sirachstelle ist, soviel ich sehe, der erste Fall, in welchem das deutsche Wort »Beruf« ganz in seinem heutigen rein weltlichen Sinn gebraucht wird. (Die vorhergehende Mahnung — v. 20: — στῆθι ἐν διαθήκῃ σου übersetzt er mit »bleibe in Gottes Wort«, obwohl Sirach 14, 1 und 43, 10 zeigen, daß — dem hebräischen Ausdruck חֹק, den (nach Talmud-Zitaten) Sirach gebraucht hatte, entsprechend — διαθήκη in der Tat etwas unserem »Beruf« Aehnliches, nämlich das »Schicksal« oder die »zugewiesene Arbeit« bedeuten sollte.) Im späteren und heutigen Sinne existierte das Wort »Beruf« vorher, wie oben erwähnt, in der deutschen Sprache nicht, auch — soviel ich sehe — nicht im Munde der älteren Bibelübersetzer oder Prediger. Die deutschen Bibeln vor Luther übersetzen in der Sirachstelle »Werk«. Berthold von Regensburg gebraucht in Predigten da, wo wir von »Beruf« sprechen würden, das Wort »Arbeit«. Der Sprachgebrauch ist hier also derselbe wie derjenige der Antike. Die erste mir bisher bekannte Stelle, wo zwar nicht »Beruf«, aber »Ruf« (als Uebersetzung von κλῆσις) auf rein weltliche Arbeit angewendet wird, findet sich in der schönen Predigt Taulers über Ephes. 4 (Basler Ausg. f. 117 v): von Bauern die »misten« gehen: sie fahren oft besser, »so sie folgen einfeltiglich irem Ruff denn die geistlichen Menschen, die auf ihren Ruf nicht Acht haben«. Dies Wort ist in diesem Sinne in die Profansprache nicht eingedrungen. Und trotzdem Luthers Sprachgebrauch anfangs (s. Werke, Erl. Ausg. 51, S. 51) zwischen »Ruf« und »Beruf« schwankt, ist eine direkte Beeinflussung durch Tauler durchaus nicht sicher, obwohl manche An-

fanen Literatur keines derselben irgendein Ansatz zu einem derartigen Wortsinn zu bemerken war und auch in der Predigt-

---

klänge gerade an diese Predigt Taulers sich z. B. in der »Freiheit eines Christenmenschen« finden. Denn in dem rein weltlichen Sinn wie Tauler l. c. hat Luther das Wort zunächst nicht verwendet (dies gegen Denifle, Luther, S. 163).

Offenbar nun enthält der Ratschlag bei Sirach, von der allgemeinen Mahnung zum Gottvertrauen abgesehen, in der Fassung der LXX keine Beziehung auf eine spezifische religiöse Wertung der weltlichen »Berufs«-Arbeit (der Ausdruck πόνος, Mühsal, in der verdorbenen zweiten Stelle wäre eher das Gegenteil einer solchen, wenn er nicht verderbt wäre). Was Jesus Sirach sagt, entspricht einfach der Mahnung des Psalmisten (Ps. 37, 3): bleibe im Lande und nähre dich redlich, wie auch die Zusammenstellung mit der Mahnung (v. 21), sich nicht von den Werken der Gottlosen blenden zu lassen, da Gott es leicht falle, einen Armen reich zu machen, auf das deutlichste ergibt. Nur die Anfangsmahnung: in der חֹק zu bleiben (v. 20), hat eine gewisse Verwandtschaft mit der evangelischen κλῆσις, aber gerade hier verwendete Luther (für das griechische διαθήκη) das Wort »Beruf« nicht. Die Brücke zwischen jenen beiden anscheinend ganz heterogenen Verwendungen des Wortes Beruf bei Luther schlägt die Stelle im ersten Korintherbrief und ihre Uebersetzung.

Bei Luther (in den üblichen modernen Ausgaben) lautet der ganze Zusammenhang, in dem diese Stelle steht, wie folgt: 1 Kor. 7, v. 17: ». . . ein jeglicher, wie ihn der Herr berufen hat, also wandle er . . . . . (18) Ist jemand beschnitten berufen, der zeuge keine Vorhaut. Ist jemand berufen in der Vorhaut, der lasse sich nicht beschneiden. (19) Die Beschneidung ist nichts und die Vorhaut ist nichts; sondern Gottes Gebot halten. (20) Ein jeglicher bleibe in dem Beruf, in dem er berufen ist (ἐν τῇ κλήσει ᾗ ἐκλήθη, — wie Geheimrat A. Merx mir sagt, ein zweifelloser Hebraismus, — Vulgata: in qua vocatione vocatus est). (21) Bist du ein Knecht berufen, sorge des nicht; doch kannst du frei werden, so brauche des viel lieber. (22) Denn wer ein Knecht berufen ist, der ist ein Gefreiter des Herrn; desgleichen wer ein Freier berufen ist, der ist ein Knecht Christi. (23) Ihr seid teuer erkauft; werdet nicht der Menschen Knechte. (24) Ein jeglicher, lieben Brüder, worinnen er berufen ist, darinnen bleibe er bei Gott.« V. 29 folgt dann der Hinweis darauf, daß die Zeit »kurz« sei, worauf die bekannten, durch eschatologische Erwartungen (v. 31) motivierten Anweisungen folgen, die Weiber zu haben, als hätte man sie nicht, zu kaufen, als besitze man das Gekaufte nicht usw. In v. 20 hatte Luther im Anschluß an die älteren deutschen Uebertragungen noch 1523 in seiner Exegese dieses Kapitels κλῆσις mit »Ruf« übersetzt (Erl. Ausgabe, Bd. 51 S. 51) und damals mit »Stand« interpretiert.

In der Tat ist offenbar, daß das Wort κλῆσις an dieser — und nur an dieser — Stelle so ziemlich dem lateinischen »status« und unserem »Stand« (Ehestand, Stand des Knechtes, usw.) entspricht. (Aber doch gewiß nicht, wie Brentano a. a. O. p. 137 annimmt, im Sinn von »Beruf« im heutigen Sinne. Br. hat sowohl die Stelle selbst, wie was ich darüber sage, schwerlich genau gelesen.) In einer wenigstens daran erinnernden Bedeutung findet sich dieses Wort — der Wurzel nach mit ἐκκλησία, »berufene Versammlung«, verwandt — in der griechischen Literatur, soweit das lexikalische Material reicht, nur einmal in einer Stelle des Dionysius von Halikarnaß, wo es dem lateinischen classis — einem griechischen Lehnworte = die »einberufene«, aufgebotene Bürgerabteilung — entspricht. Theophylaktos (11/12. Jahrh.) interpretiert 1 Kor. 7, 20: ἐν οἵῳ βίῳ καὶ ἐν οἵῳ τάγματι καὶ πολιτεύματι ὢν ἐπίστευσεν

literatur, soviel ersichtlich, nur bei einem der deutschen Mystiker, deren Einfluß auf Luther bekannt ist.

(Herr Kollege Deißmann machte mich auf die Stelle aufmerksam). — Unserem heutigen »Beruf« entspricht κλῆσις auch in unserer Stelle jedenfalls nicht. Aber Luther, der in der eschatologisch motivierten Mahnung, daß jeder in seinem gegenwärtigen Stande bleiben sollte, κλῆσις mit »Beruf« übersetzt hatte, hat dann, als er später die Apokryphen übersetzte, in dem traditionalistisch und antichrematistisch motivierten Rat des Jesus Sirach, daß jeder bei seiner Hantierung bleiben möge, schon wegen der sachlichen Aehnlichkeit des Ratschlages πόνος ebenfalls mit »Beruf« übersetzt. (Das ist das Entscheidende und Charakteristische. Die Stelle 1 Kor. 7, 17 braucht κλῆσις, wie gesagt, überhaupt nicht im Sinn von »Beruf« = abgegrenztes Gebiet von Leistungen). Inzwischen (oder etwa gleichzeitig) war 1530 in der Augsburger Konfession das protestantische Dogma über die Nutzlosigkeit der katholischen Ueberbietung der innerweltlichen Sittlichkeit festgelegt und dabei die Wendung »einem jeglichen nach seinem Beruf« gebraucht worden (s. vor. Anm.). Dies und jene gerade Anfang der 30er Jahre sich wesentlich steigernde Schätzung der Heiligkeit der Ordnung, in die der einzelne gestellt ist, die ein Ausfluß seines immer schärfer präzisierten Glaubens an die ganz spezielle göttliche Fügung auch in den Einzelheiten des Lebens war, zugleich aber seine sich steigernde Neigung zur Hinnahme der weltlichen Ordnungen als von Gott unabänderlich gewollt, treten hier in Luthers Uebersetzung hervor. »Vocatio« war eben im überlieferten Latein = göttliche Berufung zu einem heiligen Leben, insbesondere im Kloster oder als Geistlicher, gebraucht und diese Färbung nahm nun, unter dem Druck jenes Dogmas, für Luther die innerweltliche »Berufs«-Arbeit an. Denn während er jetzt πόνος und ἔργον bei Jesus Sirach mit »Beruf« übersetzt, wofür vorher nur die aus der Mönchsübersetzung stammende (lateinische) Analogie vorlag, hatte er einige Jahre vorher noch in Sprüche Salomon. 22, 29 das hebräische מְלָאכָה, welches dem ἔργον des griechischen Textes von Jesus Sirach zugrunde lag und — ganz wie das deutsche Beruf, und das nordische kald, kallelse, — insbesondere vom geistlichen »Beruf« ausgeht, ebenso wie an anderen Stellen (Gen. 39, 11) mit »Geschäft« übertragen (LXX: ἔργον, Vulg.: opus, englische Bibeln: business, entsprechend auch die nordischen und alle sonstigen mir vorliegenden Uebersetzungen). Die nunmehr von ihm vollzogene Schöpfung des Worts »Beruf« in unserem heutigen Sinne blieb zunächst durchaus lutherisch. Den Calvinisten galten die Apokryphen als unkanonisch. Sie haben erst im Gefolge jener Entwicklung, welche das »Bewährungs«-Interesse in den Vordergrund schob, den lutherischen Berufs-Begriff akzeptiert und nun scharf betont; in den ersten (romanischen) Uebersetzungen aber hatten sie ein entsprechendes Wort nicht zur Verfügung und nicht die Macht, es in der schon stereotypierten Sprache sprachgebräuchlich zu schaffen.

Schon im 16. Jahrhundert ist dann der Begriff »Beruf« in der außerkirchlichen Literatur im heutigen Sinne eingebürgert. Die Bibelübersetzer vor Luther hatten für κλῆσις das Wort »Berufung« gebraucht (so z. B. in den Heidelberger Inkunabeln von 1462/66, 1485), die Ecksche Ingolstädter Uebersetzung von 1537 sagt: »in dem Ruf, worin er beruft ist«. Die späteren katholischen Uebersetzungen folgen meist direkt Luther. In England hat — als erste von allen — die Wyclifsche Bibelübersetzung (1382) hier »cleping« (das altenglische Wort, welches später durch das Lehnwort »calling« ersetzt wurde), — also, was bei der Art der Lollarden-Ethik gewiß charakteristisch ist: ein dem späteren reformatorischen Sprachgebrauch schon entsprechendes Wort, —

Und wie die Wortbedeutung so ist auch — das dürfte im ganzen ja bekannt sein — der Gedanke neu und ein Produkt der Reformation. Nicht als ob gewisse Ansätze zu jener Schätzung der weltlichen Alltagsarbeit, welche in diesem Berufsbegriff vorliegt, nicht schon im Mittelalter, ja selbst im (spät hellenistischen) Altertum, vorhanden gewesen wären: — davon wird später zu reden sein. Unbedingt neu war jedenfalls zunächst eins: die Schätzung der Pflichterfüllung innerhalb der weltlichen Berufe als des höchsten Inhaltes, den die sittliche Selbstbetätigung überhaupt annehmen könne. Dies war es, was die Vorstellung von der religiösen Bedeutung der weltlichen Alltagsarbeit zur unvermeidlichen Folge hatte und den Berufsbegriff in diesem Sinn erstmalig erzeugte. Es kommt also in dem Begriff »Beruf« jenes Zentraldogma aller protestantischen Denominationen zum Ausdruck, welches die katholische Unterscheidung der christlichen Sittlichkeitsgebote in »praecepta« und »consilia« verwirft und als das einzige Mittel, Gott wohlgefällig zu leben, nicht eine Ueberbietung der inner-weltlichen Sittlichkeit durch mönchische Askese, sondern ausschließlich die Erfüllung der innerweltlichen Pflichten kennt, wie sie sich aus der Lebensstellung des einzelnen ergeben, die dadurch eben sein »Beruf« wird.

Bei Luther [1]) entwickelt dieser Gedanke sich im Laufe des ersten Jahrzehntes seiner reformatorischen Tätigkeit. Anfangs

---

die Tindalsche von 1534 wendet dagegen den Gedanken ständisch: »in the same state wherein he was called«, ebenso die Geneva von 1557. Die offizielle Cranmersche Uebersetzung von 1539 ersetzte »state« durch »calling«, während die (katholische) Rheimser Bibel von 1582 ebenso wie die höfischen anglikanischen Bibeln der elisabethanischen Zeit charakteristischerweise wieder zu »vocation« in Anlehnung an die Vulgata zurückkehren. Daß für England die Cranmersche Bibelübersetzung die Quelle des puritanischen Begriffes »calling« im Sinn von Beruf = trade ist, hat schon Murray s. v. calling zutreffend erkannt. Schon Mitte des 16. Jahrh. findet sich calling in jenem Sinn gebraucht, schon 1588 sprach man von »unlawful callings«, 1603 von »greater callings« im Sinne von »höhere« Berufe usw. (s. Murray a. a. O.). (Höchst merkwürdig ist Brentanos Vorstellung — a. a. O. p. 139 —, daß man im Mittelalter »vocatio« nicht als »Beruf« übersetzt und diesen Begriff nicht gekannt habe, weil nur Freie einem »Beruf« folgen konnten und freie Leute damals — in den bürgerlichen Berufen: — gefehlt hätten. Da die ganze gesellschaftliche Gliederung des mittelalterlichen Gewerbes im Gegensatz zur Antike auf freier Arbeit ruhte und die Kaufleute vor allem fast durchweg Freie waren, verstehe ich diese Behauptung nicht recht.)

[1]) Vgl. zum folgenden die lehrreiche Darstellung bei K. Eger, »Die Anschauung Luthers vom Beruf« (Gießen 1900), deren vielleicht einzige Lücke in der bei ihm, wie bei fast allen anderen theologischen Schriftstellern, noch

gehört ihm, durchaus im Sinne der vorwiegenden mittelalterlichen Tradition, wie sie z. B. Thomas von Aquino repräsentiert [1]), die weltliche Arbeit, obwohl von Gott gewollt, zum Kreatürlichen, sie ist die unentbehrliche Naturgrundlage des Glaubenslebens, sittlich an sich indifferent wie Essen und Trinken [2]). Aber mit

nicht genügend klaren Analyse des Begriffes der »lex naturae« bestehen dürfte (s. dazu E. Tröltsch in der Besprechung von Seebergs Dogmengeschichte, Gött. Gel. Anz. 1902 und nunmehr vor allem in den betreffenden Partien seiner »Soziallehren« der christlichen Kirchen).

[1]) Denn wenn Thomas von Aquin die ständische und berufliche Gliederung der Menschen als Werk der göttlichen Vorsehung hinstellt, so ist damit der objektive Kosmos der Gesellschaft gemeint. Daß der einzelne aber sich einem bestimmten konkreten »Beruf« (wie wir sagen würden, Thomas sagt: ministerium oder officium) zuwendet, hat seinen Grund in »causae naturales«. Quaest. quodlibetal. VII art. 17c: »Haec autem diversificatio hominum in diversis officiis contingit primo ex divina providentia, quae ita hominum status distribuit, ... secundo etiam ex causis naturalibus, ex quibus contingit, quod in diversis hominibus sunt diversae inclinationes ad diversa officia ...« Ganz ebenso geht z. B. Pascals Bewertung des »Berufs« von dem Satz aus, daß der Zufall es sei, der über die Berufswahl entscheide (vgl. über Pascal: A. Köster, Die Ethik Pascals, 1907). Von den »organischen« religiösen Ethiken steht in dieser Hinsicht nur die geschlossenste von ihnen allen: die indische, anders. Der Gegensatz des thomistischen gegen den protestantischen (auch den sonst, namentlich in der Betonung des Providentiellen, nahe verwandten späteren lutherischen) Berufsbegriff liegt so klar zutage, daß es vorläufig bei dem obigen Zitat bewenden kann, da auf die Würdigung der katholischen Anschauungsweise später zurückzukommen ist. S. über Thomas: Maurenbrecher, Th. v. Aquinos Stellung zum Wirtschaftsleben seiner Zeit, 1898. Wo übrigens in Einzelheiten Luther mit Thomas übereinzustimmen scheint, ist es wohl mehr die allgemeine Lehre der Scholastik überhaupt, als Thomas speziell, was ihn beeinflußt hat. Denn Thomas scheint er, nach Denifles Nachweisungen, tatsächlich nur unzulänglich gekannt zu haben (s. Denifle, Luther und Luthertum, 1903, S. 501 und dazu Köhler, Ein Wort zu Denifles Luther, 1904, S. 25 f.).

[2]) In »Von der Freiheit eines Christenmenschen« wird zunächst 1. die »zweierlei Natur« des Menschen für die Konstruktion der innerweltlichen Pflichten im Sinne der lex naturae (hier = natürliche Ordnung der Welt) verwendet, die daraus folgt, daß (Erl. Ausg. 27 S. 188) der Mensch faktisch an seinen Leib und die soziale Gemeinschaft gebunden ist. — 2. In dieser Situation wird er (S. 196), — das ist eine daran angeknüpfte zweite Begründung, — wenn er ein gläubiger Christ ist, den Entschluß fassen, Gottes aus reiner Liebe gefaßten Gnadenentschluß durch Nächstenliebe zu vergelten. Mit dieser sehr lockeren Verknüpfung von »Glaube« und »Liebe« kreuzt sich 3. (S. 190) die alte asketische Begründung der Arbeit als eines Mittels, dem »inneren« Menschen die Herrschaft über den Leib zu verleihen. — 4. Das Arbeiten sei daher, — so heißt es in Verbindung damit weiter und hier kommt wieder der Gedanke der »lex naturae« (hier = natürliche Sittlichkeit) in anderer Wendung zur Geltung, — ein schon dem Adam (vor dem Fall) eigener, von Gott ihm eingepflanzter Trieb gewesen, dem er »allein Gott zu gefallen« nachgegangen sei. — Endlich 5. (S. 161 und 199) erscheint im Anschluß an Matth. 7, 18 f. der Gedanke, daß tüchtige Arbeit im Berufe Folge des durch den Glauben gewirkten neuen

der klareren Durchführung des »sola-fide«-Gedankens in seinen Konsequenzen und mit dem dadurch gegebenen, mit steigender Schärfe betonten Gegensatz gegen die »vom Teufel diktierten« katholischen »evangelischen Ratschläge« des Mönchtums steigt die Bedeutung des Berufs. Die mönchische Lebensführung ist nun nicht nur zur Rechtfertigung vor Gott selbstverständlich gänzlich wertlos, sondern sie gilt ihm auch als Produkt egoistischer, den Weltpflichten sich entziehender Lieblosigkeit. Im Kontrast dazu erscheint die weltliche Berufsarbeit als äußerer Ausdruck der Nächstenliebe und dies wird in allerdings höchst weltfremder Art und in einem fast grotesken Gegensatz zu Adam Smiths bekannten Sätzen[1]) insbesondere durch den Hinweis darauf begründet, daß die Arbeitsteilung jeden einzelnen zwinge, für andere zu arbeiten. Indessen diese, wie man sieht, wesentlich scholastische Begründung verschwindet bald wieder und es bleibt, mit steigendem Nachdruck betont, der Hinweis darauf, daß die Erfüllung der innerweltlichen Pflichten unter allen Umständen der einzige Weg sei, Gott wohlzugefallen, daß sie und nur sie Gottes Wille sei und daß deshalb jeder erlaubte Beruf vor Gott schlechterdings gleich viel gelte[2]).

Lebens sei und sein müsse, ohne daß jedoch daraus der entscheidende calvinistische Gedanke der »Bewährung« entwickelt würde. — Die mächtige Stimmung, von welcher die Schrift getragen ist, erklärt die Verwertung heterogener begrifflicher Elemente.

[1]) »Nicht vom Wohlwollen des Fleischers, Bäckers oder Bauers erwarten wir unser Mittagessen, sondern von ihrer Rücksicht auf ihren eigenen Vorteil; wir wenden uns nicht an ihre Nächstenliebe, sondern an ihre Selbstsucht, und sprechen ihnen nie von unseren Bedürfnissen, sondern stets nur von ihrem Vorteil.« (W. of N. I, 2.)

[2]) Omnia enim per te operabitur (Deus), mulgebit per te vaccam et servilissima quaeque opera faciet, ac maxima pariter et minima ipsi grata erunt. (Exegese der Genesis, Op. lat. exeg. ed. Elsperger VII, 213.) Der Gedanke findet sich vor Luther bei Tauler, der geistlichen und weltlichen »Ruf« dem Wert nach prinzipiell gleichstellt. Der Gegensatz gegen den Thomismus ist der deutschen Mystik und Luther gemeinsam. In den Formulierungen kommt er darin zum Ausdruck, daß Thomas — namentlich um den sittlichen Wert der Kontemplation festhalten zu können, aber auch vom Standpunkt des Bettelmönches aus — sich genötigt fand, den paulinischen Satz: »wer nicht arbeitet, soll nicht essen« so zu deuten, daß den Menschen als Gattung, nicht aber allen einzelnen die Arbeit, die ja lege naturae unentbehrlich ist, auferlegt sei. Die Gradation in der Schätzung der Arbeit, von den »opera servilia« der Bauern aufwärts, ist etwas, was mit dem spezifischen Charakter des aus materiellen Gründen an die Stadt als Domizil gebundenen Bettelmönchtums zusammenhängt und den deutschen Mystikern wie dem Bauernsohn Luther, welche bei unter sich gleicher Schätzung der Berufe die ständische Gliederung als gottgewollt be-

Daß diese sittliche Qualifizierung des weltlichen Berufslebens eine der folgenschwersten Leistungen der Reformation und also speziell Luthers war, ist in der Tat zweifellos und darf nachgerade als ein Gemeinplatz gelten [1]). Weltenfern steht diese Auffassung dem tiefen Haß, mit welchem Pascals kontemplative Stimmung die, nach seiner tiefsten Ueberzeugung, nur aus Eitelkeit oder Schlauheit überhaupt erklärbare, Schätzung des Wirkens in der Welt von sich wies [2]), — noch ferner freilich der weitherzigen utilitarischen Anpassung an die Welt, welche der jesuitische Probabilismus vollzog. Aber wie nun im einzelnen die praktische Bedeutung jener Leistung des Protestantismus vorzustellen sei, das wird im allgemeinen wohl mehr dunkel empfunden als klar erkannt.

Zunächst ist kaum nötig zu konstatieren, daß nicht etwa Luther als mit dem »kapitalistischen Geist« in dem Sinne, den wir hier bisher mit diesem Wort verbunden haben, — oder, übrigens: in irgendeinem Sinn überhaupt — innerlich verwandt angesprochen werden darf. Schon diejenigen kirchlichen Kreise, welche jene »Tat« der Reformation am eifrigsten zu rühmen pflegen, sind im ganzen heute keineswegs Freunde des Kapitalismus in irgendeinem Sinne. Erst recht aber würde Luther selbst ohne allen Zweifel jede Verwandtschaft mit einer Gesinnung, wie sie bei Franklin zutage tritt, schroff abgelehnt haben. Natürlich darf man hier nicht seine Klagen über die großen Kaufleute, die Fugger [3]) u. dgl. als Symptom heranziehen. Denn der Kampf

---

tonten, gleich fernlag. — Die entscheidenden Stellen des Thomas s. bei Maurenbrecher, Th. v. Aquinos Stellung zum Wirtschaftsleben seiner Zeit (Leipzig 1898, S. 65 f.).

[1]) Um so erstaunlicher ist, daß einzelne Forscher glauben: eine solche Neuschöpfung könne am Handeln der Menschen spurlos vorübergehen. Ich gestehe, das nicht zu verstehen.

[2]) »Die Eitelkeit wurzelt so tief im menschlichen Herzen, daß ein Troßknecht, ein Küchenjunge, ein Lastträger sich rühmt und seine Bewunderer haben will . . .« (Faugères Ausgabe I, 208, vgl. Köster a. a. O. S. 17, S. 136 ff.) Ueber die prinzipielle Stellung von Port Royal und des Jansenismus zum »Beruf«, auf die später noch kurz zurückzukommen ist, vgl. jetzt die vorzügliche Schrift von Dr. Paul Honigsheim, »Die Staats- und Soziallehren der französischen Jansenisten im 17. Jahrhundert« (Heidelberger historische Dissertation 1914, Teildruck aus einem umfassenden Werke über die »Vorgeschichte der französischen Aufklärung« vgl. insbes. p. 138 ff. des Teildruckes).

[3]) Bezüglich der Fugger meint er: es könne »nicht recht und göttlich zugehen, wenn bei eines Menschen Leben sollte so großes und königliches Gut auf einen Haufen gebracht werden«. Das ist also wesentlich Bauernmißtrauen gegen das Kapital. Ebenso ist ihm (Gr. Sermon v. Wucher, Erl. Ausg. 20 S. 109)

gegen die rechtlich oder faktisch privilegierte Stellung einzelner großer Handelskompagnien im 16. und 17. Jahrhundert kann am ehesten dem modernen Feldzug gegen die Trusts verglichen werden und ist ebensowenig wie dieser schon an sich Ausdruck traditionalistischer Gesinnung. Gegen diese, gegen die Lombarden, die »Trapeziten«, die vom Anglikanismus, den Königen und Parlamenten in England und Frankreich begünstigten Monopolisten, Großspekulanten und Bankiers führten auch die Puritaner ebenso wie die Hugenotten einen erbitterten Kampf[1]). Cromwell schrieb nach der Schlacht von Dunbar (Sept. 1650) an das Lange Parlament: „Bitte stellt die Mißbräuche aller Berufe ab, und gibt es einen, der viele arm macht, um wenige reich zu machen: das frommt einem Gemeinwesen nicht«, — dagegen wird man ihn andererseits von ganz spezifisch »kapitalistischer« Denkweise erfüllt finden[2]). Unzweideutig tritt dagegen

der Rentenkauf sittlich bedenklich, weil er »ein neues, behendes erfunden Ding ist«, — also weil er ihm ökonomisch undurchsichtig ist, ähnlich wie dem modernen Geistlichen etwa der Terminhandel.

[1]) Der Gegensatz ist von H. Levy (in seiner Schrift über »Die Grundlagen des ökonomischen Liberalismus in der Geschichte der englischen Volkswirtschaft« Jena 1912) zutreffend entwickelt. Vgl. auch z. B. die Petition der Leveller in Cromwells Heer gegen Monopole und Kompagnien von 1653 bei Gardiner, Commonwealth II S. 179. Das Laudsche Regime erstrebte dagegen eine von König und Kirche geleitete »christlich-soziale« Wirtschaftsorganisation — von welcher der König politische und fiskalisch-monopolistische Vorteile erwartete. Eben hiergegen richtete sich der Kampf der Puritaner.

[2]) Was hier darunter verstanden wird, mag an dem Beispiel des Manifestes an die Iren erläutert werden, mit dem Cromwell im Januar 1650 seinen Vernichtungskrieg gegen sie eröffnete und welches die Entgegnung auf die Manifeste des irischen (katholischen) Klerus von Clonmacnoise vom 4. und 13. Dezember 1649 darstellte. Die Kernsätze lauten: »Englishmen had good inheritances (in Irland nämlich) which many of them purchased with their money . . . they had good leases from Irishmen for long time to come, great stocks thereupon, houses and plantations erected at their cost and charge . . . . Yon broke the union . . . . at a time when Ireland was in perfect peace and when through the example of English industry, through commerce and traffic, that which was in the nations hands was better to them than if all Ireland had been in their possession . . . Is God, will God be with you? I am confident he will not.« Dies, an englische Leitartikel zur Zeit des Burenkrieges erinnernde, Manifest ist nicht deshalb charakteristisch, weil hier das kapitalistische »Interesse« der Engländer als Rechtsgrund des Krieges hingestellt wird, — das hätte natürlich bei einer Verhandlung etwa zwischen Venedig und Genua über den Umfang ihrer Interessensphäre im Orient, als Argument sehr wohl ebenfalls gebraucht werden können (was — obwohl ich es hier hervorhob — seltsamerweise Brentano a. a. O. p. 142 mir entgegenhält). Sondern das Spezifische des Schriftstücks liegt eben darin, daß Cromwell — wie jeder, der seinen

in Luthers zahlreichen Aeußerungen gegen den Wucher und das Zinsennehmen überhaupt seine, gegenüber der Spätscholastik, direkt (vom kapitalistischen Standpunkt aus) »rückständige« Vorstellungsweise vom Wesen des kapitalistischen Erwerbes hervor[1]). Speziell das z. B. bei Antonin von Florenz bereits überwundene Argument von der Unproduktivität des Geldes gehört natürlich dahin. Doch brauchen wir hier in Einzelheiten gar nicht einzugehen, — denn vor allem: der Gedanke des »Berufes« im religiösen Sinn war in seinen Konsequenzen für die innerweltliche Lebensführung sehr verschiedener Gestaltung fähig. — Die Leistung der Reformation als solcher war zunächst nur, daß, im Kontrast gegen die katholische Auffassung, der sittliche Akzent und die religiöse Prämie für die innerweltliche, beruflich geordnete Arbeit mächtig schwoll. Wie der »Berufs«-Gedanke, der dies zum Ausdruck brachte, weiter entwickelt wurde, das hing von der näheren Ausprägung der Frömmigkeit ab, wie sie nunmehr in den einzelnen Reformationskirchen sich entfaltete. Die Autorität der Bibel, aus der Luther den Berufsgedanken zu entnehmen glaubte, war nun an sich im ganzen einer traditionalistischen Wendung günstiger. Speziell das Alte Testament, welches eine Ueberbietung der innerweltlichen Sittlichkeit in der genuinen Prophetie gar nicht und auch sonst nur in ganz vereinzelten Rudimenten und Ansätzen kannte, hat einen ganz ähnlichen religiösen Gedanken streng in diesem Sinn gestaltet: ein jeder bleibe bei seiner »Nahrung« und lasse die Gottlosen nach Gewinn streben: das ist der Sinn aller der Stellen, welche direkt von weltlicher Hantierung handeln. Erst der Talmud steht darin teilweise — aber auch nicht grundsätzlich — auf anderem Boden. Die persönliche Stellung von Jesus ist mit der typisch antik-orientalischen Bitte: »Unser täglich Brot gib uns heute« in klassischer Reinheit gekennzeichnet und der Einschlag von radikaler Welt-Ablehnung, wie er in dem "μαμωνᾶς τῆς ἀδικίας" zum Ausdruck gelangt, schloß jede direkte Anknüpfung des

---

Charakter kennt, weiß, mit tiefster subjektiver Ueberzeugtheit — den Iren selbst gegenüber die sittliche Berechtigung ihrer Unterjochung unter Anrufung Gottes auf den Umstand gründet, daß englisches Kapital die Iren zur Arbeit erzogen habe. — (Das Manifest ist, außer bei Carlyle, im Auszug in Gardiners Hist. of the Commonw. I, S. 163 f. abgedruckt und analysiert, und in deutscher Uebersetzung auch in Hönigs Cromwell zu finden.)

[1]) Dies näher auszuführen ist hier noch nicht der Ort. Vgl. die in der zweitfolgenden Note zit. Schriftsteller.

modernen Berufsgedankens an ihn persönlich aus [1]). Das im Neuen Testament zum Wort gelangende apostolische Zeitalter des Christentums, speziell auch Paulus, steht dem weltlichen Berufsleben, infolge der eschatologischen Erwartungen, die jene ersten Generationen von Christen erfüllten, entweder indifferent oder ebenfalls wesentlich traditionalistisch gegenüber: da alles auf das Kommen des Herrn wartet, so mag jeder in dem Stande und in der weltlichen Hantierung bleiben, in der ihn der »Ruf« des Herrn gefunden hat und arbeiten, wie bisher: so fällt er den Brüdern nicht als Armer lästig, — und es ist ja nur noch eine kurze Weile. Luther las die Bibel durch die Brille seiner jeweiligen Gesamtstimmung und diese ist im Lauf seiner Entwicklung zwischen etwa 1518 und etwa 1530 nicht nur traditionalistisch geblieben, sondern immer traditionalistischer geworden [2]).

In den ersten Jahren seiner reformatorischen Tätigkeit herrschte bei ihm, infolge der wesentlich kreatürlichen Schätzung des Berufes, in bezug auf die Art der innerweltlichen Tätigkeit eine der paulinischen eschatologischen Indifferenz, wie sie 1 Kor. 7 zum Ausdruck kommt [3]), innerlich verwandte Anschauung vor:

---

[1]) S. die Bemerkungen in Jülichers schönem Buch über die »Gleichnisreden Jesu« Band II S. 636, S. 108 f.

[2]) Zum folgenden vgl: wiederum vor allem die Darstellung bei Eger a. a. O. Schon hier mag auch auf Schneckenburgers noch heute nicht veraltetes schönes Werk (Vergleichende Darstellung des lutherischen und reformierten Lehrbegriffes, herausgegeben von Güder, Stuttgart 1855) verwiesen werden. (Luthardts Ethik Luthers, S. 84 der ersten Auflage, die mir allein vorlag, gibt keine wirkliche Darstellung der Entwicklung.) Vgl. ferner Seebergs Dogmengeschichte Bd. II, S. 262 unten. — Wertlos ist der Artikel »Beruf« in der Realenzyklopädie f. prot. Theol. u. Kirche, der statt einer wissenschaftlichen Analyse des Begriffes und seiner Genesis allerhand ziemlich seichte Bemerkungen über alles mögliche, Frauenfrage u. dgl. enthält. — Aus der nationalökonomischen Literatur über Luther seien hier nur die Arbeiten Schmollers (Gesch. der nationalökon. Ansichten in Deutschland während der Reformationszeit, Z. f. Staatswiss. XVI, 1860), Wiskemanns Preisschrift (1861) und die Arbeit von Frank G. Ward (Darstellung und Würdigung von Luthers Ansichten vom Staat und seinen wirtschaftlichen Aufgaben, Conrads Abh. XXI, Jena 1898) genannt. Die z. T. ausgezeichnete Lutherliteratur anläßlich der Jahrhundertwende der Reformation hat, so viel ich sehe, über diesen besonderen Punkt nichts entscheidend Neues gebracht. Ueber Luthers (und die lutherische) Sozialethik sind natürlich die betreffenden Partien in Troeltschs' »Soziallehren« vor allem zu vergleichen.

[3]) Auslegung des 7. Kap. des ersten Korintherbriefes 1523 Erl. Ausg. 51 S. 1 f. Hier wendet Luther den Gedanken der Freiheit »allen Berufs« vor Gott im Sinn dieser Stelle noch so, daß damit 1. Menschen-Satzung habe verworfen werden sollen (Mönchsgelübde, Verbot der gemischten Ehen usw.) 2. die (vor Gott an sich indifferente) Erfüllung der übernommenen,

man kann in jedem Stande selig werden, es ist auf der kurzen Pilgerfahrt des Lebens sinnlos, auf die Art des Berufes Gewicht zu legen. Und das Streben nach materiellem Gewinn, der den eigenen Bedarf übersteigt, muß deshalb als Symptom mangelnden Gnadenstandes und, da es ja nur auf Kosten anderer möglich erscheint, direkt als verwerflich gelten [1]). Mit steigender Verflechtung in die Händel der Welt geht steigende Schätzung der Bedeutung der Berufsarbeit Hand in Hand. Damit zugleich wird ihm aber nun der konkrete Beruf des einzelnen zunehmend zu einem speziellen Befehl Gottes an ihn, diese konkrete Stellung, in die ihn göttliche Fügung gewiesen hat, zu erfüllen. Und als nach den Kämpfen mit den »Schwarmgeistern« und den Bauernunruhen die objektive historische Ordnung, in die der einzelne von Gott hineingestellt ist, für Luther immer mehr zum direkten Ausfluß göttlichen Willens wird [2]), führt die nunmehr immer stärkere Betonung des Providentiellen auch in den Einzelvorgängen des Lebens zunehmend zu einer dem »Schickungs«-Gedanken entsprechenden traditionalistischen Färbung: der einzelne soll grundsätzlich in dem Beruf und Stand bleiben, in den ihn Gott einmal gestellt hat, und sein irdisches Streben in den Schranken dieser seiner gegebenen Lebensstellung halten. War der ökonomische Traditionalismus anfangs Ergebnis paulinischer Indifferenz, so ist er also später Ausfluß des immer intensiver gewordenen Vorsehungsglaubens [3]), der

---

innerweltlichen Verpflichtungen gegen den Nächsten als Gebot der Nächstenliebe eingeschärft werde. In Wahrheit handelt es sich freilich bei den charakteristischen Ausführungen z. B. S. 55, 56 um den Dualismus der lex naturae gegenüber der Gerechtigkeit vor Gott.

[1]) Vgl. die von Sombart mit Recht als Motto vor seine Darstellung des »Handwerksgeistes« (= Traditionalismus) gesetzte Stelle aus: »Von Kaufhandlung und Wucher« (1524): »Darum mußt du dir fürsetzen, nichts denn deine ziemliche Nahrung zu suchen in solchem Handel, danach Kost, Mühe, Arbeit und Gefahr rechnen und überschlagen und also dann die Ware selbst setzen, steigern oder niedern, daß du solcher Arbeit und Mühe Lohn davon habst.« Der Grundsatz ist durchaus in thomistischem Sinn formuliert.

[2]) Schon in dem Brief an H. v. Sternberg, mit dem er ihm 1530 die Exegese des 117. Psalms dediziert, gilt der »Stand« des (niederen) Adels trotz seiner sittlichen Verkommenheit als von Gott gestiftet (Erl. Ausg. 40 S. 282 unten). Die entscheidende Bedeutung, welche die Münzerschen Unruhen für die Entwicklung dieser Auffassung gehabt hatten, geht aus dem Brief (S. 282 oben) deutlich hervor. Vgl. auch Eger a. a. O. S. 150.

[3]) Auch in der Auslegung des 111. Psalms v. 5 und 6 (Erl. Ausg. 40 S. 215 und 216) wird 1530 von der Polemik gegen die Ueberbietung der weltlichen Ordnung durch Klöster usw. ausgegangen. Aber jetzt ist die lex naturae (im Gegen-

den bedingungslosen Gehorsam gegen Gott [1]) mit der bedingungslosen Fügung in die gegebene Lage identifiziert. Zu einer auf grundsätzlich neuer oder überhaupt prinzipieller Grundlage ruhenden Verknüpfung der Berufsarbeit mit religiösen Prinzipien ist Luther auf diese Art überhaupt nicht gelangt [2]). Die Reinheit der Lehre als einzig unfehlbares Kriterium der Kirche, wie sie nach den Kämpfen der 20er Jahre bei ihm immer unverrückbarer feststand, hemmte an sich schon die Entwicklung neuer Gesichtspunkte auf dem ethischen Gebiet.

So blieb also bei Luther der Berufsbegriff traditionalistisch gebunden [3]). Der Beruf ist das, was der Mensch als göttliche

---

satz zum positiven Recht, wie es die Kaiser und Juristen fabrizieren) direkt mit »Gottes Gerechtigkeit« identisch: sie ist Stiftung Gottes, und umfaßt insbesondere die ständische Gliederung des Volks (S. 215 Abs. 2 a. E.), wobei nur die Gleichwertigkeit der Stände vor Gott scharf betont wird.

[1]) Wie er insbesondere in den Schriften »Von Konzilien und Kirchen« (1539) und »Kurzes Bekenntnis vom heiligen Sakrament« (1545) gelehrt wird.

[2]) Wie sehr namentlich der für uns so wichtige, den Calvinismus beherrschende Gedanke der Bewährung des Christen in seiner Berufsarbeit und Lebensführung bei Luther im Hintergrunde bleibt, zeigt die Stelle in »Von Konzilien und Kirchen« (1539. Erl. Ausg. 25 S. 376 unten): »Ueber diese sieben Hauptstücke« (an denen man die rechte Kirche erkennt) »sind nun mehr äußerliche Zeichen, dabei man die heilige christliche Kirche erkennt, . . . wenn wir nicht unzüchtig und Säufer, stolz, hoffärtig, prächtig; sondern keusch, züchtig, nüchtern . . . sind.« Diese Zeichen sind nach L. deshalb nicht so gewiß als »die droben« (reine Lehre, Gebet usw.) »weil auch etliche Heiden sich in solchen Werken geübt und wohl zuweilen heiliger scheinen als Christen«. — Calvin persönlich stand, wie weiterhin zu erörtern sein wird, nur wenig anders, wohl aber der Puritanismus. Jedenfalls dient der Christ bei Luther Gott nur »in vocatione«, nicht »per vocationem« (Eger S. 117 ff.). — Gerade für den Bewährungsgedanken (allerdings mehr in seiner pietistischen als in calvinistischer Wendung) finden sich dagegen bei den deutschen Mystikern wenigstens einzelne Ansätze (s. z. B. die bei Seeberg, Dogmengesch. S. 195 oben zitierte Stelle aus Suso, ebenso die früher zit. Aeußerungen Taulers), wenn schon rein psychologisch gewendet.

[3]) Sein endgültiger Standpunkt ist dann wohl in einigen Ausführungen der Genesisexegese (in den Op. lat. exeget. ed. Elsperger) niedergelegt:

Vol. IV p. 109: Neque haec fuit levis tentatio, intentum esse suae vocationi et de aliis non esse curiosum . . . . Paucissimi sunt, qui sua sorte vivant contenti . . . (p. 111 eod.) Nostrum autem est, ut vocanti Deo pareamus . . . (p. 112) Regula igitur haec servanda est, ut unusquisque maneat in sua vocatione et suo dono contentus vivat, de aliis autem non sit curiosus. Das entspricht im Ergebnis durchaus der Formulierung des Traditionalismus bei Thomas v. Aquin (th. V, 2 gen. 118 art. I c): Unde necesse est, quod bonum hominis circa ea consistat in quadam mensura, dum scilicet homo . . quaerit habere exteriores divitias, prout sunt necessariae ad vitam ejus secundum suam conditionem. Et ideo in excessu hujus mensurae consistit peccatum, dum scilicet aliquis supra debitum modum vult eas vel acquirere vel retinere, quod pertinet ad avaritiam. Das

Fügung hinzunehmen, worein er sich »zu schicken« hat: — diese Färbung übertönt den auch vorhandenen anderen Gedanken, daß die Berufsarbeit eine oder vielmehr die von Gott gestellte Aufgabe sei [1]). Und die Entwicklung des orthodoxen Luthertums unterstrich diesen Zug noch weiter. Etwas Negatives: Wegfall der Ueberbietung der innerweltlichen durch asketische Pflichten, verbunden aber mit Predigt des Gehorsams gegen die Obrigkeit und der Schickung in die gegebene Lebenslage, war hier also zunächst der einzige ethische Ertrag [2]). — Es war, wie bei Besprechung der mittelalterlichen religiösen Ethik noch zu erörtern sein wird, dem Berufsgedanken in dieser lutherischen Prägung bei den deutschen Mystikern schon weitgehend vorgearbeitet, namentlich durch die prinzipielle Gleichwertung geistlicher und weltlicher Berufe bei Tauler und die geringere Bewertung der überlieferten Formen asketischen Werkverdienstes [3]) infolge der allein entscheidenden Bedeutung der ekstatisch-kontemplativen Aufnahme des göttlichen Geistes durch

Sündliche der Ueberschreitung des durch den eigenen standesgemäßen Bedarf gegebenen Ausmaßes im Erwerbstrieb begründet Thomas aus der lex naturae, wie sie im Zweck (ratio) der äußeren Güter zutage trete, Luther aus Gottes Fügung. Ueber die Beziehung von Glaube und Beruf bei Luther s. noch vol. VII p. 225: ... quando es fidelis, tum placent Deo etiam physica, carnalia, animalia, officia, sive edas, sive bibas, sive vigiles, sive dormias, quae mere corporalia et animalia sunt. Tanta res est fides ... Verum est quidem, placere Deo etiam in impiis sedulitatem et industriam in officio (diese Aktivität im Berufsleben ist eine Tugend lege naturae). Sed obstat incredulitas et vana gloria, ne possint opera sua referre ad gloriam Dei (an calvinistische Wendungen anklingend) .... Merentur igitur etiam impiorum bona opera in hac quidem vita praemia sua (Gegensatz gegen Augustins »vitia specie virtutum palliata«) sed non numerantur, non colliguntur in altero.

[1]) In der Kirchenpostille (Erl. Ausg. 10, S. 233, 235/6 heißt es: »Jeder ist in irgendeinen Beruf berufen.« Dieses Berufes (S. 236 heißt es geradezu »Befehl«) soll er warten und darin Gott dienen. Nicht an der Leistung, sondern an dem darin liegenden Gehorsam hat Gott Freude.

[2]) Dem entspricht es, wenn — ein Gegenbild gegen das, was oben über die Wirkung des Pietismus auf die Wirtschaftlichkeit der Arbeiterinnen gesagt wurde — von modernen Unternehmern zuweilen behauptet wird, daß z. B. streng lutherisch-kirchliche Hausindustrielle heute nicht selten, z. B. in Westfalen, in besonders hohem Maß traditionalistisch denken, Umgestaltungen der Arbeitsweise — auch ohne Uebergang zum Fabriksystem — trotz des winkenden Mehrverdienstes abgeneigt seien und zur Begründung auf das Jenseits verwiesen, wo ja doch alles sich ausgleichen werde. Es zeigt sich, daß die bloße Tatsache der Kirchlichkeit und Gläubigkeit für die Gesamtlebensführung noch nicht von irgend wesentlicher Bedeutung ist: es sind viel konkretere religiöse Lebensinhalte, deren Wirkung in der Zeit des Werdens des Kapitalismus ihre Rolle gespielt haben und — in beschränkterem Maße — noch spielen.

[3]) Vgl. Tauler, Basler Ausg. Bl. 161 f.

die Seele. Das Luthertum bedeutet sogar in einem bestimmten Sinne gegenüber den Mystikern einen Rückschritt, insofern bei Luther — und mehr noch bei seiner Kirche — die psychologischen Unterlagen für eine rationale Berufsethik gegenüber den Mystikern (deren Anschauungen über diesen Punkt mehrfach teils an die pietistische, teils an die quäkerische Glaubenspsychologie erinnern [1])) ziemlich unsichere geworden sind und zwar, wie noch zu zeigen sein wird, gerade weil der Zug zur asketischen Selbstdisziplinierung ihm als Werkheiligkeit verdächtig war und daher in seiner Kirche immer mehr in den Hintergrund treten mußte.

Der bloße Gedanke des »Berufes« im lutherischen Sinn also — das allein sollte schon hier festgestellt werden [2]) — war, soviel wir bisher sehen können, von jedenfalls nur problematischer Tragweite für das, was wir suchen. Damit ist nun nicht im mindesten gesagt, daß eine praktische Bedeutung auch der lutherischen Form der Neuordnung des religiösen Lebens für die Gegenstände unserer Betrachtung nicht bestanden hätte. Ganz im Gegenteil. Nur ist sie offenbar nicht unmittelbar aus der Stellung Luthers und seiner Kirche zum weltlichen Beruf ableitbar und überhaupt nicht so leicht greifbar wie dies vielleicht bei anderen Ausprägungen des Protestantismus der Fall sein könnte. Es empfiehlt sich daher für uns, zunächst solche Formen desselben zu betrachten, bei denen ein Zusammenhang der Lebenspraxis mit dem religiösen Ausgangspunkt leichter als beim Luthertum zu ermitteln ist. Schon früher wurde nun die auffällige Rolle des Calvinismus und der protestantischen Sekten in der Geschichte der kapitalistischen Entwicklung erwähnt. Wie Luther in Zwingli einen »anderen Geist« lebendig fand als bei sich selbst, so seine geistigen Nachfahren speziell im Calvinismus. Und erst recht hat der Katholizismus von jeher, und bis in die Gegenwart, den Calvinismus als den eigentlichen Gegner betrachtet. Zunächst hat das ja nun rein politische Gründe: wenn die Reformation ohne Luthers ganz persönliche religiöse Entwicklung nicht vorstellbar und geistig dauernd von seiner

---

[1]) Vgl. die eigentümlich stimmungsvolle Predigt Taulers a. a. O. und Fol. 17. 18 v. 20.

[2]) Weil dies an dieser Stelle der alleinige Zweck dieser Bemerkungen über Luther ist, begnügen sie sich mit einer so dürftigen vorläufigen Skizze, die natürlich vom Standpunkt einer Würdigung Luthers aus in keiner Art befriedigen kann.

Persönlichkeit bestimmt worden ist, so wäre ohne den Calvinismus doch sein Werk nicht von äußerer Dauer gewesen. — Aber der Grund des, Katholiken und Lutheranern gemeinsamen, Abscheues liegt doch auch in der ethischen Eigenart des Calvinismus begründet. Schon der oberflächlichste Blick lehrt, daß hier eine ganz andersartige Beziehung zwischen religiösem Leben und irdischem Handeln hergestellt ist, als sowohl im Katholizismus wie im Luthertum. Selbst in der nur spezifisch religiöse Motive verwendenden Literatur tritt das hervor. Man nehme etwa den Schluß der Divina Commedia, wo dem Dichter im Paradiese im wunschlosen Schauen der Geheimnisse Gottes die Sprache versagt, und halte daneben den Schluß jenes Gedichtes, welches man die »Göttliche Komödie des Puritanismus« zu nennen sich gewöhnt hat. Milton schließt den letzten Gesang des »Paradise lost« nach der Schilderung der Ausstoßung aus dem Paradiese wie folgt:

»Sie wandten sich und sah'n des Paradieses
Oestlichen Teil, — noch jüngst ihr sel'ger Sitz —
Von Flammengluten furchtbar überwallt,
Die Pforte selbst von riesigen Gestalten,
Mit Feuerwaffen in der Hand, umschart.
Sie fühlten langsam Tränen niederperlen, —
Jedoch sie trockneten die Wangen bald:
Vor ihnen lag die große weite Welt,
Wo sie den Ruheplatz sich wählen konnten,
Die Vorsehung des Herrn als Führerin.
Sie wanderten mit langsam zagem Schritt
Und Hand in Hand aus Eden ihres Weges.«

Und wenig vorher hatte Michael zu Adam gesagt:

». . . . Nur füge zu dem Wissen auch die Tat;
Dann füge Glauben, Tugend und Geduld
Und Mäßigkeit hinzu und jene Liebe,
Die einst als christliche gepriesen wird,
Und Seele wird von allen Tugenden.
Dann läßt du ungern nicht dies Paradies,
Du trägst in dir ja ein viel sel'geres.«

Jeder empfindet sofort, daß dieser mächtigste Ausdruck der ernsten puritanischen Weltzugewendetheit, das heißt: Wertung des innerweltlichen Lebens als Aufgabe, im Munde eines mittelalterlichen Schriftstellers unmöglich gewesen wäre. Aber auch dem Luthertum, wie es etwa in Luthers und Paul Gerhards Chorälen sich gibt, ist er ganz ebenso wenig kongenial. An die Stelle dieser unbestimmten Empfindung gilt es nun hier eine etwas genauere gedankliche Formulierung zu setzen und nach den inneren Gründen dieser Unterschiede zu fragen. Die Berufung auf den »Volkscharakter« ist nicht nur überhaupt lediglich das Bekenntnis des Nicht wissens, sondern in unserem Fall auch gänzlich hinfällig. Den Engländern des 17. Jahrhunderts einen einheitlichen »Volkscharakter« zuzuschreiben wäre einfach historisch unrichtig. »Kavaliere« und »Rundköpfe« empfanden sich nicht einfach als zwei Parteien, sondern als radikal verschiedene Menschengattungen, und wer aufmerksam zusieht, muß ihnen darin recht geben [1]). Und andrerseits: ein charakterologischer Gegensatz der englischen merchant adventurers gegen die alten Hanseaten ist ebensowenig auffindbar, wie überhaupt ein anderer tiefergehender Unterschied englischer von deutscher Eigenart am Ende des Mittelalters zu konstatieren ist, als er sich durch die verschiedenen politischen Schicksale unmittelbar erklären läßt [2]). Erst die Macht religiöser Bewegungen — nicht sie allein, aber sie zuerst — hat hier jene Unterschiede geschaffen, die wir heute empfinden [3]).

Wenn wir demgemäß bei der Untersuchung der Beziehungen zwischen der altprotestantischen Ethik und der Entwicklung des kapitalistischen Geistes von den Schöpfungen Calvins, des Calvinismus und der andern »puritanischen« Sekten ausgehen, so darf das nun aber nicht dahin verstanden werden, als erwarteten wir, daß bei einem der Gründer oder Vertreter dieser Religionsgemeinschaften die Erweckung dessen, was wir hier »kapitalistischen Geist« nennen, in irgendeinem Sinn als Ziel seiner Lebensarbeit vorzufinden. Daß das Streben nach weltlichen Gütern, als Selbstzweck gedacht, irgendeinem von ihnen

---

[1]) Wer freilich die Geschichtskonstruktion der Leveller teilte, wäre in der glücklichen Lage, auch dies wieder auf Rassendifferenzen zu reduzieren: sie glaubten als Vertreter der Angelsachsen ihr »birthright« gegen die Nachfahren Wilhelms des Eroberers und der Normannen zu verfechten. Erstaunlich genug, daß uns bisher noch niemand die plebejischen »Roundheads« als »Rundköpfe« im anthropometrischen Sinn gedeutet hat!

[2]) Insbesondere der englische Nationalstolz, eine Folge der Magna Charta und der großen Kriege. Die heute so typische Aeußerung: »She looks like an English girl« beim Anblick ausländischer Mädchenschönheit wird ebenso schon aus dem 15. Jahrhundert berichtet.

[3]) Diese Unterschiede sind natürlich auch in England bestehen geblieben. Namentlich die »Squirearchie« blieb Träger des »merry old England« bis in die Gegenwart hinein und die ganze Zeit seit der Reformation kann als ein Kampf der beiden Typen des Engländertums miteinander aufgefaßt werden. In diesem Punkt gebe ich den Bemerkungen M. J. Bonns (in der »Frankf. Zeitung«) zu der schönen Schrift von v. Schulze-Gävernitz über den britischen Imperialismus recht. Vgl. H. Levy im A. f. Soz.-Wiss. 46, 3.

geradezu als ethischer Wert gegolten hätte, werden wir nicht wohl glauben können. Und es ist überhaupt vor allem eins ein für allemal festzuhalten: ethische Reformprogramme sind bei keinem der Reformatoren — zu denen wir für unsere Betrachtung auch Männer wie Menno, George Fox, Wesley zu rechnen haben — jemals der zentrale Gesichtspunkt gewesen. Sie waren keine Gründer von Gesellschaften für »ethische Kultur« oder Vertreter humanitärer sozialer Reformbestrebungen oder Kulturideale. Das Seelenheil und dies allein war der Angelpunkt ihres Lebens und Wirkens. Ihre ethischen Ziele und die praktischen Wirkungen ihrer Lehre waren alle hier verankert und nur Konsequenzen rein religiöser Motive. Und wir werden deshalb darauf gefaßt sein müssen, daß die Kulturwirkungen der Reformation zum guten Teil — vielleicht sogar für unsere speziellen Gesichtspunkte überwiegend — unvorhergesehene und geradezu ungewollte Folgen der Arbeit der Reformatoren waren, oft weit abliegend oder geradezu im Gegensatz stehend zu allem, was ihnen selbst vorschwebte.

So könnte die nachfolgende Studie an ihrem freilich bescheidenen Teil vielleicht auch einen Beitrag bilden zur Veranschaulichung der Art, in der überhaupt die »Ideen« in der Geschichte wirksam werden. Damit aber nicht schon von vornherein Mißverständnisse über den Sinn, in dem hier ein solches Wirksamwerden rein ideeller Motive überhaupt behauptet wird, entstehen, mögen darüber als Abschluß dieser einleitenden Erörterungen noch einige wenige Andeutungen gestattet sein.

Es handelt sich bei solchen Studien — wie vor allem ausdrücklich bemerkt sein mag — in keiner Weise um den Versuch, den Gedankengehalt der Reformation in irgendeinem Sinn, sei es sozialpolitisch, sei es religiös zu werten. Wir haben es für unsere Zwecke stets mit Seiten der Reformation zu tun, welche dem eigentlich religiösen Bewußtsein als peripherisch und geradezu äußerlich erscheinen müssen. Denn es soll ja lediglich unternommen werden, den Einschlag, welchen religiöse Motive in das Gewebe der Entwicklung unserer aus zahllosen historischen Einzelmotiven erwachsenen modernen spezifisch »diesseitig« gerichteten Kultur geliefert haben, etwas deutlicher zu machen. Wir fragen also lediglich, was von gewissen charakteristischen Inhalten dieser Kultur dem Einfluß der Reformation als historischer Ursache etwa zuzurechnen sein möchte. Dabei müssen wir uns freilich von der Ansicht emanzipieren: man könne aus ökonomischen Verschiebungen die Reformation als »entwicklungsgeschichtlich notwendig« deduzieren. Ungezählte historische Konstellationen, die nicht nur in kein »ökonomisches Gesetz«, sondern überhaupt in keinen ökonomischen Gesichtspunkt irgendwelcher Art sich einfügen, namentlich rein politische Vorgänge, mußten zusammenwirken, damit die neu geschaffenen Kirchen überhaupt fortzubestehen vermochten. Aber andererseits soll ganz und gar nicht eine so töricht-doktrinäre These[1]) verfochten werden wie etwa die: daß der »kapitalistische Geist« (immer in dem provisorisch hier verwendeten Sinn dieses Wortes) nur als Ausfluß bestimmter Einflüsse der Reformation habe entstehen können oder wohl gar: daß der Kapitalismus als Wirtschaftssystem ein Erzeugnis der Reformation sei. Schon daß gewisse wichtige Formen kapitalistischen Geschäftsbetriebs notorisch erheblich älter sind als die Reformation, stände einer solchen Ansicht ein für allemal im Wege. Sondern es soll nur festgestellt werden: ob und wieweit religiöse Einflüsse bei der qualitativen Prägung und quantitativen Expansion jenes »Geistes« über die Welt hin mit beteiligt gewesen sind und welche konkreten Seiten der auf kapitalistischer Basis ruhenden Kultur auf sie zurückgehen. Dabei kann nun angesichts des ungeheuren Gewirrs gegenseitiger Beeinflussungen zwischen den materiellen Unterlagen, den sozialen und politischen Organisationsformen und dem geistigen Gehalte der reformatorischen Kulturepochen nur so verfahren werden, daß zunächst untersucht wird, ob und in welchen Punkten bestimmte »Wahlverwandtschaften« zwischen gewissen Formen des religiösen Glaubens und der Berufsethik erkennbar sind. Damit wird zugleich die Art und allgemeine Richtung, in welcher infolge solcher Wahlverwandtschaften die religiöse Bewegung auf die Entwicklung der materiellen Kultur einwirkte, nach Möglichkeit verdeutlicht. Alsdann erst, wenn dies leidlich eindeutig feststeht, könnte der Versuch gemacht werden, abzuschätzen, in welchem Maße moderne Kulturinhalte in ihrer geschichtlichen Entstehung jenen religiösen Motiven und inwieweit anderen zuzurechnen sind.

[1]) Eben diese ist mir — trotz dieser und der folgenden, unverändert stehengebliebenen m. E. hinlänglich deutlichen Bemerkungen — seltsamerweise immer wieder unterstellt worden.

II. Die Berufsethik des asketischen Protestantismus.

1.

Die geschichtlichen Träger des asketischen Protestantismus (im hier gebrauchten Sinn des Ausdrucks) sind in der Hauptsache viererlei: 1. der Calvinismus in der Gestalt, welche er in den westeuropäischen Hauptgebieten seiner Herrschaft im Lauf insbesondere des 17. Jahrhunderts annahm; 2. der Pietismus; 3. der Methodismus; 4. die aus der täuferischen Bewegung hervorgewachsenen Sekten [1]). Keine dieser Bewegungen stand der anderen absolut gesondert gegenüber und auch die Absonderung von den nicht asketischen Reformationskirchen ist keine streng durchgeführte. Der Methodismus ist erst in der Mitte des 18. Jahrhunderts innerhalb der englischen Staatskirche entstanden, wollte nach der Absicht seiner Begründer nicht sowohl eine neue Kirche, als eine Neuerweckung des asketischen Geistes innerhalb der alten sein, und wurde erst im Lauf seiner Entwicklung, insbesondere beim Uebergreifen nach Amerika, von der anglikanischen Kirche getrennt. Der Pietismus ist auf dem Boden des Calvinismus in England und besonders Holland zuerst erwachsen, blieb durch ganz unmerkliche Uebergänge mit der Orthodoxie verknüpft, und vollzog dann gegen Ende des 17. Jahrhunderts in der Wirksamkeit Speners seinen Eintritt in das Luthertum, teilweise dogmatisch umfundamentiert. Er blieb eine Bewegung innerhalb der Kirche und nur die an Zinzendorf anknüpfende durch Nachklänge hussitischer und calvinistischer Einflüsse in

---

[1]) Den Zwinglianismus behandeln wir nicht gesondert, da er nach kurzer großer Machtstellung schnell an Bedeutung zurückging. — Der »Arminianismus«, dessen dogmatische Eigenart in der Ablehnung des Prädestinationsdogmas in seiner schroffen Formulierung bestand und der die »innerweltliche Askese« ablehnte, ist als Sekte nur in Holland (und den Ver. Staaten) konstituiert und in diesem Kapitel für uns ohne Interesse bzw. nur von dem negativen Interesse: daß er die Konfession des kaufmännischen Patriziats in Holland war (s. darüber später). Seine Dogmatik galt in der anglikanischen Kirche und in den meisten methodistischen Denominationen. Seine »erastianische« (d. h. die Souveränität des Staates auch in Kirchensachen vertretende) Haltung war aber die aller rein politisch interessierten Instanzen, des Langen Parlaments in England ganz ebenso wie der Elisabeth und der niederländischen Generalstaaten, vor allem: Oldenbarneveldts.

der mährischen Brüdergemeinde mitbestimmte Richtung (»Herrnhuter«) wurde, wie der Methodismus, gegen ihren Willen zu einer eigentümlichen Art von Sektenbildung gedrängt. Calvinismus und Täufertum standen im Anfang ihrer Entwicklung sich schroff getrennt gegenüber, aber im Baptismus des späteren 17. Jahrhunderts berührten sie einander dicht, und schon in den indepedentischen Sekten Englands und Hollands zu Anfang desselben war der Uebergang ein stufenweiser. Wie der Pietismus zeigt, ist auch der Uebergang zum Luthertum ein allmählicher, und ebenso steht es zwischen dem Calvinismus und der in ihrem äußeren Charakter und dem Geist ihrer konsequentesten Bekenner dem Katholizismus verwandten anglikanischen Kirche. Jene asketische Bewegung, welche im weitesten Sinn dieses vieldeutigen Wortes als »Puritanismus« bezeichnet wurde [1]), griff zwar in der Masse ihrer Anhänger und namentlich in ihren konsequenten Verfechtern die Grundlagen des Anglikanismus an, aber auch hier verschärften sich die Gegensätze erst allmählich im Kampf. Und auch wenn wir die hier zunächst nicht interessierenden Fragen der Verfassung und Organisation vorerst gänzlich beiseite lassen — ja dann erst recht — bleibt der Sachverhalt der gleiche. Die dogmatischen Differenzen, selbst die wichtigsten, wie die über die Prädestinations- und Rechtfertigungslehre, gingen in den mannigfaltigsten Kombinationen ineinander über und hinderten schon zu Anfang des 17. Jahrhunderts die Aufrechterhaltung kirchlicher Gemeinschaft zwar regelmäßig, aber doch nicht ausnahmslos. Und vor allem: die für uns wichtigen Erscheinungen der *sittlichen* Lebensführung finden sich bei den Anhängern der verschiedensten, aus einer der oben verzeichneten vier Quellen oder einer Kombination mehrerer von ihnen hervorgegangenen Denominationen in gleichartiger Weise. Wir werden sehen, daß ähnliche ethische Maximen mit verschiedenen dogmatischen Unterlagen verknüpft sein konnten. Auch die für den Betrieb der Seelsorge bestimmten einflußreichen literarischen Hilfsmittel, vor allem die casuistischen

---

[1]) Ueber die Entwicklung des Begriffs »Puritanismus« s. statt Andrer Sanford in den »Studies and Reflections of the Great Rebellion« S. 65 f. Wir brauchen hier den Ausdruck, wo wir ihn überhaupt anwenden, stets in dem Sinn, den er in der populären Sprache des 17. Jahrhunderts angenommen hatte: die asketisch gerichteten religiösen Bewegungen in Holland und England, ohne Unterschied der Kirchenverfassungsprogramme und Dogmen, also mit Einschluß der »Independenten«, Kongregationalisten, Baptisten, Mennoniten und Quäker.

Kompendien der verschiedenen Konfessionen, beeinflußten sich im Lauf der Zeit gegenseitig, und man findet in ihnen große Aehnlichkeiten trotz notorisch sehr verschiedener Praxis der Lebensführung. Es könnte also fast scheinen, als täten wir am besten, die dogmatischen Unterlagen ebenso wie die ethische Theorie ganz zu ignorieren und uns rein an die sittliche Praxis zu halten, soweit sie feststellbar ist. — Allein dem ist eben dennoch nicht so. Die untereinander verschiedenen dogmatischen Wurzeln der asketischen Sittlichkeit starben freilich, nach fürchterlichen Kämpfen, ab. Aber die ursprüngliche Verankerung an jenen Dogmen hat nicht nur in der »undogmatischen« späteren Ethik mächtige Spuren hinterlassen, sondern nur die Kenntnis des ursprünglichen Gedankengehalts lehrt verstehen, wie jene Sittlichkeit mit dem die innerlichsten Menschen jener Zeit absolut beherrschenden Gedanken an das Jenseits verknüpft war, ohne dessen alles überragende Macht damals keinerlei die Lebenspraxis ernstlich beeinflussende sittliche Erneuerung ins Werk gesetzt worden ist. Denn selbstverständlich nicht auf das, was etwa in ethischen Kompendien der Zeit theoretisch und offiziell gelehrt wurde, — so gewiß auch dies durch den Einfluß von Kirchenzucht, Seelsorge und Predigt praktische Bedeutung hatte, — kommt es für uns an [1]), sondern auf etwas ganz anderes: auf die Ermittelung derjenigen durch den religiösen Glauben und die Praxis des religiösen Lebens geschaffenen psychologischen Antriebe, welche der Lebensführung die Richtung wiesen und das Individuum in ihr festhielten. Diese Antriebe aber entsprangen nun einmal in hohem Maß auch der Eigenart der religiösen Glaubensvorstellungen. Der damalige Mensch grübelte über scheinbar abstrakte Dogmen in einem Maße, welches seinerseits wieder nur verständlich wird, wenn wir deren Zusammenhang mit praktisch-religiösen Interessen durchschauen. Der Weg durch einige dogmatische Betrachtungen [2]), welcher dem nicht theo-

[1]) Das ist in den Erörterungen dieser Fragen sehr arg verkannt worden. Namentlich Sombart, aber auch Brentano, zitieren stets die ethischen Schriftsteller (meist solche, die sie bei mir kennen lernten) wie Kodifikationen von Lebensregeln, ohne je zu fragen, für welche von diesen denn die psychologisch allein wirksamen Heilsprämien gegeben waren.

[2]) Ich brauche kaum besonders zu betonen, daß diese Skizze, soweit sie sich auf rein dogmatischem Gebiet bewegt, überall an die Formulierungen der kirchen- und dogmengeschichtlichen Literatur, also an die »zweite Hand« angelehnt ist und insoweit schlechterdings keinerlei »Originalität« beansprucht. Selbstverständlich habe ich mich nach Vermögen in die Quellen der Reformationsgeschichte zu

logischen Leser ebenso mühsam wie dem theologisch Gebildeten hastig und oberflächlich erscheinen muß, ist unvermeidlich. Dabei können wir freilich nur so verfahren, daß wir die religiösen Gedanken in einer »idealtypisch« kompilierten Konsequenz vorführen, wie sie in der historischen Realität nur selten anzutreffen war. Denn gerade wegen der Unmöglichkeit, in der historischen Wirklichkeit scharfe Grenzen zu ziehen, können wir nur bei Untersuchung ihrer konsequentesten Formen hoffen, auf ihre spezifischen Wirkungen zu stoßen. —

Der Glaube [1]) nun, um welchen in den kapitalistisch höchst entwickelten Kulturländern: den Niederlanden, England, Frank-

vertiefen gesucht. Aber dabei die intensive und feinsinnige theologische Arbeit vieler Jahrzehnte ignorieren zu wollen, statt sich — wie das ganz unvermeidlich ist — von ihr zum Verständnis der Quellen leiten zu lassen, wäre eine starke Anmaßung gewesen. Ich muß hoffen, daß die notgedrungene Kürze der Skizze nicht zu inkorrekten Formulierungen geführt hat und daß ich wenigstens sachlich erhebliche Mißverständnisse vermieden habe. »Neues« enthält die Darstellung für jeden mit der wichtigsten theologischen Literatur Vertrauten sicherlich nur insofern, als natürlich Alles auf die für uns wichtigen Gesichtspunkte abgestellt ist, von denen manche gerade entscheidend bedeutsame, — wie z. B. der rationale Charakter der Askese und ihre Bedeutung für den modernen »Lebensstil«, — theologischen Darstellern naturgemäß ferner lagen. Auf diese und überhaupt auf die soziologische Seite der Sache ist, seit dieser Aufsatz erschien, durch das schon oben zitierte Werk von E. Tröltsch — dessen »Gerhard und Melanchthon« sowie zahlreiche Rezensionen in den Gött. Gel. Anz. bereits manche Vorläufer seiner großen Arbeit enthalten, — systematisch eingegangen worden. — Zitiert ist, schon aus Raumgründen, nicht alles Mitbenutzte, sondern jeweils nur diejenigen Arbeiten, denen der betreffende Teil des Textes folgt oder an die er anknüpft. Dies sind nicht selten gerade ältere Autoren, wenn ihnen die hier interessierenden Gesichtspunkte näher lagen. Die ganz ungenügende pekuniäre Ausstattung der deutschen Bibliotheken bringt es mit sich, daß man in der »Provinz« die allerwichtigsten Quellenschriften und Arbeiten nur auf kurze Wochen leihweise von Berlin oder anderen großen Bibliotheken erhalten kann. So etwa Voët, Baxter, Tyermans Wesley, alle methodistischen, baptistischen und Quäker-Schriftsteller und viele nicht im Corpus Reformatorum enthaltenen Schriftsteller der ersten Zeit überhaupt. Vielfach ist der Besuch englischer und namentlich amerikanischer Bibliotheken für jedes eingehende Studium unerläßlich. Für die nachstehende Skizze mußte (und konnte auch) natürlich im allgemeinen genügen, was in Deutschland erhältlich war. — In Amerika führt seit einiger Zeit die charakteristische geflissentliche Verleugnung der eigenen »sektiererischen« Vergangenheit durch die Universitäten dazu, daß die Bibliotheken wenig oder oft geradezu nichts Neues an derartiger Literatur anschaffen, — ein Einzelzug aus jener allgemeinen Tendenz zur »Säkularisation« des amerikanischen Lebens, welche in nicht langer Zeit den historisch überkommenen Volkscharakter aufgelöst und den Sinn mancher grundlegenden Institutionen des Landes völlig und endgültig verändert haben wird. Man muß zu den orthodoxen kleinen Sekten-Colleges auf das Land gehen.

[1]) Wir interessieren uns nachstehend zunächst in keiner Weise für Herkunft, Antezedentien und Entwicklungsgeschichte der asketischen Rich-

reich im 16. und 17. Jahrhundert die großen politischen und Kulturkämpfe geführt worden sind und dem wir uns deshalb zuerst zuwenden, war der Calvinismus[1]). Als sein am meisten

tungen, sondern nehmen ihren Gedankengehalt so, wie er, voll entwickelt, war, als gegebene Größe hin.

[1]) Ueber Calvin und den Calvinismus im allgemeinen unterrichtet neben der grundlegenden Arbeit von Kampschulte mit am besten die Darstellung von Erich Marcks (in seinem »Coligny«). Nicht überall kritisch und tendenzfrei ist Campbell, The Puritans in Holland, England und Amerika (2 Bde.). Eine stark anticalvinistische Parteischrift sind Piersons Studien over Johan Calvijn. Für die holländische Entwicklung sind neben Motley die niederländischen Klassiker, speziell Groen van Prinsterer, Geschied. v. h. Vaderland; — La Hollande et l'influence de Calvin (1864); — Le parti antirévolutionnaire et confessionnel dans l'église des P. B. (1860: für das moderne Holland); — ferner vor allem Fruin's Tien jaren uit den tachtigjarigen oorlog und besonders Naber's Calvinist of Libertijnsch zu vergleichen, daneben W. J. F. Nuyens, Gesch. der kerkel. an pol. geschillen in de Rep. de Ver. Prov. (Amst. 1886); A. Köhler, Die nieder!. ref. Kirche (Erlangen 1856) für das 19. Jahrhundert, für Frankreich neben Polenz jetzt Baird, Rise of the Huguenots, für England neben Carlyle, Macaulay, Masson und — last not least — Ranke jetzt vor allem die verschiedenen später zu zitierenden Arbeiten von Gardiner und Firth, ferner z. B. Taylor, A retrospect of the religious life in England (1854) und das vortreffliche Buch von Weingarten über »Die englischen Revolutions-Kirchen«, dazu der Aufsatz über die englischen »Moralisten« von E. Tröltsch in der Realenzyklopädie für Protest. Theol. u. Kirche 3. Aufl., ferner — selbstverständlich — dessen »Soziallehren der christlichen Kirchen und Gruppen« und Ed. Bernsteins ausgezeichneter Essay in der »Geschichte des Sozialismus« (Stuttgart 1895, Bd. I S. 506 f.). Beste Bibliographie (über 7000 Nummern) bei Dexter, Congregationalism of the last 300 years (freilich vornehmlich — aber doch nicht ausschließlich — Kirchenverfassungsfragen). Das Buch steht ganz wesentlich höher als Price (Hist. of Nonconformism), Skeats und andere Darstellungen. Für Schottland z. B. Sack, K. von Schottland (1844) und die Literatur über John Knox. Für die amerikanischen Kolonien ragt aus der zahlreichen Einzelliteratur das Werk von Doyle, The English in Amerika hervor. Ferner: Daniel Wait Howe, The Puritan Republic (Indianapolis, The Bowen-Merrill-Cy publishers), J. Brown, The pilgrim fathers of New England and their Puritan successors (3d ed. Revell). Weitere Zitate am gegebenen Ort. Für die Lehrunterschiede ist die nachfolgende Darstellung ganz besonders Schneckenburgers schon früher zitiertem Vorlesungszyklus verpflichtet. — Ritschls grundlegendes Werk: Die christliche Lehre von der Rechtfertigung und Versöhnung (3 Bde. hier nach der 3. Auflage zitiert) zeigt in der starken Untermischung der historischen Darstellung mit Werturteilen die ausgeprägte Eigenart des Verfassers, welche bei aller Großartigkeit der gedanklichen Schärfe dem Benutzer nicht immer die volle Sicherheit der »Objektivität« gibt. Wo er z. B. Schneckenburgers Darstellung ablehnt, ist mir das Recht dazu oft zweifelhaft geblieben, so wenig ich mir im übrigen ein eigenes Urteil anmaße. Was ferner z. B. für ihn aus der großen Mannigfaltigkeit der religiösen Gedanken und Stimmungen, schon bei Luther selbst, als »lutherische« Lehre gilt, scheint oft durch Werturteile festgestellt: es ist das, was für Ritschl dauernd wertvoll am Luthertum ist. Es ist Luthertum, wie es (nach R.) sein sollte, nicht

charakteristisches Dogma galt damals und gilt im allgemeinen auch heute die Lehre von der Gnadenwahl. Man hat zwar darüber gestritten, ob sie »das wesentlichste« Dogma der reformierten Kirche oder ein »Anhängsel« sei. Urteile über die Wesentlichkeit einer historischen Erscheinung sind nun aber entweder Wert- und Glaubensurteile — dann nämlich, wenn das an ihr allein »Interessierende« oder allein dauernd »Wertvolle« damit gemeint ist. Oder es ist das wegen seines Einflusses auf andere historische Hergänge kausal Bedeutsame gemeint: dann handelt es sich um historische Zurechnungsurteile. Geht man nun, wie dies hier zu geschehen hat, von diesem letzteren Gesichtspunkt aus und fragt also nach der Bedeutung, welche jenem Dogma nach seinen kulturgeschichtlichen Wirkungen zuzumessen ist, so müssen diese sicherlich hoch angeschlagen werden [1]). Der Kulturkampf, den Oldenbarneveldt führte, zerschellte an ihm, die Spaltung in der englischen Kirche wurde unter Jakob I. unüberbrückbar, seit Krone und Puritanismus auch dogmatisch — eben über diese Lehre — differierten, und überhaupt wurde sie in erster Linie als das Staatsgefährliche am Calvinismus aufgefaßt und obrigkeitlich bekämpft [2]). Die großen Synoden des 17. Jahrhunderts, vor allem Dordrecht und Westminster, daneben zahlreiche kleinere, stellten ihre Erhebung zu kanonischer Gültigkeit

---

immer, wie es war. Daß die Werke von Karl Müller, Seeberg u. ä. überall benutzt sind, bedarf wohl nicht der besonderen Erwähnung. — Wenn ich nachstehend dem Leser ebenso wie mir selbst die Pönitenz einer bösen Fußnotengeschwulst auferlegt habe, so war dafür eben die Nötigung entscheidend, eine wenigstens vorläufige Nachprüfung der Gedanken dieser Skizze, auch durch Andeutung mancher weiter daran sich anschließenden Gesichtspunkte, speziell den nicht theologischen Lesern zu ermöglichen.

[1]) Zu der folgenden Skizze mag von vornherein nachdrücklich darauf hingewiesen werden, daß wir hier nicht die persönlichen Ansichten Calvins, sondern den Calvinismus betrachten, und auch diesen in derjenigen Gestalt, zu welcher er sich Ende des 16. und im 17. Jahrhundert in den großen Gebieten seines beherrschenden Einflusses, die zugleich Träger kapitalistischer Kultur waren, entwickelt hat. Deutschland bleibt vorerst ganz beiseite, da der reine Calvinismus hier nirgends große Gebiete beherrscht hat. »Reformiert« ist natürlich keineswegs identisch mit »calvinistisch«.

[2]) Schon die von der Universität Cambridge mit dem Erzbischof von Canterbury vereinbarte Deklaration des 17. Artikels des anglikanischen Bekenntnisses, die sog. Lambeth-Artikel von 1595, welche (im Gegensatz zur offiziellen Fassung) ausdrücklich auch die Prädestination zum Tode lehrten, wurde von der Königin nicht ratifiziert. Auf die ausdrückliche Prädestination zum Tode (nicht nur: die »Zulassung« der Verdammnis, wie die mildere Lehre wollte), legten gerade die Radikalen entscheidendes Gewicht (so die Hanserd Knollys Confession).

in den Mittelpunkt ihrer Arbeit; unzähligen der Helden der »ecclesia militans« hat sie als fester Halt gedient und im 18. ebenso wie im 19. Jahrhundert hat sie Kirchenspaltungen hervorgerufen und bei großen Neuerweckungen das Schlachtgeschrei abgegeben. Wir können an ihr nicht vorbeigehen und lernen zunächst ihren Inhalt, — da er heute nicht mehr als jedem Gebildeten bekannt gelten darf, — authentisch aus den Sätzen der »Westminster confession« von 1647 kennen, welche in diesem Punkt sowohl von independentischen als von baptistischen Glaubensbekenntnissen einfach wiederholt worden ist [1]):

Kapitel 9. (Vom freien Willen.) Nr. 3: Der Mensch hat durch seinen Fall in den Stand der Sünde gänzlich alle Fähigkeit seines Willens zu irgend etwas geistlich Gutem und die Seligkeit mit sich Führendem verloren, so sehr, daß ein natürlicher Mensch, als gänzlich abgewandt vom Guten und tot in Sünde, nicht fähig ist sich zu bekehren oder sich auch nur dafür vorzubereiten.

Kapitel 3. (Von Gottes ewigem Ratschluß.) Nr. 3: Gott hat zur Offenbarung seiner Herrlichkeit durch seinen Beschluß einige Menschen . . . . . bestimmt (predestinated) zu ewigem Leben und andere verordnet (foreordained) zu ewigem Tode. Nr. 5: Diejenigen aus dem Menschengeschlecht, welche bestimmt sind zum Leben, hat Gott, bevor der Grund der Welt gelegt wurde, nach seinem ewigen und unveränderlichen Vorsatz und dem geheimen Ratschluß und der Willkür seines Willens erwählt in Christus zu ewiger Herrlichkeit, und dies aus reiner freier Gnade und Liebe, nicht etwa so, daß die Voraussicht von Glauben oder guten Werken oder Beharrlichkeit in einem von beiden, oder irgend etwas anderes in den Geschöpfen, als Bedingung oder Ursache, ihn dazu bewogen hätten, sondern alles zum Preise seiner herrlichen Gnade. Nr. 7: Es gefiel Gott, die übrigen des Menschengeschlechts gemäß dem unerforschlichen Rat seines Willens, wonach er Gnade erteilt oder vorenthält, wie es ihm gefällt, zur Verherrlichung seiner unumschränkten Macht über seine Geschöpfe zu übergehen und sie zu ordnen zu Unehre und Zorn für ihre Sünde, zum Preise seiner herrlichen Gerechtigkeit.

Kapitel 10. (Von wirksamer Berufung.) Nr. 1: Es gefällt Gott, alle die, welche er bestimmt hat zum Leben, und nur sie, zu der von ihm festgesetzten und passenden Zeit durch sein Wort und seinen Geist wirksam zu berufen . . . indem er hinwegnimmt ihr steinernes Herz und ihnen gibt ein fleischernes Herz, indem er ihren Willen erneuert und durch seine allmächtige Kraft sie für das, was gut ist, entscheidet . . . . .

Kapitel 5. (Von der Vorsehung.) Nr. 6: Was die bösen und gottlosen Menschen betrifft, welche Gott als ein gerechter Richter um früherer Sünden willen verblendet und verhärtet, so entzieht er ihnen nicht allein seine Gnade, durch welche ihr Verstand hätte erleuchtet und ihre Herzen ergriffen werden können, sondern zuweilen entzieht er ihnen auch die Gaben, die sie hatten, und bringt sie mit solchen Gegenständen in Beziehung, aus welchen ihr Verderbnis eine Gelegenheit zur Sünde macht, und übergibt sie außerdem ihren eigenen Lüsten, den Versuchungen der Welt und der Macht Satans, wodurch es geschieht, daß sie sich selbst verhärten, sogar durch dieselben Mittel, deren Gott sich zur Erweichung anderer bedient [2]).

---

[1]) Den Wortlaut der hier und weiterhin zitierten calvinistischen Symbole s. bei Karl Müller, Die Bekenntnisschriften der reformierten Kirche. Leipzig 1903. Weitere Zitate am gegebenen Ort.

[2]) Vgl. die Savoy und die (amerikanische) Hanserd Knollys Declaration, Ueber den Prädestinatianismus der Hugenotten s. u. a. Polenz I 545 ff.

»Mag ich zur Hölle fahren, aber solch ein Gott wird niemals meine Achtung erzwingen« — war bekanntlich Miltons Urteil über die Lehre[1]). Aber nicht auf eine Wertung, sondern auf die geschichtliche Stellung des Dogmas kommt es für uns hier an. Nur kurz können wir bei der Frage verweilen: wie diese Lehre entstand und welchen Gedankenzusammenhängen in der calvinistischen Theologie sie sich einfügte. Zwei Wege zu ihr waren möglich. Das Phänomen des religiösen Erlösungsgefühls verknüpft sich gerade bei den aktivsten und leidenschaftlichsten jener großen Beter, wie sie die Geschichte des Christentums seit Augustin immer wieder gesehen hat, mit der sicheren Empfindung, alles der ausschließlichen Wirksamkeit einer objektiven Macht, nicht das geringste dem eigenen Wert zu danken zu haben: Die mächtige Stimmung froher Sicherheit, in welche sich der ungeheure Krampf des Sündengefühls bei ihnen entladet, bricht scheinbar gänzlich unvermittelt über sie herein und vernichtet jede Möglichkeit der Vorstellung, daß dieses unerhörte Gnadengeschenk irgendwelcher eigenen Mitwirkung verdankt werden oder mit Leistungen oder Qualitäten des eigenen Glaubens und Wollens verknüpft sein könnte. In jenen Zeiten seiner höchsten religiösen Genialität, in welcher Luther seine »Freiheit eines Christenmenschen« zu schreiben fähig war, stand auch ihm der »heimliche Ratschluß« Gottes als absolut alleinige grundlose Quelle seines religiösen Gnadenbestandes am festesten[2]). Er gab ihn auch später nicht förmlich auf, — aber nicht nur gewann der Gedanke keine zentrale Stellung bei ihm, sondern

[1]) Ueber Miltons Theologie s. den Aufsatz von Eibach in den Theol. Studien und Kritiken 1879 (oberflächlich ist darüber Macaulays Essay anläßlich der Sumnerschen Uebersetzung der 1823 wiedergefundenen »Doctrina Christiana«, Tauchnitz Ed. 185 S. 1 f.), für alles Nähere natürlich das, etwas allzu schematisch gegliederte, sechsbändige englische Hauptwerk von Masson und die auf ihm ruhende deutsche Biographie Miltons von Stern. — Milton begann früh über die Prädestinationslehre in der Form des doppelten Dekrets herauszuwachsen bis zu der schließlich ganz freien Christlichkeit seines Greisenalters. In seiner Loslösung von aller Gebundenheit an die eigene Zeit läßt er sich in gewissem Sinn mit Sebastian Franck vergleichen. Nur war Milton eine praktisch-positive, Franck eine wesentlich kritische Natur. Milton ist »Puritaner« nur in jenem weitern Sinn *rationaler* Orientierung des Lebens innerhalb der Welt am göttlichen Willen, welche die dauernde Erbschaft des Calvinismus für die Nachwelt dargestellt hat. In ganz ähnlichem Sinne könnte man Franck einen »Puritaner« nennen. Beide bleiben, als »Einspänner«, für uns im einzelnen außer Betracht.

[2]) »Hic est fidei summus gradus: credere Deum esse clementem, qui tam paucos salvat, — justum, qui sua voluntate nos damnabiles facit« — lautet die berühmte Stelle in der Schrift de servo arbitrio.

er tritt immer mehr in den Hintergrund, je »realpolitischer« er als verantwortlicher Kirchenpolitiker notgedrungen wurde. Melanchthon vermied es ganz absichtlich, die »gefährliche und dunkle« Lehre in die Augsburger Konfession aufzunehmen und für die Kirchenväter des Luthertums stand es dogmatisch fest, daß die Gnade verlierbar (amissibilis) ist und durch bußfertige Demut und gläubiges Vertrauen auf Gottes Wort und die Sakramente neu gewonnen werden kann. Gerade umgekehrt verlief der Prozeß bei Calvin [1]) in einer fühlbaren Steigerung der Bedeutung der Lehre im Verlauf seiner polemischen Auseinandersetzung mit dogmatischen Gegnern. Sie ist erst in der dritten Auflage seiner »Institutio« voll entfaltet und gewinnt ihre zentrale Stellung erst posthum in den großen Kulturkämpfen, welche die Synoden von Dordrecht und Westminster abzuschließen suchten. Bei Calvin ist eben das »decretum horribile« nicht wie bei Luther erlebt, sondern erdacht, und deshalb in seiner Bedeutung gesteigert mit jeder weiteren Steigerung der gedanklichen Konsequenz in der Richtung seines lediglich Gott, nicht den Menschen, zugewendeten religiösen Interesses [2]). Nicht Gott ist um der Menschen, sondern die Menschen sind um Gottes willen da, und alles Geschehen — also auch die für Calvin zweifellose Tatsache, daß nur ein kleiner Teil der Menschen zur Seligkeit berufen ist — kann seinen Sinn ausschließlich als Mittel zum Zweck der Selbstverherrlichung von Gottes Majestät haben. Maßstäbe irdischer »Gerechtigkeit« an seine souveränen Verfügungen anzulegen, ist sinnlos und eine Verletzung seiner Majestät [3]), da er, und er allein, frei, d. h. keinem Gesetz unterstellt ist, und seine Ratschlüsse uns nur soweit verständlich und

---

[1]) Beide, Luther und Calvin, kannten eben im Grunde — s. Ritschls Bemerkungen in der Geschichte des Pietismus und Köstlin s. v. »Gott« R. f. Prot. Theol. und K. 3. Aufl. — einen doppelten Gott: den geoffenbarten gnädigen und gütigen Vater des N. T., — denn dieser beherrscht die ersten Bücher der Institutio Christiana, — und dahinter den »Deus absconditus« als willkürlich schaltenden Despoten. Bei Luther behielt der Gott des Neuen Testaments ganz die Oberhand, weil er die Reflexion über das Metaphysische, als nutzlos und gefährlich, zunehmend mied, bei Calvin gewann der Gedanke an die transzendente Gottheit Macht über das Leben. In der populären Entwicklung des Calvinismus freilich konnte sie sich nicht halten, — aber nicht der himmlische Vater des Neuen Testaments, sondern der Jehova des Alten trat nunmehr an ihre Stelle.

[2]) Vgl. zum Folgenden: Scheibe, Calvins Prädestinationslehre, Halle 1897. Zur calvinistischen Theologie überhaupt: Heppe, Dogmatik der evangelisch-reformierten Kirche. Elberfeld 1861.

[3]) Corpus Reformatorum Vol. 77 p. 186 ff.

überhaupt bekannt sein können, als er es für gut befand, sie uns mitzuteilen. An diese Fragmente der ewigen Wahrheit allein können wir uns halten, alles andere: — der Sinn unseres individuellen Schicksals, — ist von dunklen Geheimnissen umgeben, die zu ergründen unmöglich und vermessen ist. Wenn etwa die Verworfenen über das ihrige als unverdient klagen wollten, so wäre das ähnlich, als wenn die Tiere sich beschweren würden, nicht als Menschen geboren zu sein. Denn alle Kreatur ist durch eine unüberbrückbare Kluft von Gott geschieden und verdient vor ihm, soweit er nicht zur Verherrlichung seiner Majestät ein anderes beschlossen hat, lediglich den ewigen Tod. Was wir wissen, ist nur: daß ein Teil der Menschen selig wird, ein anderer verdammt bleibt. Anzunehmen, daß menschliches Verdienst oder Verschulden dieses Schicksal mitbestimme, hieße Gottes absolut freie Entschlüsse, die von Ewigkeit her feststehen, als durch menschliche Einwirkung wandelbar ansehen: ein unmöglicher Gedanke. Aus dem menschlich verständlichen »Vater im Himmel« des Neuen Testaments, der sich über die Wiederkehr des Sünders freut, wie ein Weib über den wiedergefundenen Groschen, ist hier ein jedem menschlichen Verständnis entzogenes transzendentes Wesen geworden, welches von Ewigkeit her nach gänzlich unerforschlichen Ratschlüssen jedem einzelnen sein Geschick zugeteilt und über alles Kleinste im Kosmos verfügt hat [1]). Gottes Gnade ist, da seine Ratschlüsse unwandelbar feststehen, ebenso unverlierbar für die, welchen er sie zuwendet, wie unerreichbar für die, welchen er sie versagt.

In ihrer pathetischen Unmenschlichkeit mußte diese Lehre nun für die Stimmung einer Generation, die sich ihrer grandiosen Konsequenz ergab, vor allem eine Folge haben: ein Gefühl einer unerhörten inneren Vereinsamung des einzelnen Individuums [2]). In der für die Menschen der Reforma-

[1]) Man kann die vorstehende Darstellung des calvinistischen Lehrbegriffes ziemlich in der hier gegebenen Form z. B. in Hoornbeeks Theologia practica (Utrecht 1663) L. II c. 1: de praedestinatione — der Abschnitt steht charakteristischerweise direkt hinter dem Titel: De Deo — nachlesen. Schriftgrundlage ist bei H. hauptsächlich das erste Kapitel des Epheserbriefes. — Die verschiedenen inkonsequenten Versuche, mit der Prädestination und Vorsehung Gottes die Verantwortlichkeit des Individuums zu kombinieren und die empirische »Freiheit« des Willens zu retten, — wie sie schon beim ersten Ausbau der Lehre bei Augustin begannen —, haben wir hier nicht nötig zu analysieren.

[2]) »The deepest community (mit Gott) is found not in institutions or corporations or churches, but in the secrets of a solitary heart«, formuliert Dowden in

tionszeit entscheidendsten Angelegenheit des Lebens: der ewigen Seligkeit, war der Mensch darauf verwiesen, seine Straße einsam zu ziehen, einem von Ewigkeit her feststehenden Schicksal entgegen. Niemand konnte ihm helfen. Kein Prediger: — denn nur der Erwählte kann das Gotteswort spiritualiter verstehen. Kein Sakrament: — denn die Sakramente sind zwar von Gott zur Mehrung seines Ruhms verordnet und deshalb unverbrüchlich zu halten, aber kein Mittel, Gottes Gnade zu erlangen, sondern subjektiv nur »externa subsidia« des Glaubens. Keine Kirche: — denn es gilt zwar der Satz »extra ecclesiam nulla salus« in dem Sinne, daß, wer sich von der wahren Kirche fernhält, nimmermehr zu den von Gott Erwählten gehören kann [1]); aber zur (äußeren) Kirche gehören auch die Reprobierten, ja sie sollen dazu gehören und ihren Zuchtmitteln unterworfen werden, nicht um dadurch zur Seligkeit zu gelangen, — das ist unmöglich, — sondern weil auch sie zu Gottes Ruhm zur Innehaltung seiner Gebote gezwungen werden müssen. Endlich auch: — kein Gott: denn auch Christus ist nur für die Erwählten gestorben [2]) denen Gott seinen Opfertod zuzurechnen von Ewigkeit her beschlossen hatte. Dies: der absolute (im Luthertum noch keineswegs in allen Konsequenzen vollzogene) Fortfall kirchlich-sakramentalen Heils, war gegenüber dem Katholizismus das absolut Entscheidende. Jener große religionsgeschichtliche Prozeß der Entzauberung der Welt [3]), welcher mit der altjüdischen

seinem schönen Buch: »Puritan and Anglican« (S. 234) den entscheidenden Punkt. Diese tiefe innere Vereinsamung des einzelnen ist ganz ebenso auch bei den Jansenisten von Port Royal eingetreten, welche Prädestinatianer waren.

[1]) Contra qui hujusmodi coetum (nämlich eine Kirche, in der reine Lehre, Sakramente und Kirchenzucht bestehen) contemnunt . . . salutis suae certi esse non possunt; et qui in illo contemtu perseverat electus non est. Olevian, de subst. foed. p. 222.

[2]) »Man sagt wohl, daß Gott seinen Sohn gesandt habe, um das Menschengeschlecht zu erlösen, — aber das war sein Zweck nicht, er wollte nur einigen aus dem Fall aufhelfen . . . . und ich sage euch, daß Gott nur für die Auserlesenen gestorben ist . . .« (Predigt, gehalten 1609 zu Broek bei Rogge, Wtenbogaert II p. 9. Vgl. Nuyens a. a. O. II S. 232.) Verwickelt ist auch die Begründung der Mittlerschaft Christi in der Hanserd Knollys Confession. Daß Gott dieses Mittels eigentlich gar nicht bedurft hätte, wird eigentlich überall vorausgesetzt.

[3]) Ueber diesen Prozeß s. die Aufsätze über die »Wirtschaftsethik der Weltreligionen«. Schon die Sonderstellung der altisraelitischen Ethik gegenüber der ihr inhaltlich nahe verwandten ägyptischen und babylonischen und ihre Entwicklung seit der Prophetenzeit beruhte, wie sich dort zeigen wird, ganz und gar auf diesem Grundsachverhalt: der Ablehnung der sakramentalen Magie als Heilsweg.

Prophetie einsetzte und, im Verein mit dem hellenischen wissenschaftlichen Denken, alle magischen Mittel der Heilssuche als Aberglaube und Frevel verwarf, fand hier seinen Abschluß. Der echte Puritaner verwarf ja sogar jede Spur von religiösen Zeremonien am Grabe und begrub die ihm Nächststehenden sang- und klanglos, um nur ja keinerlei »superstition«: kein Vertrauen auf Heilswirkungen magisch-sakramentaler Art, aufkommen zu lassen[1]. Es gab nicht nur kein magisches, sondern überhaupt kein Mittel, die Gnade Gottes dem zuzuwenden, dem Gott sie zu versagen sich entschlossen hatte. Verbunden mit der schroffen Lehre von der unbedingten Gottferne und Wertlosigkeit alles rein Kreatürlichen enthält diese innere Isolierung des Menschen einerseits den Grund für die absolut negative Stellung des Puritanismus zu allen sinnlich-gefühlsmäßigen Elementen in der Kultur und subjektiven Religiosität — weil sie für das Heil unnütz und Förderer sentimentaler Illusionen und des kreaturvergötternden Aberglaubens sind — und damit zur grundsätzlichen Abwendung von aller Sinnenkultur überhaupt[2]. Andrerseits aber bildet sie eine der Wurzeln jenes illusionslosen und pessimistisch gefärbten Individualismus[3], wie er in dem »Volkscha-

[1]) Ebenso war nach der konsequentesten Ansicht die Taufe nur kraft positiver Vorschrift verbindlich, aber nichts heilsnotwendiges. Deshalb vermochten ja die streng puritanischen schottischen und englischen Independenten den Grundsatz durchzuführen: daß Kinder von offenbar Reprobierten nicht getauft werden sollten (z. B. Kinder von Trunkenbolden). Einen Erwachsenen, der die Taufe begehrte, aber noch nicht »reif« zum Abendmahl ist, empfahl die Synode von Edam 1586 (Art. 32, 1) nur dann zu taufen, wenn sein Wandel tadellos sei und er das Begehren »sonder superstitie« stelle.

[2]) Dies negative Verhältnis zur »Sinnenkultur« ist, wie Dowden a. a. O. schön ausgeführt hat, geradezu ein konstitutives Element des Puritanismus.

[3]) Der Ausdruck »Individualismus« umfaßt das denkbar Heterogenste. Was hier darunter verstanden ist, wird hoffentlich durch die weiter folgenden Andeutungen klar. Man hat — in einem anderen Sinne des Wortes — das Luthertum »individualistisch« genannt, weil es eine asketische Lebensreglementierung nicht kennt. Wieder in einem ganz anderen Sinne braucht z. B. Dietrich Schäfer das Wort, wenn er in seiner Schrift: Zur Beurteilung des Wormser Konkordats (Abh. d. Berl. Akad. 1905) das Mittelalter die Zeit »ausgeprägter Individualität« nennt, weil für das für den Historiker relevante Geschehen irrationale Momente damals von einer Bedeutung gewesen seien, wie heute nicht mehr. Er hat Recht, aber diejenigen, denen er seine Beobachtungen entgegenhält, vielleicht auch, denn beide meinen etwas ganz Verschiedenes, wenn sie von »Individualität« und »Individualismus« sprechen. — Jakob Burckhardts geniale Formulierungen sind heute teilweise überholt und eine gründliche, historisch orientierte Begriffsanalyse wäre gerade jetzt wieder wissenschaftlich höchst wertvoll. Das gerade Gegenteil davon ist es natürlich, wenn der Spieltrieb gewisse Historiker veranlaßt, den Begriff, nur um eine Geschichtsepoche mit ihm als Etikette bekleben zu können, im Plakatstil zu »definieren«.

rakter« und den Institutionen der Völker mit puritanischer Vergangenheit sich noch heute auswirkt, — in so auffälligem Gegensatz zu der ganz andersartigen Brille, durch welche später die »Aufklärung« die Menschen ansah [1]). Wir finden die Spuren dieses Einflusses der Gnadenwahllehre in der uns beschäftigenden Zeit deutlich in elementaren Erscheinungen der Lebensführung und Lebensanschauung wieder, und zwar auch da, wo ihre Geltung als Dogma schon im Schwinden war: sie war ja eben auch nur die extremste Form jener Exklusivität des Gottvertrauens, auf deren Analyse es hier ankommt. So z. B. in der auffallend oft wiederkehrenden Warnung namentlich der englischen puritanischen Literatur vor jedem Vertrauen auf Menschenhilfe und Menschenfreundschaft [2]). Tiefes Mißtrauen auch gegen den nächsten Freund rät selbst der milde Baxter an, und Bailey empfiehlt direkt, niemanden zu trauen und niemanden etwas Kompromittierendes wissen zu lassen: nur Gott soll der Vertrauensmann sein [3]). Im auffälligsten Gegensatz gegen das

[1]) Und ebenso in — natürlich weniger scharfem — Gegensatz gegen die spätere katholische Lehre. Der tiefe, gleichfalls auf der Gnadenwahllehre ruhende, Pessimismus Pascal's dagegen ist jansenistischer Provenienz und sein daraus hervorgehender weltflüchtiger Individualismus stimmt mit der offiziellen katholischen Stellungnahme keineswegs zusammen. S. darüber die S. 72 Anm. 2 zitierte Schrift von Honigsheim über die französischen Jansenisten.

[2]) Ganz ebenso die Jansenisten.

[3]) Bailey, Praxis pietatis (deutsche Ausg., Leipzig 1724) S. 187. Auch Ph. J. Spener in seinen »Theologischen Bedenken« (hier nach der 3. Ausgabe, Halle 1712 zitiert) steht auf ähnlichem Standpunkt: der Freund gibt seinen Rat selten mit Rücksicht auf die Ehre Gottes, sondern meist aus fleischlichen (nicht notwendig egoistischen) Absichten. — »He« — the »knowing man« — »is blind in no man's cause, but best sighted in his own. He confines himself to the circle of his own affairs, and thrusts not his fingers in needless fires . . . He sees the falseness of it (der Welt) and therefore learns to trust himself ever, others so far, as not to be damaged by their disappointment«, philosophiert Th. Adams (Works of the Puritan Divines p. LI.) — Bailey (Praxis pietatis, a. a. O. S. 176) empfiehlt ferner, sich jeden Morgen vor dem Ausgehen unter die Leute vorzustellen, man gehe in einen wilden Wald voller Gefahren und Gott um den »Mantel der Vorsicht und Gerechtigkeit« zu bitten. — Die Empfindung geht schlechterdings durch in allen asketischen Denominationen und führte bei manchen Pietisten direkt zu einer Art Einsiedlerleben innerhalb der Welt. Selbst Spangenberg in der (herrnhuterischen) Idea fidei fratrum p. 382 erinnert nachdrücklich an Jer. 17,5: »Verflucht ist der Mann, der sich auf Menschen verläßt«. — Man beachte, um die eigentümliche Menschenfeindlichkeit dieser Lebensanschauung zu ermessen, auch etwa die Erläuterungen Hoornbeeks Theol. pract. I p. 882 über die Pflicht der Feindesliebe: Denique hoc magis nos ulciscimur, quo proximum, inultum nobis, tradimus ultori Deo . . . Quo quis plus se ulciscitur, eo minus id pro ipso agit Deus: die gleiche »Verschiebung der Rache« wie sie sich in den nachexilischen Teilen des A.T. findet: eine raffinierte

Luthertum ist denn auch im Zusammenhang mit dieser Lebensstimmung in den Gebieten des voll entwickelten Calvinismus die Privatbeichte, gegen welche Calvin selbst nur der möglichen sakramentalen Mißdeutung wegen Bedenken hatte, stillschweigend verschwunden: ein Vorgang von größter Tragweite. Zunächst als Symptom für die Art der Wirkung dieser Religiosität. Dann aber auch als psychologischer Entwicklungsreiz für ihre ethische Haltung. Das Mittel zum periodischen »Abreagieren« des affektbetonten Schuldbewußtseins [1]) wurde beseitigt. Von den Konsequenzen für die sittliche Alltagspraxis wird noch zu reden sein. Auf der Hand aber liegen die Folgen für die religiöse Gesamtlage der Menschen. In tiefer innerlicher Isolierung vollzog sich, trotz der Heilsnotwendigkeit der Zugehörigkeit zur wahren Kirche [2]), der Verkehr des Calvinisten mit seinem Gott. Wer die spezifischen Wirkungen [3]) dieser eigentümlichen Luft empfinden will, der sehe in dem weitaus gelesensten Buch der ganzen puritanischen Literatur: Bunyans »Pilgrim's progress« [4]), die Schilderung von »Christians« Verhalten an, nachdem ihm das Bewußtsein, in der »Stadt des Verderbens« zu weilen, aufgegangen ist und ihn der Ruf, die Pilgerfahrt zur himmlischen Stadt unverweilt anzutreten, ereilt hat. Weib und Kinder häng n sich an ihn, — aber querfeldein, die Finger in die Ohren steckend, mit dem Rufe: »Life, eternal life!« stürzt er fort, und kein Raffinement könnte besser, als die naive Empfindung des in seinem Gefäng-

---

Steigerung und Verinnerlichung des Rachegefühls gegenüber dem alten: »Auge um Auge«. Ueber die »Nächstenliebe« s. auch weiter unten S. 100 Anm. 3.

[1]) Freilich hat der Beichtstuhl durchaus nicht nur als ein solches gewirkt die Formulierungen z. B. von Muthmann, Z. f. Rel. Psych. I, Heft 2 S. 65 sind allzu einfach für das höchst komplizierte psychologische Problem der Beichte.

[2]) Gerade diese Kombination ist für die Beurteilung der psychologischen Unterlagen der calvinistischen sozialen Organisationen so wichtig. Sie ruhen alle auf innerlich »individualistischen«, »zweck-« oder »wertrationalen« Motiven. Nie geht das Individium gefühlsmäßig in sie ein. »Gottes Ruhm« und das eigene Heil bleiben stets über der »Bewußtseinsschwelle«. Das prägt der Eigenart der sozialen Organisation bei Völkern mit puritanischer Vergangenheit noch heute bestimmte charakteristische Züge auf.

[3]) Der antiautoritäre Grundzug der Lehre, der ja im Grunde alle und jede kirchliche und staatliche Fürsorge für Ethik und Seelenheil als zwecklos entwertete, führte stets erneut zu ihrem Verbot, so namentlich durch die niederländischen Generalstaaten. Die Folge war stets: Konventikelbildung (so nach 1614).

[4]) Ueber Bunyan vgl. die Biographie von Froude in der Morleyschen Sammlung (English Men of Letters), ferner Macaulays (oberflächliche) Skizze (Miscell. Works II p. 227) — B. ist indifferent gegenüber den denominationellen Differenzen innerhalb des Calvinismus, seinerseits jedoch strikter calvinistischer Baptist.

nis dichtenden Kesselflickers, der dabei den Beifall einer gläubigen Welt fand, die Stimmung des im Grunde allein mit sich selbst beschäftigten, allein an sein eigenes Heil denkenden puritanischen Gläubigen wiedergeben, wie sie zum Ausdruck kommt in den etwas an Gottfried Kellers »Gerechte Kammacher« erinnernden salbungsvollen Gesprächen, die er mit Gleichstrebenden unterwegs führt. Erst als er selbst geborgen ist, erwacht der Gedanke, daß es schön wäre, nun auch die Familie bei sich zu haben. Es ist dieselbe qualvolle Angst vor dem Tode und dem Nachher, die wir bei Alfons von Liguori, wie Döllinger ihn uns geschildert hat, so penetrant überall empfinden, — weltweit entfernt von jenem Geist stolzer Diesseitigkeit, dem Macchiavelli in dem Ruhm jener Florentiner Bürger Ausdruck gibt, denen — im Kampf gegen Papst und Interdikt — »die Liebe zur Vaterstadt höher stand, als die Angst um das Heil ihrer Seelen« und, freilich, noch weiter entfernt von Empfindungen, wie sie Richard Wagner Siegmund vor dem Todesgefecht in den Mund legt: »Grüße mir Wotan, grüße mir Wallhall . . . Doch von Wallhall's spröden Wonnen sprich du wahrlich mir nicht«. Nur freilich sind eben die Wirkungen dieser Angst bei Bunyan und Liguori so charakteristisch verschieden: dieselbe Angst, welche diesen zu jeder erdenklichen Selbsterniedrigung treibt, spornt jenen zu rastlosem und systematischem Kampf mit dem Leben. Woher dieser Unterschied?

Es scheint zunächst ein Rätsel, wie mit jener Tendenz zur innerlichen Lösung des Individuums aus den engsten Banden, mit denen es die Welt umfangen hält, die unbezweifelbare Ueberlegenheit des Calvinismus in der sozialen Organisation sich verknüpfen konnte [1]). Allein gerade sie folgt, so seltsam es zunächst

[1]) Der Hinweis auf die unzweifelhaft große Wichtigkeit des calvinistischen Gedankens von der aus dem Erfordernis der »Einverleibung in Christi Körper« (Calvin. Instit. III, 11,10) folgenden Heilsnotwendigkeit der Aufnahme in eine den göttlichen Vorschriften entsprechende Gemeinschaft für den sozialen Charakter des reformierten Christentums liegt nahe. Für unsere speziellen Gesichtspunkte liegt aber der Schwerpunkt des Problems etwas anders. Jener dogmatische Gedanke hätte auch bei einem rein anstaltsmäßigen Charakter der Kirche sich ausbilden können und hat dies, wie bekannt, getan. Er hat an sich nicht die psychologische Kraft, gemeinschaftsbildende Initiative zu wecken und ihr vollends eine solche Kraft zu verleihen, wie der Calvinismus sie besaß. Gerade auch außerhalb der göttlich vorgeschriebenen, kirchlichen Gemeindeschemata in der »Welt« wirkte sich diese seine gemeinschaftsbildende Tendenz aus. Hier ist eben der Glaube: daß der Christ durch Wirken »in majorem Dei gloriam« seinen Gnadenstand bewähre (s. u.), maßgebend, und die

scheint, aus der spezifischen Färbung, welche die christliche »Nächstenliebe« unter dem Druck der inneren Isolierung des einzelnen durch den calvinistischen Glauben annehmen mußte. Sie folgt daraus zunächst dogmatisch [1]). Die Welt ist dazu — und nur dazu — bestimmt: der Selbstverherrlichung Gottes zu

---

scharfe Perhorreszierung der Kreaturvergötterung und alles Haftens an den persönlichen Beziehungen zu Menschen mußte diese Energie unvermerkt in die Bahnen sachlichen (unpersönlichen) Wirkens lenken. Der Christ, dem die Bewährung seines Gnadenstandes am Herzen liegt, wirkt für die Zwecke Gottes und diese können nur unpersönliche sein. Jede rein gefühlsmäßige — also: nicht rational bedingte — persönliche Beziehung von Mensch zu Mensch verfällt eben in der puritanischen, wie in jeder asketischen, Ethik sehr leicht dem Verdacht, Kreaturvergötterung zu sein. Für die Freundschaft zeigt dies — neben dem früher schon Gesagten — z. B. folgende Warnung deutlich genug: It is an irrational act and not fit for a rational creature to love any one farther than reason will allow us ... It very often taketh up mens minds so as to hinder their love of God. (Baxter, Christian Directory IV p. 253). Wir werden solchen Argumenten immer wieder begegnen. Den Calvinisten begeistert der Gedanke: daß Gott in der Weltgestaltung, auch der sozialen Ordnung, das sachlich Zweckvolle als Mittel der Verherrlichung seines Ruhms wollen müsse: nicht die Kreatur um ihrer selbst willen, aber die Ordnung des Kreatürlichen unter seinem Willen. Der durch die Gnadenwahllehre entbundene Tatendrang der Heiligen strömt daher ganz in das Streben nach Rationalisierung der Welt ein. Namentlich auch der Gedanke, daß der »öffentliche« Nutzen, oder auch »the good of the many«, wie Baxter (Christian Directory IV p. 262 mit dem etwas gezwungenen Citat Röm. 9, 3) es ganz im Sinne des späteren liberalen Rationalismus formuliert, allem »persönlichen« oder »privaten« Wohl Einzelner voranzustellen sei, folgte — so wenig es an sich neu war — für den Puritanismus aus der Ablehnung der Kreaturvergötterung. — Die traditionelle amerikanische Perhorreszierung persönlicher Dienstleistungen hängt neben anderen massiven Gründen, die aus »demokratischen« Empfindungen folgen, immerhin (in indirekter Art) wohl auch mit jener Tradition zusammen. Ebenso aber die relativ große Immunität puritanisch gewesener Völker gegen den Cäsarismus, und überhaupt die innerlich freiere, einerseits mehr zum »Geltenlassen« der Großen geneigte, andererseits aber alle hysterische Verliebtheit in sie und den naiven Gedanken: man könne jemanden zu politischer Obödienz aus »Dankbarkeit« verpflichtet sein, ablehnende Stellung der Engländer zu ihren großen Staatsmännern, — gegenüber manchen, was wir davon von 1878 an in Deutschland, positiv und negativ, erlebten. — Ueber die Sündhaftigkeit des Autoritätsglaubens, — der eben nur als unpersönlicher, auf den Inhalt der Schrift gerichteter zulässig ist, — und ebenso der übermäßigen Schätzung selbst der heiligsten und hervorragendsten Menschen, — weil dadurch eventuell der Gehorsam gegen Gott gefährdet wird, — s. Baxter, Christian Directory (2. Aufl. 1678) I p. 56. — Was die Ablehnung der »Kreaturvergötterung« und das Prinzip, daß, zunächst in der Kirche, letztlich aber im Leben überhaupt, nur Gott »herrschen« solle, politisch bedeutete, gehört nicht in unseren Zusammenhang.

[1]) Ueber das Verhältnis dogmatischer und praktisch-psychologischer »Konsequenzen« wird noch oft zu reden sein. Daß beides nicht identisch ist, bedarf wohl kaum der Bemerkung.

dienen, der erwählte Christ ist dazu — und nur dazu — da, den Ruhm Gottes in der Welt durch Vollstreckung seiner Gebote an seinem Teil zu mehren. Gott aber will die soziale Leistung des Christen, denn er will, daß die soziale Gestaltung des Lebens seinen Geboten gemäß und so eingerichtet werde, daß sie jenem Zweck entspreche. Die soziale [1]) Arbeit des Calvinisten in der Welt ist lediglich Arbeit »in majorem gloriam Dei«. Diesen Charakter trägt daher auch die Berufsarbeit, welche im Dienste des diesseitigen Lebens der Gesamtheit steht. Schon bei Luther fanden wir die Ableitung der arbeitsteiligen Berufsarbeit aus der »Nächstenliebe«. Aber was bei ihm ein unsicherer, rein konstruktiv-gedanklicher Ansatz blieb, wurde nun bei den Calvinisten ein charakteristischer Teil ihres ethischen Systems. Die »Nächstenliebe« äußert sich — da sie ja nur Dienst am Ruhme Gottes [2]), nicht: der Kreatur, sein darf [3]) — in

---

[1]) »Sozial« natürlich ohne jeden Anklang an den modernen Sinn des Wortes, lediglich im Sinn der Betätigung innerhalb der politischen, kirchlichen und anderer Gemeinschafts-Organisationen.

[2]) Gute Werke, die zu irgendeinem andern Zweck, als der Ehre Gottes willen, getan werden, sind sündhaft, Hanserd Knollys Confession ch. XVI.

[3]) Was eine solche durch die alleinige Beziehung des Lebens auf Gott »bedingte Unpersönlichkeit« der »Nächstenliebe« auf dem eignen Gebiet des religiösen Gemeinschaftslebens bedeutet, kann man sich recht gut etwa an dem Gebahren der »China Inland Mission« und der »International Missionaries' Alliance« verdeutlichen (s. hierüber Warneck, Gesch. d. prot. Mission 5. Aufl. S. 99, 111). Mit riesigen Kosten wurden gewaltige Scharen von Missionaren ausgerüstet, z. B. an die 1000 für China allein, um durch Wanderpredigt das Evangelium allen Heiden im strikt wörtlichen Sinne »anzubieten«, weil Christus dies geboten und seine Wiederkunft davon abhängig gemacht hat. Ob die dergestalt Angepredigten dem Christentum gewonnen und also der Seligkeit teilhaftig werden, ja ob sie selbst die Sprache des Missionars auch nur grammatisch verstehen, — das ist prinzipiell durchaus nebensächlich und Angelegenheit Gottes, der ja darüber allein verfügt. China habe, meint Hudson Taylor (s. Warneck a. a. O.) ca. 50 Millionen Familien. 1000 Missionare könnten 50 Familien täglich (!) »erreichen« und so das Evangelium in 1000 Tagen oder weniger als 3 Jahren allen Chinesen »angeboten« sein. — Es ist genau das Schema, nach welchem der Calvinismus z. B. seine Kirchenzucht betrieb: nicht das Seelenheil der Zensurierten — welches lediglich Gottes (und in praxi: ihre eigene) Sache war und durch kirchliche Zuchtmittel ja in gar keiner Weise beeinflußt werden konnte —, sondern die Mehrung des Ruhmes Gottes war der Zweck. — Für jene modernen Missionsleistungen ist, da sie auf interdenominationeller Grundlage ruhen, nicht der Calvinismus als solcher verantwortlich. (Calvin selbst lehnt die Pflicht zur Heidenmission ab, da die weitere Ausbreitung der Kirche »unius Dei opus« sei.) Aber allerdings entstammen sie offensichtlich jenem durch die puritanische Ethik sich hinziehenden Vorstellungskreis, wonach man der Nächstenliebe Genüge leistet, wenn man Gottes Gebote zu dessen Ruhme erfüllt. Damit ist

erster Linie in Erfüllung der durch die lex naturae gegebenen Berufsaufgaben, und sie nimmt dabei einen eigentümlich sachlich-unpersönlichen Charakter an: den eines Dienstes an der rationalen Gestaltung des uns umgebenden gesellschaftlichen Kosmos. Denn die wunderbar zweckvolle Gestaltung und Einrichtung dieses Kosmos, welcher ja nach der Offenbarung der Bibel und ebenso nach der natürlichen Einsicht augenscheinlich darauf zugeschnitten ist, dem »Nutzen« des Menschengeschlechtes zu dienen, läßt die Arbeit im Dienst dieses unpersönlichen gesellschaftlichen Nutzens als Gottes Ruhm fördernd und also gottgewollt erkennen. Die völlige Ausschaltung des Theodizeeproblems und aller jener Fragen nach dem »Sinn« der Welt und des Lebens, an welcher sich andere zerrieben, verstand sich für den Puritaner ganz von selbst wie — aus ganz andern Gründen — für den Juden. Und übrigens in gewissem Sinn für die nichtmystische christliche Religiosität überhaupt. Zu dieser Kräfteökonomie trat beim Calvinismus noch ein weiterer in gleicher Richtung wirkender Zug hinzu. Der Zwiespalt zwischen dem »Einzelnen« und der »Ethik« (in Sören Kierkegaards Sinn) existierte für den Calvinismus nicht, obwohl er den Einzelnen in religiösen Dingen ganz auf sich selbst stellte. Die Gründe dafür und die Bedeutung dieser Gesichtspunkte für den politischen und ökonomischen Rationalismus des Calvinismus zu analysieren ist hier nicht der Ort. Die Quelle des utilitarischen Charakters der calvinistischen Ethik liegt darin, und ebenso gingen wichtige Eigentümlichkeiten der calvi-

---

auch dem Nächsten gegeben, was ihm gebührt, und das weitere ist nun Gottes eigene Angelegenheit. — Die »Menschlichkeit« der Beziehungen zum »Nächsten« ist sozusagen abgestorben. Das äußert sich in den verschiedensten Verhältnissen. So etwa, — um noch ein solches Rudiment jener Lebensluft anzuführen, — auf dem Gebiet der in gewisser Beziehung mit Recht berühmten reformierten charitas: Die Amsterdamer Waisen, mit ihren noch im 20. Jahrhundert senkrecht in eine schwarze und rote, oder rote und grüne Hälfte gespaltenen Röcken und Hosen — einer Art Narrenkleidung — angetan und in Parade zur Kirche geführt, waren für die Empfindung der Vergangenheit sicher ein höchst erbauliches Schauspiel und sie dienten in eben dem Grade zum Ruhme Gottes, als alle persönlich-»menschliche« Empfindung dabei sich hätte beleidigt fühlen müssen. Und so — wir werden das noch sehen — bis in alle Einzelheiten der privaten Berufstätigkeit. — Natürlich bezeichnet das alles nur eine Tendenz und wir werden später selbst bestimmte Einschränkungen zu machen haben. Aber als eine — und zwar sehr wichtige — Tendenz dieser asketischen Religiosität mußte sie hier festgestellt werden.

nistischen Berufskonzeption daraus hervor[1]). — Hier kehren wir aber zunächst noch einmal zur Betrachtung speziell der Prädestinationslehre zurück.

Denn das für uns entscheidende Problem ist erst: wie wurde diese Lehre ertragen[2]) in einer Zeit, welcher das Jenseits

[1]) In all diesen Hinsichten ganz anders steht die prädestinatianisch determinierte Ethik von Port Royal infolge ihrer mystischen und außerweltlichen, insoweit also: katholischen, Orientiertheit (s. Honigsheim a. a. O.).

[2]) Hundeshagen (Beitr. z. Kirchenverfassungsgesch. u. Kirchenpolitik 1864 I S. 37) vertritt den — seitdem oft wiederholten — Standpunkt, daß das Prädestinationsdogma Theologenlehre, nicht Volkslehre gewesen sei. Das ist doch nur richtig, wenn man den Begriff »Volk« mit der Masse der bildungslosen unteren Schichten identifiziert. Und selbst da trifft es nur höchst begrenzt zu. Köhler (a. a. O.) fand in den 40er Jahren des 19. Jahrhunderts gerade die »Massen« (gemeint ist: das Kleinbürgertum in Holland) streng prädestinatianisch gesonnen; jeder, der das doppelte Dekret leugnete, war ihnen ein Ketzer und Verworfener. Er selbst wurde nach dem Zeitpunkt seiner (prädestinatianisch gefaßten) Wiedergeburt gefragt. Da Costa und die de Kocksche Separation waren dadurch mitbedingt. Nicht nur Cromwell, — an dem schon Zeller (Das theologische System Zwinglis S. 17) als an einem Paradigma die Wirkung des Dogmas exemplifiziert hatte, — sondern auch seine Heiligen wußten alle sehr wohl, um was es sich handelte und die Canones der Synoden von Dordrecht und Westminster über die Lehre waren nationale Angelegenheit großen Stils. Cromwells tryers und ejectors ließen nur Prädestinatianer zu und Baxter (Life I p. 72) beurteilt, obwohl sonst Gegner, ihre Wirkung auf die Qualität des Klerus als erheblich. Daß die reformierten Pietisten, die Teilnehmer der englischen und holländischen Konventikel, über die Lehre im Unklaren gewesen wären, ist ganz ausgeschlossen; eben sie war es ja, die sie zusammentrieb, um die certitudo salutis zu suchen. Was die Prädestination bedeutete resp. nicht bedeutete, wo sie Theologenlehre war, kann der kirchlich korrekte Katholizismus, dem sie ja als esoterische Lehre und in schwankender Form keineswegs fremd geblieben ist, zeigen. (Das Entscheidende war dabei, daß die Ansicht: der Einzelne habe sich für erwählt zu halten und zu bewähren, stets verworfen wurde. Vgl. die katholische Lehre z. B. bei Ad. van Wyck, Tract. de praedestinatione Cöln 1708. Inwieweit Pascals Prädestinationsglaube korrekt war, ist hier nicht zu untersuchen.) — H., dem die Lehre unsympathisch ist, schöpft seine Eindrücke offenbar vorwiegend aus deutschen Zuständen. Jene seine Antipathie hat ihren Grund in der rein deduktiv gewonnenen Meinung, sie müsse zum sittlichen Fatalismus und Antinomismus führen. Diese Meinung hat schon Zeller a. a. O. widerlegt. Daß eine solche Wendung möglich war, ist andererseits nicht zu leugnen, Melanchthon wie Wesley sprechen von ihr: aber es ist charakteristisch, daß in beiden Fällen es sich um eine Kombination mit der gefühlsmäßigen »Glaubens«-Religiosität handelte. Für diese, welcher der rationale Bewährungsgedanke fehlte, lag diese Folge in der Tat im Wesen der Sache. — Im Islam sind diese fatalistischen Konsequenzen eingetreten. Aber weshalb? Weil die islamische Vorherbestimmung prädeterministisch, nicht prädestinatianisch, auf die Schicksale im Diesseits, nicht auf das jenseitige Heil bezogen war, weil infolgedessen das ethisch Entscheidende: die »Bewährung« als Prädestinierter, im Islam keine Rolle spielte, also nur die kriegerische Furchtlosigkeit (wie bei der »Moira«), nicht aber lebens-

nicht nur wichtiger, sondern in vieler Hinsicht auch sicherer war, als alle Interessen des diesseitigen Lebens [1]). Die eine Frage mußte ja alsbald für jeden einzelnen Gläubigen entstehen und alle anderen Interessen in den Hintergrund drängen: Bin ich denn erwählt? Und wie kann ich dieser Erwählung sicher werden [2])? — Für Calvin selbst war dies kein Problem. Er fühlte sich als »Rüstzeug« und war seines Gnadenstandes sicher. Demgemäß hat er auf die Frage, wodurch der einzelne seiner eigenen Erwählung gewiß werden könne, im Grunde genommen nur die Antwort: daß wir uns an der Kenntnis des Beschlusses Gottes und an dem durch den wahren Glauben bewirkten beharrlichen Zutrauen auf Christus genügen lassen sollen. Er verwirft prinzipiell die Annahme: man könne bei anderen aus ihrem Verhalten erkennen, ob sie erwählt oder verworfen seien, als einen vermessenen Versuch, in die Geheimnisse Gottes einzudringen. Die Erwählten unterscheiden sich in diesem Leben äußerlich in nichts von den Verworfenen [3]) und auch alle subjektiven Er-

---

methodische Konsequenzen daraus folgen konnten, für die ja die religiöse »Prämie« fehlte. S. die (Heidelberger) theol. Diss. von F. Ullrich, Die Vorherbest. L. im Isl. und Chr., 1912). — Die Abschwächungen der Lehre, welche die Praxis — z. B. Baxter — brachte, traten ihrem Wesen so lange nicht zu nahe, als der Gedanke des auf das konkrete Einzelindividuum bezüglichen Erwählungsentschlusses Gottes und dessen Erprobung nicht berührt wurde. — Vor allem sind endlich aber doch alle großen Gestalten des Puritanismus (im weitesten Sinne des Wortes) von dieser Lehre, deren finsterer Ernst ihre Jugendentwicklung beeinflußte, ausgegangen: Milton ebenso wie — in freilich zunehmend sich abschwächendem Maße — Baxter und noch der später sehr freidenkende Franklin. Ihre spätere Emanzipation von ihrer strikten Interpretation entspricht im einzelnen ganz der Entwicklung, welche in gleicher Richtung auch die religiöse Bewegung als Ganzes durchmachte. Alle großen kirchlichen Revivals mindestens in Holland und die meisten auch in England knüpften aber stets wieder gerade an sie an.

[1]) Wie dies wiederum in so überwältigender Weise noch in Bunyans: The Pilgrim's progress die Grundstimmung bildet.

[2]) Diese Frage schon lag dem Lutheraner der Epigonenzeit, auch abgesehen vom Prädestinationsdogma, ferner als dem Calvinisten, nicht weil er sich weniger für sein Seelenheil interessiert hätte, sondern weil bei der Entwicklung, die das lutherische Kirchentum genommen hatte, der Heilsanstaltscharakter der Kirche in den Vordergrund trat, der einzelne also sich als Objekt ihrer Tätigkeit und in ihr geborgen fühlte. Erst der Pietismus erweckte — charakteristischerweise — auch im Luthertum das Problem. Die Frage der certitudo salutis selbst aber war für jegliche nicht sakramentale Erlösungsreligion — mochte sie Buddhismus, Jainismus oder was immer sein — schlechthin zentral; das möge man nicht verkennen. Hier entsprangen alle psychologischen Antriebe rein religiösen Charakters.

[3]) So ausdrücklich in dem Brief an Bucer Corp. Ref. 29, 883 f. Vgl. dazu wiederum Scheibe a. a. O. S. 30.

fahrungen der Erwählten sind — als »ludibria spiritus sancti« — auch bei den Verworfenen möglich, mit einziger Ausnahme jenes »finaliter« beharrenden gläubigen Vertrauens. Die Erwählten sind und bleiben also Gottes unsichtbare Kirche. Anders ganz naturgemäß die Epigonen — schon Beza — und vor allem die breite Schicht der Alltagsmenschen. Für sie mußte die »certitudo salutis« im Sinn der Erkennbarkeit des Gnadenstandes zu absolut überragender Bedeutung aufsteigen [1]) und so ist denn auch überall da, wo die Prädestinationslehre festgehalten wurde, die Frage nicht ausgeblieben, ob es sichere Merkmale gebe, an denen man die Zugehörigkeit zu den »electi« erkennen könne. Nicht nur in der Entwicklung des auf dem Boden der reformierten Kirche zuerst erwachsenen Pietismus hat diese Frage dauernd eine zentrale Bedeutung gehabt, ist in gewissem Sinne für ihn zeitweise geradezu konstitutiv gewesen, sondern wir werden, wenn wir die politisch und sozial so weittragende Bedeutung der reformierten Abendmahlslehre und Abendmahlspraxis betrachten, noch davon zu reden haben, welche Rolle auch außerhalb des Pietismus die Feststellbarkeit des Gnadenstandes des einzelnen z. B. für die Frage seiner Zulassung zum Abendmahl, d. h. zu der zentralen, für die soziale Stellung der Teilnehmer entscheidenden Kulthandlung, während des ganzen 17. Jahrhunderts gespielt hat.

Es war zum mindesten, soweit die Frage des eigenen Gnadenstandes auftauchte, unmöglich, bei Calvins von der orthodoxen Doktrin wenigstens im Prinzip nie förmlich aufgegebener [2]) Verweisung auf das Selbstzeugnis des beharrenden Glaubens, den die Gnade im Menschen wirkt, stehenzubleiben [3]). Vor allem

---

[1]) Die Westminster Confession stellt denn auch (XVIII, 2) den Erwählten die untrügliche Gnadengewißheit in Aussicht, obwohl wir mit allem unserm Tun »unnütze Knechte« bleiben (XVI, 2) und der Kampf gegen das Böse lebenslang dauert (XVIII, 3). Nur hat auch der Erwählte oft lange zu ringen, um die certitudo zu erlangen, die das Bewußtsein der Pflichterfüllung ihm gibt, deren der Gläubige nie völlig beraubt sein wird.

[2]) S. z. B. Olevian, De substantia foederis gratuiti inter Deum et electos (1585) 257. — Heidegger, Corpus Theologiae XXIV, 87 f. und andere Stellen bei Heppe, Dogmatik der ev. ref. Kirche (1861) p. 425.

[3]) Die genuine calvinistische Lehre verwies auf den Glauben und das Bewußtsein der Gemeinschaft mit Gott in den Sakramenten und erwähnte die »anderen Früchte des Geistes« nur nebenher. S. die Stellen bei Heppe, Dogmatik d. ev. reform. Kirche p. 425. Mit großem Nachdruck hat Calvin selbst die Werke, obwohl sie ihm, wie den Lutheranern, Früchte des Glaubens sind, als Merkmale der Geltung vor Gott abgelehnt (Instit. III, 2, 37, 38). Die praktische Wendung zu der Bewährung des Glaubens in den Werken, welche eben die Askese charakterisiert, geht parallel mit der allmählichen Abwand-

die Praxis der Seelsorge, welche auf Schritt und Tritt mit den durch die Lehre geschaffenen Qualen zu tun hatte, konnte es nicht. Sie fand sich mit diesen Schwierigkeiten in verschiedener Art ab [1]). Soweit dabei nicht die Gnadenwahl uminterpretiert, gemildert und im Grunde aufgegeben wurde [2]), treten namentlich zwei miteinander verknüpfte Typen seelsorgerischer Ratschläge als charakteristisch hervor. Es wird einerseits schlechthin zu Pflicht gemacht, sich für erwählt zu halten, und jeden Zweifel als Anfechtung des Teufels abzuweisen [3]), da ja mangelnde Selbstgewißheit Folge unzulänglichen Glaubens, also unzulänglicher Wirkung der Gnade sei. Die Mahnung des Apostels zum »Festmachen« der eigenen Berufung wird also hier als Pflicht, im täglichen Kampf sich die subjektive Gewißheit der eigenen Erwähltheit und Rechtfertigung zu erringen, gedeutet. An Stelle der demütigen Sünder, denen Luther, wenn sie in reuigem Glauben sich Gott anvertrauen, die Gnade verheißt, werden so jene selbstgewissen »Heiligen« gezüchtet [4]), die wir in den stahlharten puritanischen Kaufleuten jenes heroischen Zeitalters des Kapitalismus und in einzelnen Exemplaren bis in die Gegenwart wiederfinden. Und andererseits wurde, um jene Selbstgewißheit zu erlangen, als hervorragendstes Mittel rastlose Berufsarbeit eingeschärft [5]). Sie und sie

---

lung der Lehre Calvins, wonach (wie bei Luther) in erster Linie reine Lehre und Sakramente die wahre Kirche kennzeichnen, zur Gleichstellung der »disciplina« als Merkmal mit jenen beiden. Diese Entwicklung mag man etwa in den Stellen bei Heppe a. a. O. p. 194/195 verfolgen, ebenso auch in der Art, wie schon Ende des 16. Jahrhs. in den Niederlanden die Gemeindemitgliedschaft erworben wurde (ausdrückliche vertragsmäßige Unterwerfung unter die Disziplin als zentrale Bedingung).

[1]) S. darüber u. a. die Bemerkungen Schneckenburgers a. a. O. S. 48.

[2]) So tritt bei Baxter z. B. der Unterschied zwischen »mortal« und »venial sin« wieder — ganz in katholischer Art — hervor. Erstere ist Zeichen fehlenden bzw. nicht aktuellen Gnadenstandes und nur eine »conversion« des ganzen Menschen kann alsdann die Gewähr seines Besitzes geben. Letztere ist mit dem Gnadenstand nicht unvereinbar.

[3]) So — in mannigfacher Abschattierung — Baxter, Bailey, Sedgwick, Hoornbeek. S. ferner die Beispiele bei Schneckenburger a. a. O. S. 262.

[4]) Die Auffassung des »Gnadenstandes« als einer Art von ständischer Qualität (so etwa wie die des Asketenstandes in der alten Kirche) findet sich oft, u. a. noch bei Schortinghuis (Het innige Christendom 1740, — von den Generalstaaten verboten!).

[5]) So — wie später zu erörtern sein wird — in zahllosen Stellen des Baxterschen Christian Directory und in dessen Schlußpassus. — Diese Empfehlung der Berufsarbeit zur Ablenkung von der Angst vor der eignen sittlichen Minderwertigkeit erinnert an Pascals psychologische Interpretation des Geldtriebes und

allein verscheuche den religiösen Zweifel und gebe die Sicherheit des Gnadenstandes.

Daß die weltliche Berufsarbeit zu dieser Leistung für fähig galt, — daß sie, sozusagen, als das geeignete Mittel zum Abreagieren der religiösen Angstaffekte behandelt werden konnte — hat nun aber seinen Grund in tiefliegenden Eigentümlichkeiten des in der reformierten Kirche gepflegten religiösen Empfindens, welche in ihrem Gegensatz gegen das Luthertum am deutlichsten in der Lehre von der Natur des rechtfertigenden Glaubens zutage treten. Diese Unterschiede sind in Schneckenburgers schönem Vorlesungszyklus so fein und mit einer solchen Zurückstellung aller Werturteile rein sachlich analysiert [1]), daß die nachfolgenden kurzen Bemerkungen im wesentlichen einfach an seine Darstellung anknüpfen können.

Das höchste religiöse Erlebnis, welchem die lutherische Frömmigkeit, wie sie sich im Verlauf namentlich des 17. Jahrhunderts entwickelte, zustrebt, ist die »Unio mystica« mit der Gottheit [2]). Wie schon die Bezeichnung, die in dieser Fassung

---

der Berufsaskese als zur Hinwegtäuschung über die eigne sittliche Nichtigkeit erfundener Mittel. Bei ihm ist eben der Prädestinationsglaube zusammen mit der Ueberzeugung von der erbsündlichen Nichtigkeit alles Kreatürlichen ganz in den Dienst der Absage an die Welt und der Empfehlung der Kontemplation gestellt, als des einzigen Mittels der Entlastung vom Sündendruck und der Erlangung der Heilsgewißheit. — Ueber die korrekt katholische und die jansenistische Ausprägung des Berufsbegriffs hat Dr. Paul Honigsheim in seiner schon zitierten Dissertation (Teil einer größeren, hoffentlich fortgesetzten Arbeit) eindringende Bemerkungen gemacht. Es fehlt bei den Jansenisten jede Spur einer Verknüpfung der Heilsgewißheit mit innerweltlichem Handeln. Ihre »Berufs«-Konzeption hat noch weit stärker als die lutherische und selbst die genuin katholische durchaus den Sinn eines Sich-Schickens in die gegebene Lebenslage, geboten nicht nur, wie im Katholizismus, durch die soziale Ordnung, sondern durch die eigene Stimme des Gewissens (Honigsheim a. a. O. S. 139 f.).

[1]) An seine Gesichtspunkte knüpft auch die sehr durchsichtig geschriebene Skizze Lobsteins in der Festgabe für H. Holtzmann an, die zum Folgenden ebenfalls zu vergleichen ist. Man hat ihr die zu scharfe Betonung des Leitmotives der »certitudo salutis« vorgeworfen. Allein hier ist eben Calvins Theologie von dem Calvinismus und das theologische System von den Bedürfnissen der Seelsorge zu unterscheiden. Von der Frage »wie kann ich meiner Seligkeit gewiß werden«? gingen alle religiösen Bewegungen aus, welche breitere Schichten erfaßten. Sie spielt, wie gesagt, nicht nur in diesem Falle, sondern in der Religionsgeschichte überhaupt, z. B. auch in der indischen, eine zentrale Rolle. Und wie könnte es auch anders sein?

[2]) Es ist allerdings wohl nicht zu leugnen, daß die Vollentwicklung dieses Begriffes erst in spätlutherischer Zeit (Praetorius, Nicolai, Meisner) erfolgt ist. (Vorhanden ist er auch bei Johannes Gerhard und zwar ganz

der reformierten Lehre unbekannt ist, andeutet, handelt es sich um ein substantielles Gottesgefühl: die Empfindung eines realen Eingehens des Göttlichen in die gläubige Seele, welches qualitativ mit den Wirkungen der Kontemplation der deutschen Mystiker gleichartig ist, und durch seinen passiven, auf die Erfüllung der Sehnsucht nach Ruhe in Gott ausgerichteten Charakter und seine rein stimmungsmäßige Innerlichkeit gekennzeichnet ist. Nun ist an sich eine mystisch gewendete Religiosität nicht nur, — wie aus der Geschichte der Philosophie bekannt, — mit ausgeprägt realistischem Wirklichkeitssinn auf dem Gebiet des empirisch Gegebenen sehr gut vereinbar, ja, zufolge der Ablehnung dialektischer Doktrinen oft seine direkte Stütze. Sondern ebenso kann die Mystik auch indirekt der

in dem hier erörterten Sinne.) Ritschl im vierten Buch seiner »Geschichte des Pietismus« (Bd. II S. 3 f.) nimmt daher die Einführung dieses Begriffs in die lutherische Religiosität als Wiederaufleben bzw. Uebernahme katholischer Frömmigkeit in Anspruch. Er bestreitet nicht (S. 10), daß das Problem der individuellen Heilsgewißheit bei Luther und den katholischen Mystikern das gleiche gewesen sei, glaubt aber, daß die Lösung auf beiden Seiten die gerade entgegengesetzte sei. Ich darf mir sicherlich kein eignes Urteil darüber zutrauen. Daß die Luft, welche in der »Freiheit eines Christenmenschen« weht, eine andere ist, als einerseits das süßliche Tändeln mit dem »lieben Jesulein« in der späteren Literatur, und andererseits auch als Taulers religiöse Stimmung, empfindet natürlich jeder. Und ebenso hat das Festhalten des mystisch-magischen Elementes in der lutherischen Abendmahlslehre gewiß andere religiöse Motive als jene »bernhardinische« Frömmigkeit — die »Hohe-Lied-Stimmung« — auf welche Ritschl immer wieder als Quelle der Züchtung des »bräutlichen« Verkehrs mit Christus zurückgreift. Aber sollte nicht dennoch u. a. auch jene Abendmahlslehre das Wiedererwachen mystischer Stimmungsreligiosität mitbegünstigt haben? — Es ist ferner, um dies gleich hier zu bemerken, keinesfalls zutreffend, daß (S. 11 a. a. O.) die Freiheit des Mystikers schlechthin in der Abgezogenheit von der Welt bestanden habe. Speziell Tauler hat in religions-psychologisch sehr interessanten Ausführungen als praktischen Effekt jener nächtlichen Kontemplationen, die er u. a. bei Schlaflosigkeit empfiehlt, die Ordnung, welche dadurch auch in die der weltlichen Berufsarbeit zugewandten Gedanken gebracht werde, hingestellt: »Nur hierdurch (durch die mystische Vereinigung mit Gott in der Nacht vor dem Schlafen) wird die Vernunft geläutert und das Hirn wird dadurch gestärkt und der Mensch allen den Tag desto friedlicher und göttlicher gefaßt von der innerlichen Uebung, daß er sich wahrlich mit Gott vereint hat: dann werden alle seine Werke geordnet. Und darum wenn der Mensch sich also vorgewarnet (= vorbereitet) hat seiner Werk und sich also auf die Tugend hat gestiftet, — wenn er dann zu der Wirklichkeit kommt, so werden die Werke tugendlich und göttlich«. (Predigten Fol. 318). Man sieht jedenfalls und wir werden darauf noch zurückkommen: mystische Kontemplation und rationale Berufsauffassung schließen sich an sich nicht aus. Das Gegenteil tritt erst da ein, wo die Religiosität direkt hysterischen Charakter annimmt, was weder bei allen Mystikern noch gar bei allen Pietisten der Fall war.

rationalen Lebensführung geradezu zugute kommen. Immerhin mangelt ihrer Beziehung zur Welt naturgemäß die positive Wertung äußerer Aktivität. Nun war aber im Luthertum überdies die »unio mystica« kombiniert mit jenem tiefen Gefühl erbsündlicher Unwürdigkeit, welches die auf Erhaltung der für die Sündenvergebung unentbehrlichen Demut und Einfalt gerichtete »poenitentia quotidiana« des lutherischen Gläubigen sorgsam bewahren sollte. Die spezifisch reformierte Religiosität dagegen stand der quietistischen Weltflucht Pascal's wie dieser lutherischen rein nach innen gerichteten Stimmungsfrömmigkeit von Anfang an ablehnend gegenüber. Das reale Eingehen des Göttlichen in die Menschenseele war durch die absolute Transzendenz Gottes gegenüber allem Kreatürlichen ausgeschlossen: »finitum non est capax infiniti«. Die Gemeinschaft Gottes mit seinen Begnadeten konnte vielmehr nur so stattfinden und zum Bewußtsein kommen, daß Gott in ihnen wirkte (»operatur«) und daß sie sich dessen bewußt wurden, — daß also ihr Handeln aus dem durch Gottes Gnade gewirkten Glauben entsprang und dieser Glaube wiederum sich durch die Qualität jenes Handelns als von Gott gewirkt legitimierte. Tiefgehende, für die Klassifikation aller praktischen Religiosität überhaupt geltende Unterschiede der entscheidenden Heilszuständlichkeiten [1]) kommen darin zum Ausdruck: Der religiöse Virtuose kann seines Gnadenstandes sich versichern entweder, indem er sich als Gefäß, oder, indem er sich als Werkzeug göttlicher Macht fühlt. Im ersten Fall neigt sein religiöses Leben zu mystischer Gefühlskultur, im letzteren zu asketischem Handeln. Dem ersten Typus stand Luther näher, dem letztern gehörte der Calvinismus an. »Sola fide« wollte auch der Reformierte selig werden. Aber da schon nach Calvins Ansicht alle bloßen Gefühle und Stimmungen, mögen sie noch so erhaben zu sein scheinen, trügerisch sind [2]), muß der Glaube sich in seinen objektiven Wirkungen bewähren, um der certitudo salutis als sichere Unterlage dienen zu können: er muß eine »fides efficax« [3]), die Be-

[1]) Darüber die folgenden Aufsätze über die »Wirtschaftsethik der Weltreligionen«, Einleitung.

[2]) In dieser Voraussetzung, berührt sich der Calvinismus mit dem offiziellen Katholizismus. Aber für die Katholiken ergab sich daraus die Notwendigkeit des Bußsakramentes, für die Reformierten die der praktischen Bewährung durch Wirken innerhalb der Welt.

[3]) S. z. B. schon Beza: (De praedestinat. doct. ex praelect. in Rom. 9. a. Raph. Eglino exc. 1584) p. 133: . . . »sicut ex operibus vere bonis ad sancti-

rufung zum Heil ein »effectual calling« (Ausdruck der Savoy declaration) sein. Stellt man nun weiter die Frage, an welchen Früchten der Reformierte denn den rechten Glauben unzweifelhaft zu erkennen vermöge, so wird darauf geantwortet: an einer Lebensführung des Christen, die zur Mehrung von Gottes Ruhm dient. Was dazu dient, ist aus seinem, direkt in der Bibel offenbarten oder indirekt aus den von ihm geschaffenen zweckvollen Ordnungen der Welt (lex naturae) [1])

ficationis donum, a sanctificatione ad fidem . . . ascendimus: ita ex certis illis effectis non quamvis vocationen, sed efficacem illam, et ex hac vocatione electionem et ex electione donum praedestinationis in Christo tam firmam quam immotus est Dei thronus certissima connexione effectorum et causarum colligimus . .« Nur bezüglich der Zeichen der Verwerfung müsse man, da es auf den Finalzustand ankomme, vorsichtig sein. (Hierin dachte erst der Puritanismus anders.) — S. ferner darüber die eingehenden Erörterungen Schneckenburgers a. a. O., der freilich nur eine begrenzte Kategorie von Literatur zitiert. In der ganzen puritanischen Literatur tritt dieser Zug immer wieder hervor. »It will not be said: did you believe? — but: were you Doers, or Talkers only?« sagt Bunyan. Der Glaube ist nach Baxter (The saints' everlasting rest Kap. XII), der die mildeste Form der Prädestination lehrt, die Unterwerfung unter Christus von Herzen und mit der Tat. »Do what you are able first, and then complain of God for denying you grace if you have cause« antwortete er auf den Einwand, daß der Wille unfrei und Gott allein es sei, der die Fähigkeit zur Heiligung vorenthalte. (Works of the Puritan Divines IV. p. 155.) Die Examination Fullers (des Kirchenhistorikers) beschränkte sich auf die eine Frage nach der praktischen Bewährung und den Selbstzeugnissen seines Gnadenstandes im Wandel. Nicht anders Howe in der anderwärts schon zitierten Stelle. Jede Durchmusterung der Works of the Puritan Divines ergibt auf Schritt und Tritt Belege. Nicht selten waren es direkt katholische asketische Schriften, welche die »Bekehrung« zum Puritanismus zur Folge hatten, — so bei Baxter ein jesuitischer Traktat. — Eine völlige Neuerung waren diese Konzeptionen gegenüber Calvins eigner Lehre nicht (cf. Inst. Christ. c. I, Orig. Ausg. v. 1536 p. 97, 112). Nur war die Gnadengewißheit bei Calvin selbst auch auf diesem Wege nicht sicher zu erlangen (147 das.). Ueblicherweise berief man sich auf 1. Joh. 3, 5 und ähnliche Stellen. Das Verlangen der fides efficax ist — um dies hier vorwegzunehmen — nicht auf die Calvinisten i. e. S. beschränkt. Baptistische Glaubensbekenntnisse behandeln im Artikel über die Prädestination ganz ebenso die Früchte des Glaubens (»and that its« — der regeneration — »proper evidence appears in the holy fruits of repentance and faith and newness of life«: — Art. 7 des in The Baptist Church Manual by J. N. Brown D D. Philadelphia, Am. Bapt. Publ. Soc. abgedruckten Bekenntnisses.) Ebenso beginnt der mennonitisch beeinflußte Traktat: Olijf-Tacxken, den die Harlemer Synode 1649 annahm, S. 1 mit der Frage: woran erkennt man die Kinder Gottes, und antwortet (p. 10): Nu al is't dat dasdanigh vruchtbare ghelove alleene zii het seker fondamentale kennteeken . . . . om de conscientien der gelovigen in het nieuwe verbondt der genade Gods te versekeren.

[1]) Ueber die Bedeutung dieser für den materiellen Inhalt der sozialen Ethik wurde schon oben einiges angedeutet. Hier kommt es uns nicht auf den Inhalt, sondern auf den Antrieb zum sittlichen Handeln an.

ersichtlichen, Willen zu entnehmen. Speziell durch Vergleichung des eigenen Seelenzustandes mit dem, welcher nach der Bibel den Erwählten, z. B. den Erzvätern eignete, kann man seinen eigenen Gnadenstand kontrollieren [1]). Nur ein Erwählter h a t wirklich die fides efficax [2]), nur er ist fähig, vermöge der Wiedergeburt (regeneratio) und der aus dieser folgenden Heiligung (sanctificatio) seines ganzen Lebens Gottes Ruhm durch wirklich, nicht nur scheinbar, gute Werke zu mehren. Und indem er sich dessen bewußt ist, daß sein Wandel — wenigstens dem Grundcharakter und konstanten Vorsatz (propositum oboedientiae) nach — auf einer in ihm lebenden Kraft [3]) zur Mehrung des Ruhmes Gottes ruht, also nicht nur gottgewollt, sondern vor allem gott g e w i r k t ist [4]), erlangt er jenes höchste Gut, nach dem diese Religiosität strebte: die Gnadengewißheit [5]). Daß sie zu erlangen sei, wurde aus 2. Kor. 13, 5 erhärtet [6]). So absolut ungeeignet also gute Werke sind, als Mittel zur Erlangung der Seligkeit zu dienen — denn auch der Erwählte bleibt Kreatur, und alles was er tut bleibt in unendlichem Abstand hinter Gottes Anforderungen zurück, — so unentbehrlich sind sie als Z e i c h e n der Erwählung [7]). Sie sind das technische Mittel, nicht die Seligkeit zu erkaufen, sondern: die Angst um die Seligkeit loszuwerden. In diesem Sinn werden sie gelegentlich direkt als »zur Seligkeit unentbehrlich« bezeichnet [8]) oder die »possessio salutis« an sie geknüpft [9]). Das bedeutet nun

---

[1]) Wie diese Vorstellung das Eindringen alttestamentlich-jüdischen Geistes in den Puritanismus befördern mußte, liegt auf der Hand.

[2]) So sagt die Savoy Declaration von den members der ecclesia pura: sie seien »saints by e f f e c t u a l calling, v i s i b l y m a n i f e s t e d by their profession a n d w a l k i n g«.

[3]) »A principle of goodness« Charnock in den Works of the Pur. Div. p. 175.

[4]) Die Bekehrung ist, wie Sedgwick gelegentlich es ausdrückt, eine »gleichlautende Abschrift des Gnadenwahldekretes«. — Und: wer erwählt ist, der ist auch zum Gehorsam berufen u n d b e f ä h i g t, lehrt Bailey. — N u r diejenigen, welche G o t t zum (im Wandel zum Ausdruck kommenden) Glauben beruft, sind wirkliche Gläubige, nicht bloße »temporary believers« lehrt die (baptistische) Hanserd Knollys confession.

[5]) Man vergleiche etwa den Schluß von Baxter's Christian Directory.

[6]) So z. B. bei Charnock, Self-examination p. 183, zur Widerlegung der katholischen Doktrin von der »dubitatio«.

[7]) Diese Argumentation kehrt z. B. bei Joh. H o o r n b e e k, Theologia practica immer wieder, z. B. II p. 70, 72, 182 I p. 160.

[8]) Z. B. sagt Conf. Helvet. 16 »et improprie his (den Werken) s a l u s a d t r i b u i t u r«.

[9]) S. zu allem Vorstehenden Schneckenburger S. 80 f.

aber praktisch, im Grunde: daß Gott dem hilft, der sich selber hilft [1]), daß also der Calvinist, wie es auch gelegentlich ausgedrückt wird, seine Seligkeit — korrekt müßte es heißen: die Gewißheit von derselben — selbst »schafft« [2]), daß aber dieses Schaffen nicht wie im Katholizismus in einem allmählichen Aufspeichern verdienstlicher Einzelleistungen bestehen kann, sondern in einer zu jeder Zeit vor der Alternative: erwählt oder verworfen? stehenden systematischen Selbstkontrolle. Damit gelangen wir zu einem sehr wichtigen Punkt unserer Betrachtungen.

Immer wieder ist bekanntlich jenem in den reformierten Kirchen und Sekten mit steigender Deutlichkeit [3]) sich herausarbeitenden Gedankengang von lutherischer Seite der Vorwurf der »Werkheiligkeit« gemacht worden [4]). Und, — so berechtigt

[1]) »Si non es praedestinatus fac ut praedestineris« sollte angeblich schon Augustin gesagt haben.

[2]) Man wird an Goethes dem Wesen nach gleichbedeutenden Spruch erinnert: »Wie kann man sich selbst kennen lernen? Durch Betrachten niemals, wohl aber durch Handeln. Versuche, deine Pflicht zu tun, und du weißt gleich, was an dir ist. — Was aber ist deine Pflicht? Die Forderung des Tages.«

[3]) Denn bei Calvin selbst steht zwar fest, daß die »Heiligkeit« auch in die Erscheinung treten muß (Instit. IV, 1, § 2, 7, 9), aber die Grenze zwischen Heiligen und Unheiligen bleibt für menschliches Wissen unerforschlich. Wir haben zu glauben, daß da, wo Gottes Wort in einer nach seinen Gesetz organisierten und verwalteten Kirche rein verkündet wird, auch Erwählte — wenn auch für uns unerkennbar — vorhanden sind.

[4]) Die calvinistische Frömmigkeit ist eines der vielen in der Religionsgeschichte sich findenden Beispiele für das Verhältnis logisch und psychologisch vermittelter Konsequenzen aus bestimmten religiösen Gedanken für das praktisch-religiöse Sichverhalten. Logisch wäre natürlich der Fatalismus als Konsequenz der Prädestination deduzierbar. Die psychologische Wirkung war aber infolge der Einschaltung des »Bewährungs«-Gedankens die gerade umgekehrte. (Aus prinzipiell gleichartigem Grunde nehmen bekanntlich die Anhänger Nietzsches für den Gedanken der ewigen Wiederkehr positive ethische Bedeutung in Anspruch. Nur handelt es sich hier um die Verantwortlichkeit für ein mit dem Handelnden durch keinerlei Bewußtseinskontinuität verbundenes Zukunftsleben, — während es bei dem Puritaner hieß: Tua res agitur.) Hübsch setzt das Verhältnis von Gnadenwahl und Handeln schon — in der Sprache der Zeit — Hoornbeek (Theol. pract. Vol. I p. 159) auseinander: Die electi sind eben kraft ihrer Erwählung dem Fatalismus unzugänglich, gerade in ihrer Abweisung der fatalistischen Konsequenzen bewähren sie sich, »quos ipsa electio sollicitos reddit et diligentes officiorum«. Die praktische Interessenverschlingung zerschneidet die logisch zu erschließenden (übrigens trotz allem gelegentlich auch faktisch eingetretenen) fatalistischen Konsequenzen. — Andererseits aber ist der Gedankengehalt einer Religion — wie gerade der Calvinismus zeigt — von weitaus größerer Bedeutung, als z. B. William James (The varieties of religious experience, 1902, p. 444 f.) zuzugestehen geneigt ist. Gerade die Bedeutung des Rationalen

der Widerspruch der Angegriffenen gegen die Identifikation ihrer dogmatischen Stellung mit der katholischen Lehre war, — sicherlich mit Recht, sobald die praktischen Konsequenzen für das Alltagsleben der reformierten Durchschnittschristen damit gemeint sind[1]). Denn es hat vielleicht nie eine intensivere

---

in der religiösen Metaphysik zeigt sich in klassischer Weise in den grandiosen Wirkungen, welche speziell die gedankliche Struktur des calvinistischen Gottesbegriffs auf das Leben geübt hat. Wenn der Gott der Puritaner in der Geschichte gewirkt hat wie nur irgendein anderer vor oder nach ihm, so haben ihn dazu vornehmlich jene Attribute befähigt, mit denen die Macht des Gedankens ihn ausgestattet hatte. (James' »pragmatische« Wertung der Bedeutung religiöser Ideen nach dem Maß ihrer Bewährung im Leben ist übrigens ja selbst ein echtes Kind jener Gedankenwelt der puritanischen Heimat dieses hervorragenden Gelehrten.) Das religiöse Erlebnis als solches ist selbstverständlich irrational wie jedes Erlebnis. In seiner höchsten, mystischen Form ist es geradezu das Erlebnis κατ' ἐξοχήν und — wie James sehr schön ausgeführt hat — durch seine absolute Inkommunikabilität ausgezeichnet: es hat spezifischen Charakter und tritt als Erkenntnis auf, läßt sich aber nicht adäquat mit den Mitteln unseres Sprach- und Begriffsapparates reproduzieren. Und es ist ferner richtig: daß jedes religiöse Erlebnis bei dem Versuch rationaler Formulierung alsbald an Gehalt einbüßt, um so mehr, je weiter die begriffliche Formulierung vorschreitet. Darin liegt der Grund zu tragischen Konflikten aller rationalen Theologie, wie bereits im 17. Jahrhundert die täuferischen Sekten wußten. — Aber jene Irrationalität, — welche ja übrigens keineswegs nur dem religiösen »Erlebnis« eignet, sondern (in verschiedenem Sinn und Maße) jedem — hindert nicht, daß es gerade praktisch von der allerhöchsten Wichtigkeit ist, von welcher Art das Gedankensystem ist, welches das unmittelbar religiös »Erlebte« nun für sich, sozusagen, konfisziert und in seine Bahnen lenkt; denn darnach entwickeln sich in Zeiten intensiver Beeinflussung des Lebens durch die Kirche und starker Entwicklung dogmatischer Interessen in der letzteren die meisten jener praktisch so wichtigen Unterschiede in den ethischen Konsequenzen, wie sie zwischen den verschiedenen Religionen der Erde bestehen. Wie ganz unglaublich intensiv — mit heutigem Maßstab gemessen — das dogmatische Interesse auch des Laien im Zeitalter der großen Religionskämpfe war, weiß jeder, der die historischen Quellen kennt. Man kann damit nur die im Grunde auch abergläubische Vorstellung des heutigen Proletariats von dem, was »die Wissenschaft« leisten und beweisen könne, in Parallele stellen.

[1]) Baxter, The Saints' Everlasting rest I, 6, antwortet auf die Frage: Wether to make salvation our end be not mercenary or legal? — It is properly mercenary when we expect it as wages for work done . . . Otherwise it is only such a mercenarism as Christ commandeth . . . and if seeking Christ be mercenary, I desire to be so mercenary . . . Uebrigens fehlt bei manchen als orthodox geltenden Calvinisten auch der Collaps in ganz krasse Werkheiligkeit nicht. Nach Bailey, Praxis pietatis p. 262 sind Almosen ein Mittel zur Abwendung zeitlicher Strafe. Andere Theologen empfahlen den Verworfenen gute Werke mit der Motivierung, daß die Verdammnis dann doch vielleicht erträglicher würde, den Erwählten aber, weil Gott sie dann nicht nur grundlos, sondern ob causam lieben würde, was irgendwie schon seinen Lohn finden werde. Gewisse leise Konzessionen an die Bedeutung guter Werke für den Grad der Seligkeit hatte doch auch die Apologie gemacht (Schneckenburger a. a. O. S. 101).

Form religiöser Schätzung des sittlichen Handelns gegeben, als die, welche der Calvinismus in seinen Anhängern erzeugte. Aber entscheidend für die praktische Bedeutung dieser Art »Werkheiligkeit« ist erst die Erkenntnis der Qualitäten, welche die ihr entsprechende Lebensführung charakterisierten und sie von dem Alltagsleben eines mittelalterlichen Durchschnittschristen unterschieden. Man kann sie wohl etwa so zu formulieren versuchen: Der normale mittelalterliche katholische Laie [1]) lebte in ethischer Hinsicht gewissermaßen »von der Hand in den Mund«. Er erfüllte zunächst gewissenhaft die traditionellen Pflichten. Seine darüber hinausgehenden »guten Werke« aber blieben normalerweise eine nicht notwendig zusammenhängende, zum wenigsten eine nicht notwendigerweise zu einem Lebenssystem rationalisierte Reihe einzelner Handlungen, die er je nach Gelegenheit, etwa zur Ausgleichung konkreter Sünden oder unter dem Einfluß der Seelsorge oder gegen Ende seines Lebens gewissermaßen als Versicherungsprämie vollzog. Natürlich war die katholische Ethik »Gesinnungs«ethik. Aber die konkrete »intentio« der einzelnen Handlung entschied über deren Wert. Und die einzelne — gute oder schlechte — Handlung wurde den Handelnden angerechnet, beeinflußte sein zeitliches und ewiges Schicksal. Ganz realistisch rechnete die Kirche damit, daß der Mensch keine absolut eindeutig determinierte und zu bewertende Einheit, sondern daß sein sittliches Leben (normalerweise) ein durch streitende Motive beeinflußtes oft sehr widerspruchvolles Sichverhalten sei. Gewiß forderte auch sie von ihm als Ideal prinzipielle Wandlung des Lebens. Aber eben diese Forderung schwächte sie (für den Durchschnitt) durch eines ihrer allerwichtigsten Macht- und Erziehungsmittel wieder ab: durch das Bußsakrament,

[1]) Auch hier muß, um zunächst die charakteristischen Differenzen herauszuheben, notgedrungen in einer »idealtypischen« Begriffssprache geredet werden, welche der historischen Realität im gewissen Sinn Gewalt antut, — aber ohne dies wäre vor lauter Verklausulierung eine klare Formulierung überhaupt ausgeschlossen. Inwieweit die hier möglichst scharf gezeichneten Gegensätze nur relative sind, wäre gesondert zu erörtern. Es versteht sich von selbst, daß die katholische offizielle Lehre schon im Mittelalter auch ihrerseits das Ideal der systematischen Heiligung des gesamten Lebens aufstellte. Aber ebenso zweifellos ist es, daß 1. die kirchliche Alltagspraxis, gerade durch ihr wirksamstes Zuchtmittel: die Beichte, die im Text angezogene »unsystematische« Lebensführung erleichterte, ferner daß 2. der grundlegende rigoristisch kalte Stimmungsgehalt und die gänzlich auf sich selbst gestellte Isoliertheit der Calvinisten dem mittelalterlichen Laienkatholizismus dauernd fehlen mußten.

dessen Funktion tief mit der innersten Eigenart der katholischen Religiosität verknüpft war.

Die »Entzauberung« der Welt: die Ausschaltung der Magie als Heilsmittel [1]), war in der katholischen Frömmigkeit nicht zu den Konsequenzen durchgeführt, wie in der puritanischen (und vor ihr nur in der jüdischen) Religiosität. Dem Katholiken [2]) stand die Sakramentsgnade seiner Kirche als Ausgleichsmittel eigner Unzulänglichkeit zur Verfügung: der Priester war ein Magier, der das Wunder der Wandlung vollbrachte und in dessen Hand die Schlüsselgewalt gelegt war. Man konnte sich in Reue und Bußfertigkeit an ihn wenden, er spendete Sühne, Gnadenhoffnung, Gewißheit der Vergebung und gewährte damit die Entlastung von jener ungeheuren Spannung, in welcher zu leben das unentrinnbare und durch nichts zu lindernde Schicksal des Calvinisten war. Für diesen gab es jene freundlichen und menschlichen Tröstungen nicht und er konnte auch nicht hoffen, Stunden der Schwäche und des Leichtsinns durch erhöhten guten Willen in andern Stunden wettzumachen, wie der Katholik und auch der Lutheraner. Der Gott des Calvinismus verlangte von den Seinigen nicht einzelne »gute Werke«, sondern eine zum System gesteigerte Werkheiligkeit [3]). Von dem katholischen, echt menschlichen Auf und Ab zwischen Sünde, Reue, Buße, Entlastung, neuer Sünde oder von einem

---

[1]) Die absolut zentrale Bedeutung dieses Moments wird, wie schon einmal erwähnt, erst in den Aufsätzen über die »Wirtschaftsethik der Weltreligionen« allmählich hervortreten.

[2]) Und, in gewissem Maß, auch dem Lutheraner. Luther wollte diesen letzten Rest von sakramentaler Magie nicht ausrotten.

[3]) Vgl. z. B. Sedgwick, Buß- und Gnadenlehre (deutsch v. Röscher 1689): der Bußfertige hat »eine feste Regel«, an die er sich genau hält und wonach er sein ganzes Leben einrichtet und wandelt (S. 591). Er lebt, — klug, wachsam und vorsichtig, — nach dem Gesetze (S. 596). Nur eine dauernde Veränderung des ganzen Menschen kann, weil Folge der Gnadenwahl, dies bewirken (S. 852). Wirkliche Buße drückt sich stets im Wandel aus (S. 361). — Der Unterschied der nur »moralisch« guten Werke und der »opera spiritualia« liegt, wie z. B. Hoornbeek, a. a. O. l. IX c. 2 ausführt, eben darin, daß diese Folge eines wiedergeborenen Lebens sind, daß (a. a. O. Vol. I S. 160) ein stetiger Fortschritt darin wahrnehmbar ist, wie er nur durch die übernatürliche Einwirkung der Gnade Gottes (a. a. O. S. 150) erzielt werden kann. Die Heiligkeit ist Verwandlung des ganzen Menschen durch Gottes Gnade (das. S. 190 f.), — Gedanken, die ja dem ganzen Protestantismus gemeinsam sind, die sich natürlich ebenso auch in den höchsten Idealen des Katholizismus finden; aber eben in den auf innerweltliche Askese abgesteckten puritanischen Richtungen erst ihre Konsequenzen für die Welt zeigen konnten und, vor allem, nur dort hinlänglich stark psychologisch prämiiert waren.

durch zeitliche Strafen abzubüßenden, durch kirchliche Gnadenmittel zu begleichenden Saldo des Gesamtlebens war keine Rede. Die ethische Praxis des Alltagsmenschen wurde so ihrer Plan- und Systemlosigkeit entkleidet und zu einer konsequenten Methode der ganzen Lebensführung ausgestaltet. Es ist ja kein Zufall, daß der Name der »Methodisten« ebenso an den Trägern der letzten großen Wiederbelebung puritanischer Gedanken im 18. Jahrhundert haften geblieben ist, wie die dem Sinne nach durchaus gleichwertige Bezeichnung »Präzisisten« auf ihre geistigen Vorfahren im 17. Jahrhundert angewendet worden war [1]. Denn nur in einer fundamentalen Umwandlung des Sinnes des ganzen Lebens in jeder Stunde und jeder Handlung [2] konnte sich das Wirken der Gnade als einer Enthebung des Menschen aus dem status naturae in den status gratiae bewähren. Das Leben des »Heiligen« war ausschließlich auf ein transzendentes Ziel: die Seligkeit, ausgerichtet, aber ebendeshalb in seinem diesseitigen Verlauf durchweg rationalisiert und beherrscht von dem ausschließlichen Gesichtspunkt: Gottes Ruhm auf Erden zu mehren; — und niemals ist mit dem Gesichtspunkt »omnia in majorem dei gloriam« so bitterer Ernst gemacht worden [3]. Nur ein durch konstante Reflexion geleitetes Leben aber konnte als Ueberwindung des status naturalis gelten: Descartes' »cogito ergo sum« wurde in dieser ethischen Umdeutung von den zeitgenössischen Puritanern übernommen [4]. Diese

[1] Der letztere Name ist in Holland allerdings speziell von dem präzis nach den Vorschriften der Bibel geführten Leben der »Feinen« abgeleitet (so bei Voët). — Uebrigens kommt auch für die Puritaner im 17. Jahrh. vereinzelt der Name »Methodisten« vor.

[2] Denn — wie die puritanischen Prediger (z. B. Bunyan in »The Pharisee and the Publican, W. of Pur. Div. S. 126) hervorheben: — jede einzelne Sünde vernichtet alles, was im Lauf eines ganzen Lebens an »Verdienst« durch »gute Werke« aufgehäuft sein könnte, wenn — undenkbarerweise — der Mensch überhaupt von sich aus dazu fähig wäre, etwas zu leisten, was Gott ihm als Verdienst anrechnen müßte, oder gar dauernd vollkommen leben könnte. Es findet eben nicht, wie im Katholizismus, eine Art Kontokorrent mit Saldo-Abrechnung statt, — ein Bild, das schon dem Altertum geläufig war — sondern für das ganze Leben gilt das schroffe Entweder—Oder: Gnadenstand oder Verwerfung. — Anklänge an die Kontokorrent-Auffassung s. Anm. 1 S. 124.

[3] Darin liegt der Unterschied gegen die bloße »Legality« und »Civility«, welche bei Bunyan als Genossen des Mr. »Worldly-Wiseman« in der City, welche »Morality« genannt ist, hausen.

[4] Charnock, Self-examination (Works of the Pur. Div. S. 172): Reflection and knowledge of self is a prerogative of a rational nature. Dazu die Fußnote: Cogito, ergo sum, is the first principle of the new philosophy.

Rationalisierung nun gab der reformierten Frömmigkeit ihren spezifisch asketischen Zug und begründete ebenso ihre innere Verwandtschaft [1]) wie ihren spezifischen Gegensatz zum Katholizismus. Denn natürlich war ähnliches dem Katholizismus nicht etwa fremd.

Die christliche Askese enthielt in sich zweifellos sowohl der äußeren Erscheinung wie dem Sinn nach höchst Verschiedenartiges. Im Okzident aber trug sie in ihren höchsten Erscheinungsformen bereits im Mittelalter durchaus und in manchen Erscheinungen schon in der Antike einen rationalen Charakter. Die welthistorische Bedeutung der mönchischen Lebensführung im Okzident in ihrem Gegensatz zum orientalischen Mönchtum — nicht: seiner Gesamtheit, aber seinem allgemeinen Typus — beruht darauf. Sie war im Prinzip schon in der Regel des heiligen Benedikt, noch mehr bei den Cluniazensern, wiederum mehr bei den Zisterziensern, am entschiedensten endlich bei den Jesuiten, emanzipiert von planloser Weltflucht und virtuosenhafter Selbstquälerei. Sie war zu einer systematisch durchgebildeten Methode rationaler Lebensführung geworden, mit dem Ziel, den status naturae zu überwinden, den Menschen der Macht der irrationalen Triebe und der Abhängigkeit von Welt und Natur zu entziehen, der Suprematie des planvollen Wollens zu unterwerfen [2]), seine Handlungen beständiger Selbstkontrolle und der Erwägung ihrer ethischen Tragweite zu unterstellen und so den Mönch — objektiv — zu einem Arbeiter im Dienst des Reiches Gottes zu erziehen, und dadurch wiederum — subjektiv — seines Seelenheils zu versichern. Diese — aktive — Selbstbeherrschung war, wie das Ziel der exercitia des heiligen Ignatius und der höchsten Formen rationaler mönchischer Tugen-

[1]) Es ist hier noch nicht der Ort, die Verwandtschaft der — nie zur Herrschaft gelangten, stets nur geduldeten, zuweilen nur verketzerten — Theologie des Duns Scotus mit gewissen Gedankengängen des asketischen Protestantismus zu erörtern. Die spätere spezifische Abneigung der Pietisten gegen die aristotelische Philosophie teilte, wie — in etwas anderem Sinn — Luther, auch Calvin in bewußtem Gegensatz gegen den Katholizismus (cf. Inst. Chr. II c. 2, s. 4, IV c. 17, s. 24). Der »Primat des Willens«, — wie Kahl das genannt hat, — ist allen diesen Richtungen gemeinsam.

[2]) Ganz so definiert z. B. der Artikel »Ascese« des katholischen »Kirchenlexikons« ihren Sinn, durchaus in Uebereinstimmung mit ihren höchsten historischen Erscheinungsformen. Ebenso Seeberg in der R. E. f. Prot. Th. u. K. Es muß gestattet sein, für die Zwecke dieser Abhandlung den Begriff so zu verwenden, wie es hier geschieht. Daß man ihn anders — weiter sowohl wie enger — fassen kann und meist zu fassen pflegt, ist mir wohl bekannt.

den überhaupt [1]), so auch das entscheidende praktische Lebensideal des Puritanismus [2]). Schon in der tiefen Verachtung, mit der in den Berichten über die Verhöre seiner Märtyrer das fassungslose Poltern der adligen Prälaten und Beamten der kühlen reservierten Ruhe seiner Bekenner entgegengehalten wird [3]), tritt jene in den besten Typen noch des heutigen englischen und angloamerikanischen »gentleman« vertretene Schätzung reservierter Selbstkontrolle hervor [4]). In der uns geläufigen Sprache [5]): Die puritanische — wie jede »rationale« — Askese arbeitete daran, den Menschen zu befähigen, seine »konstanten Motive«, insbesondere diejenigen, welche sie selbst ihm »einübte«, gegenüber den »Affekten« zu behaupten und zur Geltung zu bringen: — daran also, ihn zu einer »Persönlichkeit« in diesem, formal-psychologischen Sinne des Worts zu erziehen. Ein waches bewußtes helles Leben führen zu können, war, im Gegensatz zu manchen populären Vorstellungen, das Ziel, — die Vernichtung der Unbefangenheit des triebhaften Lebensgenusses die dringendste Aufgabe, — Ordnung in die

[1]) Im Hudibras wurden die Puritaner (1: Gesang 18. 19) den Barfüßern verglichen. Ein Bericht des genuesischen Gesandten Fieschi nennt Cromwells Heer eine Versammlung von »Mönchen«.

[2]) Angesichts dieser ganz ausgesprochenermaßen von mir behaupteten innerlichen Kontinuität zwischen außerweltlicher Mönchsaskese und innerweltlicher Berufsaskese bin ich überrascht, von Brentano (a. a. O. p. 134 und sonst) die Arbeitsaskese der Mönche und ihre Empfehlung gegen mich angeführt zu finden! Sein ganzer »Exkurs« gegen mich kulminiert darin. Eben jene Kontinuität ist aber, wie jeder sehen kann, eine Grundvoraussetzung meiner ganzen Aufstellung: die Reformation trug die rationale christliche Askese und Lebensmethodik aus den Klöstern hinaus in das weltliche Berufsleben. Vgl. die folgenden, unverändert stehen gebliebenen Ausführungen.

[3]) So in den vielen in Neal's »History of the Puritans« und in Crosby's »English Baptists« wiedergegebenen Berichten über die Verhöre der puritanischen Häretiker.

[4]) Schon Sanford a. a. O. (und vor wie nach ihm viele andere) haben die Entstehung des Ideals der »reserve« aus dem Puritanismus abgeleitet. Vgl. über jenes Ideal etwa auch die Bemerkungen von James Bryce über das amerikanische College in Bd. II seiner »American Commonwealth«. — Das asketische Prinzip der »Selbstbeherrschung« machte den Puritanismus auch mit zum Vater der modernen militärischen Disziplin. (S. über Moritz von Oranien als Schöpfer moderner Heeresinstitutionen: Roloff in den Preuß. Jahrb. 1903 Bd. III S. 255) Cromwells »Ironsides«, mit der gespannten Pistole in der Hand, ohne Schuß, in scharfem Trabe an den Feind geführt, waren nicht durch derwischartige Leidenschaft, sondern umgekehrt durch ihre nüchterne Selbstbeherrschung, welche sie stets in der Hand des Führers bleiben ließ, den »Cavalieren« überlegen, deren ritterlich-stürmische Attacke jedesmal die eigene Truppe in Atome auflöste. Manches darüber bei Firth, Cromwells Army.

[5]) S. dafür besonders: Windelband, Ueber Willensfreiheit, S. 77 f.

Lebensführung derer, die ihr anhingen, zu bringen, das wichtigste Mittel der Askese. Alle diese entscheidenden Gesichtspunkte finden sich in den Regeln des katholischen Mönchtums ganz ebenso [1]) ausgeprägt wie in den Grundsätzen der Lebensführung der Calvinisten [2]). Auf dieser methodischen Erfassung des ganzen Menschen beruht bei beiden ihre ungeheure weltüberwindende Macht, speziell beim Calvinismus gegenüber dem Luthertum seine Fähigkeit, als »ecclesia militans« den Bestand des Protestantismus zu sichern.

Worin andererseits der Gegensatz der calvinistischen gegen die mittelalterliche Askese bestand, liegt auf der Hand: es war der Wegfall der »consilia evangelica« und damit die Umgestaltung der Askese zu einer rein innerweltlichen. Nicht als ob innerhalb des Katholizismus das »methodische« Leben auf die Klosterzellen beschränkt geblieben wäre. Das war theoretisch keineswegs und auch in der Praxis nicht der Fall. Es ist vielmehr schon hervorgehoben, daß trotz der größeren moralischen Genügsamkeit des Katholizismus ein ethisch systemloses Leben nicht an die höchsten Ideale heranreicht, welche

---

[1]) Nur nicht so unvermischt. Kontemplationen, gelegentlich mit Gefühlsmäßigkeit verbunden, sind mit diesen rationalen Elementen mehrfach gekreuzt. Aber dafür ist wiederum auch die Kontemplation methodisch reglementiert.

[2]) Sündig ist nach Richard Baxter alles, was gegen die von Gott als normgebend uns anerschaffene »reason« ist: nicht etwa nur inhaltlich sündige Leidenschaften, sondern alle irgendwie sinn- oder maßlose Affekte als solche, weil sie die »countenance« vernichten und als rein kreatürliche Vorgänge uns von der rationalen Beziehung alles Handelns und Empfindens auf Gott abziehen und ihn beleidigen. Vgl. z. B. was über die Sündlichkeit des Aergers gesagt ist (Christian Directory 2. Aufl. 1678 I S. 285. Dazu wird S 287 Tauler zitiert). Ueber die Sündlichkeit der Angst ebenda S. 287 Sp. 2. Daß es Kreaturvergötterung (idolatry) ist, wenn unser Appetit die »rule or measure of eating« ist, wird sehr nachdrücklich das. I S. 310, 316 Sp. 1 und öfter auseinandergesetzt. Zitiert werden bei Gelegenheit solcher Ausführungen neben den überall in erster Reihe stehenden Sprüchen Salomos auch Plutarchs de tranquillitate animi, nicht selten aber auch die asketischen Schriften des Mittelalters, S. Bernhard, Bonaventura u. a. — Der Gegensatz gegen das »Wer nicht liebt Wein, Weib und Gesang . . .« konnte kaum schärfer formuliert werden als durch die Ausdehnung des Begriffes der idolatry auf alle Sinnenfreuden, soweit sie sich nicht durch hygienische Gründe rechtfertigen, in welchem Fall sie (wie, innerhalb dieser Grenzen, der Sport, aber auch andere »recreations«), statthaft sind (darüber noch weiter unten). Man wolle beachten, daß die hier und sonst zitierten Quellen weder dogmatische noch erbauliche Werke, sondern aus der Praxis der Seelsorge erwachsen und also ein gutes Bild der Richtung sind, in welcher diese wirkte.

er — auch für das innerweltliche Leben — gezeitigt hat[1]). Der Tertiarierorden des heiligen Franz war z. B. ein mächtiger Versuch in der Richtung asketischer Durchdringung des Alltagslebens, und bekanntlich nicht etwa der einzige. Werke freilich, wie die »Nachfolge Christi«, zeigen gerade durch die Art ihrer starken Wirkung, wie die in ihnen gepredigte Weise der Lebensführung als ein Höheres gegenüber der als Minimum genügenden Alltagssittlichkeit empfunden wurde, und daß diese letztere eben nicht an Maßstäben, wie sie der Puritanismus bereit hielt, gemessen wurde. Und die Praxis gewisser kirchlicher Institutionen, vor allem des Ablasses, der auch deshalb in der Reformationszeit nicht als ein peripherischer Mißbrauch, sondern als der entscheidende Grundschaden schlechthin empfunden wurde, mußte immer wieder die Ansätze systematischer innerweltlicher Askese kreuzen. Das Entscheidende aber war: daß der im religiösen Sinn methodisch lebende Mensch par excellence eben doch allein der Mönch war und blieb, daß also die Askese, je intensiver sie den einzelnen erfaßte, desto mehr ihn aus dem Alltagsleben herausdrängte, weil eben in der Ueberbietung der innerweltlichen Sittlichkeit[2]) das spezifisch heilige Leben lag. Das hatte zunächst, — und zwar nicht als Vollstrecker irgendeiner »Entwicklungstendenz«, sondern aus ganz persönlichen Erfahrungen heraus, anfänglich übrigens in den praktischen Konsequenzen noch schwankend, dann durch die politische Situation weitergedrängt, — Luther beseitigt und der Calvinismus hat dies von ihm einfach übernommen[3]). Es traf für dessen Art von Religiosität in der Tat den Kern der Sache, wenn schon Sebastian Franck die Bedeutung der Reformation darin fand, daß nun jeder Christ ein Mönch sein müsse sein Leben lang. Dem Herausfluten der Askese aus dem welt-

---

1) Ich würde es, beiläufig gesagt, bedauern, wenn aus der Darstellung irgendwelche Bewertung, es sei der einen oder der anderen Form von Religiosität, herausgelesen würde. Sie liegt hier ganz fern. Es kommt nur auf die Wirkung bestimmter, vielleicht für die rein religiöse Bewertung relativ peripherischer, für das praktische Verhalten aber wichtiger, Züge an.

2) S. hierzu namentlich den Artikel »Moralisten, englische«, von E. Tröltsch in der R. E. f. Prot. Th. u. K. 3. Aufl.

3) Wie sehr ganz konkrete religiöse Bewußtseinsinhalte und Situationen, die als »historische Zufälligkeit« erscheinen, gewirkt haben, zeigt sich besonders deutlich darin, daß in den Kreisen des auf reformierter Grundlage entstandenen Pietismus z. B. das Fehlen der Klöster gelegentlich direkt bedauert wurde und daß die »kommunistischen« Experimente Labadies u. a. ja lediglich ein Surrogat für das Klosterleben waren.

lichen Alltagsleben war ein Damm vorgebaut und jene leidenschaftlich ernsten innerlichen Naturen, die bisher dem Mönchtum seine besten Repräsentanten geliefert hatten, waren nun darauf hingewiesen, innerhalb des weltlichen Berufslebens asketischen Idealen nachzugehen. Der Calvinismus fügte aber im Verlauf seiner Entwicklung etwas Positives: den Gedanken der Notwendigkeit der Bewährung des Glaubens im weltlichen Berufsleben [1]) hinzu. Er gab damit den breiteren Schichten der religiös orientierten Naturen den positiven Antrieb zur Askese, und mit der Verankerung seiner Ethik an der Prädestinationslehre trat so an die Stelle der geistlichen Aristokratie der Mönche außer und über der Welt die geistliche Aristokratie der durch Gott von Ewigkeit her prädestinierten Heiligen in der Welt [2]), eine Aristokratie, die mit ihrem character indelebilis von der übrigen von Ewigkeit her verworfenen Menschheit durch eine prinzipiell unüberbrückbarere und in ihrer Unsichtbarkeit unheimlichere Kluft getrennt war [3]), als der äußerlich von der Welt abgeschiedene Mönch des Mittelalters, — eine Kluft, die in harter Schärfe in alle sozialen Empfindungen einschnitt. Denn diesem Gottesgnadentum der Erwählten und deshalb Heiligen war angesichts der Sünde des Nächsten nicht nachsichtige Hilfsbereitschaft im Bewußtsein der eigenen Schwäche, sondern der Haß und die Verachtung gegen ihn als einen Feind Gottes, der das Zeichen ewiger Verwerfung an sich trägt, adäquat [4]). Diese Empfindungsweise war einer solchen

[1]) Und zwar schon in manchen Bekenntnissen des Reformationszeitalters selbst. Auch Ritschl (Pietismus I S. 258 f.) bestreitet, trotzdem er die spätere Entwicklung als Entartung der reformatorischen Gedanken ansieht, dennoch nicht, daß z. B. Conf. Gall. 25, 26, Conf. Belg. 29, Conf. Helv. post. 17 »die reformierte Partikularkirche mit ganz empirischen Merkmalen umschrieben und daß zu dieser wahren Kirche die Gläubigen nicht ohne das Merkmal sittlicher Aktivität gerechnet werden.« (S. dazu S. 104 Anm. 3.)

[2]) Bless God that we are not of the many (Th. Adams, W. of the Pur. Div. p. 138).

[3]) Der historisch so wichtige »birthright«-Gedanke erfuhr dadurch in England eine erhebliche Unterstützung: »The first born which are written in heaven .... As the first born is not to be defeated in his inheritance and the enrolled names are never to be oblitterated, so certainly shall they inherit eternal life« (Th. Adams, W. of Pur Div. p. XIV).

[4]) Das lutherische Gefühl bußfertiger Reue ist dem asketisch entwickelten Calvinismus zwar nicht in der Theorie, wohl aber in der Praxis innerlich fremd: Es ist ja für ihn ethisch wertlos, nutzt den Verworfenen nichts, und für den seiner Erwählung Sicheren ist die eigene Sünde, die er sich etwa eingesteht, Symptom rückständiger Entwicklung und unvollständiger Heiligung, die er,

Steigerung fähig, daß sie unter Umständen in Sektenbildung ausmünden konnte. Dies war dann der Fall, wenn — wie bei den »independentischen« Richtungen des 17. Jahrhunderts — der genuin calvinistische Glaube: daß Gottes Ruhm es erfordere, die Verworfenen durch die Kirche unter das Gesetz zu beugen, überwogen wurde durch die Ueberzeugung: daß es Gott zur Schmach gereiche, wenn in seiner Herde ein Unwiedergeborener sich befinde und an den Sakramenten teilnehme oder sie gar — als angestellter Prediger — verwalte [1]). Wenn also, mit einem Wort, der donatistische Kirchenbegriff als Konsequenz des Bewährungsgedankens auftauchte, wie dies bei den calvinistischen Baptisten der Fall war. Und auch wo die volle Konsequenz der Forderung der »reinen« Kirche als der Gemeinschaft der als wiedergeboren Bewährten: die Sektenbildung, nicht gezogen wurde, gingen mannigfache Ausgestaltungen der Kirchenverfassung aus dem Versuch hervor, wiedergeborene und unwiedergeborene, zum Sakrament nicht reife, Christen zu scheiden, den ersteren das Kirchenregiment vorzubehalten oder ihnen sonst eine Sonderstellung vorzubehalten, und nur wiedergeborene Prediger zuzulassen [2]). —

Ihre feste Norm, an der sie sich stetig orientieren konnte und deren sie ja offensichtlich bedurfte, empfing nun diese asketische

statt sie zu bereuen, zu Gottes Ruhme durch die Tat zu überwinden trachtet und haßt. Vgl. die Ausführungen Howes (Cromwells Kaplan 1656—58) in »Of men's enmity against God and of reconciliation between God and Man«, Works of the English Puritan Divines p. 237: »The carnal mind is enemity against God. It is the mind, therefore, not as speculative merely, but as practical and active, that must be renewed.« (eod. p. 246): »Reconciliation ... must begin in 1) a deep conviction ... of your former enemity ... I have been alienated from God ... 2) (p. 251) a clear and lively apprehension ... of the monstrous iniquity and wickedness thereof«. Hier wird nur von Haß gegen die Sünde, nicht den Sünder, gesprochen. Aber schon der berühmte Brief der Herzogin Renata von Este (»Leonorens« Mutter) an Calvin, — worin sie u. a. von dem »Haß« spricht, den sie gegen Vater und Gatten hegen würde, falls sie überzeugt sein müßte, daß sie zu den Reprobierten gehörten, — zeigt die Uebertragung auf die Person und ist zugleich ein Beispiel für das, was oben (S. 97) von der inneren Loslösung des Individuums aus den Banden der durch das »natürliche« Gefühl geknüpften Gemeinschaften durch die Gnadenwahllehre gesagt wurde.

[1]) »None but those who give evidence of being regenerated or holy persons, ought to be received or counted fit members of visible churches. Where this is wanting, the very essence of a church is lost«, formuliert Owen, der independentisch-calvinistische Vize-Kanzler von Oxford unter Cromwell, den Grundsatz (Inv. into the origin of Ev. Ch.). S. ferner den folgenden Artikel.

[2]) S. den folgenden Artikel.

Lebensführung natürlich durch die Bibel. Und zwar ist an der oft geschilderten »Bibliokratie« des Calvinismus für uns das Wichtige: daß das Alte Testament, weil ebenso inspiriert wie das Neue, in seinen Moralvorschriften, soweit sie nicht ersichtlich nur für die historischen Verhältnisse des Judentums bestimmt oder durch Christus ausdrücklich abrogiert waren, an Dignität dem Neuen durchaus gleich stand. Gerade für die Gläubigen war das Gesetz als ideale, nie ganz erreichbare, aber doch geltende Norm gegeben [1]), während Luther umgekehrt — ursprünglich — die Freiheit von der Gesetzesknechtschaft als göttliches Privileg der Gläubigen gepriesen hatte [2]). Die Wirkung gottinniger und doch völlig nüchterner hebräischer Lebensweisheit, welche in den von den Puritanern am meisten gelesenen Büchern: den Sprüchen Salomos und manchen Psalmen, niedergelegt ist, fühlt man in ihrer ganzen Lebensstimmung. Speziell der rationale Charakter: die Unterbindung der mystischen, überhaupt der Gefühlsseite der Religiosität sind schon von Sanford [3]) mit Recht auf die Einwirkung des Alten Testamentes zurückgeführt worden. Immerhin war an sich dieser alttestamentliche Rationalismus als solcher wesentlich kleinbürgerlich traditionalistischen Charakters, und nicht nur das mächtige Pathos der Propheten und vieler Psalmen stand daneben, sondern auch Bestandteile, welche für die Entwicklung spezifischer Gefühlsreligiosität schon im Mittelalter die Anknüpfungspunkte gegeben hatten [4]). Es war also letztlich doch wieder der eigene, und zwar eben: der asketische, Grundcharakter des Calvinismus selbst, welcher die ihm kongenialen Bestandteile alttestamentlicher Frömmigkeit auslas und sich assimilierte. —

[1]) Cat. Genev. 149. Bailey, Praxis pietatis S. 125: »Im Leben sollen wir tun, als ob Niemand als Moses über uns zu gebieten habe.«

[2]) »Den Reformierten schwebt das Gesetz als ideale Norm vor, den Lutheraner schlägt es als unerreichbare Norm nieder«. Im lutherischen Katechismus steht es, um die nötige Demut zu erwecken, voran, in den reformierten Katechismen regelmäßig hinter dem Evangelium. Den Lutheranern warfen die Reformierten vor, daß sie eine »wahre Scheu vor dem Heiligwerden haben« (Möhler), die Lutheraner den Reformierten »unfreie Gesetzesknechtschaft« und Hochmut.

[3]) Studies and reflections of the Great Rebellion p. 79 f.

[4]) Von solchen ist dabei namentlich das — von den Puritanern meist einfach ignorierte — Hohe Lied nicht zu vergessen, dessen orientalische Erotik ja z. B. die Entwicklung des Frömmigkeitstypus des hl. Bernhard mitbestimmt hat.

Jene Systematisierung der ethischen Lebensführung nun, welche die Askese des calvinistischen Protestantismus mit den rationalen Formen des katholischen Ordenslebens gemeinsam hat, tritt schon rein äußerlich in der Art zutage, wie der »präzise« puritanische Christ seinen Gnadenstand fortlaufend kontrollierte[1]). Zwar das religiöse Tagebuch, in welches Sünden, Anfechtungen und die in der Gnade gemachten Fortschritte fortlaufend oder auch tabellarisch eingetragen wurden, war der, in erster Linie von den Jesuiten geschaffenen, modern-katholischen Frömmigkeit (namentlich Frankreichs) mit derjenigen der kirchlich eifrigsten reformierten Kreise[2]) gemeinsam. Aber während es im Katholizismus dem Zweck der Vollständigkeit der Beichte diente oder dem »directeur de l'âme« die Unterlage zu seiner autoritären Leitung des Christen bzw. (meist) der Christin bot, »fühlte sich« der reformierte Christ mit seiner Hilfe selbst »den Puls«. Von allen bedeutenden Moraltheologen wird es erwähnt, noch Benjamin Franklins tabellarisch-statistische Buchführung über seine Fortschritte in den einzelnen Tugenden gibt ein klassisches Beispiel dafür[3]). Und andererseits wurde das alte mittelalterliche (und schon antike) Bild von der Buchführung Gottes bei Bunyan bis zu der charakteristischen Geschmacklosigkeit gesteigert, daß das Verhältnis des Sünders zu Gott mit dem eines Kunden zum shopkeeper verglichen wird: wer einmal in die Kreide geraten ist, wird mit dem Ertrag all seiner eigenen Verdienste allenfalls die auflaufenden Zinsen, niemals aber die Hauptsumme abtragen können[4]). Wie sein eigenes Verhalten, so kontrollierte aber der spätere Puritaner auch dasjenige Gottes und sah in allen Einzelfügungen des Lebens seinen Finger. Und, im Gegensatz zu Calvins genuiner Lehre, wußte er daher, warum Gott diese oder jene Verfügung traf. Die Heiligung des Lebens

---

[1]) Ueber die Notwendigkeit dieser Selbst-Kontrolle s. z. B. die schon zitierte Predigt Charnocks über 2. Cor. 13, 5 Works of the Pur. Div. p. 161 f.

[2]) Die meisten Moraltheologen raten es an. So Baxter, Christ. Directory II, p. 77 ff., der jedoch die »Gefahren« nicht verhehlt.

[3]) Die sittliche Buchführung ist natürlich auch sonst weit verbreitet gewesen. Aber der Akzent, der darauf lag: alleiniges Erkenntnismittel der von Ewigkeit her beschlossenen Erwählung oder Verwerfung zu sein, fehlte und damit die entscheidende psychologische Prämie auf die Sorgfalt und Beachtung dieser »Kalkulation«.

[4]) Dies war der entscheidende Unterschied gegen andere äußerlich ähnliche Verhaltungsweisen.

konnte so fast den Charakter eines Geschäftsbetriebs annehmen [1]). Eine penetrante Christianisierung des ganzen Daseins war die Konsequenz dieser Methodik der ethischen Lebensführung, welche der Calvinismus im Gegensatz zum Luthertum erzwang Daß diese Methodik für die Beeinflussung des Lebens das Entscheidende war, hat man sich zum richtigen Verständnis der Art der Wirkung des Calvinismus stets vor Augen zu halten. Einerseits ergibt sich daraus, daß eben erst diese Ausprägung jenen Einfluß üben konnte, andererseits aber: daß auch andere Bekenntnisse, wenn ihre ethischen Antriebe in diesem entscheidenden Punkt: dem Bewährungsgedanken, die gleichen waren, in der gleichen Richtung wirken mußten.

Wir haben bisher uns auf dem Boden der calvinistischen Religiosität bewegt und demgemäß die Prädestinationslehre als dogmatischen Hintergrund der puritanischen Sittlichkeit im Sinn methodisch rationalisierter ethischer Lebensführung vorausgesetzt. Dies geschah deshalb, weil jenes Dogma tatsächlich auch weit über die Kreise derjenigen religiösen Partei, welche in jeder Hinsicht streng auf dem Boden Calvins sich gehalten hat: der »Presbyterianer«, als Eckstein der reformierten Lehre festgehalten wurde: nicht nur die independentische Savoydeklaration von 1658, sondern ebenso die baptistische Hanserd Knollys confession von 1689 enthielten sie, und auch innerhalb des Methodismus war zwar John Wesley, das große organisatorische Talent seiner Bewegung, Anhänger der Universalität der Gnade, der große Agitator der ersten methodistischen Generation und ihr konsequentester Denker aber: Whitefield, ebenso wie der um Lady Huntingdon gescharte, zeitweise doch recht einflußreiche Kreis Anhänger des »Gnadenpartikularismus«. In ihrer grandiosen Geschlossenheit war es diese Lehre, welche in der schicksalvollsten Epoche des

[1]) Auch Baxter (Saints' everlasting rest c. XII) erläutert Gottes Unsichtbarkeit durch die Bemerkung: wie man im Wege der Korrespondenz gewinnbringenden Handel mit einem nicht gesehenen Fremden treiben könne, so könne man auch durch einen »seligen Handel« mit dem unsichtbaren Gott die »eine köstliche Perle« erwerben. — Diese kommerziellen anstatt der bei den älteren Moralisten und im Luthertum üblichen forensischen Gleichnisse sind recht charakteristisch für den Puritanismus, der im Effekt eben den Menschen selbst seine Seligkeit »erhandeln« läßt. — Vgl. ferner etwa folgende Predigtstelle: We reckon the value of a thing by that which a wise man will give for it, who is not ignorant of it nor under necessity. Christ, the Wisdom of God, gave himself, his own precious blood, to redeem souls and he knew what they were and had no need of them (Matthew Henry, The worth of the soul, Works of the Pur. Div. p. 313).

17. Jahrhunderts den Gedanken: Rüstzeug Gottes und Vollstrecker seiner providentiellen Fügungen zu sein[1]), in den kämpfenden Vertretern des »heiligen Lebens« aufrecht erhielt und den vorzeitigen Kollaps in eine rein utilitarische Werkheiligkeit mit nur diesseitiger Orientierung hinderte, die ja zu so unerhörten Opfern um irrationaler und idealer Ziele willen niemals fähig gewesen wäre. Und die Verbindung des Glaubens an unbedingt geltende Normen mit absolutem Determinismus und völliger Transzendenz des Uebersinnlichen, welche sie in einer in ihrer Art genialen Form herstellte, war ja gleichzeitig — im Prinzip — außerordentlich viel »moderner«, als die dem Gefühl mehr zusagende mildere Lehre, welche auch Gott dem Sittengesetz unterstellte. Vor allem aber war der, wie sich immer wieder zeigen wird, für unsere Betrachtungen fundamentale Bewährungsgedanke als psychologischer Ausgangspunkt der methodischen Sittlichkeit gerade an der Gnadenwahllehre und ihrer Bedeutung für das Alltagsleben so sehr in »Reinkultur« zu studieren, daß wir, da dieser Gedanke als Schema der Verknüpfung von Glauben und Sittlichkeit bei den weiterhin zu betrachtenden Denominationen sehr gleichmäßig wiederkehrt, von jener Lehre als der konsequentesten Form auszugehen hatten. Innerhalb des Protestantismus bildeten die Konsequenzen, welche sie bei ihren ersten Anhängern für die asketische Gestaltung der Lebensführung haben mußte, die prinzipiellste Antithese der (relativen) sittlichen Ohnmacht des Luthertums. Die lutherische »gratia amissibilis«, welche durch bußfertige Reue jederzeit wiedergewonnen werden konnte, enthielt an sich offenbar keinerlei Antrieb zu dem, was für uns hier als Produkt des asketischen Protestantismus wichtig ist: zu einer systematischen rationalen Gestaltung des ethischen Gesamtlebens[2]).

---

[1]) Demgegenüber sagte schon Luther selbst: »Weinen geht vor Wirken und Leiden übertrifft alles Tun.«

[2]) Auch in der Entwicklung der ethischen Theorie des Luthertums zeigt sich dies aufs deutlichste. Ueber diese siehe Hoennicke, Studien zur altprotestantischen Ethik, Berlin 1902 und dazu die lehrreiche Besprechung von E. Tröltsch, Gött. Gel. Anz. 1902 Nr. 8. Die Annäherung der lutherischen Doktrin namentlich an die ältere orthodox-calvinistische war dabei in der Fassung oft sehr weitgehend. Aber die andersartige religiöse Orientierung brach sich immer wieder Bahn. Durch Melanchthon war, um für die Anknüpfung der Sittlichkeit an den Glauben eine Handhabe zu gewinnen, der Bußbegriff in den Vordergrund gestellt worden. Die durch das Gesetz gewirkte Buße muß dem Glauben vorangehen, gute Werke aber ihm nachfolgen, sonst kann er — fast puritanisch for-

Die lutherische Frömmigkeit ließ demgemäß die unbefangene Vitalität triebmäßigen Handelns und naiven Gefühlslebens un-

---

muliert — nicht der wahre rechtfertigende Glaube sein. Ein gewisses Maß relativer Vollkommenheit galt ihm auch auf Erden für erreichbar, ja Melanchthon hat ursprünglich sogar gelehrt: die Rechtfertigung erfolge, um den Menschen zu guten Werken tüchtig zu machen, und in der steigenden Vervollkommnung liege wenigstens dasjenige Maß schon diesseitiger Seligkeit, welches der Glaube gewähren könne. Und auch bei den späteren lutherischen Dogmatikern wurde der Gedanke, daß gute Werke die notwendigen Früchte des Glaubens sind, daß der Glaube ein neues Leben wirke, äußerlich ganz ähnlich wie bei den Reformierten ausgeführt. Die Frage, was »gute Werke« seien, beantwortete schon Melanchthon, noch mehr aber die späteren Lutheraner, zunehmend durch Verweisung auf das Gesetz. Als Reminiszenz an Luthers ursprüngliche Gedanken blieb nunmehr nur der geringere Ernst, der mit der Bibliokratie, speziell mit der Orientierung an den Einzelnormen des alten Testaments gemacht wurde. Wesentlich der Dekalog blieb, — als Kodifikation der wichtigsten Grundsätze des natürlichen Sittengesetzes, — Norm für das menschliche Handeln. — Aber: es führte keine sichere Brücke von seiner statutarischen Geltung hinüber zu der immer wieder eingeschärften ausschließlichen Bedeutung des Glaubens für die Rechtfertigung, schon weil dieser Glaube eben — s. o. — einen ganz anderen psychologischen Charakter hatte als der calvinistische. Der genuine lutherische Standpunkt der ersten Zeit war verlassen, und mußte von einer Kirche, die sich als Heilsanstalt betrachtete, verlassen werden, ein anderer aber nicht gewonnen. Speziell konnte man, schon aus Scheu, die dogmatische Grundlage (»sola fide«!) zu verlieren, nicht zur asketischen Rationalisierung des Gesamtlebens als sittlicher Aufgabe des einzelnen kommen. Denn es fehlte eben ein Antrieb, den Bewährungs-Gedanken zu einer solchen Bedeutung aufwachsen zu lassen, wie dies im Calvinismus die Gnadenwahllehre bewirken. Auch die — mit dem Ausfallen dieser Lehre zusammenstimmende — magische Deutung der Sakramente, namentlich die Verlegung der regeneratio — oder doch ihres Anfanges — in die Taufe mußte, bei Annahme des Gnadenuniversalismus, der Entwicklung methodischer Sittlichkeit entgegen wirken, weil sie den Abstand des status naturalis vom Gnadenstand, zumal bei der starken lutherischen Betonung der Erbsünde, für das Empfinden abschwächte. Nicht minder die ausschließlich forensische Deutung des Rechtfertigungsakts, welche die Wandelbarkeit der Entschlüsse Gottes durch die Einwirkung des konkreten Bußaktes des bekehrten Sünders voraussetzte. Gerade sie aber wurde von Melanchthon zunehmend betont. Jene ganze Wandlung seiner Lehre, welche in dem zunehmenden Gewicht der Buße hervortritt, hing eben auch mit seinem Bekenntnis zur »Willensfreiheit« innerlich zusammen. All das entschied den unmethodischen Charakter der lutherischen Lebensführung. Konkrete Gnadenakte für konkrete Sünden mußten in der Vorstellung des Durchschnittslutheraners — schon infolge des Fortbestandes der Beichte — den Inhalt des Heils ausmachen, nicht die Entwicklung einer ihre Heilsgewißheit sich selbst schaffenden Heiligenaristokratie. So konnte es weder zu einer gesetzesfreien Sittlichkeit noch zu einer am Gesetz orientierten rationalen Askese kommen, sondern das Gesetz blieb unorganisch neben dem »Glauben« als Statut und ideale Forderung bestehen, überdies, da man die strikte Bibliokratie als Werkheiligkeit scheute, recht unsicher und unpräzis, vor allem unsystematisch in seinem näheren Inhalt. — Das Leben aber blieb, ebenso wie Tröltsch (a. a. O.) es von der ethischen Theorie gesagt hat, eine »Summe bloßer niemals ganz gelingender Anläufe«, welche in der »Zerstückelung einzelner unsicherer Anweisungen fest-

gebrochener: es fehlte jener Antrieb zur konstanten Selbstkontrolle und damit überhaupt zur planmäßigen Reglementierung des eigenen Lebens, wie ihn die unheimliche Lehre des Calvinismus enthielt. Der religiöse Genius, wie Luther, lebte in dieser Luft freier Weltoffenheit unbefangen und — solange die Kraft seiner Schwingen reichte! — ohne Gefahr des Versinkens in den »status naturalis«. Und jene schlichte, feine und eigentümlich stimmungsvolle Form der Frömmigkeit, welche manche der höchsten Typen des Luthertums geschmückt hat, findet, ebenso wie ihre gesetzesfreie Sittlichkeit, auf dem Boden des genuinen Puritanismus selten, weit eher dagegen z. B. innerhalb des milden Anglikanismus der Hooker, Chillingsworth u. a., ihre Parallele. Aber für den lutherischen Alltagsmenschen, auch den tüchtigen, war nichts sicherer als daß er aus dem status naturalis nur temporär — solange der Einfluß der einzelnen Beichte oder Predigt reichte — herausgehoben wurde. Bekannt ist ja der den Zeitgenossen so auffällige Unterschied zwischen dem ethischen Standard der reformierten Fürstenhöfe gegenüber den so oft in Trunk und Rohheit versunkenen lutherischen [1]), ebenso die Hilflosigkeit der lutherischen Geistlichkeit mit ihrer reinen Glaubenspredigt gegenüber der asketischen Bewegung des Täufertums. Was man an den Deutschen als »Gemütlichkeit« und »Natürlichkeit« empfindet, im Gegensatz zu der – bis auf die Physiognomie der Menschen — noch heute unter der Nachwirkung jener gründlichen Vernichtung der Unbefangenheit des »status naturalis« stehenden angloamerikanischen Lebensluft, und was Deutsche an dieser letzteren regelmäßig als Enge, Unfreiheit und innerliche Gebundenheit zu befremden pflegt, — das sind Gegensätze der Lebensführung, welche ganz wesentlich auch jener geringeren asketischen Durchdringung des Lebens durch das Luthertum im Gegensatz

---

gehalten«, nicht auf »Auswirkung in einem zusammenhängenden Lebensganzen« gerichtet waren, sondern im wesentlichen, gemäß der Entwicklung, die schon Luther selbst (s. o.) genommen hatte, ein Sich-Schicken in die gegebene Lebenslage im Kleinen wie im Großen darstellten. — Das so viel beklagte »Sich-Schicken« des Deutschen in fremde Kulturen, ihr schneller Nationalitätswechsel ist, — neben bestimmten politischen Schicksalen der Nation, — auch recht wesentlich auf Rechnung dieser, in allen unseren Lebensbeziehungen noch heute nachwirkenden Entwicklung zu setzen. Die subjektive Aneignung der Kultur blieb schwach, weil sie wesentlich auf dem Wege passiver Entgegennahme des »autoritär« Dargebotenen erfolgte.

[1]) S. über diese Dinge etwa das Plauderbuch von Tholuck: Vorgeschichte des Rationalismus.

zum Calvinismus entstammen. Die Antipathie des unbefangenen »Weltkindes« gegen das Asketische spricht sich in jenen Empfindungen aus. Dem Luthertum fehlte eben, und zwar infolge seiner Gnadenlehre, der psychologische Antrieb zum Systematischen in der Lebensführung, der ihre methodische Rationalisierung erzwingt. Dieser Antrieb, der den asketischen Charakter der Frömmigkeit bedingt, konnte an sich zweifellos durch verschieden geartete religiöse Motive erzeugt werden, wie wir bald sehen werden: die Prädestinationslehre des Calvinismus war nur eine von verschiedenen Möglichkeiten. Aber allerdings überzeugten wir uns, daß sie in ihrer Art nicht nur von ganz einzigartiger Konsequenz war, sondern auch von ganz eminenter psychologischer Wirksamkeit [1]). Die nicht calvinistischen asketischen Bewegungen erscheinen danach, rein unter dem Gesichtspunkt der religiösen Motivierung ihrer Askese betrachtet, als Abschwächungen der inneren Konsequenz des Calvinismus.

Aber auch in der Wirklichkeit der geschichtlichen Entwicklung lagen die Dinge, zwar nicht durchweg, aber doch meist, so, daß die reformierte Form der Askese von den übrigen asketischen Bewegungen entweder nachgeahmt oder bei der Entwicklung der eigenen davon abweichenden oder darüber hinausgehenden Grundsätze vergleichend und ergänzend herangezogen wurde. Wo trotz andersartiger Glaubensfundamentierung dennoch die gleiche asketische Konsequenz auftrat, war dies regelmäßig Folge der Kirchenverfassung, von der in anderm Zusammenhang zu reden ist [2])

Historisch ist der Gedanke der Gnadenwahl jedenfalls der Ausgangspunkt für die üblicherweise als »Pietismus« bezeichnete asketische Richtung gewesen. Es ist, soweit sich diese Bewegung innerhalb der reformierten Kirche gehalten hat, nahezu unmöglich, eine bestimmte Grenze zwischen pietistischen und nichtpietistischen Calvinisten zu ziehen [3]). Fast alle pro-

[1]) Ueber die ganz andersartige Wirkung der islamischen Prädestinations- (richtiger: Prädeterminations-)Lehre und ihre Gründe s. die früher zitierte (Heidelberger theologische) Dissertation von F. Ulrich: Die Vorherbestimmungslehre im Islam und Christentum, 1912. Ueber die Prädestinationslehre der Jansenisten s. P. Honigsheim a. a. O.

[2]) S. darüber den folgenden Artikel dieser Sammlung.

[3]) Ritschl, Geschichte des Pietismus I S. 152 sucht sie für die Zeit vor Labadie (übrigens nur auf Grund niederländischer specimina) darin, daß bei

nonzierten Vertreter des Puritanismus sind gelegentlich unter die Pietisten gerechnet worden, und es ist eine Auffassung durch-

---

den Pietisten I. Konventikel gebildet, — II. der Gedanke der »Nichtigkeit des geschöpflichen Daseins« in einer »dem evangelischen Seligkeitsinteresse widersprechenden Weise« gepflegt — III. »die Versicherung der Gnade in dem zärtlichen Umgang mit dem Herrn Jesus« in unreformatorischer Weise gesucht worden sei. Das letzte Merkmal trifft für diese Frühzeit nur auf e i n e n der von ihm behandelten Vertreter zu, der Gedanke der »Nichtigkeit der Kreatur« war an sich echtes Kind calvinistischen Geistes und erst wo er zur praktischen Weltflucht führte, lenkte er aus den Bahnen des normalen Protestantismus heraus. Die Konventikel endlich hatte die Synode von Dordrecht in bestimmtem Umfang (insbesondere zu katechetischen Zwecken) selbst angeordnet. — Von den in Ritschls vorangehender Darstellung analysierten Merkmalen pietistischer Frömmigkeit kämen etwa in Betracht: 1. der »Präzisismus« in dem in allen A e u ß e r l i c h k e i t e n des Lebens stärker dem Bibelbuchstaben verknechteten Sinn, den Gisbert Voët zuweilen vertritt; — 2. die Behandlung der Rechtfertigung und Versöhnung mit Gott nicht als Selbstzweck, sondern als bloßes M i t t e l zum asketisch heiligen Leben, wie sie bei Lodensteyn vielleicht zu finden, aber bei Melanchthon z. B. auch angedeutet (S. 125 A. 2) ist; — 3. die hohe Schätzung des »Bußkampfes« als Merkmal echter Wiedergeburt, wie sie als erster W. Teellinck lehrte; — 4. die Abstinenz vom Abendmahl bei Teilnahme unwiedergeborener Personen daran (von der in anderem Zusammenhang noch zu reden sein wird) und die damit zusammenhängende nicht in den Schranken der Dordrechter canones sich haltende Konventikelbildung mit Wiederbelebung der »Prophetie«, d. h. der Schriftauslegung auch durch Nichttheologen, selbst Frauen (Anna Maria Schürmann). Alles das sind Dinge, die Abweichungen, zum Teil erheblicher Art, von der Lehre und Praxis der Reformatoren darstellen. Aber gegenüber den von Ritschl in seine Darstellung nicht einbezogenen Richtungen, besonders der englischen Puritaner, stellen sie, a u ß e r Nr. III, doch nur eine Steigerung von Tendenzen dar, welche in der ganzen Entwickelung dieser Frömmigkeit lagen. Die Unbefangenheit von Ritschls Darstellung leidet daran, daß der große Gelehrte seine kirchen- oder vielleicht besser gesagt: religionspolitisch orientierten Werturteile hineinträgt und in seiner Antipathie gegen alle spezifisch a s k e t i s c h e Religiosität überall da, wo die Wendung zu dieser hin sich vollzieht, Rückfälle in den »Katholizismus« hineininterpretiert. Aber wie der Katholizismus, so schließt auch der alte Protestantismus an sich »all sorts and conditions of men« ein, u n d d o c h hat den Rigorismus der innerweltlichen Askese die katholische K i r c h e in Gestalt des Jansenismus ebenso abgelehnt, wie der Pietismus den spezifisch katholischen Quietismus des 17. Jahrhunderts zurückwies. — Für unsere speziellen Betrachtungen schlägt jedenfalls der Pietismus erst da in etwas nicht graduell, sondern qualitativ anders Wirkendes um, wo die gesteigerte Angst vor der »Welt« zur Flucht aus dem privatwirtschaftlichen Berufsleben, also zur Konventikelbildung auf klösterlich-kommunistischer Grundlage (Labadie), oder — wie dies einzelnen extremen Pietisten von den Zeitgenossen nachgesagt wurde — zur absichtlichen V e r n a c h l ä s s i g u n g der weltlichen Berufsarbeit zugunsten der Kontemplation führte. Diese Folge trat naturgemäß besonders häufig da ein, wo die Kontemplation jenen Zug anzunehmen begann, den Ritschl als »Bernhardinismus« bezeichnet, weil er in der Auslegung des »Hohen Liedes« durch den hl. Bernhard zuerst anklingt: eine mystische Stimmungsreligiosität, welche die krypto-sexuell gefärbte »unio mystica« erstrebt. Sie

aus statthaft, welche alle jene Zusammenhänge zwischen Prädestination und Bewährungsgedanken, mit dem ihnen zugrunde liegenden Interesse an der Gewinnung der subjektiven »certitudo salutis«, wie sie oben dargestellt wurden, bereits als pietistische Fortbildung der genuinen Lehre Calvins ansieht. Die Entstehung asketischer revivals innerhalb der reformierten Gemeinschaften ist, namentlich in Holland, ganz regelmäßig mit einem Wiederaufflammen der zeitweilig in Vergessenheit geratenen oder abgeschwächten Gnadenwahllehre verbunden gewesen. Für England pflegt man deshalb den Begriff »Pietismus« meist gar nicht zu brauchen [1]). Aber auch der kontinentale reformierte (niederländisch-niederrheinische) Pietismus war wenigstens dem Schwerpunkt nach ganz ebenso wie etwa die Religiosität Baileys zunächst einfach Steigerung der reformierten Askese. Auf die »praxis pietatis« rückte der entscheidende Nachdruck so stark, daß darüber die dogmatische Rechtgläubigkeit in den Hintergrund trat, zuweilen direkt indifferent erschien. Dogmatische Irrtümer konnten die Prädestinierten ja gelegentlich ebenso befallen wie andere Sünden, und es lehrte die Erfahrung, daß zahlreiche über die Schultheologie gänzlich unorientierte Christen die offenbarsten Früchte des Glaubens zeitigten, während sich auf der anderen Seite zeigte, daß das bloße theologische Wissen keineswegs die Sicherheit der Bewährung des Glaubens im Wandel

---

stellt schon rein religions-psychologisch gegenüber der reformierten Frömmigkeit, aber auch gegenüber deren asketischer Ausprägung bei Männern wie Voët, unzweifelhaft ein »aliud« dar. Ritschl sucht nun aber überall diesen Quietismus mit der pietistischen Askese zu kopulieren und so die letztere in die gleiche Verdammnis zu bringen, und er legt den Finger auf jedes Zitat aus der katholischen Mystik oder Asketik, welches er in der pietistischen Literatur findet. Allein auch ganz »unverdächtige« englische und niederländische Moraltheologen zitieren Bernhard, Bonaventura, Thomas a Kempis. — Das Verhältnis zu der katholischen Vergangenheit war bei allen Reformationskirchen ein sehr komplexes und je nach dem Gesichtspunkt, den man in den Vordergrund stellt, erscheint hier die eine, dort die andere als die dem Katholizismus — resp. bestimmten Seiten desselben — näherstehende.

[1]) Der recht lehrreiche Artikel »Pietismus« von Mirbt in der 3. Aufl. der Realenz. f. Prot. Theol. u. K. behandelt unter gänzlicher Beiseitelassung der reformierten Antezedenzien die Entstehung des Pietismus lediglich als ein persönliches religiöses Erlebnis Speners, was doch etwas befremdend wirkt. — Lesenswert ist zur Einführung in den Pietismus noch immer Gustav Freytags Schilderung in den »Bildern aus der deutschen Vergangenheit«. Für die Anfänge des englischen Pietismus in der zeitgenössischen Literatur zu vgl. etwa: W. Whitaker, Prima institutio disciplinaque pietatis (1570).

mit sich führte[1]). Am theologischen Wissen konnte also die Er-

[1]) Diese Anschauung hat den Pietismus bekanntlich befähigt, einer der Hauptträger des Toleranzgedankens zu sein. Ueber diesen sei bei dieser Gelegenheit einiges eingeschaltet. Historisch entsprang er im Okzident, wenn wir die humanistisch-aufklärerische Indifferenz hier einmal beiseite lassen: — für sich allein hat sie nirgends große praktische Wirkungen geübt, — folgenden Hauptquellen: 1. rein politischer Staatsraison (Archetypos: Wilhelm von Oranien) — 2. dem Merkantilismus (so z. B. besonders deutlich bei der Stadt Amsterdam und bei den zahlreichen Städten, Grundherren und Potentaten, welche die Sektirer als schätzenswerte Träger des ökonomischen Fortschrittes aufnahmen) — 3. der radikalen Wendung calvinistischer Frömmigkeit. Die Prädestination schloß es ja im Grunde aus, daß der Staat durch Intoleranz die Religion wirklich förderte. Er vermochte ja dadurch doch keine Seelen zu retten; nur der Gedanke an Gottes Ehre veranlaßte die Kirche, seinen Beistand zur Unterdrückung der Häresie zu beanspruchen. Je größerer Nachdruck nun aber auf die Zugehörigkeit des Predigers und aller Abendmahlsgenossen zu den Erwählten gelegt wurde, desto unerträglicher wurde jede staatliche Einmischung in die Besetzung des Predigtamts und jede Vergebung der Pfarrstellen als Pfründen an vielleicht unwiedergeborne Zöglinge der Universitäten, nur weil sie theologisch gebildet waren, überhaupt jede Einmischung der oft in ihrem Wandel anfechtbaren politischen Machthaber in die Gemeindeangelegenheiten. Der reformierte Pietismus stärkte diesen Gesichtspunkt durch Entwertung der dogmatischen Korrektheit und allmähliche Durchlöcherung des Satzes »Extra ecclesiam nulla salus«. Calvin hatte die Unterwerfung auch der Verworfenen unter die göttliche Stiftung der Kirche als allein mit Gottes Ruhm verträglich erachtet; in Neu-England suchte man die Kirche als Aristokratie der bewährten Heiligen zu konstituieren; schon die radikalen Independenten aber lehnten jede Einmischung der bürgerlichen und ebenso irgendwelcher hierarchischer Gewalten in die nur innerhalb der Einzelgemeinde mögliche Prüfung der »Bewährung« ab. Der Gedanke, daß Gottes Ruhm es erfordere, auch die Reprobierten unter die Zucht der Kirche zu bringen, wurde durch den — von Anfang an ebenfalls vorhandenen aber allmählich immer leidenschaftlicher betonten — Gedanken verdrängt, daß es Gottes Ruhm verletze, mit einem von Gott Verworfenen das Abendmahl zu teilen. Das mußte zum Voluntarismus führen, denn es führte zur »believers' Church«, der nur die Wiedergeborenen umfassenden religiösen Gemeinschaft. Der calvinistische Baptismus, dem z. B. der Leiter des »Parlamentes der Heiligen«, Praisegod Barebone, angehörte, zog die Konsequenzen aus dieser Gedankenreihe am entschlossensten. Cromwells Heer trat für die Gewissensfreiheit, und das Parlament der »Heiligen« sogar für Trennung von Staat und Kirche ein, weil seine Angehörigen fromme Pietisten waren, also aus positiv-religiösen Gründen. — 4. Die nachher zu erörternden täuferischen Sekten, und sie weitaus am stärksten und innerlich konsequentesten. haben von Beginn ihres Bestehens an stets an dem Grundsatz festgehalten: daß nur persönlich Wiedergeborene in die Gemeinschaft der Kirche aufgenommen werden können und daher jeden »Anstalts«-Charakter der Kirche und jede Einmischung der weltlichen Macht perhorresziert. Auch hier war es also ein positiv-religiöser Grund, der die Forderung unbedingter Toleranz erzeugte. — Der erste, der aus solchen Gründen, fast eine Generation vor den Baptisten, zwei Generationen vor Roger Williams, für unbedingte Toleranz und Trennung von Staat und Kirche eintrat, war wohl John Browne. Die erste Erklärung einer Kirchengemeinschaft in diesem Sinne scheint die Resolution der englischen Baptisten in Amsterdam von 1612 oder 1613 zu sein: »the magistrate is not to middle with

wählung überhaupt nicht bewährt werden [1]). Daher begann der Pietismus in tiefem Mißtrauen gegen die Theologenkirche [2]), welcher er — das gehört zu seinen Merkmalen — offiziell dennoch angehörig blieb, die Anhänger der »praxis pietatis« in Absonderung von der Welt in »Konventikel« zu sammeln [3]). Er wollte die unsichtbare Kirche der Heiligen sichtbar auf die Erde herabziehen und, ohne doch die Konsequenz der Sektenbildung zu ziehen, in dieser Gemeinschaft geborgen ein den Einflüssen

religion or matters of conscience... because Christ is the King and lawgiver of the Church and conscience«. Das erste offizielle Dokument einer Kirchengemeinschaft, welches den positiven Schutz der Gewissensfreiheit durch den Staat als Recht forderte, war wohl Art. 44 der Confession der (Particular) Baptists von 1644. — Nachdrücklich sei nochmals bemerkt: daß die gelegentlich vertretene Ansicht: die Toleranz als solche sei dem Kapitalismus zugute gekommen, natürlich völlig irrig ist. Religiöse Toleranz ist nichts spezifisch Modernes oder Okzidentales. Sie hat in China, in Indien, in den großen vorderasiatischen Reichen im Zeitalter des Hellenismus, im Römerreich, in den islamischen Reichen, während langer Zeiträume in einem nur durch Gründe der Staatsraison (die auch heute die Schranke bilden!) begrenzten so weiten Umfang geherrscht, wie nirgends auf der Welt im 16. und 17. Jahrhundert, am allerwenigsten aber in den Gebieten, wo der Puritanismus herrschte, wie z. B. in Holland und Seeland in der Zeit des politisch-ökonomischen Aufstieges, oder im puritanischen Alt- oder Neuengland. Dem Okzident war gerade — nach wie vor der Reformation — ähnlich wie z. B. dem Sassanidenreich die konfessionelle Intoleranz charakteristisch, wie sie auch in China, Japan, Indien während einzelner Epochen, aber meist aus politischen Gründen, geherrscht hat. Folglich hat Toleranz als solche mit Kapitalismus gewiß nicht das geringste zu tun. Es kam darauf an: wem sie zugute kam. — Ueber die Konsequenzen bei Forderung der »believers« Church ist in dem folgenden Artikel weiter zu reden.

[1]) In seiner praktischen Anwendung tritt dieser Gedanke z. B. bei den Cromwellschen »tryers«, den Examinatoren der Predigtamts-Kandidaten, zutage. Sie suchten nicht sowohl die fachlich-theologische Bildung, als den subjektiven Gnadenstand des Kandidaten festzustellen. S. auch den folgenden Artikel.

[2]) Das für den Pietismus charakteristische Mißtrauen gegen Aristoteles und die klassische Philosophie überhaupt findet sich schon bei Calvin vorgebildet (vgl. Instit. II c. 2 S. 4; III c. 23 S. 5; IV c. 17 S. 24). Bei Luther war es in seinen Anfängen bekanntlich nicht geringer, ist aber dann durch den humanistischen Einfluß (vor allem Melanchthons) und zwingende Bedürfnisse der Schulung und Apologetik wieder zurückgedrängt worden. Daß das zur Seligkeit Nötige auch für Ungelehrte deutlich genug in der Schrift enthalten sei, lehrte natürlich auch die Westminster Confession (c. I, 7) in Uebereinstimmung mit den protestantischen Traditionen.

[3]) Hiergegen wendete sich der Protest der offiziellen Kirchen, z. B. auch noch der (kürzere) Katechismus der schottischen presbyterianischen Kirche von 1648 S. VII: Teilnahme von nicht derselben Familie angehörigen Personen an den Hausandachten wird, als Eingriff in die Befugnisse des Amtes, verpönt. Auch der Pietismus löste, wie jede asketische Gemeindebildung, das Individuum aus den Banden des mit dem Interesse des Amtsprestiges verbündeten Hauspatriarchalismus.

der Welt abgestorbenes, in allen Einzelheiten an Gottes Willen orientiertes Leben führen und dadurch der eigenen Wiedergeburt auch in täglichen äußeren Merkmalen der Lebensführung sicher bleiben. Die »ecclesiola« der wahrhaft Bekehrten möchte so — das war ebenfalls allem spezifischen Pietismus gemeinsam — in gesteigerter Askese schon im Diesseits die Gemeinschaft mit Gott in ihrer Seligkeit kosten. Dies letztere Bestreben hatte nun etwas mit der lutherischen »unio mystica« innerlich Verwandtes und führte sehr oft zu einer stärkeren Pflege der Gefühlsseite der Religion, als sie dem reformierten Durchschnittschristentum normalerweise eignete. Dies wäre dann auf dem Boden der reformierten Kirche als das entscheidende Merkmal des »Pietismus« anzusprechen, soweit unsere Gesichtspunkte in Betracht kommen. Denn jenes der calvinistischen Frömmigkeit im ganzen ursprünglich fremde, dagegen gewissen Formen mittelalterlicher Religiosität innerlich verwandte Gefühlsmoment lenkte die praktische Religiosität in die Bahn diesseitigen Genusses der Seligkeit statt des asketischen Kampfes um ihre Sicherung für die jenseitige Zukunft. Und das Gefühl konnte dabei eine solche Steigerung erfahren, daß die Religiosität direkt hysterischen Charakter annahm und dann durch jene aus zahllosen Beispielen bekannte, neuropathisch begründete, Abwechslung von halbsinnlichen Zuständen religiöser Verzückung mit Perioden nervöser Erschlaffung, die als »Gottferne« empfunden wurden, im Effekt das direkte Gegenteil der nüchternen und strengen Zucht, in welche das systematisierte heilige Leben des Puritaners den Menschen nahm, erzielt wurde: eine Schwächung jener »Hemmungen«, welche die rationale Persönlichkeit des Calvinisten gegenüber den »Affekten« stützten [1]). Ebenso konnte dabei

[1]) Es wird hier aus guten Gründen absichtlich unterlassen, auf die — im fach wissenschaftlichen Sinn des Wortes — »psychologischen« Beziehungen dieser religiösen Bewußtseinsinhalte einzugehen, und selbst die Verwendung der entsprechenden Terminologie ist möglichst vermieden. Der wirklich gesicherte Begriffsvorrat der Psychologie, einschließlich der Psychiatrie, reicht vorerst noch nicht aus, um für die Zwecke der historischen Forschung auf dem Gebiet unserer Probleme unmittelbar nutzbar gemacht zu werden, ohne die Unbefangenheit des historischen Urteils zu trüben. Die Verwendung ihrer Terminologie würde lediglich die Versuchung schaffen, unmittelbar verständlichen und oft geradezu trivialen Tatbeständen einen Schleier dilettantischer Fremdwörtergelehrsamkeit umzuhängen und so den falschen Anschein erhöhter begrifflicher Exaktheit zu erzeugen, wie dies z. B. für Lamprecht leider typisch gewesen ist. — Ernster zu nehmende Ansätze zur Verwertung psychopathologischer Begriffe für die Deutung gewisser historischer Massenerscheinungen s. bei W. Hell-

der calvinistische Gedanke an die Verworfenheit des Kreatürlichen, gefühlsmäßig — z. B. in der Form des sog. »Wurmgefühls« — erfaßt, zu einer Ertötung der Tatkraft im Berufsleben führen [1]). Und auch der Prädestinationsgedanke konnte zum Fatalismus werden, wenn er — im Gegensatz zu den genuinen Tendenzen der calvinistischen rationalen Religiosität — Gegenstand stimmungs- und gefühlsmäßiger Aneignung wurde [2]). Und endlich der Trieb zur Abgeschiedenheit der Heiligen von der Welt konnte bei starker gefühlsmäßiger Steigerung zu einer Art von klösterlicher Gemeinschaftsorganisation halb kommunistischen Charakters führen, wie sie der Pietismus immer wieder und auch in der reformierten Kirche gezeitigt hat [3]). Aber solange dieser extreme, eben durch jene Pflege der Gefühlsmäßigkeit bedingte Effekt nicht erzielt wurde, der reformierte Pietismus also innerhalb des weltlichen Berufslebens seiner Seligkeit sich zu versichern strebte, war der praktische Effekt pietistischer Grundsätze lediglich eine noch striktere asketische Kontrolle der Lebensführung im Beruf und eine noch festere religiöse Verankerung der Berufssittlichkeit, als sie die von den »feinen« Pietisten als Christentum zweiten Ranges angesehene bloße weltliche »Ehrbarkeit« der normalen reformierten Christen zu entwickeln vermochte. Die religiöse Aristokratie der Heiligen, die ja in der Entwicklung aller reformierten Askese, je ernster sie genommen wurde, um so sicherer hervortrat, wurde alsdann — wie dies in Holland geschah — innerhalb der Kirche voluntaristisch in der Form der Konventikelbildung organisiert, während sie im englischen Puritanismus teils zur förmlichen Unterscheidung von Aktiv- und Passivchristen in der Verfassung der Kirche, teils — entsprechend dem schon früher Gesagten — zur Sektenbildung drängte.

---

pach, Grundlinien zu einer Psychologie der Hysterie, 12. Kapitel, sowie dessen »Nervosität und Kultur«. Ich kann hier nicht versuchen auseinanderzusetzen, daß m. E. auch diesen sehr vielseitig orientierten Schriftsteller die Beeinflussung durch gewisse Theorien Lamprechts geschädigt hat. — Wie völlig wertlos, gegenüber der älteren Literatur, Lamprechts schematische Bemerkungen über den Pietismus (im 7. Band der Deutschen Geschichte) sind, weiß wohl jeder, der auch nur die gangbare Literatur kennt.

[1]) So etwa bei den Anhängern des Schortinghuis'schen »Innigen Christendom's«. — Religionsgeschichtlich geht das zurück auf die deuterojesajanische Gottesknechts-Perikope und den 22. Psalm.

[2]) Dies trat bei holländischen Pietisten vereinzelt, und dann unter spinozistischen Einflüssen, auf.

[3]) Labadie, Tersteegen u. a.

Die Entwicklung des mit den Namen Spener, Francke, Zinzendorf verknüpften, auf dem Boden des Luthertums stehenden deutschen Pietismus führt uns nun vom Boden der Prädestinationslehre ab. Aber damit keineswegs notwendig aus dem Bereich jener Gedankengänge, deren konsequente Krönung sie bildete, wie denn speziell Speners Beeinflussung durch den englisch-niederländischen Pietismus von ihm selbst bezeugt ist und z. B. in der Lektüre von Bailey in seinen ersten Konventikeln zutage trat [1]). Für unsere speziellen Gesichtspunkte jedenfalls bedeutet der Pietismus lediglich das Eindringen methodisch gepflegter und kontrollierter, d. h. also asketischer Lebensführung auch in die Gebiete der nicht calvinistischen Religiosität [2]). Das Luthertum mußte aber diese rationale Askese als Fremdkörper empfinden und die mangelnde Konsequenz der deutschen pietistischen Doktrin war Folge der daraus erwachsenden Schwierigkeiten. Für die dogmatische Funda-

---

[1]) Am deutlichsten tritt sie vielleicht hervor, wenn er — man denke: Spener! — die Kompetenz der Obrigkeit zur Kontrolle der Konventikel, außer bei Unordnungen und Mißbräuchen, bestreitet, weil es sich um ein durch die apostolische Ordnung garantiertes Grundrecht der Christen handle (Theologische Bedenken II S. 81 f.). Das ist — prinzipiell — genau der puritanische Standpunkt bezüglich des Verhältnisses und Geltungsbereichs der ex jure divino folgenden und daher unveräußerlichen Rechte des einzelnen. Ritschl ist denn auch weder diese (Pietismus II S. 157) noch die weiterhin im Text erwähnte Ketzerei (das. S. 115) entgangen. So unhistorisch namentlich die positivistische (um nicht zu sagen: philiströse) Kritik ist, die er an dem »Grundrechts«-Gedanken übt, dem wir schließlich doch nicht viel weniger als Alles verdanken, was heute auch dem »Reaktionärsten« als Minimum seiner individuellen Freiheitssphäre vorschwebt, — so ist ihm natürlich darin ganz beizustimmen, daß in beiden Fällen eine organische Einfügung in Speners lutherischen Standpunkt fehlt. —

Die Konventikel (collegia pietatis) selbst, die Speners berühmte »Pia desideria« theoretisch begründeten und die er praktisch ins Leben rief, entsprachen im Wesen durchaus den englischen »prophesyings«, wie sie sich zuerst in Joh. v. Lasco's Londoner Bibelstunden (1547) fanden und seitdem zum stehenden Inventar der als Auflehnung gegen die kirchliche Autorität verfolgten Formen puritanischer Frömmigkeit gehörten. Die Ablehnung der Genfer Kirchenzucht endlich wird bei ihm bekanntlich damit begründet, daß ihr berufener Träger, der »dritte Stand« (status oeconomicus: die christlichen Laien), in der lutherischen Kirche nicht in die Kirchenorganisation eingefügt sei. Schwächlich lutherisch ist andrerseits — bei Erörterung der Exkommunikation — die Anerkennung der landesherrlich deputierten weltlichen Mitglieder des Konsistoriums als Repräsentanten des »dritten Standes«.

[2]) Schon der in den Gebieten des Luthertums zuerst aufgekommene Name »Pietismus« besagt ja, daß nach der Auffassung der Zeitgenossen es das Charakteristische war, daß aus der »pietas« hier ein methodischer Betrieb gemacht wird.

mentierung der systematischen religiösen Lebensführung sind bei Spener lutherische Gedankengänge kombiniert mit dem spezifisch reformierten Merkmal der guten Werke als solcher die mit der »Absicht auf die Ehre Gottes« unternommen sind [1]) und mit dem ebenfalls reformiert anklingenden Glauben an die Möglichkeit für die Wiedergeborenen, zu einem relativen Maße christlicher Vollkommenheit zu gelangen [2]). Nur fehlte eben die Konsequenz der Theorie: der systematische Charakter der christlichen Lebensführung, der auch für seinen Pietismus wesentlich ist, wurde bei dem stark durch die Mystiker beeinflußten [3]) Spener in ziemlich unbestimmter, aber wesentlich lutherischer Weise mehr zu beschreiben als zu begründen versucht, die certitudo salutis nicht aus der Heiligung abgeleitet, sondern für sie statt des Bewährungsgedankens die früher erwähnte lockere lutherische Verknüpfung mit dem Glauben gewählt [4]). Aber immer wieder erzwangen sich, so weit das rationalasketische Element im Pietismus über die Gefühlsseite die Oberhand behielt, die für unsere Gesichtspunkte entscheidenden Vorstellungen ihr Recht: daß nämlich 1. methodische Entwicklung der eigenen Heiligkeit zu immer höherer, am Gesetz zu kontrollierender Befestigung und Vollkommenheit Zeichen des Gnadenstandes sei [5]) und daß 2. Gottes Vorsehung es sei,

[1]) Zuzugeben ist freilich, daß diese Motivierung zwar vorzugsweise, aber nicht nur dem Calvinismus eignet. Gerade in den ältesten lutherischen Kirchenordnungen findet sie sich auch besonders oft.

[2]) Im Sinn von Hebr. 5, 13. 14. Vgl. Spener, Theol. Bedenken I 306.

[3]) Neben Bailey und Baxter (s. Consi ia theologica III, 6, 1, dist. 1, 47, das. dist. 3, 6) schätzte Spener speziell Thomas a Kempis und vor allem Tauler (von dem er nicht alles verstand: Consilia theologica III, 6, 1 dist. 1, 1). Eingehend über den letzteren speziell Cons. theol. I, 1, 1 Nr. 7. Luther ist für ihn aus Tauler hervorgegangen.

[4]) S. bei Ritschl a. a. O. II, S. 113. Den »Bußkampf« der spätern Pietisten (und Luthers) lehnte er als allein maßgebendes Kennzeichen wahrer Bekehrung ab (Theol. Bedenken III S. 476). Ueber die Heiligung als Frucht der Dankbarkeit aus dem Versöhnungsglauben: — eine spezifisch lutherische (s. Anm. 2 S. 70) Formulierung — s. die bei Ritschl a. a. O. S. 115 Anm. 2 angeführten Stellen. Ueber die Certitudo salutis einerseits Theol. Bedenken I 324: der wahre Glaube werde nicht sowohl gefühlsmäßig empfunden, als an seinen Früchten (Liebe und Gehorsam gegen Gott) erkannt, — andrerseits Theol. Bedenken I S. 335 f.: »Was aber die Sorge betrifft, worüber Sie ihres Heils- und Gnadenstandes versichert sein sollen, wird sicherer« — als aus den »englischen Skribenten« — »aus unsern« — den lutherischen — »Büchern geschöpft«. Ueber das Wesen der Heiligung stimmte er aber den Engländern bei.

[5]) Die religiösen Tagebücher, welche A. H. Francke empfahl, waren auch hier das äußere Zeichen dafür. — Die methodische Uebung und Gewohn-

welche in den so Vervollkommneten wirke«, indem er bei geduldigem Harren und methodischer Ueberlegung ihnen seine Winke gebe [1]). Die Berufsarbeit war auch für A. H. Francke das asketische Mittel par excellence [2]); daß Gott selbst es sei, der durch den Erfolg der Arbeit die Seinen segne, stand ihm ebenso fest, wie wir dies bei den Puritanern sehen werden. Und als Surrogat des »doppelten Dekrets« schuf sich der Pietismus Vorstellungen, welche in wesentlich gleicher, nur matterer Weise wie jene Lehre eine auf Gottes besonderer Gnade beruhende Aristokratie der Wiedergeborenen [3]) mit all den oben für den Calvinismus geschilderten psychologischen Konsequenzen etablierten. Dazu gehört z. B. der von den Gegnern des Pietismus diesem (freilich zu Unrecht) generell imputierte sog. »Terminismus« [4]), d. h. die Annahme, daß zwar die Gnade universell

---

heit der Heiligung soll das Wachstum derselben und die Scheidung der Guten von den Bösen erzeugen: — dies etwa ist das Grundthema von Franckes Buch »Von des Christen Vollkommenheit«.

[1]) In charakteristischer Weise trat die Abweichung dieses rationalen pietistischen Vorsehungsglaubens von dessen orthodoxer Deutung bei dem berühmten Streit zwischen den Hallenser Pietisten und dem Vertreter der lutherischen Orthodoxie Löscher hervor. Löscher geht in seinem »Timotheus Verinus« so weit, alles was durch menschliches Tun erreicht wird, den Fügungen der Vorsehung entgegenzusetzen. Franckes immer festgehaltener Standpunkt war dagegen: jenes Aufblitzen der Klarheit über das, was zu geschehen hat, welches das Ergebnis ruhigen Wartens auf den Entschluß ist, als »Gottes Wink« anzusehen: — ganz analog der quäkerischen Psychologie und entsprechend der allgemein asketischen Vorstellung, daß rationale Methodik der Weg sei, Gott näher zu kommen. — Zinzendorf freilich, der in einem der entscheidendsten Entschlüsse das Schicksal seiner Gemeindebildung dem Los anheimstellte, steht der Franckeschen Form des Vorsehungsglaubens fern. — Spener, Theol. Bedenken I S. 314 hatte sich für die Charakteristik der christlichen »Gelassenheit«, in welcher man sich den göttlichen Wirkungen überlassen, sie nicht durch hastiges eigenmächtiges Handeln kreuzen sollte — im wesentlichen auch der Standpunkt Franckes — auf Tauler bezogen. Die gegenüber dem Puritanismus doch wesentlich abgeschwächte, den (diesseitigen) Frieden suchende, Aktivität der pietistischen Frömmigkeit tritt überall deutlich hervor. »First righteousness, than peace«, formulierte im Gegensatz dazu noch 1904 ein leitender Baptist (G. White in einer noch weiterhin zu zitierenden Adresse) das ethische Programm seiner Denomination (Baptist Handbook 1904 p. 107).

[2]) Lect. paraenet. IV. S. 271.

[3]) Gegen diese immer wiederkehrende Vorstellung richtet sich vornehmlich Ritschls Kritik. — S. Franckes in der drittletzten Anmerkung zitierte Schrift, welche die Lehre enthält.

[4]) Er findet sich auch bei englischen nicht prädestinatianischen Pietisten, z. B. Goodwin. Vgl. über ihn und andere Heppe, Gesch. des Pietismus in der reformierten Kirche, Leiden 1879, ein Buch, welches, auch nach dem Ritschlschen standard work, für England, und hie und da auch für die Niederlande, noch nicht entbehrlich geworden ist. Noch im 19. Jahrhundert wurde Köhler

angeboten werde, aber für jeden entweder nur einmal in einem ganz bestimmten Moment im Leben oder doch irgendwann ein letztes Mal [1]). Wer diesen Moment verpaßt hatte, dem half also der Gnadenuniversalismus nicht mehr: er war in der Lage des von Gott Uebergangenen in der calvinistischen Lehre. Im Effekt kam dieser Theorie auch die z. B. von Francke aus persönlichen Erlebnissen abstrahierte und im Pietismus sehr weit verbreitete — man kann wohl sagen: vorherrschende — Annahme, daß die Gnade nur unter spezifischen einmaligen und einzigartigen Erscheinungen, nämlich nach vorherigem »Bußkampf« zum »Durchbruch« gelangen könne, ziemlich nahe [2]). Da zu jenem Erlebnis nach der eigenen Ansicht der Pietisten nicht jeder disponiert war, blieb derjenige, welcher es trotz der nach pietistischer Anweisung auf seine Herbeiführung zu verwendenden asketischen Methode nicht an sich erfuhr, in den Augen der Wiedergeborenen eine Art passiver Christ. Andererseits wurde durch die Schaffung einer Methode für die Herbeiführung des »Bußkampfs« im Effekt auch die Erlangung der göttlichen Gnade Objekt rationaler menschlicher Veranstaltung. Auch die nicht von allen — z. B. von Francke nicht — aber doch von vielen Pietisten, namentlich aber, wie die immer wiederkehrenden Anfragen bei Spener zeigen, gerade von pietistischen Seelsorgern gehegten Bedenken gegen die Privatbeichte, welche dazu beitrugen, auch im Luthertum ihr die Wurzeln abzugraben, gingen aus diesem Gnadenaristokratismus hervor: die sichtbare Wirkung der durch Buße erlangten Gnade im heiligen Wandel mußte ja über die Zulässigkeit der Absolution entscheiden, und es war also unmöglich, sich für deren Erteilung mit der bloßen »contritio« zu begnügen [3]). —

(nach seinem zum folgenden Artikel zu zitierenden Buch) in den Niederlanden oft nach dem Zeitpunkt seiner Wiedergeburt gefragt.

[1]) Man suchte dadurch die laxe Konsequenz der lutherischen Lehre von der Wiedererlangbarkeit der Gnade (speziell die übliche »Bekehrung« in extremis) zu bekämpfen. —

[2]) Gegen die damit verbundene Notwendigkeit, Tag und Stunde der »Bekehrung« zu wissen, als unbedingtes Merkmal ihrer Echtheit Spener Theol. Bed. II, 6, 1 p. 197. Ihm war eben der »Bußkampf« ebenso unbekannt, wie Melanchthon Luthers terrores conscientiae.

[3]) Daneben spielte natürlich auch die aller Askese eigentümliche antiautoritative Deutung des »allgemeinen Priestertums« mit. — Gelegentlich wurde dem Pfarrer Aufschiebung der Absolution bis zur »Bewährung« der echten Reue empfohlen, was Ritschl mit Recht als im Prinzip calvinistisch bezeichnet.

Zinzendorfs religiöse Selbstbeurteilung mündete, wenn schon schwankend gegenüber den Angriffen der Orthodoxie, immer wieder in die »Rüstzeug« Vorstellung ein. Aber im übrigen freilich scheint der gedankliche Standpunkt dieses merkwürdigen »religiösen Dilettanten«, wie Ritschl ihn nennt, in den für uns wichtigen Punkten kaum eindeutig erfaßbar [1]). Er selbst hat sich wiederholt als Vertreter des »paulinisch-lutherischen Tropus« gegen den »pietistisch-jakobischen«, der am Gesetz hafte, bezeichnet. Die Brüdergemeinde selbst aber und ihre Praxis, die er trotz seines stets betonten Luthertums [2]) zuließ und förderte, stand schon in ihrem notariellen Protokoll vom 12. August 1729 auf einem Standpunkt, welcher dem der calvinistischen Heiligenaristokratie in vieler Hinsicht durchaus entsprach [3]). Die viel erörterte Uebertragung des Aeltestenamts auf Christus am 12. November 1741 brachte etwas Aehnliches auch äußerlich zum Ausdruck. Von den drei »Tropen« der Brüdergemeinde war überdies der calvinistische und der mährische von Anfang an im wesentlichen an der reformierten Berufsethik orientiert. Auch Zinzendorf sprach ganz nach puritanischer Art John Wesley gegenüber die Ansicht aus, daß, wenn auch nicht immer der Gerechtfertigte selbst, so doch andere an der Art seines Wandels seine Rechtfertigung erkennen könnten [4]). Aber

[1]) Die für uns wesentlichen Punkte finden sich am bequemsten bei Plitt, Zinzendorfs Theologie (3 Bände, Gotha 1869 f.) Bd. I S 325, 345, 381, 412, 429, 433 f., 444, 448, Bd. II S. 372, 381, 385, 409 f., Bd. III S. 131, 167, 176. — Vgl. auch Bernh. Becker, Zinzendorf und sein Christentum (Leipzig 1900) 3. Buch, Kap. III. —

[2]) Freilich hielt er die Augsburger Konfession nur dann für eine geeignete Urkunde lutherisch-christlichen Glaubenslebens, wenn man, — wie er in seiner ekelhaften Terminologie es ausdrückt, — eine »Wundbrühe« darüber ausgegossen habe. Ihn zu lesen ist eine Pönitenz, weil seine Sprache in der weichlichen Zerflossenheit der Gedanken noch übler wirkt, als jenes »Christoterpentinöl«, welches F. Th. Vischer (bei seiner Polemik mit der Münchener »Christoterpe«) so fürchterlich war.

[3]) »Wir erkennen in keiner Religion einige für Brüder, die nicht durch die Besprengung des Blutes Christi gewaschen und durchaus verändert in der Heiligung des Geistes fortfahren. Wir erkennen keine offenbare (= sichtbare) Gemeinde Christi, als wo das Wort Gottes rein und lauter gelehrt wird und sie auch heilig als die Kinder Gottes danach leben«. — Der letzte Satz ist zwar Luthers kleinem Katechismus entnommen; aber — wie schon Ritschl hervorhebt — dient er dort der Antwort auf die Frage, wie der Name Gottes geheiligt werde, hier dagegen der Abgrenzung der Kirche der Heiligen.

[4]) S. Plitt I p. 346. — Noch entschiedener die bei Plitt I p. 381 zitierte Antwort auf die Frage: »ob die guten Werke nötig zur Seligkeit?« — »Unnötig und

andererseits tritt in der spezifisch herrnhuterischen Frömmigkeit das Gefühlsmoment sehr stark in den Vordergrund und suchte speziell Zinzendorf persönlich die Tendenz zur asketischen Heiligung in puritanischem Sinn in seiner Gemeinde immer wieder geradezu zu durchkreuzen [1]) und die Werkheiligkeit lutherisch umzubiegen [2]). Auch entwickelte sich, unter dem Einfluß der Verwerfung der Konventikel und der Beibehaltung der Beichtpraxis, eine wesentlich lutherisch gedachte Gebundenheit an die sakramentale Heilsvermittlung. Dann wirkte auch der spezifisch Zinzendorfsche Grundsatz: daß die Kindlichkeit des religiösen Empfindens Merkmal seiner Echtheit sei, ebenso z. B. der Gebrauch des Loses als Mittels der Offenbarung von Gottes Willen, doch dem Rationalismus der Lebensführung so stark entgegen, daß im ganzen, soweit der Einfluß des Grafen reichte [3]) die antirationalen, gefühlsmäßigen Elemente in der Frömmigkeit der Herrnhuter weit mehr als sonst im Pietismus überwogen [4]). Die Verknüpfung von Sittlichkeit und Sündenvergebung in Spangenbergs »Idea fidei fratrum« ist ebenso locker [5]) wie

schädlich zur Erlangung der Seligkeit, nach erlangter Seligkeit aber so nötig, daß wer sie nicht tut, auch nicht selig ist.« Also auch hier: nicht Realgrund, aber — einziger! — Erkenntnisgrund.

[1]) Z. B. durch jene Karikaturen der »christlichen Freiheit«, welche Ritschl a. a. O. III S 381 geißelt.

[2]) Vor allem durch verschärfte Betonung des Strafsatisfaktionsgedankens in der Heilslehre, den er, nach der Ablehnung seiner missionierenden Annäherungsversuche durch die amerikanischen Sekten, auch zur Grundlage der Heiligungsmethode machte. Die Erhaltung der Kindlichkeit und der Tugenden des demütigen Sich-Bescheidens wird von ihm seitdem als Ziel der herrnhutischen Askese in den Vordergrund gestellt, in scharfen Gegensatz gegen die durchaus der puritanischen Askese analogen Tendenzen in der Gemeinde.

[3]) Der aber eben seine Grenzen hatte. Es ist schon aus diesem Grunde verfehlt, Z.s Religiosität in eine »sozialpsychische« Entwicklungsstufe einschachteln zu wollen, wie es bei Lamprecht geschieht. Ueberdies aber ist seine ganze Religiosität durch nichts stärker beeinflußt, als durch den Umstand: daß er ein Graf mit im Grunde feudalen Instinkten war. Grade die Gefühlsseite derselben würde ferner »sozialpsychisch« in die Zeit der sentimentalen Dekadence des Rittertums ganz ebensogut wie in die der »Empfindsamkeit« passen. Sie ist in ihrem Gegensatz gegen den westeuropäischen Rationalismus, wenn überhaupt »sozialpsychisch«, dann am ehesten durch die patriarchale Gebundenheit des deutschen Ostens verständlich zu machen.

[4]) Zinzendorfs Kontroversen mit Dippel ergeben dies ebenso, wie — nach seinem Tode — die Aeußerungen der Synode von 1764 den Heilsanstalts-Charakter der Herrnhutergemeinde deutlich zum Ausdruck bringen. S. Ritschls Kritik daran a. a. O. III S. 443 f.

[5]) Vgl. z. B. § 151, 153, 160. Daß das Ausbleiben der Heiligung trotz wahrer Reue und Sündenvergebung möglich ist, geht speziell aus den Bemer-

im Luthertum überhaupt. Zinzendorfs Ablehnung des methodistischen Vollkommenheitsstrebens entspricht — hier wie überall — seinem im Grunde eudämonistischen Ideal, die Menschen schon in der Gegenwart[1]) die Seligkeit (er sagt: »Glückseligkeit«) gefühlsmäßig empfinden zu lassen, statt sie anzuleiten, ihrer durch rationales Arbeiten an sich für das Jenseits sicher zu werden[2]). Andererseits ist der Gedanke, daß der entscheidende Wert der Brüdergemeinde im Gegensatz zu anderen Kirchen in der Aktivität des christlichen Lebens, in Mission und — was damit in Verbindung gebracht wurde — Berufsarbeit[3]) liege, auch hier lebendig geblieben. Zudem war doch die praktische Rationalisierung des Lebens unter dem Gesichtspunkt der Nützlichkeit ein ganz wesentlicher Bestandteil auch von Zinzendorfs Lebensanschauung[4]). Sie folgte für ihn — wie für andere Vertreter des Pietismus — einerseits aus der entschiedenen Abneigung gegen die dem Glauben gefährlichen philosophischen Spekulationen und der dementsprechenden Vorliebe für das empirische Einzelwissen[5]), anderer —

kungen S. 311 hervor und entspricht der lutherischen Heilslehre ebenso, wie es der calvinistischen (und methodistischen) widerspricht.

[1]) Vgl. Zinzendorfs bei Plitt II S. 345 zitierte Aeußerungen. Ebenso Spangenberg, Idea fidei p. 325.

[2]) Vgl. z. B. die bei Plitt III S. 131 zitierte Aeußerung Z.s zu Matth. 20, 28 »Wenn ich einen Menschen sehe, dem Gott eine feine Gabe gegeben hat, so freue ich mich und bediene mich der Gabe mit Vergnügen. Wenn ich aber merke, er ist mit dem Seinen nicht zufrieden, sondern will es noch feiner herausbringen, so halte ich das für den Anfang des Ruins einer solchen Person«. — Z. leugnete eben — insbesondere bei seinem Gespräch mit John Wesley 1743 — den Fortschritt in der Heiligung, weil er diese mit der Rechtfertigung identifizierte und allein in dem gefühlsmäßig gewonnenen Verhältnis zu Christus fand. Plitt I S. 413. An Stelle des »Werkzeug«-Gefühls tritt das »Haben« des Göttlichen: Mystik, nicht Askese (in dem in der Einleitung zu den späteren Aufsätzen zu besprechenden Sinn). — Natürlich ist (wie ebendort erörtert wird) auch für den Puritaner der gegenwärtige, diesseitige, Habitus das, was er wirklich erstrebt. Aber dieser als certitudo salutis gedeutete Habitus ist bei ihm das aktive Werkzeugsgefühl.

[3]) Die aber eben wegen dieser Ableitung nicht konsequent ethisch begründet wurde. Z. lehnt Luthers Idee vom »Gottesdienst« im Beruf als dem maßgebenden Gesichtspunkte für die Berufstreue ab. Dieselbe sei vielmehr Entgelt für des »Heilands Handwerkstreue«. (Plitt II S. 411).

[4]) Bekannt ist sein Ausspruch: »Ein vernünftiger Mensch soll nicht ungläubig und ein gläubiger Mensch nicht unvernünftig sein« in seinem »Sokrates, d. i. Aufrichtige Anzeige verschiedener nicht sowohl unbekannter als vielmehr in Abfall geratener Hauptwahrheiten« (1725), ferner seine Vorliebe für Schriftsteller wie Bayle.

[5]) Die ausgeprägte Vorliebe der protestantischen Askese für den durch mathematische Fundamentierung rationalisierten Empirismus ist bekannt und

seits aus dem weltklugen Sinn des berufsmäßigen Missionars. Die Brüdergemeinde war als Missionsmittelpunkt zugleich Geschäftsunternehmen und leitete so ihre Glieder in die Bahnen der innerweltlichen Askese, welche auch im Leben überall zuerst nach »Aufgaben« fragt und es im Hinblick auf diese nüchtern und planmäßig gestaltet. Nur steht als Hemmnis wieder die aus dem Vorbild des Missionslebens der Apostel hergeleitete Glorifizierung des Charisma der apostolischen Besitzlosigkeit bei den von Gott durch »Gnadenwahl« erwählten »Jüngern«[1]) da,

hier noch nicht näher zu erörtern. Vgl. über die Wendung der Wissenschaften zur mathematisch-rationalisierten »exakten« Forschung, die philosophischen Motive dazu, und deren Gegensatz gegen die Gesichtspunkte Bacons: Windelband, Gesch. d. Philos. S. 305—307, speziell die Bemerkungen S. 305 unten, welche den Gedanken, die moderne Naturwissenschaft sei als Produkt materiell-technologischer Interessen zu begreifen, treffend ablehnt. Höchst wichtige Beziehungen sind natürlich vorhanden, aber weit komplizierter. S. ferner Windelband, Neuere Philos. I S. 40 f. — Der für die Stellungnahme der protestantischen Askese entscheidende Gesichtspunkt, wie er wohl am deutlichsten in Speners Theol. Bedenken I S. 232, III S. 260 hervortritt, war ja: daß, wie man den Christen an den Früchten seines Glaubens erkennt, so auch die Erkenntnis Gottes und seiner Absichten nur aus der Erkenntnis seiner Werke heraus gefördert werden könne. Die bevorzugte Disziplin alles puritanischen, täuferischen und pietistischen Christentums war demgemäß die Physik und demnächst andere mit gleichartiger Methode arbeitende mathematisch-naturwissenschaftliche Disziplinen. Man glaubte eben, aus der empirischen Erfassung der göttlichen Gesetze in der Natur zur Kenntnis des »Sinnes« der Welt emporsteigen zu können, der auf dem Wege begrifflicher Spekulationen bei dem fragmentarischen Charakter der göttlichen Offenbarung: — ein calvinistischer Gedanke, — doch nie zu erfassen sein werde. Der Empirismus des 17. Jahrhunderts war der Askese das Mittel, »Gott in der Natur« zu suchen. Er schien zu Gott hin-, die philosophische Spekulation von Gott abzuführen. Speziell die aristotelische Philosophie ist nach Spener der Grundschaden für das Christentum gewesen. Jede andere sei besser, insbesondere die »platonische«: Cons. Theol. III, 6, 1, Dist. 2, Nr. 13. Vgl. ferner folgende charakteristische Stelle: Unde pro Cartesio quid dicam non habeo (er hat ihn nicht gelesen), semper tamen optavi et opto, ut Deus viros excitet, qui veram philosophiam vel tandem oculis sisterent, in qua nullius hominis attenderetur auctoritas, sed sana tantum magistri nescia ratio, Spener Cons. Theol. II, 5, Nr. 2. — Welche Bedeutung jene Auffassungen des asketischen Protestantismus für die Entwicklung der Erziehung, speziell des Realunterrichts, gehabt haben, ist bekannt. Kombiniert mit der Stellung zur »fides implicita« ergaben sie sein pädagogisches Programm.

[1]) »Es ist das eine Art Menschen, die ihre Glückseligkeit ohngefähr in vier Stücke setzen: 1. gering, verachtet, geschmäht . . . zu werden . . . 2. alle Sinne, die sie nicht brauchen zum Dienst ihres Herrn, . . . zu vernachlässigen . . . 3. entweder nichts zu haben oder, was sie bekommen, wieder wegzugeben . . . 4. tagelöhnermäßig zu arbeiten, nicht um Verdienstes, sondern um des Berufes und um der Sache des Herrn willen und ihres Nächsten . . .« (Rel. Reden II, S. 180, Plitt I S. 445.) Nicht alle können und dürfen

welches eben doch im Effekt eine teilweise Repristination der »consilia evangelica« bedeutete. Die Schaffung einer rationalen Berufsethik nach Art der calvinistischen wurde dadurch immerhin hintangehalten, wenn schon — wie das Beispiel der Umwandlung der Täuferbewegung zeigt — nicht ausgeschlossen, vielmehr durch den Gedanken der Arbeit l e d i g l i c h »um des Berufes willen«, innerlich stark vorbereitet.

Alles in allem werden wir, wenn wir den deutschen Pietismus unter den f ü r u n s hier in Betracht kommenden Gesichtspunkten betrachten, in der religiösen Verankerung seiner Askese ein Schwanken und eine Unsicherheit zu konstatieren haben, welche gegen die eherne Konsequenz des Calvinismus erheblich abfällt und teils durch lutherische Einflüsse, teils durch den G e f ü h l s charakter seiner Religiosität bedingt ist. Denn es ist zwar eine große Einseitigkeit, dieses gefühlsmäßige Element als das dem Pietismus im Gegensatz zum L u t h e r tum Spezifische hinzustellen [1]). Aber im Vergleich mit dem C a l v i n i s m u s mußte allerdings die Intensität der Rationalisierung des Lebens notwendig geringer sein, weil der innere Antrieb des Gedankens an den stets von neuem zu bewährenden Gnadenstand, der die ewige Z u k u n f t verbürgt, gefühlsmäßig auf die G e g e n w a r t abgelenkt und an Stelle der Selbstgewißheit, welche der Prädestinierte in rastloser und erfolgreicher Berufsarbeit stets neu zu erwerben trachtete, jene Demut und Gebrochenheit [2]) des Wesens gesetzt wurde, welche teils die Folge der rein auf innere Erlebnisse gerichteten Gefühlserregung, teils des vom Pietismus zwar vielfach mit schweren Bedenken betrachteten,

---

»Jünger« werden, sondern nur die, welche der Herr beruft, — aber nach Zinzendorfs eigenem Eingeständnis (Plitt I S. 449) bleiben dann doch Schwierigkeiten, da die Bergpredigt sich formell an a l l e wendet. Die Verwandtschaft dieses »freien Akosmismus der Liebe« mit den alten täuferischen Idealen fällt in die Augen.

[1]) Denn die gefühlsmäßige Verinnerlichung der Frömmigkeit war dem Luthertum auch der Epigonenzeit keineswegs einfach fremd. Das A s k e t i s c h e: die in den Augen der Lutheraner nach »Werkheiligkeit« schmeckende Lebensreglementierung, war h i e r vielmehr der konstitutive Unterschied.

[2]) Eine »herzliche Angst« sei ein besseres Zeichen der Gnade als die »Sicherheit«, meint Spener Theol. Bedenken I, 324. Auch bei puritanischen Schriftstellern finden wir natürlich nachdrückliche Warnungen vor »falscher Sicherheit«, aber wenigstens die Prädestinationslehre wirkte, soweit ihr Einfluß die Seelsorge bestimmte, stets in der entgegengesetzten Richtung.

aber doch meist geduldeten lutherischen Beichtinstituts war[1]). Denn in alledem manifestiert sich eben jene spezifisch lutherische Art, das Heil zu suchen, für welche die »Vergebung der Sünden«, nicht: die praktische »Heiligung«, das Entscheidende ist. An Stelle des planmäßigen rationalen Strebens darnach: das sichere Wissen von der künftigen (jenseitigen) Seligkeit zu erlangen und festzuhalten, steht hier das Bedürfnis, die Versöhnung und Gemeinschaft mit Gott jetzt (diesseitig) zu fühlen. Wie aber im ökonomischen Leben die Neigung zum Gegenwartsgenuß streitet gegen die rationale Gestaltung der »Wirtschaft«, die ja eben an der Fürsorge für die Zukunft verankert ist, — so verhält es sich, in gewissem Sinne, auch auf dem Gebiet des religiösen Lebens. Ganz offenbar enthielt also die Ausrichtung des religiösen Bedürfnisses auf eine gegenwärtige innerliche Gefühlsaffektion ein minus an Antrieb zur Rationalisierung des innerweltlichen Handelns gegenüber dem nur auf das Jenseits ausgerichteten Bewährungsbedürfnis der reformierten »Heiligen«, während sie freilich gegenüber der traditionalistisch an Wort und Sakrament haftenden Gläubigkeit des orthodoxen Lutheraners immerhin ein Mehr an methodischer religiöser Durchdringung der Lebensführung zu entwickeln geeignet war. Im ganzen bewegte sich der Pietismus von Francke und Spener zu Zinzendorf hin in zunehmender Betonung des Gefühlscharakters. Es war aber nicht irgendeine ihm immanente »Entwicklungstendenz«, welche sich darin äußerte. Sondern jene Unterschiede folgten aus Gegensätzlichkeiten des religiösen (und: sozialen) Milieus, dem ihre führenden Vertreter entstammten. Darauf kann an dieser Stelle nicht eingegangen, ebenso auch nicht davon gesprochen werden: wie die Eigenart des deutschen Pietismus in seiner sozialen und geographischen Verbreitung zum Ausdruck kommt[2]). Hier haben wir uns noch einmal daran zu erinnern, daß natürlich die Abschattierung dieses Gefühlspietismus gegenüber der religiösen Lebensführung der puritani-

---

[1]) Denn der psychologische Effekt des Bestehens der Beichte war überall Entlastung der Eigenverantwortung des Subjekts für seinen Wandel: — deshalb wurde sie ja gesucht — und damit der rigoristischen Konsequenz der asketischen Anforderungen.

[2]) Wie stark dabei — auch für die Art der pietistischen Frömmigkeit — rein politische Momente mitspielten, hat schon Ritschl in seiner Darstellung des württembergischen Pietismus (Bd. III des oft zit. Werkes) angedeutet.

schen Heiligen sich in ganz allmählichen Uebergängen vollzieht. Wenn eine praktische Konsequenz des Unterschiedes wenigstens provisorisch charakterisiert werden soll, so kann man die Tugenden, welche der Pietismus züchtete, mehr als solche bezeichnen, wie sie einerseits der »berufstreue« Beamte, Angestellte, Arbeiter und Hausindustrielle [1]) und andererseits vorwiegend patriarchal gestimmte Arbeitgeber in Gott wohlgefälliger Herablassung (nach Zinzendorfs Art) entfalten konnten. Der Calvinismus erscheint im Vergleich damit dem harten rechtlichen und aktiven Sinn bürgerlich-kapitalistischer Unternehmer wahlverwandter [2]). Der reine Gefühlspietismus endlich ist — wie schon Ritschl [3]) hervorgehoben hat — eine religiöse Spielerei für »leisure classes«. So wenig erschöpfend diese Charakterisierung ist, so entsprechen ihr doch noch heute gewisse Unterschiede auch in der ökonomischen Eigenart der Völker, die unter dem Einfluß der einen oder anderen dieser beiden asketischen Richtungen gestanden haben. —

Die Verbindung gefühlsmäßiger und dabei doch asketischer Religiosität mit zunehmender Indifferenz oder Ablehnung der dogmatischen Fundamente der calvinistischen Askese charakterisiert nun auch das englisch-amerikanische Seitenstück des kontinentalen Pietismus: den Methodismus [4]). Schon

---

[1]) S. den S. 142 Anm. 1 zitierten Ausspruch Zinzendorfs.

[2]) Selbstverständlich ist auch der Calvinismus, jedenfalls der genuine, »patriarchalisch«. Und der Zusammenhang des Erfolges z. B. von Baxters Tätigkeit mit dem hausindustriellen Charakter des Gewerbes in Kidderminster tritt in seiner Autobiographie deutlich hervor. S. die in den Works of the Pur. Divines p. XXXVIII zit. Stelle: »The town liveth upon the weaving of Kidderminster stuffs, and as they stand in their loom, they can set a book before them, or edify each other . . .« Indessen ist doch der Patriarchalismus auf dem Boden der reformierten und erst recht der täuferischen Ethik anders geartet als auf dem Boden des Pietismus. Dies Problem kann nur in anderem Zusammenhang erörtert verden.

[3]) Lehre von der Rechtfertigung und Versöhnung, 3. Aufl., I S. 598. — Wenn Friedrich Wilhelm I. den Pietismus überhaupt als eine für Rentiers geeignete Angelegenheit bezeichnete, so ist das freilich mehr für diesen König als für den Pietismus der Spener und Francke bezeichnend, und auch der König wußte wohl, warum er ihm durch sein Toleranzedikt seine Staaten öffnete.

[4]) Zur orientierenden Einführung in die Kenntnis des Methodismus ist der vorzügliche Artikel »Methodismus« von Loofs in der Real-Encykl. f. Prot. Theol. u. K. 3. Aufl. ganz besonders geeignet. Auch die Arbeiten von Jacoby (speziell das »Handbuch des Methodismus«), Kolde, Jüngst, Southey sind brauchbar. Ueber Wesley: Tyerman, life and times of John W. London 1870 f. Das Buch von Watson (Life of W., auch in Uebersetzung) ist populär. — Eine der besten Bibliotheken zur Geschichte des Methodismus hat die Northwestern University

sein Name zeigt, was den Zeitgenossen als Eigenart seiner Anhänger auffiel: die »methodische« Systematik der Lebensführung zum Zweck der Erreichung der certitudo salutis: denn um diese handelt es sich von Anfang an auch hier und sie blieb Mittelpunkt des religiösen Strebens. Die trotz aller Unterschiede unbezweifelbare Verwandtschaft mit gewissen Richtungen des deutschen Pietismus [1]) zeigt sich nun vor allem darin, daß diese Methodik speziell auch auf die Herbeiführung des gefühlsmäßigen Aktes der »Bekehrung« übertragen wurde. Und zwar nahm hier die — bei John Wesley durch herrnhuterisch-lutherische Einflüsse erweckte — Gefühlsmäßigkeit, da der Methodismus von Anfang an auf Mission unter den Massen abgestellt war, einen stark emotionellen Charakter an, speziell auf amerikanischem Boden. Ein unter Umständen bis zu den fürchterlichsten Ekstasen gesteigerter Bußkampf, in Amerika mit Vorliebe auf der »Angstbank« vollzogen, führte zum Glauben an Gottes unverdiente Gnade und zugleich damit unmittelbar zum Bewußtsein der Rechtfertigung und Versöhnung. Diese emotionelle Religiosität ging nun, unter nicht geringen inneren Schwierigkeiten, mit der durch den Puritanismus ein für allemal rational abgestempelten asketischen Ethik eine eigentümliche Verbindung ein. Zunächst wurde im Gegensatz zum Calvinismus, der alles nur Gefühlsmäßige für der Täuschung verdächtig hielt, prinzipiell eine rein gefühlte, aus der Unmittelbarkeit des Geisteszeugnisses fließende, absolute Sicherheit des Begnadeten — deren Entstehung wenigstens normalerweise auf Tag und Stunde feststehen sollte — als das einzig zweifellose Fundament der certitudo salutis angesehen. Ein dergestalt Wiedergeborener kann nun nach der Lehre Wesleys, die eine konsequente Steige-

---

in Evanston bei Chicago. Eine Art von Kette vom klassischen Puritanismus zum Methodismus bildete der religiöse Dichter Isaac Watts, ein Freund des Kaplans Oliver Cromwells (Howe), dann Richard Cromwells, dessen Rat Whitefield gesucht haben soll (cf. Skeats p. 254 f.).

[1]) Sie ist — wenn man von den persönlichen Beeinflussungen der Wesleys absieht — historisch durch das Absterben des Prädestinationsdogmas einerseits und durch das wuchtige Wiedererwachen des »sola fide« bei den Gründern des Methodismus andererseits bedingt, vor allem aber durch dessen spezifischen Missionscharakter motiviert, der eine (umbildende) Repristination gewisser mittelalterlicher Methoden der »Erweckungs«-Predigt herbeiführte und diese mit pietistischen Formen kombinierte. In eine allgemeine Entwicklungslinie zum »Subjektivismus« gehört die Erscheinung — die in dieser Hinsicht nicht nur hinter dem Pietismus, sondern auch hinter der bernhardinischen Frömmigkeit des Mittelalters zurückstand — sicherlich nicht hinein.

rung der Heiligungsdoktrin, aber eine entschiedene Abweichung von der orthodoxen Fassung derselben darstellt, schon in diesem Leben kraft des Wirkens der Gnade in ihm durch einen zweiten, regelmäßig gesondert eintretenden und ebenfalls oft plötzlichen inneren Vorgang, die »Heiligung«, zum Bewußtsein der Vollkommenheit im Sinne der Sündlosigkeit gelangen. So schwer dies Ziel erreicht wird — meist erst gegen Ende des Lebens —, so unbedingt ist danach — weil es die certitudo salutis endgültig verbürgt und frohe Sicherheit an die Stelle der »mürrischen« Sorge der Calvinisten setzt [1]) — zu streben, und es muß jedenfalls der wirklich Bekehrte sich als solcher vor sich selbst und anderen dadurch ausweisen, daß zum mindesten die Sünde »keine Macht mehr über ihn hat«. Trotz der entscheidenden Bedeutung des Selbstzeugnisses des Gefühls wurde daher natürlich doch der am Gesetz orientierte heilige Wandel festgehalten. Wo Wesley gegen die Werkgerechtigkeit seiner Zeit kämpfte, belebte er lediglich den altpuritanischen Gedanken wieder, daß die Werke nicht Realgrund, sondern nur Erkenntnisgrund des Gnadenstandes sind, und auch dies nur dann, wenn sie ausschließlich zu Gottes Ruhm getan werden. Der korrekte Wandel allein tat es nicht — wie er an sich selbst erfahren hatte —: das Gefühl des Gnadenstandes mußte dazu treten. Er selbst bezeichnete gelegentlich die Werke als »Bedingung« der Gnade und betonte auch in der Deklaration vom 9. August 1771 [2]), daß wer keine guten Werke tue, kein wahrer Gläubiger sei, und stets ist von den Methodisten betont worden, daß sie sich nicht in der Lehre, sondern durch die Art der Frömmigkeit von der offiziellen Kirche unterscheiden. Die Bedeutung der »Frucht« des Glaubens wurde meist aus 1. Joh. 3, 9 begründet und der Wandel als deutliches Zeichen der Wiedergeburt hingestellt. Trotz alledem ergaben sich Schwierigkeiten [3]). Für diejenigen Methodisten, welche Anhänger der Prädestinationslehre waren, bedeutete die Verlegung der certitudo salutis statt in das aus der asketischen Lebensführung selbst in stets neuer

[1]) So hat Wesley selbst gelegentlich den Effekt des methodistischen Glaubens gekennzeichnet. Die Verwandtschaft mit der Zinzendorfschen »Glückseligkeit« liegt zutage.

[2]) S. dieselbe z. B. in Watsons Leben Wesleys (deutsche Ausg.) S. 331.

[3]) J. Schneckenburger, Vorlesungen über die Lehrbegriffe der kleinen protestantischen Kirchenparteien. Herausgeg. von Hundeshagen. Frankfurt 1863, S. 147.

Bewährung folgende Gnadenbewußtsein in das unmittelbare Gnaden- und Vollkommenheits g e f ü h l [1]) — weil ja dann an den e i n m a l i g e n Bußkampf sich die Sicherheit der »perseverantia« knüpfte —, eins von zwei Dingen: entweder, bei schwachen Naturen, antinomistische Deutung der »christlichen Freiheit«, also Kollaps der methodischen Lebensführung, — oder, wo diese Konsequenz abgelehnt wurde, eine zu schwindelnder Höhe sich aufgipfelnde Selbstgewißheit des Heiligen [2]): eine g e f ü h l s mäßige Steigerung des puritanischen Typus. Diesen Folgen suchte man, angesichts der Angriffe der Gegner, einerseits durch gesteigerte Betonung der normativen Geltung der Bibel und der Unentbehrlichkeit der Bewährung entgegenzutreten [3]), andererseits aber führten sie im Erfolg zu einer Verstärkung der anticalvinistischen, die Verlierbarkeit der Gnade lehrenden Richtung Wesleys innerhalb der Bewegung. Die starken lutherischen Einflüsse, denen, unter Vermittlung der Brüdergemeinde, Wesley ausgesetzt gewesen war [4]), verstärkten diese Entwicklung und vermehrten die U n b e s t i m m t h e i t der religiösen Orientierung der methodistischen Sittlichkeit [5]). Im Ergebnis wurde schließlich wesentlich nur der Begriff der »regeneration«: — einer unmittelbar als Frucht des G l a u b e n s auftretenden gefühlsmäßigen Sicherheit der Errettung — als unentbehrlichen Fundaments und der Heiligung mit ihrer Konsequenz der (wenig-

---

[1]) Whitefield, der Führer der prädestinatianischen Gruppe, welche nach seinem Tode, weil unorganisiert, zerfiel, lehnte Wesleys »Vollkommenheits«-Lehre im wesentlichen ab. In der Tat ist dieselbe ja nur ein S u r r o g a t des Bewährungsgedankens der Calvinisten.

[2]) Schneckenburger a. a. O. S. 145. Etwas anders Loofs a. a. O. Beide Konsequenzen sind aller ähnlich gearteten Religiosität typisch.

[3]) So die Konferenz von 1770. Schon die erste Konferenz von 1744 hatte anerkannt, daß die Bibelworte »bis auf Haaresbreite« den Calvinismus einerseits, den Antinomismus andererseits streiften. Bei ihrer Dunkelheit solle man um doktrineller Differenzen willen sich nicht voneinander scheiden, solange die Geltung der Bibel als p r a k t i s c h e r Norm festgehalten bleibe.

[4]) Von den Herrnhutern s c h i e d die Methodisten ihre Lehre von der Möglichkeit sündloser Vollkommenheit, welche speziell auch Zinzendorf ablehnte, während andererseits Wesley das G e f ü h l s mäßige der herrnhuterischen Religiosität als »Mystik« empfand und Luthers Ansichten über das »Gesetz« als »blasphemisch« bezeichnete. Hier zeigt sich die Schranke, welche zwischen jeder Art von r a t i o n a l e r religiöser Lebensführung und dem Luthertum unvermeidlich fortbestand.

[5]) John Wesley hebt gelegentlich hervor, daß man überall: bei Quäkern, Presbyterianern und Hochkirchlern, D o g m e n glauben müsse, nur bei den Methodisten nicht. — Vgl. zu dem Vorstehenden auch die freilich summarische Darstellung bei Skeats, History of the free churches of England 1688—1851.

stens virtuellen) Freiheit von der Macht der Sünde als des aus jener folgenden Erweises des Gnadenstandes konsequent festgehalten und die Bedeutung der äußeren Gnadenmittel, insbesondere der Sakramente, entsprechend entwertet. Und jedenfalls bezeichnet das »general awakening« im Gefolge des Methodismus überall, auch z. B. in Neu-England, eine Steigerung der Lehre von Gnade und Erwählung [1]).

Der Methodismus erscheint danach für unsere Betrachtung als ein in seiner Ethik ähnlich schwankend fundamentiertes Gebilde wie der Pietismus. Aber auch ihm diente das Streben nach dem »higher life«, dem »zweiten Segen«, als eine Art Surrogat der Prädestinationslehre und, auf dem Boden Englands erwachsen, orientierte sich die Praxis seiner Ethik durchaus an derjenigen des dortigen reformierten Christentums, dessen »revival« er ja sein wollte. Methodisch wurde der emotionelle Akt der Bekehrung herbeigeführt. Und, nachdem er erzielt war, fand nicht ein frommes Genießen der Gemeinschaft mit Gott nach Art des gefühlsmäßigen Pietismus Zinzendorfs statt, sondern alsbald wurde das erweckte Gefühl in die Bahn rationalen Vollkommenheitsstrebens geleitet. Der emotionelle Charakter der Religiosität führte daher nicht zu einem innerlichen Gefühlschristentum nach Art des deutschen Pietismus. Daß dies mit der (zum Teil gerade infolge des emotionellen Ablaufs der Bekehrung) geringeren Entwicklung des Sündengefühls zusammenhing, hat schon Schneckenburger gezeigt und ist ein stehender Punkt in der Kritik des Methodismus geblieben. Hier blieb der reformierte Grundcharakter des religiösen Empfindens maßgebend. Die Gefühlserregung nahm den Charakter eines nur gelegentlich, dann aber »korybantenartig« geschürten Enthusiasmus an, der den rationalen Charakter der Lebensführung im übrigen keineswegs beeinträchtigte [2]). Die »regeneration« des Methodismus schuf so lediglich eine Ergänzung der reinen Werkheiligkeit: eine religiöse Verankerung der asketi-

---

1) Vgl. z. B. Dexter, Congregationalism, p. 455 f.

2) Natürlich aber beeinträchtigen kann, wie er dies heute bei den amerikanischen Negern tut. — Im übrigen hängt der oft ausgeprägt pathologische Charakter der methodistischen Emotion im Gegensatz zu der relativ milden Gefühlsmäßigkeit des Pietismus wohl — neben rein historischen Gründen und der Publizität des Vorgangs — vielleicht auch mit stärkerer asketischer Durchdringung des Lebens in den Verbreitungsgebieten des Methodismus näher zusammen. Das zu entscheiden wäre aber nur Sache der Neurologen.

schen Lebensführung, nachdem die Prädestination aufgegeben worden war. Die Kennzeichen des Wandels, unentbehrlich als Kontrolle der wahren Bekehrung, als ihre »Bedingung«, wie Wesley gelegentlich sagt, waren in der Sache ganz die gleichen wie im Calvinismus. Als einen Spätling [1]) können wir den Methodismus im folgenden bei der Erörterung der Berufsidee, zu deren Entfaltung er nichts Neues beisteuerte [2]), im wesentlichen beiseite lassen.

Der Pietismus des europäischen Kontinents und der Methodismus der angelsächsischen Völker sind nach ihrem Gedankengehalt sowohl als nach ihrer geschichtlichen Entwicklung betrachtet, sekundäre Erscheinungen [3]). Dagegen steht als zweiter selbständiger Träger protestantischer Askese neben dem Calvinismus das Täufertum und die aus ihm im Laufe des 16. und 17. Jahrhunderts direkt oder durch Aufnahme seiner religiösen Denkformen hervorgegangenen Sekten [4]) der Bap-

---

[1]) Loofs a. a. O. S. 750 hebt nachdrücklich hervor, daß der Methodismus sich von anderen asketischen Bewegungen dadurch unterscheidet, daß er nach der englischen Aufklärungsepoche liegt und stellt ihn zu der (freilich sehr viel schwächlicheren) Renaissance des Pietismus im ersten Drittel dieses Jahrhunderts bei uns in Parallele. — Aber immerhin wird, im Anschluß an Ritschl, Lehre von der Rechtfertigung und Versöhnung, Bd. I 568 f., doch wohl auch die Parallelisierung mit der Zinzendorfschen Spielart des Pietismus, die ja — im Gegensatz zu Spener und Francke — auch schon Reaktion gegen die Aufklärung war, erlaubt bleiben. Nur nimmt eben diese Reaktion im Methodismus, wie wir sahen, eine sehr andere Richtung als im Herrnhutertum, wenigstens soweit es von Zinzendorf beeinflußt war.

[2]) Die er aber, wie die Stelle aus John Wesley (unten S. 196) zeigt, ganz ebenso und mit genau gleicher Wirkung entwickelte wie die andern asketischen Denominationen.

[3]) Und — wie sich zeigte — Abschwächungen der konsequenten asketischen Ethik des Puritanismus: während, wenn man, nach beliebter Art, diese religiösen Konzeptionen nur als »Exponenten« oder »Wiederspiegelungen« der kapitalistischen Entwicklung deuten wollte, ja doch das gerade Umgekehrte eingetreten sein müßte.

[4]) Von den Baptisten gehen nur die sog. »General Baptists« auf die alten Täufer zurück. Die »Particular Baptists« waren — wie schon früher gesagt — Calvinisten, welche die Kirchenzugehörigkeit prinzipiell auf die Wiedergeborenen oder doch auf persönliche Bekenner beschränkten, daher prinzipielle Voluntaristen und Gegner aller Staatskirchen blieben, — in der Praxis freilich unter Cromwell nicht immer konsequent. Sie, aber auch die General Baptists, so historisch wichtig sie als Träger der täuferischen Tradition sind, bieten für uns hier keinen Anlaß zu besonderer dogmatischer Analyse. Daß die Quäker, formell eine Neustiftung von George Fox und seinen Genossen, in ihren Grundgedanken lediglich Fortsetzer täuferischer Tradition waren, ist fraglos. Die beste Einführung in ihre Geschichte, zugleich unter Veranschaulichung ihrer Beziehung zu Baptisten und Mennoniten, gibt Robert Barclay, The inner life of the

tisten, Mennoniten und, vor allem, der Quäker[1]). Mit ihnen gelangen wir zu religiösen Gemeinschaften, deren Ethik

religious societies of the Commonwealth, 1876. Zur Geschichte der Baptisten vgl. u. a.: H. M. Dexter, The true story of John Smyth, the Se-Baptist, as told by himself and his contemporaries, Boston 1881 (dazu J. C. Lang in Bapt. Quart. R. 1883, p. 1 f.). J. Murch, A hist. of the Presb. and Gen. Bapt. Ch. in the W. of Engl., London 1835. A. H. Newman, Hist. of the Bapt. Ch. in the U. S., New York 1894 (Am. Church Hist. Ser. Vol. 2); Vedder, A short hist. of the Baptists, London 1897; E. B. Bax, Rise and fall of the Anabaptists, New York 1902; G. Lorimer, Baptists in history, 1902; J. A. Seiss, Baptist system examined Luth. Publ. S. 1902; ferneres Material in Baptist Handbook, London 1896 ff.; Baptist Manuals, Paris 1891/3; der Baptist Quart. Review; der Bibliotheca sacra (Oberlin 1900). Die beste Baptisten-Bibliothek scheint sich in Colgate College im Staat New York zu befinden. Für die Quäkergeschichte gilt als beste Sammlung die in Devonshire House in London (von mir nicht benutzt). Das moderne offizielle Organ der Orthodoxie ist der von Prof. Jones herausgegebene »American Friend«, die beste Quäkergeschichte die von Rowntree. Im übrigen: Rufus B. Jones, George Fox, an autobiography, Phil. 1903; Alton C. Thomas, A Hist. of the S. of Friends in America, Phil. 1895; Eduard Grubb, Social Aspects of Quaker Faith, London 1899. Dazu die große und sehr gute biographische Literatur. —

[1]) Es ist eins der vielen Verdienste von Karl Müllers Kirchengeschichte, der in ihrer Art großartigen, wennschon äußerlich unscheinbaren, Täuferbewegung die verdiente Stellung innerhalb der Darstellung eingeräumt zu haben. Wie keine andere hat sie unter der erbarmungslosen Verfolgung von seiten aller Kirchen gelitten, — weil sie eben Sekte im spezifischen Sinn des Worts sein wollte. Sie war durch die Katastrophe der aus ihr hervorgegangenen eschatologischen Richtung in Münster noch nach 5 Generationen in der ganzen Welt (England z. B.) diskreditiert. Und sie ist, immer wieder zerdrückt und in die Winkel gescheucht, vor allem erst lange nach ihrem Entstehen zu einer zusammenhängenden Formulierung ihres religiösen Gedankengehalts gelangt. So hat sie noch weniger »Theologie« produziert als mit ihren an sich dem fachmäßigen Betrieb des Glaubens an Gott als einer »Wissenschaft« feindseligen Grundsätzen vereinbar gewesen wäre. Das berührte die ältere Fachtheologie — schon ihrer eigenen Zeit — wenig sympathisch und imponierte ihr auch sehr wenig. Aber selbst bei manchen Neueren steht es nicht anders. Bei Ritschl, Pietismus I S. 22 f., z. B. sind die »Wiedertäufer« wenig unbefangen, ja in geradezu schnöder Weise behandelt: man fühlt sich versucht, von einem theologischen »Bourgeoisstandpunkt« zu sprechen. Dabei lag das schöne Werk von Cornelius (Geschichte des Münsterschen Aufruhrs) seit Jahrzehnten vor. Ritschl konstruiert auch hier überall einen Kollaps — von seinem Standpunkt aus — ins »Katholische« und wittert direkte Einflüsse der Spiritualen und Franziskaner-Observanten. Wären solche vereinzelt nachweisbar, so wären diese Fäden doch sehr dünn. Und vor allem ist der historische Sachverhalt doch wohl der, daß die offizielle katholische Kirche die innerweltliche Askese der Laien: wo immer sie es bis zur Konventikelbildung brachte, mit äußerstem Mißtrauen behandelte und in die Bahn der Ordensbildung — also aus der Welt heraus — zu lenken suchte, oder doch geflissentlich als Askese zweiten Grades den Vollorden angliederte und ihrer Kontrolle unterordnete. Wo dies nicht gelang, witterte sie ganz ebenso die Gefahr, daß die Pflege subjektivistischer asketischer Sittlichkeit zur Autoritätsverneinung und Häresie führe, wie dies — mit gleichem

auf einer prinzipiell gegenüber der reformierten Lehre heterogenen Grundlage ruht. Die nachfolgende Skizze, die ja nur das für uns hier Wichtige heraushebt, vermag von der Vielgestalt dieser Bewegung keinen Begriff zu geben. Wir legen natürlich wieder das Hauptgewicht auf die Entwicklung in den altkapitalistischen Ländern. — Der historisch und prinzipiell wichtigste Gedanke aller dieser Gemeinschaften, dessen Tragweite für die Kulturentwicklung freilich erst in einem anderen Zusammenhang ganz deutlich werden kann, ist uns in Ansätzen bereits begegnet: die »believers' church«[1]). Das heißt: daß die religiöse Gemeinschaft, die »sichtbare Kirche« nach dem Sprachgebrauch der Reformationskirchen[2]), nicht mehr aufgefaßt wurde als eine Art Fideikommisstiftung zu überirdischen Zwecken, eine, notwendig Gerechte und Ungerechte umfassende, Anstalt — sei es zur Mehrung des Ruhmes Gottes (calvinistisch), sei es zur Vermittlung von Heilsgütern an die Menschen (katholisch und lutherisch) —, sondern ausschließlich als eine Gemeinschaft der

---

Recht — die Kirche Elisabeths gegenüber den »prophesyings«, den halbpietistischen Bibelkonventikeln, auch wo sie in bezug auf »conformism« durchaus korrekt waren, tat und wie es die Stuarts in ihrem Book of sports — worüber später — zum Ausdruck brachten. Die Geschichte zahlreicher Ketzerbewegungen, aber auch z. B. der Humiliaten und Beghinen, und ebenso das Schicksal des heiligen Franz sind Belege dafür. Die Predigt der Bettelmönche, zumal der Franziskaner, hat für die asketische Laiensittlichkeit des reformiert-täuferischen Protestantismus wohl mehrfach den Boden bereiten helfen. Aber die massenhaften Züge von Verwandtschaft zwischen der Askese innerhalb des Mönchtums des Okzidentes und der asketischen Lebensführung innerhalb des Protestantismus — die gerade in unserem Zusammenhang, als höchst lehrreich, immer wieder zu betonen sein werden — haben ihren schließlichen Grund doch darin: daß natürlich jede auf dem Boden des biblischen Christentums stehende Askese eben notwendig gewisse wichtige gemeinsame Züge haben muß, — und weiterhin darin, daß überhaupt jede Askese irgendwelchen Bekenntnisses bestimmte probate Mittel zur »Abtötung« des Fleisches benötigt. — Zu der folgenden Skizze ist noch zu bemerken, daß ihre Kürze dem Umstand zuzuschreiben ist, daß für das in dieser Abhandlung speziell zu erörternde Problem: die Entwicklung der religiösen Grundlagen der »bürgerlichen« Berufsidee, die täuferische Ethik nur von sehr begrenzter Bedeutung ist. Sie hat ihr nichts unbedingt Neues hinzugefügt. Die weit wichtigere soziale Seite der Bewegung wird hier vorerst noch beiseite gelassen. Infolge der Problemstellung kann von dem historischen Gehalt der älteren Täuferbewegung auch nur das hier zur Darstellung gelangen, was nachher auf die Eigenart der für uns im Vordergrunde stehenden Sekten: Baptisten, Quäker und (mehr nebenher) Mennoniten, eingewirkt hat.

[1]) S. oben Anmerkung 1 S. 121.

[2]) Ueber dessen Ursprung und Wechsel s. A. Ritschl in seinen »Gesammelten Aufsätzen« S. 69 f.

persönlich Gläubigen und Wiedergeborenen und nur dieser: mit anderen Worten nicht als eine »Kirche«, sondern als eine »Sekte«[1]). Nur dies sollte ja auch das an sich rein äußerliche Prinzip, ausschließlich Erwachsene, die persönlich den Glauben sich innerlich erworben und bekannt haben, zu taufen, symbolisieren[2]). Die »Rechtfertigung« durch diesen Glauben war nun bei den Täufern, wie sie bei allen Religionsgesprächen beharrlich wiederholt haben, radikal verschieden von dem Gedanken einer »forensischen« Zurechnung des Verdienstes Christi, wie er die orthodoxe Dogmatik des alten Protestantismus beherrschte[3]). Sie bestand vielmehr in der innerlichen Aneignung seines Erlösungswerkes. Diese aber erfolgte durch individuelle Offenbarung: durch die Wirkung des göttlichen Geistes im einzelnen, und nur durch

---

[1]) Natürlich haben die Täufer die Bezeichnung als »Sekte« stets abgelehnt. Sie sind die Kirche im Sinne des Epheserbriefes (5, 27). Aber sie sind für unsere Terminologie »Sekte« nicht nur, weil sie jeder Beziehung zum Staat entbehren. Das Verhältnis zwischen Kirche und Staat in der ersten Zeit des Christentums war freilich, noch bei den Quäkern (Barclay), ihr Ideal, da ihnen, wie manchen Pietisten (Tersteegen), nur die Reinheit der Kirchen unter dem Kreuz unverdächtig war. Aber unter einem ungläubigen Staat, oder gar unter dem Kreuz, mußten auch die Calvinisten, faute de mieux — ähnlich wie im gleichen Fall selbst die katholische Kirche — für Trennung von Staat und Kirche sein. Auch nicht deshalb sind sie eine »Sekte«, weil die Aufnahme in die Kirchenmitgliedschaft de facto durch einen Aufnahmevertrag zwischen Gemeinde und Katechumenen erfolgte. Denn das war formell z. B. auch in den niederländischen reformierten Gemeinden (als Folge der ursprünglichen politischen Lage) nach der alten Kirchenverfassung der Fall (s. darüber v. Hoffmann, Kirchenverfassungsrecht der niederl. Reformierten, Leipzig 1902). — Sondern deshalb, weil die religiöse Gemeinschaft überhaupt nur voluntaristisch: als Sekte, nicht anstaltsmäßig: als Kirche, organisiert sein durfte, sollte sie nicht Unwiedergeborene in sich schließen und also von dem altchristlichen Vorbild abweichen. Bei den täuferischen Gemeinschaften lag das im Begriff der »Kirche«, was bei den Reformierten als faktischer Zustand vorkam. Daß freilich auch bei diesen ganz bestimmte religiöse Motive zur »believers' church« drängten, wurde schon angedeutet. S. über »Kirche« und »Sekte« näher den folgenden Aufsatz. Den hier verwendeten Begriff der »Sekte« hat etwa gleichzeitig mit und — ich nehme an — unabhängig von mir auch Kattenbusch in der R. E. f. Pr. Th. u. K. (Art. »Sekte«) verwendet. Troeltsch in seinen »Soziallehren der christlichen Kirchen« akzeptiert ihn und spricht eingehender darüber. S. auch unten die Einleitung in die Aufsätze über »Wirtschaftsethik der Weltreligionen«.

[2]) Wie wichtig das Symbol geschichtlich für die Konservierung der Gemeinschaft der Kirchen war, — weil es für diese ein unzweideutiges und unverkennbares Merkmal schuf —, hat Cornelius a. a. O. sehr klar ausgeführt.

[3]) Gewisse Annäherungen daran in der Rechtfertigungslehre der Mennoniten können hier außer Betracht bleiben.

diese. Sie wurde jedem angeboten und es genügte, auf den Geist zu harren und nicht durch sündliches Kleben an der Welt seinem Kommen zu widerstreben. Die Bedeutung des Glaubens im Sinn der Kenntnis der Kirchenlehre, ebenso aber auch im Sinn bußfertigen Ergreifens der göttlichen Gnade, trat demgegenüber folglich ganz zurück und es fand eine — natürlich stark umbildende — Renaissance urchristlicher pneumatisch-religiöser Gedanken statt. Die Sekte z. B., welcher Menno Simons in seinem Fondamentboek (1539) als erster eine leidlich geschlossene Lehre schuf, wollte ebenso wie die anderen täuferischen Sekten die wahre unsträfliche Kirche Christi sein: wie die Urgemeinde ausschließlich aus persönlich von Gott Erweckten und Berufenen bestehend. Die Wiedergeborenen und nur sie sind Christi Brüder, weil, wie er, von Gott geistig direkt gezeugt [1]. Strenge Meidung der »Welt«, d. h. alles nicht unbedingt nötigen Verkehrs mit den Weltleuten, in Verbindung mit striktester Bibliokratie im Sinn der Vorbildlichkeit des Lebens der ersten Christengeneration ergaben sich daraus für die ersten Täufergemeinschaften, und dieser Grundsatz der Weltmeidung ist, solange der alte Geist lebendig blieb, nie ganz verschwunden [2]. Als bleibenden Besitz nahmen die täuferischen Sekten aus diesen ihre Anfänge beherrschenden Motiven jenes Prinzip mit, welches wir — etwas anders begründet — schon beim Calvinismus kennen lernten und dessen fundamentale Wichtigkeit immer wieder hervortreten wird: die unbedingte Verwerfung aller »Kreaturvergötterung« als einer Entwertung der Gott allein geschuldeten Ehrfurcht [3]. Die

---

[1] Auf diesem Gedanken beruht vielleicht das religiöse Interesse an den Erörterungen der Fragen, wie die Inkarnation Christi und seine Beziehung zur Jungfrau Maria zu denken sei, welche, oft als einziger rein dogmatischer Bestandteil, sich so seltsam schon in den ältesten Dokumenten der Täufer (z. B. den bei Cornelius, Appendix zu Band II, a. a. O. abgedruckten »Bekenntnissen«) ausnimmt (s. darüber u. a. K. Müller, K. G. II, 1, S. 330). Der Differenz in der Christologie der Reformierten und der Lutheraner (in der Lehre von der sog. communicatio idiomatum) lagen ja ähnliche religiöse Interessen zugrunde.

[2] Er drückte sich namentlich in der ursprünglich strengen Meidung der Exkommunizierten auch im bürgerlichen Verkehr aus, — ein Punkt, in welchem selbst die Calvinisten der Auffassung, daß die bürgerlichen Verhältnisse grundsätzlich von den geistlichen Zensuren nicht berührt werden, starke Konzessionen machten. S. den folgenden Aufsatz.

[3] Wie sich dieser Grundsatz in den scheinbaren unwichtigen Aeußerlichkeiten bei den Quäkern äußerte (Ablehnung des Hutabnehmens, Knieens, Sich-Verbeugens und ebenso der Pluralaranrede) ist bekannt. Aber der Grund-

biblische Lebensführung war bei der ersten schweizerisch-oberdeutschen Täufergeneration ähnlich radikal gedacht, wie ursprünglich beim heiligen Franz: als ein schroffer Bruch mit aller Weltfreude und ein Leben strikt nach dem Vorbild der Apostel. Und wirklich erinnert das Leben vieler ihrer ersten Vertreter an dasjenige des heiligen Aegidius. Aber diese strikteste Bibelobservanz[1]) stand gegenüber dem pneumatischen Charakter der Religiosität auf nicht allzu festen Füßen. Was Gott den Propheten und Aposteln offenbart hatte, war ja nicht alles, was er offenbaren konnte und wollte. Im Gegenteil: die Fortdauer des Worts, nicht als einer geschriebenen Urkunde, sondern als einer im täglichen Leben der Gläubigen wirkenden Kraft des Heiligen Geistes, der direkt zu dem einzelnen, der ihn hören will, spricht, war — wie schon Schwenckfeld gegen Luther und später Fox gegen die Presbyterianer lehrte — nach dem Zeugnis der Urgemeinden das alleinige Kennzeichen der wahren Kirche. Es hat sich aus diesem Gedanken der fortdauernden Offenbarung die bekannte, später bei den Quäkern konsequent entwickelte Lehre von der in letzter Instanz entscheidenden Bedeutung des innerlichen Zeugnisses des Geistes in Vernunft und Gewissen ergeben. Damit war nicht die Geltung, wohl aber die Alleinherrschaft der Bibel beseitigt und zugleich eine Entwicklung eingeleitet, welche mit allen Resten der kirchlichen Heilslehre, schließlich, bei den Quäkern, auch mit Taufe und Abendmahl, radikal aufräumte[2]). Die täuferischen Denominationen voll-

gedanke ist an sich jeder Askese in gewissem Umfang eigen, die deshalb in ihrer genuinen Gestalt stets »autoritätsfeindlich« ist. Im Calvinismus äußerte er sich in dem Prinzip, daß in der Kirche nur Christus herrschen solle. Was den Pietismus anlangt, so denke man an Speners Mühe, die Titulaturen biblisch zu rechtfertigen. — Die katholische Askese hat diesen Zug, soweit die kirchliche Obrigkeit in Betracht kommt, durch das Gehorsamsgelübde gebrochen, indem sie den Gehorsam selbst asketisch deutete. Jene »Umstülpung« dieses Prinzips in der protestantischen Askese ist die historische Grundlage der Eigenart noch der heutigen Demokratie puritanisch beeinflußter Völker und ihres Unterschiedes von derjenigen des »lateinischen Geistes«. Sie ist es auch, welche jener »Respektlosigkeit« der Amerikaner historisch zugrunde liegt, die — je nachdem — den einen abstoßend, den andern erfrischend berührt.

[1]) Freilich galt diese bei den Täufern von Anfang an wesentlich nur dem Neuen, nicht in gleicher Weise dem Alten Testament. Speziell die Bergpredigt erfreute sich bei allen Denominationen einer spezifischen Schätzung als sozialethisches Programm.

[2]) Schon Schwenckfeld hatte die äußere Verrichtung der Sakramente für ein Adiaphoron gehalten, während die »General Baptists« und die Mennoniten

zogen, neben den Prädestinatianern, vor allem den strengen Calvinisten, die radikalste Entwertung aller Sakramente als Heilsmittel und führten so die religiöse »Entzauberung« der Welt in ihren letzten Konsequenzen durch. Nur das »innere Licht« der fortdauernden Offenbarung befähigte überhaupt zum wahren Verständnis auch der biblischen Offenbarungen Gottes [1]). Seine Wirkung konnte sich andererseits, wenigstens nach der Lehre der Quäker, welche hier die volle Konsequenz zogen, erstrecken auf Menschen, die niemals die biblische Form der Offenbarung kennengelernt hatten. Der Satz: »extra ecclesiam nulla salus« galt nur für diese u n sichtbare Kirche der vom Geist Erleuchteten. O h n e das innere Licht blieb der natürliche, auch der von der natürlichen Vernunft geleitete [2]), Mensch rein kreatür-

---

an Taufe und Abendmahl, die Mennoniten daneben an der Fußwaschung, strikt festhielten. Sehr stark war aber die Entwertung, ja man kann für alle mit Ausnahme des Abendmahls geradezu sagen: — die V e r d ä c h t i g k e i t, der Sakramente wie bei den Prädestinatianern. S. den folgenden Aufsatz.

[1]) Hierfür beriefen sich die täuferischen Denominationen, speziell die Quäker (Barclay, Apology for the true Christian Divinity, 4. Aufl. London 1701 — mir durch Ed. Bernsteins Liebenswürdigkeit zur Verfügung gestellt), auf Calvins Aeußerung in der Inst. Christ. Theol. III, 2, wo sich in der Tat ganz unverkennbare Annäherungen an die täuferische Lehre finden. Auch die ältere U n t e r s c h e i d u n g der Dignität des »Wortes Gottes« — als dessen, was Gott den Patriarchen, Propheten, Aposteln geoffenbart hat — und der »Heiligen Schrift« als dessen, was sie davon a u f g e z e i c h n e t haben, berührte sich, wohl ohne daß ein geschichtlicher Zusammenhang stattfände, doch innerlich mit der Auffassung der Täufer vom Wesen der Offenbarung. Die mechanische Inspirationslehre und damit die strikte Bibliokratie bei den Calvinisten war ebenso erst Produkt einer im Lauf des 16. Jahrhunderts eingetretenen Entwicklung in der einen Richtung, wie die Lehre vom »inneren Licht« in der auf täuferischer Grundlage ruhenden Lehre der Quäker das Resultat einer gerade entgegengesetzt verlaufenden Entwicklung war. Die scharfe Scheidung war hier zum Teil wohl auch Folge konstanter Auseinandersetzung.

[2]) Dies wurde scharf gegen gewisse Tendenzen der Sozinianer betont. Die »natürliche« Vernunft weiß g a r n i c h t s von Gott (Barclay a. a. O. p. 102). Damit war die Stellung, welche die »lex naturae« sonst im Protestantismus einnimmt, wiederum verschoben. Es konnte prinzipiell keine »general rules«, keinen Moral k o d e x geben, denn den »Beruf«, den jeder hat, und der für jeden ein i n d i v i d u e l l e r ist, zeigte ihm Gott durch das G e w i s s e n. N i c h t »das Gute« — im generalisierenden Begriffe der »natürlichen« Vernunft —, sondern G o t t e s W i l l e n sollen wir tun, wie er uns im neuen Bund in die Herzen geschrieben ist und im Gewissen sich äußert (Barclay p. 73 f., 76). Diese — aus der gesteigerten Gegensätzlichkeit des Göttlichen und Kreatürlichen folgende — I r r a t i o n a l i t ä t des Sittlichen spricht sich in den für die Quäkerethik grundlegenden Sätzen aus: what a man does contrary to his faith, t h o u g h h i s f a i t h m a y b e w r o n g, is no ways acceptable to God ... though t h e t h i n g m i g h t h a v e b e e n l a w f u l t o a n o t h e r (Barclay p. 487). Sie war in der Praxis natürlich nicht festzuhalten. Die »moral

liches Wesen, dessen Gottferne die Täufer, auch die Quäker, fast noch schroffer empfanden als der Calvinismus. Die Wiedergeburt andererseits, welche der Geist, wenn wir auf ihn harren und uns ihm innerlich hingeben, herbeiführt, kann, weil gottgewirkt, zu einem Zustand so völliger Ueberwindung der Macht der Sünde führen [1]), daß Rückfälle oder gar der Verlust des Gnadenstandes faktisch unmöglich werden, obwohl, wie später im Methodismus, die Erreichung jenes Zustandes nicht als die Regel, der Grad der Vollkommenheit des einzelnen vielmehr als der Entwicklung unterworfen galt. Alle täuferischen Gemeinschaften wollten aber »reine« Gemeinden im Sinn des tadellosen Wandels ihrer Mitglieder sein. Die innere Abscheidung von der Welt und ihren Interessen und die unbedingte Unterstellung unter die Herrschaft des im Gewissen zu uns redenden Gottes war auch allein untrügliches Merkmal wirklicher Wiedergeburt und der dementsprechende Wandel also Erfordernis der Seligkeit. Sie konnte nicht verdient werden, sondern war Gnadengeschenk Gottes, aber nur der nach seinem Gewissen Lebende durfte sich als wiedergeboren ansehen. Die »guten Werke« in diesem Sinn waren »causa sine qua non«. Man sieht: diese letzteren Gedankenreihen Barclays, an den wir uns gehalten haben, kamen der reformierten Lehre praktisch doch wieder gleich und waren sicherlich entwickelt noch unter dem Einfluß der calvinistischen Askese, welche die täuferischen Sekten in England und den Niederlanden vorfanden und deren ernstliche und innerliche Aneignung zu predigen die ganze erste Zeit der Missionstätigkeit von G. Fox ausfüllte.

---

and perpetual statutes acknowledged by all Christians« sind z. B. bei Barclay sogar die Schranke der Toleranz. Praktisch haben die Zeitgenossen ihre Ethik als — mit einigen Besonderheiten — derjenigen der reformierten Pietisten gleichartig empfunden. »Alles Gute in der Kirche werde als Quäkertum verdächtigt«, hebt Spener wiederholt hervor. Sp. möchte daher die Quäker um diesen Ruf beneiden. Cas. Theol. III, 6, 1, Dist. 2 (N. 64). — Die Ablehnung des Eides wegen eines Bibelworts zeigt schon, wie wenig weit die wirkliche Emanzipation vom Schriftwort ging. Die sozialethische Bedeutung des von manchen Quäkern als Inbegriff der ganzen christlichen Ethik angesehenen Satzes: »Tut anderen nur, was ihr wollt, daß sie euch tun« hat uns hier nicht zu beschäftigen.

[1]) Die Notwendigkeit der Annahme dieser Möglichkeit begründet Barclay damit, weil ohne sie »there should never be a place known by the Saints wherein they might be free of doubting and despair, which . . . is most absurd«. Man sieht: die certitudo salutis hängt daran. So Barclay a. a. O. p. 20.

Psychologisch ruhte aber — da die Prädestination verworfen wurde — der spezifisch methodische Charakter der täuferischen Sittlichkeit vor allem auf dem Gedanken des »Harrens« auf die Wirkung des Geistes, welcher noch heute dem quäkerischen »meeting« seinen Charakter aufprägt und von Barclay schön analysiert ist: Zweck dieses schweigenden Harrens ist die Ueberwindung des Triebhaften und Irrationalen, der Leidenschaften und Subjektivitäten des »natürlichen« Menschen: er soll schweigen, um so jene tiefe Stille in der Seele zu schaffen, in welcher allein Gott zu Worte kommen kann. Freilich konnte die Wirkung dieses »Harrens« in hysterische Zustände, Prophetie und, solange eschatologische Hoffnungen bestanden, unter Umständen selbst in einen Ausbruch von enthusiastischem Chiliasmus ausmünden, wie dies bei allen ähnlich fundamentierten Arten von Frömmigkeit möglich ist und bei der in Münster vernichteten Richtung tatsächlich eintrat. Aber mit dem Einströmen des Täufertums in das normale weltliche Berufsleben bedeutete der Gedanke: daß Gott nur redet, wo die Kreatur schweigt, offenbar eine Erziehung zur ruhigen Erwägung des Handelns und zu dessen Orientierung an sorgsamer individueller Gewissenserforschung [1]). Diesen ruhigen, nüchternen, hervorragend gewissenhaften Charakter hat denn auch die Lebenspraxis der späteren täuferischen Gemeinschaften, in ganz spezifischem Maße die der Quäker, sich zu eigen gemacht. Die radikale Entzauberung der Welt ließ einen anderen Weg als die innerweltliche Askese innerlich nicht zu. Für Gemeinschaften, welche mit den politischen Gewalten und ihrem Tun nichts zu schaffen haben wollten, folgte daraus auch äußerlich das Einströmen dieser asketischen Tugenden in die Berufsarbeit. Während die Führer der ältesten Täuferbewegung in ihrer Weltabgewandtheit rücksichtslos radikal gewesen waren, war natürlich doch schon in der ersten Generation die strikt apostolische Lebensführung nicht unbedingt bei allen als erforderlich für den Erweis der Wiedergeburt festgehalten worden. Schon

[1]) Es bleibt also eine Differenz in der Tonart zwischen der calvinistischen und der quäkerischen Rationalisierung des Lebens bestehen. Aber wenn Baxter diesen dahin formuliert, daß der »Geist« bei den Quäkern auf die Seele wirken solle wie auf einen Kadaver, während der (charakteristisch formulierte) reformierte Grundsatz sei: »reason and spirit are conjunct principles« (Christ. Dir. II S. 76), so galt der Gegensatz in dieser Art für seine Zeit praktisch nicht mehr.

dieser Generation gehörten wohlhabende bürgerliche Elemente an, und schon vor Menno, der durchaus auf dem Boden der innerweltlichen Berufstugend und der Privateigentumsordnung stand, hatte die ernste Sittenstrenge der Täufer sich diesem durch die reformierte Ethik gegrabenen Bette praktisch zugewendet [1]), weil eben die Entwicklung zur außerweltlichen, mönchischen Form der Askese seit Luther, dem hierin auch die Täufer folgten, als unbiblisch und werkheilig ausgeschlossen war. Immerhin hat — von den hier nicht zu erörternden halbkommunistischen Gemeinschaften der Frühzeit abgesehen — nicht nur bis in die Gegenwart eine täuferische Sekte — die sog. »Tunker« (dompelaers, dunckards) — an der Verwerfung der Bildung und jedes das zur Lebensfristung Unentbehrliche übersteigenden Besitzes festgehalten, sondern es ist z. B. auch bei Barclay die Berufstreue nicht in calvinistischer oder auch nur lutherischer, sondern eher in thomistischer Art als »naturali ratione« unvermeidliche Konsequenz der Verflochtenheit des Gläubigen in die Welt aufgefaßt [2]). Lag in diesen Anschauungen eine ähnliche Abschwächung der calvinistischen Berufskonzeption, wie in vielen Aeußerungen Speners und der deutschen Pietisten, so wurde andererseits die Intensität des ökonomischen Berufsinteresses bei den täuferischen Sekten durch verschiedene Momente wesentlich gesteigert. Einmal durch die, ursprünglich als eine aus der Abscheidung von der Welt folgende religiöse Pflicht aufgefaßte, Ablehnung der Uebernahme

[1]) S. die sehr sorgfältigen Artikel »Menno« und »Mennoniten« von Cramer in der R. E. f. Pr. Th. u. K., speziell S. 604. So gut diese eben genannten Artikel sind, so wenig eindringend und z. T. direkt ungenau ist der Art. »Baptisten« daselbst. Sein Verf. kennt z. B. die für die Geschichte des Baptismus unentbehrlichen »Publications of the Hanserd Knollys Society« nicht.

[2]) So wird von Barclay a. a. O. S. 404 ausgeführt, daß Essen, Trinken und Erwerb natural, nicht spiritual, acts seien, welche auch ohne Gottes speziellen Ruf getan werden können. — Die Ausführung ist die Antwort auf den (charakteristischen) Einwand, daß, wenn man, wie die Quäker lehren, nicht ohne spezielle »motion of the spirit« beten dürfe, man auch nicht ohne solchen speziellen Antrieb Gottes würde pflügen dürfen. — Daß auch in modernen Resolutionen von Quäkersynoden der Rat vorkommt, sich nach Erwerb genügenden Vermögens vom Erwerbsleben zurückzuziehen, um in der Ruhe vor den Getrieben der Welt ganz dem Reiche Gottes leben zu können, ist natürlich auch bezeichnend, wennschon solche Gedanken sich sicherlich auch in andern Denominationen, auch der calvinistischen, gelegentlich finden. Es kommt auch darin zum Ausdruck, daß die Annahme der bürgerlichen Berufsethik seitens ihrer Träger die innerweltliche Wendung einer ursprünglich weltflüchtigen Askese war.

von Staatsämtern, welche, auch nach der Aufgabe als Prinzip, doch wenigstens bei Mennoniten und Quäkern praktisch fortbestand infolge der strikten Ablehnung des Waffengebrauchs und Eides, da hieraus die Disqualifikation für öffentliche Aemter sich ergab. Mit ihr ging die bei allen täuferischen Denominationen unüberwindliche Gegnerschaft gegen jede Art aristokratischen Lebensstils Hand in Hand, teils, wie bei den Calvinisten, eine Folge des Verbotes der Kreaturverherrlichung, teils ebenfalls Konsequenz jener unpolitischen oder geradezu antipolitischen Grundsätze. Die ganze nüchterne und gewissenhafte Methodik der täuferischen Lebensführung wurde dadurch in die Bahn des u n politischen Berufslebens gedrängt. Dabei prägte nun die ungeheure Bedeutung, welche die täuferische Heilslehre auf die Kontrolle durch das Gewissen, als die individuelle Offenbarung Gottes, legte, ihrer Gebarung im Berufsleben einen Charakter auf, dessen große Bedeutung für die Entfaltung wichtiger Seiten des kapitalistischen Geistes wir erst weiterhin näher und auch dann nur soweit kennen lernen werden, als dies ohne Erörterung der gesamten politischen und Sozialethik der protestantischen Askese hier möglich ist. Wir werden dann — um wenigstens dies vorwegzunehmen — sehen, daß die spezifische Form, welche jene innerweltliche Askese bei den Täufern, speziell den Quäkern, annahm [1]), schon nach dem Urteil des 17. Jahrhunderts in der praktischen Bewährung jenes wichtigen Prinzips der kapitalistischen »Ethik« sich äußerte, welches man dahin zu formulieren pflegt: »honesty is the best policy« [2]), und welches ja auch in Franklins früher zitiertem Traktat sein klassisches Dokument gefunden hat. Dagegen werden wir die Wirkungen des Calvinismus mehr in der Richtung der Entfesselung der privatwirtschaftlichen Energie des Erwerbs vermuten: denn trotz aller formalen Legalität des »Heiligen« galt im Ergebnis doch oft genug auch

---

[1]) Es sei schon hier nochmals nachdrücklich auf die vortrefflichen Ausführungen E. Bernsteins a. a. O. hingewiesen. Auf Kautskys äußerst schematische Darstellung der wiedertäuferischen Bewegung und seine Theorie des »ketzerischen Kommunismus« überhaupt (im ersten Bande des gleichen Werkes) wird bei anderer Gelegenheit einmal einzugehen sein.

[2]) Veblen (Chicago), in seinem anregenden Buch: Theory of business enterprise, ist der Meinung, daß diese Parole lediglich »frühkapitalistisch« sei. Allein wirtschaftliche »Uebermenschen«, die, wie die heutigen »captains of industry«, jenseits von Gut und Böse stehen, hat es immer gegeben, und in der breiten darunterliegenden Schicht kapitalistischen Gebahrens gilt jener Satz noch heute.

für den Calvinisten der Goethesche Satz: »Der Handelnde ist immer gewissenlos, es hat niemand Gewissen als der Betrachtende«[1]).

Ein weiteres wichtiges Element, welches der Intensität der innerweltlichen Askese der täuferischen Denominationen zugute kam, kann in seiner vollen Bedeutung ebenfalls nur in anderem Zusammenhang zur Erörterung gelangen. Immerhin seien auch darüber einige Bemerkungen, zugleich zur Rechtfertigung des hier gewählten Ganges der Darstellung, vorangeschickt. Es ist hier ganz absichtlich vorläufig nicht von den objektiven sozialen Institutionen der altprotestantischen Kirchen und deren ethischen Einflüssen ausgegangen worden, insbesondere nicht von der so wichtigen Kirchenzucht, sondern von den Wirkungen, welche die subjektive Aneignung der asketischen Religiosität seitens der einzelnen auf die Lebensführung hervorzubringen geeignet war. Dies nicht nur deshalb, weil diese Seite der Sache bisher die weitaus weniger beachtete ist. Sondern auch, weil die Wirkung der Kirchenzucht keineswegs immer in der gleichen Richtung lag. Die kirchenpolizeiliche Kontrolle des Lebens des einzelnen, wie sie in den Gebieten der calvinistischen Staatskirchen bis dicht an die Grenze der Inquisition getrieben wurde, konnte vielmehr jener Entbindung der individuellen Kräfte, welche durch das asketische Streben nach methodischer Heilsaneignung bedingt war, geradezu entgegenwirken und hat dies unter Umständen tatsächlich getan. Genau wie die merkantilistische Reglementierung des Staats zwar Industrien züchten konnte, aber, wenigstens für sich allein, nicht den kapitalistischen »Geist« — den sie vielmehr, wo sie polizeilich-autoritären Charakter annahm, vielfach direkt lähmte —, so konnte die gleiche Wirkung auch von der kirchlichen Reglementierung der Askese ausgehen, wenn sie sich allzu überwiegend polizeilich entwickelte: sie erzwang dann ein be-

---

[1]) In civil actions it is good to be as the many, in religious, to be as the best, meint z. B. Th. Adams (Works of the Pur. Div. p. 138). — Das klingt freilich etwas weittragender als es gemeint ist. Es bedeutet, daß die puritanische Redlichkeit formalistische Legalität ist, ebenso wie die von den puritanisch gewesenen Völkern gern als Nationaltugend in Anspruch genommene »Wahrhaftigkeit« oder »uprightness« etwas spezifisch Anderes, formalistisch und reflexiv Umgemodeltes gegenüber der deutschen »Ehrlichkeit« ist. Gute Bemerkungen darüber von seiten eines Pädagogen in den Preuß. Jahrb. Bd. 112 (1903) S. 226. Der Formalismus der puritanischen Ethik ist seinerseits die ganz adäquate Folge der Bindung an das Gesetz.

stimmtes äußeres Verhalten, lähmte aber unter Umständen die subjektiven Antriebe zur methodischen Lebensführung. Jede Erörterung dieses Punktes[1]) muß den großen Unterschied beachten, welcher zwischen der Wirkung der autoritären Sittenpolizei der Staats k i r c h e n und der auf freiwilliger Unterwerfung ruhenden Sittenpolizei der S e k t e n bestand. Daß die Täuferbewegung in allen ihren Denominationen grundsätzlich »Sekten«, nicht »Kirchen« schuf, kam jedenfalls der Intensität ihrer Askese ebenso zustatten, wie dies — in verschieden starkem Maße — auch bei jenen calvinistischen, pietistischen, methodistischen Gemeinschaften der Fall war, die f a k t i s c h auf die Bahn der voluntaristischen Gemeinschaftsbildung gedrängt wurden[2]).

Wir haben nunmehr die puritanische Berufsidee in ihrer Wirkung auf das E r w e r b s leben zu verfolgen, nachdem die vorstehende Skizze ihre religiöse Fundamentierung zu entwickeln versucht hat. Bei allen Abweichungen im einzelnen und bei aller Verschiedenheit in dem Nachdruck, welcher bei den verschiedenen asketischen Religionsgemeinschaften auf den für uns entscheidenden Gesichtspunkten liegt, zeigten sich diese letzteren doch bei ihnen allen vorhanden und wirksam[3]). Entscheidend aber für unsere Betrachtung war immer wieder, um es zu rekapitulieren, die bei allen Denominationen wiederkehrende Auffassung des religiösen »Gnadenstandes« eben als eines Standes (status), welcher den Menschen von der Verworfenheit des Kreatürlichen, von der »Welt«, abscheidet[4]), dessen Besitz aber — wie immer er nach der Dogmatik der betreffenden Denomination erlangt wurde — n i c h t durch irgendwelche magisch-sakramentalen Mittel oder durch Entlastung in der Beichte oder durch einzelne fromme Leistungen garantiert werden konnte, sondern nur durch die B e w ä h r u n g in einem spezifisch gearteten von dem Lebensstil

---

[1]) Einiges darüber in der nächstfolgenden Abhandlung.

[2]) H i e r liegt der Grund für die penetrante ökonomische Wirkung (asketisch-) protestantischer, nicht aber katholischer, M i n o r i t ä t e n.

[3]) Daß die Verschiedenheit der dogmatischen Fundamentierung mit der Einfügung des entscheidenden »Bewährungs«-Interesses vereinbar war, hat seinen l e t z t e n, hier noch nicht zu erörternden Grund in der religionsgeschichtlichen Eigenart des Christentums überhaupt.

[4]) »Since God hath gathered us to be a people« . . . sagt z. B. auch Barclay a. a. O. S. 357 und ich selbst hörte noch eine Quäkerpredigt in Haverford College, welche den ganzen Nachdruck auf die Interpretation von »saints« = separati legte.

des »natürlichen« Menschen unzweideutig verschiedenen Wandel. Daraus folgte für den einzelnen der Antrieb zur methodischen Kontrolle seines Gnadenstandes in der Lebensführung und damit zu deren asketischer Durchdringung. Dieser asketische Lebensstil aber bedeutete eben, wie wir sahen, eine an Gottes Willen orientierte rationale Gestaltung des ganzen Daseins. Und diese Askese war nicht mehr ein opus supererogationis, sondern eine Leistung, die jedem zugemutet wurde, der seiner Seligkeit gewiß sein wollte. Jenes religiös geforderte, vom »natürlichen« Leben verschiedene Sonderleben der Heiligen spielte sich — das ist das Entscheidende — nicht mehr außerhalb der Welt in Mönchsgemeinschaften, sondern innerhalb der Welt und ihrer Ordnungen ab. Diese Rationalisierung der Lebensführung innerhalb der Welt im Hinblick auf das Jenseits war die Wirkung der Berufskonzeption des asketischen Protestantismus. —

Die christliche Askese, anfangs aus der Welt in die Einsamkeit flüchtend, hatte bereits aus dem Kloster heraus, indem sie der Welt entsagte, die Welt kirchlich beherrscht. Aber dabei hatte sie im ganzen dem weltlichen Alltagsleben seinen natürlich unbefangenen Charakter gelassen. Jetzt trat sie auf den Markt des Lebens, schlug die Türe des Klosters hinter sich zu und unternahm es, gerade das weltliche Alltagsleben mit ihrer Methodik zu durchtränken, es zu einem rationalen Leben in der Welt und doch nicht von dieser Welt oder für diese Welt umzugestalten. Mit welchem Ergebnis, wollen unsere weiteren Darlegungen zu zeigen versuchen.

2.

Um die Zusammenhänge der religiösen Grundvorstellungen des asketischen Protestantismus mit den Maximen des ökonomischen Alltagslebens zu durchschauen, ist es nötig, vor allem solche theologischen Schriften heranzuziehen, die sich als aus der seelsorgerischen Praxis herausgewachsen erkennen lassen. Denn in einer Zeit, in welcher das Jenseits alles war, an der Zulassung zum Abendmahl die soziale Position des Christen hing, die Einwirkung des Geistlichen in Seelsorge, Kirchenzucht und Predigt einen Einfluß übte, von dem — wie jeder Blick in die gesammelten »consilia«, »casus conscientiae« usw. ergibt — wir modernen Menschen uns einfach keine Vorstellung mehr zu machen vermögen, sind die in dieser Praxis sich geltend machenden religiösen Mächte die entscheidenden Bildner des »Volkscharakters«. —

Wir können nun für die Erörterungen dieses Abschnittes, im Gegensatz zu späteren Erörterungen, den asketischen Protestantismus als eine Gesamtmasse behandeln. Da aber der aus dem Calvinismus hervorgewachsene englische Puritanismus die konsequenteste Fundamentierung der Berufsidee bietet, stellen wir unserem Prinzip gemäß einen seiner Vertreter in den Mittelpunkt. Richard Baxter zeichnet sich vor vielen anderen literarischen Vertretern der puritanischen Ethik durch seine eminent praktische und irenische Stellung, zugleich auch durch die universelle Anerkennung seiner immer wieder neu aufgelegten und übersetzten Arbeiten aus. Presbyterianer und Apologet der Westminster-Synode, dabei aber — wie so viele der besten Geister der Zeit — dogmatisch allmählich dem Hochcalvinismus entwachsend, innerlich ein Gegner der Usurpation Cromwells, weil jeder Revolution, dem Sektentum und zumal dem fanatischen Eifer der »Heiligen« abhold, aber von großer Weitherzigkeit gegenüber äußerlichen Sonderheiten und objektiv gegenüber dem Gegner, suchte er sein Arbeitsfeld ganz wesentlich in der Richtung der praktischen Förderung des kirchlich-sittlichen Lebens, und hat sich — einer der erfolgreichsten Seelsorger, welche die Geschichte kennt — im Dienst dieser Arbeit der Parlamentsregierung ebenso wie Cromwell und der Restauration zur Verfügung gestellt [1]), bis er unter der letzteren — schon vor dem »Bartholomäustage« — aus dem Amte wich. Sein »Christian Directory« ist das umfassendste Kompendium der puritanischen Moraltheologie und dabei überall an den praktischen Erfahrungen der eigenen Seelsorge orientiert. — Als Repräsentant des deutschen Pietismus werden Speners »Theologische Bedenken«, für das

[1]) S. die schöne Charakteristik bei Dowden a. a. O. — Ueber Baxters Theologie, nachdem er von dem strikten Glauben an das »doppelte Dekret« allmählich abgekommen war, orientiert leidlich die Einleitung zu seinen verschiedenen in den »Works of the Puritan Divines« abgedruckten Arbeiten (von Jenkyn). — Sein Versuch, »universal redemption« und »personal election« zu kombinieren, hat niemand befriedigt. Für uns ist lediglich wesentlich, daß er eben doch auch damals an der personal election festhielt, d. h. an dem ethisch entscheidenden Punkte der Prädestinationslehre. Wichtig ist andererseits seine Abschwächung der forensischen Auffassung der Rechtfertigung, als eine gewisse Annäherung an die Täufer.

Quäkertum Barclays »Apology« und daneben andere Vertreter der asketischen Ethik [1]), der Raumersparnis halber möglichst unter dem Strich, vergleichend herangezogen [2]).

Nimmt man nun Baxters »Ewige Ruhe der Heiligen« und sein »Christian Directory« oder auch verwandte Arbeiten anderer [3]) zur Hand, so fällt auf den ersten Blick in den Urteilen über den Reichtum [4]) und seinen Erwerb die Betonung gerade der ebionitischen Elemente der neutestamentlichen Verkündigung auf [5]). Der Reichtum als solcher ist eine schwere Gefahr, seine

---

[1]) Traktate und Predigten von Th. Adams, John Howe, Matthew Henry, J. Janeway, St. Charnock, Baxter, Bunyan sind in den 10 Bänden der »Works of the Puritan Divines« (London 1845—48) in einer oft etwas willkürlichen Auswahl gesammelt. Die Ausgaben der Arbeiten von Bailey, Sedgwick, Hoornbeck sind bereits oben je beim erstmaligen Zitieren angegeben.

[2]) Ebensogut hätten Voët oder andere kontinentale Vertreter der innerweltlichen Askese herangezogen werden können. Die Ansicht Brentanos, daß diese Entwicklung »nur angelsächsisch« gewesen sei, ist gänzlich irrig. Die Auswahl beruht auf dem Wunsch: nicht ausschließlich, aber doch möglichst die asketische Bewegung der zweiten Hälfte des 17. Jahrhunderts, unmittelbar vor dem Umschlag in den Utilitarismus, zu Wort kommen zu lassen. Auf die reizvolle Aufgabe, den Lebensstil des asketischen Protestantismus auch aus der biographischen Literatur anschaulich zu machen — namentlich die quäkerische wäre hier, als bei uns noch relativ unbekannt, heranzuziehen —, hat im Rahmen dieser Skizze leider verzichtet werden müssen.

[3]) Denn man könnte ebensowohl die Schriften des Gisbert Voët oder Verhandlungen der Hugenottensynoden oder die holländische Baptistenliteratur zur Hand nehmen. In höchst unglücklicher Art haben Sombart und Brentano gerade jene von mir selbst stark hervorgehobenen »ebionitischen« Bestandteile aus Baxter herausgegriffen, um die zweifellose (kapitalistische) »Rückständigkeit« seiner Lehre mir entgegenzuhalten. Man muß aber 1. diese ganze Literatur wirklich gründlich kennen, um sie richtig zu benutzen, 2. nicht übersehen, daß ich ja gerade nachzuweisen trachte: wie trotz der »antimammonistischen« Lehre doch der Geist dieser asketischen Religiosität, ganz ebenso wie in den Klosterwirtschaften, den ökonomischen Rationalismus geboren hat, weil sie das Entscheidende: die, asketisch bedingten, rationalen Antriebe prämiierte. Darauf ganz allein kommt es ja an und eben dies ist ja doch die Pointe des hier Vorgetragenen.

[4]) Ebenso bei Calvin, der durchaus kein Liebhaber bürgerlichen Reichtums war (s. die heftigen Angriffe auf Venedig und Antwerpen Comm. in Jes. Opp. III 140 a, 308 a).

[5]) Saints' everlasting rest cap. X, XII. — Vgl. Bailey, Praxis pietatis p. 182, oder etwa Matthew Henry (The worth of the soul, Works of Pur. Div. p. 319: Those that are eager in pursuit of worldly wealth despise their soul, not only because the soul is neglected and the body preferred before it, but because it is employed in these pursuits: Psalm 127, 2. (Auf derselben Seite aber steht die später zu zitierende Bemerkung über die Sündhaftigkeit der Zeitvergeudung aller Art und besonders derjenigen durch recreations.) Ebenso wohl in der ganzen religiösen Literatur des englisch-holländischen Puritanismus. S. z. B. Hoornbecks (a. a. O. l. X c. 18 u. 18) Philippika gegen die

Versuchungen sind unausgesetzte, das Streben [1]) danach nicht nur sinnlos gegenüber der überragenden Bedeutung des Gottesreichs, sondern auch sittlich bedenklich. Weit schärfer als bei Calvin, der in dem Reichtum der Geistlichen kein Hindernis für ihre Wirksamkeit, im Gegenteil eine durchaus erwünschte Steigerung ihres Ansehens erblickte, ihnen gestattete, ihr Vermögen gewinnbringend anzulegen, nur unter Vermeidung von Aergernis, scheint hier die Askese gegen jedes Streben nach Erwerb zeitlicher Güter gerichtet. Man kann die Beispiele der Verdammung des Strebens nach Geld und Gut aus puritanischen Schriften ganz beliebig häufen und mit der darin viel unbefangeneren spätmittelalterlichen ethischen Literatur kontrastieren. Und es ist mit diesen Bedenken auch durchaus ernst gemeint, — nur bedarf es etwas näheren Zusehens, um ihren entscheidenden ethischen Sinn und Zusammenhang zu bemerken. Das sittlich wirklich Verwerfliche ist nämlich das Ausruhen auf dem Besitz [2]), der Genuß des Reichtums mit seiner Konsequenz

avaritia. (Bei diesem Schriftsteller wirken übrigens sentimental-pietistische Einflüsse mit ein: s. das Lob der Gott wohlgefälligen tranquillitas animi gegenüber der »sollicitudo« dieser Welt.) »Ein Reicher wird nicht leicht selig«, meint — in Anlehnung an eine bekannte Bibelstelle — auch Bailey (a. a. O. S. 182). Auch die methodistischen Katechismen mahnen davon ab, »sich Schätze auf Erden zu sammeln«. Beim Pietismus versteht sich dies vollends von selbst. Und bei den Quäkern stand es nicht anders. Vgl. Barclay a. a. O. S. 517: . . . and therefore beware of such temptation as to use their callings and engine to be richer.

[1]) Denn nicht nur der Reichtum, sondern auch das triebhafte Gewinnstreben (oder was dafür galt) wurde ähnlich scharf verurteilt. In den Niederlanden wurde von der südholländischen Synode 1574 auf eine Anfrage erklärt: daß »Lombardierer«, obwohl das Geschäft ja gesetzlich gestattet sei, nicht zum Abendmahl zuzulassen seien; die Provinzialsynode Deventer von 1598 (Art. 24) erstreckte dies auf die Angestellten von »Lombarden«, die Synode zu Gorichem von 1606 statuierte scharfe und erniedrigende Bedingungen, unter denen Frauen von »Wucherern« zugelassen werden durften und es wurde noch 1644 und 1657 erörtert, ob Lombarden zum Abendmahl zugelassen werden dürfen (dies gegenüber namentlich Brentano, der seine katholischen Vorfahren zitiert — obwohl es doch in der ganzen europäisch-asiatischen Welt seit Jahrtausenden fremdbürtige Händler und Bankiers gegeben hat) und noch Gisbert Voët (Disp. theol. IV Anst. 1667 de usuris S. 665) möchte die »Trapeziten« (Lombarden, Piemontesen) von der Kommunion ausschließen. In den Hugenottensynoden stand es nicht anders. Diese Arten von kapitalistischen Schichten waren durchaus nicht die typischen Träger der Gesinnung und Lebensführung, um die es sich hier handelt. Sie waren auch, gegenüber der Antike und dem Mittelalter, nichts Neues.

[2]) Eingehend entwickelt im 10. Kapitel der Saints' everlasting rest«: Wer in der »Herberge«, als welche Gott den Besitz gibt, dauernd ausruhen wollte, den schlägt Gott auch in diesem Leben. Fast stets ist satte Ruhe auf dem er-

von Müßigkeit und Fleischeslust, vor allem von Ablenkung von dem Streben nach »heiligem« Leben. Und nur weil der Besitz die Gefahr dieses Ausruhens mit sich bringt, ist er bedenklich. Denn die »ewige Ruhe der Heiligen« liegt im Jenseits, auf Erden aber muß auch der Mensch, um seines Gnadenstands sicher zu werden, »wirken die Werke dessen, der ihn gesandt hat, solange es Tag ist«. Nicht Muße und Genuß, sondern nur Handeln dient nach dem unzweideutig geoffenbarten Willen Gottes zur Mehrung seines Ruhms [1]). Zeitvergeudung ist also die erste und prinzipiell schwerste aller Sünden. Die Zeitspanne des Lebens ist unendlich kurz und kostbar, um die eigene Berufung »festzumachen«. Zeitverlust durch Geselligkeit, »faules Gerede« [2]), Luxus [3]), selbst durch mehr als der Gesundheit nötigen Schlaf [4]) — 6 bis höchstens 8 Stunden — ist sittlich absolut verwerflich [5]). Es heißt noch nicht wie bei Franklin:

worbenen Reichtum Vorbote des Zusammenbruchs. — Hätten wir alles, was wir in der Welt haben könnten, würde dies auch schon alles sein, was wir zu haben hofften? Wunschlosigkeit ist auf Erden nicht zu erreichen, — weil sie eben nach Gottes Willen nicht sein soll.

[1]) Christ. Dir. I S. 375/6: It is for action that God maintaineth us and our activities: work is the moral as well as the natural end of power... It is action that God is most served and honoured by... The public welfare or the good of many is to be valued above our own. Hier zeigt sich der Ansatzpunkt für den Umschlag aus dem Willen Gottes zu den rein utilitarischen Gesichtspunkten der späteren liberalen Theorie. Ueber die religiösen Quellen des Utilitarismus siehe weiter unten im Text und schon oben S. 141 Anm. 5.

[2]) Das Gebot zu schweigen ist ja — ausgehend von der biblischen Strafandrohung für »jedes unnütze Wort« — namentlich seit den Cluniazensern ein bewährtes asketisches Mittel der Erziehung zur Selbstkontrolle. Auch Baxter verbreitet sich eingehend über die Sünde des unnützen Redens. Die charakterologische Bedeutung hat schon Sanford a. a. O. S. 90 f. gewürdigt. Die von den Zeitgenossen so tief empfundene »melancholy« und »moroseness« der Puritaner war eben Folge der Brechung der Unbefangenheit des »status naturalis«, und im Dienst dieser Zwecke stand auch die Verpönung gedankenlosen Redens. — Wenn Washington Irving (»Bracebridge Hall« cap. XXX) den Grund teils in dem »calculating spirit« des Kapitalismus, teils in der Wirknng der politischen Freiheit, welche zur Selbstverantwortlichkeit führe, sucht, so ist dazu zu sagen, daß für die romanischen Völker der gleiche Effekt ausblieb und für England die Dinge wohl so lagen: 1. Der Puritanismus befähigte seine Bekenner, freie Institutionen zu schaffen und doch eine Weltmacht zu werden und 2. er verwandelte jene »Rechenhaftigkeit« (wie Sombart jenen »spirit« nennt), die in der Tat für den Kapitalismus konstitutiv ist, aus einem Mittel der Wirtschaft in ein Prinzip der ganzen Lebensführung.

[3]) A. a. O. I S. 111.

[4]) A. a. O. I S. 383 f.

[5]) Aehnlich über die Kostbarkeit der Zeit Barclay a. a. O. S. 14.

»Zeit ist Geld«, aber der Satz gilt gewissermaßen im spirituellen Sinn: sie ist unendlich wertvoll, weil jede verlorene Stunde der Arbeit im Dienst des Ruhmes Gottes entzogen ist [1]). Wertlos und eventuell direkt verwerflich ist daher auch untätige Kontemplation, mindestens wenn sie auf Kosten der Berufsarbeit erfolgt [2]). Denn sie ist Gott minder wohlgefällig als das aktive Tun seines Willens im Beruf [3]). Ueberdies ist für sie der Sonntag da, und es sind nach Baxter immer diejenigen, die in ihrem Berufe müßig sind, welche auch für Gott keine Zeit haben, wenn die Stunde dafür da ist [4]).

---

[1]) Baxter a. a. O. S. 79: »Keep up a high esteem of time and be every day more careful that you lose none of your time, then you are that you lose none of your gold and silver. And if vain recreation, dressings, feastings, idle talk, unprofitable company, or sleep, be any of them temptations to rob you of any of your time, accordingly heighten your watchfulness.« — »Those that are prodigal of their time despise their own souls« meint Matthew Henry (Worth of the soul, W. of Pur. Div. p. 315). Auch hier bewegt sich die protestantische Askese in altbewährten Bahnen. Wir sind gewohnt, als dem modernen Berufsmenschen spezifisch anzusehen, daß er »keine Zeit hat«, und messen z. B. etwa — so schon Goethe in den »Wanderjahren« — das Maß der kapitalistischen Entwicklung daran, daß die Uhren die Viertelstunden schlagen (so auch Sombart in seinem »Kapitalismus«). — Wir wollen aber doch nicht vergessen, daß der erste Mensch, der (im Mittelalter) mit eingeteilter Zeit lebte, der Mönch war, und daß die Kirchenglocken seinem Bedürfnis der Zeiteinteilung zuerst zu dienen hatten.

[2]) Vgl. Baxters Erörterungen des Berufes a. a. O. I p. 108 f. Darin folgende Stelle: Question: But may I not cast off the world that I may only think of my salvation? — Answer: You may cast off all such excess of worldly cares or business as unnecessarily hinder you in spiritual things. But you may not cast off all bodily employment and mental labour in which you may serve the common good. Every one as a member of Church or Commonwealth must employ their parts to the utmost for the good of the Church and the Commonwealth. To neglect this and say: I will pray and meditate, is as if your servant should refuse your greatest work and tye himself to some lesser easier part. And God hath commandeth you some way or other to labour for your daily bread and not to live as drones of the sweat of others only. Gottes Gebot an Adam: »Im Schweiße deines Angesichtes« . . . und Paulus' Anweisung: »Wer nicht arbeitet, soll nicht essen«, werden dazu zitiert. Von den Quäkern war von jeher bekannt, daß auch ihre wohlhabendsten Kreise ihre Söhne zur Erlernung von Berufen anhielten (aus ethischen, nicht — wie dies Alberti empfiehlt — aus utilitarischen Gründen).

[3]) Hier liegen Punkte, in denen der Pietismus seines Gefühlscharakters wegen abweicht. Für Spener (s. Theol. Bedenken III p. 445) steht es, trotzdem er ganz im lutherischen Sinn betont, daß die Berufsarbeit Gottesdienst sei, doch — und auch das ist lutherisch — fest, daß die Unruhe der Berufsgeschäfte von Gott abziehe, — eine höchst charakteristische Antithese gegen den Puritanismus.

[4]) A. a. O. p. 242: It's they that are lazy in their callings that can find no time for holy duties. Daher die Ansicht, daß vorzugsweise die Städte — der

Demgemäß zieht sich eine immer wiederholte, zuweilen fast leidenschaftliche Predigt harter, stetiger, körperlicher oder geistiger Arbeit durch Baxters Hauptwerk[1]). Zwei Motive wirken hier zusammen[2]). Die Arbeit ist zunächst das altерprobte asketische Mittel, als welches sie in der Kirche des Abendlandes, in scharfem Gegensatz nicht nur gegen den Orient, sondern gegen fast alle Mönchsregeln der ganzen Welt[3]), von jeher geschätzt war[4]). Sie ist namentlich das spezifische Präventiv gegen alle jene Anfechtungen, welche der Puritanismus unter dem Begriff »unclean life« zusammenfaßt, — und deren Rolle ist keine geringe. Die sexuelle Askese ist ja im Puritanismus nur dem Grade, nicht dem zugrundeliegenden Prin-

Sitz des rationalem Erwerbe zugewendeten Bürgertums — Sitze der asketischen Tugenden seien. So sagt Baxter von seinen Handwebern in Kidderminster: And their constant converse and traffic with London doth much to promote civility and piety among tradesmen in seiner Autobiographie (Excerpt in den W. of the Pur. Div. p. XXXVIII.) Daß die Nähe der Hauptstadt tugendstärkend sein soll, wird heutige — wenigstens deutsche — Geistliche in Erstaunen setzen. Aber auch der Pietismus zeigt ähnliche Anschauungen. So schreibt Spener gelegentlich einem jungen Amtsbruder: »Aufs wenigste wird sich zeigen, daß unter der starken Zahl in Städten, da zwar das Meiste ganz verrucht ist, doch immer noch einige gute Seelen sich hinwieder finden, an denen Gutes auszurichten; da besorglich in Dörfern zuweilen kaum etwas rechtschaffen gutes in einer ganzen Gemeinde sich findet.« (Theol. Bed. I, 66 p. 303.) — Der Bauer qualifiziert sich eben wenig für die asketische rationale Lebensführung. Seine ethische Glorifizierung ist sehr modern. Auf die Bedeutung dieser und ähnlicher Aeußerungen für die Frage der Klassenbedingtheit der Askese gehen wir hier nicht ein.

1) Man nehme etwa folgende Stellen (a. a. O. p. 336 f.): »Be wholly taken up in diligent business of your lawful callings when you are not exercised in the more immediate service of God.« — »Labour hard in your callings« — »See that you have a calling which will find you employment for all the time which Gods immediate service spareth.«

2) Daß die spezifische ethische Schätzung der Arbeit und ihrer »Würde« nicht etwa ein dem Christentum ursprünglich eigener, oder gar eigentümlicher, Gedanke war, hat noch kürzlich wieder Harnack scharf betont (Mitt. des Ev.-Soz. Kongr. 14. Folge, 1905, Nr. 3/4, S. 48).

3) Worauf dieser wichtige Gegensatz, der seit der Benediktinerregel offensichtlich vorliegt, beruht, kann erst eine viel umfassendere Betrachtung lehren.

4) So auch im Pietismus (Spener a. a. O. III p. 429, 430). Die charakteristisch pietistische Wendung ist: daß die Berufstreue, die uns wegen des Sündenfalls als Strafe auferlegt ist, der Ertötung des eignen Willens dient. Die Berufsarbeit ist als Liebesdienst am Nächsten eine Pflicht der Dankbarkeit für Gottes Gnade (lutherische Vorstellung!) und es ist daher Gott nicht wohlgefällig, wenn sie widerwillig und mit Verdruß getan wird (a. a. O. III p. 272). Der Christ wird sich also »so fleißig in seiner Arbeit erzeigen wie ein Weltmensch« (III p. 278). Das bleibt offensichtlich hinter der puritanischen Anschauungsweise zurück.

zip nach von der mönchischen verschieden und infolge der Erfassung auch des ehelichen Lebens weitreichender als jene. Denn der Geschlechtsverkehr ist auch in der Ehe nur als das von Gott gewollte Mittel zur Mehrung seines Ruhmes, entsprechend dem Gebot: »Seid fruchtbar und mehret euch«, zulässig [1]). Wie

[1]) »A sober procreation of children« ist ihr Zweck nach Baxter. Aehnlich Spener, indessen mit Konzessionen an die grobe lutherische Ansicht, wonach Vermeidung der — sonst ununterdrückbaren — Unsittlichkeit Nebenzweck ist. Die Concupiszenz ist als Begleiterscheinung der Begattung auch in der Ehe sündlich und nach der Auffassung z. B. Speners erst Folge des Sündenfalles, der so einen natürlichen und gottgewollten Vorgang in etwas unvermeidlich mit sündlichen Empfindungen Verknüpftes, und damit in ein pudendum, verwandelte. Nach der Auffassung auch mancher pietistischer Richtungen ist die höchste Form der christlichen Ehe diejenige mit Bewahrung der Virginität, die nächsthöchste diejenige, in welcher der Geschlechtsverkehr ausschließlich der Kindererzeugung dient und so fort bis zu denen, die aus rein erotischen oder rein äußeren Gründen geschlossen werden und ethisch betrachtet als Konkubinate gelten. Dabei wird in diesen unteren Stufen die aus rein äußerlichen Gründen geschlossene Ehe (weil immerhin rationaler Erwägung entspringend) der erotisch bedingten vorgezogen. Die Herrnhuter Theorie und Praxis mag hier außer Betracht bleiben. Die rationalistische Philosophie (Chr. Wolff) übernahm die asketische Theorie in der Fassung: daß, was als Mittel zum Zweck verordnet sei: die Konkupiszenz und ihre Stillung, nicht zum Selbstzweck gemacht werden dürfe. — Der Umschlag in den reinen hygienisch orientierten Utilitarismus ist schon bei Franklin vollzogen, der etwa auf dem ethischen Standpunkt moderner Aerzte steht, unter »Keuschheit« die Einschränkung des geschlechtlichen Verkehrs auf das gesundheitlich Wünschenswerte versteht und sich über das Wie? bekanntlich auch theoretisch geäußert hat. Es ist, sobald diese Dinge überhaupt zum Gegenstand rein rationaler Erwägungen gemacht werden, diese Entwicklung noch überall eingetreten. Der puritanische und der hygienische Sexualrationalist gehen sehr verschiedene Wege, nur hier »verstehen sie sich gleich«: In einem Vortrage motivierte ein eifriger Vertreter der »hygienischen Prostitution« — es handelte sich um Bordell- und Reglementierungseinrichtungen — die sittliche Statthaftigkeit des (als hygienisch nützlich angesehenen) »außerehelichen Geschlechtsverkehrs« durch Bezugnahme auf seine dichterische Verklärung durch Faust und Gretchen. Die Behandlung Gretchens als einer Prostituierten und die Gleichwertung des mächtigen Waltens menschlicher Leidenschaften mit dem Geschlechtsverkehr gesundheitshalber, — dies beides entspricht durchaus dem puritanischen Standpunkt, ebenso z. B. die von sehr hervorragenden Aerzten gelegentlich vertretene echt fachmenschliche Auffassung, daß eine so in die subtilsten Persönlichkeits- und Kulturprobleme eingreifende Frage, wie die Bedeutung der sexuellen Abstinenz, »ausschließlich« vor das Forum des Arztes (als des Fachmannes) gehöre: bei den Puritanern ist der »Fachmann« der moralistische, hier der hygienische Theoretiker, dagegen ist das uns leicht banausisch anmutende Prinzip der »Kompetenz« zur Erledigung der Frage — mit umgekehrtem Vorzeichen natürlich — dasselbe. Der mächtige Idealismus der puritanischen Anschauung mit allen ihren Prüderien hatte aber auch unter rassenkonservierenden Gesichtspunkten und rein »hygienisch« betrachtet, positive Erfolge aufzuweisen, während die moderne Sexualhygiene wegen des für sie nun einmal unvermeidlichen Appells an die »Vorurteilslosigkeit« in Gefahr

gegen religiöse Zweifel und skrupulöse Selbstquälerei so wird auch gegen alle sexuellen Anfechtungen — neben nüchterner Diät, Pflanzenkost und kalten Bädern — verschrieben: »Arbeite hart in deinem Beruf«[1]).

Aber die Arbeit ist darüber hinaus, und vor allem, von Gott vorgeschriebener Selbstzweck des Lebens überhaupt[2]). Der paulinische Satz: »Wer nicht arbeitet, soll nicht essen«, gilt bedingungslos und für jedermann[3]). Die Arbeitsunlust ist Symptom fehlenden Gnadenstandes[4]).

Deutlich zeigt sich hier die Abweichung von der mittelalterlichen Haltung. Auch Thomas von Aquin hatte jenen Satz interpretiert. Aber nach ihm[5]) ist die Arbeit nur naturali ratione notwendig zur Erhaltung des Lebens des einzelnen und der Gesamtheit. Wo dieser Zweck wegfällt, zessiert auch die Geltung der Vorschrift. Sie trifft nur die Gattung, nicht jeden einzelnen. Wer ohne Arbeit von seinem Besitz leben kann, auf den bezieht

---

gerät, dem Faß, in welches sie schöpft, gleichzeitig den Boden auszuschlagen. — Wie bei jener rationalen Deutung der geschlechtlichen Beziehungen bei den puritanisch beeinflußten Völkern schließlich doch jene Verfeinerung und geistig-ethische Durchdringung der ehelichen Beziehungen und jene Blüten ehelicher Ritterlichkeit erwachsen sind — im Gegensatz zu dem patriarchalen Brodem, der bei uns bis in die Kreise der Geistesaristokratie noch in oft sehr fühlbaren Rückständen vorhanden ist —, das bleibt hier natürlich außer Erörterung. (Täuferische Einflüsse sind bei der »Emanzipation« der Frau mit beteiligt; der Schutz der Gewissensfreiheit der Frau und die Ausdehnung des Gedankens des »allgemeinen Priestertums« auf sie waren auch hier die ersten Breschen im Patriarchalismus.)

[1]) Kehrt bei Baxter immer wieder. Biblische Unterlage ist regelmäßig entweder die uns von Franklin her bekannte (Sprüche Sal. 22, 29) oder der Ruhm der Arbeit in Sprüche Sal. 31, 16. Cf. a. a. O. I S. 382, S. 377 usw.

[2]) Selbst Zinzendorf sagt gelegentlich: »Man arbeitet nicht allein, daß man lebt, sondern man lebt um der Arbeit willen, und wenn man nichts mehr zu arbeiten hat, so leidet man oder entschläft« (Plitt I S. 428).

[3]) Auch ein Symbol der Mormonen schließt (nach Zitaten) mit den Worten: »Aber ein Träger oder Fauler kann kein Christ sein und selig werden. Er ist bestimmt, totgestochen und aus dem Bienenkorb herausgeworfen zu werden.« Indeß hier war es doch vorwiegend die grandiose, zwischen Kloster und Manufaktur die Mitte haltende Disziplin, welche den einzelnen vor die Wahl: Arbeit oder Ausmerzung, stellte und — verbunden freilich mit religiösem Enthusiasmus und nur durch ihn ermöglicht — die erstaunlichen ökonomischen Leistungen dieser Sekte hervorgebracht hat.

[4]) Sie wird daher a. a. O. I S. 380 sorgsam in ihren Symptomen analysiert. — »Sloth« und »idleness« sind deshalb so eminent schwere Sünden, weil sie kontinuierlichen Charakter haben. Sie werden von Baxter geradezu als »Zerstörer des Gnadenstandes« angesehen (a. a. O. I S. 279/80). Sie sind eben die Antithese des methodischen Lebens.

[5]) S. oben S. 70 Anm. 1.

sie sich nicht, und ebenso steht natürlich die Kontemplation als eine geistliche Form des Wirkens im Gottesreich über dem Gebot in seiner wörtlichen Auslegung. Für die Populartheologie vollends lag ja die höchste Form mönchischer »Produktivität« in der Mehrung des »thesaurus ecclesiae« durch Gebet und Chordienst. Nicht nur diese Durchbrechungen der ethischen Arbeitspflicht aber fallen bei Baxter selbstverständlich fort, sondern mit größtem Nachdruck schärft er den Grundsatz ein, daß auch der Reichtum von jener bedingungslosen Vorschrift nicht entbinde[1]). Auch der Besitzende soll nicht essen ohne zu arbeiten, denn wenn er auch zur Deckung seines Bedarfs der Arbeit nicht benötigt, so besteht doch Gottes Gebot, dem er ebenso zu gehorchen hat wie der Arme[2]). Denn für jeden ohne Unterschied hält Gottes Vorsehung einen Beruf (calling) bereit, den er erkennen und in dem er arbeiten soll, und dieser Beruf ist nicht wie im Luthertum[3]) eine Schickung, in die man sich zu fügen und mit der man sich zu bescheiden hat, sondern ein Befehl Gottes an den einzelnen, zu seiner Ehre zu wirken. Diese scheinbar leichte Nuance hatte weittragende psychologische Konsequenzen und hing mit einer Weiterbildung jener providentiellen Deutung des ökonomischen Kosmos zusammen, welche schon der Scholastik geläufig war.

Das Phänomen der Arbeitsteilung und Berufsgliederung der Gesellschaft hatte, wie andere, schon Thomas von Aquin, an den wir wieder am bequemsten anknüpfen, als direkten Ausfluß des göttlichen Weltplanes aufgefaßt. Aber die Eingliederung der Menschen in diesen Kosmos erfolgt ex causis naturalibus und ist

---

[1]) Baxter a. a. O. I p. 108 ff. Speziell fallen folgende Stellen ins Auge: Question: But will not wealth excuse us? — Answer: It may excuse you from some sordid sort of work, by making you more serviceable to another, but you are no more excused from service of work . . . then the poorest man . . . Dazu a. a. O. I p. 376: Though they (die Reichen) have no outward want to urge them, they have as great a necessity to obey God . . . God had strictly commandeth it (die Arbeit) to all. S. Anm. 1 f. S. 105/6.

[2]) Ebenso Spener (a. a. O. III, 338, 425), der aus diesem Grunde namentlich die Neigung, vorzeitig in Pension zu gehen, als sittlich bedenklich bekämpft und — in Abwehr eines Einwands gegen die Rechtmäßigkeit des Zinsennehmens: der Zinsgenuß führe zur Faulheit — betont, daß wer von seinen Zinsen leben könne, nach Gottes Befehl dennoch zur Arbeit verpflichtet sei.

[3]) Einschließlich des Pietismus. Spener operiert, wo es sich um die Frage des Berufswechsels handelt, stets damit, daß, nachdem einmal ein bestimmter Beruf ergriffen sei, das Verbleiben und Sich-schicken in diesem Pflicht des Gehorsams gegen Gottes Vorsehung sei.

zufällig (»contingent«, nach dem scholastischen Sprachgebrauch). Für Luther wurde, wie wir sahen, die aus der objektiven historischen Ordnung folgende Eingliederung der Menschen in die gegebenen Stände und Berufe zum direkten Ausfluß göttlichen Willens und also das Verharren des einzelnen in der Stellung und in den Schranken, die Gott ihm zugewiesen hat, religiöse Pflicht[1]). Dies um so mehr, als eben die Beziehungen der lutherischen Frömmigkeit zur »Welt« überhaupt von Anfang an unsichere waren und blieben. Ethische Prinzipien waren von Luthers, die paulinische Weltindifferenz niemals ganz abstreifenden, Gedankenkreisen aus für die Gestaltung der Welt nicht zu gewinnen und man mußte sie deshalb eben nehmen wie sie war und konnte nur dies zur religiösen Pflicht stempeln. — Wiederum anders nuanciert sich der providentielle Charakter des Ineinanderspielens der privatwirtschaftlichen Interessen in der puritanischen Anschauung. Welches der providentielle Zweck der Berufsgliederung ist, erkennt man, getreu dem puritanischen Schema pragmatischer Deutung, an ihren Früchten. Ueber diese nun läßt sich Baxter in Ausführungen aus, welche in mehr als einem Punkte direkt an Adam Smiths bekannte Apotheose der Arbeitsteilung erinnern[2]). Die Spezialisierung der Berufe führt, weil sie die Uebung (skill) des Arbeiters ermöglicht, zur quantitativen und qualitativen Steigerung der Arbeitsleistung und dient also dem allgemeinen Wohl (common best), welches mit dem Wohl möglichst vieler identisch ist. Ist soweit die Motivierung rein utilitarisch und durchaus verwandt mit manchen in der weltlichen Literatur der Zeit bereits üblichen Gesichtspunkten[3]), so tritt der charakteristisch puritanische Einschlag

[1]) Mit welcher die ganze Lebensführung beherrschenden höchsten Pathetik die indische Heilslehre den Berufstraditionalismus mit den Wiedergeburtschancen verknüpft, ist in den Aufsätzen über die »Wirtschaftsethik der Weltreligionen« ausgeführt. Gerade daran kann man den Unterschied bloßer ethischer Lehrbegriffe von der Schaffung psychologischer Antriebe bestimmter Art durch die Religion kennen lernen. Der fromme Hindu konnte günstige Wiedergeburtschancen nur durch streng traditionelle Erfüllung der Pflichten seiner Geburtskaste erlangen: die denkbar festeste religiöse Verankerung des Traditionalismus. Die indische Ethik ist tatsächlich in diesem Punkt die konsequenteste Antithese der puritanischen, ebenso wie sie in anderer Hinsicht (ständischer Traditionalismus) die konsequenteste Antithese des Judentums ist.

[2]) Baxter a. a. O. I S. 377.

[3]) Aber deshalb nicht etwa aus ihnen historisch ableitbar. Vielmehr wirkt sich die ganz genuine calvinistische Vorstellung, daß der Kosmos der

alsbald hervor, wenn Baxter an die Spitze seiner Auseinandersetzungen das Motiv stellt: »Außerhalb eines festen Berufs sind die Arbeitsleistungen eines Menschen nur unstete Gelegenheitsarbeit und er verbringt mehr Zeit in Faulheit als in Arbeit«, und wenn er sie folgendermaßen beschließt: »und er (der Berufsarbeiter) wird seine Arbeit in Ordnung vollbringen, während ein anderer in ewiger Verwirrung steckt und sein Geschäft nicht Ort noch Zeit kennt [1]) . . . . . darum ist ein fester Beruf (»certain calling«, an anderen Stellen heißt es »stated calling«) für jedermann das beste.« Die unstete Arbeit, zu welcher der gewöhnliche Tagelöhner gezwungen ist, ist ein oft unvermeidlicher, aber stets unerwünschter Zwischenzustand. Es fehlt eben dem Leben des »Beruflosen« der systematisch-methodische Charakter, den, wie wir sahen, die innerweltliche Askese verlangt. Auch nach der Quäkerethik soll das Berufsleben des Menschen eine konsequente asketische Tugendübung, eine Bewährung seines Gnadenstandes an seiner Gewissenhaftigkeit sein, die in der Sorgfalt [2]) und Methode, mit welcher er seinem Beruf nachgeht, sich auswirkt. Nicht Arbeit an sich, sondern rationale Berufsarbeit ist eben das von Gott Verlangte. Auf diesem methodischen Charakter der Berufsaskese liegt bei der puritanischen

»Welt« dem Ruhme Gottes, seiner Selbstverherrlichung, diene, darin aus. Die utilitarische Wendung, daß der ökonomische Kosmos den Zweck der Lebensfristung aller (good of the many, common good etc.) dienen sollte, war Konsequenz des Gedankens, daß jede andere Deutung zur (aristokratischen) Kreaturvergötterung führe, oder doch nicht Gottes Ruhm, sondern kreatürlichen »Kulturzwecken« diene. Gottes Wille aber, wie er sich (s. o. Anm. 3 S. 100) in der zweckvollen Gestaltung des ökonomischen Kosmos ausdrückt, kann eben, soweit diesseitige Zwecke dabei überhaupt in Betracht kommen, nur das Wohl der »Gesamtheit«: die unpersönliche »Nützlichkeit« sein. Der Utilitarismus ist also, wie früher gesagt, Konsequenz der unpersönlichen Gestaltung der »Nächstenliebe« und der Ablehnung aller Weltverherrlichung durch die Exklusivität des puritanischen »in majorem Dei gloriam«. Denn wie intensiv dieser Gedanke: daß jede Kreaturverherrlichung Gottes Ruhm Abbruch tue und daher unbedingt verwerflich sei, den ganzen asketischen Protestantismus beherrschte, zeigt sich deutlich in den Bedenken und der Mühe, die es selbst den doch wahrlich nicht »demokratisch« angehauchten Spener kostete, gegenüber den zahlreichen Anfragen den Gebrauch der Titel als ἀδιάφορον aufrecht zu erhalten. Er beruhigt sich schließlich damit, daß selbst in der Bibel der Prätor Festus vom Apostel mit κράτιστος tituliert werde. — Die politische Seite der Sache gehört nicht in diesen Zusammenhang.

1) The inconstant man is a stranger in his own house sagt auch Th. Adams (Works of the Pur. Div. p. 77).

2) S. speziell darüber George Fox' Aeußerungen in The Friends' Library (ed. W. & Th. Evans Philadelphia 1837 ff.) Vol. I p. 130.

Berufsidee stets der Nachdruck, nicht, wie bei Luther, auf dem Sichbescheiden mit dem einmal von Gott zugemessenen Los [1]). Daher wird nicht nur die Frage, ob jemand mehrere callings kombinieren dürfe, unbedingt bejaht — wenn es für das allgemeine Wohl oder das eigene [2]) zuträglich und niemandem sonst abträglich ist und wenn es nicht dazu führt, daß man in einem der kombinierten Berufe ungewissenhaft (»unfaithful«) wird. Sondern es wird auch der *Wechsel* des Berufs als keineswegs an sich verwerflich angesehen, wenn er nicht leichtfertig, sondern um einen Gott wohlgefälligeren [3]) und das heißt dem allgemeinen Prinzip entsprechend: nützlicheren Beruf zu ergreifen erfolgt. Und vor allem: die Nützlichkeit eines Berufs und seine entsprechende Gottwohlgefälligkeit richtet sich zwar in erster Linie nach sittlichen und demnächst nach Maßstäben der Wichtigkeit der darin zu produzierenden Güter für die »Gesamtheit«, aber alsdann folgt als dritter und natürlich praktisch wichtigster Gesichtspunkt: die privatwirtschaftliche »*Profitlichkeit*« [4]). Denn wenn jener Gott, den der Puritaner in allen

---

[1]) Vollends kann natürlich diese Wendung der religiösen Ethik nicht als Reflex der tatsächlichen ökonomischen Verhältnisse angesehen werden. Die Berufsspezialisierung war im italienischen Mittelalter natürlich eher weitergehend als in England in jener Periode.

[2]) Denn Gott hat — wie in der puritanischen Literatur sehr oft hervorgehoben wird — nirgends befohlen, daß man den Nächsten *mehr* lieben sollte als sich selbst, sondern *wie* sich selbst. Man hat also auch die *Pflicht* der Selbstliebe. Wer z. B. weiß, daß er selbst seinen Besitz zweckmäßiger und also mehr zu Gottes Ehre verwendet als der Nächste es könnte, ist durch die Nächstenliebe nicht verpflichtet, diesem davon abzugeben.

[3]) Auch Spener kommt diesem Standpunkt nahe. Aber er bleibt doch selbst in dem Fall, daß es sich um den Uebertritt aus dem (sittlich besonders gefährlichen) Kaufmannsberuf zur Theologie handelt, höchst zurückhaltend und eher abmahnend (III S. 435, 443, I S. 524). Die häufige Wiederkehr der Beantwortung gerade *dieser* Frage (nach der Erlaubtheit des Berufswechsels) in Speners naturgemäß stark gesichteten Gutachten zeigt, beiläufig bemerkt, wie eminent *praktisch* im Alltagsleben die verschiedene Art der Deutung von 1. Kor. 7 war.

[4]) Derartiges findet sich wenigstens in den Schriften der führenden kontinentalen Pietisten *nicht*. Speners Stellung zum »Gewinn« schwankt zwischen Luthertum (»Nahrungs«-Standpunkt) und merkantilistischen Argumentationen von der Nützlichkeit des »Flors der Commerzien« u. dgl. (a. a. O. III S. 330, 332, vgl. I S. 418: der *Tabakbau* bringt Geld ins Land und ist *daher* nützlich, *also* nicht sündlich!) hin und her (vgl. III S. 426, 427, 429, 434), verfehlt aber nicht darauf hinzuweisen, daß, wie das Beispiel der Quäker und Mennoniten zeige, man Profit machen und doch fromm bleiben könne, ja daß besonders hoher Profit sogar — worüber wir später noch zu reden haben werden — direktes *Produkt* frommer Redlichkeit sein könne (a. a. O. S. 435).

Fügungen des Lebens wirksam sieht, einem der Seinigen eine Gewinnchance zeigt, so hat er seine Absichten dabei. Und mithin hat der gläubige Christ diesem Rufe zu folgen, indem er sie sich zunutze macht [1]). »Wenn Gott Euch einen Weg zeigt, auf dem Ihr ohne Schaden für Eure Seele oder für andere in gesetzmäßiger Weise mehr gewinnen könnt als auf einem anderen Wege und Ihr dies zurückweist und den minder gewinnbringenden Weg verfolgt, dann kreuzt Ihr einen der Zwecke Eurer Berufung (calling), Ihr weigert Euch, Gottes Verwalter (stewart) zu sein und seine Gaben anzunehmen, um sie für ihn gebrauchen zu können, wenn er es verlangen sollte. Nicht freilich für Zwecke der Fleischeslust und Sünde, wohl aber für Gott dürft Ihr arbeiten, um reich zu sein« [2]). Der Reichtum ist eben nur als Versuchung zu faulem Ausruhen und sündlichem Lebensgenuß bedenklich und das Streben danach nur dann, wenn es geschieht, um später sorglos und lustig leben zu können. Als Ausübung der Berufspflicht aber ist es sittlich nicht nur gestattet, sondern geradezu geboten [3]). Das Gleichnis von jenem Knecht, der ver-

[1]) Diese Ansichten sind bei Baxter nicht etwa eine Wiederspiegelung des ökonomischen Milieus, in dem er lebte. Im Gegenteil hebt seine Autobiographie hervor, daß für die Erfolge seiner inneren Missionsarbeit mit entscheidend gewesen sei, daß diejenigen Händler, welche in Kidderminster angesessen waren, nicht reich gewesen seien, sondern nur »food and raiment« verdient und daß die Handwerksmeister nicht besser als ihre Arbeiter, »from hand to mouth«, zu leben gehabt hätten. »It is the poor that receive the glad tidings of the Gospel.« — Th. Adams bemerkt über das Streben nach Gewinn: »He (the knowing man) knows . . . that money may make a man richer, not better, and thereupon chooseth rather to sleep with a good conscience than a full purse . . . therefore desires no more wealth than an honest man may bear away« — aber soviel will er eben doch auch (Th. Adams, Works of Pur. Div. LI.), und das heißt: daß jeder formal redliche Verdienst auch legitim ist.

[2]) So Baxter a. a. O. I ch. X tit. 1 Dis. 9 (§ 24) Vol. I S. 378 Spalte 2. Sprüche Sal. 23, 4: »Arbeite nicht, um reich zu sein« bedeute nur: riches for our fleshly ends must not ultimately be intended. Der Besitz in der feudal-seigneurialen Form seiner Verwendung ist eben das Odiöse (cf. die Bemerkung a. a. O. I p. 380 über den debauched part of the gentry), nicht Besitz an sich. — Milton in der ersten defensio pro populo Anglicano hat die bekannte Theorie, daß nur der »Mittelstand« Träger der Tugend sein könne — wobei »Mittelstand« als »bürgerliche Klasse« im Gegensatze gegen »Aristokratie« gedacht ist, wie die Begründung zeigt, daß sowohl »Luxus« als »Not« die Tugendübung hindere.

[3]) Dies ist das Entscheidende. — Dazu nochmals die allgemeine Bemerkung: Es kommt natürlich hier für uns nicht sowohl darauf an, was die theologische ethische Theorie begrifflich entwickelte, sondern darauf, was im praktischen

worfen wurde, weil er mit dem ihm anvertrauten Pfunde nicht gewuchert hatte, schien das ja auch direkt auszusprechen [1]). Arm sein wollen hieße, wie häufig argumentiert wurde, dasselbe wie krank sein wollen [2]), es wäre als Werkheiligkeit verwerflich und Gottes Ruhm abträglich. Und vollends das Betteln eines zur Arbeit Befähigten ist nicht nur als Trägheit sündlich, sondern auch nach des Apostels Wort gegen die Nächstenliebe [3]).

Leben der Gläubigen geltende Moral war, wie also die religiöse Orientierung der Berufsethik praktisch wirkte. Man kann wenigstens gelegentlich in der kasuistischen Literatur des Katholizismus, namentlich des jesuitischen, Erörterungen lesen, welche — z. B. über die Frage der Erlaubtheit des Zinses, auf welche wir hier nicht eingehen — derjenigen vieler protestantischen Kasuisten ähnlich klingen, ja in dem, was für »erlaubt« oder für »probabel« gilt, darüber hinauszugehen scheinen (den Puritanern ist später oft genug die jesuitische Ethik als im Grunde der ihrigen ganz gleichartig entgegengehalten worden). Wie die Calvinisten katholische Moraltheologen, nicht nur Thomas von Aquino, Bernhard v. Clairvaux, Bonaventura, sondern auch zeitgenössische zu zitieren pflegen, so nahmen — was wir hier nicht näher erörtern — die katholischen Kasuisten von der häretischen Ethik regelmäßig Notiz. Von dem entscheidenden Umstande der religiösen Prämiierung des asketischen Lebens für den Laien ganz abgesehen aber ist der gewaltige Unterschied schon in der Theorie eben der: daß diese latitudinarischen Ansichten im Katholizismus von der kirchlichen Autorität nicht sanktionierte Produkte spezifisch laxer ethischer Theorien waren, denen gerade die ernstesten und strengsten Anhänger der Kirche fernstanden, während umgekehrt die protestantische Berufsidee gerade die ernstesten Anhänger asketischen Lebens dem Erfolg nach in den Dienst des kapitalistischen Erwerbslebens stellte. Das was dort bedingungsweise erlaubt sein konnte, erschien hier als etwas positiv sittlich Gutes. Die praktisch sehr wichtigen grundlegenden Differenzen der beiderseitigen Ethik waren auch für die Neuzeit seit dem Jansenistenstreit und der Bulle »Unigenitus« endgültig festgelegt.

[1]) You may labour in that manner as tendeth most to your success and lawful gain. You are bound to improve all your talents . . . Folgt die oben im Text übersetzte Stelle. — Direkte Parallelisierung des Strebens nach Reichtum im Gottesreich mit dem Streben nach Erfolg im irdischen Beruf z. B. bei Janeway, Heaven upon earth (in den Works of the Pur. Div. p. 275 unten).

[2]) Schon in der (lutherischen) Konfession Herzog Christophs von Württemberg, die dem Konzil von Trient eingereicht wurde, wird gegen das Gelübde der Armut geltend gemacht: Wer nach seinem Stand arm ist, solle es tragen, aber wenn er gelobt es zu bleiben, so ist dies dasselbe, als ob er gelobte, dauernd krank zu sein oder üblen Leumund zu haben.

[3]) So bei Baxter und z. B. in der Konfession Herzog Christophs. Vgl. ferner Stellen wie: ». . . the vagrant rogues whose lives are nothing but an exorbitant course: the main begging« etc. (Th. Adams, W. of Pur. Div. p. 259). Schon Calvin hatte das Betteln strikt verboten und die holländischen Synoden eifern gegen die Bettelbriefe und Attestationen für Zwecke des Bettels. Während die Epoche der Stuarts, insbesondere das Regime Lauds unter Karl I. das Prinzip der behördlichen Armenunterstützung und Arbeitszuweisung an Arbeitslose systematisch ausgebildet hatte, war das Feldgeschrei der Puritaner: »Giving

Wie die Einschärfung der asketischen Bedeutung des festen Berufs das moderne Fachmenschentum ethisch verklärt, so die providentielle Deutung der Profitchancen den Geschäftsmenschen[1]). Die vornehme Läßlichkeit des Seigneurs und die parvenumäßige Ostentation des Protzen sind der Askese gleichermaßen verhaßt. Dagegen trifft ein voller Strahl ethischer Billigung den nüchternen bürgerlichen Selfmademan[2]): »God blesseth his trade« ist eine stehende Wendung für diejenigen Heiligen[3]), welche mit Erfolg jenen göttlichen Fügungen gefolgt waren, und die ganze Wucht des alttestamentlichen Gottes, der den Seinen gerade in diesem Leben ihre Frömmigkeit entgilt[4]), mußte ja für den Puritaner,

---

alms is no charity (Titel der späteren bekannten Schrift Defoes) und begann gegen Ende des 17. Jahrhunderts das Abschreckungssystem der »Workhouses« für Arbeitslose (vgl. Leonard, Early History of English poor relief, Cambridge 1900 und H. Levy, Die Grundlagen des ökonomischen Liberalismus in der Gesch. d. engl. Volksw., Jena 1912, S. 69 ff).

[1]) Mit Nachdruck sagte der Präsident der Baptist Union of Great Britain and Ireland, G. White, in seiner Inauguraladresse für die Assembly in London 1903 (Baptist Handbook 1904 S. 104): The best men on the roll of our Puritan churches were men of affairs, who believed, that religion should permeate the whole of life.«

[2]) Eben hierin liegt der charakteristische Gegensatz gegen alle feudale Auffassung. Nach dieser kann erst dem Nachkommen des (politischen oder sozialen) Parvenus dessen Erfolg und die Weihe des Blutes zugute kommen. (Charakteristisch im spanischen Hidalgo = hijo d'algo — filius de aliquo: — wobei das »aliquid« eben ein von Vorfahren ererbtes Vermögen ist — ausgedrückt.) So sehr diese Unterschiede heute bei der rapiden Umwandlung und Europäisierung des amerikanischen »Volkscharakters« im Verblassen sind, so ist die gerade entgegengesetzte spezifisch bürgerliche Anschauung, welche den geschäftlichen Erfolg und Erwerb als Symptom der geistigen Leistung glorifiziert, dem bloßen (ererbten) Besitz dagegen keinerlei Respekt entgegenbringt, doch noch heute dort gelegentlich vertreten, während in Europa (wie schon James Bryce einmal bemerkt hat) für Geld im Effekt ziemlich jede soziale Ehre käuflich ist, — wenn nur der Besitzer nicht selbst hinter dem Ladentisch gestanden hat und die nötigen Metamorphosen seines Besitzes (Fideikommißstiftung usw.) vollzieht. — S. gegen die Ehre des Blutes z. B. Th. Adams, Works of the Pur. Div. p. 216.

[3]) So z. B. schon für den Gründer der Familistensekte Hendrik Niklaes, der Kaufmann war. (Barclay, Inner life of the religious communities of the Commonwealth p. 34.)

[4]) Dies steht z. B. für Hoornbeek durchaus fest, da auch Matth. 5, 5 und 1. Tim. 4, 8 rein irdische Versprechungen für die Heiligen gemacht seien (a. a. O. Vol. I p. 193). Alles ist Produkt von Gottes Providenz, speziell aber sorgt er für die Seinen: a. a. O. p. 192: Super alios autem summa cura et modis singularissimis versatur Dei providentia circa fideles. Es folgt dann die Erörterung, woran man erkennen könne, daß ein Glücksfall nicht der »communis providentia«, sondern jener Spezialfürsorge entstamme. Auch Bailey (a. a. O.

der, nach Baxters Rat, den eigenen Gnadenstand durch Vergleich mit der Seelenverfassung der biblischen Helden kontrollierte [1]) und dabei die Aussprüche der Bibel »wie die Paragraphen eines Gesetzbuches« interpretierte, in der gleichen Richtung wirken. — Ganz eindeutig waren die Aussprüche des Alten Testaments an sich ja nicht. Wir sahen, daß Luther sprachlich den Begriff »Beruf« im weltlichen Sinn zuerst bei der Uebersetzung einer Sirachstelle anwendete. Das Buch Jesus Sirach gehört aber nach der ganzen Stimmung, die darin lebt, trotz seiner hellenistischen Beeinflussung doch zu den traditionalistisch wirkenden Bestandteilen des (erweiterten) Alten Testaments. Es ist charakteristisch, daß bei den lutherischen deutschen Bauern noch bis in die Gegenwart dies Buch sich oft besonderer Beliebtheit zu erfreuen scheint [2]), wie auch der lutherisch gebundene Charakter breiter Strömungen im deutschen Pietismus sich in der Vorliebe für Jesus Sirach zu äußern pflegte [3]). Die Puritaner verwarfen die Apokryphen als nicht inspiriert, gemäß

S. 191) verweist auf Gottes Vorsehung für den Erfolg der Berufsarbeit. Daß prosperity »oft« der Lohn des gottseligen Lebens sei, ist in den Schriften der Quäker durchaus stehende Wendung (s. z. B. eine solche Aeußerung noch aus dem Jahre 1848 in Selection from the Christian Advices issued by the general meeting of the S. of Fr. in London VIth Ed. London 1851, S. 209). Auf den Zusammenhang mit der Quäkerethik kommen wir noch zurück.

[1]) Als ein Beispiel dieser Orientierung an den Erzvätern — welches zugleich für die puritanische Lebensauffassung charakteristisch ist — kann Thomas Adams' Analyse des Streites zwischen Jacob und Esau gelten. (Works of the Pur. Div. p. 235): His (Esaus) folly may be argued from the base estimation of the birthright« (die Stelle ist auch für die Entwicklung des birthright-Gedankens wichtig, wovon später), »that he would so lightely pass from it and on so easy condition as a pottage.« Perfide aber war es, daß er dann wegen Uebervorteilung den Kauf nicht gelten lassen wollte. Er ist eben ein »cunning hunter, aman of the fields«: die irrational lebende Unkultur, — während Jakob, »a plain man, dwelling in tents«, den »man of grace« repräsentiert. Das Gefühl einer inneren Verwandtschaft mit dem Judentum, wie es sich noch in dem bekannten Schreiben Roosevelts aussprach, fand Köhler (a. a. O.) auch in Holland bei den Bauern weitgehend verbreitet. — Auf der anderen Seite aber war sich der Puritanismus des Gegensatzes der jüdischen Ethik in ihrer praktischen Dogmatik wohl bewußt, wie Prynnes Schrift gegen die Juden (anläßlich der Cromwellschen Toleranzpläne) deutlich zeigt. S. unten S. 181 A. 2 a. E.

[2]) Zur bäuerlichen Glaubens- und Sittenlehre. Von einem thüringischen Landpfarrer. 2. Aufl. Gotha 1890. S. 16. Die Bauern, welche hier geschildert werden, sind in charakteristischer Weise Produkte lutherischen Kirchentums. Ich habe mir wieder und wieder »lutherisch« an den Rand geschrieben, wo der vortreffliche Verfasser allgemein-»bäuerliche« Religiosität vermutet.

[3]) Vgl. z. B. das Zitat bei Ritschl, Pietismus II S. 158. Spener gründet seine Bedenken gegen Berufswechsel und Gewinnstreben ebenfalls mit auf Aussprüche Jesus Sirachs. Theol. Bd. III S. 426.

ihrem schroffen Entweder-Oder zwischen Göttlichem und Kreatürlichem [1]). Um so stärker wirkte unter den kanonischen Büchern das Buch Hiob mit seiner Kombination einerseits einer großartigen Verherrlichung von Gottes absolut souveräner, menschlichen Maßstäben entzogener Majestät, die ja calvinistischen Anschauungen so höchst kongenial war, mit der im Schluß doch wieder hervorbrechenden, für Calvin ebenso nebensächlichen, wie für den Puritanismus wichtigen, Gewißheit, daß Gott die Seinigen auch und gerade — im Buch Hiob: nur! — in diesem Leben und auch in materieller Hinsicht zu segnen pflege [2]). Der orientalische Quietismus, welcher in manchen der stimmungsvollsten Verse der Psalmen und der Sprüche Salomos hervortritt, wurde ebenso weggedeutet, wie Baxter dies mit der traditionalistischen Färbung der für den Berufsbegriff konstitutiven Stelle des 1. Korintherbriefes tat. Dafür legte man um so mehr den Nachdruck auf jene Stellen des Alten Testaments, welche die formale Rechtlichkeit als Kennzeichen gottwohlgefälligen Wandels rühmen. Die Theorie, daß das mosaische Gesetz durch den neuen Bund nur soweit seiner Geltung entkleidet sei, als es zeremonielle oder geschichtlich bedingte Vorschriften für das jüdische Volk enthalte, im übrigen aber als Ausdruck der »lex naturae« seine Geltung von jeher besessen und daher auch behalten habe [3]), ermöglichte einerseits die Eliminierung solcher Vorschriften, welche in das moderne Leben schlechterdings nicht einzufügen waren, und ließ doch der mächtigen Verstärkung jenes Geistes selbstgerechter und nüchterner Legalität, welcher der innerweltlichen Askese dieses Protestantismus eigen war, durch die zahlreichen verwandten Züge der alttestamentlichen Sittlichkeit freie Bahn [4]). Wenn also, wie

[1]) Freilich empfiehlt z. B. Bailey trotzdem ihre Lektüre und es kommen Zitate aus den Apokryphen wenigstens hie und da vor, aber naturgemäß doch selten. Ich erinnere mich (vielleicht zufällig) keines solchen aus Jesus Sirach.

[2]) Wo den offenbar Verworfenen äußerlicher Erfolg beschieden ist, beruhigt sich der Calvinist (so z. B. Hoornbeeck) gemäß der »Verstockungstheorie« mit der Gewißheit, daß Gott ihnen denselben zuteil werden lasse, um sie zu verhärten und so desto sicherer zu verderben.

[3]) Eingehender kommen wir auf diesen Punkt in diesem Zusammenhang nicht zu sprechen. Hier interessiert nur der formalistische Charakter der »Rechtlichkeit«. Ueber die Bedeutung der alttestamentlichen Ethik für die lex naturae vieles in Tröltschs »Soziallehren«.

[4]) Die Verbindlichkeit der ethischen Normen der Schrift reicht nach Baxter (Christian Directory III p. 173 f.) so weit, als sie 1. nur ein »transcript« des Law of nature sind oder 2. den »express character of universality and perpetuity« an sich tragen.

mehrfach schon die Zeitgenossen, so auch neuere Schriftsteller die ethische Grundstimmung speziell des englischen Puritanismus als »English Hebraism« bezeichnen [1]), so ist dies, richtig verstanden, durchaus zutreffend. Man darf dabei nur nicht an das palästinensische Judentum aus der Zeit der Entstehung der altestamentlichen Schriften, sondern an das Judentum, wie es unter dem Einfluß der vielen Jahrhunderte formalistisch-gesetzlicher und talmudischer Erziehung allmählich wurde, denken und muß auch dann äußerst vorsichtig mit Parallelen sein. Die im ganzen der unbefangenen Schätzung des Lebens als solchen zugewendete Stimmung des alten Judentums lag weit ab von der spezifischen Eigenart des Puritanismus. Ebenso fern lag ihm — und auch das darf nicht übersehen werden — die Wirtschaftsethik des mittelalterlichen und neuzeitlichen Judentums in den Zügen, welche für die Stellung beider innerhalb der Entwicklung des kapitalistischen *Ethos* entscheidend waren. Das Judentum stand auf der Seite des politisch oder spekulativ orientierten »Abenteurer«-Kapitalismus: sein Ethos war, mit einem Wort, das des *Paria*-Kapitalismus, — der Puritanismus trug das Ethos des rationalen bürgerlichen *Betriebs* und der rationalen Organisation der *Arbeit*. Er entnahm der jüdischen Ethik nur, was in diesen Rahmen paßte.

Die charakterologischen Folgen der Durchdringung des Lebens mit alttestamentlichen Normen aufzuzeigen — eine reizvolle Aufgabe, die aber bisher nicht einmal für das Judentum selbst wirklich gelöst ist [2]) — wäre im Rahmen

[1]) Z. B. Dowden (mit Bezug auf Bunyan) a. a. O. p. 39.

[2]) Näheres darüber in den Aufsätzen über die »Wirtschaftsethik der Weltreligionen«. Der ungeheure Einfluß z. B., den auf die charakterologische Entwicklung des Judentums, seinen rationalen, der Sinnenkultur fremden Charakter, speziell das *zweite Gebot* (»Du sollst dir kein Bildnis« usw.) gehabt hat, kann hier nicht analysiert werden. Als charakteristisch darf vielleicht immerhin erwähnt werden, daß mir einer der Leiter der »Educational Alliance« in den Vereinigten Staaten, einer Organisation, welche mit erstaunlichem Erfolg und großartigen Mitteln die Amerikanisierung der jüdischen Immigranten betreibt, als erstes Ziel der Kulturmenschwerdung, welches durch alle Arten künstlerischen und geselligen Unterrichts erstrebt wird, die »Emanzipation vom zweiten Gebot« bezeichnete. — Beim Puritanismus entspricht der israelitischen Verpönung jeder Gottvermenschlichung (s. v. v.!) das etwas anders, aber doch in verwandter Richtung wirkende Verbot der Kreaturvergötterung. — Was das talmudische Judentum anlangt, so sind gewiß auch prinzipielle Züge der puritanischen Sittlichkeit ihm verwandt. Wenn z. B. im Talmud (bei Wünsche, Babyl. Talmud II, S. 34) eingeschärft wird: es ist besser und wird von Gott reicher belohnt, wenn man aus *Pflicht* etwas Gutes tut, als eine gute Tat, zu der man durch das

dieser Skizze unmöglich. Neben den angedeuteten Beziehungen kommt für den inneren Gesamthabitus des Puritaners vor allem auch in Betracht, daß der Glaube, das auserwählte Volk Gottes zu sein, in ihm eine grandiose Renaissance erlebte [1]). Wie selbst der milde Baxter Gott dafür dankt, daß er ihn in England und in der wahren Kirche habe zur Welt kommen lassen und nicht anderswo, so durchdrang dieser Dank für die eigene durch Gottes Gnade gewirkte Tadellosigkeit die Lebens-

Gesetz nicht verpflichtet ist, — m. a. W.: lieblose Pflichterfüllung steht ethisch höher als gefühlsmäßige Philanthropie, so würde die puritanische Ethik das dem Wesen nach ebenso akzeptieren, wie Kant, der von Abkunft Schotte und in seiner Erziehung stark pietistisch beeinflußt war, im Ergebnis dem Satze nahe kommt (wie denn, was hier nicht erörtert werden kann, manche seiner Formulierungen direkt an Gedanken des asketischen Protestantismus anknüpfen). Aber einmal ist die talmudische Ethik tief in orientalischen Traditionalismus getaucht: »R. Tanchum ben Chanilai hat gesagt: »Niemals ändere der Mensch einen Brauch« (Gemara zu Mischna VII, 1 Fol. 86 b, Nr. 93 bei Wünsche: es handelt sich um Kost der Tagelöhner), nur den Fremden gegenüber gilt diese Bindung nicht. — Dann aber ergab die puritanische Auffassung der »Gesetzlichkeit« als Bewährung, gegenüber der jüdischen als Gebotserfüllung schlechthin, offenbar weit stärkere Motive zum positiven Handeln. Der Gedanke, daß der Erfolg Gottes Segen offenbare, ist dem Judentum natürlich nicht etwa fremd. Die grundstürzend abweichende religiös-ethische Bedeutung aber, die er zufolge der doppelten (Innen- und Außen-) Ethik im Judentum gewann, schloß jede Verwandtschaft der Wirkung gerade in diesem entscheidenden Punkt aus. Dem »Fremden« gegenüber war erlaubt, was dem »Bruder« gegenüber verboten war. Unmöglich konnte (schon deshalb) der Erfolg auf dem Gebiet dieses nicht »Gebotenen« sondern »Erlaubten« Merkmal religiöser Bewährung und Antrieb methodischer Lebensgestaltung in jenem Sinn sein, wie beim Puritaner. Ueber dies ganze, von Sombart in seinem Buch »Die Juden und das Wirtschaftsleben« vielfach nicht richtig behandelte Problem s. die oben zitierten Aufsätze. Das einzelne gehört nicht hierher. Die jüdische Ethik, so befremdlich es zunächst klingt, blieb sehr stark traditionalistisch. Auf die gewaltige Verschiebung, welche die innere Stellung zur Welt durch die in eigentümlicher Art stets den Keim neuer Entwicklungsmöglichkeiten in sich bergende christliche Fassung der Gedanken von »Gnade« und »Erlösung« erlitt, ist hier ebenfalls noch nicht einzugehen. Ueber die alttestamentliche »Gesetzlichkeit« vgl. auch z. B. Ritschl, Rechtf. und Vers. II S. 265.

Den englischen Puritanern waren die Juden ihrer Zeit Vertreter jenes an Krieg, Staatslieferungen, Staatsmonopolen, Gründungsspekulationen und fürstlichen Bau- und Finanzprojekten orientierten Kapitalismus, den sie selbst perhorreszierten. In der Tat läßt sich der Gegensatz im ganzen, mit den stets unvermeidlichen Vorbehalten, wohl so formulieren: daß der jüdische Kapitalismus spekulativer Paria-Kapitalismus war, der puritanische: bürgerliche Arbeitsorganisation.

[1]) Die Wahrheit der Heiligen Schrift folgt für Baxter in letzter Instanz aus der »wonderful difference of the godly and ungodly«, der absoluten Verschiedenheit des »renewed man« von anderen und der offensichtlichen ganz speziellen Fürsorge Gottes für das Seelenheil der Seinen (welche sich natürlich auch in »Prüfungen« äußern kann). Christ. Dir. I p. 165, Sp. 2 marg.

stimmung [1]) des puritanischen Bürgertums und bedingte jenen formalistisch korrekten harten Charakter, wie er den Vertretern jener heroischen Epoche des Kapitalismus eigen war.

Wir suchen uns nun noch speziell die Punkte zu verdeutlichen, in welchen die puritanische Auffassung des Berufs und die Forderung asketischer Lebensführung d i r e k t die Entwicklung des kapitalistischen Lebensstils beeinflussen mußte. Mit voller Gewalt wendet sich die Askese, wie wir sahen, vor allem gegen eins: das u n b e f a n g e n e G e n i e ß e n des Daseins und dessen, was es an Freuden zu bieten hat. Am charakteristischsten kommt dieser Zug wohl in dem Kampf um das »Book of sports« [2]), welches Jacob I. und Karl I. zu dem ausgesprochenen Zweck der Bekämpfung des Puritanismus zum Gesetz erhoben und dessen Verlesung von allen Kanzeln der letztere anbefahl, zum Ausdruck. Wenn die Puritaner die Verfügung des Königs, daß am Sonntag gewisse volkstümliche Vergnügungen außerhalb der Kirchzeit gesetzlich erlaubt sein sollten, wie rasend bekämpften, so war es n i c h t nur die Störung der Sabbatruhe, sondern die ganze geflissentliche Ablenkung von der geordneten Lebensführung des Heiligen, was sie aufbrachte. Und wenn der König jeden Angriff auf die Gesetzlichkeit jener Sports mit schwerer Strafe bedrohte, so war der Zweck gerade, jenen dem Staat gefährlichen, weil a n t i a u t o r i t ä r e n a s k e t i s c h e n Zug zu brechen. Die monarchisch-feudale Gesellschaft schützte

---

[1]) Man braucht als Charakteristikum dafür nur zu lesen, wie gewunden sich selbst Bunyan — bei dem immerhin gelegentlich eine Annäherung an die Stimmung von Luthers »Freiheit eines Christenmenschen« zu finden ist (z. B. in Of the Law and a Christian, W. of Pur. Div. p. 254 unten) — mit dem Gleichnis vom Pharisäer und Zöllner abfindet (s. die Predigt The Pharisee and the Publican, a. a. O. p. 100 f.). Warum wird der Pharisäer verworfen? — Er hält in Wahrheit Gottes Gebote nicht, denn — er ist offenbar ein S e k t i e r e r, der nur auf äußere Kleinigkeiten und Zeremonien bedacht ist (p. 107); vor allem aber schreibt er sich selbst das Verdienst zu und dankt dennoch, »wie die Quäker es tun«, unter Mißbrauch des Namens Gottes diesem für seine Tugend, auf deren Wert er (p. 126) in sündhafter Weise baut und dadurch implicite G o t t e s G n a d e n w a h l bestreitet (p. 139 f.). Sein Gebet ist also Kreaturvergötterung und das ist das Sündhafte daran. — Dagegen ist der Zöllner, wie die Aufrichtigkeit seines Bekenntnisses zeigt, innerlich wiedergeboren, denn — wie es in charakteristisch puritanischer Abschwächung des lutherischen Sündengefühles heißt — to a right and sincere conviction of sin there must be a conviction of the p r o b a b i l i t y of mercy (p. 209).

[2]) Abgedruckt z. B. in Gardiners »Constitutional Documents«. Man kann diesen Kampf gegen die (autoritätsfeindliche) Askese etwa mit Ludwigs XIV. Verfolgung von Port Royal und der Jansenisten in Parallele setzen.

die »Vergnügungswilligen« gegen die entstehende bürgerliche Moral und das autoritätsfeindliche asketische Konventikel ebenso, wie heute die kapitalistische Gesellschaft die »Arbeitswilligen« gegen die Klassenmoral der Arbeiter und den autoritätsfeindlichen Gewerkverein zu schützen pflegt. Die Puritaner vertraten demgegenüber ihre entscheidendste Eigenart: das Prinzip asketischer Lebensführung. Denn im übrigen war die Abneigung des Puritanismus gegen den Sport, selbst bei den Quäkern, keine schlechthin grundsätzliche. Nur mußte er einem rationalen Zweck: der für die physische Leistungsfähigkeit erforderlichen Erholung, dienen. Als Mittel rein unbefangenen Sich-Auslebens ungebändigter Triebe dagegen war er ihm verdächtig, und soweit er zum reinen Genußmittel wurde oder gar den agonalen Ehrgeiz, rohe Instinkte oder die irrationale Lust zum Wetten weckte, war er selbstverständlich schlechthin verwerflich. Der triebhafte Lebensgenuß, der von der Berufsarbeit wie von der Frömmigkeit gleichermaßen abzieht, war eben als solcher der Feind der rationalen Askese, mochte er sich als »seigneurialer« Sport oder als Tanzboden- und Kneipenbesuch des gemeinen Mannes darstellen [1]).

Mißtrauisch und vielfach feindlich ist demgemäß auch die Stellung zu den nicht direkt religiös zu wertenden Kulturgütern. Nicht als ob ein düsteres kulturverachtendes Banausentum im Lebensideal des Puritanismus enthalten gewesen wäre. Das gerade Gegenteil ist wenigstens für die Wissenschaft — mit Ausnahme der verabscheuten Scholastik — richtig. Und die größten Vertreter der puritanischen Bewegung sind überdies tief in die Bildung der Renaissance getaucht: die Predigten des presbyterianischen Flügels der Bewegung triefen von Klassizismen [2])

[1]) Der Standpunkt Calvins war darin noch wesentlich milder, wenigstens soweit die feineren aristokratischen Formen des Lebensgenusses in Betracht kamen. Nur die Bibel ist Schranke; wer sich an sie hält und sich ein gutes Gewissen erhält, ist nicht genötigt, mit Aengstlichkeit jede Regung zum Lebensgenuß in sich zu beargwöhnen. Die hierher gehörigen Ausführungen in Kap. X der Inst. Christ. Rel. (z. B.: nec fugere ea quoque possumus quae videntur oblectationi magis quam necessitati inservire) hätten an sich einer sehr laxen Praxis Tür und Tor öffnen können. Hier machte sich eben neben der steigenden Angst um die certitudo salutis bei den Epigonen auch der Umstand geltend — den wir andern Orts würdigen werden —, daß in dem Gebiete der »ecclesia militans« die Kleinbürger es waren, welche Träger der ethischen Entwicklung des Calvinismus wurden.

[2]) Th. Adams (Works of the Pur. Div. p. 3) z. B. beginnt eine Predigt über »the three divine sisters« (»Die Liebe aber ist die größte unter ihnen«) mit dem Hinweis: — daß auch Paris der Aphrodite den Apfel gereicht habe!

und selbst diejenigen der Radikalen verschmähen, trotzdem sie allerdings gerade daran Anstoß nahmen, derartige Gelehrsamkeit doch in der theologischen Polemik nicht. Nie vielleicht ist ein Land so überreich an »graduates« gewesen, wie Neu-England in der ersten Generation seines Bestehens. Die Satire der Gegner, wie z. B. Butlers »Hudibras«, setzt ebenfalls gerade bei der Stubengelehrsamkeit und geschulten Dialektik der Puritaner ein: dies hängt teilweise mit der religiösen Schätzung des Wissens zusammen, welche aus der Stellung zur katholischen »fides implicita« folgte. — Schon anders steht es, sobald man das Gebiet der nicht wissenschaftlichen Literatur [1]) und weiterhin der Sinnenkunst betritt. Hier freilich legte sich die Askese wie ein Reif auf das Leben des fröhlichen alten England. Und nicht nur die weltlichen Feste wurden davon betroffen. Der zornige Haß der Puritaner gegen alles, was nach »superstition« roch, gegen alle Reminiszenzen von magischer oder hierurgischer Gnadenspendung verfolgte das christliche Weihnachtsfest ganz ebenso wie den Maibaum [2]) und die unbefangene kirchliche Kunstübung. Daß in Holland für die Entwicklung einer großen, oft derb realistischen, Kunst Raum blieb [3]), beweist lediglich, wie wenig exklusiv die

[1]) Romane u. dgl. sollen als »wastetimes« nicht gelesen werden (Baxter, Christ. Dir. I p. 51 Sp. 2). — Das Eintrocknen der Lyrik und des Volksliedes, nicht nur des Dramas, nach dem elisabethanischen Zeitalter in England ist bekannt. An bildender Kunst hat der Puritanismus vielleicht nicht allzuviel zu unterdrücken vorgefunden. Auffallend ist aber der Absturz von einer anscheinend ganz guten musikalischen Veranlagung (die Rolle Englands in der Musikgeschichte war nicht unbedeutend) zu jenem absoluten Nichts, welches wir bei den angelsächsischen Völkern später und noch heute in dieser Hinsicht bemerken. Außer in den Negerkirchen — und seitens jener Berufssänger, die sich jetzt die Kirchen als »attractions« (Trinity Church in Boston 1904 für 8000 $ pro Jahr) engagieren — hört man auch in Amerika meist nur ein für deutsche Ohren unerträgliches Gekreisch als »Gemeindegesang«. (Teilweise analoge Vorgänge auch in Holland.)

[2]) In Holland ganz ebenso, wie die Verhandlungen der Synoden erkennen lassen. (S. die Beschlüsse über den Maibaum in der Reitsma'schen Sammlung VI, 78. 139 u. ö.)

[3]) Daß die »Renaissance des Alten Testaments« und die pietistische Orientierung an gewissen, letztlich auf Deuterojesaja und den 22. Psalm zurückgehenden schönheitsfeindlichen christlichen Empfindungen in der Kunst dazu beigetragen haben muß, das Häßliche als künstlerisches Objekt möglicher zu machen und daß auch die puritanische Ablehnung der Kreaturvergötterung dabei mitspielte, liegt nahe. Aber alles Einzelne scheint noch unsicher. In der römischen Kirche führten ganz andere (demagogische) Motive äußerlich verwandte Erscheinungen herbei, — aber allerdings mit künstlerisch ganz anderem Resultat. Wer vor Rembrandts »Saul und David« (im Mauritshuis) steht, glaubt die mächtige Wirkung puritanischen Empfindens direkt zu spüren. Die geist-

dortige autoritär gehandhabte Sittenreglementierung nach diesen Richtungen gegenüber dem Einfluß des Hofes und des Regentenstandes (einer *Rentner*schicht), aber auch der Lebenslust reich gewordener Kleinbürger zu wirken vermochte, nachdem die kurze Herrschaft der calvinistischen Theokratie sich in ein nüchternes Staatskirchentum aufgelöst und damit der Calvinismus an asketischer Werbekraft merklich verloren hatte [1]). Das

---

volle Analyse der holländischen Kultureinflüsse in Carl Neumanns »Rembrandt« dürfte wohl das Maß dessen bezeichnen, was man zur Zeit darüber wissen *kann*, inwieweit dem asketischen Protestantismus positive, die Kunst befruchtende, Wirkungen zuzuschreiben sind.

[1]) Für das relativ geringere Eindringen der calvinistischen Ethik in die Lebenspraxis und die Abschwächung des asketischen Geistes in Holland schon Anfang des 17. Jahrhunderts (den 1608 nach Holland geflüchteten englischen Kongregationalisten war die unzulängliche holländische Sabbatruhe anstößig), vollends aber unter dem Statthalter Friedrich Heinrich, und für die geringere Expansionskraft des holländischen Puritanismus überhaupt waren die mannigfachsten, hier unmöglich aufzuführenden Ursachen maßgebend. Sie lagen zum Teil auch in der politischen Verfassung (partikularistischer Städte- und Länderbund) und in der weit geringeren Wehrhaftigkeit (der Freiheitskrieg wurde bald in der Hauptsache mit dem *Gelde* von Amsterdam und mit Soldheeren geführt: die englischen Prediger illustrierten die babylonische Sprachverwirrung durch Verweisung auf das holländische Heer). Dadurch war der Ernst des Glaubenskampfes zum guten Teil auf andere abgewälzt, damit aber auch die Teilnahme an der politischen *Macht* verscherzt. Dagegen fühlte sich Cromwells Heer — obwohl teilweise gepreßt — als *Bürger*heer. (Umso charakteristischer ist dabei freilich, daß *eben dies* Heer die Beseitigung der Wehr*pflicht* in sein Programm aufnahm, — weil man eben nur zu Gottes Ruhm für eine im Gewissen gut erkannte Sache, nicht aber für die Laune der Fürsten kämpfen darf. Die nach traditionellen deutschen Begriffen »unsittliche« englische Heeresverfassung hatte *historisch* anfänglich sehr »sittliche« Motive und war eine Forderung niemals besiegter Soldaten, welche erst nach der Restauration in den Dienst der Interessen der Krone gestellt wurde.) Die holländischen schutterijen, die Träger des Calvinismus in der Periode des großen Krieges, sieht man schon eine halbe Generation nach der Dordrechter Synode auf den Halsschen Bildern sich recht wenig »asketisch« gebärden. Proteste der Synoden gegen ihre Lebensführung finden sich immer wieder. Der holländische Begriff der »Deftigkeit« ist ein Gemisch von bürgerlich-rationaler »Ehrbarkeit« und patrizischem Standesbewußtsein. Die Klassenabstufung der Kirchenplätze in den holländischen Kirchen zeigt den aristokratischen Charakter dieses Kirchentums noch heute. Der Fortbestand der Stadtwirtschaft hemmte die Industrie. Sie nahm fast nur durch Refugiés und daher stets nur zeitweilig einen Aufschwung. Wirksam gewesen war aber auch in Holland, in ganz gleicher Richtung wie anderwärts, die innerweltliche Askese des Calvinismus und Pietismus (auch in dem gleich zu erwähnenden Sinn »asketischen Sparzwangs«, wie Groen van Prinsterer an der Anm. 2 S. 193 zitierten Stelle bezeugt. Das fast völlige Fehlen schöner Literatur im calvinistischen Holland ist natürlich kein Zufall. S. über Holland z. B.: Busken-Huët, Het land van Rembrandt, auch deutsch herausgegeben durch von der Ropp). Die Bedeutung der holländischen Religiosität

Theater war dem Puritaner verwerflich [1]), und bei der strikten Ausscheidung des Erotischen und der Nuditäten aus dem Kreise des Möglichen blieb in Literatur wie Kunst die radikalere Auffassung nicht stehen. Die Begriffe des »idle talk«, der »superfluities« [2]), der »vain ostentation« — alles Bezeichnungen eines irrationalen, ziellosen, daher nicht asketischen und überdies nicht zum Ruhme Gottes, sondern des Menschen dienenden Gebarens — waren schnell bei der Hand, um gegen jede Verwendung künstlerischer Motive die nüchterne Zweckmäßigkeit entschieden zu begünstigen. Vollends galt dies da, wo es sich um den direkten Schmuck der Person, z. B. die Tracht [3]), handelte. Jene mächtige Tendenz zur Uniformierung des Lebensstils, welcher heute das kapitalistische Interesse an der »standardization« der Produktion [4])

als »asketischer Sparzwang« tritt noch im 18. Jahrhundert, z. B. in den Aufzeichnungen von Albertus Haller, deutlich hervor. Für die charakteristischen Eigenarten holländischen Kunsturteils und deren Motive zu vergleichen z. B. die autobiographischen Aufzeichnungen von Const. Huyghens (1629—31 geschrieben) in Oud Holland 1891. (Die schon zitierte Arbeit von Groen van Prinsterer, La Hollande et l'influence de Calvin (1864) bietet für unsre Probleme nichts Entscheidendes.) — Die Nieuw-Nederland-Kolonie in Amerika war sozial eine halbfeudale Herrschaft von »Patronen«: — Händlern, die das Kapital vorschossen — und im Gegensatz zu Neu-England hielt es schwer, »kleine Leute« zur Uebersiedelung dorthin zu bewegen.

1) Es sei daran erinnert: wie die puritanische Stadtbehörde das Theater in Stratford—on—Avon noch bei Shakespeares Lebzeiten und Aufenthalt dort in seiner letzten Lebenszeit schloß. (Shakespeares Haß und Verachtung gegen die Puritaner tritt ja bei jeder Gelegenheit hervor.) Noch 1777 lehnte die Stadt Birmingham die Zulassung eines Theaters als der »Faulheit« förderlich und daher dem Handel abträglich ab (Ashley am S. 196 Anm. 2, a. O. S. 7. 8).

2) Entscheidend ist auch hier, daß es für den Puritaner nur das Entweder-oder gab: göttlicher Wille oder kreatürliche Eitelkeit. Deshalb konnten für ihn keine »Adiaphora« existieren. Anders stand in dieser Beziehung, wie schon gesagt, Calvin: Was man ißt, was man anzieht u. dgl. ist — wenn nur keine Verknechtung der Seele unter die Macht der Begierde die Folge ist — gleichgültig. Die Freiheit von der »Welt« soll sich — wie bei den Jesuiten — in Indifferenz, d. h. aber bei Calvin: in unterschiedslosem, begierdelosem Gebrauch der Güter, welche die Erde bietet, äußern (p. 409 ff. der Originalausgabe der Institutio Christianae Relig.), — ein Standpunkt, der dem lutherischen offensichtlich im Effekt näher stand als der Präzisismus der Epigonen.

3) Das Verhalten der Quäker in dieser Hinsicht ist bekannt. Aber schon Anfang des 17. Jahrhunderts durchtobten die Exulantengemeinde in Amsterdam ein Jahrzehnt lang die schwersten Stürme wegen der modischen Hüte und Trachten einer Pfarrersfrau. (Ergötzlich geschildert in Dexters Congregationalism of the last 300 years). — Schon Sanford a. a. O. hat darauf hingewiesen, daß die heutige männliche »Haartour« diejenige der vielverspotteten »Roundheads« ist und daß die ebenfalls verspottete männliche Tracht der Puritaner der heutigen jedenfalls in dem zugrunde liegenden Prinzip wesensgleich ist.

4) Darüber s. wiederum Veblens schon zitiertes Buch: The theory of business enterprise.

zur Seite steht, hatte in der Ablehnung der »Kreaturvergötterung« ihre ideelle Grundlage[1]). Gewiß darf man dabei nicht vergessen, daß der Puritanismus eine Welt von Gegensätzen in sich schloß, daß der instinktive Sinn für das zeitlos Große in der Kunst bei seinen Führern sicher höher stand als in der Lebensluft der »Kavaliere«[2]), und daß ein einzigartiger Genius wie Rembrandt, so wenig sein »Wandel« durchweg vor den Augen des puritanischen Gottes Gnade gefunden hätte, doch in der Richtung seines Schaffens durch sein sektiererisches Milieu ganz wesentlich mitbestimmt wurde[3]). Aber am Gesamtbild ändert das insofern nichts, als die mächtige Verinnerlichung der Persönlichkeit, welche die weitere Fortbildung der puritanischen Lebensluft mit sich bringen konnte und tatsächlich mitbestimmt hat, doch vorwiegend der Literatur und auch da erst späteren Geschlechtern zugute gekommen ist.

---

[1]) Auf diesen Gesichtspunkt kommen wir stets zurück. Aus ihm erklären sich Aussprüche wie diese: Every penny, which is paid upon yourselves and children and friends must be done as by Gods own appointment and to serve and please him. Watch narrowly, or else that thievish carnal self will leave God nothing. (Baxter a. a. O. I S. 108 unten rechts.) Das ist das Entscheidende: was man persönlichen Zwecken zuwendet, wird dem Dienst zu Gottes Ruhm entzogen.

[2]) Mit Recht pflegt man z. B. daran zu erinnern (so Dowden a. a. O.), daß Cromwell Raffaels Cartons und Mantegnas Triumph Caesars vor dem Untergang rettete, Carl II sie zu verkaufen suchte. Zur englischen Nationalliteratur stand die Gesellschaft der Restauration bekanntlich ebenfalls durchaus kühl oder direkt ablehnend. An den Höfen war der Einfluß von Versailles eben überall allmächtig. — Die Ablenkung von den unreflektierten Genüssen des Alltagslebens in ihren Einfluß auf den Geist der höchsten Typen des Puritanismus und der durch seine Schule gegangenen Menschen im einzelnen zu analysieren ist eine Aufgabe, die jedenfalls im Rahmen dieser Skizze nicht gelöst werden könnte. Washington Irving (Bracebridge Hall a. a. O.) formuliert in der üblichen englischen Terminologie die Wirkung dahin: »it (die politische Freiheit, meint er, — der Puritanismus, sagen wir) evinces less play of the fancy, but more power of imagination.« Man braucht nur an die Stellung der Schotten in Wissenschaft, Literatur, technischen Erfindungen und auch im Geschäftsleben Englands zu denken, um zu empfinden, daß diese etwas zu eng formulierte Bemerkung an das Richtige streift. — Auf die Bedeutung für die Entwicklung der Technik und der empirischen Wissenschaften kommen wir hier nicht zu sprechen. Die Beziehung selbst tritt auch im Alltagsleben überall hervor: Für den Quäker z. B. sind erlaubte »recreations« (nach Barclay): Besuch von Freunden, Lektüre historischer Werke, mathematische und physikalische Experimente, Gärtnerei, Besprechung der geschäftlichen und sonstigen Vorgänge in der Welt u. dgl. — Der Grund ist der früher erörterte.

[3]) Hervorragend schön analysiert in Carl Neumanns »Rembrandt«, der überhaupt zu den obigen Bemerkungen zu vergleichen ist.

Ohne auf die Erörterung der Einflüsse des Puritanismus nach all diesen Richtungen hier näher eingehen zu können, vergegenwärtigen wir uns nur, daß die Statthaftigkeit der Freude an den rein dem ästhetischen oder sportlichen Genuß dienenden Kulturgütern jedenfalls immer eine charakteristische Schranke findet: sie dürfen nichts kosten. Der Mensch ist ja nur Verwalter der durch Gottes Gnade ihm zugewendeten Güter, er hat, wie der Knecht der Bibel, von jedem anvertrauten Pfennig Rechenschaft abzulegen [1]), und es ist zum mindesten bedenklich, davon etwas zu verausgaben zu einem Zweck, der nicht Gottes Ruhm, sondern dem eigenen Genuß gilt [2]). Wem, der die Augen offen hat, wären Repräsentanten dieser Auffassung nicht bis in die Gegenwart hinein begegnet? [3]) Der Gedanke der Verpflichtung des Menschen gegenüber seinem anvertrauten Besitz, dem er sich als dienender Verwalter oder geradezu als »Erwerbsmaschine« unterordnet, legt sich mit seiner erkältenden Schwere auf das Leben. Je größer der Besitz wird, desto schwerer wird — wenn die asketische Lebensstimmung die Probe besteht — das Gefühl der Verantwortung dafür, ihn zu Gottes Ruhm ungeschmälert zu erhalten und durch rastlose Arbeit zu vermehren. Auch die Genesis dieses Lebensstils reicht in einzelnen Wurzeln, wie so viele Bestandteile des modernen kapitalistischen Geistes, in das Mittelalter zurück [4]), aber erst

[1]) So Baxter in der oben zitierten Stelle I S. 108 unten.

[2]) Vgl. z. B. die bekannte Schilderung des Colonel Hutchinson (oft zitiert, z. B. bei Sanford a. a. O. S 57) in der von seiner Witwe verfaßten Biographie. Nach Darlegung aller seiner ritterlichen Tugenden und seiner zu heiterer Lebens freude neigenden Natur heißt es: »He was wonderfully neat, cleanly and genteel in his habit, and had a very good fancy in it; but he left off very early the wearing of anything that was costly.« . . . — Ganz ähnlich ist das Ideal der weltoffenen und feingebildeten Puritanerin, die aber mit zwei Dingen: 1. Zeit und 2. Ausgaben für »Pomp« und Vergnügen, kargt, in Baxters Leichenrede auf Mary Hammer (Works of the Pur. Div. p. 533) gezeichnet.

[3]) Ich erinnere mich — neben vielen anderen Beispielen — speziell eines in seinem Geschäftsleben ungewöhnlich erfolgreichen und in seinem Alter sehr begüterten Fabrikanten, der, als ihm ärztlicherseits bei einer hartnäckigen Verdauungsschwäche der Genuß von einigen Austern täglich angeraten wurde, dazu nur mit der größten Schwierigkeit zu bewegen war. Sehr erhebliche Stiftungen zu wohltätigen Zwecken, die er schon bei Lebzeiten vornahm, und eine »offene Hand« zeigten andererseits, daß es sich dabei lediglich um einen Rückstand jenes »asketischen« Empfindens handelte, welches den eigenen Genuß des Besitzes für sittlich bedenklich hält, nicht etwa um irgend etwas mit »Geiz« Verwandtes.

[4]) Die Trennung von Werkstatt, Kontor, überhaupt »Geschäft«, und Privatwohnung —, von Firma und Name —, von Geschäftskapital und Pri-

in der Ethik des asketischen Protestantismus fand er seine konsequente ethische Unterlage. Seine Bedeutung für die Entwicklung des Kapitalismus liegt auf der Hand [1]).

Die innerweltliche protestantische Askese — so können wir das bisher Gesagte wohl zusammenfassen — wirkte also mit voller Wucht gegen den unbefangenen Genuß des Besitzes, sie schnürte die Konsumtion, speziell die Luxuskonsumtion, ein. Dagegen entlastete sie im psychologischen Effekt den Gütererwerb von den Hemmungen der traditionalistischen Ethik, sie sprengt die Fesseln des Gewinnstrebens, indem sie es nicht nur legalisierte, sondern (in dem dargestellten Sinn) direkt als gottgewollt ansah. Der Kampf gegen Fleischeslust und das Hängen an äußeren Gütern war, wie neben den Puritanern auch der große Apologet des Quäkertums, Barclay, ausdrücklich bezeugt, kein Kampf gegen rationalen Erwerb, sondern gegen irrationale Verwendung des Besitzes. Diese aber lag vor allem in der Wertschätzung der als Kreaturvergötterung [2])

vatvermögen, die Tendenz, das »Geschäft« zu einem »corpus mysticum« zu machen (zunächst wenigstens das Gesellschaftsvermögen), lagen alle in dieser Richtung. S. darüber meine »Handelsgesellschaften im Mittelalter«.

[1]) Zutreffend hatte schon Sombart in seinem »Kapitalismus« (1. Aufl.) gelegentlich auf dies charakteristische Phänomen hingewiesen. Zu beachten ist nur, daß Vermögensakkumulation aus zwei sehr verschiedenen psychologischen Quellen stammt. Die eine reicht in ihrer Wirksamkeit weit in das graueste Altertum zurück und kommt in Stiftungen, Stammgütern, Fideikommissen usw. ganz ebenso oder vielmehr sehr viel reiner und deutlicher zum Ausdruck wie in dem gleichartigen Streben, dereinst mit hohem materiellem Eigengewicht belastet zu sterben und, vor allem, den Bestand des »Geschäftes« zu sichern, sei es auch unter Verletzung der persönlichen Interessen der Mehrzahl der miterbenden Kinder. Es handelt sich in diesen Fällen neben dem Wunsch, in der eigenen Schöpfung ein ideelles Leben über den Tod hinaus zu führen, darum, den »splendor familiae« zu erhalten, also um eine Eitelkeit, die sozusagen der erweiterten Persönlichkeit des Stifters sich zuwendet, in jedem Fall um im Grunde egozentrische Ziele. Nicht so liegt es bei jenem »bürgerlichen« Motiv, mit welchem wir es hier zu tun haben: da steht der Satz der Askese: »Entsagen sollst du, sollst entsagen«, ins Positiv-kapitalistische gewendet: »Erwerben sollst du, sollst erwerben«, in seiner Irrationalität schlicht und rein als eine Art kategorischer Imperativ vor uns. Nur Gottes Ruhm und die eigene Pflicht, nicht die Eitelkeit des Menschen, ist hier bei den Puritanern das Motiv, und heute: nur die Pflicht gegen den »Beruf«. Wer Freude daran hat, sich einen Gedanken an seinen extremen Konsequenzen zu illustrieren, erinnere sich etwa jener Theorie gewisser amerikanischer Milliardäre, daß man die erworbenen Milliarden nicht den Kindern hinterlassen solle, damit diesen die sittliche Wohltat, selbst arbeiten und erwerben zu müssen, nicht entzogen werde: heute freilich eine wohl nur noch »theoretische« Seifenblase.

[2]) Dies ist — wie immer wieder hervorzuheben ist — das letzte entscheidende religiöse Motiv (neben den rein asketischen Gesichtspunkten der Fleischabtötung), was ganz besonders deutlich bei den Quäkern hervortritt.

verdammlichen ostensiblen Formen des Luxus, wie sie dem feudalen Empfinden so nahe lagen, anstatt der von Gott gewollten rationalen und utilitarischen Verwendung für die Lebenszwecke des einzelnen und der Gesamtheit. Nicht Kasteiung[1]) wollte sie dem Besitzenden aufzwingen, sondern Gebrauch seines Besitzes für notwendige und praktisch nützliche Dinge. Der Begriff des »comfort« umspannt in charakteristischer Weise den Kreis der ethisch statthaften Verwendungszwecke, und es ist natürlich kein Zufall, daß man die Entwicklung des Lebensstils, der sich an jenen Begriff heftet, gerade bei den konsequentesten Vertretern dieser ganzen Lebensanschauung: den Quäkern, am frühesten und deutlichsten beobachtet hat. Dem Flitter und Schein chevaleresken Prunkes, der, auf unsolider ökonomischer Basis ruhend, die schäbige Eleganz der nüchternen Einfachheit vorzieht, setzten sie die saubere und solide Bequemlichkeit des bürgerlichen »home« als Ideal entgegen[2]).

Auf der Seite der Produktion des privatwirtschaftlichen Reichtums kämpfte die Askese gegen Unrechtlichkeit ebenso wie gegen rein triebhafte Habgier, — denn diese war es, welche sie als »covetousness«, als »Mammonismus« usw. verwarf: das Streben nach Reichtum zu dem Endzweck, reich zu sein. Denn der Besitz als solcher war Versuchung. Aber hier war nun die Askese die Kraft, »die stets das Gute will und stets das Böse« — das in ihrem Sinn Böse: den Besitz und seine Ver-

[1]) Diese lehnt Baxter (Saints' everl. rest 12) ganz mit den bei den Jesuiten üblichen Motiven ab: dem Leib soll gewährt werden, was er bedarf, sonst wird man sein Knecht.

[2]) Dies Ideal ist speziell im Quäkertum schon in der ersten Epoche seiner Entwicklung klar vorhanden, wie dies in wichtigen Punkten schon Weingarten in seinen »Englischen Revolutionskirchen« entwickelt hat. Auch die eingehenden Auseinandersetzungen Barclays a. a. O. S. 519 ff., 533 veranschaulichen dies aufs deutlichste. Zu meiden ist: 1. kreatürliche Eitelkeit, also alle Ostentation, Flitterkram und Verwendung von Dingen, die keinen praktischen Zweck haben oder nur um ihrer Seltenheit wegen (also aus Eitelkeit) geschätzt werden — 2. ungewissenhafte Verwendung des Besitzes, wie sie in einer gegenüber den notwendigen Lebensbedürfnissen und der Vorsorge für die Zukunft unverhältnismäßigen Ausgabe für minder notwendige Bedürfnisse liegt: der Quäker war also sozusagen das wandelnde »Grenznutzgesetz«. »Moderate use of the creature« ist durchaus statthaft, namentlich aber durfte man auf Qualität und Solidität der Stoffe usw. Gewicht legen, soweit dies nicht zur »vanity« führte. Vgl. über all dies: Morgenblatt für gebildete Leser 1846 Nr. 216 ff. (Insbesondere: Komfort und Solidität der Stoffe bei den Quäkern, vgl. Schneckenburger, Vorlesungen S. 96 f.).

suchungen — »schafft«. Denn nicht nur sah sie, mit dem Alten Testament und in voller Analogie zu der ethischen Wertung der »guten Werke«, zwar in dem Streben nach Reichtum als Zweck den Gipfel des Verwerflichen, in der Erlangung des Reichtums als Frucht der Berufsarbeit aber den Segen Gottes. Sondern, was noch wichtiger war: die religiöse Wertung der rastlosen, stetigen, systematischen, weltlichen Berufsarbeit als schlechthin höchsten asketischen Mittels und zugleich sicherster und sichtbarster Bewährung des wiedergeborenen Menschen und seiner Glaubensechtheit mußte ja der denkbar mächtigste Hebel der Expansion jener Lebensauffassung sein, die wir hier als »Geist« des Kapitalismus bezeichnet haben [1]). Und halten wir nun noch jene Einschnürung der Konsumtion mit dieser Entfesselung des Erwerbsstrebens zusammen, so ist das äußere Ergebnis naheliegend: Kapitalbildung durch asketischen Sparzwang [2]). Die Hemmungen, welche dem konsumtiven

1) Es ist schon früher gesagt, daß wir auf die Frage der Klassenbedingtheit der religiösen Bewegungen hier nicht eingehen (darüber s. die Aufsätze über die »Wirtschaftsethik der Weltreligionen«). Um aber zu sehen, daß z. B. Baxter, der hier vornehmlich benutzt ist, nicht etwa durch die Brille der »Bourgeoisie« der damaligen Zeit blickte, genügt es, sich gegenwärtig zu halten, daß auch bei ihm in der Reihenfolge der Gottgefälligkeit der Berufe nach den gelehrten Berufen zuerst der husbandman kommt, dann erst mariners, clothiers, booksellers, tailors usw. in buntem Gewimmel. Auch die (charakteristisch genug) erwähnten »mariners« sind vielleicht mindestens ebenso als Fischer wie als Schiffer gedacht. — Anders stehen in dieser Hinsicht schon manche Aussprüche des Talmud. Vgl. z. B. bei Wünsche, babyl. Talmud II[1] S. 20, 21, die, freilich nicht unwidersprochenen, Aussprüche Rabbi Eleasars, alle mit dem Sinn: Geschäftsverkehr ist besser als Ackerbau. (Vermittelnder II 2 S. 68 über ratsame Kapitalanlage: ⅓ in Grund und Boden, ⅓ in Waren, ⅓ als Barschaft).

Für diejenigen, deren kausales Gewissen ohne ökonomische (»materialistische«, wie man leider noch immer sagt) Deutung nicht beruhigt ist, sei hiermit bemerkt: daß ich den Einfluß der wirtschaftlichen Entwicklung auf das Schicksal der religiösen Gedankenbildungen für sehr bedeutend halte und später darzulegen suchen werde, wie in unserem Falle die gegenseitigen Anpassungsvorgänge und Beziehungen beider sich gestaltet haben. Nur lassen sich jene religiösen Gedankeninhalte nun einmal schlechterdings nicht »ökonomisch« deduzieren, sie sind — daran läßt sich nichts ändern — eben ihrerseits die mächtigsten plastischen Elemente der »Volkscharaktere« und tragen ihre Eigengesetzlichkeit und zwingende Macht auch rein in sich. Und die wichtigsten Differenzen — die zwischen Luthertum und Calvinismus — sind überdies vorwiegend politisch bedingt, soweit außerreligiöse Momente hineinspielen.

2) Daran denkt Ed. Bernstein, wenn er in seinem schon früher zitierten Aufsatz (S. 681 und S. 625) sagt: »Die Askese ist eine bürgerliche Tugend.« Seine Ausführungen a. a. O. sind die ersten, die diese wichtigen Zusammenhänge überhaupt angedeutet haben. Nur ist der Zusammenhang ein viel um-

Verbrauch des Erworbenen entgegenstanden, mußten ja seiner produktiven Verwendung: als Anlage kapital, zugute kommen. Wie stark diese Wirkung gewesen ist, entzieht sich ziffernmäßig naturgemäß jeder exakten Bestimmung. In Neu-England tritt der Zusammenhang so greifbar hervor, daß er bereits dem Auge eines so vortrefflichen Historikers wie Doyle nicht entgangen ist [1]). Aber auch in dem vom strikten Calvinismus nur 7 Jahre wirklich beherrschten Holland führte die in den religiös ernsteren Kreisen herrschende größere Einfachheit des Lebens bei enormen Reichtümern zu einer exzessiven Kapitalaufsammlungssucht [2]). Daß ferner die zu allen Zeiten und überall vorhanden gewesene, auch bei uns heute recht wirksame, Tendenz zur »Veradligung« bürgerlicher Vermögen durch die Antipathie des Puritanismus gegen feudale Lebensformen fühlbar gehemmt werden mußte, liegt auf der Hand. Englische merkantilistische Schriftsteller des 17. Jahrhunderts führten die Ueberlegenheit der holländischen Kapitalmacht gegenüber England darauf zurück, daß dort nicht wie hier neu erworbene Vermögen regelmäßig durch Anlage in Land und — denn darauf, nicht auf den Landankauf allein kommt es an — den Uebergang zu feudalen Lebensgewohnheiten Nobilitierung suchten und dadurch

---

fassenderer, als er vermutet. Denn nicht die bloße Kapitalakkumulation, sondern die asketische Rationalisierung des gesamten Berufslebens war das Entscheidende. — Für die amerikanischen Kolonien ist der Gegensatz des puritanischen Nordens, wo infolge des »asketischen Sparzwangs« stets anlagebedürftiges Kapital vorhanden war, gegen die Verhältnisse des Südens schon bei Doyle klar betont.

[1]) Doyle, The English in America Vol. II ch. 1. Die Existenz von Eisenwerks-Gesellschaften (1643), Tuchweberei (1659) für den Markt (und übrigens auch die hohe Blüte des Handwerks) in Neu-England in der ersten Generation nach der Gründung der Kolonie sind, rein ökonomisch betrachtet, Anachronismen und stehen zu den Verhältnissen im Süden sowohl als auch zu dem nicht calvinistischen, sondern volle Gewissensfreiheit genießenden Rhode Island in auffallendstem Gegensatz, wo trotz des vorzüglichen Hafens noch 1686 der Bericht von Governor und Council sagte: »The great obstruction concerning trade is the want of merchants and men of considerable Estates amongst us« (Arnold, Hist. of the State of R. I. p. 490). Daß der Zwang, erspartes Kapital immer wieder neu anzulegen, den die puritanische Einschränkung des Konsums übte, dabei mitspielte, ist in der Tat kaum zu bezweifeln. Dazu trat die hier noch nicht zu erörternde Rolle der Kirchenzucht.

[2]) Daß diese Kreise freilich in den Niederlanden rasch abnahmen, zeigt Busken-Huëts Darstellung (a. a. O. Bd. II, K. III und IV). Immerhin sagt Groen van Prinsterer (Handb. d. Gesch. v. h. V. 3. Aufl., § 303 Anm., S. 254): »De Nederlanders verkoopen veel en verbruiken weinig«, noch von der Zeit nach dem westfälischen Frieden.

der kapitalistischen Verwertung entzogen würden [1]). Die auch bei den Puritanern nicht fehlende Schätzung der Landwirtschaft als eines besonders wichtigen, auch der Frömmigkeit besonders zuträglichen Erwerbszweigs galt (z. B. bei Baxter) nicht dem Landlord, sondern dem Yeoman und Farmer, und im 18. Jahrhundert nicht dem Junker, sondern dem »rationellen« Landwirt [2]). Durch die englische Gesellschaft der Zeit seit dem 17. Jahrhundert zieht sich der Zwiespalt zwischen der »Squirearchie«, der Trägerin des »fröhlichen alten England«, und den in ihrer gesellschaftlichen Macht stark schwankenden puritanischen Kreisen [3]). Beide Züge: der einer ungebrochenen naiven Lebensfreude und der einer streng geregelten und reservierten Selbstbeherrschung und konventionellen ethischen Bindung stehen noch heute im Bilde des englischen »Volkscharakters« nebeneinander [4]). Und ebenso zieht sich durch die älteste Geschichte der nordamerikanischen Kolonisation der scharfe Gegensatz der »adventurers«, die mit der Arbeitskraft von indented

---

[1]) Für England befürwortete eine z. B. von Ranke, Englische Geschichte IV, S. 197, zitierte Eingabe eines adligen Royalisten nach dem Einzug Carls II. in London ein gesetzliches Verbot des Erwerbs von Landgütern durch das bürgerliche Kapital, welches dadurch gezwungen werden sollte, sich nur dem Handel zuzuwenden. — Der Stand der holländischen »Regenten« sonderte sich als »Stand« aus dem bürgerlichen Patriziat der Städte durch den Aufkauf der alten Rittergüter aus. (S. darüber die bei Fruin, Tien jaren uit den tachtigjarigen oorlog zitierte Klage aus dem Jahre 1652, daß die Regenten Rentiers und keine Kaufleute mehr seien.) Diese Kreise sind freilich nie innerlich ernstlich calvinistisch gesinnt gewesen. Und die notorische Adels- und Titelsucht in breiten Kreisen des holländischen Bürgertums in der zweiten Hälfte des 17. Jahrhunderts zeigt allein schon, daß man jedenfalls für diese Periode jene Entgegensetzung der englischen gegen die holländischen Verhältnisse nur mit Vorsicht zu akzeptieren hat. Die Uebermacht des ererbten Geldbesitzes brach hier den asketischen Geist.

[2]) Auf den starken Aufkauf der englischen Landgüter durch bürgerliches Kapital folgte die große Epoche der englischen Landwirtschaft.

[3]) Anglikanische Landlords haben sich noch bis in dieses Jahrhundert nicht selten geweigert Nonconformisten als Pächter anzunehmen. (Zur Zeit sind beide kirchlichen Parteien an Zahl annähernd gleich stark, früher waren die Nonconformisten stets die Minderheit.)

[4]) Mit Recht macht H. Levy (in dem soeben erschienenen Aufsatz im Archiv f. Sozialwiss. 46 S. 605 f.) darauf aufmerksam, daß nach der aus zahlreichen Zügen zu erschließenden »Charakteranlage« des englischen Volkes dies für die Rezeption eines asketischen Ethos und bürgerlicher Tugenden wohl eher weniger disponiert war, als andere Völker: derbe und rohe Lebenslust war (und ist) ein Grundzug seines Wesens. Die Macht der puritanischen Askese in der Zeit ihrer Herrschaft zeigt sich gerade in dem erstaunlichen Grade, in welchem dieser Charakterzug bei ihren Anhängern temperiert wurde.

servants Plantagen einrichten und seigneurial leben wollten, gegen die spezifisch bürgerliche Gesinnung der Puritaner[1]).

Soweit die Macht puritanischer Lebensauffassung reichte, kam sie unter allen Umständen — und dies ist natürlich weit wichtiger als die bloße Begünstigung der Kapitalbildung — der Tendenz zu bürgerlicher, ökonomisch rationaler Lebensführung zugute; sie war ihr wesentlichster und vor allem: ihr einzig konsequenter Träger. Sie stand an der Wiege des modernen »Wirtschaftsmenschen«. Gewiß: diese puritanischen Lebensideale versagten bei einer allzu starken Belastungsprobe durch die den Puritanern selbst ja sehr wohlbekannten »Versuchungen« des Reichtums. Sehr regelmäßig finden wir die genuinsten Anhänger puritanischen Geistes in den Reihen der erst im Aufsteigen begriffenen Schichten[2]) der Kleinbürger und Farmer und die »beati possidentes«, selbst bei den Quäkern, recht oft zur Verleugnung der alten Ideale bereit[3]). Es war das ja das gleiche Schicksal, welchem die Vorgängerin der innerweltlichen Askese: die klösterliche Askese des Mittel-

---

[1]) Kehrt auch in der Darstellung Doyles immer wieder. Stets wirkte in der Stellungnahme der Puritaner das religiöse Motiv entscheidend (nicht immer natürlich: allein entscheidend) mit. Die Uebersiedelung von Gentlemen nach Manachusetts, selbst ein Oberhaus mit Erbadel, war die Kolonie (unter Winthrops Führung) geneigt, zuzulassen, wenn nur die Gentlemen der Kirche beitreten würden. Um der Kirchenzucht willen wurde auf geschlossene Siedelung gehalten. (Die Kolonisation von New-Hampshire und Maine erfolgte durch anglikanische große Kaufleute, welche große Viehplantagen anlegten. Hier bestand sehr geringer sozialer Zusammenhang.) Ueber die starke »Profitgier« der Neuengländer wurde schon 1632 geklagt (s. z. B. Weedens Economic and social history of New England I p. 125).

[2]) Dies betont schon Petty a. a. O., und alle zeitgenössischen Quellen ohne Ausnahme sprechen insbesondere von den puritanischen Sektierern: Baptisten, Quäkern, Mennoniten, als von einer teils mittellosen, teils kleinkapitalistischen Schicht und stellen sie in Gegensatz sowohl zu der Großhändler-Aristokratie wie zu den Finanz-Abenteurern. Aus eben dieser kleinkapitalistischen Schicht aber, und nicht etwa aus den Händen der großen Finanzleute: Monopolisten, Staatslieferanten, Staatsgeldgeber, Kolonialunternehmer, promoters usw. ging das hervor, was dem Kapitalismus des Okzidents charakteristisch war: die bürgerlich-privatwirtschaftliche Organisation der gewerblichen Arbeit. (S. z. B. Unwin, Industrial Organization in the 16th and 17th centuries, London 1914 S. 196 ff.) Daß dieser Gegensatz schon den Zeitgenossen selbst genau bekannt war, dafür vgl. Parkers Discourse concerning Puritans von 1641, wo gleichfalls der Gegensatz gegen Projektenmacher und Höflinge betont ist.

[3]) S. über die Art, wie sich dies in der Politik Pennsylvaniens im 18. Jahrhundert, speziell auch im Unabhängigkeitskrieg, äußerte: Sharpless, A Quaker experiment in Government Philadelphia 1902.

alters, immer wieder erlag: wenn die rationelle Wirtschaftsführung hier, an der Stätte streng geregelten Lebens und gehemmter Konsumtion, ihre Wirkung voll entfaltet hatte, so verfiel der gewonnene Besitz entweder direkt — wie in der Zeit vor der Glaubensspaltung — der Veradligung oder es drohte doch die klösterliche Zucht in die Brüche zu gehen und eine der zahlreichen »Reformationen« mußte eingreifen. Ist doch die ganze Geschichte der Ordensregeln in gewissem Sinne ein stets erneutes Ringen mit dem Problem der säkularisierenden Wirkung des Besitzes. Das gleiche gilt in grandiosem Maßstabe auch für die innerweltliche Askese des Puritanismus. Der mächtige »revival« des Methodismus, welcher dem Aufblühen der englischen Industrie gegen Ende des 18. Jahrhunderts vorangeht, kann mit einer solchen Klosterreformation recht wohl verglichen werden. Von John Wesley selbst möge nun hier eine Stelle [1]) Platz finden, welche wohl geeignet wäre, als Motto über allem bisher Gesagten zu stehen. Denn sie zeigt, wie die Häupter der asketischen Richtungen selbst sich über die hier dargelegten scheinbar so paradoxen Zusammenhänge vollkommen, und zwar durchaus in dem hier entwickelten Sinn klar waren [2]). Er schreibt:

»Ich fürchte: wo immer der Reichtum sich vermehrt hat, da hat der Gehalt an Religion in gleichem Maße abgenommen. Daher sehe ich nicht, wie es, nach der Natur der Dinge, möglich sein soll, daß irgendeine Wiedererweckung echter Religiosität lange Dauer haben kann. Denn Religion muß notwendig sowohl Arbeitsamkeit (industry) als Sparsamkeit (frugality) er-

---

[1]) S. dieselbe in Southeys Leben Wesleys Kap. 29. Den Hinweis — ich kannte sie nicht — erhielt ich durch einen Brief Prof. Ashleys (1913). E. Troeltsch (dem ich sie zu diesem Zweck mitteilte) hat sie gelegentlich schon zitiert.

[2]) Die Stelle sei allen denen zur Lektüre empfohlen, welche heute über diese Dinge informierter und klüger sein wollen als die Führer und Zeitgenossen jener Bewegungen selbst, die, wie man sieht, sehr genau wußten, was sie taten und — gefährdeten. Es geht wirklich nicht an, so, wie einzelne meiner Kritiker, ganz unbestreitbare und bisher auch von niemand bestritten gewesene, von mir lediglich etwas mehr auf ihre inneren Triebkräfte untersuchte, Tatbestände so leichthin zu bestreiten, wie dies leider geschehen ist. Kein Mensch hat im 17. Jahrhundert diese Zusammenhänge je bezweifelt (vgl. noch: Manley, Usurry of 6 % examined 1669 S. 137). Außer den schon früher zitierten modernen Schriftstellern haben Dichter wie H. Heine und Keats ganz ebenso wie Vertreter der Wissenschaft wie Macaulay, Cunningham, Rogers oder Schriftsteller wie Mathew Arnold sie als selbstverständlich behandelt. Aus der neuesten Literatur s. Ashley, Birmingham Industry and Commerce (1913), der mir s. Z. auch brieflich sein völliges Einverständnis aussprach. Vgl. zu dem ganzen Problem jetzt den Anm. 4 S. 194 zitierten Aufsatz von H. Levy.

zeugen, und diese können nichts anderes als Reichtum hervorbringen. Aber wenn Reichtum zunimmt, so nimmt Stolz, Leidenschaft und Weltliebe in all ihren Formen zu. Wie soll es also möglich sein, daß der Methodismus, das heißt eine Religion des Herzens, mag sie jetzt auch wie ein grünender Baum blühen, in diesem Zustand verharrt? Die Methodisten werden überall fleißig und sparsam; folglich vermehrt sich ihr Güterbesitz. Daher wachsen sie entsprechend an Stolz, Leidenschaft, an fleischlichen und weltlichen Gelüsten und Lebenshochmut. So bleibt zwar die Form der Religion, der Geist aber schwindet allmählich. Gibt es keinen Weg, diesen fortgesetzten Verfall der reinen Religion zu hindern? Wir dürfen die Leute nicht hindern, fleißig und sparsam zu sein. Wir müssen alle Christen ermahnen, zu gewinnen was sie können und zu sparen was sie können, das heißt im Ergebnis: reich zu werden.« (Folgt die Ermahnung, daß die, die »alles gewinnen was sie können und alles sparen was sie können« auch »alles was sie können, geben« sollen, um so in der Gnade zu wachsen und einen Schatz im Himmel zu sammeln.) — Man sieht, es ist das bis in alle Einzelheiten der hier beleuchtete Zusammenhang [1]).

Ihre volle ökonomische Wirkung entfalteten, ganz wie es hier Wesley sagt, jene mächtigen religiösen Bewegungen, deren Bedeutung für die wirtschaftliche Entwicklung ja in erster Linie in ihren asketischen Erziehungswirkungen lag, regelmäßig erst, nachdem die Akme des rein religiösen Enthusiasmus bereits überstiegen war, der Krampf des Suchens nach dem Gottesreich sich allmählich in nüchterne Berufstugend aufzulösen begann, die religiöse Wurzel langsam abstarb und utilitarischer Diesseitigkeit Platz machte, — wenn, um mit Dowden zu reden, in der populären Phantasie »Robinson Crusoë«, der isolierte Wirtschaftsmensch, welcher nebenher Missionsarbeit treibt [2]), an die Stelle des in innerlich einsamem Streben nach dem Himmelreich durch den »Jahrmarkt der

---

[1]) Daß genau die gleichen Zusammenhänge schon den Puritanern der klassischen Zeit selbstverständlich waren, wird vielleicht durch nichts deutlicher belegt als dadurch, daß bei Bunyan, »Mr. Money-Love« geradezu argumentiert: »man dürfe religiös werden, um reich zu werden, z. B. um seine Kundschaft zu vermehren«, denn: weshalb man religiös geworden sei, sei gleichgültig (S. 114 der Tauchnitz Ed.).

[2]) Defoe war eifriger Nonkonformist.

Eitelkeit« eilenden Bunyanschen »Pilgers« getreten war. Wenn dann weiterhin der Grundsatz herrschend wurde: »to make the best of both worlds«, so mußte schließlich — wie ebenfalls schon Dowden bemerkt hat — das gute Gewissen einfach in die Reihe der Mittel komfortablen bürgerlichen Lebens eingereiht werden, wie dies ja auch das deutsche Sprichwort vom »sanften Ruhekissen« recht hübsch zum Ausdruck bringt. Was jene religiös lebendige Epoche des 17. Jahrhunderts ihrer utilitarischen Erbin vermachte, war aber eben vor allem ein ungeheuer gutes — sagen wir getrost: ein pharisäisch gutes — Gewissen beim Gelderwerb, wenn anders er sich nur in legalen Formen vollzog. Jeder Rest des »Deo placere vix potest« war verschwunden[1]). Ein spezifisch bürgerliches Berufsethos war entstanden. Mit dem Bewußtsein, in Gottes voller Gnade zu stehen und von ihm sichtbar gesegnet zu werden, vermochte der bürgerliche Unternehmer, wenn er sich innerhalb der Schranken formaler Korrektheit hielt, sein sittlicher Wandel untadelig und der Gebrauch, den er von seinem Reichtum machte, kein anstößiger war, seinen Erwerbsinteressen zu folgen und sollte dies tun. Die Macht der religiösen Askese stellte ihm überdies nüchterne, gewissenhafte, ungemein arbeitsfähige und an der Arbeit als gottgewolltem Lebenszweck klebende Arbeiter zur Verfügung[2]). Sie gab ihm dazu die beruhigende Versicherung, daß

[1]) Auch Spener (Theol. Bedenken a. a. O. S. 426 f., 429, 432 ff.) hält zwar den Beruf des Kaufmanns für voll von Versuchungen und Fallstricken, aber er erklärt doch auf eine Anfrage: »Mir ist lieb, daß ich sehe, daß der liebe Freund. was die Kaufmannschaft selbst anlangt, keine Skrupel kennt, sondern sie für eine Lebensart erkennt, wie sie auch ist, damit dem menschlichen Geschlecht vieles genützt und also nach Gottes Willen die Liebe geübt wird.« Dies wird an verschiedenen anderen Stellen durch merkantilistische Argumente näher motiviert. Wenn Spener gelegentlich ganz lutherisch die Begierde reich zu werden, gemäß 1. Tim. 6, 8 und 9 und mit Berufung auf Jesus Sirach — s. o.! — als den Hauptfallstrick und unbedingt abzulegen bezeichnet und den »Nahrungsstandpunkt« einnimmt (Theol. Bd. III S. 435 oben), so schwächt er dies andererseits durch den Hinweis auf die prosperierenden und doch gottselig lebenden Sektierer (S. 175 A. 4) wieder ab. Als Effekt fleißiger Berufsarbeit ist auch ihm der Reichtum unbedenklich. Der Standpunkt ist infolge des lutherischen Einschusses weniger konsequent als der Baxters.

[2]) Baxter a. a. O. II S. 16 warnt vor der Anstellung von »heavy, flegmatik, sluggish, fleshly, slothful persons« als »servants« und empfiehlt die Bevorzugung von »godly« servants, nicht nur weil »ungodly« servants bloße »eye-servants« sein würden, sondern vor allem weil »a truly godly servant will do all your service in obedience to God, as if God himself had bid him do it.« Andere dagegen seien geneigt, »to make no great matter of conscience of it«. Und umgekehrt sei beim Arbeiter nicht das äußere Bekennen der Religion,

die ungleiche Verteilung der Güter dieser Welt ganz spezielles Werk von Gottes Vorsehung sei, der mit diesen Unterschieden ebenso wie mit der nur partikulären Gnade seine geheimen, uns unbekannten Ziele verfolge [1]). Schon Calvin hatte den oft zitierten Ausspruch getan, daß nur wenn das »Volk«, d. h. die Masse der Arbeiter und Handwerker, arm erhalten werde, es Gott gehorsam bleibe [2]). Die Niederländer (Pieter de la Court und andere) hatten dies dahin »säkularisiert«: daß die Masse der Menschen nur arbeite, wenn die Not sie dazu treibe, und diese Formulierung eines Leitmotivs kapitalistischer Wirtschaft mündete dann weiterhin in den Strom der Theorie von der »Produktivität« niederer Löhne. Auch hier schob sich die utilitarische Wendung dem Gedanken unvermerkt mit dem Absterben seiner religiösen Wurzel unter, ganz nach dem Entwicklungsschema, welches wir immer wieder beobachtet haben. Die mittelalterliche Ethik hatte den Bettel nicht nur geduldet, sondern in den Bettelorden geradezu glorifiziert. Auch die weltlichen Bettler wurden, da sie ja dem Besitzenden Gelegenheit zu guten Werken durch Almosen gaben, gelegentlich geradezu als »Stand« bezeichnet und gewertet. Noch die anglikanische Sozialethik der Stuarts stand dieser Haltung innerlich sehr nahe. Es war der puritanischen Askese vorbehalten, an jener harten englischen Armengesetzgebung mitzuarbeiten, welche hierin grundsätzlichen Wandel schuf. Und sie konnte das, weil die protestantischen Sekten und die streng puritanischen Gemeinschaf-

---

sondern die »conscience to do their duty« das Merkmal der Heiligkeit. Man sieht, das Interesse Gottes und dasjenige des Arbeitgebers gehen hier bedenklich ineinander über: auch Spener (Theol. Bed. III S. 272), der sonst dringend mahnt, sich Zeit zum Denken an Gott zu lassen, setzt als selbstverständlich voraus, daß die Arbeiter sich mit dem äußersten Mindestmaß freier Zeit (selbst Sonntags) zufrieden geben müssen. — Mit Recht nannten englische Schriftsteller die protestantischen Immigranten die »Pioniere der gelernten Arbeit«. S. auch die Nachweise bei H. Levy, Die Grundl. des ökonom. Liberalismus S. 53.

[1]) Die Analogie zwischen der nach menschlichem Maßstab »ungerechten« Prädestination nur einiger und der ebenso ungerechten, aber ebenso gottgewollten Güterverteilung — die ja unendlich nahe lag —, z. B. bei Hoornbeek a. a. O. Vol. I S. 153. Ueberdies ist ja — so Baxter a. a. O. I S. 380 — die Armut sehr oft Symptom der sündlichen Faulheit.

[2]) Gott läßt — meint auch Th. Adams (Works of the Pur. Div. p. 158) — insbesondere vermutlich deshalb so viele arm bleiben, weil sie nach seiner Kenntnis den Versuchungen, welche der Reichtum mit sich bringt, nicht gewachsen wären. Denn der Reichtum treibt nur allzuoft die Religion aus dem Menschen.

ten überhaupt in ihrer eigenen Mitte den Bettel tatsächlich nicht kannten[1]).

Denn andererseits: Von der anderen Seite, derjenigen der Arbeiter, gesehen, glorifizierte z. B. die Zinzendorfsche Spielart des Pietismus den berufstreuen Arbeiter, der nicht nach Erwerb trachtet, als nach dem Vorbild der Apostel lebend und also mit dem Charisma der Jüngerschaft begabt[2]). Noch radikaler waren ähnliche Anschauungen anfangs bei den Täufern verbreitet gewesen. Nun ist natürlich die gesamte asketische Literatur fast aller Konfessionen von dem Gesichtspunkt durchtränkt, daß treue Arbeit auch bei niederen Löhnen seitens dessen, dem das Leben sonst keine Chancen zugeteilt hat, etwas Gott höchst Wohlgefälliges sei. Darin brachte die protestantische Askese an sich keine Neuerung. Aber: sie vertiefte nicht nur diesen Gesichtspunkt aufs mächtigste, sondern sie erschuf jener Norm das, worauf es ja schließlich doch für deren Wirkung allein ankam: den psychologischen Antrieb durch die Auffassung dieser Arbeit als Beruf, als vorzüglichsten, ja letztlich oft als einzigen Mittels, des Gnadenstandes sicher zu werden[3]). Und sie legalisierte auf der anderen Seite die Ausbeutung dieser spezifischen Arbeitswilligkeit, indem sie auch den Gelderwerb des Unternehmers als »Beruf« deutete[4]). Es liegt

[1]) S. oben Anm. 3 S. 177 und die dort zitierte Arbeit von H. Levy. Ganz das Gleiche wird von allen Schilderungen hervorgehoben (so durch Manley für die Hugenotten).

[2]) Aehnliches hat auch in England nicht gefehlt. Dorthin gehört z. B. auch jener Pietismus, welcher, anknüpfend an Laws »Serious call« (1728) Armut Keuschheit und — ursprünglich — auch Isolierung von der Welt predigte.

[3]) Baxters Tätigkeit in der bei seiner Hinkunft absolut verlotterten Gemeinde Kidderminster, in dem Grade ihres Erfolges fast beispiellos in der Geschichte der Seelsorge, ist zugleich ein typisches Beispiel dafür, wie die Askese die Massen zur Arbeit, marxistisch gesprochen: zur »Mehrwert«-Produktion, erzog und so ihre Verwertung im kapitalistischen Arbeitsverhältnis (Hausindustrie, Weberei) überhaupt erst möglich machte. So liegt das Kausalverhältnis ganz allgemein. — Von Baxters Seite aus gesehen, nahm er die Einfügung seiner Pfleglinge in das Getriebe des Kapitalismus in den Dienst seiner religiös-ethischen Interessen. Von der Seite der Entwicklung des Kapitalismus aus gesehen, traten die letzteren in den Dienst der Entwicklung kapitalistischen »Geistes«.

[4]) Und noch eins: Man kann ja zweifeln, wie stark die »Freude« des mittelalterlichen Handwerkers an dem »von ihm Geschaffenen«, mit der so viel operiert wird, als psychologisches Agens ins Gewicht gefallen ist. Etwas war immerhin zweifellos daran. Jedenfalls aber entkleidete nun die Askese die Arbeit dieses — heute durch den Kapitalismus für immer vernichteten — diesseitigen weltlichen Reizes und richtete sie auf das Jenseits aus. Die berufliche Arbeit

auf der Hand, wie mächtig das ausschließliche Streben nach dem Gottesreich durch Erfüllung der Arbeitspflicht als Beruf und die strenge Askese, welche die Kirchenzucht naturgemäß gerade den besitzlosen Klassen aufnötigte, die »Produktivität« der Arbeit im kapitalistischen Sinn des Wortes fördern mußte. Die Behandlung der Arbeit als »Beruf« wurde für den modernen Arbeiter ebenso charakteristisch wie für den Unternehmer die entsprechende Auffassung des Erwerbes. Es war eine Wiedergabe dieses damals neuen Tatbestandes, wenn ein so scharfer anglikanischer Beobachter wie Sir William Petty die holländische Wirtschaftsmacht des 17. Jahrhunderts darauf zurückführte, daß die dort besonders zahlreichen »Dissenters« (Calvinisten und Baptisten) Leute seien, welche »Arbeit und Gewerbfleiß für ihre Pflicht gegen Gott« ansahen. Der »organischen« Sozialverfassung in jener fiskalisch-monopolistischen Wendung, welche sie im Anglikanismus unter den Stuarts, namentlich in den Konzeptionen Lauds annahm: — diesem Bündnis von Staat und Kirche mit den »Monopolisten« auf dem Boden eines christlich-sozialen Unterbaus stellte der Puritanismus, dessen Vertreter durchweg zu den leidenschaftlichen Gegnern dieser Art von staatlich privilegiertem Händler-, Verleger- und Kolonialkapitalismus gehörten, die individualistischen Antriebe des rationalen legalen Erwerbs kraft eigener Tüchtigkeit und Initiative gegenüber, welche — während die staatlich privilegierten Monopolindustrien in England bald sämtlich wieder verschwanden — am Aufbau der ohne, zum Teil trotz und gegen die obrigkeitlichen Gewalten entstehenden Industrien entscheidend mitbeteiligt waren [1]). Die Puritaner (Prynne,

---

als solche ist gottgewollt. Die Unpersönlichkeit der heutigen Arbeit: ihre, vom Standpunkte des einzelnen aus betrachtet, freudenarme Sinnlosigkeit, ist hier noch religiös verklärt. Der Kapitalismus in der Zeit seiner Entstehung brauchte Arbeiter, die um des Gewissens willen der ökonomischen Ausnutzung zur Verfügung standen. Heute sitzt er im Sattel und vermag ihre Arbeitswilligkeit ohne jenseitige Prämien zu erzwingen.

[1]) S. über diese Gegensätze und Entwicklungen H. Levy in dem früher zitierten Buch. Die für England charakteristische und sehr mächtige monopolfeindliche Haltung der öffentlichen Meinung ist geschichtlich aus einer Verbindung politischen Machtkampfes gegen die Krone — das Lange Parlament schloß die Monopolisten vom Parlament aus — mit ethischen Motiven des Puritanismus und mit den ökonomischen Interessen des bürgerlichen Klein- und Mittelkapitalismus gegen die Finanzmagnaten im 17. Jahrhundert entstanden. Die Declaration of the Army vom 2. Aug. 1652 und ebenso die Petition der Leveller vom 28. Jan. 1653 fordern neben Beseitigung der Akzisen, Zölle,

Parker) lehnten jede Gemeinschaft mit den »Höflingen und Projektenmachern« großkapitalistischen Gepräges als mit einer ethisch verdächtigen Klasse ab, im Stolz auf ihre eigne überlegene bürgerliche Geschäftsmoral, welche den wahren Grund der Verfolgungen bilde, denen sie von jenen Kreisen ausgesetzt seien. Den Kampf gegen den Dissent schlug noch Defoe vor, durch Boykott gegen die Bankwechsel und durch Depotkündigungen zu gewinnen. Der Gegensatz der beiden Arten kapitalistischer Gebarung ging sehr weitgehend mit den religiösen Gegensätzen Hand in Hand. Die Gegner der Nonkonformisten haben auch im 18. Jahrhundert immer wieder diese als die Träger des »spirit of shopkeepers« verhöhnt und als den Verderb der altenglischen Ideale verfolgt. Hier lag auch der Gegensatz des puritanischen gegen das jüdische Wirtschaftsethos verankert und schon die Zeitgenossen (Prynne) wußten, daß das erstere, nicht das letztere, das bürgerliche Wirtschaftsethos war [1]).

Einer der konstitutiven Bestandteile des modernen kapitalistischen Geistes, und nicht nur dieses, sondern der modernen Kultur: die rationale Lebensführung auf Grundlage der Berufsidee, ist — das sollten diese Darlegungen erweisen — geboren aus dem Geist der christlichen Askese. Man lese jetzt noch einmal den im Eingang dieses Aufsatzes zitierten Traktat Franklins nach, um zu sehen, daß die wesentlichen Elemente der dort als »Geist des Kapitalismus« bezeichneten Gesinnung eben die sind, die wir vorstehend als Inhalt der puritanischen Berufsaskese ermittelten [2]), nur ohne die religiöse

---

indirekten Steuern und der Einführung einer Single tax auf estates vor allem: »free trade«, d. h. die Beseitigung aller monopolistischen Schranken des Erwerbs (trade) nach innen und außen als von Verletzungen der Menschenrechte. Aehnlich schon die »große Remonstranz«.

[1]) Vgl. dazu H. Levy, Oekon. Liberal. S. 51 f.

[2]) Daß auch die hier noch nicht auf ihre religiösen Wurzeln zurückgeführten Bestandteile, namentlich der Satz: honesty is the best policy (Franklin's Erörterungen über den Kredit) puritanischen Ursprungs sind, gehört in einen etwas anderen Zusammenhang. (S. dazu den folgenden Aufsatz). Hier möge darüber nur folgende Bemerkung J. A. Rowntree's (Quakerism, past and present p. 95/6, auf die mich Ed. Bernstein aufmerksam machte, wiedergegeben werden: »Is it merely a coincidence, or is it a consequence, that the lofty profession of spirituality made by the Friends has gone hand in hand with shrewdness and tact in the transaction of mundane affairs? Real piety favours the success of a trader by insuring his integrity, and fostering habits of prudence and forethought: — important items in obtaining that standing and credit in the commercial world, which are requisite for the steady accumulation

Fundamentierung, die eben bei Franklin schon abgestorben war. — Der Gedanke, daß die moderne Berufsarbeit ein asketisches Gepräge trage, ist ja auch nicht neu. Daß die Beschränkung auf Facharbeit, mit dem Verzicht auf die faustische Allseitigkeit des Menschentums, welchen sie bedingt, in der heutigen Welt Voraussetzung wertvollen Handelns überhaupt ist, daß also »Tat« und »Entsagung« einander heute unabwendbar bedingen: dies asketische Grundmotiv des bürgerlichen Lebensstils — wenn er eben Stil und nicht Stillosigkeit sein will — hat auf der Höhe seiner Lebensweisheit, in den »Wanderjahren« und in dem Lebensabschluß, den er seinem Faust gab, auch Goethe uns lehren wollen [1]). Für ihn bedeutete diese Erkenntnis einen entsagenden Abschied von einer Zeit vollen und schönen Menschentums, welche im Verlauf unserer Kulturentwicklung ebensowenig sich wiederholen wird, wie die Zeit der Hochblüte Athens im Altertum. Der Puritaner wollte Berufsmensch sein, — wir müssen es sein. Denn indem die Askese aus den Mönchszellen heraus in das Berufsleben übertragen wurde und die innerweltliche Sittlichkeit zu beherrschen begann, half sie an ihrem Teile mit daran, jenen mächtigen Kosmos der modernen, an die technischen und ökonomischen Voraussetzungen mechanisch-maschineller Produktion gebundenen, Wirtschaftsordnung erbauen, der heute den Lebensstil aller einzelnen, die in dies Triebwerk hineingeboren werden — nicht nur der direkt ökonomisch Erwerbstätigen —, mit überwältigendem Zwange bestimmt und vielleicht bestimmen wird, bis der letzte Zentner fossilen Brennstoffs verglüht ist. Nur wie »ein dünner Mantel, den man jederzeit abwerfen könnte«, sollte nach Baxters Ansicht die Sorge um die äußeren Güter um die Schultern seiner Heiligen liegen [2]). Aber aus dem Mantel ließ das Verhängnis ein stahlhartes Gehäuse werden. Indem die Askese die Welt umzubauen und in der Welt sich auszuwirken unternahm, gewannen die äußeren Güter

---

of wealth.« (S. den folgenden Aufsatz.) »Ehrlich wie ein Hugenotte« war im 17. Jahrhundert ebenso sprichwörtlich wie die Rechtlichkeit der Holländer, die Sir W. Temple bewunderte und — ein Jahrhundert später — die der Engländer, verglichen mit Kontinentalen, welche diese ethische Schule nicht durchgemacht hatten.

[1]) Gut analysiert in Bielschowskys Goethe, Bd. II Kap. 18. — Für die Entwicklung des wissenschaftlichen »Kosmos« hat einem verwandten Gedanken z. B. auch Windelband am Schlusse seiner »Blütezeit der deutschen Philosophie« (II. Bd. der »Gesch. d. neueren Philosophie) Ausdruck gegeben.

[2]) Saints' everlasting rest. cap. XII.

dieser Welt zunehmende und schließlich unentrinnbare Macht über den Menschen, wie niemals zuvor in der Geschichte. Heute ist ihr Geist — ob endgültig, wer weiß es? — aus diesem Gehäuse entwichen. Der siegreiche Kapitalismus jedenfalls bedarf, seit er auf mechanischer Grundlage ruht, dieser Stütze nicht mehr. Auch die rosige Stimmung ihrer lachenden Erbin: der Aufklärung, scheint endgültig im Verbleichen und als ein Gespenst ehemals religiöser Glaubensinhalte geht der Gedanke der »Berufspflicht« in unserm Leben um. Wo die »Berufserfüllung« nicht direkt zu den höchsten geistigen Kulturwerten in Beziehung gesetzt werden kann — oder wo nicht umgekehrt sie auch subjektiv einfach als ökonomischer Zwang empfunden werden muß —, da verzichtet der einzelne heute meist auf ihre Ausdeutung überhaupt. Auf dem Gebiet seiner höchsten Entfesselung, in den Vereinigten Staaten, neigt das seines religiös-ethischen Sinnes entkleidete Erwerbsstreben heute dazu, sich mit rein agonalen Leidenschaften zu assoziieren, die ihm nicht selten geradezu den Charakter des Sports aufprägen [1]). Niemand weiß noch, wer künftig in jenem Gehäuse wohnen wird und ob am Ende dieser ungeheuren Entwicklung ganz neue Propheten oder eine mächtige Wiedergeburt alter Gedanken und Ideale stehen werden, o d e r aber — wenn keins von beiden — mechanisierte Versteinerung, mit einer Art von krampfhaftem Sich-wichtig-nehmen verbrämt. Dann allerdings könnte für die »letzten Menschen« dieser Kulturentwicklung das Wort zur Wahrheit werden: »Fachmenschen ohne Geist, Genußmenschen ohne Herz: dies Nichts bildet sich ein, eine nie vorher erreichte Stufe des Menschentums erstiegen zu haben.« —

Doch wir geraten damit auf das Gebiet der Wert- und Glaubensurteile, mit welchen diese rein historische Darstellung nicht belastet werden soll. Die Aufgabe wäre vielmher: die in der vorstehenden Skizze ja nur angeschnittene Bedeutung des aske-

---

[1]) »Könnte der Alte nicht mit seinen 75 000 $ jährlich sich zur Ruhe setzen? — Nein! die Warenhausfront muß nun auf 400 Fuß verbreitert werden. Warum? — That beats everything, meint er. — Abends, wenn Frau und Töchter gemeinschaftlich lesen, sehnt er sich nach dem Bett, Sonntags sieht er alle 5 Minuten nach der Uhr, wann der Tag zu Ende sein wird: — so eine verfehlte Existenz!« — dergestalt faßte der (aus Deutschland eingewanderte) Schwiegersohn des führenden dry-good-man aus einer Stadt am Ohio sein Urteil über den letzteren zusammen, — ein Urteil, welches dem »Alten« seinerseits wiederum zweifellos als gänzlich unbegreiflich und ein Symptom deutscher Energielosigkeit erschienen wäre.

tischen Rationalismus nun auch für den Inhalt der sozialpolitischen Ethik, also für die Art der Organisation und der Funktionen der sozialen Gemeinschaften vom Konventikel bis zum Staat aufzuzeigen. Alsdann müßte seine Beziehung zu dem humanistischen Rationalismus [1]) und dessen Lebensidealen und Kultureinflüssen, ferner zur Entwicklung des philosophischen und wissenschaftlichen Empirismus, zu der technischen Entwicklung und zu den geistigen Kulturgütern analysiert werden. Dann endlich wäre sein geschichtliches Werden von den mittelalterlichen Ansätzen einer innerweltlichen Askese aus und seine Auflösung in den reinen Utilitarismus historisch und durch die einzelnen Verbreitungsgebiete der asketischen Religiosität hindurch zu verfolgen. Daraus erst könnte sich das Maß der Kulturbedeutung des asketischen Protestantismus im Verhältnis zu anderen plastischen Elementen der modernen Kultur ergeben. Hier ist ja erst Tatsache und Art seiner Einwirkung in einem, wenn auch wichtigen, Punkt auf ihre Motive zurückzuführen versucht worden. Weiter aber müßte dann auch die Art, wie die protestantische Askese ihrerseits durch die Gesamtheit der gesellschaftlichen Kulturbedingungen, insbesondere auch der ökonomischen, in ihrem Werden und ihrer Eigenart beeinflußt worden ist, zutage treten [2]). Denn obwohl der moderne Mensch im ganzen selbst beim besten Willen nicht imstande zu sein pflegt, sich die Bedeutung, welche religiöse Bewußtseinsinhalte auf die Lebensführung, die Kultur und die Volkscharaktere gehabt haben, so groß vorzustellen, wie sie tatsächlich gewesen ist, — so kann es dennoch natürlich nicht die Absicht sein, an Stelle einer einseitig »materialistischen« eine ebenso einseitig spiritualistische kausale Kultur- und Geschichtsdeutung zu setzen. Beide sind gleich möglich [3]),

---

[1]) Schon diese (hier unverändert stehengebliebene) Bemerkung hätte Brentano (a. a. O.) zeigen können, daß ich dessen selbständige Bedeutung nie bezweifelt habe. Daß auch der Humanismus nicht reiner »Rationalismus« war, betont neuerdings wieder stark Borinski in den Abhandl. der Münchener Ak. der Wiss. 1919.

[2]) Nicht mit diesem Problem, sondern mit dem der Reformation überhaupt, insbesondere Luthers, befaßt sich die Akademische Rede v. Belows: Die Ursachen der Reformation (Freiburg 1916). Für das hier behandelte Thema, insbesondere die Kontroversen, die sich an diese Studie anschlossen, sei schließlich auf die Schrift von Hermelink, Reformation und Gegenreformation, verwiesen, die allerdings in erster Linie anderen Problemen zugewendet ist.

[3]) Denn die vorstehende Skizze hat mit Bedacht nur die Beziehungen aufgenommen, in welchen eine Einwirkung religiöser Bewußtseinsinhalte auf

aber mit beiden ist, wenn sie nicht Vorarbeit, sondern Abschluß der Untersuchung zu sein beanspruchen, der historischen Wahrheit gleich wenig gedient[1]).

---

das »materielle« Kulturleben wirklich zweifellos ist. Es wäre ein Leichtes gewesen, darüber hinaus zu einer förmlichen »Konstruktion«, die alles an der modernen Kultur »Charakteristische« aus dem protestantischen Rationalismus logisch deduzierte, fortzuschreiten. Aber derartiges bleibt besser jenem Typus von Dilettanten überlassen, die an die »Einheitlichkeit« der »Sozialpsyche« und ihre Reduzierbarkeit auf eine Formel glauben. — Bemerkt sei nur noch, daß natürlich die vor der von uns betrachteten Entwicklung liegende Periode der kapitalistischen Entwicklung überall mitbedingt war durch christliche Einflüsse, hemmende ebenso wie fördernde. Welcher Art diese waren, gehört in ein späteres Kapitel. Ob übrigens von den oben umrissenen weiteren Problemen das eine oder das andere noch im Rahmen dieser Zeitschrift erörtert werden kann, ist bei dem Aufgabenkreis derselben nicht sicher. Dem Schreiben dicker Bücher aber, die so stark, wie es hier der Fall sein würde, an fremde (theologische und historische) Arbeiten angelehnt werden müßten, bin ich nicht sehr zugetan. (Ich lasse diese Sätze hier unverändert stehen.) — Für die Spannung zwischen Lebensideal und Realität in der »frühkapitalistischen« Zeit vor der Reformation jetzt Strieder, Studien zur Geschichte der kapitalist. Organisationsformen (1914) Buch II (auch gegen die früher zitierte von Sombart benutzte Schrift von Keller).

[1]) Ich finde, daß dieser Satz und die unmittelbar vorausgehenden Be- und Anmerkungen wohl hätten genügen dürfen, um jedes Mißverständnis dessen, was diese Abhandlung leisten wollte, auszuschließen und finde keinen Anlaß zu irgendeinem Zusatz. Statt der ursprünglich beabsichtigten unmittelbaren Fortsetzung im Sinn des weiter oben stehenden Programms habe ich mich, teils aus zufälligen Gründen, insbesondere wegen des Erscheinens von E. Troeltschs »Soziallehren der christlichen Kirchen« (der manches von mir zu Erörternde in einer Art erledigte, wie ich als Nicht-Theologe es nicht gekonnt hätte), teils aber auch, um diese Ausführungen ihrer Isoliertheit zu entkleiden und in die Gesamtheit der Kulturentwicklung hineinzustellen, seinerzeit entschlossen, zunächst die Resultate vergleichender Studien über die universalgeschichtlichen Zusammenhänge von Religion und Gesellschaft niederzuschreiben. Diese folgen hier. Ihnen vorangestellt ist nur ein kurzer Gelegenheitsaufsatz zur Klärung des oben verwendeten »Sekten«-Begriffs und zugleich zur Darlegung der Bedeutung der puritanischen Kirchen-Konzeption für den kapitalistischen Geist der Neuzeit.

II.

Die protestantischen Sekten und der Geist des Kapitalismus [1]).

Die Vereinigten Staaten haben seit geraumer Zeit das Prinzip der »Trennung von Staat und Kirche«. So streng wird es durchgeführt, daß selbst eine amtliche Statistik der Konfessionalität nicht existiert, weil es als gesetzwidrig gelten würde, den Bürger von Staats wegen nach seiner Konfession auch nur zu fragen. Die praktische Bedeutung dieses Grundsatzes für die Stellung der Kirchengemeinschaften zum Staat [2]) soll hier nicht erörtert werden. Vielmehr interessiert uns zunächst der Umstand, daß noch vor etwa 2½ Jahrzehnten trotz der absoluten Ignorierung der Konfessionen durch den Staat und trotz des Fehlens aller jener höchst wirksamen Prämien, welche damals die meisten europäischen Staaten auf die Zugehörigkeit zu gewissen privilegierten Kirchen setzten, die (damalige) Zahl der »Konfessionslosen« in den Vereinigten Staaten trotz ihrer ungeheuren Einwanderung nur auf etwa 6 % geschätzt wurde [3]).

---

1) Neue und stark erweiterte Niederschrift eines in der »Frankfurter Zeitung«, Osternummer 1906, dann, etwas erweitert, in der »Christlichen Welt« 1906 S. 558 ff., 577 ff. unter dem Titel »Kirchen und Sekten« veröffentlichten Aufsatzes, auf den ich als Ergänzung des vorstehenden wiederholt Bezug genommen habe. Die Umarbeitung ist dadurch motiviert, daß der von mir entwikkelte Sektenbegriff (als Gegensatz zum Begriff der »Kirche«) inzwischen von Tröltsch in seinen »Soziallehren der christlichen Kirchen« zu meiner Freude übernommen und eingehend behandelt worden ist, so daß diese begrifflichen Erörterungen hier um so mehr fortfallen können, als schon in dem vorstehenden Aufsatz S. 153 Anm. 1 das Nötige gesagt ist. Der Aufsatz enthält nur die notdürftigsten Daten als Ergänzung des vorstehenden.

2) In dieser Hinsicht steht der Satz vielfach — aus Gründen der Bedeutung der Katholiken als Wähler — nur auf dem Papier (Subventionen an Konfessionsschulen kommen vor).

3) Alles Nähere interessiert hier nicht. Es sei auf die Einzelbände der American Church History Series verwiesen (freilich recht verschiedenwertig!).

Dabei bedeutete nun aber die Zugehörigkeit zu einer kirchlichen Gemeinschaft dort ganz ungleich höhere Lasten, namentlich für die Minderbemittelten, als irgendwo bei uns. Publizierte Haushaltsbudgets beweisen es, und mir persönlich wurde u. a. eine fast ganz aus eingewanderten deutschen ungelernten Holzarbeitern in einer Stadt am Erie-See bestehende Gemeinde bekannt, in welcher bei einem Durchschnittsverdienst der Arbeiter von gegen 1000 $ im Jahr deren regelmäßige Abgaben für kirchliche Zwecke fast 80 $ betrugen, — während jedermann weiß, daß schon ein kleiner Bruchteil dieser finanziellen Zumutung bei uns Massenaustritte aus der Kirche zur Folge gehabt haben würde. Aber davon ganz abgesehen, konnte niemandem, der vor 15—20 Jahren, ehe die letzte akute Europäisierung der Vereinigten Staaten einsetzte, das Land besuchte, die selbst damals noch sehr intensive Kirchlichkeit, welche in allen nicht ganz unmittelbar von europäischen Immigranten überschwemmten Gebieten herrschte, entgehen [1]). Sie war, wie jeder ältere Reisebericht ergibt, früher noch viel stärker und selbstverständlicher als in den letzten Jahrzehnten. Uns interessiert hier nun vor allem eine Seite dieses Tatbestandes. Selbst in Brooklyn, der Schwesterstadt von New York, aber bis vor kurzem mit einer fühlbar stärkeren Erhaltung älterer Tradition, erst recht aber in anderen, weniger dem Einfluß der Immigration ausgesetzten Orten, pflegte es vor kaum einem Menschenalter Geschäftsleuten, die sich neu einführten, stets zu widerfahren, daß bei Anknüpfung gesellschaftlicher Beziehungen unauffällig und scheinbar gelegentlich, aber ersichtlich nie zufällig, die Frage gestellt wurde: »To what church do you belong?« — ähnlich wie etwa an einer typischen schottischen Table d'hôte noch vor einem Vierteljahrhundert dem Kontinentalen Sonntags fast immer die Frage einer Dame drohte: »What service did you attend to-day?« [2]). Und bei näherem Zusehen konnte

[1]) Daß nicht nur jede Sitzung des Supreme Court of the U. St., sondern auch jede Partei-»Convention« mit Gebet eröffnet wurde, war freilich längst zur lästigen Floskel geworden.

[2]) Oder, wenn er zufällig als ältester Gast oben am Tisch saß, das Ersuchen des Kellners beim Auftragen der Suppe: »Sir, the prayer, please«. — Auf die im Text genannte typische Frage wußte ich mir in Portree (Skye) an einem herrlichen Sonntag nicht anders zu helfen als durch die Bemerkung: »ich sei Mitglied der badischen Landeskirche und hätte keine Chapel dieser Kirche in Portree auffinden können«, — was von den Damen ernst und gut aufgenommen wurde (»Oh, he does'n't attend any service except of his own denomination«!).

man sich leicht überzeugen, daß, während die amerikanische Behörde als solche die Frage nach der Konfessionszugehörigkeit, wie gesagt, nie stellte, der private gesellschaftliche und auch der auf Dauer und Kreditgewährung abgestellte geschäftliche Verkehr sie — man durfte annähernd sagen: — immer stellte. Warum? — Eine Reihe kleiner, persönlicher Beobachtungen (1904) mag das zunächst zu veranschaulichen suchen.

Der Schreiber dieser Zeilen fuhr im (damaligen) Indian Territory eine lange Fahrt mit einem Handlungsreisenden in »Undertakers hardware« (eisernen Leichensteinaufschriften) zusammen im Abteil und erhielt, als er (beiläufig) die Tatsache der immer noch auffällig starken Kirchlichkeit erwähnte, von jenem die Bemerkung gemacht: »Herr, meinethalben mag jedermann glauben oder nicht glauben was immer ihm paßt; aber: wenn ich einen Farmer oder Kaufmann sehe, der überhaupt keiner Kirche angehört, so ist er mir nicht für 50 Cts gut: — was kann ihn veranlassen, mich zu bezahlen, wenn er an garnichts glaubt? (why pay me, if he does'n't believe in anything?)« Das war nun eine immerhin etwas vage Motivierung. Etwas deutlicher wurde der Sachverhalt schon aus der Erzählung eines deutschgeborenen Nasen- und Rachen-Spezialisten, der sich in einer großen Stadt am Ohio niedergelassen hatte und von dem Besuch seines ersten Patienten erzählte. Sich auf Aufforderung des Arztes auf dem Sopha niederstreckend, um mit dem Nasenspiegel untersucht zu werden, habe dieser sich erst noch einmal aufgerichtet und mit Würde und Nachdruck bemerkt: »Herr, ich bin Mitglied der . . . Baptist Church in der . . . Street.« Ratlos, was diese Tatsache wohl für das Nasenleiden und dessen Behandlung für eine Bedeutung haben könne, habe er (der Arzt) einen ihm bekannten amerikanischen Kollegen vertraulich darüber befragt und die lächelnde Auskunft erhalten: das bedeute nur: »seien Sie wegen des Honorars ohne Sorgen.« — Warum bedeutete es nun aber eben dies? Das wird vielleicht aus einem dritten Vorgang klarer.

An einem schönen klaren Sonntag Nachmittag Anfang Oktober wohnte ich mit einigen Verwandten — Farmern im Buschwald einige Meilen von M. (Hauptort einer County) in North Carolina — an einem Tümpel, durch den ein von den in der Ferne sichtbaren Blue Ridge Mountains kommender Bach floß, einer Baptistentaufe bei. Es war kalt und hatte die Nacht etwas gefroren. Ringsum an den Hängen der Hügel standen massenhaft Farmerfamilien, die in ihren leichten zweiräderigen Wagen aus der Nachbarschaft, teilweise aber auch von weither, gekommen waren. In dem Tümpel stand, bis an den Leib, in schwarzer Kleidung, der Prediger. In den Tümpel hinein traten — nach Vorbereitungen verschiedener Art — nacheinander ca. 10 Personen beiderlei Geschlechts in gesellschaftlicher Kleidung, wurden auf den Glauben verpflichtet, tauchten dann, die Frauen im Arm des Predigers, gänzlich unter das Wasser, kamen prustend hoch, schlotterten mit angeklatschter Kleidung aus dem Teich, wurden allseitig »beglückwünscht«, dabei schleunigst in dicke Plaids gehüllt und von dannen nach Hause gefahren [1]). Ein Verwandter, der neben mir stand und, deutschen Traditionen gemäß unkirchlich, verächtlich über die Achsel spuckend zusah [2]), wurde beim Eintauchen eines der jungen Männer aufmerksam: »Look at him, — I told you so!« — Auf die Frage (nach Beendigung der Zeremonie): Warum hast Du Dir das, wie Du sagst, vorausgedacht? kam die Antwort: »Weil er eine Bank in M. aufmachen will.« — Sind denn so viele Baptisten in der Gegend, um davon zu leben? — »Durchaus nicht, aber er bekommt ja, nun er getauft ist, die Kundschaft der ganzen Umgegend und wird alles niederkonkurrieren« Die Rückfragen, warum? und wodurch?, ergaben: daß die Rezeption in die dortige, noch streng an der religiösen Tradition haftende, Baptistengemeinde, welche erst nach sorgsamster »Erprobung« und nach peinlichsten, sich bis in die frühe Kindheit zurückerstreckenden Recherchen über den »Wandel« (»disorderly conduct«? Wirtshausbesuch? Tanz? Theater? Kartenspiel? unpünktliche Zahlung von Verbindlichkeiten? sonstige Leichtfertigkeiten?) erfolgte, als eine derart absolute Garantie der ethischen Qualitäten eines Gentleman, vor allem: der geschäftlichen, gelte, daß dem Betreffenden die Depots der gesamten Umgegend und schrankenloser Kredit konkurrenzlos sicher seien. Er sei ein »gemachter Mann«. Weitere Beobachtung ergab, daß diese oder

1) »Faith« schütze unfehlbar gegen Schnupfen, bemerkte ein Verwandter.

2) Er sprach einen Getauften an: »Halloh, Bill, was'n't the water pretty cool?« und erhielt die sehr ernste Antwort: »Jeff, I thought of some pretty hot place (die Hölle!), and so I did'n't care for the cool water.«

doch sehr ähnliche Erscheinungen sich in den verschiedensten Gegenden ähnlich wiederholten. Es kamen diejenigen (und im allgemeinen *nur* diejenigen) geschäftlich hoch, welche methodistischen oder baptistischen oder anderen *Sekten* (oder sektenartigen Konventikeln) angehörten. Verzog ein Sektenmitglied in einen anderen Ort oder war er Handlungsreisender, so führte er das certificate seiner Gemeinde mit sich und hatte dadurch nicht nur Anschluß bei Sektengenossen, sondern vor allem: Kredit bei aller Welt. Geriet er (unverschuldet) in ökonomische Schwierigkeiten, so arrangierte die Sekte seine Verhältnisse, sicherte die Gläubiger und half ihm in jeder Art, oft noch nach dem biblischen Prinzip »mutuum date nihil inde sperantes«. Aber nicht diese Erwartung der Gläubiger, daß die Sekte um ihres Prestiges willen sie nicht zu Schaden kommen lassen werde, war das letztlich für seine Chancen Ausschlaggebende, sondern die Tatsache, daß in eine einigermaßen reputierliche Sekte *nur* aufgenommen wurde, wessen »Wandel« ihn als zweifelsfrei ethisch *qualifiziert* erscheinen ließ. Daß also die Sektenmitgliedschaft — im Gegensatz zur Mitgliedschaft einer »Kirche«, in die man »hineingeboren« wird und die ihre Gnade über Gerechte und Ungerechte scheinen läßt — ein ethisches, insbesondere auch ein geschäftsethisches, Qualifikationsattest für die *Persönlichkeit* bedeutete. Eine »Kirche« ist eben eine Gnaden*anstalt*, welche religiöse Heilsgüter wie eine Fideikommißstiftung verwaltet und zu welcher die Zugehörigkeit (der Idee nach!) obligatorisch, daher für die Qualitäten des Zugehörigen nichts beweisend, ist, eine »Sekte« dagegen ein voluntaristischer Verband ausschließlich (der Idee nach) religiös-ethisch Qualifizierter, in den man freiwillig eintritt, wenn man freiwillig kraft religiöser *Bewährung* Aufnahme findet [1]). Ausschluß aus der Sekte wegen ethischer Verstöße bedeutete wirtschaftlich Verlust der

[1]) Daß der konkurrierende Seelenfang der Sekten — stark durch materielle Interessen der Prediger mitbedingt — dieser Auslese oft *sehr* stark entgegenwirkte, gerade in Amerika, steht natürlich fest. Vielfach waren daher Kartelle zwischen den konkurrierenden Denominationen üblich, um diesen Seelenfang zu begrenzen (so z. B. zur Ausschließung der eine starke Anziehungskraft ausübenden leichtfertigen Trauung eines ohne — nach religiösen Grundsätzen — zureichenden Grund Geschiedenen. Hier sollten, angeblich, einige Baptistengemeinschaften zeitweise lax gewesen sein, während sowohl der katholischen wie der lutherischen (Missouri-)Kirche korrekte Strenge nachgerühmt wurde, die aber bei beiden den Mitgliederbestand (angeblich) schmälerte.

Kreditwürdigkeit und soziale Deklassierung. Vielfache Beobachtungen in den folgenden Monaten bestätigten nicht nur die zwar anscheinend schnell absterbende, aber (damals) noch immer recht wichtige Bedeutung der Kirchlichkeit als solcher [1]), sondern auch gerade dieses besonders wichtigen Zuges. Die Art des Glaubensbekenntnisses war heute ziemlich gleichgültig [2]). Ob Freimaurer [3]), ob Christian Science, ob Adventist, Quäker oder was immer, war einerlei. Wenn nur das Entscheidende vorlag: die Aufnahme nur durch »ballot« nach vorheriger Prüfung und ethischer Bewährung im Sinn jener Tugenden, welche die innerweltliche Askese des Protestantismus, also: die alte puritanische Tradition, prämiierte, dann war die gleiche Wirkung zu beobachten. Näheres Zusehen ergab dann das stetige Fortschreiten jenes charakteristischen »Säkularisations«-Prozesses, dem solche aus religiösen Konzeptionen geborene Erscheinungen in moderner Zeit überall verfallen. Nicht nur mehr religiöse Verbände: Sekten also, waren es, welche diese Wirkung entfalteten. Vielmehr diese in stetig abnehmendem

---

[1]) In mehreren Fällen in Großstädten wurde mir (spontan) erzählt, daß ein Bauterrainspekulant regelmäßig zuerst ein (oft äußerst bescheidenes) »Kirchengebäude« herzustellen, dann einen Zögling eines der verschiedenen theologischen Seminare mit 5—600 $ Gehalt zu engagieren und ihm eine glänzende Lebensstellung als Prediger in Aussicht zu stellen pflege, falls er eine Gemeinde um sich sammle und ihm den Bauplatz »voll predige«. Es wurden verfallene kirchenartige Baulichkeiten gezeigt, welche Mißerfolge kennzeichneten. Meist aber hätten sie Erfolg. Der nachbarschaftliche Anschluß, Sunday School usw. wären eben dort dem Neusiedler unentbehrlich, vor allem aber: der Anschluß an »ethisch« verläßliche Nachbarn.

[2]) Die Sekten stehen untereinander trotz der — auch durch die Art der materiellen und geistigen Darbietungen bei den Gemeinde-Thee-Abenden, in vornehmen Kirchen auch der Gesangsdarbietungen (ein Tenor in Trinity Church, Boston, der angeblich nur Sonntags zu singen hatte, erhielt damals 8000 $) — scharfen Konkurrenz oft in recht guten Beziehungen. Auf jene Baptistentaufe z. B. wurde in der Methodistenkirche im Gottesdienst, dem ich beiwohnte, als auf ein für jedermann erbauliches Schauspiel hingewiesen. »Unterscheidungslehren«, überhaupt Dogmatik, anzuhören lehnten die Gemeinden meist völlig ab. Nur Ethik durfte gebracht werden. Diese war in den Fällen, wo ich Predigten für den Mittelstand hörte, die typische bürgerlich anständige und tüchtige Moral, freilich von der hausbackensten und nüchternsten Art, aber mit sichtlicher innerlicher Ueberzeugung, oft: Bewegtheit, vorgetragen.

[3]) Ein »assistant« der semitischen Sprache einer östlichen Universität sagte mir: er bedaure, nicht »Meister vom Stuhl« geworden zu sein, denn dann würde er in das Geschäftsleben zurückgehen. Auf die Rückfrage: was ihm denn das nützen könne, wurde geantwortet: wenn er als Handlungsreisender oder Verkäufer sich als solcher ausweisen könne, schlage er, als notorisch reell, jede Konkurrenz und werde mit Gold aufgewogen.

Anteil. Bei einiger Aufmerksamkeit fiel (noch vor 15 Jahren) in die Augen: daß im amerikanischen bürgerlichen Mittelstand (immer: außerhalb der ganz modernen Großstädte und Immigrationszentren) auffällig viele Männer im Knopfloch ein kleines Abzeichen (verschiedener Färbung) trugen, welches am ehesten etwa an eine Ehrenlegionsrosette erinnerte. Auf Befragen: was das sei? wurde regelmäßig ein Verband mit einem zuweilen abenteuerlichen Phantasienamen genannt. Und als dessen Sinn und Zweck stellte sich heraus: daß er fast stets die Funktion einer Sterbekasse, daneben sehr verschiedene andere Leistungen darbot, oft aber auch, und zwar gerade in den Gebieten, die von der modernen Zersetzung am unberührtesten waren, dem Mitglied den (ethischen) Anspruch auf brüderliche Nothilfe seitens jedes bemittelten Verbandsbruders bei unverschuldeter ökonomischer Gefährdung gab, und zwar in mehreren mir damals bekannt gewordenen Fällen wiederum geradezu noch nach dem Grundsatz: mutuum date nihil inde sperantes oder doch zu einem sehr niedrigen Zinssatz. Ein Anspruch, der anscheinend auch willig von den Verbandsbrüdern erfüllt wurde. Ueberdies aber, — und dies war auch hier die Hauptsache: — beruhte eben die Mitgliedschaft wiederum auf Ballotage nach vorheriger Recherche und Feststellung der ethischen Bewährung. Und die Rosette im Knopfloch bedeutete also: »ich bin ein nach Recherche und Bewährung patentierter und kraft meiner Mitgliedschaft garantierter Gentleman«: — vor allem wieder in dem geschäftlichen Sinn der erprobten *Kreditwürdigkeit*. Auch hier konnte festgestellt werden, daß die geschäftlichen Chancen durch diese Legitimierung oft völlig entscheidend beeinflußt wurden.

Alle diese Erscheinungen, die — zum mindesten die religiösen — in ziemlich schnellem Verfall zu sein schienen[1], waren wesentlich auf den bürgerlichen Mittelstand beschränkt. Sie waren insbesondere das typische Vehikel des Aufstiegs in den Kreis des mittleren bürgerlichen Unternehmertums und der Verbreitung und Erhaltung des bürgerlichen kapitalistischen Geschäftsethos innerhalb der breiten Kreise dieses mittleren

[1]) Von manchen gebildeten Amerikanern wurden diese Tatbestände oft mit einer gewissen ärgerlichen Verachtung als »Humbug« oder Rückständigkeiten kurz abgetan oder geradezu geleugnet; vielen waren sie auch — wie mir William James bestätigte — wirklich völlig unbekannt. Auf den verschiedensten Gebieten aber waren diese Rudimente noch in zuweilen grotesk wirkenden Formen lebendig.

Bürgerstandes (mit Einschluß der Farmer). Zwar gehörten bekanntlich nicht ganz wenige (wohl: die Mehrzahl der älteren Generation) der amerikanischen »promoters«, »captains of industry«, der Multimillionäre und auch der Trustmagnaten formell Sekten, besonders den Baptisten, an. Diese indessen naturgemäß oft nur aus konventionellen Gründen, wie bei uns, und nur zur persönlich-gesellschaftlichen, nicht aber zur geschäftlichen, Legitimation. Denn wie schon in der Zeit der Puritaner bedurften naturgemäß solche »ökonomischen Uebermenschen« einer derartigen Krücke nicht und ihre »Religiosität« war natürlich oft von mehr als zweifelhafter Aufrichtigkeit. Der Mittelstand: die in und aus ihm aufsteigenden Schichten vor allem, waren ebenso wie im 17. und 18. Jahrhundert Träger jener spezifisch religiösen Orientierung, die man sich sehr hüten muß, bei ihnen als nur opportunistisch bedingt anzusehen [1]). Aber es darf eben nie übersehen werden, daß ohne diese universelle Verbreitung jener Qualitäten und Prinzipien methodischer Lebensführung, welche durch diese religiösen Gemeinschaften gestützt wurden, der Kapitalismus noch heute sogar in Amerika nicht das wäre, was er ist. Es gibt keine nicht ganz streng feudal oder patrimonial gebundene Epoche der Geschichte irgendeines Wirtschaftsgebiets der Erde, in welcher kapitalistische Figuren von der Art Pierpont Morgans, Rockefellers, Jay Goulds usw. gefehlt hätten, und nur die erwerbstechnischen Mittel, deren sie sich bedienten, haben (natürlich!) gewechselt. Sie standen und stehen »jenseits von Gut und Böse«, — aber: nicht sie, so hoch man ihre wirtschaftsumwälzende Bedeutung sonst anschlagen mag, haben jemals den Ausschlag dafür gegeben: welcher Wirtschaftsgeist in einer Epoche und einem Gebiet herrschend war. Nicht sie, vor allem, waren die Schöpfer und nicht sie wurden die Träger des spezifisch okzidentalen bürgerlichen »Geistes«.

Es soll nun hier nicht auf die politische und soziale Bedeutung dieser und der zahlreichen ähnlichen exklusiven, sich durch Ballotage ergänzenden Verbände und Klubs in Amerika

---

[1]) »Heuchelei« und konventioneller Opportunismus war in diesen Dingen drüben schwerlich stärker entwickelt als bei uns, — wo schließlich der »konfessionslose« Offizier oder Beamte auch eine Unmöglichkeit war und ein Berliner (»arischer«!) Bürgermeister nicht bestätigt wurde, weil er ein Kind nicht taufen ließ. Nur die Richtung, in der sich diese konventionelle »Heuchelei« bewegte, war verschieden: Beamtenavancement bei uns, Geschäftschancen dort.

eingegangen werden. Vom Boys'club auf der Schule angefangen zum Athletic Club oder zur Greek Letter Society oder zu einem anderen studentischen Klub gleichviel welcher Art und dann zu einem der zahlreichen Honoratioren-Klubs der Geschäftsleute und des Bürgertums oder schließlich zu den Klubs der Plutokratie in den Großstädten geleitete den typischen Yankee noch der letzten Generation eine Serie von solchen exklusiven Gesellschaften durch das Leben. Zu ihnen Zutritt zu erlangen war gleichbedeutend mit einem Billet zum Aufstieg, vor allem mit der Bescheinigung vor dem Forum seines eigenen Selbstgefühls: sich »bewährt« zu haben. Ein Student, der im College in keinem Klub (oder klubartiger Gesellschaft) irgendwelcher Art Eintritt fand, war in der Regel eine Art von Paria (es sind mir Selbstmorde wegen Nichtrezeption bekannt geworden), ein Geschäftsmann, Commis, Techniker, Arzt, der das gleiche Schicksal hatte, war meist von fragwürdiger Verwendungsfähigkeit. Heute sind zahlreiche derartige Klubs Träger jener ständischen Aristokratisierungstendenzen, welche, neben und — was wohl zu beachten ist — zum Teil im Gegensatz zur nackten Plutokratie, der amerikanischen Entwicklung der Gegenwart charakteristisch sind[1]). Aber in der Vergangenheit und bis in die Gegenwart hinein war es ein Merkmal gerade der spezifisch amerikanischen Demokratie: daß sie nicht ein formloser Sandhaufen von Individuen, sondern ein Gewirr streng exklusiver, aber voluntaristischer, Verbände war. Wenn sie, bis vor nicht langer Zeit, das Prestige der Geburt und des

[1]) Das bloße »Geld« kauft auch in Amerika an sich zwar Macht, aber nicht: soziale Ehre. Natürlich ist es ein Mittel dazu. Ebenso bei uns und überall. Nur war bei uns der gewiesene Weg: Ankauf eines Rittergutes, Fideikommißstiftung, Briefadel, der dann die Rezeption der Enkel in die adlige »Gesellschaft« ermöglichte. Drüben achtete die alte Tradition den Mann, der selbst erworben hatte, höher als den Erben, und war der Weg zu sozialer Ehre: vornehme Verbindung in vornehmem College, früher: vornehme Sekte (z. B. Presbyterianer, in deren Kirchen in New York man auf den Kirchenstühlen weiche Pfühle und Fächer finden konnte), jetzt vor allem: vornehmer Klub. Daneben jetzt die Art der Wohnung (in »der« Street, die in Mittelstädten fast nie fehlt), der Kleidung, des Sports. Erst neuerdings: Abstammung von den Pilgrim Fathers, von den Pocohontas oder anderen indianischen Damen u. dgl. Näher kann hier darauf nicht eingegangen werden. Massenhaft sind die mit der Ergründung von pedigrees der Plutokratie befaßten Dolmetschbureaus und Agenturen aller Art. Alle diese oft höchst grotesken Erscheinungen gehören in das weite Gebiet derEuropäisierung der amerikanischen »Gesellschaft«.

ererbten Reichtums, des Amts und der diplomierten Erziehung nicht oder doch nur in einem so geringen Grade anerkannten, wie dies sonst in der Welt nur sehr selten der Fall war und ist, so war sie doch weit davon entfernt, jeden Beliebigen mit offenen Armen als gleichgestellt zu rezipieren. Gewiß: ein amerikanischer Farmer hätte (noch vor 1 ½ Jahrzehnten) seinen Gast nicht über sein Feld an einem pflügenden (eingeborenen!) Arbeiter vorübergeführt, ohne ihn mit diesem nach förmlicher Vorstellung »die Hände schütteln« zu machen. Gewiß: in einem typischen amerikanischen Klub hörte früher jegliche Erinnerung daran, daß z. B. die beiden Mitglieder, welche Billard miteinander spielten, etwa im Verhältnis von Chef und Commis standen, absolut auf: hier herrschte die Gleichheit des Gentleman [1]). Gewiß: die Frau des amerikanischen Arbeiters, welche der Gewerkschaftler, mit dem man luncht, mitbrachte, hatte — etwas einfacher und linkischer — sich gänzlich der Kleidung und dem Benehmen der bürgerlichen Lady angepaßt. Aber wer, es sei in welcher Stellung immer, in dieser Demokratie als vollwertig gelten wollte, mußte nicht nur sich den Konventionen der bürgerlichen society fügen, einschließlich der sehr strengen Herrenmode, sondern er mußte auch, in aller Regel, sich darüber ausweisen können, daß es ihm gelungen war, in eine der als ausreichend legitimiert anerkannten Sekten, Klubs oder Gesellschaften gleichviel welcher Art hineinballotiert zu werden und sich darin, durch Bewährung als Gentleman, zu behaupten [2]). Wem das nicht gelang, der war kein Gentleman, wer es verschmähte — wie die Deutschen meist [3]) —, der hatte einen schweren Weg, vor allem auch: geschäftlich.

---

[1]) Nicht immer so in den deutschamerikanischen Klubs. Auf die Frage an New Yorker junge deutsche Kaufleute (mit den besten hanseatischen Namen): warum sie alle die Aufnahme in einen amerikanischen — statt den recht hübsch eingerichteten deutschen — Klub erstrebten, war die Antwort: daß zwar auch ihre (deutsch-amerikanischen) Chefs gelegentlich mit ihnen Billard spielten, aber nicht ohne daß man fühle, daß sie dies von sich selbst »recht nett« fänden.

[2]) Parallele bei uns: die Bedeutung der Couleuren und des Reserveoffizierpatents für communium und connubium und die hohe ständische Bedeutung der »Satisfaktionsfähigkeit«. Die Sache ist die gleiche: aber die Richtung und materielle Wirkung sind charakteristisch verschieden.

[3]) S. aber die vorige Anmerkung. Das Einpassieren in einen amerikanischen Klub (auf der Schule oder später) ist stets der entscheidende Augenblick für den Verlust des Deutschtums.

Indessen, wie gesagt, die soziale Bedeutung dieser jetzt in tiefgreifender Umbildung begriffenen Zustände soll hier nicht untersucht werden. Uns interessiert zunächst: daß die moderne Stellung der weltlichen, durch Ballotage sich ergänzenden Klubs und Gesellschaften weitgehend Produkt eines Säkularisationsprozesses von der ehemaligen weit ausschließlicheren Bedeutung des Prototyps dieser voluntaristischen Verbände: der Sekten, ist. Und zwar gerade im Heimatsgebiet des echten Yankeetums: in den nordatlantischen Staaten. Erinnern wir uns doch zunächst einmal: daß innerhalb der amerikanischen Demokratie das allgemeine gleiche Wahlrecht (der Nicht-Farbigen! denn für Neger und alle Mischlinge besteht es ja auch heute de facto nicht) und ebenso die »Trennung von Staat und Kirche« erst Errungenschaft einer jungen Vergangenheit, im wesentlichen Anfang des 19. Jahrhunderts beginnend, sind, und daß in der Kolonialzeit in den Zentralgebieten Neu-Englands, vor allem in Massachusetts, Voraussetzung des Vollbürgerrechts im Staat (neben einigen anderen Bedingungen vor allem:) das Vollbürgerrecht in der Kirchengemeinde war, die ihrerseits über Zulassung oder Nichtzulassung verfügte[1]). Und zwar verfügten sie darüber je nach der Bewährung der religiösen Qualität durch den Wandel, wie alle — im weiten Sinne des Worts — puritanischen Sekten. Nicht minder waren

[1]) Die Bildung der Kirchengemeinde ging bei der Einwanderung nach Neu-England oft der politischen Vergesellschaftung (nach Art des bekannten Pakts der Pilgerväter) voran. So schlossen die Dorchesterer Immigranten von 1619 sich zunächst — ehe sie auswanderten — zu einer Kirchengemeinde zusammen und wählten Pastor und Lehrer. In der Kolonie Massachusetts war die Kirche eine formell völlig selbständige Korporation, die freilich nur Bürger als Mitglieder rezipierte und deren Mitgliedschaft andererseits Voraussetzung des Bürgerrechts war. Ebenso war anfänglich in New Haven (vor der gegen Widerstand erfolgten Einverleibung in Connecticut) die Kirchenmitgliedschaft und guter Wandel (= Zulassung zum Abendmahl) Vorbedingung des Bürgerrechts. In Connecticut war dagegen (1650) die township verpflichtet, die Kirche zu erhalten (ein Abfall von den strengen Prinzipien des Independentismus ins Presbyterianische). Das bedeutete sofort eine etwas laxere Praxis: nach Einverleibung von New Haven wurde dort die Kirche auf die Erteilung von Zertifikaten darüber beschränkt, daß der Betreffende religiös unanstößig und hinlänglich bemittelt sei. Massachusetts mußte schon im 17. Jahrhundert gelegentlich der Einverleibung von Maine und New Hampshire von der vollen Strenge der religiösen Qualifikation für die politischen Rechte abgehen. Und auch in der Frage der Kirchenmitgliedschaft mußten Kompromisse geschlossen werden, deren berühmtester der Halfway-Covenant von 1657 ist. Auch die nicht nachweislich Wiedergeborenen wurden zur membership zugelassen, aber — bis Anfang des 18. Jahrhunderts — nicht zur Kommunion.

in Pennsylvanien bis einige Zeit vor dem Unabhängigkeitskrieg die Quäker Herren des Staats, wenn auch nicht formell allein politische Vollbürger (sondern nur noch kraft einer weitgehenden Wahlkreisgeometrie). Die ungeheure soziale Bedeutung der Zulassung zum Vollgenuß der Sektengemeinderechte, insbesondere: zum Abendmahl, wirkte bei den Sekten in der Richtung der Züchtung jener asketischen Berufsethik, welche dem modernen Kapitalismus in der Zeit seiner Entstehung adäquat war. Denn genau so, wie dies an der Hand jener persönlichen Erlebnisse für Amerika veranschaulicht wurde, hat die Religiosität der asketischen Sekten mehrere Jahrhunderte lang nachweislich überall, auch in Europa, gewirkt.

Blicken wir nämlich in die kirchliche Vorgeschichte dieser protestantischen Sekten zurück [1]), so finden wir in deren Dokumenten, vor allen bei den Quäkern und Baptisten, bis in das 17. Jahrhundert hindurch (und gerade damals) immer wieder den Jubel darüber, daß die sündigen »Kinder der Welt« einander gegenseitig selbst geschäftlich mißtrauen, daß sie dagegen der religiös bedingten Rechtlichkeit der Frommen vertrauen [2]), deshalb

[1]) Einiges aus der in Deutschland nicht sehr bekannten älteren Literatur sei noch angeführt: Einen Abriß der Baptisten-Geschichte gibt: Vedder, A short history of the Baptists (2. Aufl. 1897, London). Ueber Hanserd Knollys: Culross: H. Kn. Vol. II der Baptist Manuals und by P. Gould (London 1891). Zur Täufergeschichte: E. B. Bax, Rise and fall of the Anabaptists, New York 1902. Ueber Smyth: Henry M. Dexter, The true story of John Smyth, the Se-Baptist, as told by himself and his contemporains, Boston 1881. Die wichtigen Publications der Hanserd Knollys Society (printed for the Society by J. Hadden, Castle Street, Finsbury 1846—1854) wurden schon zitiert. Weitere offizielle Dokumente in The Baptist Church Manual by J. Newton Brown D. D. Philadelphia, American Baptist Pub. Soc. S. 30 Arch Street. Ueber die Quäker außer dem früher zitierten Werk von Sharpless: A. C. Applegarth, The Quakers in Pennsylvania X Ser. Vol. VIII, IX der Johns Hopkins University Studies in History and political Science. G. Lorimer, Baptists in history, New York 1902. J. A. Seiss, Baptist system examined (Lutheran Public. S. 1902). Ueber Neu-England (außer Doyle): die Massachusetts Historical Collections, ferner:, Weeden, Economic and social history of New-England 1620—1789 (2 Bde.) Daniel W. Howe, The Puritan Republic (Indianapolis, Bowen Merrill Cy Publ.). — Für die Entwicklung der »Covenant«-Idee im älteren Presbyterianismus, seine Kirchenzucht und sein Verhältnis zur offiziellen Kirche einerseits, den Congregationalisten und Sektierern anderseits: Burrage, The Church Covenant Idea 1904; ders. The early English Dissenters 1912, ferner: W.M. Macphail, The Presbyterian Church 1918; J. Brown, The English Puritans 1910; wichtige Dokumente bei: Usher, The Presbyterian movement 1584—89. Com. Soc. 1905. Hier wird nur eine äußerst provisorische Feststellung des für uns Wesentlichen geboten.

[2]) Für so völlig selbstverständlich galt dies im 17. Jahrhundert, daß — wie schon früher erwähnt — Bunyan (Pilgrims Progress, Tauchnitz Ed. S.

ihnen und nur ihnen Kredit und ihr Geld ins Depot geben, in ihren Läden ihre Einkäufe machen, weil sie dort und nur dort reell und zu *festen Preisen* bedient werden, — was zuerst zum Prinzip erhoben zu haben die Baptisten bekanntlich von jeher für sich in Anspruch nahmen [1]). Daß die Götter den, der ihnen wohlgefällig ist, sei es durch Opfer, sei es durch die Art seiner Lebensführung, mit Reichtum segnen, war nun freilich eine über die ganze Welt verbreitete Vorstellung. Daß dies jedoch mit dieser *Art* der religiösen Lebensführung, gemäß dem frühkapitalistischen Prinzip: »honesty is the best policy«, bewußt in Verbindung gebracht wird, findet sich zwar nicht absolut ausschließlich, allerdings aber in dieser Kontinuität und Konsequenz *nur* bei diesen protestantischen Sekten [2]). Aber nicht nur diese Ethik, von der ja schon im vorigen Aufsatz näher die Rede war, sondern vor allem die sozialen Prämien und Zuchtmittel und überhaupt die gesamte organisatorische Grundlage des protestantischen Sektentums mit allen ihren Wirkungen reichen in die Anfänge der asketischen Sektenbildung zurück. Jene heutigen Rudimente in Amerika sind die Ausläufer einer einstmals überaus penetrant wirkenden Organisation kirchlicher

114) den »Mr. Money-love« geradezu argumentieren läßt, daß man fromm werden dürfe, *um* reich zu werden, insbesondere um seine Kundschaft zu vermehren; denn weshalb man fromm geworden sei, müsse ja gleichgültig sein.

[1]) Außer ihnen auch die Quäker, wie folgende mir s. Z. von Herrn E. Bernstein nachgewiesene Stelle belegt: »But it was not only in matters which related to the law of the land where the primitive members held their words and engagements sacred. This trait was remarked to be true of them in their concerns in trade. On their first appearance as a Society they suffered as tradesmen, because others, displeased with the peculiarity of their manners, withdrew their custom from their shops. But in a little time the great outcry against them was, that they got the trade of the country into their hands. This outcry arose in part from a strict exemtion of all commercial agrecments between them and other, and *because they never asked two prices for the commodities they sold.*«

Thomas Clarkson, A Portraiture of the Christian Profession and Practice of the Society of Friends. 3 d ed. London 1867, p. 276. (Die erste Auflage erschien um 1830.)

[2]) Die gesamte typisch bürgerliche Ethik war bei allen asketischen Sekten und Konventikeln von Anfang an gemeinsam und identisch mit der, welche sie noch bis in die Gegenwart in Amerika pflegten. Als verboten galt z. B. den Methodisten: 1. viel Worte beim Kaufen und Verkaufen machen (»feilschen«), — 2. Handel mit unverzollten Waren, — 3. höhere Zinsen als das Landesgesetz erlaubte, — 4. »sich Schätze auf Erden zu sammeln« (= Verwandlung von Kapital in »*Vermögen*«), — 5. Kreditnehmen ohne Sicherheit, zurückzahlen zu können, — 6. Aufwand jeder Art.

Lebensreglementierung. Machen wir uns deren Art, Wirkungsweise und Wirkungsrichtung in kurzem Ueberblick klar.

Innerhalb des Protestantismus tauchte das Prinzip der »believers church«: der streng auf »wahre« Christen beschränkten, daher voluntaristischen, von der Welt abgeschiedenen Gemeinschaft eines wirklich heiligen Volkes zuerst deutlich bei den Täufern in Zürich 1523/4 auf [1]), welche 1525 im Anschluß an Th. Münzer — der die Kindertaufe verworfen, aber nicht die letzte Konsequenz: die nochmalige Taufe von als Kinder getauften Erwachsenen (Wiedertaufe) gefordert hatte — die Erwachsenentaufe (einschließlich der — eventuellen — Wiedertaufe) einführten. Wandernde Handwerksburschen, die Hauptträger der Täuferbewegung, trugen sie nach jeder Unterdrückung in neue Gebiete. Es soll nun hier nicht auf die Ausprägungen dieser voluntaristischen innerweltlichen Askese: die alten Täufer, die Mennoniten, die Baptisten, die Quäker, einzeln eingegangen werden und auch nicht erneut dargelegt werden, wie jede asketische Denomination, auch der Calvinismus [2]) und Metho-

---

[1]) Quellen sind Zwinglis Aussagen (Füßli I, 228, vgl. 243, 253, 263) und sein Elenchus contra catabaptistas (Werke III, 357, 362). Zwingli hatte in seiner eigenen Gemeinde charakteristischerweise sehr viel mit Antipädobaptisten zu schaffen, welche ihrerseits in der täuferischen »Separation«, also im Voluntarismus, das nach der Schrift Verwerfliche erblickten. Den Ausschluß aller »wicked liars« von der Kirche und die Zulassung nur der »faithful« und ihrer Kinder forderte eine brownistische Eingabe an König Jacob I. von 1603. Aber auch das (presbyterianische) Directory of Church Government von (wahrscheinlich) 1584 (nach dem Original erstmalig publ. in der Heidelb. Dissertation von A. f. Scott Pearson 1912) Art. 37. fordert Zulassung nur von Leuten, die sich der Disziplin unterworfen hatten oder »literas testimoniales idoneas aliunde attuleriut«, zum Abendmahl.

[2]) Die Problematik des aus der Forderung der ecclesia pura logisch folgenden sektiererisch-voluntaristischen Prinzips für die reformierte (calvinistische), das Sektenprinzip ablehnende Kirche tritt in moderner Zeit dogmatisch besonders deutlich hervor bei A. Kuyper (dem bekannten späteren Ministerpräsidenten). Vor allem in seiner abschließenden Programmschrift: Separatie en doleantie (Amsterdam 1890). Das Problem gilt ihm als Konsequenz des Fehlens des unfehlbaren Lehramts in der nichtkatholischen Christenheit, welches bedinge, daß der »Körper« der sichtbaren Kirche nicht das »Corpus Christi« im Sinn der alten Reformierten sein könne, sondern notwendig nach Raum und Zeit geteilt und mit menschlichen Mängeln behaftet bleiben müsse. Eine sichtbare Kirche entstehe lediglich durch Willensakt der Gläubigen kraft der von Christus ihnen gegebenen Befugnis und die potestas ecclesiastica liege daher weder bei Christus selbst, noch bei den ministri, sondern nur bei der gläubigen Gemeinde (Anknüpfung an Voët). Durch rechtlich freiwilligen Zusammentritt von Gemeinden — der aber eine religiöse Pflicht sei — entstehe die größere Gemeinschaft. Der römische Grundsatz: daß, wer Kirchen-

dismus, immer wieder in die gleiche Bahn gedrängt wurde: entweder das Konventikel der exemplarischen Christen in der Kirche (Pietismus), oder aber die Gemeinschaft der als tadellos legitimierten kirchlichen Vollbürger als Herrn über die Kirche, der die andern nur als ein passiver, der Zucht unterworfener Stand von Minderchristen angehören (Independentismus). Der äußere und innere Konflikt der beiden Strukturprinzipien: »Kirche« als Gnadenanstalt, oder »Sekte«, als Verein der religiös Qualifizierten, geht im Protestantismus durch die Jahrhunderte von Zwingli bis zu Kuyper und Stöcker. Hier aber wollen wir lediglich die für die Beeinflussung der Lebensführung praktisch wichtigen Konsequenzen des voluntaristischen Prinzips

glied sei, dadurch eo ipso auch Gemeindeglied seines Wohnortes sei, sei abzulehnen. Die Taufe mache nur zum passiven »membrum incompletum« und gebe keine Rechte. Nicht schon die Taufe, sondern erst »belijdenis en stipulatie« machen zum aktiven Gemeindemitglied im Rechtssinne, und die Gemeindemitgliedschaft (und nur sie) sei identisch mit der Unterstellung unter die disciplina ecclesiae (wiederum Anknüpfung an Voët). Das Kirchenrecht behandle eben die von Menschen geschaffenen, zwar an Gottes Ordnungen gebundenen, aber nicht diese selbst darstellenden Satzungen der sichtbaren Kirche (cf. Voët, Pol. eccles. Vol. I p. 1 und 11). All das sind independentische Abwandlungen des genuinen reformierten Kirchenverfassungsrechts (wie es besonders gut von Rieker dargestellt worden ist) im Sinn einer aktiven Mitwirkung der Gemeinde, also: der Laien, bei der Aufnahme. Diese Mitwirkung der ganzen Gemeinde war auch in Neu-England ein immer wieder in stetem Kampf gegen die erfolgreich eindringende »johnsonistische«, die Kirchenherrschaft der »ruling elders« vertretende Richtung festgehaltenes Programm zuerst der brownistischen Independenten. Daß nur »regenerates« aufgenommen werden sollten (»von 40 nur Einen« nach Baillie), verstand sich von selbst. Aehnlich im 19. Jahrh. auch die Kirchentheorie der schottischen Independenten (Sack a. a. O.), die auch den besonderen Aufnahmebeschluß forderten. Die Kuypersche Kirchentheorie selbst ist aber im übrigen natürlich nicht »kongregationalistisch«. Die von ihm statuierte religiöse Verpflichtung der Einzelgemeinden, der Gesamtkirche beizutreten und anzugehören, fällt nur dann fort, und die Verpflichtung zur »separatie« tritt — da es an einem Ort nur eine rechtmäßige Kirche geben kann — erst dann ein, wenn die »doleantie«: der Versuch, durch aktiven Protest und passive Obstruktion die verderbte Gesamtkirche zu bessern (doleeren = protestieren kommt als Terminus schon im 17. Jahrh. vor), endgültig nach Erschöpfung aller Mittel vergeblich geblieben ist und der Gewalt gewichen werden muß. Dann freilich ist, da es in der Kirche »Untertanen« nicht gibt, sondern die Gläubigen als solche ein gottgegebenes Amt verwalten, die selbständige Konstituierung Pflicht. Denn: Revolutionen können Pflicht gegen Gott sein (Kuyper, De conflict gekomen S. 30/1). — Auch Kuyper steht (wie Voët) auf dem alten independentischen Standpunkt: daß nur die am Abendmahl kraft Zulassung Beteiligten Vollglieder der Kirche sind und nur sie imstande sind, für ihre Kinder in der Taufe die Bürgschaft zu übernehmen: Gläubig im geistlichen Sinn ist der innerlich Bekehrte, im rechtlichen Sinn nur der zum Abendmahl Zugelassene.

uns vor Augen führen. Wir erinnern uns nur noch: daß der entscheidende Gedanke der Reinhaltung des Abendmahls — dessen zentrale soziale Bedeutung für die christlichen Gemeinschaften darin hervortritt — von der Teilnahme Unheiliger zwar auch in den nicht die Konsequenz der Sektenbildung ziehenden Denominationen, besonders bei den prädestinatianischen Puritanern, zu einer Art der Behandlung der Kirchenzucht führte, welche im Effekt der Zucht der Sekten nahe kam[1]), daß er aber bei den

[1]) Auch für Kuyper (Dreigend conflict, 1886) ist die Grundvoraussetzung: daß es Sünde sei, das Abendmahl nicht von Ungläubigen rein zu erhalten (S. 41; Berufung auf 1. Kor 11, 26. 27. 29; 1. Tim. 5, 22; Apoc. 18, 4). Zwar über den Gnadenstand »vor Gott« habe die Kirche — im Gegensatz zu den »Labadisten« (radikalen Pietisten) — nie geurteilt. Aber für die Zulassung zum Abendmahl entscheide nur Glaube und Wandel. Die Verhandlungen der niederländischen Synoden des 16. und 17. Jahrhunderts sind angefüllt mit Erörterungen der Vorbedingungen der Zulassung zum Abendmahl: Südholl. Syn. v. 1574: keine Verabreichung des Abendmahls da, wo keine organisierte Gemeinde besteht, deren Aelteste und Diakone Sorge tragen, daß kein Unwürdiger zugelassen wird; Synode von Rotterdam 1575: Nichtzulassung aller derer, die ein offenbar ärgerliches Leben führen (die Zulassung erfolgte durch die Aeltesten der Gemeinde, nicht einseitig durch den Prediger, und fast stets ist es die Gemeinde, welche — oft gegen die laxere Behandlung durch den Prediger — solche Bedenken erhebt: vgl. z. B. den Fall bei Reitsma II S. 231); Frage, ob ein Mann, der eine Anabaptistin zur Frau hat, zum Abendmahl zugelassen werden dürfe: Syn. zu Leiden 1619 Art. 114; ob der Knecht eines »Lombarden« zuzulassen sei Prov. Syn. zu Deventer 1595 Art. 24; ob »Bankrotteure« (Syn. v. Alkmaar 1599 Art. 11, das. von 1605 Art. 28) und Leute, die einen Akkord geschlossen haben (Nordholl. Syn. v. Enkhuizen 1618 Grav. Class. Amstel. Nr. 16) zuzulassen sind. Die letztere Frage wird bejaht für den Fall, daß das Konsistorium das Vermögensverzeichnis ausreichend und den dabei gemachten Vorbehalt von Nahrung und Kleidung für den Schuldner selbst und die Familie angemessen findet, insbesondere aber dann, wenn die Gläubiger erklären, mit dem Akkord zufrieden zu sein, und er ein Schuldbekenntnis ablegt. Ueber die Nichtzulassung von »Lombardierern« s. früher. Ausschluß von Ehegatten bei Unverträglichkeit: Reitsma III S. 91, Erfordernis der Versöhnung der Prozeßgegner vor der Zulassung, Fernhaltung so lange der Streit dauert, bedingte Zulassung eines im Injurienprozeß Unterlegenen, der appelliert hat das. III S. 176. — Den Ausschluß vom Abendmahl in Ermangelung eines befriedigenden Ergebnisses der Prüfung der Würdigkeit (aber damals noch: durch den Seelsorger, nicht: die Gemeinde) hatte Calvin wohl zuerst in der Straßburger französischen Emigrantengemeinde durchgesetzt. Die Exkommunikation hätte nach seiner genuinen Lehre (Jnst. Chr. Rel. IV. c. 12 S. 4, wo sie als Promulgation der göttlichen Sentenz bezeichnet wird) rechtmäßig eigentlich nur über Reprobierte verhängt werden sollen, wird aber (s. 5 das.) doch auch als Mittel der »Besserung« behandelt. In Amerika ist förmliche Exkommunikation heute bei den Baptisten mindestens in den großen Städten sehr selten und wird in der Praxis durch »dropping«: einfaches stillschweigendes Streichen, ersetzt. Immer waren bei den Sekten und Independenten die Laien die typischen Träger der Kirchenzucht, während die ursprünglich calvinistisch-

Sekten selbst gerade in der ersten Zeit ihres Entstehens unmittelbar ausschlaggebend war [1]. Gleich der erste konsequente Voluntarist, Browne, hebt in seinem Treatise of Reformation without tarying for anie (vermutlich 1582) als Hauptmotiv für die Ablehnung des Episkopalismus und Presbyterianismus den Zwang zur Abendmahlsgemeinschaft mit »wicked men« hervor [2]. In der presbyterianischen Kirche bemühte man sich vergeblich, mit dem Problem fertig zu werden. Schon unter Elisabeth (Konferenz von Wandsworth) war dies der entscheidende Punkt [3]. Die Frage, wer vom Abendmahl ausschließen dürfe, spielte dann im eng-

---

presbyterianische Kirchenzucht eine ausgesprochen planvolle Herrschaft über Staat und Kirche erstrebte. Immerhin zog schon das »Directory« der englischen Presbyterianer von 1584 (Anm. 1 S. 220) die Laienältesten in gleicher Zahl wie die Geistlichen zur classis und den oberen Instanzen des Kirchenregiments zu.

Verschieden aber war dabei zuweilen die Stellung der Aeltesten und der Gemeinde zueinander geregelt. Wie das (presbyterianische) Lange Parlament 1645 die Ausschließung vom Lords Supper in die Hand der (Laien-)Aeltesten legte, so die »Cambridge Platform« um 1647 in Neu-England. Die schottischen Independenten aber pflegten noch Mitte des 19. Jahrh. Anzeige wegen schlechten Lebenswandels an eine Kommission zu leiten, auf deren Bericht hin die ganze Gemeinde über den Ausschluß beschloß, entsprechend der strengeren Auffassung der solidarischen Verantwortung aller einzelnen. Dies entsprach durchaus dem schon oben zitierten brownistischen, an König Jakob I. 1603 eingereichten Bekenntnis (Dexter a. a. O. S. 308), während die »Johnsonisten« die Souveränität der (gewählten) elders als biblisch ansahen, die auch entgegen dem Gemeindebeschluß sollten exkommunizieren können (Anlaß der Sezession Ainsworths). Ueber die entsprechenden Verhältnisse bei den frühenglischen Presbyterianern s. die in Anm. 1 S. 218 a. E. zitierte Literatur und die in Anm. 1 S. 220 zit. Dissertation von Pearson.

[1]) Den gleichen Grundsatz vertraten übrigens auch die niederländischen Pietisten. Lodensteijn z. B. stand auf dem Standpunkt, daß man mit Nichtwiedergeborenen, und das sind bei ihm ausdrücklich: solche, die nicht die Zeichen der Wiedergeburt an sich tragen, nicht kommunizieren dürfe, ja er ging soweit, zu widerraten, daß man mit Kindern zusammen das Vaterunser bete, da sie doch noch nicht »Kinder Gottes« geworden seien. Noch Köhler fand in den Niederlanden gelegentlich die Ansicht vertreten: der Wiedergeborene sündige überhaupt nicht. Calvinistische Orthodoxie und erstaunliche Bibelfestigkeit war gerade in den kleinbürgerlichen Massen vertreten. Gerade die Orthodoxie war es auch hier, welche — der theologischen Bildung mißtrauend — noch gegenüber dem 1852er Kirchenreglement (neben dem Fehlen einer hinlänglich strengen »Censura morum«) die zu geringe Vertretung von Laien in der Synode beklagte, — was damals gewiß keiner lutherisch orthodoxen Kirchenpartei in Deutschland eingefallen wäre.

[2]) Zitiert bei Dexter, Congregat. of the last three hundred years as seen in its litt. (New York 1880) p. 97.

[3]) Die 39 Artikel der Kirche von England wollten (mit Vorbehalten bezüglich der — hier nicht interessierenden — Art. 34—36) die englischen Presbyterianer unter Elisabeth anerkennen.

lischen Revolutionsparlament immer erneut eine Rolle. Zuerst (1645) sollten minister und elders (also: Laien) darüber frei verfügen. Dabei versuchte das Parlament, die Fälle, in denen der Ausschluß zulässig sein sollte, festzustellen und alle anderen an den Konsens des Parlaments zu knüpfen: — ein »Erastianismus«, gegen den die Westminster-Versammlung scharf protestierte. Die Partei der Independenten zeichnete sich dadurch aus, daß sie außer ortsansässigen und als religiös vollwertig anerkannten Gemeindemitgliedern nur Personen mit Ausweisen (tickets) zur Kommunion zuließ; Auswärtigen wurden tickets nur bei Empfehlung durch Qualifizierte verabfolgt. Die beim Umzug in andre Orte und für Reisen ausgestellten Qualifikationszeugnisse (letters of recommandation) gehören ebenfalls schon dem 17. Jahrhundert an [1]). Innerhalb der offiziellen Kirche versuchten Baxters Konventikel (Associations), die 1657 in 16 counties eingeführt waren, sich als eine Art freiwilliger Zensurbehörde zu etablieren, die dem Pfarrer bei der Feststellung der Qualifikation und dem Ausschluß von »scandalous persons« vom Abendmahl zur Seite stehen wollte [2]). Aehnliches hatten schon die »5 dissenting brethren« der Westminster Versammlung — in Holland gewesenen Refugiés aus den oberen Klassen — mit ihrem Vorschlag bezweckt, neben der parish voluntaristische Kongregationen zu gestatten und auch ihnen das Wahlrecht zur Synode zu geben. In Neu-England ist die ganze Kirchengeschichte mit Kämpfen um die Frage: wer zu den Sakramenten (auch z. B. als Pate) zuzulassen sei, ob die Kinder der nicht Zugelassenen getauft werden dürfen [3]) und unter welchen

[1]) Für die Zulassung von Nichtmitgliedern der lokalen Baptistengemeinde zum Abendmahl waren im 17. Jahrhundert bei auswärtigen Baptisten letters of recommandation nötig; Nichtbaptisten konnten nur nach Prüfung und Beschluß der Gemeinde zugelassen werden (Anhang zur Ausgabe der Hanserd Knollys Confession von 1689, West Church Pa. 1817). Für den Qualifizierten bestand auch bei ihnen dogmatischer Abendmahls zwang: sich einer gültig konstituierten Gemeinde seines Wohnorts nicht anzuschließen war Schisma. Bezüglich der pflichtmäßigen Gemeinschaft mit andern Gemeinden war der Standpunkt zwar ähnlich wie bei Kuyper (s. o. Anm. 2 S. 220); jedoch wurde jegliche Jurisdiktion über der einzelnen Kirche abgelehnt. Ueber die litterae testimoniales bei den Covenanters und frühenglischen Presbyterianern s. oben Anm. 1 S. 220 und in der Anm. 1 S. 218 zit. Literatur.

[2]) Shaw: Church Hist. under the Commonwealth II, 152—165; Gardiner Commonwealth III, p. 231.

[3]) Hiergegen protestiert schon die Eingabe der Brownisten an König Jakob I. von 1603.

Kautelen und dergleichen, ausgefüllt. Die Schwierigkeit lag ja darin: daß einmal nur der Würdige das Abendmahl empfangen durfte, dieser aber es auch empfangen mußte[1]), beim Zweifel an der eigenen Würdigkeit also die Fernhaltung nicht sündlos machte[2]), und daß andererseits die Gemeinde für die Reinhaltung des Abendmahls von Unwürdigen, insbesondere Reprobierten[3]) Gott gegenüber solidarisch haftete. Vor allem also haftete sie für die Spendung durch einen würdigen, d. h. in der Gnade stehenden, minister. Damit tauchten uralte Kirchenverfassungsprobleme wieder empor. Vergebens versuchte Baxters Kompromißvorschlag: daß wenigstens im Notfall auch der Empfang durch einen unwürdigen, d. h. im Wandel anfechtbaren, minister zulässig sein sollte[4]), zu vermitteln: das alte donatistische Prinzip des persönlichen Charisma und das in der katholischen Kirche durch den Character indelebilis des Priesters radikal etablierte, aber auch die offiziellen Reformationskirchen beherrschende Prinzip der Anstaltsgnade stießen unbarmherzig aufeinander[5]), wie in den Zeiten des Frühchristentums. Hierauf: auf der religiösen Verantwortlichkeit der Gemeinde für die Würdigkeit sowohl des minister wie der Abendmahlsgenossen beruhte der kompromißlose Radikalismus der independentischen

---

[1]) Diesen Grundsatz sprachen z. B. Entschließungen wie die der Synode zu Edam 1585 (in der Sammlung von Reitsma S. 139) aus.

[2]) Die Abendmahlsscheu zweifelnder Gemeindeglieder (wegen des 25. Artikels der Ch. of E.) ist bei Baxter, Eccles. Dir. II p. 108 eingehend erörtert.

[3]) Wie sehr die Prädestinationslehre auch hier den reinsten Typus darstellt und wie groß ihre sehr zu Unrecht immer wieder angezweifelte praktische Bedeutung war, zeigt nichts so deutlich wie der erbitterte Streit darüber: ob die Kinder von — nach Ausweis ihres Lebenswandels — Reprobierten zur Taufe zugelassen werden dürften. Drei von den vier Amsterdamer Refugiésgemeinden (Anfang des 17. Jahrhunderts) waren dafür; aber in Neu-England kam erst der »Half-Way-Covenant« von 1657 darin entgegen. Für Holland s. auch Anm. 1 S. 222.

[4]) A. a. O. II p. 110.

[5]) Schon Anfang des 17. Jahrhunderts erregte das Verbot der Konventikel (Slijkgeuzen) in Holland einen allgemeinen Kulturkampf. Mit furchtbarer Schärfe (1593 mit Androhung von Todesstrafe) ging Elisabeth gegen die Konventikel vor. Der antiautoritäre Charakter der asketischen Religiosität oder in diesem Fall richtiger: das Konkurrenzverhältnis der geistlichen gegen die weltliche Autorität (Cartwright hatte ausdrücklich die Zulässigkeit der Exkommunikation auch gegen die Fürsten verlangt) war der Grund. In der Tat mußte das Beispiel Schottlands, des klassischen Bodens presbyterianischer Kirchenzucht und klerikaler Herrschaft gegen den König, abschreckend wirken.

Gedankenwelt. Und dabei ist es im Prinzip geblieben. Bekanntlich ist noch in den letzten Jahrzehnten das Kuypersche Schisma in Holland mit seinen weittragenden politischen Folgen dadurch entstanden: daß, entgegen den Ansprüchen des synodalen Kirchenregiments der Herformde Kerk der Nederlanden, die Gemeindeältesten einer Kirche in Amsterdam: — Laien, mit dem späteren Ministerpräsidenten Kuyper, der auch ein einfacher Laienältester war, an der Spitze — sich weigerten, die Konfirmationsscheine auswärtiger, von ihrem Standpunkt aus unwürdiger oder ungläubiger, Prediger für die Zulassung zum Abendmahl als zulänglich anzuerkennen [1]). Im Wesen genau dies war der Gegensatz von Presbyterianern und Independenten im 16. Jahrhundert. Denn aus jener Verantwortlichkeit der Gemeinde folgten entscheidend wichtige Konsequenzen. Nächst dem voluntaristischen Prinzip: freie Zulassung Würdiger und nur solcher als Gemeindemitglieder, das Prinzip der Souveränität der lokalen einzelnen Abendmahlsgemeinde. Nur sie konnte ja kraft persönlicher Bekanntschaft und Prüfung beurteilen, ob ein Mitglied qualifiziert sei, nicht aber ein sei es auch noch so frei gewähltes Kirchenregiment einer interlokalen Gemeinschaft. Und sie konnte das nur bei beschränkter Mitgliederzahl: relativ kleine Ge-

---

[1]) Liberale Amsterdamer Bürger hatten ihre Kinder, um dem Glaubensdruck der orthodoxen Prediger zu entgehen, zu liberalen Predigern in Nachbargemeinden zum Konfirmationsunterricht geschickt. Der Kerkraad der betreffenden Amsterdamer Gemeinde weigerte sich (1886), die Atteste über die von solchen Geistlichen ausgestellte sittliche Führung von Kommunikanten anzuerkennen und schloß diese vom Abendmahl aus, da dieses rein bleiben und man Gott mehr gehorchen müsse als den Menschen. Als der Beschwerde gegen diese Abweichung von der Synodenkommission Recht gegeben wurde, nahm der Kirchenrat, unter Verweigerung des Gehorsams, ein neues Reglement an, welches für den Fall der Suspension dem bestehenden Kirchenrat allein die Verfügung über die Kirche gab, verweigerte die Gemeinschaft, und die nunmehr suspendierten (Laien-)Aeltesten Rutgers und Kuyper bemächtigten sich durch List, trotz angestellter Wächter, der Nieuwe Kerk (vgl. Hogerfeil, De kerkelijke strijd te Amsterdam 1886 und Kuypers zitierte Schriften). Schon in den 20er Jahren hatte unter Führung Bilderdijks und seiner Schüler Isaak da Costa und Abraham Capadose (zweier getaufter Juden) die prädestinatianische (deshalb z. B. auch die Abschaffung der Negersklaverei als »Eingriff in die Vorsehung« ebenso wie die Impfung ablehnende!) und gegen die mangelnde Kirchenzucht und Austeilung der Sakramente an Unwürdige eifernde Bewegung eingesetzt und zu Separationen geführt. Die Synode der »Afgeschiedenen gereformeerten Gemeente« zu Amsterdam 1840 verwarf unter Annahme der Dordrechter Canouns jegliche Art von Herrschaft (gezag) »in oder über der Kirche«. — Zu Bilderdijks Schülern gehörte Groen van Prinsterer.

meinden allein waren dem Prinzip angemessen [1]). Wo die Gemeinschaften dafür zu groß waren, erfolgte daher entweder, wie im Pietismus, Konventikelbildung oder aber es wurden, wie im Methodismus, die Mitglieder zu Gruppen zusammengefaßt, welche Träger der Kirchenzucht waren [2]). Denn dies: die außerordentlich straffe Sittenzucht [3]), und zwar durch

[1]) Klassische Formulierung schon in der »Amsterdam Confession« von 1611 (in den Publ. of the Hanserd Knollys Society Vol. 10) Art. 16: That the members of every church and congregation ought to know one another, ... therefore a church ought not to consist of such a multitude as cannot have practical knowledge one of another. Jedes Synodalregiment und jede Schaffung zentraler Kirchenbehörden galt daher als, letztlich, schon ein Abfall vom Prinzip. So in Massachusetts, ebenso in England unter Cromwell, wo seinerzeit die Parlamentsordnung von 1641, welche jeder einzelnen Gemeinde gestattete, sich einen orthodoxen Minister zu beschaffen und lectures einzurichten, das Signal zum Einströmen der Baptisten und radikalen Independenten gegeben hatte. Die Einzelgemeinde (damals wohl noch der Tatsache nach: der Einzelgeistliche) als Träger der Kirchenzucht ist auch in den von Usher publizierten früh-presbyterianischen Dedhamer Protokollen vorausgesetzt. Ballot für die Zulassung: Protokoll vom 22. X. 1582: »That none be brougth in as one of this company without the general consent of the whole«. Aber schon 1586 erklärten diese Puritaner ihren Gegensatz gegen die Brownisten, welche die kongregationalistischen Konsequenzen zogen.

[2]) Die »Klassen« der Methodisten waren als Grundlage ihrer genossenschaftlichen Seelsorge geradezu das Rückgrat der ganzen Organisation. Je 12 Personen sollten zu einer »class« zusammengefaßt sein, der Klassenführer jedes Mitglied wöchentlich sehen, entweder im Hause oder dem class meeting, in welchem vor allem ein allgemeines Sündenbeichten üblich war. Er hatte über den Wandel des Mitglieds Buch zu führen. Diese Buchführung diente u. a. auch als Grundlage der Ausstellung der Zertifikate beim Umzug von Mitgliedern. — Diese Organisation ist jetzt wohl in allen Gebieten, auch in den Vereinigten Staaten, längst im Verfall. In welcher Art die Kirchenzucht im früheren Puritanismus funktionierte, mag man aus der Bemerkung in dem früher zitierten Dedhamer Protokoll ermessen, wonach die »admonition« im Konventikel erteilt werden sollte: »if any things have bene observed or espied by the brethren«.

[3]) Die Kirchenzucht war in den lutherischen Gebieten, Deutschlands zumal, notorisch sehr unentwickelt bzw. früh in völligem Verfall. Unter dem Einfluß dieser Umgebung und der überall bestehenden, in Deutschland aber übermächtig gebliebenen Eifersucht der Staatsgewalt gegen die Konkurrenz autonomer hierokratischer Mächte war sie auch in den reformierten deutschen Kirchen, außer in Jülich-Cleve und anderen Rheingebieten, wenig wirksam (immerhin finden sich Spuren der Zucht bis ins 19. Jahrhundert: die letzte Exkommunikation in der Pfalz — wo die K.O. von 1563 freilich schon früh in praxi erastianisch gehandhabt wurde — fand 1855 statt). Nur die Mennoniten und später die Pietisten schufen wirksame Zuchtmittel und Zuchtorganisationen. (Für Menno existierte eine »sichtbare Kirche« nur da, wo Kirchendisziplin bestand, und Exkommunikation wegen üblen Wandels und Mischehe war selbstverständlicher Bestandteil. Die Rynsburger Kollegianten waren völlig dogmenlos und ließen allein den »Wandel« gelten.) Bei den Hugenotten wurde die an sich

Selbstverwaltung der Gemeinde, war das dritte unvermeidliche, durch das Interesse an der Reinhaltung der Abendmahls- (oder, bei den Quäkern, Gebets-) Gemeinschaft geforderte Prinzip. Die Zucht der asketischen Sekten war in der Tat — auch darin der Klosterzucht analog — weit rigoroser als die irgendeiner Kirche. Sie stellte den Grundsatz des Noviziats auf[1]). Im Gegensatz zu den Grundsätzen der offiziellen protestantischen Kirchen versagte sie oft den wegen ethischer Verstöße Ausgestoßenen jeden Verkehr mit den Gemeindegliedern, verhängte also in diesem Fall über ihn, auch geschäftlich, den absoluten Boykott und mied bisweilen jede Beziehung mit Nichtbrüdern, außer im Fall unbedingter Notwendigkeit[2]). Und

---

sehr straffe Kirchenzucht gelegentlich immer wieder gelähmt durch unvermeidliche Rücksichten auf den politisch dort unentbehrlichen Adel. Anhänger der puritanischen Kirchenzucht war in England vor allem der bürgerlich-kapitalistische Mittelstand, so z. B. die City von London. Sie fürchtete die Herrschaft des Klerus nicht, gedachte dagegen die Kirchenzucht zu einem Mittel der Massendomestikation zu machen. Aber auch die Handwerkerschichten waren der Kirchenzucht sehr anhänglich. Relativ weniger natürlich Adel und Bauern. Gegner waren die politischen Gewalten, in England daher auch das Parlament. Aber nicht »Klasseninteressen«, sondern, wie jeder Blick in die Dokumente zeigt: religiöse und, neben ihnen, politische Interessen und Ueberzeugungen waren primär bei diesen Fragen im Spiel. Die Härte der neuenglischen, aber auch der genuin puritanischen Kirchenzucht in Europa ist bekannt. Bei den major generals und commissioners Cromwells, die dessen Organe für Kirchenzucht waren, taucht der Vorschlag einer Verbannung aller »idle, debauched and profane persons« wiederholt auf. — Bei den Methodisten war die Streichung von Novizen während der Probezeit wegen schlechten Wandels ohne weiteres, bei Vollmitgliedern nach Kommissions-Untersuchung, zulässig. Für die Kirchenzucht der Hugenotten (welche ja faktisch lange Zeit die Existenz einer »Sekte« führten) zeigen die Synodalprotokolle u. a. Zensuren gegen Warenfälschung und Unreellität: 6. Synode (Avert. Gén. XIV); Kleiderordnungen sind häufig; Sklavenbesitz und Handel sind erlaubt: 27. Synode; ziemlich laxe Praxis gegenüber den fiskalischen Anforderungen (der Fiskus ist Tyrann) 6. Synode, cas de conc. déc. XIV; Wucher das. XV (vgl. 2. Syn. Gen. 17, 11. Syn. Gen. 42). Die frühenglischen Presbyterianer wurden in den offiziellen Korrespondenzen gegen Ende des 16. Jahrhunderts als »disciplinarians« bezeichnet. (Zitate bei Pearson a. a. O.).

[1]) Wohl bei allen Sekten bestand eine Probezeit, bei den Methodisten z. B. von 6 Monaten.

[2]) In der »Apologetical Narration« der 5 (independentischen) »dissenting brethren« der Westminster Synode wird die Abscheidung von den »casuall and formall Christians« in den Vordergrund gerückt. Das bedeutete zunächst nur den voluntaristischen Separatismus, nicht die Absage des commercium. Aber die ursprüngliche, später gemilderte, Meinung Robinsons, eines strikten Calvinisten und Verfechters der Dordrechter Synode (s. über ihn Dexter, Congregationalism p. 402), war allerdings dahin gegangen: daß die independentischen Separatisten mit den andern — selbst wenn sie (was als denkbar galt) electi

sie legte ihre Zucht dem Schwerpunkt nach in die Hände der L a i e n. Keine geistliche Autorität konnte ja der Gemeinde ihre solidarische Verantwortlichkeit vor Gott abnehmen. Schon bei den Presbyterianern war das Gewicht der Laien-Aeltesten sehr groß. Der Independentismus aber und erst recht der Baptismus bedeutete geradezu einen Kampf gegen die theologische Beherrschung der Gemeinde [1]), — und natürlich, genau entsprechend, eine Klerikalisierung des nunmehr in die Funktionen der Sittenkontrolle durch Selbstverwaltung, Vermahnung und eventuell Exkommunikation einrückenden Laientums [2]). Die Laienherrschaft in der Kirche fand ihren Ausdruck teils in dem nicht nur dem Amtsbegriff des Luthertums, sondern auch der göttlichen Ordnung des Presbyterianismus höchst anstößigen Verlangen nach Freiheit der Laienpredigt (liberty of prophesying) [3]): — wofür auf die Zustände der Urchristengemeinde Bezug genommen wurde —, teils auch in der Opposition gegen ein theologisches Berufspredigertum überhaupt: nur das Charisma,

---

seien — nicht verkehren dürften. Sich offen zu diesem Grundsatz zu bekennen haben allerdings die meisten Sekten vermieden, manche ihn — als Grundsatz wenigstens — ausdrücklich abgelehnt. Baxter (Chr. Dir. II p. 100 Sp. 2 unten) meint sogar, man könne sich, falls der Hausvater oder Pastor und also nicht man selbst die Verantwortung dafür trage, darüber beruhigen, mit einem ungodly zusammen beten zu müssen. Dies ist indessen unpuritanisch. Die »mijdinge« spielte bei den radikalen täuferischen Sekten im 17. Jahrhundert in Holland eine sehr bedeutende Rolle.

[1]) Dies trat in den Erörterungen und Kämpfen schon innerhalb der Amsterdamer Refugiés-Gemeinde Anfang des 17. Jahrhunderts mit der größten Schärfe hervor. Ebenso war in Lancashire die Ablehnung der g e i s t l i c h e n Kirchenzucht und das Verlangen nach Laienregierung in der Kirche und Kirchenzucht durch Laien für die Stellungnahme in den innerkirchlichen Kämpfen der Cromwellschen Zeit entscheidend.

[2]) Die Bestellung der Aeltesten war innerhalb der independentischen und baptistischen Gemeinschaften Gegenstand langdauernder Kontroversen, die uns hier nicht interessieren sollen.

[3]) Hiergegen richtete sich die Ordonnanz des Langen Parlaments vom 31. XII. 1646, die ein Schlag gegen die Independenten sein wollte. Andererseits war der Grundsatz der liberty of prophesying schon von Robinson auch literarisch verfochten worden. Vom episkopalistischen Standpunkt machte ihr Jeremy T a y l o r (The liberty of prophesying 1647) Konzessionen. Cromwells »tryers« verlangten die Bescheinigung von 6 zugelassenen Gemeindegliedern, darunter 4 Laien, für die Erlaubnis. In der Frühzeit der englischen Reformation waren die »exercises« und prophesyings vielfach von eifrigen anglikanischen Bischöfen nicht nur geduldet, sondern ermutigt worden. In Schottland waren sie (1560) verfassungsmäßiger Bestandteil der kirchlichen Tätigkeit, 1571 wurden sie in Northampton, bald darauf in andern Orten eingeführt. Aber Elisabeth beharrte auf ihrer Unterdrückung, in Konsequenz ihrer Proklamation von 1573 gegen Cartwight.

nicht Schulung und Amt, sollte gelten[1]). So radikale Konsequenzen wie die Quäker mit ihrem Grundsatz: daß in der gottesdienstlichen Versammlung jeder, aber auch nur der sprechen solle, über den der »Geist« gerade kommt, daß es also einen Berufsgeistlichen überhaupt nicht gibt[2]), haben andere Sekten freilich nicht oder doch nicht dauernd gezogen. Aber entweder ist der Geistliche grundsätzlich nicht als »Mietling«[3]), sondern nur im Ehrenamt oder gegen freiwillige Ehrengaben[4]) oder nur im Nebenberuf und nur gegen Kostenersatz tätig[5]); oder er ist jederzeit entlaßbar oder es herrscht eine Art von Missionsorganisation mit nur jeweilig im gleichen »circuit« arbeitenden Wanderpredigern[6]), wie im Methodis-

---

1) Schon Smyth stellte in Amsterdam die Forderung auf, daß der Wiedergeborene beim Predigen auch nicht einmal die Bibel vor sich haben dürfe.

2) Freilich ist dies heute wohl nirgends mehr radikal durchgeführt. Die offizielle »Legende« ist: daß die nach den Erfahrungen der Gemeinde besonders dem Geist zugänglichen Glieder im Gottesdienst auf einer besonderen Bank der Gemeinde gegenüber sitzen und in tiefem Schweigen gewartet wird, daß der Geist über einen von ihnen kommt (oder auch über ein anderes Gemeindeglied). Aber in einem Gottesdienst in einem pennsylvanischen College fuhr der Geist leider nicht, wie ich gehofft hatte, in die in der schönen einfachen Tracht auf der Bank sitzende alte Lady, deren Charisma hoch gerühmt wurde, sondern — zweifellos nach Abrede — in einen wackeren College-Bibliothekar, der eine sehr gelehrte Rede über den Begriff »saint« hielt.

3) Die charismatischen Revolutionen der Sektierer (vom Typus der Fox und ähnlicher) in den Gemeinden begannen stets mit dem Kampf gegen den beamteten Pfründner, als »Mietling,« und für das apostolische Prinzip der entgeltlosen freien Predigt des vom Geist Getriebenen. Heftige Auseinandersetzungen zwischen Goodwin, dem Kongregationalisten, und Prynne, der ihm vorwarf, er habe entgegen seinen angeblichen Prinzipien ein »living« angenommen, während Goodwin erklärte, nur anzunehmen, was freiwillig gegeben werde, fanden im Parlament statt. Der Grundsatz: daß nur freiwillige Gaben zum Unterhalt der Prediger zulässig seien, in der Eingabe der Brownisten an Jakob I. von 1603 (Punkt 71: daher Protest gegen »popish livings« und »jewish tithes«).

4) Dies letztere wurde im Agreement of the People vom 1. Mai 1649 für alle Prediger gefordert.

5) So die local preachers der Methodisten.

6) 1793 wurde im Methodismus jeder Unterschied ordinierter und nicht ordinierter Prediger abgeschafft, mithin die nicht ordinierten Reiseprediger (travelling preachers): Missionare also, die charakteristischen Träger des Methodismus, den noch anglikanisch ordinierten gleichgestellt. Zugleich aber erhielten die Reiseprediger das Monopol, im ganzen circuit zu predigen und wurde ihnen allein die Spendung der Sakramente vorbehalten (die eigene Sakramentsspendung wurde erst damals grundsätzlich durchgeführt, aber immer noch zu anderen Stunden als denen der offiziellen Kirche, zu der man nach wie vor zu gehören prätendierte). Da schon seit 1768 für sie die bürgerliche Nebenbeschäftigung verboten war, so entstand damit ein neuer »Klerus«. Seit 1836

mus[1]). Wo das Amt (im überlieferten Sinn) und also die theologische Qualifikation aufrecht erhalten wurde[2]), da galt diese doch nur als eine fachtechnische Vorbedingung, als eigentlich entscheidende Qualität aber das Charisma des Gnadenstandes: auf dessen Feststellung richteten sich die Ermittlungen derjenigen Instanzen, welche — wie die Cromwellschen triers (lokale Körperschaften für die Ausstellung von Qualifikationsattesten) und ejectors (geistliche Disziplinarinstanz[3]) — die Eignung der Geistlichen zu prüfen hatten. Man sieht: der charismatische Charakter der Autorität wurde ebenso gewahrt wie der charismatische Charakter der Gemeindemitgliedschaft selbst. Wie das Cromwellsche Heer der Heiligen nur vom religiös Qualifizierten sich das Abendmahl reichen ließ, so weigerte sich der Cromwellsche Soldat, unter einem Offizier in die Schlacht zu ziehen, der nicht mit ihm der Abendmahlsgemeinschaft der Qualifizierten angehörte[4]).

Im Innern, unter den Sektenmitgliedern, herrschte, wenigstens bei den Täufern und ihren Derivaten, der Anforderung nach, der altchristliche Brudergeist[5]). Es galt bei manchen von ihnen

fand eine förmliche Ordination statt. Ihnen standen die aus Laien rekrutierten nebenberuflichen local preachers, ohne Sakramentsspendungsrecht und nur lokal zuständig, gegenüber. Amtskleidung führte keine von beiden Kategorien.

1) Faktisch sind, in England wenigstens, die meisten »circuits« kleine Parochien geworden und das Reisen der Prediger eine Fiktion. Immerhin wurde bis in die Gegenwart hinein daran festgehalten, daß der gleiche minister nicht länger als 3 Jahre den gleichen circuit versehen solle. Sie waren Berufsprediger. Die »local preachers«, aus denen die Reiseprediger rekrutiert wurden, waren dagegen Leute mit bürgerlichem Beruf und Predigtlizenz auf (ursprünglich) 1 Jahr jedesmal. Ihre Existenz war schon wegen der Ueberzahl der Gottesdienste und Kapellen nötig. Vor allem aber waren sie das Rückgrat der »Klassen«-organisation und ihrer Seelsorge, also das eigentlich zentrale Organ der Kirchenzucht.

2) Cromwells Gegensatz gegen das »Parlament der Heiligen« spitzte sich unter anderem auch bei der Frage der Universitäten (die ja mit der radikalen Beseitigung aller Zehnten und Präbenden dahingefallen wären) zu. Zur Vernichtung dieser Kulturstätten — die aber eben damals dem Sinn nach vor allem Stätten der Vorbildung von Theologen waren — konnte sich Cromwell nicht entschließen.

3) So nach dem Vorschlag von 1652 und im wesentlichen auch nach der Kirchenkonstitution von 1654.

4) Beispiel bei Gardiner, Fall of the Monarchy I p. 380.

5) Auch die Westminster Confession stellt (XXVI, 1) den Grundsatz der gegenseitigen, inneren und äußeren, Hilfspflicht auf. Zahlreich sind entsprechende Bestimmungen bei allen Sekten.

als verpönt, die staatlichen Gerichte anzurufen [1]) und es bestand die Nothilfspflicht [2]). Es war zwar natürlich (außer gelegentlich bei ganz radikalen Gemeinschaften) wenigstens der Geschäftsverkehr mit den Nichtbrüdern nicht verboten. Aber es verstand sich von selbst, daß man die Brüder bevorzugte [3]). Das System der Bescheinigungen (über Zugehörigkeit und Wandel) [4]) für nach auswärts verziehende Brüder findet sich von Anfang an. Das Unterstützungswesen der Quäker war so hoch entwickelt, daß eben infolge der dadurch entstehenden Lasten die Propagandaneigung schließlich gelähmt wurde. Die Kohäsion der Gemeinden war so stark, daß sie mit gutem Grund als eins der Motive für die durchweg geschlossene und von Anfang an stark städtische Siedelung in Neu-England angeführt wird [5]), — im Gegensatz zum Süden. In allen diesen Punkten zeigen sich, wie man sieht, die eingangs dieser Skizze an Beispielen veranschaulichten modernen Funktionen amerikanischer Sekten und sektenartiger Verbände als gradlinige

---

[1]) Die Methodisten haben vielfach versucht, die Anrufung des weltlichen Richters durch Ausschluß zu ahnden. Andererseits schufen sie mehrfach Instanzen, welche man gegen säumige Schuldner anrufen konnte.

[2]) Jeder Fall von Zahlungseinstellung wurde im alten Methodismus von einer Kommission von Brüdern untersucht. Schuldenmachen ohne die sichere Aussicht, sie zurückzahlen zu können, bedingte Ausschluß: daher die Kreditwürdigkeit. Vgl. die A. 1 S. 222 zitierten Beschlüsse der holländischen Synoden. Die Nothilfspflicht unter Brüdern ist z. B. in der baptistischen Hanserd Knollys Confession (c. 28) unter dem charakteristischen Vorbehalt: daß dadurch der Heiligkeit des Eigentums kein Präjudiz entstehen solle, festgelegt. Mit großer Schärfe wird gelegentlich (so in der Cambridge Platform von 1647, Ausg. v. 1653, 7, Nr. VI) die Pflicht der Aeltesten eingeschärft, gegen Mitglieder vorzugehen, welche »without a calling« leben oder »idlely in their calling« sich verhalten.

[3]) Bei den Methodisten auch ausdrücklich vorgeschrieben.

[4]) Bei den Methodisten ursprünglich vierteljährlich zu erneuern. Die alten Independenten gaben das Abendmahl, wie oben bemerkt, nur an Inhaber von tickets. Bei den Baptisten galt für die Zulassung eines Zuziehenden zur Gemeinde der Besitz einer letter of recommandation der bisherigen Gemeinde für unentbehrlich: s. den Anhang zu der Ausgabe der Hanserd Knollys Confession von 1689 (West Chester Pa. 1827). Schon die drei Amsterdamer Täufergemeinden zu Anfang des 16. Jahrhunderts hatten das gleiche System, welches seitdem überall wiederkehrt. In Massachusetts war seit 1669 (statt der ursprünglichen Zulassung zum Abendmahl) ein Zertifikat der Prediger und select men über Orthodoxie und Wandel das Qualifikationsattest zur Erlangung des politischen Bürgerrechts.

[5]) So von Doyle in dem öfter angeführten Werk, der darauf den stark gewerblichen Charakter von Neu-England im Gegensatz zu den Ackerbaukolonien zurückführt.

Ausläufer, Rudimente und Ueberlebsel jener einstmals in allen asketischen Sekten und Konventikeln herrschenden Verhältnisse, die heute im Verfall sind. Der ungeheure exklusive »Kastenstolz« der Sektierer ist von Anfang an bezeugt [1]).

Was war — und ist — nun eigentlich das für unser Problem Entscheidende an dieser ganzen Entwicklung? Politische und bürgerliche Folgen hatte die Exkommunikation auch im Mittelalter, formell sogar schärfere als da, wo Sektenfreiheit bestand. Auch im Mittelalter konnte nur der Christ Vollbürger sein. Auch im Mittelalter bewirkte, wie Aloys Schulte schön gezeigt hat, die Möglichkeit, gegen einen Bischof, der seine Schulden nicht zahlte, mit den Disziplinarmitteln der Kirche vorzugehen, daß dieser kreditwürdiger war als ein weltlicher Fürst. Auch für den preußischen Leutnant bedeutete der Umstand, daß er unter dem Druck der Entlassung Schulden halber stand, eine erhöhte Kreditwürdigkeit. Vollends galt das gleiche für den deutschen Couleurstudenten. Endlich: auch im Mittelalter gaben die Beichte und die kirchliche Strafgewalt die Mittel an die Hand, wirksame Kirchenzucht zu üben und ist dies auch der Fall gewesen. Vor allem nutzte man damals die durch den Eid zu schaffende Möglichkeit, gegen Schuldner die Exkommunikation zu erreichen, als Sicherung von Forderungen aus.

Gewiß. Nicht nur aber waren in all diesen Fällen diejenigen Arten des Verhaltens, welche durch jene Umstände und Mittel begünstigt oder verpönt wurden, ganz andere als diejenigen, welche die protestantische Askese züchtete oder unterdrückte. Beim Leutnant z. B. oder Couleurstudenten und wohl auch beim Bischof ruhte jene gesteigerte Kreditwürdigkeit gewiß nicht auf der Züchtung geschäftlicher persönlicher Qualitäten. Und, — was an diese letzte Bemerkung unmittelbar anknüpft: — auch soweit die Wirkungsrichtung der Absicht nach die gleiche war, mußte die Wirkungs art eine grundverschiedene sein. Die mittelalterliche ebenso wie die lutherische Kirchenzucht lagen 1. in den Händen des geistlichen Amts, 2. wirkten sie, soweit sie überhaupt wirksam wurden, durch autoritäre Mittel und 3. straften oder prämierten sie einzelne konkrete Handlungen. Die Kirchenzucht der Puritaner und der Sekten lag

---

[1]) S. z. B. Doyles Bemerkungen über die ständischen Verhältnisse in Neu-England, wo die Familien mit alter religiös-literarischer Tradition, nicht aber Besitzerklassen, die »Aristokratie« bildeten.

1. mindestens mit, oft ganz und gar in den Händen von Laien, 2. wirkte sie durch das Mittel der Notwendigkeit der Selbstbehauptung und 3. züchtete sie Qualitäten oder — wenn man will: — las sie aus. Dies letzte ist das Wichtigste. Das Sekten- (oder Konventikel-) Mitglied mußte, um in den Kreis der Gemeinschaft einzutreten, Qualitäten bestimmter Art haben, deren Besitz — wie in dem ersten Aufsatz dargetan wurde — für die Entwicklung des rationalen modernen Kapitalismus wichtig war. Und es mußte, um sich in diesem Kreise zu behaupten, den Besitz dieser Qualitäten dauernd bewähren: sie wurden in ihm konstant und kontinuierlich gezüchtet. Denn wie — nach den Ausführungen des vorigen Artikels — seine jenseitige Seligkeit, so stand und fiel auch seine diesseitige ganze soziale Existenz damit, daß es sie »bewährte«[1]). Ein stärkeres Anzüchtungsmittel als eine solche Notwendigkeit der sozialen Selbstbehauptung im Kreise der Genossen gibt es nach aller Erfahrung nicht, und die kontinuierliche und unauffällige ethische Zucht der Sekten verhielt sich deshalb zur autoritären Kirchenzucht wie rationale Züchtung und Auslese zu Befehl und Arrest. In dieser wie in fast jeder anderen Hinsicht sind die puritanischen Sekten, als die spezifischsten Träger der innerweltlichen Askese, die konsequenteste, in gewissem Sinn die einzig konsequente Antithese zur universalistischen katholischen Gnadenanstalt. Die allerstärksten individuellen Interessen der sozialen Selbstachtung wurden von ihnen in den Dienst jener Anzüchtung, also auch diese individuellen Motive und persönlichen Eigeninteressen in den Dienst der Erhaltung und Propagierung der »bürgerlichen« puritanischen Ethik mit ihren Konsequenzen gestellt. Dies ist das absolut Entscheidende für die Penetranz und Wucht der Wirkung. Denn — um es zu wiederholen[2]): — nicht die ethische Lehre einer Religion,

[1]) Die katholische Beichte war, um es zu wiederholen, demgegenüber ein Mittel der Entlastung von dem gewaltigen inneren Druck, unter dem das Sektenmitglied in seiner Lebensführung fortwährend gehalten war. — Inwieweit gewisse, orthodoxe und heterodoxe, religiöse Gemeinschaftsbildungen des Mittelalters die Vorläufer dieser asketischen Denominationen des Protestantismus waren, ist hier noch nicht zu besprechen.

[2]) Auf diese ganz entscheidende Pointierung des ersten dieser beiden Aufsätze sei erneut mit Nachdruck hingewiesen. Es war der Grundfehler meiner Kritiker, gerade dies nicht beachtet zu haben. Wir werden bei Gelegenheit der Besprechung der altisraelitischen Ethik im Verhältnis zu den in der Lehre sehr ähnlichen ägyptischen, phönikischen, babylonischen Ethiken auf einen ganz ähnlichen Sachverhalt stoßen.

sondern dasjenige ethische Verhalten, auf welches durch die Art und Bedingtheit ihrer Heilsgüter Prämien gesetzt sind, ist im soziologischen Sinn des Wortes »ihr« spezifisches »Ethos«. Jenes Verhalten war beim Puritanismus eine bestimmte methodisch-rationale Art der Lebensführung, welche — unter gegebenen Bedingungen — dem »Geist« des modernen Kapitalismus die Wege ebnete; die Prämien waren gesetzt auf »Bewährung« vor Gott im Sinn der Versicherung des Heils: bei allen puritanischen Denominationen, vor den Menschen im Sinn der sozialen Selbstbehauptung: innerhalb der puritanischen Sekten. Beides ergänzte einander in der gleichen Wirkungsrichtung: es half den »Geist« des modernen Kapitalismus, sein spezifisches Ethos, heißt das: das Ethos des modernen Bürgertums, entbinden. Die asketische Konventikel- und Sektenbildung insbesondere, mit ihrer radikalen Sprengung der patriarchalen und autoritären Gebundenheit[1]) und ihrer Art der Wendung des Satzes: daß man Gott mehr gehorchen müsse als den Menschen, bildete eine der wichtigsten geschichtlichen Grundlagen des modernen »Individualismus«.

Denn es bedarf schließlich, um die Art dieser ethischen Wirkungen zu verstehen, noch einer letzten vergleichenden Bemerkung. Auch in den Zünften des Mittelalters fand sich nicht selten eine ähnliche Kontrolle des allgemeinen ethischen Standard der Mitglieder, wie sie die Kirchenzucht der asketischen protestantischen Sekten übte[2]). Aber der unvermeidliche Unterschied in der Wirkung auf das wirtschaftliche Verhalten des Einzelnen liegt auf der Hand. Die Zunft vereinigte Berufsgenossen, also: Konkurrenten, in sich, und zwar zum Zweck der Begrenzung der Konkurrenz und des in ihr wirkenden rationalen Erwerbsstrebens. Sie erzog zu »bürgerlichen« Tugenden und war in einem bestimmten (hier nicht näher zu erörternden) Sinn Trägerin von bürgerlichem »Rationalismus«. Aber im Sinn der »Nahrungspolitik« und des Tradi-

---

[1]) Hierzu vgl. u. A. das oben S. 183 f. Gesagte. Die antike jüdische ebenso wie die altchristliche Gemeindebildung wirkten, jede in anderer Art, in der gleichen Richtung (bei den Juden ist das Schwinden der sozialen Bedeutung der Sippe, wie wir sehen werden, dadurch bedingt und das Christentum hat im frühen Mittelalter ähnlich gewirkt).

[2]) Statt anderer Beispiele vgl. das Pariser Livre des métiers des Prévôt Étienne de Boileau von 1268 (éd. Lespinasse und Bonnardot in der Hist. générale de Paris) p. 211, 8; 215, 4.

tionalismus, — mit den bekannten praktischen Konsequenzen, soweit ihre Wirtschaftsregulierung Macht gewann. Die Sekten aber, die nicht durch Lehrgang oder Familienbeziehung einbezogene, technisch qualifizierte Berufs-, sondern ethisch qualifizierte Glaubensgenossen durch Auslese und Züchtung in sich vereinigten, kontrollierten und reglementierten deren Lebensführung ausschließlich im Sinne formaler Rechtlichkeit und methodischer Askese, ohne jenen die Expansion des rationalen Erwerbsstrebens hemmenden materialen nahrungspolitischen Zweck. Kapitalistischer Erfolg eines Zunftgenossen zersetzte den Zunftgeist — wie es in England und Frankreich geschah — und war perhorresziert. Kapitalistischer Erfolg eines Sektenbruders war — wenn rechtlich errungen — ein Beweis von dessen Bewährung und Begnadung, hob das Prestige und die Propagandachancen der Sekte und war deshalb gern gesehen, wie die mehrfach zitierten Aeußerungen beweisen. Die Organisation der freien Arbeit in den Zünften in ihrer okzidentalen mittelalterlichen Form ist gewiß — sehr entgegen ihrer Absicht — nicht nur ein Hemmnis, sondern auch eine Vorstufe der kapitalistischen Arbeitsorganisation gewesen, die vielleicht nicht hätte entbehrt werden können [1]). Aber das moderne bürgerlich-kapitalistische Ethos hat sie natürlich nicht aus sich gebären können. Denn dessen ökonomisch »individualistische« Antriebe konnte nicht sie, sondern nur die Lebensmethodik der asketischen Sekten legitimieren und verklären.

---

[1]) Die Analyse dieser ziemlich verschlungenen Kausalbeziehungen kann hier nicht nebenher unternommen werhen.

III.

Die Wirtschaftsethik der Weltreligionen.

Vergleichende religionssoziologische Versuche [1]).

Einleitung.

Unter »Weltreligionen« werden hier, in ganz wertfreier Art, jene fünf religiösen oder religiös bedingten Systeme der Lebensreglementierung verstanden, welche besonders große Mengen von Bekennern um sich zu scharen gewußt haben: die konfu-

---

[1]) Erschienen im Jaffé'schen Archiv für Sozialwissenschaft Bd. 41—46 (1915—19) in Einzelteilen; die ersten Partien unverändert so, wie sie zwei Jahre vorher niedergeschrieben und Freunden vorgelesen waren. Einziehung zum Dienst machte es damals unmöglich, den wissenschaftlichen »Apparat«, wie beabsichtigt, beizufügen; an seiner Stelle wurden kurze Hinweise auf die Literatur bei Beginn jedes Abschnittes beigegeben. Daher auch die verschieden eingehende Behandlung der einzelnen Gebiete. Wenn die Aufsätze trotzdem damals gedruckt wurden, so lag der Grund darin, daß es unmöglich schien, nach dem Ende des Krieges, der für jeden eine Lebensepoche bedeutete, auf Gedankenreihen früherer Zeit zurückzukommen. Die Aufsätze waren nebenbei auch bestimmt, gleichzeitig mit der im »Grundriß der Sozialökonomik« enthaltenen Abhandlung über »Wirtschaft und Gesellschaft« zu erscheinen, den religionssoziologischen Abschnitt zu interpretieren und zu ergänzen (allerdings auch in vielen Punkten durch ihn interpretiert zu werden). Dieser Aufgabe aber schienen sie auch in ihrem damaligen Zustand dienen zu können. Was ihnen infolge ihres notgedrungen skizzenhaften Charakters und der ungleichmäßigen Ausführlichkeit der Darstellungen an Eigenwert abging, werden sicherlich künftig die Arbeiten anderer wesentlich besser bringen, als es mir möglich gewesen wäre. Denn in irgend einem Sinn ein »Abschluß« zu sein, hätten ja auch in ihrer fertigen Form solche Abhandlungen nie beanspruchen dürfen, bei welchen der Verfasser auf übersetzte Quellen angewiesen ist. Auch in ihrer jetzigen Form können sie aber vielleicht zur Ergänzung der Problemstellungen der Religions- und hie und da wohl auch der Wirtschafts-Soziologie in einigen Punkten nützlich sein. Ich habe bei der jetzigen gesammelten Herausgabe gesucht, neben der Beseitigung einiger kleinerer Versehen auch die starken Unvollkommenheiten der Darstellung, namentlich der chinesischen Verhältnisse, soweit zu bessern, als es dem Nichtfachmann nach Lage des ihm zugänglichen Materials möglich ist und die Quellenzitate etwas vervollständigt.

zianische, hinduistische, buddhistische, christliche, islamitische religiöse Ethik. Ihr tritt als sechste mitzubehandelnde Religion das Judentum hinzu, sowohl weil es für jedes Verständnis der beiden zuletzt genannten Weltreligionen entscheidende geschichtliche Voraussetzungen enthält, als wegen seiner teils wirklichen, teils angeblichen historischen Eigenbedeutung für die Entfaltung der modernen Wirtschaftsethik des Okzidentes, die in neuester Zeit mehrfach erörtert wurde. Andere Religionen werden nur soweit herangezogen, als für den historischen Zusammenhang unentbehrlich ist. Für das Christentum wird zunächst auf die früher erschienenen, in dieser Sammlung vorangestellten, Aufsätze Bezug genommen, deren Kenntnis vorausgesetzt werden muß.

Was unter »Wirtschaftsethik« einer Religion verstanden ist, ergibt hoffentlich die Darstellung selbst in ihrem Verlaufe zunehmend deutlich. Nicht die ethische Theorie theologischer Kompendien, die nur als ein (unter Umständen allerdings wichtiges) Erkenntnismittel dient, sondern die in den psychologischen und pragmatischen Zusammenhängen der Religionen gegründeten praktischen Antriebe zum Handeln sind das, was in Betracht kommt. So skizzenhaft die nachfolgende Darstellung ist, so wird sie doch erkennen lassen, welch ein kompliziertes Gebilde eine konkrete Wirtschaftsethik und wie überaus vielseitig sie bedingt zu sein pflegt. Es wird sich ferner auch hier zeigen, daß äußerlich ähnliche ökonomische Organisationsformen mit einer sehr verschiedenen Wirtschaftsethik vereinbar sind und je nach deren Eigenart dann sehr verschiedene historische Wirkungen zeitigen. Eine Wirtschaftsethik ist keine einfache »Funktion« wirtschaftlicher Organisationsformen, ebensowenig wie sie umgekehrt diese eindeutig aus sich heraus prägt.

Keine Wirtschaftsethik ist jemals nur religiös determiniert gewesen. Sie besitzt selbstverständlich ein im höchsten Maß durch wirtschaftsgeographische und geschichtliche Gegebenheiten bestimmtes Maß von reiner Eigengesetzlichkeit gegenüber allen durch religiöse oder andere (in diesem Sinn:) »innerliche« Momente bedingten Einstellungen des Menschen zur Welt. Aber allerdings: Zu den Determinanten der Wirtschaftsethik gehört als eine — wohlgemerkt: nur e i n e — auch die religiöse Bestimmtheit der Lebensführung. Diese selbst aber ist natürlich wiederum innerhalb gegebener geographischer, politischer, sozialer, nationaler Grenzen durch ökonomische und politische Momente tief beeinflußt. Es wäre ein Steuern ins Uferlose, wollte man diese Abhängigkeiten in allen ihren Einzelheiten vorführen. In diesen Darlegungen kann es sich daher nur um den Versuch handeln, jeweils die richtunggebenden Elemente der Lebensführung derjenigen sozialen Schichten herauszuschälen, welche die praktische Ethik der betreffenden Religion am stärksten bestimmend beeinflußt und ihr die charakteristischen — d. h. hier: die sie von anderen unterscheidenden und zugleich für die Wirtschaftsethik wichtigen —Züge aufgeprägt haben. Das muß nun durchaus nicht immer eine Schicht allein sein. Auch können im Lauf der Geschichte die, in jenem Sinne: maßgebenden Schichten wechseln. Und nie ist dieser Einfluß einer einzelnen Schicht ein exklusiver. Aber es lassen sich für die einzelnen gegebenen Religionen doch meist Schichten angeben, deren Lebensführung wenigstens vornehmlich bestimmend gewesen ist. Um einige solche Beispiele vorwegzunehmen, so war der Konfuzianismus die Standesethik einer literarisch gebildeten weltlich-rationalistischen Pfründnerschaft. Wer nicht zu dieser Bildungsschicht gehörte, zählte nicht mit. Die religiöse (oder wenn man will: irreligiöse) Standesethik dieser Schicht hat die chinesische Lebensführung weit über jene selbst hinaus bestimmt. — Der ältere Hinduismus wurde dagegen getragen von einer erblichen Kaste literarisch Gebildeter, die, jedem Amt fremd, als eine Art ritualistischer Seelsorger der Einzelnen und der Gemeinschaften fungierten und, als fester Orientierungsmittelpunkt der ständischen Gliederung, die soziale Ordnung prägten. Nur vedisch gebildete Brahmanen waren als Träger der Tradition der vollwertige religiöse Stand. Erst später trat ein nicht brahmanischer Asketenstand ihnen konkurrierend zur Seite, und noch später, im indischen Mittelalter, trat im Hinduismus die inbrünstige sakramentale Heilands-Religiosität der unteren Schichten mit plebejischen Mystagogen auf den Plan. — Der Buddhismus wurde von heimatlos wandernden, streng kontemplativen und weltablehnenden Bettelmönchen propagiert. Im vollen Sinne waren nur sie Zugehörige der Gemeinde, alle andern blieben religiös minderwertige Laien: Objekte, nicht Subjekte der Religiosität. — Der Islam war in seiner ersten Zeit eine Religion welterobernder Krieger, eines Ritterordens von disziplinierten Glaubenskämpfern, nur ohne die sexuelle Askese der christlichen Nachbildungen in der Kreuzzugszeit. Im islamischen Mittelalter aber erlangte der kontemplativ-mystische Sufismus, und aus ihm hervorwachsend das Bruderschaftswesen des Kleinbürgertums nach Art der christlichen Tertiarier, nur weit universeller entwickelt, eine mindestens ebenbürtige Rolle, unter der Führung von plebejischen Technikern der Orgiastik. — Das Judentum war, seit dem Exil, die Religion eines bürgerlichen »Pariavolkes« — wir werden die prägnante Bedeutung des Ausdruckes seinerzeit kennen lernen — und geriet im Mittelalter unter die Führung einer ihm eigentümlichen literarisch-ritualistisch geschulten Intellektuellenschicht, welche eine zunehmend proletaroide, rationalistische Kleinbürgerintelligenz repräsentierte. — Das Christentum endlich begann seinen Lauf als eine Lehre wandernder Handwerksburschen. Es war und blieb eine ganz spezifisch städtische, vor allem: bürgerliche, Religion in allen Zeiten seines äußeren und inneren Aufschwungs, in der Antike ebenso wie im Mittelalter und im Puritanismus. Die Stadt des Okzidentes in ihrer Einzigartigkeit gegenüber allen andern Städten und das Bürgertum in dem Sinne, in welchem es überhaupt nur dort in der Welt entstanden ist, war sein Hauptschauplatz, für die antike pneumatische Gemeindefrömmigkeit ebenso wie für die Bettelorden des hohen Mittelalters und für die Sekten der Reformationszeit bis zum Pietismus und Methodismus hin.

Nun ist es in gar keiner Weise etwa die These der nachfolgenden Darlegungen: daß die Eigenart einer Religiosität eine einfache Funktion der sozialen Lage derjenigen Schicht sei, welche als ihr charakteristischer Träger erscheine, etwa nur deren »Ideologie« oder eine »Widerspiegelung« ihrer materiellen oder ideellen Interessenlage darstelle. Im Gegenteil wäre ein gründlicheres Mißverständnis des Standpunktes dieser Erörterungen kaum möglich als gerade eine solche Deutung. Wie tiefgreifend auch immer die ökonomisch und politisch bedingten sozialen Einflüsse auf eine religiöse Ethik im Einzelfalle waren, — primär empfing diese ihr Gepräge doch aus religiösen Quellen. Zunächst: aus dem Inhalt ihrer Verkündigung und Verheißung. Und wenn diese nicht selten schon in der nächsten Generation grundstürzend umgedeutet, weil den Bedürfnissen der Gemeinde angepaßt wurden, so doch eben in aller Regel wiederum zunächst: deren religiösen Bedürfnissen. Erst sekundär konnten andere

Interessensphären, oft freilich recht nachdrücklich und zuweilen ausschlaggebend, einwirken. Wir werden uns überzeugen, daß zwar für jede Religion der Wandel der sozial ausschlaggebenden Schichten tiefgreifende Bedeutung zu haben pflegte, daß aber andrerseits der einmal geprägte Typus einer Religion seinen Einfluß ziemlich weitgehend auch auf die Lebensführung sehr heterogener Schichten auszuüben pflegte.

Man hat die Zusammenhänge zwischen religiöser Ethik und Interessenlage in verschiedener Art so zu interpretieren gesucht, daß die erstere nur als eine »Funktion« der letzteren erschien. Nicht nur im Sinn des sog. historischen Materialismus, — was wir hier nicht erörtern, — sondern auch rein psychologisch.

Eine ganz allgemeine, gewissermaßen abstrakte, Klassengebundenheit der religiösen Ethik könnte aus der seit Fr. Nietzsches glänzendem Essay bekannten, seitdem auch von Psychologen mit Geist behandelten Theorie vom »Ressentiment« abgeleitet werden. Wenn die ethische Verklärung des Erbarmens und der Brüderlichkeit ein ethischer »Sklavenaufstand« der, sei es in ihren natürlichen Anlagen, sei es in ihren schicksalsbedingten Lebenschancen, Benachteiligten war, und also die Ethik der »Pflicht« ein Produkt »verdrängter«, weil ohnmächtiger, Rache-Empfindungen des zu Arbeit und Gelderwerb verdammten Banausen gegen die Lebensführung des pflichtfrei lebenden Herrenstandes, — dann ergäbe dies offensichtlich für die wichtigsten Probleme in der Typologie der religiösen Ethik eine sehr einfache Lösung. Allein so glücklich und fruchtbar die Aufdeckung der psychologischen Bedeutung des Ressentiment an sich war, so große Vorsicht ist bei der Abschätzung seiner sozialethischen Tragweite geboten.

Ueber die Motive, welche die verschiedenen Arten ethischer »Rationalisierung« der Lebensführung rein als solche bestimmten, wird später oft zu sprechen sein. Sie hat mit Ressentiment meist durchaus nichts zu tun.

Was aber die Wertung des L e i d e n s in der religiösen Ethik betrifft, so ist diese unzweifelhaft einem typischen Wandel unterworfen gewesen, der, richtig verstanden, ein gewisses Recht jener von Nietzsche zuerst durchgeführten Theorie bedeutet. Die urwüchsige Stellungnahme zum Leiden äußerte sich plastisch vor allem in der Behandlung derer, die durch Krankheit oder andere hartnäckige Unglücksfälle verfolgt waren, bei den religiösen Feiern der Gemeinschaft. Der dauernd Leidende,

Trauernde, Kranke oder sonst Unglückliche war, je nach der Art seines Leidens, entweder von einem Dämon besessen oder mit dem Zorn eines Gottes belastet, den er beleidigt hatte. Ihn in ihrer Mitte zu dulden konnte für die kultische Gemeinschaft Nachteile zur Folge haben. Jedenfalls durfte er an den Kultmahlen und Opfern nicht teilnehmen. Denn sein Anblick erfreute die Götter nicht und konnte ihren Zorn erregen. Die Opfermahle waren Stätten der Fröhlichen — selbst in Jerusalem in der Zeit der Belagerung.

Mit dieser Behandlung des Leidens als eines Symptoms des Gottverhaßtseins und geheimer Schuld kam die Religion psychologisch einem sehr allgemeinen Bedürfnis entgegen. Der Glückliche begnügt sich selten mit der Tatsache des Besitzes seines Glückes. Er hat darüber hinaus das Bedürfnis: auch noch ein R e c h t darauf zu haben. Er will überzeugt sein, daß er es auch »verdiene«; vor allem: im Vergleich mit andern verdiene. Und er will also auch glauben dürfen: daß dem minder Glücklichen durch den Nichtbesitz des gleichen Glückes ebenfalls nur geschehe, was ihm zukommt. Das Glück will »legitim« sein. Wenn man unter dem allgemeinen Ausdruck: »Glück« alle Güter der Ehre, der Macht, des Besitzes und Genusses begreift, so ist dies die allgemeinste Formel für jenen Dienst der Legitimierung, welchen die Religion dem äußeren und inneren Interesse aller Herrschenden, Besitzenden, Siegenden, Gesunden, kurz: Glücklichen, zu leisten hatte: die Theodizee des Glückes. Sie ist in höchst massiven (»pharisäischen«) Bedürfnissen der Menschen verankert und daher leicht verständlich, wenn auch in ihrer Wirkung oft nicht genügend beachtet.

Verschlungener sind dagegen die Wege, welche zur Umkehrung dieses Standpunktes: zur religiösen Verklärung des Leidens also, führten. Primär wirkte die Erfahrung, daß das Charisma ekstatischer, visionärer, hysterischer, kurz: aller jener außeralltäglichen Zuständlichkeiten, welche als »heilig« gewertet wurden und deren Hervorrufung deshalb Gegenstand der magischen Askese bildete, geweckt oder doch begünstigt wurde durch zahlreiche Arten von Kasteiungen und Enthaltungen sowohl von der normalen Ernährung und vom Schlaf wie vom Sexualverkehr. Das Prestige dieser Kasteiungen war Folge der Vorstellung, daß gewisse Arten von Leiden und durch Kasteiung provozierten abnormen Zuständen Wege zur Erlangung übermenschlicher: magischer, Kräfte seien. Die alten Tabu-Vorschriften und die Enthaltungen im Interesse kultischer Reinheit: Konsequenzen des Dämonenglaubens, wirkten in gleicher Richtung. Dazu trat aber dann als selbständiges und neues die Entwicklung der »Erlösungs«-Kulte, welche dem individuellen Leiden gegenüber eine prinzipiell neue Stellung einnahmen. Der urwüchsige Gemeinschaftskult, vor allem derjenige der politischen Verbände, ließ alle individuellen Interessen aus dem Spiel. Der Stammesgott, Lokalgott, Stadtgott, Reichsgott kümmerte sich nur um Interessen, welche die Gesamtheit angingen: Regen und Sonnenschein, Jagdbeute, Sieg über die Feinde. An ihn wendete sich also die Gesamtheit als solche im Gemeinschaftskult. Zur Abwendung oder Beseitigung von Uebeln, die den Einzelnen betrafen, — vor allem: Krankheit —, wendete dieser sich nicht an den Kult der Gemeinschaft, sondern als Einzelner an den Zauberer, den ältesten individuellen »Seelsorger«. Das Prestige einzelner Magier und jener Geister oder Götter, in deren Namen sie ihre Wunder taten, schuf ihnen Zulauf ohne Rücksicht auf die lokale oder Stammeszugehörigkeit und dies führte unter günstigen Umständen zu einer von den ethnischen Verbänden unabhängigen »Gemeinde«-Bildung. Manche — nicht: alle — »Mysterien« lenkten in diese Bahn ein. Errettung der Einzelnen als Einzelner aus Krankheit, Armut und allen Arten von Not und Gefahr war ihre Verheißung. Der Magier wandelte sich so zum Mystagogen: erbliche Dynastien von solchen oder aber eine Organisation geschulten Personals mit einem nach irgendwelchen Regeln bestimmten Haupt entwickelten sich, wobei dieses Haupt entweder selbst als Inkarnation eines übermenschlichen Wesens oder nur als Verkünder und Vollstrecker seines Gottes: als Prophet, gelten konnte. Damit war eine religiöse Gemeinschaftsveranstaltung für individuelles »Leiden« als solches und für »Erlösung« davon entstanden. Die Verkündigung und Verheißung wendete sich nun naturgemäß an die Massen derjenigen, welche der Erlösung *bedurften*. Sie und ihre Interessen traten in den Mittelpunkt des berufsmäßigen Betriebes der »Seelsorge«, welche erst damit recht eigentlich entstand. Feststellung, wodurch das Leiden verschuldet sei: Beichten von »Sünden«, d. h. zunächst: Verstößen gegen rituelle Gebote, und Beratung: durch welches Verhalten es beseitigt werden könne, wurden jetzt die typische Leistung von

Magiern und Priestern. Ihre materiellen und ideellen Interessen konnten damit in der Tat zunehmend in den Dienst spezifisch plebejischer Motive treten. Einen weiteren Schritt auf dieser Bahn bedeutete es, wenn daraus unter dem Druck typischer und immer wiederkehrender Not eine »Heilands«-Religiosität sich entwickelte. Sie setzte einen Erlöser-Mythos, also eine (mindestens: relativ) rationale Weltbetrachtung voraus, zu deren wichtigstem Gegenstand wiederum das Leiden wurde. Ansatzpunkte dazu bot sehr häufig die primitive Naturmythologie. Die Geister, welche das Kommen und Gehen der Vegetation und den Gang der für die Jahreszeiten wichtigen Gestirne beherrschten, wurden die bevorzugten Träger der Mythen vom leidenden, sterbenden, wiederauferstehenden Gott, welcher nun auch den Menschen in der Not die Wiederkehr diesseitigen oder die Sicherheit jenseitigen Glückes verbürgte. Oder eine volkstümlich gewordene Gestalt aus der Heldensage — wie Krischna in Indien — wurde, ausgestattet mit Kindheits-, Liebes- und Kampfmythen, zum Gegenstand eines brünstigen Heilandskultes. Bei einem politisch bedrängten Volk, wie den Israeliten, haftete der Heilands-(Moschuach-)Name zuerst an den von der Heldensage überlieferten Rettern aus politischer Not (Gideon, Jephtah) und bestimmte von da aus die »messianischen« Verheißungen. Bei diesem Volk, und in dieser Konsequenz nur hier, wurde — unter sehr besonderen Bedingungen — das Leiden einer Volksgemeinschaft, nicht das des Einzelnen, Gegenstand religiöser Erlösungshoffnungen. Die Regel war: daß der Heiland zugleich individuellen und universellen Charakter trug: das Heil für den Einzelnen und für jeden Einzelnen, der sich an ihn wendete, zu verbürgen bereit war. — Die Gestalt des Heilands konnte verschiedener Prägung sein. In der Spätform der zarathustrischen Religion, mit ihren zahlreichen Abstraktionen, übernahm eine rein konstruierte Figur in der Heilsökonomie die Rolle des Mittlers und Retters. Oder gerade umgekehrt: eine durch Wunder und visionäres Wiedererscheinen legitimierte historische Person stieg zum Heiland auf. Für die Realisierung der sehr verschiedenen Möglichkeiten waren rein historische Momente maßgebend.

Fast immer entstand aber aus den Erlösungshoffnungen irgend eine Theodizee des Leidens.

Die Verheißungen der Erlösungsreligionen blieben zwar zunächst nicht an ethische, sondern an rituelle Vorbedingungen geknüpft, wie etwa die diesseitigen und jenseitigen Vorteile der eleusinischen Mysten an rituelle Reinheit und das Anhören der eleusinischen Messe. Aber die zunehmende Rolle, welche jene Spezialgötter, in deren Obhut der Rechtsgang stand, mit zunehmender Bedeutung des Rechts spielten, verlieh diesen die Aufgabe des Schutzes der überlieferten Ordnung: der Bestrafung des Unrechtes und Belohnung des Gerechten. Und wo eine Prophetie die religiöse Entwicklung bestimmend beeinflußte, trat naturgemäß stets die »Sünde«, nicht mehr nur als magischer Verstoß, sondern vor allem als: Unglaube gegen den Propheten und seine Gebote, in der Rolle des Grundes von Unglück aller Art auf. Nun war der Prophet selbst zwar keineswegs regelmäßig ein Sprößling oder ein Repräsentant gedrückter Klassen. Wir werden sehen, daß das Gegenteil nahezu die Regel bildete. Und auch der Inhalt seiner Lehre entstammte keineswegs überwiegend ihrem Vorstellungskreis. Aber allerdings waren es in der Regel nicht die Glücklichen, Besitzenden, Herrschenden, welche eines Erlösers und Propheten *bedurften*, sondern die Bedrückten oder mindestens die von Not Bedrohten. Eine *prophetisch* verkündete Heilands-Religiosität hatte daher in der großen Mehrzahl der Fälle ihre dauernde Stätte vorzugsweise in den minder begünstigten sozialen Schichten, welchen sie die Magie entweder ganz ersetzte oder doch rational ergänzte. Und wo die Verheißungen des Propheten oder Heilandes selbst den Bedürfnissen der sozial minder Begünstigten nicht hinlänglich entgegenkamen, da entwickelte sich aus ihnen mit großer Regelmäßigkeit eine sekundäre Erlösungsreligiosität der Massen unterhalb der offiziellen Lehre. Der im Heilandsmythos im Keime vorgebildeten rationalen Weltbetrachtung aber fiel eben deshalb in aller Regel die Aufgabe zu, eine rationale Theodizee des Unglücks zu schaffen. Zugleich aber versah sie das Leiden als solches nicht selten mit einem ihm ursprünglich ganz fremden positiven Wertvorzeichen.

Das freiwillig, durch Selbstkasteiung, geschaffene Leid hatte bereits mit der Entwicklung der ethischen, strafenden und belohnenden, Gottheiten seinen Sinn gewechselt. Wenn ursprünglich der magische Geisterzwang der Gebetsformel durch die Selbstkasteiung — als Quelle charismatischer Zustände — gesteigert wurde, so blieb dies in den Gebetskasteiungen und den kultischen Abstinenzvorschriften erhalten, auch nachdem aus der magischen Geisterzwangsformel eine Bitte an einen Gott um Erhörung geworden war. Dazu trat nun die Bußkasteiung als ein Mittel, durch Reue den Zorn der Götter zu beschwichtigen und die verwirkten Strafen durch Selbstbestrafung abzuwenden. Auch jene zahlreichen Abstinenzen, welche der Totentrauer, anfänglich (besonders klar in China) zur Abwendung des Neides und Zornes des Toten, anhafteten, übertrugen sich nun leicht auf die Beziehungen zu den betreffenden Göttern überhaupt, und ließen Selbstkasteiung und schließlich auch die Tatsache des ungewollten Entbehrens rein als solche als gottwohlgefälliger erscheinen, als den unbefangenen Genuß der Güter der Erde, der die Genießenden dem Einfluß des Propheten oder Priesters unzugänglicher machte.

Eine gewaltige Steigerung aber erfuhr die Macht dieser Einzelmomente unter Umständen durch das mit zunehmender Rationalität der Weltbetrachtung zunehmende Bedürfnis nach einem ethischen »Sinn« der Verteilung der Glücksgüter unter den Menschen. Die Theodizee stieß dabei mit zunehmender Rationalisierung der religiös-ethischen Betrachtung und Ausschaltung der primitiven magischen Vorstellungen auf steigende Schwierigkeiten. Allzu häufig war individuell »unverdientes« Leid. Und keineswegs nur nach einer »Sklavenmoral«, sondern auch an den eigenen Maßstäben der Herrenschicht gemessen, waren es allzu oft nicht die Besten, sondern die »Schlechten«, denen es am besten geriet. Vorgetane individuelle Sünde des Einzelnen in einem früheren Leben (Seelenwanderung), oder Schuld der Vorfahren, die bis ins dritte und vierte Glied gerächt wird, oder — am prinzipiellsten — die Verderbtheit alles Kreatürlichen als solchen standen als Erklärungen des Leidens und der Ungerechtigkeit, Hoffnungen auf ein künftiges besseres Leben innerhalb der Welt für den Einzelnen (Seelenwanderung) oder für die Nachfahren (messianisches Reich) oder im Jenseits (Paradies) als Verheißungen zum Ausgleich zu Gebote. Die metaphysische Vorstellung über Gott und Welt, welche das unausrottbare Bedürfnis nach der Theodizee hervorrief, vermochte gleichfalls nur wenige, — im ganzen, wie wir sehen werden, nur drei — Gedankensysteme zu erzeugen, welche rational befriedigende Antworten auf die Frage nach dem Grunde der Inkongruenz zwischen

Schicksal und Verdienst gaben: die indische Karmanlehre, den zarathustrischen Dualismus und das Prädestinationsdekret des Deus absconditus. Diese rational geschlossensten Lösungen aber traten nur ganz ausnahmsweise in reiner Form auf.

Das rationale Bedürfnis nach der Theodizee des Leidens — und: des Sterbens — hat außerordentlich stark gewirkt. Es hat Religionen wie den Hinduismus, den Zarathustrismus, das Judentum, in gewissem Umfang auch das paulinische und spätere Christentum in wichtigen Charakterzügen geradezu geprägt. Noch 1906 antwortete von einer gegebenen (recht beträchtlichen) Zahl Proletariern auf die Frage nach dem Grunde ihres Unglaubens nur die Minderzahl mit Folgerungen aus modernen naturwissenschaftlichen Theorien, die Mehrzahl aber mit dem Hinweis auf die »Ungerechtigkeit« der diesseitigen Weltordnung, — freilich wohl wesentlich deshalb, weil sie an den innerweltlichen revolutionären Ausgleich glaubten.

Die Theodizee des Leidens konnte durch Ressentiment gefärbt sein. Aber das Bedürfnis nach dem Ausgleich der Unzulänglichkeit des Diesseits-Schicksales nahm nicht nur nicht immer, sondern nicht einmal der Regel nach die Färbung des Ressentiments als maßgebenden Grundzug an. Der Glaube, daß es dem Ungerechten gerade deshalb gut in der diesseitigen Welt gehe, weil ihm die Hölle, den Frommen aber die ewige Seligkeit vorbehalten sei, und daß deshalb die immerhin auch von diesen gelegentlich begangenen Sünden im Diesseits abgebüßt werden müßten, lag gewiß dem Rache-Bedürfnis besonders nahe. Aber man kann sich leicht überzeugen, daß selbst diese zuweilen auftretende Vorstellungsweise durchaus nicht immer durch Ressentiment bedingt, und daß sie vor allem keineswegs immer das Produkt sozial bedrückter Schichten war. Wir werden sehen, daß es nur wenige, darunter nur ein voll ausgeprägtes Beispiel einer wirklich durch Ressentiment in *wesentlichen* Zügen mitbestimmten Religiosität gegeben hat. Richtig ist nur, daß allerdings das Ressentiment als ein Einschlag (neben anderen) in dem religiös bestimmten Rationalismus der sozial minder begünstigten Schichten überall Bedeutung gewinnen *konnte* und oft gewonnen hat. Aber auch das, je nach der Natur der Verheißungen der einzelnen Religion, in höchst verschiedenem, oft nur in verschwindendem, Grade. Gänzlich unrichtig wäre es jedenfalls, die »Askese« allgemein aus diesen Quellen ableiten zu wollen. Das in den eigentlichen Erlösungsreligionen in aller Regel vorhandene Mißtrauen gegen Reichtum und Macht hatte seinen natürlichen Grund vor allem in der Erfahrung der Heilande, Propheten und Priester: daß die in dieser Welt begünstigten und »satten« Schichten das Bedürfnis nach einer Erlösung — gleichviel welchen Charakters — im allgemeinen nur in geringem Maße besaßen, und daher minder »fromm« im Sinne jener Religionen waren. Und die Entwicklung rationaler religiöser Ethik gerade auf dem Boden der sozial minder gewerteten Schichten hatte ebenfalls zunächst positive Wurzeln in deren innerer Lage. Schichten im festbegründeten Besitz sozialer Ehre und Macht pflegen ihre ständische Legende in der Richtung einer ihnen innewohnenden besonderen Qualität, meist einer solchen des Blutes, zu bilden: ihr (wirkliches oder angebliches) Sein ist das, was ihrem Würdegefühl die Nahrung gibt. Sozial gedrückte oder ständisch negativ (oder doch: nicht positiv) gewertete Schichten speisen dagegen ihr Würdegefühl am leichtesten aus dem Glauben an eine ihnen anvertraute besondere »Mission«: ihr Sollen oder ihre (funktionale) Leistung verbürgt oder konstituiert ihnen den eignen Wert, der damit in ein Jenseits ihrer selbst, in eine ihnen von Gott gestellte »Aufgabe«, rückt. Schon in diesem Sachverhalt als solchem lag eine Quelle der ideellen Macht ethischer Prophetien zuerst bei den sozial minder Begünstigten, ohne daß es dabei des Ressentiment als eines Hebels bedurfte. Das rationale Interesse an materiellem und ideellem Ausgleich an sich genügte vollkommen. Daß die Propaganda der Propheten und Priester daneben, absichtlich oder nicht, auch das Ressentiment der Massen in ihren Dienst gestellt hat, ist nicht zu bezweifeln, aber keineswegs universell zutreffend. Vor allem war diese wesentlich negative Macht nirgends, so viel bekannt, die Quelle jener dem Wesen nach metaphysischen Konzeptionen, welche einer jeden Erlösungsreligion ihre Eigenart verliehen. Und vor allem war die Art einer religiösen Verheißung, allgemein gesprochen, keineswegs notwendig oder auch nur überwiegend, lediglich Sprachrohr eines Klasseninteresses, sei es äußerlicher oder innerlicher Art. Von sich aus blieben die Massen, wie wir sehen werden, überall in der massiven Urwüchsigkeit der Magie befangen, wo nicht eine Prophetie sie, mit bestimmten Verheißungen, in eine religiöse Bewegung ethischen Charakters hineinriß. Im übrigen aber war die Eigenart der großen religiös-ethischen Systeme durch weit individuellere gesellschaftliche Bedingungen als durch den bloßen Gegensatz von herrschenden und beherrschten Schichten bestimmt.

Es mögen, zur Ersparnis mehrfacher Wiederholungen, hier über diese Verhältnisse noch einige Bemerkungen vorangeschickt werden. Die untereinander verschiedenen Heilsgüter, welche die Religionen verhießen und boten, sind für den empirischen Forscher keineswegs nur und nicht einmal vorzugsweise als »jenseitige« zu verstehen. Ganz abgesehen davon, daß ja durchaus nicht jede Religion, auch nicht jede Weltreligion, ein Jenseits als Stätte bestimmter Verheißungen überhaupt kannte. Mit der nur teilweisen Ausnahme des Christentums und weniger anderer spezifisch asketischer Bekenntnisse waren vielmehr die Heilsgüter aller, der urwüchsigen wie der kultivierten, prophetischen oder nicht prophetischen, Religionen zunächst ganz massiv diesseitige: Gesundheit, langes Leben, Reichtum waren Verheißungen der chinesischen, vedischen, zarathustrischen, altjüdischen, islamischen ganz in gleicher Art wie der phönikischen, ägyptischen, babylonischen und altgermanischen Religion und wie die Verheißungen für die frommen Laien des Hinduismus und Buddhismus. Nur der religiöse Virtuose: Asket, Mönch, Sufi, Derwisch erstrebte ein, an jenen massivsten Diesseitsgütern gemessen, »außerweltliches« Heilsgut. Auch dieses außerweltliche Heilsgut war nun aber keineswegs ein nur jenseitiges. Auch da nicht, wo es sich selbst als solches verstand. Vielmehr war, psychologisch betrachtet, gerade der gegenwärtige, diesseitige, Habitus dasjenige, worum es den Heilsuchenden primär zu tun war. Die puritanische certitudo salutis: der unverlierbare Gnadenstand in dem Gefühl der »Bewährung« war das psychologisch allein Greifbare an den Heilsgütern dieser asketischen Religiosität. Das akosmistische Liebesgefühl des seines Eingangs in Nirwana sicheren buddhistischen Mönches, das Bhakti (gottinnige Liebesglut) oder die apathische Ekstase der hinduistischen Frommen, die orgiastische Ekstase bei der Radjenie des Chlüsten und beim tanzenden Derwisch, die Gottbesessenheit und der Gottbesitz, die Marien- und Heilandsminne, der jesuitische Herz-Jesu-Kult, die quietistische Andacht, die pietistische Zärtlichkeit für das Jesulein und dessen »Wundbrühe«, die sexuellen und halbsexuellen Orgien bei der Krischnaminne, die raffinierten Kultdiners der Vallabhacharis, die gnostischen onanistischen Kulthandlungen, die verschiedenen Formen der unio mystica und des kontemplativen Untergehens im All-einen: — alle diese Zustände wurden ja doch unzweifelhaft zunächst einmal um dessen willen gesucht, was sie selbst an Gefühlswert dem Gläubigen unmittelbar boten. Sie standen in dieser Hinsicht durchaus dem dionysischen oder im Somakult erzeugten religiösen Alkoholrausch, den totemistischen Fleischorgien, den kannibalistischen Mahlzeiten, dem alten religiös geweihten Haschisch-, Opium- und Nikotingebrauch und überhaupt allen Arten magischen Rausches gleich. Um der psychischen Außeralltäglichkeit und des dadurch bedingten Eigenwertes der betreffenden Zuständlichkeit halber galten sie als spezifisch geweiht und göttlich. Und wenn auch erst die rationalisierten Religionen in jene spezifisch-religiösen Handlungen neben der umittelbaren Aneignung des Heilsgutes eine metaphysische Bedeutung hineinlegten und so die Orgie zum »Sakrament« sublimierten, so fehlte doch schon der primitivsten Orgie eine Sinndeutung keineswegs gänzlich. Nur war sie rein magisch-animistischen Charakters und enthielt nicht oder nur in leisen Ansätzen die allem religiösen Rationalismus eigene Einbeziehung in eine universelle kosmische Heilspragmatik. Jedoch blieb es, auch nachdem dies geschehen, natürlich dabei, daß das Heilsgut für den Frommen zunächst und vor allem psychologischen Gegenwartscharakter hatte. Das heißt: daß es vor allem in jenem Zustand, dem Gefühlshabitus rein als solchem, bestand, welchen der spezifisch religiöse (oder magische) Akt oder die methodische Askese oder Kontemplation unmittelbar hervorrief.

Dieser Zustand konnte seinem Sinn nach ebenso, wie er es äußerlich war, ein außeralltäglicher Habitus nur vorübergehenden Charakters sein. So ursprünglich naturgemäß durchweg. Es gibt keinerlei Scheidung von »religiösen« und »profanen« Zuständlichkeiten anders als durch die Außeralltäglichkeit der ersteren. Aber: ein durch religiöse Mittel erreichter Sonderzustand konnte auch als ein in seinen Folgen bleibender, als ein den ganzen Menschen und sein Schicksal erfassender »Heilszustand« erstrebt werden. Der Uebergang war flüssig. Von den beiden höchsten Konzeptionen der sublimierten religiösen Heilslehre: »Wiedergeburt« und »Erlösung«, war die Wiedergeburt uraltes magisches Gut. Sie bedeutete die Erwerbung einer neuen Seele durch den orgiastischen Akt oder durch planvolle Askese. Man erwarb sie vorübergehend in der Ekstase, aber sie konnte auch als dauernder Habitus gesucht und durch die Mittel der magischen Askese erreicht werden. Eine neue Seele mußte der Jüngling haben, der als ein Held in die Gemeinschaft der Krieger treten oder als Mitglied der Kultgemeinschaft an deren magischen Tänzen oder Orgien teilnehmen oder im Kultmahl mit Göttern Gemeinschaft haben wollte. Uralt sind daher die Helden- und Magier-Askese, die Jünglingsweihe und die sakramentalen Wiedergeburts-Bräuche bei wichtigen Abschnitten des privaten und Gemeinschaftslebens. Verschieden aber waren außer den angewandten Mitteln vor allem die Zwecke dieser Handlungen, die Antwort auf die Frage also: »zu was« man wiedergeboren werden sollte.

Es lassen sich die verschiedenen religiös (oder magisch) gewerteten Zuständlichkeiten, welche einer Religion ihr psychologisches Gepräge gaben, unter sehr verschiedenen Gesichtspunkten systematisieren. Ein solcher Versuch soll an dieser Stelle nicht unternommen werden. Hier kommt es nur darauf an, in Anknüpfung an das oben Gesagte ganz allgemein anzudeuten: daß die Art des in einer Religion als höchstes Gut erstrebten (diesseitigen) Seligkeits- oder Wiedergeburtszustandes offenbar notwendig verschieden sein mußte je nach dem Charakter der Schicht, welche der wichtigste Träger der betreffenden Religiosität war. Kriegerische Ritterklassen, Bauern, Gewerbetreibende, literarisch geschulte Intellektuelle hatten darin naturgemäß verschiedene Tendenzen, welche zwar für sich allein — wie sich zeigen wird — weit davon entfernt waren, eindeutig den psychologischen Charakter der Religion zu determinieren, ihn aber doch höchst nachhaltig beeinflußten. Und zwar war namentlich der Gegensatz der beiden ersten gegenüber den beiden letzten Schichten überaus wichtig. Denn von diesen letzteren waren die Intellektuellen stets, die Gewerbetreibenden (Kaufleute, Handwerker) wenigstens möglicherweise Träger eines im ersten Fall mehr theoretischen, im anderen mehr praktischen Rationalismus, der sehr verschiedenartiges Gepräge tragen konnte, stets aber auf die religiöse Haltung bedeutende Wirkung zu haben pflegte. Vor allem die Eigenart der Intellektuellenschichten war dabei von der größten Tragweite. So überaus gleichgültig es für die religiöse Entwicklung der Gegenwart ist, ob unsere modernen Intellektuellen das Bedürfnis empfinden, neben allerlei andern

Sensationen auch die eines »religiösen« Zustandes als »Erlebnis« zu genießen, gewissermaßen um ihr inneres Ameublement stilvoll mit garantiert echten alten Gerätschaften auszustatten: — aus solcher Quelle ist noch nirgends eine religiöse Erneuerung erwachsen —, so überaus wichtig war die Eigenart der Intellektuellenschichten in der Vergangenheit für die Religionen. Ihr Werk vornehmlich war die Sublimierung des religiösen Heilsbesitzes zum »Erlösungs«-Glauben. Die Konzeption der Erlösungs-Idee war an sich uralt, wenn man die Befreiung von Not, Hunger, Dürre, Krankheit und — letztlich — Leid und Tod mit darunter begreift. Aber eine spezifische Bedeutung erlangte die Erlösung doch erst, wo sie Ausdruck eines systematisch-rationalisierten »Weltbildes« und der Stellungnahme dazu war. Denn was sie ihrem Sinn und ihrer psychologischen Qualität nach bedeuten wollte und konnte, hing dann eben von jenem Weltbild und dieser Stellungnahme ab. Interessen (materielle und ideelle), nicht: Ideen, beherrschen unmittelbar das Handeln der Menschen. Aber: die »Weltbilder«, welche durch »Ideen« geschaffen wurden, haben sehr oft als Weichensteller die Bahnen bestimmt, in denen die Dynamik der Interessen das Handeln fortbewegte. Nach dem Weltbild richtete es sich ja: »wovon« und »wozu« man »erlöst« sein wollte und — nicht zu vergessen: — konnte. Ob von politischer und sozialer Knechtschaft zu einem diesseitigen messianischen Zukunftsreich. Oder von der Befleckung durch das rituell Unreine oder von der Unreinheit der Einkerkerung in den Körper überhaupt zur Reinheit eines seelisch-leiblich-schönen oder eines rein geistigen Seins. Oder von dem ewigen sinnlosen Spiel menschlicher Leidenschaften und Begehrungen zur stillen Ruhe des reinen Schauens des Göttlichen. Oder von einem radikal Bösen und von der Knechtschaft unter der Sünde zur ewigen freien Güte im Schoß eines väterlichen Gottes. Oder von der Verknechtung unter die astrologisch gedachte Determiniertheit durch die Gestirnkonstellationen zur Würde der Freiheit und Teilhaftigkeit am Wesen der verborgenen Gottheit. Oder von den in Leiden, Not und Tod sich äußernden Schranken der Endlichkeit und den drohenden Höllenstrafen zu einer ewigen Seligkeit in einem, irdischen oder paradiesischen, künftigen Dasein. Oder von dem Kreislauf der Wiedergeburten mit ihrer unerbittlichen Vergeltung von Handlungen abgelebter Zeiten zur ewigen Ruhe. Oder von der Sinnlosigkeit des Grübelns und Geschehens zum traumlosen Schlaf. Der Möglichkeiten gab es noch weit mehr. Stets steckte dahinter eine Stellungnahme zu etwas, was an der realen Welt als spezifisch »sinnlos« empfunden wurde und also die Forderung: daß das Weltgefüge in seiner Gesamtheit ein irgendwie sinnvoller »Kosmos« sei oder: werden könne und solle. Dies Verlangen aber, das Kernprodukt des eigentlich religiösen Rationalismus, wurde durchaus von Intellektuellenschichten getragen. Wege und Ergebnisse dieses metaphysischen Bedürfnisses und auch das Maß seiner Wirksamkeit waren dabei sehr verschieden. Immerhin läßt sich einiges Allgemeine darüber sagen.

Die moderne Form der zugleich theoretischen und praktischen intellektuellen und zweckhaften Durchrationalisierung des Weltbildes und der Lebensführung hat die allgemeine Folge gehabt: daß die Religion, je weiter diese besondere Art von Rationalisierung fortschritt, desto mehr ihrerseits in das — vom Standpunkt einer intellektuellen Formung des Weltbildes aus gesehen: — Irrationale geschoben wurde. Aus mehrfachen Gründen. Einerseits wollte die Rechnung des konsequenten Rationalismus nicht leicht glatt aufgehen. Wie in der Musik das pythagoreische »Komma« der restlosen tonphysikalisch orientierten Rationalisierung sich widersetzte und wie daher die einzelnen großen Musiksysteme aller Völker und Zeiten sich vor allem durch die Art und Weise unterschieden, wie sie diese unentfliehbare Irrationalität entweder zu überdecken und zu umgehen oder umgekehrt in den Dienst des Reichtums der Tonalitäten zu stellen wußten, so schien es dem theoretischen Weltbild, noch weit mehr aber und vor allem der praktischen Lebensrationalisierung, zu ergehen. Auch hier wurden die einzelnen großen Typen der rational methodischen Lebensführung vor allem durch diejenigen irrationalen, als schlechthin gegeben hingenommenen, Voraussetzungen charakterisiert, die sie in sich aufgenommen hatten. Welches diese waren, das gerade ist es nun, was in zum mindesten sehr starkem Maße rein historisch und sozial bestimmt wurde durch die Eigenart, das heißt aber hier: die äußere, sozial, und die innere, psychologisch, bedingte Interessenlage derjenigen Schichten, welche Träger der betreffenden Lebensmethodik in der entscheidenden Zeit ihrer Prägung waren.

Die irrationalen Einschläge in die Rationalisierung des Wirklichen waren ferner die Stätten, in welche das schwer unterdrückbare Bedürfnis des Intellektualismus nach dem Besitz überwirklicher Werte zurückzuziehen sich gezwungen sah, je mehr ihm die Welt von ihnen entkleidet erschien. Die Einheitlichkeit des primitiven Weltbildes, in welchem alles konkrete Magie war, zeigte dann die Tendenz zur Spaltung in ein rationales Erkennen und eine rationale Beherrschung der Natur einerseits, und andererseits »mystische« Erlebnisse, deren unaussagbare Inhalte als einziges neben dem entgotteten Mechanismus der Welt noch mögliches Jenseits: in Wahrheit als ein ungreifbares, hinterweltliches Reich gottinnigen, individuellen Heilsbesitzes, übrig bleiben. Der Einzelne kann sein Heil, wo diese Konsequenz restlos gezogen ist, nur als Einzelner suchen. Diese mit fortschreitendem intellektualistischem Rationalismus sich in irgend einer Form einstellende Erscheinung trat irgendwie überall da auf, wo Menschen die Rationalisierung des Weltbildes als eines von unpersönlichen Regeln beherrschten Kosmos unternahmen. Am stärksten aber naturgemäß in solchen Religionen und religiösen Ethiken, welche besonders stark durch vornehme, der rein denkenden Erfassung der Welt und ihres »Sinnes« hingegebene Intellektuellenschichten bestimmt wurden, wie die asiatischen, vor allem die indischen, Weltreligionen. Ihnen allen wurde die Kontemplation: das Eingehen in die tiefe selige Ruhe und Unbewegtheit der Alleinheit, welche sie bietet, das höchste und letzte dem Menschen zugängliche religiöse Gut, alle anderen Formen religiöser Zuständlichkeiten aber ein höchstens relativ wertvolles Surrogat dafür. Für die Beziehung der Religion zum Leben, einschließlich der Wirtschaft, hatte dies, wie wir immer wieder sehen werden, weittragende Folgen. Diese ergaben sich aus dem allgemeinen Charakter der in diesem, kontemplativen, Sinne »mystischen« Erlebnisse und aus psychologischen Vorbedingungen des Strebens nach ihnen.

Ganz anders, wo die für die Entwicklung einer Religion ausschlaggebenden Schichten praktisch handelnd im Leben standen, ritterliche Kriegshelden oder politische Beamte oder wirtschaftlich erwerbende Klassen waren, oder endlich, wo die Religion von einer organisierten Hierokratie beherrscht wurde.

Der aus der berufsmäßigen Befassung mit Kult und Mythos oder und in noch weit höherem Grade: mit Seelsorge, das heißt: Beichte und Beratung von Sündern, erwachsende Rationalismus der Hierokratie suchte überall die Gewährung des religiösen Heilsgutes für sich zu monopolisieren, und also in die Form der nur von ihr rituell zu spendenden, nicht vom Einzelnen erreichbaren, »Sakramentsgnade« oder »Anstaltsgnade« zu bringen und entsprechend zu temperieren. Die individuelle Heilssuche des Einzelnen oder freier Gemeinschaften durch Kontemplation, orgiastische oder asketische Mittel, war ihr, vom Standpunkt ihrer Machtinteressen aus ganz naturgemäß, höchst verdächtig und mußte rituell reglementiert und vor allem hierokratisch kontrolliert werden. — Jedes politische Beamtentum andrerseits mißtraute allen Arten von individueller Heilssuche oder freier Gemeinschaftsbildung als Quellen der Emanzipation von der Domestikation durch die Staatsanstalt, mißtraute ebenso auch der konkurrierenden priesterlichen Gnadenanstalt, verachtete aber, vor allem, im letzten Grunde das Streben nach diesen unpraktischen Gütern jenseits von utilitarischen innerweltlichen Zwecken überhaupt. Religiöse Pflichten waren jeder Beamtenschaft letztlich einfach amtliche oder soziale Staatsbürger- und Standespflichten: das Ritual entsprach dem Reglement, und alle Religiosität nahm daher ritualistischen Charakter an, wo eine Bürokratie diesen bestimmte. — Auch eine ritterliche Kriegerschicht pflegte in ihren Interessen durchaus diesseitig gewendet und aller »Mystik« fremd zu sein. Doch fehlte ihr, wie dem Heldentum überhaupt, in aller Regel sowohl Bedürfnis wie Befähigung zu rationalistischer Bewältigung der Wirklichkeit: die Irrationalität des »Schicksals«, unter Umständen der Gedanke eines unbestimmt deterministisch gedachten »Verhängnisses« (der homerischen »Moira«) stand hinter und über den als leidenschaftliche, starke Helden gedachten Göttern und Dämonen, von welchen den menschlichen Helden Beistand und Feindschaft, Ruhm und Beute oder Tod zuteil wird. — Den Bauern lag, spezifisch naturgebunden und von den Elementargewalten abhängig, wie ihre ganze ökonomische Existenz war, die Magie: der zwingende Zauber gegen die über und in den Naturkräften waltenden Geister, oder das einfache Erkaufen göttlichen Wohlwollens, so nahe, daß nur gewaltige, von anderen Schichten oder von mächtigen als Zauberer durch die Macht des Wunders legitimierten Propheten ausgehende, Umwälzungen der Lebensorientierung sie aus dem Verharren in dieser überall urwüchsigen Form von Religiosität herauszureißen vermochten. Orgiastische und ekstatische »Besessenheits«-Zustände, durch toxische

Rauschmittel oder durch Tanz erzeugt, — dem Standesgefühl des Rittertums, als würdelos, fremd, — vertraten bei ihnen die Stelle der »Mystik« der Intellektuellen. — Endlich die im westeuropäischen Sinne »bürgerlichen« Schichten und was diesen anderwärts entsprach: Handwerker, Händler, hausindustrielle Unternehmer und ihre nur im modernen Okzident heimischen Derivate, waren — und das ist für uns ganz besonders wichtig — die in den Möglichkeiten ihrer religiösen Stellungnahme scheinbar vieldeutigste Schicht. Die sakramentale Anstaltsgnade der römischen Kirche in den mittelalterlichen Städten, den Stützen der Päpste, die mystagogische Sakramentsgnade in den antiken Städten und in Indien, die orgiastische und kontemplative Sufi- und Derwisch-Religiosität des vorderasiatischen Orients, die taoistische Magie, die buddhistische Kontemplation und die ritualistische Gnadenaneignung unter der Seelendirektion von Mystagogen in Asien, alle Formen der Heilandsliebe und des Erlöserglaubens vom Krischna- bis zum Christuskult in der ganzen Welt, der rationale Gesetzesritualismus und die von aller Magie entblößte Synagogenpredigt der Juden, die pneumatischen antiken und die asketischen mittelalterlichen Sekten, die Prädestinationsgnade und ethische Wiedergeburt der Puritaner und Methodisten und alle Arten individueller Heilssuche wurzelten sämtlich besonders stark, stärker als in allen anderen, gerade in diesen Schichten. Gewiß war die Religiosität auch aller anderen Schichten natürlich sehr weit entfernt davon, eindeutig auf denjenigen Charakter angewiesen zu sein, der vorstehend als ihnen besonders wahlverwandt hingestellt wurde. Aber die »Bürgerschicht« scheint auf den ersten Blick in dieser Hinsicht im ganzen doch noch weit vielseitiger bestimmbar. Und dennoch treten Wahlverwandtschaften zu bestimmten Typen der Religiosität gerade bei ihr hervor. Gemeinsam und durch die Natur ihrer von der ökonomischen Naturgebundenheit stärker losgelösten Lebensführung bedingt war ihnen ja die Tendenz zum praktischen Rationalismus der Lebensführung. Auf technischer oder ökonomischer Berechnung und Beherrschung von Natur und Menschen — mit wie primitiven Mitteln auch immer — ruhte ihre ganze Existenz. Die überkommene Art der Lebenstechnik konnte auch bei ihr im Traditionalismus erstarren, — wie es überall stets wieder geschehen ist. Aber immer bestand, wenn auch in sehr verschiedenem Maße, gerade bei ihr die Möglichkeit, an die Tendenz zum technischen und ökonomischen Rationalismus anknüpfend eine ethisch rationale Lebensreglementierung erstehen zu lassen. Nicht überall vermochte sie sich gegen die (meist) magisch stereotypierte Tradition durchzusetzen. Wo ihr aber durch Prophetie ein religiöser Unterbau geschaffen wurde, da konnte dieser jedem der beiden öfter zu besprechenden Grundtypen des Prophetentums angehören: der »exemplarischen« Prophetie: — einer Prophetie, welche das zum Heil führende Leben, regelmäßig ein kontemplatives und apathisch-ekstatisches Leben, vorlebte, — oder der »Sendungs«-Prophetie, welche im Namen eines Gottes Forderungen, naturgemäß: ethischen und oft: aktiv asketischen Charakters, an die Welt richtete. Die letztere, zum aktiven Handeln innerhalb der Welt auffordernde Art fand begreiflicherweise gerade hier, und je mehr die bürgerlichen Schichten als solche sozial ins Gewicht fielen, je mehr sie ferner tabuistischer Gebundenheit und Gespaltenheit in Sippen und Kasten entrissen wurden, desto mehr einen spezifisch günstigen Boden. Die aktive Askese: nicht Gottesbesitz oder gottinnige kontemplative Hingegebenheit, wie sie den von vornehmen Intellektuellenschichten beeinflußten Religionen als höchstes Gut erschien, sondern: gottgewolltes Handeln mit dem Gefühl, Gottes »Werkzeug« zu sein, konnte hier der bevorzugte religiöse Habitus werden, wie er im Okzident immer wieder, gegenüber der dort ebenfalls wohlbekannten kontemplativen Mystik und orgiastischen oder apathischen Ekstase, das Uebergewicht behielt. Nicht daß er auf diese Schichten beschränkt gewesen wäre. Eine solche eindeutige soziale Determiniertheit bestand auch hier in keiner Weise. Auch die an Adel und Bauern sich wendende zarathustrische und die an Krieger sich wendende islamische Prophetie hatten ganz ebenso wie die israelitische und altchrisliche Prophetie und Predigt diesen aktiven Charakter im Gegensatz zu der buddhistischen, taoistischen, neupythagoreischen, gnostischen, sufistischen Propaganda. Aber gewisse spezifische Konsequenzen der Sendungs-Prophetie sind allerdings, wie wir sehen werden, gerade auf »bürgerlichem« Boden gezogen worden.

Die Sendungs-Prophetie, bei welcher die Frommen sich nicht als Gefäß des Göttlichen, sondern als Werkzeug des Gottes fühlten, hatte nun eine tiefe Wahlverwandtschaft zu einer bestimmten Gotteskonzeption: dem überweltlichen, persönlichen, zürnenden, vergebenden, liebenden, fordernden, strafenden Schöpfergott, im Gegensatz zu dem — keineswegs ausnahmslos, allerdings aber der Regel nach — unpersönlichen, weil nur kontemplativ, als Zuständlichkeit, zugänglichen höchsten Wesen der exemplarischen Prophetie. Die erste Konzeption beherrschte die iranische und vorderasiatische und die aus dieser abgeleitete okzidentale, die zweite die indische und chinesische Religiosität.

Diese Unterschiede waren nichts Primitives. Im Gegenteil läßt sich erkennen, daß sie erst bei weitgehender Sublimierung der überall sehr ähnlichen primitiven animistischen Geister- und heroistischen Götter-Vorstellungen sich eingestellt haben. Sicherlich unter starker Mitwirkung des eben erwähnten Zusammenhangs mit den als Heilsgut gewerteten und begehrten religiösen Zuständlichkeiten. Diese wurden eben in der Richtung einer verschiedenen Gotteskonzeption interpretiert, je nachdem das kontemplative mystische Erlebnis oder die apathische Ekstase oder der orgiastische Gottesbesitz oder visionäre Eingebungen und »Aufträge« die höchstgewerteten Heilszustände waren. Von dem heute verbreiteten und, natürlich, auch weitgehend berechtigten Standpunkt aus: daß die Gefühlsinhalte das allein Primäre und die Gedanken nur ihre sekundären Ausformungen seien, könnte man nun geneigt sein, dieses Kausalverhältnis: Primat der »psychologischen« gegenüber den »rationalen« Zusammenhängen, als ausschließlich maßgebend, diese also nur als Deutung jener anzusehen. Indessen das wäre nach Ausweis der Tatsachen viel zu weit gegangen. Die folgenschwere Entwicklung zur überweltlichen oder zur immanenten Gotteskonzeption wurde durch eine ganze Reihe auch rein historischer Motive bestimmt, und sie hat ihrerseits auf die Art der Gestaltung der Heilserlebnisse höchst nachhaltig eingewirkt. Vor allem, wie wir stets erneut sehen werden: der überweltliche Gott. Wenn selbst Meister Eckhart gelegentlich ausdrücklich »Martha« über »Maria« stellte, so letztlich deshalb: weil für ihn das dem Mystiker eigene pantheistische Erlebnis Gottes unvollziehbar war ohne gänzliche Aufgabe aller entscheidenden Bestandteile des abendländischen Schöpfungs- und Gottesglaubens. Die rationalen Elemente einer Religion, ihre »Lehre«, — so die indische Karmanlehre, der calvinistische Prädestinationsglaube, die lutherische Rechtfertigung durch den Glauben, die katholische Sakramentslehre —, haben eben auch ihre Eigengesetzlichkeiten, und die aus der Art der Gottesvorstellungen und des »Weltbildes« folgende rationale religiöse Heilspragmatik hat unter Umständen weittragende Folgen für die Gestaltung der praktischen Lebensführung gewonnen. —

Wenn, wie in den bisherigen Bemerkungen vorausgesetzt wurde, die Art der erstrebten Heilsgüter stark beeinflußt war durch die Art der äußeren Interessenlage und der ihr adäquaten Lebensführung der herrschenden Schichten und also durch die soziale Schichtung selbst, so war umgekehrt auch die Richtung der ganzen Lebensführung, wo immer sie planmäßig rationalisiert wurde, auf das tiefgreifendste bestimmt durch die letzten Werte, an denen sich diese Rationalisierung orientierte. Dies waren, gewiß nicht immer und noch weit weniger ausschließlich, aber allerdings, soweit eine ethische Rationalisierung eintrat und soweit ihr Einfluß reichte, in aller Regel auch, und oft ganz entscheidend, religiös bedingte Wertungen und Stellungnahmen.

Für die Art dieser gegenseitigen Zusammenhänge zwischen äußerer und innerer Interessenlage war nun Eines sehr wichtig. Die bisher aufgeführten »höchsten«, von einer Religion verheißenen Heilsgüter waren nicht auch die universellsten. Der Eingang in Nirwana, die kontemplative Vereinigung mit dem Göttlichen, die orgiastisch oder asketisch gewonnene Gottbesessenheit waren keineswegs jedermann zugänglich. Und auch in der abgeschwächten Form, in welcher die Versetzung in den religiösen Rausch- oder Traum-Zustand Gegenstand eines universellen Volkskultes werden konnte, waren sie wenigstens nicht Bestandteile des Alltagslebens. Gleich am Beginn aller Religionsgeschichte steht für uns die wichtige Erfahrungstatsache der ungleichen religiösen Qualifikation der Menschen, wie sie in schroffster rationalistischer Fassung der »Gnadenpartikularismus« der Prädestinationslehre der Calvinisten dogmatisierte. Die höchstgewerteten religiösen Heilsgüter — die ekstatischen und visionären Fähigkeiten der Schamanen, Zauberer, Asketen und Pneumatiker aller Art — waren nicht jedem erreichbar, ihr Besitz war ein »Charisma«, welches zwar bei Manchen, aber nicht bei Allen geweckt werden konnte. Daraus ergab sich die Tendenz aller intensiven Religiosität zu einer Art von ständischer Gliederung gemäß den charismatischen Qualifikationsunterschieden. »Heroistische«

oder »Virtuosen«-Religiosität[1]) stand gegen »Massen«-Religiosität, — wobei hier unter »Masse« natürlich keineswegs die in der weltlichen Ständeordnung sozial niedriger Gestellten verstanden sind, sondern die religiös »Unmusikalischen«. Die Bünde der Zauberer und heiligen Tänzer, der religiöse Stand der indischen Sramana, die ausdrücklich als besonderer »Stand« in der Gemeinde anerkannten altchristlichen »Asketen«, die paulinischen und erst recht die gnostischen »Pneumatiker«, die pietistische »ecclesiola«, alle eigentlichen »Sekten«, das heißt soziologisch: Verbände, welche nur die religiös Qualifizierten in sich aufnahmen, endlich alle Mönchsgemeinschaften der ganzen Erde waren in diesem Sinne ständische Träger einer Virtuosen-Religiosität. Jede Virtuosen-Religiosität wird nun in ihrer eigengetzlichen Entfaltung grundsätzlich bekämpft von jeder hierokratischen Amtsgewalt einer »Kirche«, das heißt einer anstaltsmäßig mit Beamten organisierten gnadenspendenden Gemeinschaft. Denn als die Trägerin der Anstaltsgnade strebt diese die Massenreligiosität zu organisieren und ihre eigenen amtlich monopolisierten und vermittelten Heilsgüter an Stelle der religiös-ständischen Eigen-Qualifikation der religiösen Virtuosen zu setzen. Sie muß ihrer Natur, d. h. der Interessenlage ihrer Amtsträger nach, in diesem Sinne der allgemeinen Zugänglichkeit der Heilsgüter »demokratisch« sein: d. h. Anhängerin des Gnadenuniversalismus und der ethischen Zulänglichkeit aller derer, die sich ihrer Anstaltsgewalt einordnen. Der Vorgang bildet soziologisch eine volle Parallele zu dem auf politischem Gebiet sich vollziehenden Kampf der Bürokratie gegen die politischen Eigenrechte der ständischen Aristokratie. Auch jede voll entwickelte politische Bürokratie ist ebenso notwendig und in einem ganz ähnlichen Sinne »demokratisch« im Sinne der Nivellierung und der ständischen, von ihr als Machtkonkurrenten bekämpften, Privilegien orientiert wie die Hierokratie. Die mannigfachsten Kompromisse entstanden als Resultat dieses nicht immer offiziellen, stets aber latent vorhandenen Kampfes (der Ulema- gegen die Derwisch-Religiosität, der altchristlichen Bischofe gegen die Pneumatiker und

[1]) Aus dem Begriff des »Virtuosentums« muß in diesen Zusammenhängen jeder ihm heute anklebende Wertbeigeschmack entfernt werden. Ich würde um jener Belastung willen den Ausdruck »heroistische« Religiosität vorziehen, wenn er nicht für manche hierhergehörige Erscheinungen allzuwenig adäquat wäre.

heroistischen Sektierer und gegen die Schlüsselgewalt des asketischen Charisma, des lutherischen Predigeramts und der anglikanischen Priesterkirche gegen die Askese überhaupt, der russischen Staatskirche gegen die Sekten, der konfuzianischen amtlichen Kultversorgung gegen die buddhistische, taoistische und sektiererische Heilssuche aller Art). Wie nun diejenigen Konzessionen an die Möglichkeiten der Alltagsreligiosität aussahen, zu denen sich die Anforderungen des Virtuosentums genötigt fanden, um sich, ideell und materiell, die Massenkundschaft zu erwerben und zu erhalten, — dies wurde naturgemäß in erster Linie entscheidend für die Art der religiösen Beeinflussung des Alltags. Ließ sie die Massen in der magischen Tradition stecken, — wie in fast allen orientalischen Religionen, — so war ihr Einfluß unendlich viel geringer als wenn sie, mit noch so vielen Abstrichen von ihren idealen Forderungen, doch eine ethische Rationalisierung des Alltages vornahm und allgemein, auch oder gerade nur für die Massen, durchführte. Neben jenem Verhältnis von Virtuosen- und Massenreligiosität nun, welches sich schließlich als Ergebnis dieses Kampfes einstellte, war aber eben deshalb auch die Eigenart der konkreten Virtuosenreligiosität selbst von einschneidender Bedeutung für die Entwicklung der Lebensführung auch der »Massen« und damit auch für die Wirtschaftsethik der betreffenden Religion. Denn nicht nur war sie die eigentlich »exemplarische« praktische Religiosität, sondern, je nach der Lebensführung, die sie den Virtuosen vorschrieb, waren die Möglichkeiten, überhaupt eine rationale Alltagsethik zu schaffen, sehr verschieden große.

Das Verhältnis der Virtuosen-Religiosität zum Alltag, der Stätte der Wirtschaft, war insbesondere je nach der Eigenart des von ihr erstrebten Heilsgutes sehr verschieden.

Wo die Heilsgüter und Erlösungsmittel der Virtuosen-Religiosität kontemplativen oder orgiastisch-ekstatischen Charakter trugen, führte von ihr keine Brücke zum praktischen Alltagshandeln innerhalb der Welt. Nicht nur war dann die Wirtschaft, wie alles Handeln in der Welt, etwas religiös Minderwertiges. Sondern es ließen sich auch indirekt keinerlei psychologische Motive dafür aus dem als höchstes Gut geschätzten Habitus entnehmen. Vielmehr war die kontemplative und die ekstatische Religiosität im innersten Wesen spezifisch wirtschaftsfeindlich. Das mystische, orgiastische, ekstatische Erleben ist ja das spezifisch Außeralltägliche, vom Alltag und von allem rationalen Zweckhandeln Abführende, eben deshalb als »heilig« Geachtete. Eine tiefe Kluft schied daher bei derart orientierten Religionen die Lebensführung der »Laien« von jener der Virtuosen-Gemeinschaft. Die Herrschaft des religiösen Virtuosenstandes innerhalb der religiösen Gemeinschaft glitt dann gern in die Bahnen einer magischen Anthropolatrie: der Virtuose wurde als Heiliger direkt angebetet, oder es wurden doch sein Segen und seine magischen Kräfte von den Laien als Mittel zur Förderung weltlichen oder religiösen Heils erkauft. Wie der Bauer für den Grundherrn, so war der Laie für den buddhistischen und jainistischen bhikkschu letztlich doch lediglich die Tributquelle, welche ihm ermöglichte, ohne eigene, stets heilsgefährdende, weltliche Arbeit ganz dem Heil zu leben. Auch die Lebensführung der Laien selbst mochte dabei trotzdem eine gewisse ethische Reglementierung erfahren. Denn der Virtuose war der gegebene Seelsorger: Beichtvater und Directeur de l'âme, des Laien, also von oft mächtigem Einfluß. Aber er beeinflußte ihn, den religiös »Unmusikalischen«, entweder gar nicht oder nur in zeremonialen, rituellen und konventionellen Einzelheiten im Sinne seiner (des Virtuosen) religiöser Lebensführung. Denn immer blieb doch das Wirken innerhalb der Welt im Prinzip religiös unbedeutsam, lag gegenüber dem Streben nach dem religiösen Ziel in der gerade entgegengesetzten Richtung. Das Charisma des reinen »Mystikers« vollends diente nur ihm selbst, nicht, wie das des genuinen Magiers, Andern. — Ganz anders da, wo das Virtuosentum der religiös Qualifizierten sich zu einer asketischen, die Formung des Lebens in der Welt nach dem Willen eines Gottes erstrebenden Sekte zusammenschloß. Damit dies im eigentlichsten Sinne geschehen konnte, war freilich zweierlei nötig. Einmal durfte das höchste Heilsgut nicht kontemplativen Charakters sein, also nicht in einer Vereinigung mit einem im Gegensatz zur Welt ewig währenden überweltlichen Sein oder in einer orgiastisch oder apathisch-ekstatisch zu erfassenden unio mystica bestehen. Denn diese liegt stets abseits des Alltagswirkens und jenseits der realen Welt, führt von ihr ab. Und ferner mußte die Religiosität den rein magischen oder sakramentalen Charakter der Gnadenmittel möglichst abgestreift haben. Denn auch diese entwerten stets das Handeln in der Welt als religiös höchstens relativ bedeutsam und knüpfen die Entscheidung über das Heil an den Erfolg **nicht** alltags-rationaler Vorgänge. Voll erreicht wurde beides: Entzauberung der Welt und Verlegung des Weges zum Heil von der kontemplativen »Weltflucht« hinweg in die aktiv asketische »Weltbearbeitung«, — wenn man von einigen kleinen rationalistischen Sekten, wie sie sich in aller Welt fanden, absieht, — nur in den großen Kirchen- und Sektenbildungen des asketischen Protestantismus im Okzident. Dabei haben ganz bestimmte, rein historisch bedingte Schicksale der okzidentalen Religiosität zusammengewirkt. Teils der Einfluß ihrer sozialen Umwelt, vor allen Dingen: der für ihre Entwicklung entscheidenden Schicht. Teils aber und ebenso stark ihr genuiner Charakter: der überweltliche Gott und die historisch erstmalig durch die israelitische Prophetie und Thoralehre bestimmte Besonderheit der Heilsmittel und Heilswege. Dies ist teils in den Ausführungen der vorhergehenden Aufsätze dargelegt worden, teils später noch näher darzulegen. Wo der religiöse Virtuose als »Werkzeug« eines Gottes in die Welt gestellt und dabei von allen magischen Heilsmitteln abgeschnitten war, mit der Forderung, sich durch die ethische Qualität seines Handelns in ihren Ordnungen, und **nur** dadurch, als zum Heil berufen vor Gott — und das hieß der Sache nach: vor sich selbst — zu »bewähren«, da mochte die »Welt« als solche religiös noch so sehr: als kreatürlich und Gefäß der Sünde, entwertet und abgelehnt werden: sie wurde dadurch psychologisch nur um so mehr als Schauplatz des gottgewollten Wirkens im weltlichen »Beruf« bejaht. Denn dies innerweltliche Asketentum war zwar weltablehnend in dem Sinne, daß es die Güter der Würde und Schönheit, des schönen Rausches und Traumes, der rein weltlichen Macht und des rein weltlichen Heldenstolzes verachtete und verfehmte als Konkurrenten des Gottesreiches. Aber sie war eben deshalb nicht weltflüchtig wie die Kontemplation, sondern wollte nach Gottes Gebot die Welt ethisch rationalisieren und blieb daher in einem spezifisch penetranteren Sinne weltzugewendet als die naive »Weltbejahung« des ungebrochenen Menschentums etwa in der Antike und im Laien-Katholizismus. Gerade im Alltag bewährte sich die Gnade und Erwähltheit des religiös Qualifizierten. Freilich nicht im Alltag, wie er war, sondern in dem im Dienste Gottes methodisch **rationalisierten** Alltagshandeln. Das rational zum Beruf gesteigerte Alltagshandeln wurde Bewährung des Heils. Die Sekten der religiösen Virtuosen bildeten im Okzident die Fermente für die methodische Rationalisierung der Lebensführung einschließlich auch des Wirtschaftshandelns, nicht aber, wie die Gemeinschaften der kontemplativen oder orgiastischen oder apathischen Ekstatiker Asiens, Ventile für die Sehnsucht hinweg aus der Sinnlosigkeit des innerweltlichen Wirkens.

Zwischen diesen äußersten Gegenpolen bewegten sich nun die mannigfachsten Uebergänge und Kombinationen. Denn die Religionen so wenig wie die Menschen waren ausgeklügelte Bücher. Sie waren historische, nicht logisch oder auch nur psychologisch widerspruchslos konstruierte, Gebilde. Sie ertrugen sehr oft in sich Motivenreihen, die, jede für sich konsequent verfolgt, den andern hätte in den Weg treten, oft ihnen schnurstracks zuwiderlaufen müssen. Die »Konsequenz« war hier die Ausnahme, und nicht die Regel. Die Heilswege und Heilsgüter waren aber auch in sich regelmäßig psychologisch nicht eindeutig. Auch der altchristliche Mönch und auch der Quäker hatten einen sehr starken kontemplativen Einschlag in ihrer Gottsuche: — aber der Gesamtinhalt ihrer Religiosität, vor allem der überweltliche Schöpfergott und die Art der Versicherung der Gnadengewißheit, wies sie immer wieder auf den Weg des Handelns. Und andrerseits: auch der buddhistische Mönch handelte: — nur wurde dies Handeln jeder konsequenten i n n e r weltlichen Rationalisierung entzogen durch die letzte Orientierung des Heilsstrebens an der Flucht aus dem »Rad« der Wiedergeburten. Die Sektierer und andere Bruderschaften des okzidentalen Mittelalters: Träger der religiösen Durchdringung des Alltagslebens, fanden ihr Gegenbild in den eher noch universeller entwickelten Bruderschaften des Islam; auch die dafür typische Schicht: Kleinbürger und namentlich Handwerker, war beiderseits die gleiche, — aber der Geist der beiderseitigen Religiosität war sehr verschieden. Aeußerlich betrachtet, erscheinen zahlreiche hinduistische religiöse Gemeinschaften als »Sekten« ebensogut wie die des Okzidents, — aber das Heilsgut und die Art der Heilsvermittlung lagen nach radikal entgegengesetzter Richtung. — Die Beispiele sollen hier nicht weiter gehäuft werden, da wir ja die wichtigsten der großen Religionen individuell betrachten wollen. Diese sind untereinander weder in dieser noch in anderer Hinsicht einfach in eine Kette von Typen, deren jeder gegenüber dem andern eine neue »Stufe« bedeutet, einzugliedern. Sondern sie sind sämtlich historische Individuen höchst komplexer Art und erschöpfen, alle zusammen genommen, nur einen Bruchteil derjenigen möglichen Kombinationen, welche aus den sehr zahlreichen einzelnen dabei in Betracht kommenden Faktoren denkbarerweise gebildet werden könnten.

Es handelt sich bei den nachfolgenden Darlegungen also in keiner Art um eine systematische »Typologie« der Religionen. Andererseits freilich auch nicht um eine rein historische Arbeit. Sondern »typologisch« ist die nachstehende Darstellung in dem Sinne, daß sie das für den Zusammenhang mit den großen Gegensätzen der Wirtschaftsgesinnung in typischer Art Wichtige an den historischen Realitäten der religiösen Ethiken betrachtet, und Anderes vernachlässigt. Nirgends beansprucht sie also ein voll abgerundetes Bild der dargestellten Religionen zu bieten. Sie muß diejenigen Züge, welche der einzelnen Religion im Gegensatz zu anderen eigen und zugleich für unsere Zusammenhänge wichtig sind, sehr stark herausheben. Eine von jenen besonderen Wichtigkeitsakzenten absehende Darstellung müßte diese gegenüber dem hier gezeichneten Bild oft mildern, fast immer aber noch andere hinzufügen und gelegentlich auch wohl nachdrücklicher, als es hier möglich wäre, zum Ausdruck bringen, daß — natürlich — alle qualitativen Gegensätze in der Realität letztlich sich irgendwie als rein quantitative Unterschiede der Mischungsverhältnisse von Einzelfaktoren auffassen lassen. Für uns hier wäre es aber höchst unfruchtbar, diese Selbstverständlichkeit immer neu betonen zu wollen.

Auch die für die Wirtschaftsethik wichtigen Züge der Religionen aber sollen uns hier wesentlich unter einem bestimmten Gesichtspunkt interessieren: in der Art ihrer Beziehung zum ökonomischen Rationalismus, und zwar — da auch dies noch nicht eindeutig ist — zum ökonomischen Rationalismus von demjenigen Typus, der den Okzident als eine Teilerscheinung der dort heimisch gewordenen Art der bürgerlichen Lebensrationalisierung seit dem 16. und 17. Jahrhundert zu beherrschen begann. Denn es ist hier vorweg noch einmal daran zu erinnern: daß »Rationalismus« etwas sehr Verschiedenes bedeuten kann. So schon: je nachdem dabei entweder an jene Art von Rationalisierung gedacht wird, wie sie etwa der denkende Systematiker mit dem Weltbild vornimmt: zunehmende theoretische Beherrschung der Realität durch zunehmend präzise abstrakte Begriffe, — oder vielmehr an die Rationalisierung im Sinne der methodischen Erreichung eines bestimmten gegebenen praktischen Zieles durch immer präzisere Berechnung der adäquaten Mittel. Beides sind sehr verschiedene Dinge trotz der letztlich untrennbaren Zusammengehörigkeit. Selbst innerhalb der denkenden Erfassung des Wirklichen scheiden sich ähnliche Typen: man hat die Unterschiede der englischen gegenüber der kontinentalen Physik auf sie zurückzuführen versucht. Jene Rationalisierung der Lebensführung aber, mit der wir es hier zu tun haben, kann ungemein verschiedene Formen annehmen. Der Konfuzianismus ist im Sinne des Fehlens jeder Metaphysik und fast aller Reste religiöser Verankerung: — so weitgehend, daß er an der äußersten Grenze dessen steht, was man überhaupt allenfalls noch eine »religiöse« Ethik nennen kann, — so rationalistisch und zugleich, im Sinne des Fehlens und der Verwerfung aller nicht utilitarischen Maßstäbe, so nüchtern, wie kein anderes der ethischen Systeme außer etwa demjenigen J. Benthams. Aber er ist von diesem und von allen okzidentalen Typen des praktischen Rationalismus ganz außerordentlich verschieden trotz fortwährender wirklicher und scheinbarer Analogien. »Rational« im Sinn des Glaubens an einen geltenden »Kanon« war das höchste Kunstideal der Renaissance, rationalistisch im Sinn der Ablehnung traditionaler Bindungen und des Glaubens an die Macht der naturalis ratio auch ihre Lebensbetrachtung trotz der Einschläge platonisierender Mystik. »Rational« in einem wieder ganz anderen Sinn: dem der »Planmäßigkeit«, war aber auch die Methode der Abtötungs- oder der magischen Askese oder Kontemplation in deren konsequentesten Formen, etwa im Yoga oder in den spätbuddhistischen Manipulationen mit Gebetsmaschinen. »Rational« teils im gleichen Sinn: der formalen Methodik, teils aber im Sinn der Unterscheidung von normativ »Geltendem« und empirisch Gegebenem, waren überhaupt alle Arten von praktischer Ethik, die systematisch und eindeutig an festen Heilszielen orientiert wurden. Diese, letztgenannte, Art von Rationalisierungsprozessen nun interessiert uns im folgenden. Der Versuch, ihre Kasuistik hier vorwegzunehmen, hätte keinen Sinn, da ja gerade diese Darstellung selbst einen Beitrag zu ihr liefern möchte.

Um dies zu können, muß sie sich aber eine Freiheit herausnehmen: »unhistorisch« in dem Sinne zu sein, daß die Ethik der einzelnen Religionen systematisch wesentlich einheitlicher dargestellt wird, als sie es im Fluß der Entwicklung jemals war. Es müssen hier eine Fülle von Gegensätzen, die innerhalb der einzelnen Religionen lebten, von Entwicklungsansätzen und Zweigentwicklungen beiseite gelassen und also die für uns wichtigen Züge oft in einer größeren logischen Geschlossenheit und Entwicklungslosigkeit vorgeführt werden, als sie in der Realität sich vorfanden. Diese Vereinfachung würde historisch »Falsches« dann ergeben, wenn sie willkürlich vorgenommen würde. Das aber ist, wenigstens der Absicht nach, nicht der Fall. Es sind vielmehr stets diejenigen Züge im Gesamtbilde einer Religion unterstrichen, welche für die Gestaltung der praktischen Lebensführung in ihren Unterschieden gegen andere Religionen die entscheidenden waren [1]).

Schließlich, ehe zur Sache gekommen wird, noch einige Vorbemerkungen zur Erklärung häufig wiederkehrender terminologischer Besonderheiten der Darstellung [2]).

Die religiösen Vergesellschaftungen und Gemeinschaften gehören bei voller Entwicklung zum Typus der Herrschaftsverbände: sie stellen »hierokratische« Verbände, d. h. solche dar, bei welchen die Herrschaftsgewalt durch das Monopol der Spendung oder Versagung von Heilsgütern gestützt wird. Alle Herrschaftsgewalten, profane wie religiöse, politische wie unpolitische, lassen sich als Abwandlungen von oder Annäherungen an einige reine Typen ansehen, welche gebildet werden durch die Frage: welche Legitimitätsgrundlage die Herrschaft für sich in Anspruch nimmt. Unsere heutigen Verbände, vor allem die politischen, haben den Typus »legaler« Herrschaften. Das heißt: die Legitimität zu befehlen ruht für den Inhaber der Befehlsgewalt auf rational gesatzter, paktierter oder oktroyierter, Regel, und die Legitimation zur Satzung dieser Regeln wiederum auf

---

[1]) Die Reihenfolge der Betrachtung ist — um auch das zu bemerken — nur zufällig geographisch, von Ost nach West gehend. In Wahrheit ist nicht diese äußere örtliche Verteilung, sondern sind, wie sich vielleicht bei näherer Betrachtung zeigt, innere Zweckmäßigkeitsgründe der Darstellung dafür maßgebend gewesen.

[2]) Die nähere Ausführung in dem Abschnitt »Wirtschaft und Gesellschaft« im Grundriß der Sozialökonomik (Tübingen, J. C. B. Mohr).

rational gesatzter oder interpretierter »Verfassung«. Im Namen nicht einer persönlichen Autorität, sondern im Namen der unpersönlichen Norm wird befohlen und der Erlaß des Befehls selbst ist auch seinerseits Gehorsam gegenüber einer Norm, nicht freie Willkür oder Gnade oder Privileg. Der »Beamte« ist der Träger der Befehlsgewalt, und niemals übt er sie zu eigenem Recht aus, sondern stets trägt er sie zu Lehen von der unpersönlichen »Anstalt«, dem durch gesatzte Regeln normativ beherrschten spezifischen Zusammenleben bestimmter oder unbestimmter, aber nach regelhaften Merkmalen angebbaren Menschen. Die »Kompetenz«, ein sachlich abgegrenzter Bereich von möglichen Befehlsobjekten, umgrenzt den Bereich seiner legitimen Gewalt. Eine Hierarchie von »Vorgesetzten«, die er im »Instanzenzuge« beschwerdeführend anrufen kann, steht dem »Bürger« oder »Mitglied« des Verbandes gegenüber. So auch im heutigen hierokratischen Verband: der Kirche. Der Pfarrer oder Priester hat seine bestimmt abgegrenzte »Kompetenz«: die durch Regeln festgelegt ist. Auch für das höchste Kirchenhaupt gilt das: die heutige »Infallibilität« ist ein Kompetenzbegriff: dem inneren Sinn nach verschieden von dem, was ihr voranging (noch zur Zeit Innocenz' III.). Die Scheidung von »Amtssphäre« (bei der Infallibilität: dem Definieren »ex cathedra«) und »Privatsphäre« ist ganz ebenso durchgeführt wie beim politischen (oder sonstigen) Beamten. Die rechtliche »Trennung« des Beamten von den Verwaltungsmitteln (in Natur- oder Geldform) ist in der Sphäre der politischen und hierokratischen Verbände genau so durchgeführt wie die »Trennung« des Arbeiters von den Produktionsmitteln in der kapitalistischen Wirtschaft: sie ist deren völlige Parallele.

Dies alles aber ist, soviel Ansätze dazu sich schon in der frühesten Vergangenheit finden, in seiner Vollentwicklung spezifisch modern. Die Vergangenheit kannte andere Grundlagen der legitimen Herrschaft, die übrigens auf Schritt und Tritt in ihren Rudimenten auch in die Gegenwart hineinreichen. Wir wollen sie wenigstens terminologisch kurz umschreiben.

1. Es soll bei den nachfolgenden Erörterungen unter dem Ausdruck: »Charisma« eine (ganz einerlei: ob wirkliche oder angebliche oder vermeintliche) außeralltägliche Qualität eines Menschen verstanden werden. Unter »charismatischer Autorität« also eine (sei es mehr äußerliche oder mehr

innerliche) Herrschaft über Menschen, welcher sich die Beherrschten kraft des Glaubens an diese Qualität dieser bestimmten Person fügen. Der magische Zauberer, der Prophet, der Führer auf Jagd- und Beutezügen, der Kriegshäuptling, der sog. »cäsaristische« Herrscher, unter Umständen das persönliche Parteihaupt, sind gegenüber seinen Jüngern, seiner Gefolgschaft, der von ihm geworbenen Truppe, der Partei usw. solche Herrschertypen. Die Legitimität ihrer Herrschaft beruht auf dem Glauben und der Hingabe an das Außergewöhnliche, über normale Menschenqualitäten Hinausgehende und deshalb (ursprünglich: als übernatürlich) Gewertete. Also: auf magischem oder auf Offenbarungs- und Heldenglauben, dessen Quelle »Bewährung« der charismatischen Qualität durch Wunder, durch Siege und andere Erfolge: durch Wohlergehen der Beherrschten, ist, und der deshalb nebst der in Anspruch genommenen Autorität schwindet oder doch zu schwinden droht sobald die Bewährung ausbleibt und der charismatisch Qualifizierte sich von seiner magischen Kraft oder von seinem Gott verlassen zeigt. Die Herrschaft wird nicht nach generellen Normen, weder traditionellen, noch rationalen, sondern — im Prinzip — nach konkreten Offenbarungen und Eingebungen gehandhabt und ist in diesem Sinne »irrational«. Sie ist »revolutionär« im Sinne der Ungebundenheit an alles Bestehende: »es steht geschrieben — ich aber sage euch . . .!«

2. Es soll im nachfolgenden: »Traditionalismus« die seelische Eingestelltheit auf und der Glaube an das alltäglich Gewohnte als unverbrüchliche Norm für das Handeln heißen, und daher ein Herrschaftsverhältnis, welches auf dieser Unterlage, also: auf der Pietät gegen das (wirklich oder angeblich oder vermeintlich) immer Gewesene ruht, als »traditionalistische Autorität« bezeichnet werden. Die weitaus wichtigste Art der auf traditionalistischer Autorität beruhenden, ihre Legitimität auf Tradition stützenden Herrschaft ist der Patriarchalismus: die Herrschaft des Hausvaters, Ehemannes, Hausältesten, Sippenältesten über die Haus- und Sippengenossen, des Herren und Patrons über die Leibeigenen, Hörigen, Freigelassenen, des Herren über Hausdiener, Hausbeamte, des Fürsten über Haus- und Hofbeamte, Ministerialen, Klienten, Vasallen, des Patrimonialherren und des Fürsten (»Landesvaters«) über die »Untertanen«. Es ist der patriarchalen (und der als Spielart

ihr zugehörigen patrimonialen) Herrschaft eigentümlich: daß sie neben einem System unverbrüchlicher, weil als absolut heilig geltender, Normen, deren Verletzung magische oder religiöse Uebel im Gefolge hat, ein Reich frei schaltender Willkür und Gnade des Herrn kennt, welche im Prinzip nur nach »persönlichen«, nicht nach »sachlichen« Beziehungen wertet und in diesem Sinne »irrational« ist.

3. Die charismatische Herrschaft, die auf dem Glauben an die Heiligkeit oder den Wert von Außeralltäglichem ruht, und die traditionalistische (patriarchale) Herrschaft, die auf den Glauben an die Heiligkeit des Alltäglichen sich stützt, teilten in früher Vergangenheit die wichtigsten Arten aller Herrschaftsbeziehungen unter sich auf. »Neues« Recht konnte in den Kreis des kraft Tradition Geltenden nur durch Charismaträger: Orakel von Propheten oder Verfügungen von charismatischen Kriegsfürsten, eingefügt werden. Offenbarung und Schwert, die beiden außeralltäglichen Mächte, waren auch die beiden typischen Neuerer. Aber beide verfielen, sobald sie ihr Werk verrichtet hatten, in typische Art der Veralltäglichung. Mit dem Tode des Propheten oder Kriegsfürsten entstand die Nachfolgerfrage. Mochte sie durch Kürung (ursprünglich nicht eine »Wahl«, sondern eine Auslese nach Charisma) oder durch sakramentale Versachlichung des Charisma (Nachfolgerdesignation durch Weihe: hierokratische oder apostolische »Sukzession«) oder durch den Glauben an die charismatische Qualifikation der Sippe (Erbcharisma: Erbkönigtum und Erbhierokratie) gelöst werden: stets begann damit in irgendeiner Art die Herrschaft von Regeln. Nicht mehr kraft rein persönlicher, sondern kraft erworbener oder ererbter Qualitäten oder kraft Legitimation durch einen Kürungsakt herrschte der Fürst oder Hierokrat. Der Prozeß der Veralltäglichung und das hieß: Traditionalisierung, hatte eingesetzt. Und, was vielleicht noch wichtiger war: mit dauernder Organisation der Herrschaft veralltäglichte sich der Menschenstab, auf den sich der charismatische Herrscher stützte: seine Jünger, Apostel, Gefolgen, — zu Priestern, Lehenvasallen, vor allem: Beamten. Aus der ursprünglich spezifisch wirtschaftsfremd: von Geschenken, Almosen, Kriegsbeute, kommunistisch lebenden charismatischen Gemeinschaft wurde eine durch Landnutzung, Sporteln, Deputate, Gehälter: durch Pfründen also, unterhaltene Schicht von Hilfspersonen des Herren,

die ihre legitime Gewalt nunmehr — in sehr verschiedenen Stadien der Appropriation — von Belehnung, Verleihung, Anstellung herleiteten. In aller Regel bedeutete das eine Patrimonialisierung der Herrengewalten, wie sie auch aus dem reinen Patriarchalismus sich durch Zerfall der straffen Gewalt des Herren entwickeln konnte. Der mit dem Amt beliehene Pfründner oder Lehensmann hat kraft der Beleihung in aller Regel ein eigenes Recht daran. Er ist im Besitz der Verwaltungsmittel, ähnlich wie der Handwerker in dem der ökonomischen Produktionsmittel. Er hat aus seinen Sporteln oder sonstigen Einnahmen die Kosten der Verwaltung zu tragen, oder er führt von den beigetriebenen Leistungen der Untertanen nur einen Teil an den Herren ab, der Rest verbleibt ihm. Er kann — im Grenzfall — sein Amt vererben und veräußern wie anderen Besitz. Wir wollen von ständischem Patrimonialismus sprechen, wo die Entwicklung, sei es aus einem charismatischen, sei es aus einem patriarchalen, Anfangszustand her, durch Appropriation von Herrengewalten dieses Stadium erreicht hat.

Aber bei diesem Stadium ist die Entwicklung selten stehen geblieben. Ueberall finden wir den Kampf des (politischen oder hierokratischen) Herren mit den Inhabern oder Usurpatoren ständisch appropriierter Herrenrechte. Er versucht: sie, sie: ihn zu expropriieren. Je nachdem es ihm gelingt, sich in den Besitz eines eigenen Stabes von ihm allein anhängenden, an sein Interesse geknüpften Beamten und — damit zusammenhängend — eigener, fest in der eigenen Hand behaltener Verwaltungsmittel zu setzen (eigene Finanzen bei politischen und — im Okzident seit Innocenz III. bis Johann XXII. fortschreitend — hierokratischen Herren, eigene Magazine und Arsenale für die Verpflegung von Heer und Beamten beim profanen Herrscher), desto mehr entscheidet sich dieser Kampf zu seinen Gunsten und gegen die allmählich expropriierten ständischen Privilegieninhaber. Geschichtlich sehr verschieden war der Charakter jener Beamtenschicht, auf deren Hilfe sich der Herr im Kampf um die Expropriation der ständischen Herrengewalten stützte: Kleriker (typisch in Asien und im frühmittelalterlichen Okzident), Sklaven und Klienten (typisch im vorderasiatischen Orient), Freigelassene (im begrenzten Maß typisch für den römischen Prinzipat), humanistische Literaten (typisch in China), endlich: Juristen (typisch im Okzident der Neuzeit, sowohl in der Kirche wie in den politischen Verbänden). Ueberall bedeutete der Sieg der Fürstenmacht und die Expropriation der partikularen Herrenrechte mindestens die Möglichkeit, oft auch das tatsächliche Eintreten einer Rationalisierung der Verwaltung. Aber in höchst verschiedenem Grade und Sinn, wie wir sehen werden. Vor allem ist zwischen der materialen Rationalisierung der Verwaltung und Rechtspflege durch einen Patrimonialfürsten, der seine Untertanen utilitarisch und sozialethisch beglückt so, wie ein großer Hausherr seine Hausangehörigen, und der formalen Rationalisierung durch die von geschulten Juristen geschaffene Durchführung der Herrschaft allgemeinverbindlicher Rechtsnormen für alle »Staatsbürger« zu scheiden. So flüssig (etwa in Babylon, Byzanz, dem hohenstaufischen Sizilien, dem stuartischen England, dem bourbonischen Frankreich) der Unterschied war, letztlich bestand er doch. Und die Geburt des modernen okzidentalen »Staats« ebenso wie der okzidentalen »Kirchen« ist zum wesentlichsten Teil Juristenwerk gewesen. Woher sie die Kraft und den Ideengehalt zu dieser Arbeit und die technischen Mittel dafür nahmen, ist hier noch nicht zu erörtern.

Mit dem Siege des formalistischen juristischen Rationalismus trat im Okzident neben die überkommenen Typen der Herrschaften der legale Typus der Herrschaft, dessen nicht einzige, aber reinste Spielart die bureaukratische Herrschaft war und ist. Das Verhältnis der modernen Staats- und Kommunalbeamten, der modernen katholischen Priester und Kapläne, der Beamten und Angestellten der modernen Banken und kapitalistischen Großbetriebe stellt, wie schon erwähnt, den wichtigsten Typus dieser Herrschaftsstruktur dar. Als das für unsere Terminologie entscheidende Merkmal muß dabei das vorhin Erwähnte gelten: die Unterwerfung nicht kraft Glaubens und Hingabe an charismatisch begnadete Personen: Propheten und Helden, auch nicht kraft heiliger Tradition und der Pietät gegen den durch Traditionsordnung bestimmten persönlichen Herren und — eventuell — seine durch Privileg und Verleihung zu eigenem Recht legitimierten Amtslehen- oder Amtspfründeninhaber, sondern die unpersönliche Bindung an die generell bezeichnete sachliche »Amtspflicht«, welche ebenso wie das korrespondierende Herrschaftsrecht: — die »Kompetenz« — durch rational gesatzte Normen (Gesetze, Verordnungen, Reglements) fest und derart bestimmt sind, daß die Legitimität der Herrschaft zur Legalität der generellen, zweckvoll erdachten, formell korrekt gesatzten und verkündeten Regel wird.

Die Unterschiede der vorstehend skizzierten Typen reichen bis in alle Einzelheiten ihrer sozialen Struktur und ökonomischen Bedeutung.

Es könnte nur in einer systematischen Darstellung erhärtet werden, inwiefern die hier gewählte Art der Unterscheidung und Terminologie zweckmäßig ist. Hier sei nur betont: daß sie mitnichten den Anspruch erhebt, die einzig mögliche zu sein, noch vollends: daß alle empirischen Herrschaftsgebilde einem dieser Typen »rein« entsprechen müßten. Im geraden Gegenteil stellt die überwiegende Mehrzahl von ihnen eine Kombination oder einen Uebergangszustand zwischen mehreren von ihnen dar. Wir werden immer wieder gezwungen sein, z. B. durch Wortbildungen wie: »Patrimonialbureaukratie« zum Ausdruck zu bringen: daß die betreffende Erscheinung mit einem Teil ihrer charakteristischen Merkmale der rationalen, mit einem anderen der traditionalistischen — in diesem Fall: ständischen — Herrschaftsform angehört. Dazu treten aber höchst wichtige Formen, welche — wie die feudale Herrschaftsstruktur — historisch universell verbreitet waren, aber mit wichtigen Zügen gar nicht glatt unter eine der drei oben unterschiedenen Formen einzuordnen sind, sondern nur durch eine Kombination mit anderen Begriffen (in diesem Fall: dem des »Standes« und der »Standesehre«) verständlich werden. Oder welche, wie die Funktionäre der reinen Demokratie (Turnus-Ehrenamt und ähnliche Formen auf der einen, plebiszitäre Herrschaft auf der anderen Seite) oder wie gewisse Arten der Honoratiorenherrschaft (einer Sonderform der traditionalistischen Herrschaft), teils aus andern als »Herrschafts«-Prinzipien, teils aus eigentümlichen Abwandlungen des Charismabegriffes zu verstehen sind, aber ihrerseits gerade zu den historisch allerwichtigsten Fermenten der Entbindung des politischen Rationalismus gehört haben. Die hier vorgeschlagene Terminologie will also nicht die unendliche Mannigfaltigkeit des Historischen schematisch vergewaltigen, sondern sie möchte nur, für bestimmte Zwecke, brauchbare begriffliche Orientierungspunkte schaffen.

Das gleiche gilt für eine letzte terminologische Unterscheidung. Wir verstehen unter ständischer Lage eine primär durch Unterschiede in der Art der Lebensführung bestimmter Menschengruppen (und also meist: ihrer Erziehung) bedingte Chance positiver oder negativer sozialer Ehre für sie. Sekundär — und damit wird an die vorstehende Terminologie der Herrschaftsformen angeknüpft — pflegt diese sehr häufig und typisch zusammenzuhängen mit einem der betreffenden Schicht rechtlich gesicherten Monopol entweder auf Herrenrechte oder auf Einkommens- und Erwerbschancen bestimmter Art. Ein »Stand« ist also im (natürlich nicht immer vorliegenden) Fall der Erfüllung aller dieser Merkmale eine durch die Art der Lebensführung, die konventionalen spezifischen Ehrbegriffe und die rechtlich monopolisierten ökonomischen Chancen (nicht immer verbandsmäßig organisierte, stets aber irgendwie vergesellschaftete) Menschengruppe. Commercium (im Sinn von »gesellschaftlichem« Verkehr) und connubium von Gruppen untereinander sind die typischen Merkmale der ständischen Gleichschätzung; ihr Fehlen bedeutet ständische Unterschiede. Unter »Klassenlage« sollen im Gegensatz dazu die primär durch typische ökonomisch relevante Lagen, also: Besitz bestimmter Art oder Gelerntheit in der Ausübung begehrter Leistungen, bedingten Versorgungs- und Erwerbschancen einerseits, die daraus folgenden allgemeinen typischen Lebensbedingungen (z. B. die Notwendigkeit, sich der Werkstattdisziplin eines Kapitalbesitzers zu fügen) genannt werden. Eine »ständische Lage« kann sowohl Ursache wie Folge einer »Klassenlage« sein, ist aber keines von beiden notwendig. Klassenlagen können ihrerseits primär marktbedingt sein (arbeits- und gütermarktbedingt) — und sind es heute in den der Gegenwart spezifischen typischen Fällen. Aber dies ist nicht absolut notwendig der Fall. Grundherr und Kleinbauer sind es im Fall geringer Marktverflochtenheit fast gar nicht, die verschiedenen Kategorien der »Rentner« (Boden-, Menschen-, Staats-, Wertpapierrentner) in sehr verschiedenem Sinn und Maß. »Besitzklassen« und (primär marktbedingte) »Erwerbsklassen« sind also zu scheiden. Die heutige Gesellschaft ist vorwiegend klassengegliedert, und zwar in spezifisch hohem Maße in Erwerbsklassen. Sie enthält aber in dem spezifisch ständischen Prestige der »Bildungs«-Schichten ein (äußerlich durch die ökonomischen Monopole und gesellschaftlichen Vorzugschancen der Diplominhaber am deutlichsten verkörpertes) höchst fühlbares ständisches Gliederungselement. In der Vergangenheit war die Bedeutung der ständischen Gliederung weit ausschlaggebender, vor allem auch für die ökonomische Struktur der Gesellschaften. Denn auf diese wirkt sie einerseits durch die Schranken oder Reglementierungen des Konsums und durch die Bedeutung der ständischen — vom Standpunkt der ökonomischen Rationalität aus: irrationalen — Monopole, andererseits durch die Tragweite der beispielgebenden ständischen Konventionen der betreffenden Herrenschichten außerordentlich stark ein. Diese Konventionen konnten ihrerseits den Charakter ritueller Stereotypierung tragen, und dies war in hohem Maße der Fall bei den asiatischen ständischen Gliederungen, denen wir uns nunmehr zuerst zuwenden.

I. Konfuzianismus und Taoismus[1]).

I. Soziologische Grundlagen: A: Stadt, Fürst und Gott.

Geldwesen S. 276. — Städte und Gilden S. 290. — Fürstenverwaltung und Gotteskonzeption im Vergleich mit Vorderasien S. 298. — Charismatische und pontifikale Stellung des Zentralmonarchen S. 310.

I.

China war, in scharfem Gegensatz zu Japan, schon seit einer für uns vorhistorischen Zeit ein Land der großen ummauerten Städte. Nur Städte hatten einen kanonisierten Ortspatron mit Kult. Der Fürst war vornehmlich Stadtherr. Die Bezeichnung für »Staat« blieb in offiziellen Dokumenten

[1]) Zur Literatur: Die weiterhin nicht zu den einzelnen Stellen jedesmal besonders zitierten großen Zentralwerke der klassischen chinesischen Literatur hat J. Legge in den »Chinese Classics« übersetzt mit textkritischen Anmerkungen herausgegeben. Einige davon sind auch in Max Müllers Sacred Books of the East aufgenommen. In die persönlichen (oder, was für uns hier ganz dasselbe ist: als persönlich geltenden) Ansichten des Konfuzius und seiner maßgeblichsten Schüler führen wohl am bequemsten die in einem kleinen Bande (The Life and Teachings of Confucius, London 1867) von Legge mit Einleitung herausgegebenen drei Schriften: das Lun Yü (als »Confucian Analects« übersetzt), das Ta Hio (The Great Learning) und das Tschung Yung (»Doctrine of the Mean«), ein. Dazu die berühmten Annalen von Lu (Tschun Tsiu = »Frühling und Herbst«). Uebersetzungen von Mencius: in den Sacred B. of the East und bei Faber, The Mind of Mencius. Das dem Laotse zugeschriebene Tao-te-king ist überaus oft übersetzt worden, deutsch (genial) von v. Strauß 1870, englisch von Carus 1913. Inzwischen ist bei Diederichs, Jena, eine gute Auslese chinesischer Mystiker und Philosophen erschienen (hrsg. v. Wilhelm). Die Beschäftigung mit Taoismus war neuerdings fast Mode. Ueber die staatlichen und sozialen Verhältnisse ist, neben Richthofen's großartigem, vorwiegend geographischem, aber nebenbei auch diese Dinge berücksichtigenden Werk, zur Einführung noch immer die popularisierende ältere Arbeit von Williams »The Midden Empire« nützlich. Vorzügliche Skizze (mit Literatur) von Otto Franke in der »Kultur der Gegenwart« (II, II, 1). Ueber die Städte: Plath in den Abh. der bayer. Akad. der Wiss. X. Die beste Arbeit über die Oekonomik einer (modernen) chinesischen Stadt ist bisher von

auch der großen Teilstaaten: »Eure Hauptstadt« bzw. »Meine bescheidene Stadt«. Noch im letzten Drittel des 19. Jahrhunderts

---

einem Schüler K. Büchers, Dr. Nyok Ching Tsur, geliefert worden (Die gewerbl. Betriebsformen der Stadt Ningpo, Erg.-Heft 30 der Zeitschr. f. d. ges. Staatsw., Tübingen 1909). Ueber die altchinesische Religion (den sog. »Sinismus«) E. Chavannes in Revue de l'hist. des Relig. 34 S. 125 ff. Für die Religion und Ethik des Konfuzianismus und Taoismus sind empfehlenswert, weil tunlichst im Anschluß an wörtliche Zitate gearbeitet, die beiden Arbeiten von Dvořak in den »Darstellungen aus dem Gebiet der nichtchristlichen Rel.-Geschichte«. Im übrigen die Darstellungen in den verschiedenen Lehrbüchern der Religionsgeschichte (bei Bertholet, Tübingen 1908, ist der Abschnitt von Wilhelm Grube, bei Chantepie de la Saussaye von E. Buckley). Im übrigen stehen über die offizielle Religion die großenArbeiten von de Groot zurzeit allen voran. Hauptwerk: The Religious System of China (in den bisher erschienenen Bänden wesentlich das Ritual, vor allem Totenritual, behandelnd). Eine Gesamtübersicht über die in China bestehenden Religionssysteme von ihm in der »Kultur der Gegenwart«. Ueber die Toleranz des Konfuzianismus seine temperamentvolle Streitschrift: Sectarianism and religious persecution in China (Verh. der Kon. Ak. van Wetensch. te Amsterdam, Afd. letterk. N. Reeks IV, 1, 2). Zur Geschichte der Religionsverhältnisse sein Aufsatz in Bd. VII des Archiv f. Rel.-Wissensch. (1904). Zu vgl. die Besprechung von Pelliot Bull. de l'Ecole franç. de l'Extr. Orient III, 1903, S. 105. Ueber den Taoismus Pelliot a. a. O. S. 317. Ueber das Heilige Edikt des Gründers der Ming-Dynastie (Vorgänger des »heiligen Ediktes« von 1671) Chavannes, Bull. de l'Ec. fr. de l'Ext. Or. III, 1903, S. 549 ff. Darstellung der konfuzianischen Lehre vom Standpunkt der modernen Reformpartei Kang Yu Wei's: Chen Huan Chang The economic principles of Confucius and his school (Dissertation der New Yorker Columbia University, New York 1911). — Sehr anschaulich spiegeln sich die Wirkungen der verschiedenen Religionssysteme auf die Lebensformen in Wilhelm Grubes schönem Aufsatz: Zur Pekinger Volkskunde (in der Veröff. aus dem Kgl. Mus. f. Völkerk., Berlin VII, 1901). Vgl. von demselben: Religion und Kultur der Chinesen. Ueber chinesische Philosophie: W. Grube in der »Kultur der Gegenwart« I, 5. Derselbe: Geschichte der chinesischen Literatur (Leipzig 1902). Aus der Missionarliteratur ist recht wertvoll, weil zahlreiche Gespräche reproduzierend, Jos. Edkins, Religion in China (3. Aufl., 1884). Manches Gute enthält auch Douglas, Society in China. Für weitere Literatur sind die bekannten großen englischen, französischen und deutschen Zeitschriften, ferner die Zeitschr. f. vergl. Rechtswissenschaft und das Archiv f. Rel.-Wissensch. durchzusehen. — Zur anschaulichen Einführung in moderne chinesische Verhältnisse: F. v. Richthofens Tagebücher, ferner die Bücher von Lauterer, Lyall, Navarra u. a. Zum Taoismus s. auch bei VII.

Eine moderne Entwicklungsgeschichte Chinas (alte Zeit) bringt E. Conrady in Band III der »Weltgeschichte« (1911) von v. Pflugk-Harttung. Erst während dieses Drucks kam mir das neue Werk von de Groot: »Universismus«. Die Grundl. d. Rel. u. Ethik, des Staatsw. u. der Wiss. Chinas (Berlin 1918) zur Hand. Von kurzen einführenden Skizzen sei ganz besonders auf die kleine Broschüre eines der besten Fachkenner verwiesen: Frhr. v. Rosthorn, Das soziale Leben der Chinesen (1919), aus der älteren Literatur gleicher Art etwa auf J. Singer, Ueber soziale Verhältnisse in Ostasien (1888).

Belehrender als viele Darstellungen ist das Durcharbeiten der von den englischen Interessenten jahrzehntelang unter dem Namen »Peking Gazette«

wurde die endgültige Unterwerfung der Miao (1872) durch einen zwangsweisen Synoikismos, eine Zusammensiedlung in Städte, besiegelt, ganz wie im römischen Altertum bis gegen das 3. Jahrhundert. Im Effekt kam vor allem die Steuerpolitik der chinesischen Verwaltung auf eine sehr starke Begünstigung der Stadtinsassen auf Kosten des platten Landes hinaus [1]). Ebenso war China von jeher die Stätte eines für die Bedarfsdeckung großer Gebiete unentbehrlichen Binnenhandels. Dennoch aber war, entsprechend der überragenden Bedeutung der agrarischen Produktion, bis in die Neuzeit hinein die Geldwirtschaft schwerlich je so entwickelt wie etwa im ptolemäischen Aegypten. Dafür ist schon das — allerdings teilweise nur als Verfallsprodukt zu verstehende — Geldsystem mit seinem fortwährend zeitlich und überdies von Ort zu Ort wechselnden Kursverhältnis des Kupferkurants zum Barrensilber — dessen Stempelung in den Händen der Gilden lag —, Beweis genug [2]).

Das chinesische Geldwesen [3]) bewahrt Züge äußerster Ar-

übersetzten Sammlung der (ursprünglich nur zum internen Gebrauch bestimmten) kaiserlichen Verfügungen an die Reichsbeamten. Die sonstige Literatur und die übersetzten Quellenschriften sind zu den Einzeldarlegungen zitiert. Für den Nichtfachmann ist sehr erschwerend der Umstand, daß die dokumentarischen und monumentalen Quellen nur zum kleinsten Teil übersetzt sind. Ein sinologischer Fachmann stand mir zur Kontrolle leider **nicht** zur Seite. Nur mit schweren Bedenken und unter den größten Vorbehalten wird daher hier dieser Teil mit abgedruckt.

[1]) Dahin resumiert seine Ansicht auch H. B. Morse, The Trade and Administration of the Chinese, New York 1908, p. 74. In der Tat: das Fehlen der Akzise und jeder Steuer von beweglichem Einkommen, bis in die Neuzeit sehr niedrige Zölle, die Getreidepolitik nur unter den Gesichtspunkt des Konsums gestellt, — schon diese Grundtatsachen rechtfertigen das Urteil. Vor allem aber war für den bemittelten Händler für Geld bei der Eigenart des Beamtentums praktisch alles durchzusetzen, was in seinem Interesse lag.

[2]) Der Uebergang zu diesem unseren »Banko«-Währungen entsprechenden (für die Hamburger Bank auch vorbildlich gewesenen) System wurde allerdings erst durch die Münzverschlechterungen und Papiergeldemissionen der Kaiser herbeigeführt, ist also sekundär. Welche Verwirrung aber die an einem Ort plötzlich eintretende Knappheit des Kupferkurants, die infolgedessen vermehrte Emission lokaler Banknoten und die durch beides erzeugten Agiounterschiede und Spekulationen in Silberbarren noch in neuester Zeit hervorrufen konnten und mit wie unbeholfenen Maßnahmen die Regierung dann eingriff, zeigt z. B. der nebst dem kaiserlichen Dekret in der »Peking Gazette« vom 2. 6. 96 veröffentlichte Bericht. Beste Darstellung der Währungsverhältnisse bei H. B. Morse, Trade and Administration of the Chinese Empire, New York 1908, Kap. V, p. 119 ff. Im übrigen zu vergleichen: J. **Edkins**, Banking and prices in China (1905). Aus der alten chinesischen Literatur Se Ma Tsien ed. Chavannes, Vol. III, Kap. XXX.

[3]) Die Bezeichnung für »Geld« ist im übrigen »hwo«, »Tauschmittel« (puo hwo = wertvolles Tauschmittel).

chaistik in Verbindung mit scheinbar modernen Bestandteilen. Das Zeichen für »Reichtum« bewahrt noch jetzt die alte Bedeutung »Muschel« (pei). Es scheint, daß noch 1578 Muschelgeldtribute aus Yünnan (einer Minenprovinz!) vorkamen. Für »Münzen« findet sich ein Zeichen, welches »Schildkrötenschale« bedeutet [1]), »Pu pe«: »Seidengeld«, soll unter den Tschou existiert haben und die Leistung von Seide als Steuer hat sich in den verschiedensten Jahrhunderten gefunden. Perlen, Edelsteine, Zinn werden daneben als alte Träger von Geldfunktion genannt und noch der Usurpator Wang Mang (seit 7 n. Chr.) versuchte — vergeblich — eine Geldskala herzustellen, in welcher neben Gold, Silber, Kupfer auch Schildkrötenschalen und Muscheln als Zahlmittel fungierten, während umgekehrt der rationalistische Einiger des Reiches, Schi Hoang Ti, nur »runde« Münzen, aber — nach einer freilich nicht sehr verläßlichen Angabe — außer Kupfer- auch Goldmünzen (Y und Tsien) hatte schlagen lassen, alle andern Tausch- und Zahlmittel aber — vergeblich — verboten hatte. Silber scheint als Münzmetall erst spät (unter Wu-ti, Ende 2. Jahrhunderts vor Chr.) überhaupt aufzutreten, als Steuer (der Südprovinzen) erst 1035. Zweifellos zunächst aus technischen Gründen. Das Gold war Waschgold, die Kupfergewinnung ursprünglich technisch relativ leicht, Silber dagegen nur durch eigentlichen Bergbau zu gewinnen. Sowohl die Bergbautechnik aber als die Münztechnik der Chinesen ist auf ganz primitiver Stufe stehen geblieben. Die angeblich seit dem 12., wahrscheinlich seit dem 9. Jahrhundert vor Chr. geschaffenen Münzen — erst seit etwa 200 vor Chr. mit Schriftzeichen versehen — wurden gegossen, nicht geprägt. Sie waren daher sehr leicht nachahmbar und an Gehalt sehr verschieden — noch weit verschiedener als, bis zum 17. Jahrhundert, die europäischen Münzen (fast 10 % bei englischen Kronen). 18 Stücke der gleichen Emission des 11. Jahrhunderts schwankten nach Biots Wägung zwischen 2,70 und 4,08 g, 6 Stücke der Emission von 620 nach Chr. gar zwischen

---

[1]) S. darüber außer dem betreffenden Kapitel von Morse, Trade and administration of China, und Jos. Edkins, Chinese Currency, London 1913, die alte, noch immer brauchbare Arbeit von Biot im N. Journ. Asiat. 3. Ser. 3, 1837, welche sich im wesentlichen auf Ma Tuan Lin als Gewährsmann stützt. Erst während der Korrektur kam mir die New-Yorker Diss. v. W. P. Wei, The currency problem in China (Stud. in Hist. Ec. etc. 59, New York 1914) zu Gesicht, deren erstes Kapitel einiges enthält.

2,50 und 4,39 g Kupfer. Schon deshalb allein waren sie kein eindeutig brauchbarer Standard für den Verkehr. Die Goldvorräte wurden wesentlich durch Tatarenbeutegold plötzlich vermehrt, um schnell wieder zu sinken. Gold und Silber wurden daher früh sehr selten, — das Silber, trotzdem die Bergwerke an sich, bei entsprechender Technik, abbauwürdig geblieben wären [1]). Kupfer blieb das Kurantgeld des Alltagsverkehrs. Der weit größere Edelmetallumlauf des Okzidents war den Annalisten insbesondere der Han-Zeit sehr wohl bekannt. Die großen, aus den Naturaltributen gespeisten Seidenkarawanen (jährlich eine große Zahl) brachten zwar okzidentales Gold in das Land. (Römische Münzen werden gefunden.) Doch das hörte mit dem Ende des Römerreichs auf und erst die Zeit des Mongolenreichs brachte wieder Besserung.

Die Wendung brachte erst der Verkehr mit den Abendländern in der Zeit nach der Eröffnung der mexikanisch-peruanischen Silberminen, von deren Ertrag ein erheblicher Teil als Gegenwert gegen Seide, Porzellan, Tee nach China floß. Die Silberentwertung im Verhältnis zu Gold (1368 = 4: 1, 1574 = 8: 1, 1635 = 10: 1, 1737 = 20: 1, 1840 = 18: 1, 1850 = 14: 1, 1882 = 18: 1) hinderte nicht, daß die infolge des zunehmenden geldwirtschaftlichen Silberbedarfs steigende Schätzung des Silbers das Kupfer im Preis gegen Silber sinken ließ. Wie die Bergwerke, so war auch die Münzschaffung Regal der politischen Macht: schon unter den 9 halblegendären Behörden des Tschou-li findet sich der Münzmeister. Die Bergwerke wurden teils in Eigenregie mit Fronden [2]), teils durch Private, aber unter Ankaufs-

[1]) Geomantische, später zu besprechende, Superstitionen führten stets erneut (bei jedem Erdbeben) zur Unterdrückung des Abbaus. Allerdings ist es aber eine lächerliche Uebertreibung, wenn Biot a. a. O. die Minen mit denen von Potosi vergleicht. Das steht seit Richthofen endgültig fest. Die Bergwerke in Yünnan sollen von 1811 bis gegen 1890 nur ca. 13 Mill. Taëls Ausbeute ergeben haben (trotz der relativ niedrigen Royalty von 15%). Schon im 16. Jahrhundert (1556) kam es vor, daß eine Silbermine mit 30 000 Taëls Kosten eröffnet wurde und dann rund 28 500 Taëls Ausbeute gab. Die mehrfachen Verbote des Bleiabbaus hinderten die Gewinnung des Silbers als Nebenprodukt. Nur während der Herrschaft der Chinesen über Hinterindien (Kambodscha, Annam), wo namentlich Birma ein Silberland war, stieg die (Dauer-)Zufuhr von Silber stark; außerdem durch den Handel mit dem Westen über Buchara, besonders im 13. Jahrhundert, als Gegenwert gegen Seide, dann (s. gleich) seit dem 16. Jahrhundert durch den Außenhandel mit Europäern. Die große Unsicherheit war, nach der Annalistik zu schließen, neben der mangelhaften Technik ein wichtiger Grund der meist geringen Rentabilität der Silberbergwerke.

[2]) Riesenhafte Fronden für die Ausbeutung von Goldminen berichtet die

monopol der Regierung für die Ausbeute, betrieben [1]); die hohen Transportkosten des Kupfers zur Münze in Peking — welche den Ueberschuß über den Staatsmünzbedarf verkaufte — verteuerten die Münzherstellung beträchtlich. Diese Kosten waren auch an sich gewaltig. Im 8. Jahrhundert (752 nach Ma-tuan-lin) produzierten 99 damals existierende Münzstätten angeblich jede jährlich 3300 Min (à 1000 Stück) Kupfermünzen. Jede bedurfte dazu 30 Arbeiter und verwendete 21 200 Kin (à 550 g) Kupfer, 3700 Blei, 500 Zinn. Der Kostenaufwand betrug auf 1000 Stück davon 750, also: 75 %. Dazu trat der exorbitante Münzgewinn, welchen die (monopolisierte) Münze beanspruchte [2]): nominell 25 %, welcher allein schon den unausgesetzt durch alle Jahrhunderte laufenden Kampf gegen die überaus gewinnbringende Nachprägung hoffnungslos machte. Die Bergwerksdistrikte waren von feindlicher Invasion bedroht. Nicht selten kaufte die Regierung Kupfer für Münzzwecke vom Ausland (Japan) oder konfiszierte private Kupfervorräte, um den hohen Prägebedarf zu sichern. Zeitweilig wurden Regal und Eigenbetrieb auf alle Metallbergwerke überhaupt erstreckt. Die Silberminen zahlten eine sehr bedeutende Royalty (in Kwantung Mitte des 19. Jahrhunderts 20—33⅓ %, bei Verbindung mit Blei 55 %) an die betreffenden Mandarinen, deren Haupteinnahmequellen dort diese — gegen eine Pauschalsumme an die Regierung ihnen überlassenen — Einkünfte bildeten. Die Goldminen (besonders in der Provinz Yünnan vorhanden) waren, ganz ebenso wie alle anderen, in kleinen Feldern für den Kleinbetrieb an Minenmeister (Handwerker) vergeben und zahlten je nach Ergiebigkeit bis zu 40 % Royalty. Daß alle Minen technisch schlecht ausgebeutet wurden, wird noch aus dem 17. Jahrhundert berichtet: der Grund war — neben den Schwierigkeiten, welche die später zu erwähnende Geomantik machte [3])

---

von Kaiser Kian Lung geschriebene Geschichte der Ming-Dynastie (Yu tsiuan tung kian kang mu übers. v. Delamarre, Paris 1861, p. 362) noch für das Jahr 1474: 550 000 (?) Menschen seien dazu gepreßt worden.

[1]) Das Mißverhältnis zwischen Ankaufspreis und Kosten erklärt die ganz ungenügende Ausbeute hinlänglich.

[2]) Nach Weil a. a. O. S. 17 sei ein Münzgewinn der älteren Münzpolitik Chinas unbekannt gewesen. Aber das ist unglaubwürdig, da sonst die notorisch riesige Nachprägung nicht rentiert hätte. Auch berichtet die Annalistik ausdrücklich (s. u.) das Gegenteil.

[3]) Ueber diese Wirkung des Fung schui s. Variétés Sinolog. Nr. 2 (H. Havret La prov. de Ngan Hei, 1893) p. 39.

— der allgemeine, später zu erörternde, in der politischen, ökonomischen und geistigen Struktur Chinas liegende Traditionalismus, der auch jede ernsthafte Münzreform immer wieder scheitern ließ. Von Münzverschlechterungen hören wir in der Annalistik schon in alter Zeit (Tschuang Wang und Tsu), auch davon, daß die Oktroyierung der verschlechterten Münzen für den Verkehr scheiterte. Die erste Goldmünzenverschlechterung — seitdem oft wiederholt — wird bereits von King Ti berichtet und auch von den starken Störungen des Handels, die sie herbeiführte, erzählt. Das Grundübel aber waren offenbar die schwankenden Münzmetall-Vorräte[1]), unter der gerade der Norden, wo die Verteidigung gegen die Barbaren der Steppe zu führen war, ganz ungleich stärker litt als der mit metallenen Umlaufsmitteln von jeher weit reicher ausgestattete Süden, der Sitz des Handels. Die Finanzierung jedes Kriegs bedingte gewaltsame Münzreformen und Verwendung der Kupfer-Münzen für die Waffenfabrikation (wie bei uns im Kriege der Nickelmünzen). Herstellung des Friedens bedeutete Ueberschwemmung des Landes mit Kupfer durch die willkürliche Verwertung des Heeresguts seitens der »demobilisierten« Soldaten. Jede politische Unruhe konnte die Bergwerke sperren, erstaunliche — selbst nach Abzug der wahrscheinlichen Uebertreibungen sehr bedeutende — Preisschwankungen als Folge der Münzknappheit und des Münzüberschusses werden berichtet. Massenhafte private, zweifellos von den Beamten geduldete, Nachmünzstätten entstanden stets aufs neue und auch die einzelnen Satrapien spotteten des Monopols immer wieder. In der Verzweiflung über die Mißerfolge aller Versuche der Durchführung des staatlichen Münzmonopols ist man wiederholt (zuerst unter Wen-ti 175 v. Chr.) zur Freigabe der Münzschaffung für jeden Privaten nach gegebenen Modellen übergegangen. Völlige Verwirrung des Münzwesens war die natürliche Folge. Zwar gelang es nach dem ersten solchen Experiment Wu-ti ziemlich schnell, das Münzmonopol herzustellen und die privaten Prägestätten auszurotten, auch durch Verbesserung der Münztechnik (Münzen mit festem Rand) das Prestige der staatlichen Münzen wieder

[1]) Nach einer von Biot (N. J. As. III Ser. 6, 1838, p. 278) wiedergegebenen Notiz aus dem Wen hian tong kao wären unter Yuan Ti (48—30 v. Chr.) die Münzvorräte des ganzen Landes auf 730 000 Uan à 10 000 tsien (Kupfermünzen), davon 330 000 im Fiskalbesitz (!), geschätzt worden, was Ma tuan lin als einen niedrigen Vorrat ansieht.

zu heben. Aber die Notwendigkeit, zur Finanzierung des (in alle Münzwirren aller Zeiten als Ursache hineinragenden) Hiung Nu-(Hunnen-)Kriegs Kreditgeld (aus weißen Hirschfellen) auszugeben und die leichte Nachahmbarkeit seiner Silbermünzen ließ auch diesen Versuch schließlich scheitern. Die Münzmetallknappheit war unter Yuan-ti (ca. 40 vor Chr.) so groß wie je [1]), — wohl eine Folge politischer Wirren, in deren Gefolge der Usurpator Wang Mang seine vergeblichen Geldskalenexperimente (28 Münzsorten!) vornahm. Eine Herstellung von Gold- und Silbermünzen durch die Regierung, — an sich nur als Gelegenheitserscheinung auftauchend, — scheint seitdem nicht mehr zu verzeichnen. Die 807 zuerst vorgenommene Emission staatlicher [2]) Umlaufsmittel in Nachahmung der Bankumlaufsmittel [3]) aber — besonders unter den Mongolen blühend — ist nur zuerst, später immer weniger, mit bankmäßiger Metalldeckung erfolgt, und die Entwertung der Assignaten in Verbindung mit der Erinnerung an die Münzverschlechterungen hat seitdem die Banko-Währung (deponierte Silberbarren als Unterlage des Großhandelszahlungsverkehrs in »Taël«-Einheiten) unerschütterlich etabliert. Die Kupferwährung aber bedeutete trotz der sehr niedrigen Preise doch nicht nur jene ungeheure Teuerung der Münzherstellung, sondern auch eine, durch die Höhe der Geldtransportkosten, für den Verkehr und die Entwicklung der Geldwirtschaft überhaupt sehr unbequeme Geldform: eine Schnur mit 1000 aufgereihten Kupfermünzen (tsien) wurde anfangs = 1 Unze Silber tarifiert, später = ½ Unze Silber. Dabei blieben die Schwankungen der verfügbaren Kupfermengen auch im Frieden infolge der industriellen und künstlerischen Verwendung (Buddhastatuen) außerordentlich bedeutend und in den Preisen sowohl wie namentlich bei der Steuerbelastung fühlbar. Die sehr starken Schwankungen des Münzwerts

---

[1]) Die Annalistik (Ma tuan lin) gibt an, daß Kupfer, nach dem Gewicht, damals 1840 mal so viel wert gewesen sei als Getreide (andere Quellen sprechen von 507 mal so viel), während unter den Han Kupfer 1—8 mal so viel wert gewesen sein soll als Reis (auch in Rom im letzten Jahrhundert der Republik, gab es für Weizen eine erstaunliche Relation).

[2]) Das »pien-tschen« Papiergeld des 10. Jahrhunderts wurde von staatlichen Kassen eingelöst.

[3]) Das schwere Eisengeld in Setschuan hatte dort schon im 1. Jahrh. im kaufmännischen Verkehr Zertifikate (tschiao-tse) der Gilde der 16ner, also: Bankgeld entstehen lassen, die später durch Zahlungsunfähigkeit uneinlöslich wurden.

mit ihren Folgen für die Preise sind es denn auch gewesen, welche den immer wieder gemachten Versuch, ein einheitliches Budget auf der Grundlage reiner (oder annähernd reiner) Geldsteuern zu schaffen, ebenso regelmäßig wieder zum Scheitern brachten: stets erneut mußte zur (mindestens teilweisen) Naturalbesteuerung mit ihren selbstverständlichen, die Wirtschaft stereotypierenden Konsequenzen zurückgegangen werden [1]).

---

[1]) Eine chinesische Staatseinkünfteaufstellung älterer Zeit sah nach der Annalistik (Ma tuan lin) so aus:

	997 v. Chr.		1021 n. Chr.	
Getreide	21 707 000	schi	22 782 000	schi
Kupfermünzen	4 656 000	kuan (à 1000 tsien)	7 364 000	kuan
Starke Seidenstoffe	1 625 000	py (Stück)	1 615 000	py
Feine Seidenstoffe	273 000	py	182 000	py
Seidengarn	410 000	Unzen	905 000	Unzen
Gaze (feinste Seide)	5 170 000	Unzen	3 995 000	Unzen
Tee	490 000	Pfund	1 668 000	Pfund
Heu, frisch und gedörrt	30 000 000	schi	28 995 000	schi
Brennholz	280 000	scho	?	
Kohlen (»Erdkohle«)	530 000	tsching	26 000	tsching
Eisen	300 000	Pfund	—	

Dazu 997 noch: Posten für Pfeilholz, Gänsefedern (für die Pfeile) und Vegetabilien,

1021 aber: Posten für Leder (816 000 tsching), Hanf (370 000 Pfund), Salz (577 000 schi), Papier (123 000 tsching),

1077 (geldwirtschaftliche und handelsmonopolistische Reform Wang-An-Schis, von der zu reden sein wird):

Silber	60 137	Unzen,
Kupfer	5 586 819	kuan
Getreide	18 202 287	schi,
Starke Seidenstoffe	2 672 323	py,
Seidengarn und leichte Stoffe	5 847 358	Unzen,
Heu	16 714 844	scho.

Dazu tritt ein Durcheinander von Abgaben an Tee, Salz, Käse, Kleie, Wachs, Oel, Papier, Eisen, Kohle, Saflor, Leder, Hanf u. a., welches sinnloserweise vom Annalisten nach dem Gesamtgewicht (3 200 253 Pfund) angegeben ist, Was die Getreidequantitäten anlangt, so rechnete man, wie andern Orts erwähnt, als Monatsbedarf einer Person 1½ schi (doch wechselte die Größe des schi erheblich). Die Silbereinnahme der letzten Rechnung, die in den beiden ersten fehlt, ist entweder aus dem Handelsmonopol oder durch Einführung der noch heute bestehenden Umrechnung des Kupferkurants in Silber durch die Steuereinheber zu erklären, oder dadurch, daß die letzte Rechnung eine Ist-Rechnung, die ersten Sollbudgets (?) sind.

Die erste Abrechnung der Ming-Dynastie von 1360 weist demgegenüber nur 3 Posten auf:

Getreide	29 433 350	schi,
Geld (in Kupfer und Papiergeld)	450 000	Unzen (Silber),
Seidenstoffe	288 546	Stück.

Also ein erheblicher Fortschritt der Silbervermehrung und ein Fortfall der zahlreichen spezifizierten Naturalien, die damals offenbar nur in den Bezirks-

Für die Zentralregierung kam bei ihren Beziehungen zum Geldwesen neben unmittelbarem Kriegsbedarf und andern rein fiskalischen Motiven auch die Preispolitik sehr stark beherrschend in Betracht. Inflationistische Neigungen — Freigabe der Prägung, um die Kupfergeldproduktion anzuregen — wechselten mit Maßregeln gegen die Wirkung der Inflation: Schließung eines Teils der Münzstätten [1]). Vor allem aber war das Verbot und die Kontrolle des Außenhandels valutapolitisch mitbestimmt: teils durch Angst vor dem Abströmen des Geldes bei freier Einfuhr, teils durch die Sorge vor Ueberschwemmung mit fremdem Geld bei freier Ausfuhr [2]) von Waren. Ebenso war die Verfolgung der Buddhisten und Taoisten zwar zum sehr wesentlichen Teil religionspolitisch, daneben aber oft rein münzfiskalisch bedingt: die Buddhastatuen, Vasen, Paramente, überhaupt die durch die Klosterkunst angeregte künstlerische Verwendung des Geldstoffs wurde der Währung stets erneut gefährlich: die massenhaften Einschmelzungen führten zu scharfer Geldknappheit, Kupferthesaurierungen, Preissenkungen und im Gefolge davon zur Naturalwirtschaft [3]). Systematische Plünderungen der Klöster durch den Fiskus, Tarifierungen der Kupferwaren [4]) und schließlich [5]) der Versuch, ein staatliches Monopol der Fabrikation von Bronze- und Kupferwaren durchzuführen, dem später ein Monopol der Fabrikation a l l e r Metallwaren (um der privaten Münzverfälschungen Herr zu werden) folgte — was beides nicht dauernd

---

haushalten erschienen, wo sie verbraucht wurden. Sehr viel ist mit den Zahlen eben deshalb nicht anzufangen, weil man nicht sicher weiß, was vorabgezogen wurde.

1795—1810 flossen der Zentralregierung zu: 4,21 Mill. schi Getreide (à 120 chines. Pfund), dagegen eine sehr starke relative und absolute Vermehrung der Silbereinkünfte, ermöglicht durch die sehr stark aktive Zahlungsbilanz Chinas im Außenhandel mit den Abendländern seit dem amerikanischen Silbersegen. (Die neuere Entwicklung hat uns hier nicht zu interessieren.)

Uebung der alten Zeit war, nach der Annalistik, die der Hauptstadt nahe gelegenen Bezirke die geringwertigen Naturalien, die Außenbezirke mit steigender Entfernung zunehmend hochwertige Güter liefern zu lassen. Ueber die Steuern und ihre Wirkung siehe weiter unten.

[1]) So 689 n. Chr. nach Ma Tuan Lin.

[2]) So 683 n. Chr. der Verkauf von Getreide nach Japan (wo damals Kupferprägung herrschte).

[3]) So 702 nach der Annalistik.

[4]) Erstmalig 780 n. Chr.

[5]) Im 8. Jahrhundert argumentierten die Münzmeister damit: daß 1000 Einheiten Kupfer, zu Kunstwerken (Vasen) veredelt, so viel wert wären wie 3600 Einheiten, also die industrielle Verwertung des Kupfers vorteilhafter sei als die monetäre.

durchführbar war. Das später zu besprechende, mit wechselnder Wirksamkeit eingeschärfte Verbot der Bodenakkumulation durch Beamte führte immer wieder zu sehr bedeutenden Anhäufungen von Kupfer in deren Händen und neben sehr hohen Geldbesitzsteuern häuften die preispolitischen und fiskalisch motivierten Geldbesitzmaxima [1]) sich in Zeiten der Geldknappheit. Der wiederholt versuchte Uebergang zum Eisengeld, welches längere Zeit neben Kupfer als Münzmetall herging, führte zu keiner Verbesserung der Lage. Die unter Schi-tong (10. Jahrhundert) erwähnte amtliche Eingabe, welche Verzicht auf den Münzgewinn und Freigabe der Metallverwertung (um Monopolpreise der Metallprodukte und dadurch Anreiz zur industriellen Verwertung zu vermeiden) forderte, blieb unausgeführt.

Die Papiergeldpolitik stand unter ähnlichen Gesichtspunkten. Die Emissionen der Banken, welche offenbar zunächst Zertifikat-Charakter hatten: — die übliche Sicherung des Großhandels gegen Münzverwirrung, — und später Umlaufsmittelcharakter, insbesondre zu interlokalen Remittierungszwecken, annahmen, waren der Anreiz zur Nachahmung gewesen. Technische Voraussetzung war die Entstehung der seit dem 2. Jahrhundert nach Chr. importierten Papierindustrie und ein geeignetes Holzschnitt-Druckverfahren [2]), insbesondere der Reliefschnitt statt des ursprünglichen intaglio-Verfahrens. Zuerst Anfang des 9. Jahrhunderts begann der Fiskus, den Kaufleuten ihre Wechsel-Verdienstgelegenheit aus der Hand zu nehmen. Zunächst hatte man auch das Prinzip des Einlösungsfonds (von ¼—⅓) übernommen. Und auch später findet sich die Notenemission mehrfach auf Grund eines Bankdepositenmonopols des Fiskus. Aber selbstverständlich blieb es dabei nicht. Die Noten, anfangs durch Holzschnitt, dann in Kupferstich hergestellt, nutzten sich infolge der schlechten Papierqualität schnell ab. Mindestens wurden sie infolge der Kriege und Münzmetallknappheiten unleserlich. Verkleinerung der Appoints bis auf die winzigsten Einheiten, Repudiation mindestens der bis zur Unleserlichkeit abgenutzten Zettel, Erhebung eines Druckkostenbetrags bei

---

[1]) 817 und seitdem oft: nicht mehr als 5000 kuan (à 1000 tsien). Je nach Höhe des Kupfergeldbesitzes wurden verschiedene Fristen für dessen Veräußerung gestellt.

[2]) Zuerst verwendet scheint es für die Amtssiegel der Beamten, die seit Schi Hoang-Ti den Uebergang vom Feudalismus zum Patrimonialstaat äußerlich markierten.

Ersatz durch neue [1]), vor allem aber die Beseitigung des Metallschatzes [2]) oder doch erschwerte Einlösbarkeit durch Verlegung der Einlösungsstelle in das Innere [3]), oder eine zunächst relativ kurzfristige, dann auf mehrfach verlängerte Fristen (22—25 Jahre) verteilte Einziehung [4]), die aber dann meist gegen neue Zettel, oft unter Herabsetzung des Nennbetrages [5]) erfolgte, immer erneut auch mindestens teilweise Ablehnung der Annahme der Zettel als Steuerzahlungsmittel, diskreditierten das Papiergeld stets erneut, ohne daß natürlich der oft wiederholte Befehl, daß jede große Zahlung in bestimmten Proportionen in Papier zu leisten sei [6]) oder das gelegentliche völlige Verbot der Metallzahlung daran etwas geändert hätte. Andrerseits führte die mehrfache völlige Einziehung aller papierenen Zahlungsmittel zur Geldknappheit und Preissenkung und eine planvolle Vermehrung der Umlaufsmittel, wie sie wiederholt versucht wurde, scheiterte an der dann sofort einsetzenden Versuchung zur hemmungslosen Inflation aus fiskalischen Gründen. Unter normalen Verhältnissen hielt sich das Verhältnis von Papier- zur Metallzirkulation etwa in der Grenze wie in England im 18. Jahrhundert (1 : 10 oder noch weniger). Kriege, Verlust der Minendistrikte an Barbaren und — in wesentlich geringerem Umfang — industrielle (genauer: kunstgewerbliche) Verwertung des Metalls in Zeiten großer Besitzakkumulation und buddhistischer Klosterstiftungen führten zur Inflation, der Krieg in seinen Folgeerscheinungen wiederholt zum Assignatenbankerott. Die Mongolen (Kublai Khan) hatten eine skalierte Emission von Metallzertifikaten (?) versucht, die von Marco Polo bekanntlich sehr bewundert wurde [7]).

[1]) So 1155: 1½%, durch die tatarischen Beherrscher Nordchinas.

[2]) So noch 1107. Die Zettel entwerteten sich assignatenartig (bis auf $^1/_{100}$).

[3]) So 1111, wo Papier für den Grenzkrieg emittiert wurde.

[4]) Dies war die regelmäßige Form, anfänglich auch von den Handelsinteressenten empfohlen. Diese Noten hatten also insoweit Schatzwechselcharakter.

[5]) Alte oder abgenutzte Emissionen wurden zuweilen nur mit $^1/_{10}$—⅓ des Betrags eingelöst.

[6]) Noch 1107, infolge des Tatarenkriegs, jede Zahlung über 10 000 tsien zur Hälfte in Papier. Aehnlich öfter.

[7]) Seine Schilderung ist unannehmbar. 3 % Abzug für Einlösung abgenützter Scheine gegen neue (Scheine!) dagegen auf Verlangen Hergabe des »Goldes« und »Silbers« gegen Scheine an jeden, der es braucht, ist nicht möglich, — selbst dann nicht, wenn man Marco Polo — was nach dem Wortlaut wenigstens möglich wäre — dahin versteht: daß ein industrieller Zweck habe angegeben werden müssen. Zwangsverkäufe von Edelmetall gegen Noten berichtet auch er.

Aber es erfolgte eine ungeheure Papierinflation. Schon 1288 fand eine Devalvation um 80 % statt. Der große Silberzufluß aber brachte wieder Silber in Umlauf. Nun wurde versucht, Gold, Silber und Kupfer in ein tarifarisches Verhältnis zu setzen (Gold zu Silber 10, faktisch 10, 25: 1, die Silber-Unze = 2005 tsien: also Kupferentwertung auf die Hälfte). Aller private Besitz von Gold- und Silberbarren wurde verboten: die Edelmetalle sollten nur den Deckungsfonds für die Zertifikate darstellen. Die Edelmetall- und Kupfer-Industrie wurden verstaatlicht und Metallgeld überhaupt nicht mehr geprägt. Faktisch führte das aber zur reinen Papierwährung, mit dem Sturz der Dynastie: zur Repudiation.

Die Ming gingen zwar wieder zur geordneten Metallprägung über (wobei, charakteristisch für die Unstetheit der Preisrelation der Edelmetalle, Gold zu Silber wie 4: 1 gerechnet worden sein soll), um jedoch sehr bald zunächst (1375) Gold und Silber, dann (1450) auch Kupfer als Geld zu verbieten, weil das daneben zugelassene Papiergeld sich entwertete. Die reine Papierwährung schien damit das endgültige Geldsystem zu werden. Indessen 1489 ist das letzte Jahr, aus welchem die Annalistik das Papiergeld erwähnt, und das 16. Jahrhundert sah Versuche forcierter Kupferprägung, die indessen gleichfalls mißlangen. Erträgliche Zustände schuf erst das Einströmen europäischen Silbers durch den im 16. Jahrhundert beginnenden direkten Verkehr. Ende des Jahrhunderts bürgerte sich die pensatorische Silberwährung (Barren-, in Wahrheit: Banko-Währung) für den Großverkehr ein, die Kupferprägung kam wieder in Gang und die Relation von Kupfer zu Silber veränderte sich zwar wieder sehr bedeutend zuungunsten des Kupfers [1]), aber das Papiergeld (jeder Art) blieb seit dem Verbot der Ming von 1620, das die Mandschus aufrecht erhielten, vollständig unterdrückt und der seitdem langsam aber bedeutend gestiegene monetäre Metallvorrat drückte sich in der gesteigerten geldwirtschaftlichen Struktur der Staatsabrechnungen aus. Die Emission von Staatsnoten in der zweiten Taiping-Rebellion endete mit assignatenartiger Entwertung und Repudiation.

Immerhin bedeutete der Umlauf des Silbers in Barren starke Schwierigkeiten. Es mußte in jedem Fall gewogen werden und es galt als legitim, daß die Provinzialbankiers ihre größeren

---

[1]) Von 500 : 1 auf 1100 : 1 Mitte des 19. Jahrhunderts angeblich.

Kosten durch andre als die in den Hafenstädten üblichen Wagen einbrachten. Die Feinheit mußte durch Schmiede geprüft werden. Die Zentralregierung verlangte für die anteilsmäßig stark steigenden Silberzahlungen für jeden Barren Angabe des Herkunftorts und der Prüfungsstelle. Das in Schuhform gegossene Silber hatte in jeder Gegend anderes Schrot.

Es ist klar, daß diese Zustände zur Banko-Währung führen mußten. Die Gilden der Bankiers in den Großhandelsorten, deren Wechsel überall honoriert wurden, nahmen die Gründung von solchen in die Hand und erzwangen die Zahlbarkeit aller Handelsschulden in Banko-Währung. Zwar hat es auch im 19. Jahrhundert an Empfehlungen der Wiedereinführung des staatlichen Papiergeldes nicht gefehlt (Denkschrift von 1831) [1]). Und die Argumente blieben ganz die alten, wie schon Anfang des 17. Jahrhunderts und im Mittelalter: die industrielle Verwendung von Kupfer gefährde den monetären Umlauf und damit die Preispolitik und überdies liefere die Banko-Währung die Verfügung über das Geld den Händlern aus. Aber es ist damals nicht dazu gekommen. Die Gehälter der Beamten — der mächtigsten Interessenten — waren wesentlich in Silber zahlbar. Breite Schichten von ihnen waren mit den Interessen des Handels an der Nichtintervention der Pekinger Regierung in die Währung solidarisch, weil in ihren Einkommenschancen auf den Handel angewiesen. Jedenfalls aber waren alle Provinzialbeamten einmütig *gegen* jede Stärkung der Finanzmacht und vor allem: der Finanzkontrolle der Zentralregierung interessiert, wie wir noch sehen werden.

Die Masse der kleinbürgerlichen und kleinbäuerlichen Bevölkerung aber war trotz der stark — aber in den letzten Jahrhunderten im ganzen kontinuierlich und langsam — sinkenden Kaufkraft des Kupfers, zum Teil: wegen dieses Vorgangs, an der Aenderung des bestehenden Zustandes nicht oder wenig interessiert. — Die banktechnischen Einzelheiten des chinesischen Zahlungs- und Kreditverkehrs mögen hier außer Betracht bleiben. Es sei nur noch bemerkt: daß der Taël, die pensatorische Rechnungseinheit, in drei hauptsächlichen und einigen nebensächlichen Formen vorkam und die mit einem Bankierstempel versehenen, in Schuhform gegossenen Barren höchst unverläßliches Schrot hatten. Irgend eine oktroyierte Tarifierung der

[1]) J. Edkins, Chinese Currency, 1890, p. 4.

Kupfermünzen bestand jetzt schon lange nicht mehr. Im Innern war die Kupferwährung die einzige effektive. Dagegen war der Silbervorrat und war namentlich das Tempo seines Wachsens seit 1516 ein außerordentlich bedeutendes.

Wir stehen nun vor den beiden eigentümlichen Tatsachen: 1. daß die sehr starke Vermehrung des Edelmetallbesitzes zwar unverkennbar eine gewisse Verstärkung der Entwicklung zur Geldwirtschaft herbeigeführt hat, insbesondere in den Finanzen, — daß sie aber nicht mit einer Durchbrechung, sondern mit einer unverkennbaren Steigerung des Traditionalismus Hand in Hand ging, kapitalistische Erscheinungen aber, soviel ersichtlich, in keinem irgendwie greifbaren Maß herbeigeführt hat. Ferner: 2. daß eine kolossale Vermehrung der Bevölkerung (über deren Umfang noch zu sprechen sein wird) eingetreten ist, ebenfalls ohne daß dafür eine kapitalistische Formung der Wirtschaft den Anreiz gegeben oder aber ihrerseits durch sie Impulse erhalten hätte, vielmehr gleichfalls verknüpft mit (mindestens!) stationärer Form der Wirtschaft. Das bedarf der Erklärung.

Im Okzident waren in der Antike und im Mittelalter die Städte, im Mittelalter die Kurie und der entstehende Staat Träger der Finanzrationalisierung, der Geldwirtschaft und des politisch orientierten Kapitalismus. Von den Klöstern Chinas sahen wir, daß sie geradezu als Schädlinge für die Erhaltung der Metallwährung gefürchtet wurden. Städte, die wie Florenz eine Standardmünze geschaffen und der staatlichen Münzpolitik die Wege gewiesen hätten, gab es in China nicht. Und der Staat scheiterte nicht nur, sahen wir, mit seiner Währungspolitik, sondern: auch mit dem Versuch der Durchführung der Geldwirtschaft.

Bezeichnend waren die bis in die neueste Zeit typischen Bemessungen der Tempel- und vieler sonstiger Pfründen [1]) als (vorwiegend) Naturaldeputate. So war denn auch die chinesische Stadt trotz aller Analogien in entscheidenden Punkten

[1]) Die Pfründen der Beamten der Tsin und Han (bei Chavannes in Vol. II App. I seiner Ausgabe von Se Ma Tsien wiedergegeben) waren, in 16 Klassen abgestuft, teils in Geld, teils in Reis angesetzte feste Deputate. Als Zeichen kaiserlicher Ungnade — der z. B. Konfuzius nach Se Ma Tsien's Biographie verfiel — galt die Verweigerung des Naturalanteils am Opferfleisch, das ihnen zukam. Immerhin finden sich im damal; chinesischen Turkestan, wie später zu erwähnen, Urkunden mit reiner Geldrechnung.

etwas anderes als die des Okzidents. Das chinesische Zeichen für »Stadt« bedeutet: »Festung«. Dies galt nun auch für die Antike und das Mittelalter des Okzidents. In China war die Stadt im Altertum Fürstenresidenz [1]) und blieb durchweg bis in die Neuzeit in erster Linie Residenz der Vizekönige und sonstigen großen Amtsträger: ein Ort, in dem, wie in den Städten der Antike und etwa in dem Moskau der Leibeigenschaftszeit, vor allen Dingen Renten, teils Grundrenten, teils Amtspfründen und andere direkt oder indirekt politisch bedingte Einkünfte, verausgabt wurden. Daneben waren die Städte natürlich, wie überall, Sitze der Kaufmannschaft und — jedoch in merklich geringerer Exklusivität wie im okzidentalen Mittelalter — des Gewerbes. Marktrecht bestand auch in den Dörfern unter dem Schutz des Dorftempels. Ein durch staatliches Privileg garantiertes städtisches Marktmonopol fehlte [2]).

Der Grundgegensatz der chinesischen, wie aller orientalischen, Städtebildung gegen den Okzident war aber das Fehlen des politischen Sondercharakters der Stadt. Sie war keine »Polis« im antiken Sinne und kannte kein »Stadtrecht« wie das Mittelalter. Denn sie war keine »Gemeinde« mit eigenen politischen Sonderrechten. Es hat kein Bürgertum im Sinne eines sich selbst equipierenden stadtsässigen Militärstandes gegeben, wie in der okzidentalen Antike. Und es sind nie militärische Eidgenossenschaften wie die »Compagna Communis« in Genua oder andere »conjurationes«, mit feudalen Stadtherren um Autonomie bald kämpfende, bald wieder paktierende, auf die eigene autonome Wehrkraft des Stadtbezirkes gestützte Mächte: Konsuln, Räte, politische Gilden- und Zunftverbände nach Art der Mercadanza entstanden [3]). Revolten der Stadtinsassen gegen die Beamten, welche diese zur Flucht in die Zitadelle zwangen, sind zwar jederzeit an der Tagesordnung gewesen. Immer aber mit dem Ziel

---

[1]) Erst im 4. Jahrhundert v. Chr. wurde der Holzbau durch Steinbauten ersetzt. Bis dahin wechselten die pallisadierten Residenzen leicht und oft.

[2]) Nicht sehr ergiebig für die Kenntnis chinesischen Städtetums ist die Arbeit von L. Gaillard S. J. über Nangking, Var. Sinol. 23 (Schanghai 1903).

[3]) Auf die gewaltige Bedeutung der Gilden in China kommen wir weiterhin zu sprechen. Es werden dann auch die Unterschiede gegen den Okzident in ihren Gründen hervortreten, deren Bedeutung dadurch nur noch eklatanter wird, daß die soziale Macht der Gilden in China gegenüber dem einzelnen und auch der Umkreis ihrer ökonomischen Wirksamkeit weit größer waren als jemals im Okzident.

der Beseitigung eines konkreten Beamten oder einer konkreten Anordnung, vor allem einer neuen Steuerauflage, nie zur Erringung einer auch nur relativen, fest verbrieften, politischen Stadtfreiheit. Eine solche war in der okzidentalen Form schon deshalb schwer möglich, weil niemals die Bande der Sippe abgestreift wurden. Der zugewanderte Stadtinsasse (vor allem: der begüterte) behielt seine Beziehung zum Stammsitz mit dem Ahnenlande und mit dem Ahnenheiligtum seiner Sippe, also: alle rituell und persönlich wichtigen Beziehungen, in dem Dorf, von wo er stammte. Aehnlich etwa wie der Angehörige des russischen Bauernstandes, auch wenn er als Fabrikarbeiter, Geselle, Händler, Fabrikant, Literat in der Stadt die Stätte seiner dauernden Tätigkeit gefunden hatte, innerhalb seines Mir draußen sein Indigenat (mit den in Rußland daran hängenden Rechten und Pflichten) behielt. Der Ζεὺς ἑρκεῖος des attischen Bürgers und seit Kleisthenes sein Demos oder das »Hantgemal« des Sachsen waren im Okzident Rudimente ähnlicher Zustände [1]). Aber dort war die Stadt eine »Gemeinde«, in der Antike zugleich Kultverband, im Mittelalter Schwurbruderschaft. Davon finden sich in China nur Vorstadien, aber keine Verwirklichung. Der chinesische Stadtgott war nur örtlicher Schutzgeist, nicht aber: ein Verbandsgott, in aller Regel vielmehr: ein kanonisierter Stadtmandarin [2]).

Es fehlte — daran liegt dies — völlig der politische Schwurverband von wehrhaften Stadtinsassen. Es gab in China bis in die Gegenwart Gilden, Hansen, Zünfte, in einigen Fällen auch eine »Stadtgilde«, äußerlich ähnlich der englischen »Gilda mercatoria«. Wir werden sehen, daß die kaiserlichen Beamten mit den verschiedenen Verbänden der Stadtinsassen sehr stark zu rechnen hatten, daß, praktisch angesehen, diese Verbände in überaus weitgehendem Maß, weit intensiver als die kaiserliche Verwaltung, und in vieler Hinsicht auch weit fester als die durchschnittlichen Verbände des Okzidents, die Regulierung des ökonomischen Lebens der Stadt in der Hand hielten. In mancher Hinsicht erinnerte der Zustand chinesischer Städte scheinbar an den der englischen teils in der Zeit der firma burgi teils der Tudorzeit. Nur schon rein äußerlich mit dem nicht gleichgültigen

[1]) Auch in China natürlich hatte bei weitem nicht jeder Stadtinsasse den Zusammenhang mit einem Ahnenheiligtum im Stammort bewahrt.

[2]) Im offiziellen Pantheon galt als universeller Stadtgott der Reichtumsgott.

Unterschied: daß auch damals zu einer englischen Stadt stets die »Charter« gehörte, welche die »Freiheiten« verbriefte. Dergleichen aber existierte in China nicht [1]). Im schroffsten Gegensatz zum Okzident, aber in Uebereinstimmung mit den indischen Verhältnissen, hatten vielmehr die Städte, als kaiserliche Festungen, im Effekt wesentlich w e n i g e r rechtlich garantierte »Selbstverwaltung« [2]) als die Dörfer: die Stadt bestand formell aus »Dorfbezirken« unter je einem besonderen tipao (Aeltesten) und gehörte oft mehreren unteren (hsien), in manchen Fällen sogar mehreren oberen (fu) Verwaltungsbezirken mit gänzlich gesonderter staatlicher Verwaltung an [3]) — sehr zum Vorteil von Spitzbuben. Es fehlte den Städten schon rein formell die Möglichkeit, Verträge — privatrechtlicher oder politischer Art — zu schließen, Prozesse zu führen, überhaupt korporativ aufzutreten, wie sie die Dörfer — wir werden sehen durch welches Mittel — besaßen. Die auch in Indien (wie in der ganzen Welt) gelegentlich vorkommende f a k t i s c h e Beherrschung einer Stadt durch eine machtvolle Kaufgilde bedeutete dafür keinen Ersatz.

Der Grund liegt in der verschiedenen Herkunft der Städte hier und dort. Die Polis der Antike war — wie stark grundherrlich sie auch unterbaut sein mochte — zuerst als Seehandelsstadt entstanden; China aber war vorwiegend ein Binnengebiet. Soweit auch, rein nautisch betrachtet, der tatsächliche Aktionsradius der chinesischen Dschunken gelegentlich und so entwickelt die nautische Technik (Bussole und Kompaß [4]) war, so geringfügig war doch die relative Bedeutung des Seehandels, verglichen mit dem zugehörenden Binnenkörper. Und überdies hatte China seit Jahrhunderten auf eigene Seemacht — die unentbehrliche Grundlage des Aktivhandels — verzichtet und schließlich, im Interesse der Erhaltung der Tradition, die Beziehungen zum Ausland bekanntlich auf einen einzigen Hafen (Kanton) und

---

[1]) Ueber die chinesische Stadt vgl. Eug. S i m o n , La cité chinoise (Paris 1885, wenig präzis).

[2]) Denn der für die R u h e eines Orts gegenüber der Regierung verantwortliche Ehrenbeamte (englisch mit »headborough« bezeichnet, vgl. H. A. G i l e s , China and the Chinese, New York 1912, p. 77) hatte sonst wesentlich nur die Funktion, P e t i t i o n e n weiterzuleiten und gewisse Notariatsakte vorzunehmen. Er hatte ein (hölzernes) Siegel, galt aber n i c h t als Beamter und stand unter dem rangletzten Mandarin des Orts. — Auch besondere Munizipal s t e u e r n gab es in den Städten nicht, sondern Schul-, Armen-, Wasser- usw. Abgaben, welche die Regierung ausschrieb.

[3]) Peking bestand aus 5 Verwaltungsbezirken.

[4]) Freilich wesentlich im B i n n e n verkehr benützt.

eine kleine Zahl (13) konzessionierter Firmen beschränkt. Dieses Ende war nicht zufällig. Schon der »Kaiserkanal« wurde, wie jede Karte und auch die erhaltenen Berichte ergeben, geradezu nur gebaut, um den durch Piraterie und vor allem durch die Taifune unsichern Seeweg für die Reissendungen von Süd nach Nord zu vermeiden: amtliche Berichte führten noch in der Neuzeit aus, daß der Seeweg für den Fiskus solche Verluste mit sich bringe, daß die gewaltigen Kosten des Umbaus des Kanals sich rentieren würden. Die spezifische okzidentale Binnenstadt des Mittelalters andererseits war zwar, wie die chinesische und vorderasiatische, regelmäßig eine Gründung von Fürsten und Feudalherren zur Gewinnung von Geldrenten und Steuern. Aber zugleich wurde die europäische Stadt sehr früh ein hoch privilegierter Verband mit festen Rechten, die planvoll erweitert wurden und erweitert werden konnten, weil der feudale Stadtherr damals die technischen Mittel zur Stadtverwaltung nicht besaß und: die Stadt ein Militärverband war, der einem Ritterheer die Tore erfolgreich schließen konnte. Die großen vorderasiatischen Städte, etwa Babylon, wurden demgegenüber früh von der Gnade der bureaukratischen königlichen Kanalbauverwaltung in ihrer ganzen Existenz abhängig. Trotz der sehr geringen Intensität der chinesischen Zentralverwaltung galt dies auch von der chinesischen Stadt. Auch ihr Gedeihen hing sehr stark nicht von dem ökonomischen und politischen Wagemut ihrer eigenen Bürger, sondern von dem Funktionieren der kaiserlichen Verwaltung, vor allem: der Stromverwaltung, ab[1]). Unsere okzidentale Bureaukratie ist jung und teilweise geschult erst an den Erfahrungen der autonomen Stadtstaaten. Das chinesische kaiserliche Beamtentum war sehr alt. Die Stadt war hier — vorwiegend — ein rationales Produkt der Verwaltung, wie schon ihre Form zu zeigen pflegte. Zuerst war die Pallisade oder Mauer da, dann wurde die oft im Verhältnis zum ummauerten Areal unzulängliche Bevölkerung, eventuell zwangsweise [2]), herangeholt, und mit der Dynastie wechselte, wie in

[1]) Wie in Aegypten der Pharao die Fronpeitsche als Zeichen des »Regierens« in der Hand hält, so identifiziert auch das chinesische Zeichen für »Regieren« (tsching) dies mit der Führung des Stocks und wird es in der alten Terminologie mit »Regulierung der Gewässer«, der Begriff für »Gesetz« (fa) aber mit »Ablassen des Wassers« identifiziert. (Vgl. Plath, China vor 4000 Jahren, München 1869, S. 125.)

[2]) Nach der Ueberlieferung hat z. B. Schi Hoang Ti einen Synoikismos aus

Aegypten, entweder auch die Hauptstadt selbst oder doch ihr Name. Die schließliche Dauerresidenz Peking war bis in die Neuzeit nur in äußerst geringem Maße ein Handels- und Exportindustrieplatz.

Die — wie wir sehen werden — außerordentlich geringe Intensität der kaiserlichen Verwaltung brachte es zwar, wie schon angedeutet, mit sich, daß tatsächlich die Chinesen in Stadt und Land »sich selbst verwalteten«. Wie die Sippen — deren Rolle öfter zu erörtern sein wird — auf dem Lande, so waren neben ihnen, und für denjenigen, der keiner oder doch keiner alten und starken Sippe angehörte: statt ihrer, in der Stadt die Berufsverbände souveräne Herren über die ganze Existenz ihrer Mitglieder. Nirgends (außer — in anderer Art — in den indischen Kasten) war die unbedingte Abhängigkeit des einzelnen von der Gilde und Zunft (beide wurden terminologisch nicht geschieden) so entwickelt wie in China [1]). Mit Ausnahme der wenigen Monopolgilden seit jeher ohne jegliche offizielle Anerkennung durch die staatliche Regierung, hatten sie tatsächlich oft die absolute Jurisdiktion über ihre Mitglieder sich zugeeignet [2]). Ihrer

den 120 000 (?) reichsten Familien des ganzen Landes nach seiner Hauptstadt oktroyiert. Von Synoikismen reicher Leute nach Peking im Jahre 1403 berichtet die von Kaiser Khian Lung geschriebene Chronik der Ming-Dynastie (Yu tsiau thung kian kang mu, Delamarre, Paris 1865, p. 150).

[1]) S. darüber jetzt H. B. Morse, The Guilds of China (London 1909). Ferner aus der älteren Literatur: Macgowan, Chinese Guilds (J. of the N. China Br. of the R. As. Soc. 1888/9) und Hunter, Canton before treaty days 1821—44 (London 1882).

[2]) Dies galt formell anscheinend besonders von den Hwei-kwan-Gilden der aus anderen Provinzen stammenden (Beamten und) Kaufleute (unseren »Hansen« entsprechend), die zum Schutz gegen die Feindschaft der ortsansässigen Kaufleute (wie gelegentlich in den Präambeln der Statuten angegeben wird) seit jedenfalls dem 14., wahrscheinlich schon dem 8. Jahrhundert entstanden, tatsächlich Eintrittszwang übten (wer Geschäfte machen wollte, mußte bei Lebensgefahr beitreten), Klubhäuser besaßen, Steuern je nach dem Gehalt der Beamten und bei Kaufleuten je nach dem Umsatz erhoben, jede Anrufung der Gerichte gegeneinander straften, für Gräber auf einem besonderen, die Heimatserde ersetzenden, Kirchhof sorgten, die Prozeßkosten in Fällen von Konflikten mit Nichtmitgliedern trugen und gegenüber den örtlichen Autoritäten die Anrufung der Zentralgewalt (und natürlich: die Bereitstellung der erforderlichen douceurs) besorgten (so z. B. im Jahre 1809 gegen lokale Reisausfuhrverbote remonstrierten). Neben fremdbürtigen Beamten und Kaufleuten finden sich auch Zünfte fremdbürtiger Handwerker; Nadelmacher aus Kiangsu und Taitschou in Wentschou, Goldschlägergilde nur von Leuten aus Ningpo, ebenda. Diese Organisationen sind Rudimente der Stammesgewerbeorganisation. In all diesen Fällen war die absolute Gewalt der Gilde durch die kontinuierlich bedrohte Lage der Mitglieder der Hanse in fremdstämmiger Umgebung ebenso gegeben, wie

Kontrolle unterlag alles, was ökonomisch für ihre Angehörigen von Bedeutung war: Maß und Gewicht, Währung (Stempelung der Silberbarren) [1], Straßenerhaltung [2], Kontrolle der Kreditgebarung der Mitglieder und: »Konditionenkartell«, würden wir sagen [3]: Feststellung der Lieferungs- [4], Lager- und Zahlungsfristen, der Versicherungssätze und der Zinsraten [5], Unterdrückung fiktiver oder sonst illegaler Geschäfte, Sorge für die ordnungsmäßige Abfindung der Gläubiger bei Geschäftsübertragung [6], Regelung der Geldsortenkurse [7], Bevorschussung von lange lagernden Waren [8], für die Handwerker vor allem: Regulierung und Beschränkung der Lehrlingszahl [9] und eventuell Wahrung des Produktionsgeheimnisses [10]. Einzelne Gilden verfügten über ein Millionenvermögen, angelegt oft in gemeinsamem Grundbesitz, erhoben Steuern von ihren Mitgliedern, Eintrittsgelder und Kautionen (für Wohlverhalten) von Neueintretenden, richteten Schauspiele aus und sorgten für das Begräbnis verarmter Genossen [11].

---

z. B. die straffe, aber immerhin weit weniger rigorose Disziplin etwa der Hansen in London und Nowgorod. Aber auch die ortseingesessenen Gilden und Zünfte (Kung so) übten durch Ausstoßung, Boykott und Lynchjustiz (Totbeißen eines Zunftmitglieds, welches die Vorschriften über die Höchstzahl der Lehrlingshaltung übertreten hatte, kam im 19. Jahrhundert vor!) eine fast absolute Herrschaft über die einzelnen Mitglieder.

[1] Z. B. durch die große »Gesamtgilde« von Niutschwang.

[2] Ebendort.

[3] Besonders bei den Hwei-kwan-Gilden (»Hansen«) verbreitet.

[4] Die Opiumgilde in Wutschou bestimmt, wann das Opium zu Markt kommen darf.

[5] So die Bankiersgilden in Ningpo, Schanghai und an anderen Orten für die Zinssätze, die Teegilde in Schanghai für Lagerungs- und Versicherungssätze.

[6] So die Drogistengilde in Wentschou.

[7] Die Bankiersgilden.

[8] So — infolge der vorhin erwähnten Reglementierung der Verkaufssaison — die Opiumgilden.

[9] Auch aus der eigenen Familie.

[10] Die Gilde der Goldschläger aus Ningpo in Wentschou verbot jede Aufnahme Ortsgebürtiger in die Zunft und jede Lehre ihrer Kunst an sie. Die Herkunft aus der inter-ethnischen, stammesgewerblichen, Produktionsteilung tritt darin besonders deutlich hervor.

[11] Dagegen war sowohl das Unterstützungswesen wie der religiöse Charakter (gemeinsamer Kult) unentwickelter als nach abendländischen Analogien anzunehmen wäre. Wenn die Eintrittsgelder zuweilen an einen Gott (Tempelkasse) gezahlt wurden, so sicherlich (ursprünglich), um sie dem Zugriff der politischen Gewalt zu entziehen. Wenn ein Tempel als Versammlungsraum diente, so regelmäßig nur bei armen Innungen, die sich kein Klubhaus leisten konnten. Die ausgerichteten Schauspiele waren profan (nicht: »mysteria«, wie im Abendland).

Zu der Masse der Berufsverbände stand der Zutritt jedem, der das betreffende Gewerbe betrieb, offen (und war, normalerweise, für ihn pflichtmäßig). Aber es fanden sich nicht nur zahlreiche Reste alter, als tatsächlich erbliches Monopol oder geradezu erbliche Geheimkunst betriebener Sippen- und Stammesgewerbe [1]), sondern daneben auch Gildemonopole, welche durch die fiskalische oder fremdenfeindliche Politik der Staatsgewalt geschaffen wurden [2]). Und die leiturgische Bedarfsdeckung, zu welcher die chinesische Verwaltung im Mittelalter immer wieder periodisch überzugehen suchte, läßt es möglich erscheinen, daß der Uebergang vom i n t e r ethnisch arbeitsteiligen Sippen- und Stammesgewerbe mit Wanderbetrieb zum ortssässigen frei zur Lehre zugänglichen Handwerk für manche Gewerbe durch Zwischenstufen zwangsmäßig von oben für Staatslieferungen organisierter und an den Beruf gebundener Gewerbeverbände hindurch sich vollzogen hat. Dies bedingte, daß in einem sehr breiten Teil des Gewerbes Sippen- und Stammesgewerbecharakter erhalten blieb. Unter den Han waren mannigfache gewerbliche Hantierungen noch strikte Familiengeheimnisse, und die Kunst der Herstellung von Fuchou-Lack z. B. starb in der Taiping-Rebellion völlig aus, weil die Sippe, die das Geheimnis hütete, ausgerottet war. Es fehlte im allgemeinen die städtische Monopolisierung des Gewerbes. Zwar die von uns als »Stadtwirtschaft« bezeichnete Art der lokalen Arbeitsteilung zwischen Stadt und Land hatte sich entwickelt — wie sie es überall tat — und auch einzelne stadtwirtschaftspolitische Maßregeln finden sich. Aber jene Art systematischer Stadtpolitik, welche die zur Herrschaft gelangten Zünfte im Mittelalter — die ja die »Stadtwirtschafts p o l i t i k« erst wirklich durchzuführen suchten — getrieben haben, ist trotz mancher Ansätze nie zur Vollendung gediehen. Insbesondere hat die öffentliche Gewalt zwar gelegentlich immer wieder zu leiturgischer Bindung gegriffen, nicht aber ein System von Zunftprivilegien geschaffen, wie es das hohe Mittelalter kannte. Gerade das Fehlen dieser rechtlichen Garantien verwies ja die Berufsverbände in China auf den Weg rück-

---

Die religiösen Fraternitäten (Hwei) entwickelten geringe Intensität religiöser Interessen.

[1]) So in dem erwähnten Fall in Ningpo, der zahlreiche Parallelen hat.

[2]) So vor allem die Ko-hong-Gilde in Kanton, deren 13 Firmen bis zum Frieden von Nangking den gesamten Außenverkehr monopolisierten: eine der wenigen auf formeller Privilegierung durch die Regierung beruhenden Gilden.

sichtsloser Selbsthilfe in einem Maß, wie sie im Okzident unbekannt blieb. Sie bedingte es auch, daß feste, öffentlich anerkannte, formale und verläßliche Rechtsgrundlagen einer freien, genossenschaftlich regulierten Handels- und Gewerbeverfassung, wie sie der Okzident kannte und wie sie der Entwicklung des Kleinkapitalismus im abendländischen mittelalterlichen Gewerbe zugute kamen, in China fehlten. Daß sie fehlten, hatte seinen Grund in dem Fehlen einer eigenen politisch-militärischen Macht der Städte und Gilden, und diese Tatsache wiederum findet ihre Erklärung in der frühen Entwicklung der Beamten- (und: Offiziers-)Organisation in Heer und Verwaltung.

Für die Entstehung der seit aller sicheren geschichtlichen Erinnerung bestehenden Zentralgewalt und ihres Patrimonialbeamtentums ist in China, wie in Aegypten, die Notwendigkeit der Stromregulierung als Voraussetzung aller rationalen Wirtschaft entscheidend gewesen, wie sehr deutlich z. B. eine Bestimmung in einem bei Mencius erwähnten, ins 7. Jahrhundert vor Chr. verlegten, angeblichen Kartell der Feudalfürsten beweist [1]). Im Gegensatz zu Aegypten und Mesopotamien stand allerdings, wenigstens im nördlichen China, der politischen Keimzelle des Reiches, der Ueberschwemmungsschutz durch Deiche und der Kanalbau zu Binnenschiffahrtszwecken (vor allem: Fouragetransportzwecken) voran, nicht in gleichem Maß der Kanalbau zum Zweck der Bewässerung, an dem in Mesopotamien die Anbaufähigkeit des Wüstengebietes überhaupt hing. Die Stromregulierungsbeamten und die schon in sehr alten Dokumenten — damals als eine Klasse hinter den »Nährständen« und vor den »Eunuchen« und »Lastträgern« — erwähnte »Polizei« bildeten den Keim der präliterarischen, reinen Patrimonialbureaukratie —.

Es fragt sich, inwieweit diese Verhältnisse Konsequenzen nicht nur — wie fraglos ist — politischer, sondern auch religiöser Natur gehabt haben. Der Gott Vorderasiens war nach dem Modell des irdischen Königs geformt. Für den mesopotamischen und ägyptischen Untertan, der den Regen kaum kannte, hing

[1]) Die Regulierung der Bewässerung war schon in der Zeit der Entwicklung der Schrift ausgebildet (und vielleicht hing die letztere mit der durch jene bedingten Verwaltung zusammen). »Regieren« (tsching) bedeutet: den Stock in der Hand führen, der alte Ausdruck für »Gesetz« (fa) hängt mit dem Ablassen des Wassers zusammen (Plath, China vor 4000 Jahren, München 1869, S. 125).

alles Wohl und Wehe, vor allem die Ernte, an dem Tun des Königs und seiner Verwaltung. Der König »schuf« direkt die Ernte. Das war auch in einigen Teilen des südlichen China, wo die Wasserregulierung alles andere an Wichtigkeit überragte, wenigstens entfernt ähnlich, wenn auch nicht annähernd gleich zwingend. Der direkte Uebergang von dem Hackbau zur Gartenkultur war allerdings dadurch bedingt. Im nördlichen China stand dagegen, trotz der auch hier erheblichen Entwicklung der Bewässerung, die Frage der Naturereignisse, des Regens zumal, für die Ernte weit stärker im Vordergrund. In Vorderasien nun begünstigte die alte zentralisierte, bureaukratische Verwaltung unzweifelhaft die Möglichkeit der Vorstellung des höchsten Gottes als eines Himmelskönigs, der Welt und Menschen aus dem Nichts »geschaffen« hat und nun als überweltlicher ethischer Herrscher von der Kreatur die Leistung ihrer Pflicht und Schuldigkeit verlangt: — eine Gottesidee, die tatsächlich nur hier in dieser Stärke die Oberhand behalten hat. Sogleich ist jedoch hinzuzufügen: daß sie die Oberhand behielt, ist aus jenen ökonomischen Bedingungen allein nicht ableitbar. Auch in Vorderasien selbst ist der himmlische König ja gerade dort zur höchsten, schließlich — allerdings erst bei Deuterojesaja im Exil — zu einer schlechthin überweltlichen Machtstellung emporgestiegen, wo er, in Palästina im Gegensatz zu den Wüstengebieten, nach seiner Gnade Regen und Sonnenschein als Quelle der Fruchtbarkeit sandte [1]). Es spielten also offenbar andere Momente bei dem Gegensatz der Gotteskonzeptionen mit. Diese lagen zum erheblichen Teil nicht auf wirtschafts- sondern auf außenpolitischem Gebiet. Wir müssen da etwas weiter ausholen.

Der Gegensatz der vorder- und der ostasiatischen Gottesvorstellungen war keineswegs von jeher in starker Schroffheit vorhanden. Das chinesische Altertum kannte einerseits für jeden Lokalverband einen aus dem Geist des fruchtbaren Erdbodens (schê) und dem Erntegeist (tsi) zusammengeschmolzenen, bereits als ethisch strafende Gottheit entwickelten bäuerlichen Doppelgott (sche-tsi) und andererseits die Tempel der Ahnengeister (tsong-miao) als Gegenstand des Sippenkults. Diese Geister zusammen (sche-tsi-tsong-miao) bildeten den Hauptgegenstand der ländlichen Lokalkulte, den zunächst wohl noch naturalistisch, als

---

[1]) Eben dies hält, wie wir sehen werden, Jahwe den Israeliten vor.

eine halbmaterielle magische Kraft oder Substanz vorgestellten Heimatsschutzgeist, dessen Stellung etwa jener des (schon früh wesentlich personaler vorgestellten) westasiatischen Lokalgottes entsprach. Mit steigender Fürstenmacht wurde der Geist des Acker l a n d e s zum Geist des Fürsten g e b i e t e s. Mit Entwicklung des vornehmen Heldentums entstand offenbar auch in China, wie meist, ein persönlicher Himmelsgott, etwa dem hellenischen Zeus entsprechend, vom Gründer der Tschou-Dynastie zusammen mit dem Lokalgeist in dualistischer Verbindung verehrt. Mit der Entstehung der kaiserlichen Macht, zunächst als oberlehensherrlicher Gewalt über den Fürsten, wurde das Opfer für den Himmel, als dessen »Sohn« der Kaiser galt, dessen Monopol;. die Fürsten opferten den Geistern des Landes und der Ahnen, die Hausväter den Ahnengeistern des Geschlechts. Der, wie überall, so auch hier, animistisch-naturalistisch schillernde Charakter der Geister, vor allem des Himmelsgeistes (Schang-ti), der sowohl als der Himmel selbst wie als Himmelskönig vorgestellt werden konnte, wendete sich nun aber in China, gerade bei den mächtigsten und universellsten von ihnen, immer mehr ins Unpersönliche [1]), genau umgekehrt wie in Vorderasien, wo über die animistisch-halbpersönlichen Geister und die Lokalgottheit sich der persönliche überweltliche Schöpfer und königliche Regent der Welt heraushob. Die Gottesvorstellung der chinesischen Philosophen blieb lange höchst widerspruchsvoll. Für Wang Tschung noch war Gott zwar nicht anthropomorph zu fassen, aber er hatte doch einen »Leib«, eine Art Fluidum scheint es. Andererseits begründete der gleiche Philosoph seine Leugnung der Unsterblichkeit auch wieder mit der völligen »Formlosigkeit« Gottes, zu welcher der Menschengeist — ähnlich der israelitischen »ruach« — nach dem Tode zurückkehre: eine Auffassung, die auch in Inschriften Ausdruck gefunden hat. Immer stärker wurde aber die Nicht-Persönlichkeit gerade der höchsten überirdischen Mächte betont. In der konfuzianischen Philosophie verschwand die Vorstellung eines persönlichen Gottes, die noch im 11. Jahrhundert Vertreter fand, seit dem 12. Jahrhundert,

---

[1]) Angeblich (s. später) sollte unter der Tschou-Dynastie der (wie auch Legge, Shn-king, Proleg. p. 193 ff. annimmt) persönliche Himmelsgott, neben dem die »6 Geehrten« standen, durch die unpersönlichen Ausdrücke »Himmel und Erde« kultisch ersetzt sein. Der Geist des Kaisers und seiner Vasallen ging bei g u t e r Führung in den Himmel (von wo er auch warnend, Legge p. 238 erscheinen konnte). Eine Hölle gab es nicht.

unter dem Einfluß des noch von Kaiser Kang Hi (Verfasser des »Heiligen Ediktes«) als Autorität behandelten Materialisten Tsche Fu Tse. Daß sich diese Entwicklung zur Unpersönlichkeit [1]) nicht ohne dauernde Rückstände der Personalkonzeption vollzog, ist später zu erörtern. Gerade im offiziellen Kult aber gewann sie die Oberhand. — Auch im semitischen Orient war zunächst das fruchtbare Land, das Land mit natürlichem Wasser, »Land des Baal« und zugleich dessen Sitz, und auch hier wurde der bäuerliche Baal des Landes im Sinne des ertragbringenden Bodens zum Lokalgott des ortsgebundenen politischen Verbandes: des Heimatlandes. Aber dies Land galt nun dort als »Eigentum« des Gottes, und ein »Himmel«, der, nach chinesischer Art, unpersönlich und doch beseelt, als Konkurrent eines Himmelsherrn hätte auftreten können, wurde nicht konzipiert. Der israelitische Jahwe war zuerst ein bergsässiger Sturm- und Naturkatastrophengott, der in Gewitter und Wolken den Helden zu Hilfe in den Krieg heranzog, der Bundesgott der kriegerisch erobernden Eidgenossenschaft, deren Verband durch Vertrag mit ihm, vermittelt durch seine Priester, unter seinen Schutz gestellt worden war. Dauernd blieb daher die auswärtige Politik seine Domäne, deren Interessenten auch alle größten unter seinen Propheten: diese politischen Publizisten in den Zeiten der ungeheuren Angst vor den mächtigen mesopotamischen Raubstaaten, waren. Durch diesen Umstand gewann er seine endgültige Formung: die auswärtige Politik war seine Tatenbühne mit Krieg und Völkerschicksal in ihren Peripetien. Deshalb war und blieb er zunächst und vor allem der Gott des Außerordentlichen: des Kriegsschicksals, seines Volkes. Da aber dies Volk nicht selbst ein Weltreich schaffen konnte, sondern ein kleiner Staat inmitten der Weltmächte blieb und schließlich ihnen erlag, so konnte er ein »Weltgott« nur als überweltlicher Schicksalslenker werden, vor dessen Augen auch das eigene auserwählte Volk nur kreatürliche Bedeutung hatte, je nach seinem Verhalten bald gesegnet und bald verworfen wurde.

---

[1]) Wie schwankend diese war, zeigt z. B. eine Fluch-Inschrift des Tsin-Königs gegen den feindlichen Tschu-König aus dem Jahre 312, weil dieser »die Regeln der Sitte verletzt« und einen Vertrag gebrochen habe. Nebeneinander werden zu Zeugen und Rächern angerufen: 1. der Himmel, — 2. der »Herrscher von oben« (also ein persönlicher Himmels g o t t), — 3. der Geist eines Flusses (an dem vermutlich der Vertrag geschlossen worden war). (S. die Inschrift in App. III von Vol. II der Ausgabe von Se Ma Tsien durch Chavannes, und Chavannes im Journal Asiatique, Mai/Juni 1893, p. 473 f.)

Demgegenüber wurde das chinesische Reich in historischer Zeit trotz aller Kriegszüge doch immer mehr ein befriedetes Weltreich. Zwar der Anfang der chinesischen Kulturentwicklung stand unter rein militaristischen Zeichen. Der schih, später der »Beamte«, ist ursprünglich der »Held«. Die spätere »Studienhalle« (Pi yung kung), in welcher, dem Ritual nach, der Kaiser persönlich die Klassiker auslegte, scheint ursprünglich ein »Männerhaus« (ἀνδρεῖον) in dem über fast die ganze Welt bei allen spezifischen Kriegs- und Jagdvölkern verbreiteten Sinn gewesen zu sein, das heißt: der Aufenthaltsort der Bruderschaft der durch die noch heute erhaltene »Bekappungs«-Zeremonie, zweifellos nach vorausgegangener Erprobung, wehrhaft gemachten Jungmannschaft in der Altersstufe ihrer familienfremden »Kasernierung«. In welchem Maß das typische Altersklassensystem dabei entwickelt war, bleibt fraglich. Daß die Frau ursprünglich die Ackerbestellung allein in der Hand hatte, scheint sich etymologisch wahrscheinlich machen zu lassen: jedenfalls aber nahm sie an den außerhäuslichen Kulten nie teil. Das Männerhaus war offenbar das Haus des (charismatischen) Kriegshäuptlings: hier vollzogen sich diplomatische Aktionen, wie die Unterwerfung von Feinden, hier wurden die Kriegswaffen verwahrt, hierher die Trophäen (abgeschnittene Ohren) gebracht, im Verband der Jungmannschaft das rhythmische — das heißt: disziplinierte — Bogenschießen geübt, nach dessen Ergebnissen der Fürst sich seine Gefolgen und Amtsträger auswählte (daher die zeremoniale Bedeutung des Bogenschießens bis in die jüngste Zeit). Es ist möglich — wenn auch nicht sicher —, daß auch die Ahnengeister dort Rat spendeten. Trifft dies alles zu, dann würden dem die Nachrichten über die ursprüngliche Mutterfolge entsprechen: »Mutterrecht« scheint primär überall, soviel heut ersichtlich, die Konsequenz der militaristischen Familienfremdheit des Vaters gewesen zu sein [1]). In geschichtlicher Zeit lag das weit zurück. Der individuelle Heldenkampf, auch in China, wie anscheinend über die ganze Erde hin (bis Irland), durch die Verwertung des Pferdes, zunächst als Zugtier des Kriegswagens, auf die Höhe gebracht, ließ die infanteristisch orientierten Männerhäuser zerfallen: der hochtrainierte und

[1]) Zu dem Vorstehenden vgl. die sehr gute (Leipziger) Dissertation von M. Quistorp (Schüler Conradys): Männergesellschaft und Altersklassen im alten China (1913). Ob, wie Conrady annimmt, Totemismus in China je geherrscht hat, könnte nur der Fachmann entscheiden.

kostspielig bewaffnete Einzelheld trat in den Vordergrund. Auch dies »homerische« Zeitalter Chinas lag aber weit zurück und es scheint, daß hier so wenig wie in Aegypten oder Mesopotamien die ritterliche Kriegs t e c h n i k je zu einer so individualistischen S o z i a l verfassung geführt hat, wie im »homerischen« Hellas und im Mittelalter. Die Abhängigkeit von der Stromregulierung und damit von der fürstlichen bureaukratischen Eigenregie ist vermutlich das entscheidende Gegengewicht gewesen. Die S t e l l u n g von Kriegswagen und Gepanzerten wurde den einzelnen Bezirken auferlegt, ähnlich wie in Indien. Kein persönlicher Kontrakt also, wie beim okzidentalen Lehensverband, sondern die katastermäßig reglementierte Gestellungspflicht war die Grundlage auch des Ritterheeres. Doch immerhin war der »vornehme Mann« Kiün tse, (gentleman), des Konfuzius ursprünglich der waffengeübte Ritter. Aber die Wucht der statischen Tatsachen des Wirtschaftslebens ließ die Kriegsgötter nie zu einem Olymp aufsteigen: der chinesische Kaiser vollzog den Ritus des Pflügens, er war ein Schutzpatron des Ackerbauers geworden und also längst nicht mehr ein Ritterfürst. Zwar die rein chthonischen Mythologeme [1]) haben keine beherrschende Bedeutung erlangt. Aber seit der Herrschaft der Literaten war die zunehmend pazifistische Wendung der Ideologien naturgegeben, — und: umgekehrt, wie wir sehen werden.

Der Himmelsgeist wurde nun — zumal nach der Vernichtung des Feudalismus — im V o l k s glauben ganz wie die ägyptischen Gottheiten aufgefaßt nach Art einer idealen Beschwerdeinstanz gegen die irdischen Amtsträger, vom Kaiser angefangen bis zum letzten Beamten. Wie in Aegypten (und in nicht ganz so ausgeprägter Art auch in Mesopotamien) aus dieser bureaukratischen Vorstellung heraus der Fluch des Bedrückten und Armen besonders gefürchtet war: — wir werden sehen, wie das auf die benachbarte israelitische Ethik zurückwirkte —, so auch in China. D i e s e Vorstellung und n u r sie stand, als eine Art superstitiöser Magna Charta, und zwar als eine schwer gefürchtete Waffe, den Untertanen gegen die Beamten und ebenso gegen alle Privilegierten, auch die Besitzenden, zur Seite: ein ganz spezifisches Merkmal bureaukratischer und zugleich p a z i f i s t i s c h e r Gesinnung.

[1]) Reste davon findet Quistorp a. a. O. in gewissen bei Laotse rudimentär vorhandenen Mythologemen.

Die Zeit irgendwelcher wirklicher Volkskriege jedenfalls liegt in China jenseits der historischen Epochen. Freilich war mit der bureaukratischen Staatsordnung die kriegerische Epoche Chinas nicht abgebrochen. Sie führte seine Heere nach Hinterindien und bis in die Mitte von Turkestan. Die älteren literarisch-dokumentarischen Quellen rühmen allen andern voran den Kriegshelden. In historischer Zeit ist nach der offiziellen Auffassung allerdings nur einmal ein siegreicher General als solcher vom Heer zum Kaiser proklamiert worden (Wang Mang um Chr. G); — tatsächlich ist natürlich das gleiche weit öfter geschehen, aber in den rituell gebotenen Formen oder durch rituell anerkannte Eroberung oder Revolte gegen einen rituell inkorrekten Kaiser. In der für die Prägung der geistigen Kultur entscheidenden Zeit zwischen 8. und 3. Jahrhundert vor Chr. war das Reich ein sehr lockerer Verband politischer Herrschaften, welche zwar sämtlich formell die Oberlehensherrlichkeit des politisch ohnmächtig gewordenen Kaisers anerkannten, aber untereinander in Fehde und vor allem im Kampf um die Hausmeierstellung standen. Der Unterschied gegenüber dem Heiligen Römischen Reich des Okzidents bestand vor allem darin, daß der kaiserliche Oberlehensherr zugleich und vor allem — ein in vorgeschichtliche Zeit zurückreichender wichtiger Sachverhalt — nach Art etwa des okzidentalen Papstes in der von Bonifaz VIII. beanspruchten Stellung: der legitime Oberpriester war. Diese unentbehrliche Funktion bedingte seine Erhaltung. Durch sie bildete er ein wesentliches Element des Kulturzusammenhalts der in ihrem Umfang und ihrer Machtstellung stetig wechselnden Teilstaaten. Die (wenigstens theoretische) Gleichheit des Rituals bildete den Kitt jenes Zusammenhalts. Hier wie im okzidentalen Mittelalter bedingte diese religiöse Einheit die rituelle Freizügigkeit der vornehmen Familien zwischen den Teilstaaten: aus dem Dienst des einen Fürsten trat der vornehme Staatsmann rituell ungehemmt in den Dienst eines anderen über. Die Herstellung des Einheitsreichs seit dem 3. Jahrhundert vor Chr., welche seitdem nur auf kurze Zeiten unterbrochen wurde, befriedeten das Reich — wenigstens dem Prinzip und der Theorie nach — nach innen. »Rechtmäßige« Kriege waren seitdem in seinem Innern nicht mehr möglich. Die Abwehr und Unterwerfung der Barbaren aber war eine rein sicherheitspolizeiliche Aufgabe der Regierung. Der

»Himmel« konnte daher hier nicht die Form eines in Krieg, Sieg, Niederlage, Exil und Heimatshoffnung verehrten, in der Irrationalität der außenpolitischen Schicksale des Volks sich offenbarenden Heldengottes annehmen. Dafür waren, wenn man von der Zeit der Mongolenstürme absieht, seit der Errichtung der großen Mauer diese Schicksale im Prinzip nicht mehr wichtig und nicht irrational genug, standen gerade in den Zeiten der ruhigen Entwicklung der religiösen Spekulation nicht greifbar genug, als drohende oder als überstandene Fügungen, als beherrschende Probleme der ganzen Existenz, jederzeit vor Augen, waren vor allem nicht eine Angelegenheit der Volks g e n o s s e n. Die Untertanen wechselten nur den Herren bei Thronusurpationen ebenso wie bei gelungenen Invasionen, und in beiden Fällen bedeutete dies lediglich einen Wechsel des Steuerempfängers, nicht einen Wechsel der sozialen Ordnung [1]). Die Jahrtausende alte unerschütterte Ordnung des politischen und sozialen Innenlebens wurde daher hier das, was der göttlichen Obhut anheimfiel und sie offenbarte. Auch der israelitische Gott nahm von den sozialen Innenbeziehungen Notiz: als Anlaß der Bestrafung seines Volkes wegen Abfalls von den von ihm eingesetzten alten Bundesordnungen durch kriegerisches Mißgeschick. Aber diese Verletzungen waren, gegenüber der weit wichtigeren Abgötterei, nur eine Kategorie der Sünde unter anderen. Für die chinesische Himmelsmacht dagegen waren die alten sozialen Ordnungen Eins und Alles. Als Hüter ihrer Stetigkeit und ungestörten Geltung und als Hort der durch die Herrschaft vernünftiger Normen garantierten Ruhe, nicht als Quelle irrationaler, befürchteter oder erhoffter, Schicksalsperipetien, waltete der Himmel. Solche Peripetien waren Unruhe und Unordnung. Sie waren daher spezifisch dämonischen Ursprungs. Die Garantie der Ruhe und inneren Ordnung leistete am besten eine in ihrer Unpersönlichkeit und gerade durch sie als über alles Irdische spezifisch erhaben qualifizierte Macht, welcher Leidenschaft, und vor allem »Zorn«: das wichtigste Attribut Jahwes, fremd bleiben mußte. Diese politischen Grundlagen des chinesischen Lebens also begünstigten den Sieg derjenigen Elemente des Geisterglaubens, welche zwar überall in aller zum Kult sich entwickelnden Magie vorgeformt

[1]) Daher betont O. Francke nachdrücklich, daß die Mandschuherrschaft nicht als »Fremdherrschaft« empfunden wurde. Immerhin bedarf dies wohl der Einschränkung für Zeiten der revolutionären Erregung: die Manifeste der Taiping sind ein lebendiges Zeugnis dafür.

waren, aber im Okzident durch die Entfaltung der Heldengötter und, endgültig, eines persönlichen ethischen Welterlösergottes von Plebejerschichten, in der Entwicklung gebrochen wurden. Die eigentlich chthonischen Kulte mit ihrer typischen Orgiastik sind zwar auch in China durch die Ritter- und später die Literatenaristokratie ausgetilgt worden [1]. Es finden sich weder Tänze — der alte Kriegstanz war verschwunden — noch Sexualorgiastik, noch musikalische Orgiastik, noch andere Rauschformen, kaum auch Rückstände vor, und nur ein einziger Ritualakt scheint »sakramentalen« Charakter angenommen zu haben; aber gerade er war ganz unorgiastisch. Der Himmelsgott siegte auch hier: — die Philosophen motivierten dies nach Se Ma Tsien's Konfuzius-Biographie damit: daß die Götter der Berge und Wasserbäche die Welt regieren, weil von den Bergen der Regen kommt. Aber er siegte als Gott der himmlischen Ordnung, nicht der himmlischen (Kriegs-)Heerscharen. Es war die spezifisch chinesische, aus andern Gründen und in anderer Art auch in Indien in der Oberhand gebliebene Wendung der Religiösität, welche an der Unverbrüchlichkeit und Gleichmäßigkeit des die Geister zwingenden magischen Rituals und des für ein Ackerbauvolk grundlegenden Kalenders, beide: die Naturgesetze und die Ritualgesetze in Eins setzend und nun an diese Einheit des »Tao« [2]) anknüpfend, das Zeitlose,

[1]) Mit dem Namen »Genius der Erde« wurde Heu tu, einer der sechs Minister des Kaisers Huang-ti, deifiziert (vgl. Note 215 p. LII des von Michels übersetzten und annotiert herausgegebenen Schih Luh Kuoh Kiang Yuh Tschi: »Histoire géographique des XVI royaumes«, Paris 1891). Darnach kann damals schon ein chthonischer Kult kaum bestanden haben, da dann ein solcher Titel blasphemisch gewesen wäre.

[2]) Denn darin, in dieser Verschmelzung, lag offenbar die Quelle des »Universismus« der »Tao«-Konzeption, die dann (in ganz wesentlich geistvollerer Art als in Babylonien die aus der Leberschau entnommenen Begriffe oder gar als die altägyptischen »metaphysischen« Konzeptionen) zu einem kosmischen System der »Entsprechungen« ausgebaut wurde (alles Nähere über die philosophische Deutung — soweit sie nicht für uns in Abschnitt VII noch in Betracht kommt — muß man in de Groots schönem, zitierten, Buch über »Universismus« nachlesen (welches, rein systematisch angelegt, die Frage der Herkunft nicht erörtert). Es ist aber klar, daß die chronomantische Deutung des Kalendermachens und des Kalenders selbst ebenso wie die absolute Stereotypierung des Rituals und, mit beidem zusammenhängend, die rationale, von der später zu besprechenden Mystik ausgehende Tao-Philosophie erst sekundär waren. Der älteste Kalender (hia siao tsching, »kleiner Regulator«) scheint am wenigsten mit solchen Theologumena belastet zu sein, deren Entwicklung offenbar erst nach der Kalenderreform Schi Hoang Ti's einsetzte. Das später von der Regierung unter strengster Verfolgung jeder eigenmächtigen Kalendermacherei

Unabänderliche zur religiös höchsten Macht erhob. Nun wurde statt eines überweltlichen Schöpfergottes ein übergöttliches, unpersönliches, immer sich gleiches, zeitlich ewiges Sein, welches zugleich ein zeitloses Gelten ewiger Ordnungen war, als letztes und höchstes empfunden. Die unpersönliche Himmelsmacht »sprach nicht« zu den Menschen. Sie offenbarte sich ihnen durch die Art des irdischen Regimentes, also in der festen Ordnung der Natur und des Herkommens, das ein Teil der kosmischen Ordnung war, und — wie überall: — durch das, was den Menschen g e s c h a h. Gutes Ergehen der Untertanen dokumentierte die himmlische Zufriedenheit, also: das richtige Funktionieren der Ordnungen. Alle schlimmen Ereignisse dagegen waren Symptome einer Störung der providentiellen himmlisch-irdischen Harmonie durch magische Gewalten. Diese für China durchaus grundlegende optimistische Vorstellung von der kosmischen Harmonie ist aus dem primitiven Geisterglauben allmählich herausgewachsen. Das Ursprüngliche [1]) war hier wie anderwärts der Dualismus der guten (nützlichen) und der bösen (schädlichen) Geister, der »Shen« und der »Kwei«, welche das ganze Universum erfüllten und in den Naturereignissen ebenso wie im Handeln und Ergehen der Menschen sich äußerten. Auch die »Seele« des Menschen galt — entsprechend der überall verbreiteten Annahme von einer Mehrheit der beseelenden Kräfte — als zusammengesetzt aus der dem Himmel entstammenden Shen- und der irdischen Kwei-Substanz, welche sich nach dem Tode wieder trennten. Die allen Philosophenschulen gemeinsame Lehre faßte dann die »guten« Geister als das (himmlische und männliche) Yang-Prinzip, die »bösen« als das (irdische und weibliche) Yin-Prinzip zusammen, aus deren Verbindung die Welt entstanden sei. Beide Prinzipien waren ewig, wie Himmel und Erde. Dieser konsequente Dualismus war aber hier, wie fast überall, optimistisch abgeschwächt und getragen durch die Identifikation des dem Menschen Heil bringenden magischen Charisma der

---

Privater hergestellte chronomantische Grundbuch: Schi hien schu, als Volksbuch massenhaft nachgedruckt, gibt den »Tagemeistern« (Berufschronomanten den Stoff. Die sehr alte Kalenderbehörde der La schi (»hohen Schriftsteller«) war geschichtlich die Quelle sowohl der Astronomen-(Kalender-) wie der Astrologen-(portenta-)behörden, wie der rein exemplarisch und paradigmatisch gedachten Hofannalistik, die ursprünglich mit der Kalendermacherei in Personalunion war. S. u.

[1]) Zum Nachstehenden vgl. namentlich d e G r o o t , Rel. of the Ch., insbesondere p. 33 f., 55 f.

Zauberer und Helden mit den heilbringenden Shen-Geistern, die der segenspendenden Himmelsmacht, dem Yang, entsprangen. Da nun der charismatisch qualifizierte Mensch offensichtlich Macht über die bösen Dämonen (die Kwei) hatte, und feststand: daß die Himmelsmacht die gütige höchste Leiterin auch des sozialen Kosmos war, so mußten also die Shen-Geister im Menschen und in der Welt in ihrem Funktionieren gestützt werden [1]). Dazu genügte es aber, daß die dämonischen kwei-Geister in Ruhe gehalten wurden: dann funktionierte die vom Himmel geschützte Ordnung richtig. Denn ohne Zulassung des Himmels waren die Dämonen unschädlich. Die Götter und Geister waren mächtige Wesen. Kein einzelner Gott oder vergötterter Heros oder noch so mächtiger Geist aber war »allwissend« oder »allmächtig«. Die nüchterne Lebensweisheit der Konfuzianer konstatierte im Fall des Unglücks frommer Menschen unbefangen: daß »Gottes Wille oft unstet« sei. Alle diese übermenschlichen Wesen waren zwar stärker als der Mensch, standen aber tief unter der unpersönlichen höchsten Himmelmacht und auch unter einem kaiserlichen Pontifex, der in der Himmelsgnade stand. Nur diese und die ihr ähnlichen unpersönlichen Mächte kamen — im Gefolge dieser Vorstellungen — für die überpersönliche Gemeinschaft als Kultobjekte in Betracht und bestimmten ihr Schicksal [2]). Das Schicksal des einzelnen konnten dagegen die magisch zu beeinflussenden Einzelgeister bestimmen.

---

[1]) Mit dieser Motivierung wurde gelegentlich gegen allzu mächtig gewordene Mätressen (Konkubinen) von Kaisern Front gemacht: Weiberherrschaft bedeute Uebergewicht des yin über das yang.

[2]) Im Staatskult spielten allerdings (s. die höchst anschauliche und peinlich genaue Darstellung in de Groots »Universismus«) neben dem Kult 1. des »Himmels«, der jedoch (nach de Groot) beim großen Opferakt als primus inter pares unter den Ahnengeistern des Kaisers erschien, — 2. der Erde (»Kaiserin Erde«), — 3. der kaiserlichen Ahnen, auch die Kulte — 4. des Sche Tsi: Schutzgeistes des Bodens und der Feldfrüchte, — 5. der Sonne und des Mondes, — 6. des Sien Nung, Archegeten der Ackerbaukunst, — 7. des (weiblichen) Archegeten der Seidenzucht (Opfernde: die Kaiserin), — 8. der großen, seit 1722 aber: aller Kaiser der früheren Dynastien (außer: den gewaltsam Gestorbenen oder durch erfolgreiche Rebellion — Zeichen mangelnden Charismas — Gestürzten), — 9. Konfuzius und einige Koryphäen seiner Schule, — diese alle (grundsätzlich) durch den Kaiser persönlich. Dazu traten 10. die Regen- und Windgötter (Tien Schen) und die Götter der Berge, Meere, Flüsse (Ti Ke), — 11. der Jupiter als Kalendergott (Geist des großen — Jupiter- — Jahres), — 12. der Archeget der Heilkunde zusammen mit dem Frühlingsgott (vielleicht ein Symptom einstiger chthonischer Orgiastik als Quelle der magischen Therapeutik), — 13. der Kriegsgott (der kanonisierte General Kuan ti, 2./3. Jahrhundert n. Chr.), — 14. der Gott der klassischen Studien (Schirmgott

Mit diesen verkehrte man ganz urwüchsig auf dem Tauschfuß: soundsoviel rituelle Leistungen für soundsoviel Wohltaten. Zeigte sich dann, daß ein Schutzgeist nicht stark genug war, die Menschen trotz aller Opfer und Tugenden zu schützen, so mußte man ihn wechseln. Denn nur der Geist, der sich als wirklich machtvoll *bewährte*, verdiente Verehrung. Ein solcher Wechsel geschah tatsächlich oft und insbesondere der Kaiser verlieh den Göttern, die sich bewährt hatten, Anerkennung als Objeketn der Verehrung, Titel und Rang [1]) und setzte sie eventuell wieder ab. Nur das bewährte Charisma eines Geistes legitimierte. Zwar war — wie gleich zu besprechen — der Kaiser für Unglück verantwortlich. Aber auch dem Gott, der durch Los-Orakel oder sonstige Weisungen ein mißglücktes Unternehmen veranlaßt hatte, gereichte dies zur Schande. Noch 1455 hielt ein Kaiser dem Geist des Tsai-Berges offiziell eine strafende Rede. Und in anderen Fällen wurden solchen Geistern Kulte und Opfer gesperrt. Der »Rationalist« unter den großen Kaisern und Einiger des

---

gegen Ketzerei), — 15. der (1651 kanonisierte) Nordpolgeist, — 16. der Feuergott Huo Schen, — 17. die *Kanonengötter*, — 18. die Festungsgötter, — 19. »der heilige Berg des Ostens«, — 20. die Drachen- und Wassergötter oder die Bau-, Ziegelei- und Getreidespeichergötter — 21. die kanonisierten Provinzialbeamten. Diese waren alle (normalerweise) durch die zuständigen Beamten zu bedienen. Man sieht, es war schließlich fast die gesamte äußere Staatsorganisation mit ihren Geistern kanonisiert. Aber die höchsten Opfer wurden offensichtlich *un*persönlichen Geistern dargebracht.

[1]) Die »Peking Gazette« wimmelt von Anträgen der Beamten auf solche Kanonisierungen, welche auch darin mit den entsprechenden katholischen Prozeduren übereinstimmen, daß das Avancement schrittweise und je nach dem Nachweis weiterer Wunder erfolgte. So wird 1873 auf Bericht des zuständigen Gouverneurs über das Verhalten eines »presiding spirit of the Yellow River« bei Ueberschwemmungsgefahr zunächst dessen Zulassung zum Kult genehmigt, der Antrag auf Verleihung des Ehrentitels aber in suspenso gelassen bis zum Bericht, ob er sich weitere Verdienste erworben habe. Nachdem 1874 (Peking Gazette vom 17. 12.) berichtet worden war, daß die Heranschaffung seines Bildes das Weiterschwellen der drohenden Flut zum Stehen gebracht habe, erhielt er den entsprechenden Titel. Am 13. 7. 74 (Peking Gazette d. D.) wurde die Anerkennung der Wunderkraft eines Tempels des Drachengotts in Honan beantragt. Am 23. 5. 78 wurde ein neuer Titel des »Drachen-Geistes« genehmigt (Peking Gazette d. D.). Ebenso beantragten z. B. 1883 (Peking Gazette vom 26. 4.) die zuständigen Beamten, einem bereits kanonisierten verstorbenen früheren Mandarinen des Flußgebiets eine Rangerhöhung zu bewilligen, da sein Geist gesehen worden sei, wie er über den Wassern schwebte und bei höchster Gefahr mit bei der Beschwichtigung der Wasser tätig war. Aehnliche Anträge von in Europa sehr bekannten Beamten (Li Hung Tschang — Peking Gazette 2. 12. 1878 — u. a.) finden sich sehr häufig. Am 31. XI. 1883 protestierte ein Zensor, als advocatus diaboli, gegen die Kanonisation eines Mandarinen, da dessen Verwaltung keineswegs hervorragend gewesen sei (Peking Gazette d. D.).

Reichs: Schi-hoang-ti, ließ einen Berg zur Strafe dafür, daß der Geist sich renitent gezeigt und ihm den Zutritt erschwert hatte, kahl schlagen, wie Se Ma Tsien in dessen Biographie erwähnt.

Ihm, dem Kaiser selbst, ging es aber natürlich, getreu dem charismatischen Prinzip der Herrschaft, ganz ebenso. Von dieser eingelebten politischen Realität ging ja diese ganze Konstruktion aus. Auch er mußte sich durch seine charismatischen Qualitäten als vom Himmel zum Herrscher berufen bewähren. Das entsprach durchaus den — erbcharismatisch temperierten — genuinen Grundlagen charismatischer Herrschaft. Charisma war überall eine außeralltägliche Kraft (maga, orenda), deren Vorhandensein sich in Zaubermacht und Heldentum offenbarte, bei den Novizen aber durch Erprobung in der magischen Askese festgestellt (je nach der Abwandlung der Vorstellung auch: als »neue Seele« erworben) werden mußte. Die charismatische Qualität war aber (ursprünglich) verlierbar: der Held oder Magier konnte von seinem Geist oder Gott »verlassen« werden. Nur solange sie sich bewährte: durch immer neue Wunder und immer neue Heldentaten, mindestens aber: dadurch, daß der Magier oder Held nicht sich selbst und seine Gefolgschaft offenkundigen Mißerfolgen aussetzte, erschien ihr Besitz gewährleistet. Heldenstärke galt ursprünglich ja ebenso als magische Qualität wie die im engeren Sinne »magischen« Kräfte: Regenzauber, Krankheitszauber und die außeralltäglichen technischen Künste[1]). Entscheidend für die Kulturentwicklung war wesentlich Eins: die Frage, ob das militärische Charisma des Kriegsfürsten und das pazifistische Charisma des (in der Regel: meteorologischen) Zauberers beide in einer Hand lagen oder nicht. Im ersten Fall (dem des »Cäsaropapismus«) aber: welches von beiden primär die Grundlage der Entwicklung der Fürstenmacht wurde. In China nun haben — wie früher schon eingehend dargelegt wurde — grundlegende, für uns aber vorhistorische Schicksale, vermut-

[1]) Eine strenge Scheidung zwischen dem, was »Zauber« war und was nicht, ist für die präanimistische und animistische Vorstellungswelt gar nicht möglich. Auch das Pflügen und jede alltägliche, auf einen Erfolg gerichtete Handlung war ein »Zauber« im Sinn der Inanspruchnahme spezifischer »Kräfte« und — später — »Geister«. Man kann hier nur soziologisch scheiden: der Besitz außeralltäglicher Qualitäten schied den Zustand der Ekstase vom Alltagszustand und den Berufsmagier vom Alltagsmenschen. »Außeralltäglich« wandelte sich dann, rationalistisch, in »übernatürlich« ab. Der Kunsthandwerker, der die Paramente des Jahwetempels herstellte, war von der »ruach« Jahwes besessen, wie der Medizinmann von der Kraft, die ihn zu seinen Leistungen befähigte.

lich durch die große Bedeutung der Stromregulierung mitbedingt[1]), das Kaisertum aus dem magischen Charisma hervorgehen lassen und weltliche und geistliche Autorität in einer Hand, jedoch unter sehr starkem Vorwalten der letzteren, vereinigt. Das magische Charisma des Kaisers mußte sich zwar auch in kriegerischen Erfolgen (oder doch dem Fehlen eklatanter Mißerfolge), vor allem aber in gutem Erntewetter und gutem Stande der inneren Ruhe und Ordnung bewähren. Die persönlichen Qualitäten aber, die er, um charismatisch begnadet zu sein, besitzen mußte, wurden von den Ritualisten und Philosophen ins Rituelle und weiterhin ins Ethische gewendet: er mußte den rituellen und ethischen Vorschriften der alten klassischen Schriften entsprechend leben. Der chinesische Monarch blieb so in erster Linie ein Pontifex: der alte »Regenmacher« der magischen Religiosität [2]), ins Ethische übersetzt. Da der ethisch rationalisierte »Himmel« eine ewige Ordnung schützte, waren es ethische Tugenden [3]) des Monarchen, an denen sein Charisma hing. Er war, wie alle genuin

---

[1]) Aber nicht aus ihr allein erklärlich. Denn sonst hätte auch in Mesopotamien die gleiche Entwicklung eintreten müssen. Man muß sich damit abfinden: daß diese — wie schon G. Jellinek gelegentlich bemerkt hat — zentral wichtige Entwicklung der Beziehungen zwischen imperium und sacerdotium eben oft auf »zufälligen«, für uns verschollenen, historischen Schicksalen beruht.

[2]) Das Ausbleiben von Regen (oder Schnee) führt daher zu den erregtesten Erörterungen und Vorschlägen im Kreise des Hofs und der Ritualbeamten und die Peking Gazette wimmelt in solchen Fällen von Anträgen auf die Ergreifung magischer Abhilfemittel aller Art. So z. B. die gefahrdrohende Dürre des Jahres 1878 (s. besonders: Peking Gazette vom 11. und 24. 6. 78). Nachdem der Yamen (Kommittee) der Staatsastronomen unter Bezugnahme auf klassische astrologische Autoritäten auf die Färbung der Sonne und des Mondes hingewiesen hatte, wies der Bericht eines Mitglieds der Hanlin-Akademie auf die dadurch entstandene Beunruhigung hin und verlangte, daß dieses Gutachten zwar zur öffentlichen Kenntnis gebracht, der noch jugendliche Kaiser aber vor Eunuchengeschwätz über üble Vorbedeutungen bewahrt und der Palast bewacht werden solle; im übrigen mögen die Kaiserinnen-Regentinnen ihre sittlichen Pflichten erfüllen, dann werde der Regen nicht ausbleiben. Dieser Bericht wurde mit beruhigenden Erklärungen über die Art der Lebensführung der hohen Damen und mit dem Hinweis auf den inzwischen schon eingetretenen Regen publiziert. Ein »Engel-Mädchen« (1469 verstorbene Anachoretin) war vorher im gleichen Jahre wegen häufiger Hilfe in Hungersnot zur Kanonisierung vorgeschlagen (Peking Gazette 14. 1. 78) und mehrere ähnliche Promotionen vorgenommen worden.

[3]) Dieser fundamentale Satz der konfuzianischen Orthodoxie wird in zahlreichen kaiserlichen Edikten und Gutachten oder Anträgen der Hanlinakademie stets erneut betont. So heißt es in dem in der vorigen Note erwähnten und später noch mehrfach heranzuziehenden Gutachten des Hanlin-»Professors«: »It is the practice of virtue alone that can influence the power of Heaven . . . .« (vgl. auch die folgenden Anmerkungen).

charismatischen Herrscher, ein Monarch von Gottes Gnaden nicht in der bequemen Art moderner Herrscher, welche auf Grund dieses Prädikates beanspruchten, für begangene Torheiten »nur Gott«, und das heißt praktisch: gar nicht, verantwortlich zu sein. Sondern im alten genuinen Sinne der charismatischen Herrschaft. Das hieß nach dem soeben Ausgeführten: er hatte sich als »Sohn des Himmels«, als der von ihm gebilligte Herr, dadurch auszuweisen: daß es dem Volke gut ging. Konnte er das nicht, so fehlte ihm eben das Charisma. Brachen also die Flüsse durch die Deiche, blieb der Regen trotz aller Opfer aus, so war dies, wie ausdrücklich gelehrt wurde, ein Beweis, daß der Kaiser jene charismatischen Qualitäten nicht besaß, welche der Himmel verlangte. Er tat dann — so noch in den letzten Jahrzehnten — öffentlich Buße für seine Sünden. Ein solches öffentliches Sündenbekenntnis verzeichnet die Annalistik schon für die Fürsten des Feudalzeitalters [1]) und die Sitte hat bis zuletzt fortbestanden: noch 1832 folgte auf eine solche öffentliche Beichte des Kaisers alsbald der Regen [2]). Wenn auch das nicht half, hatte er Absetzung, in der Vergangenheit wohl Opferung, zu gewärtigen. Er war der amtlichen Rüge der Zensoren ausgesetzt [3]) wie die Beamten. Vollends ein Monarch, welcher den alten festen sozialen Ordnungen, einem Teil des Kosmos, der als unpersönliche Norm und Harmonie über allem Göttlichen stand, zuwiderhandelte: — der z. B. etwa das absolute göttliche Naturrecht der Ahnenpietät

[1]) Tschepe a. a. O. p. 53.

[2]) Im Jahre 1899 (Peking Gazette vom 6. 10.) findet sich ein Dekret des (durch den Staatsstreich der Kaiserinwitwe unter deren Kuratel gestellten) Kaisers, in welchem er seine Sünden als wahrscheinlichen Grund der eingetretenen Dürre beklagt und nur hinzufügt, daß auch die Prinzen und Minister durch unkorrekten Lebenswandel ihren Teil der Schuld daran auf sich geladen haben. — In gleicher Lage versprachen 1877 die beiden Kaiserinnen-Regentinnen, der Ermahnung eines Zensors: sie sollten in ihrer »reverential attitude« verharren, zu entsprechen da dies ihr Verhalten bereits zur Verscheuchung der Dürre beigetragen habe.

[3]) S. vorige Anm. a. E. — Als im Jahre 1894 ein Zensor die Einmischung der Kaiserinwitwe in die Staatsangelegenheiten als ungehörig kritisiert hatte (s. den Bericht in der Peking Gazette vom 28. 12. 1894), wurde er allerdings abgesetzt und zur Robott an den Poststraßen der Mongolei verbannt, aber nicht weil diese Kritik an sich unzulässig, sondern weil sie »nur auf Hörensagen«, nicht auf Beweise gestützt gewesen sei. Besser hatte sich 1882 ein Mitglied der Akademie auf die Intentionen dieser energischen Frau verstanden, welcher (Peking Gazette vom 19. 8. 82) das Verlangen aussprach: die Kaiserin-Mutter möge sich wieder mehr um die Regierungsgeschäfte kümmern, da der Kaiser noch jung und zart, Arbeit für Mitglieder der Dynastie das beste sei und die Umgebung der Kaiserin sonst ihre Führung zu kritisieren beginnen werde.

alteriert hätte —, würde damit (nach der immerhin nicht schlechthin gleichgültigen Theorie) gezeigt haben, daß er von seinem Charisma verlassen und unter dämonische Gewalt geraten war. Man durfte ihn töten, denn er war ein Privatmann [1]). Nur war die dafür zuständige Macht natürlich nicht jedermann, sondern es waren das die großen Beamten (etwa so wie bei Calvin die Stände das Widerstandsrecht hatten) [2]). Denn auch der Träger der staatlichen Ordnung: das Beamtentum, galt als mitbeteiligt am Charisma [3]) und daher in gleichem Sinn als eine Institution heiligen Rechtes, wie der Monarch selbst, mochte auch der einzelne Beamte persönlich, wie bis in die Gegenwart, ad nutum amovibel sein. Auch ihre Eignung war daher charismatisch bedingt: jede Unruhe oder Unordnung sozialer oder kosmisch-meteorologischer Art in ihrem Sprengel bewies: daß sie nicht die Gnade der Geister hatten. Ohne alle Frage nach Gründen mußten sie dann aus dem Amt weichen.

Diese Stellung des Beamtentums war seit einer für uns vorgeschichtlichen Zeit in Entwicklung begriffen. Die alte halb legendäre heilige Ordnung der Tschou-Dynastie, wie sie im Tschou-li überliefert ist, steht bereits auf dem Punkt, wo der urwüchsige Patriarchalismus in den Feudalismus überzugehen beginnt.

---

[1]) Dieser Theorie von der Verantwortlichkeit des Monarchen standen übrigens andere gegenüber, welche die »Rache« gegen den Kaiser als unzulässig erklärten (6. Jahrh. v. Chr.) und demjenigen schwere (magische) Uebel in Aussicht stellten, der ein gekröntes Haupt anrühre. (E. H. Parker, Ancient China simplified, London 1908, p. 308.) Die Theorie ebenso wie die ganze, vorwiegend pontifikale Stellung des Kaisers überhaupt, war eben nichts immer Feststehendes gewesen. Ein nur von einem Heer ausgerufener Kaiser fand sich allerdings, als legitimer Monarch, scheinbar nur einmal. Aber die Akklamation der »hundert Familien«, d. h. der großen Lehensträger, war ursprünglich zweifellos, neben der Designation, für jede Thronfolge legale Bedingung.

[2]) Diese gesamte charismatische Auffassung vom Fürsten drang überall hin, wo die chinesische Kultur einmal Fuß gefaßt hatte. Nachdem der Nan-Tschao-Fürst die chinesische Herrschaft abgeworfen hat, heißt es von ihm in einer von Chavannes (Journ. As. 9 Ser. 16, 1900, p. 435) publizierten Inschrift: der König habe »eine Kraft, welche das Gleichgewicht und die Harmonie in sich trägt« (dem Tschong yong entlehnt), er habe die Fähigkeit, »zu bedecken und zu ernähren« (wie der Himmel). Als Zeichen seiner Tugend werden »verdienstliche Werke« (Bündnis mit Tibet) erwähnt. Ebenso wie der chinesische Musterkaiser hat er die »alten Familien« herausgesucht und sich mit ihnen umgeben (p. 443), womit das Schu-king zu vergleichen ist.

[3]) S. die vorletzte Anmerkung. Weiter unten wird zu erwähnen sein, daß die Mandarinen als Träger magischer Kräfte galten.

II. Soziologische Grundlagen: B. Feudaler und präbendaler Staat.

Soviel ersichtlich, war das politische Lehenswesen in China nicht primär mit der Grundherrschaft (im okzidentalen Sinn) als solcher verknüpft. Sondern beide sind, wie in Indien, aus dem »Geschlechterstaat« erwachsen, nachdem die Häuptlingssippen den alten Banden des Männerhauses und seiner Derivate sich entzogen hatten. Die Sippe stellte nach einer Notiz ursprünglich die Kriegswagen und sie war auch die Trägerin der alten ständischen Gliederung. Die an der Schwelle der sicheren geschichtlichen Kunde in einigermaßen deutlichen Umrissen erscheinende wirkliche politische Verfassung war die gradlinige Fortsetzung jener bei allen Eroberungsreichen urwüchsigen Verwaltungsstruktur, wie sie noch den großen Negerreichen des 19. Jahrhunderts eignete: dem »Reich der Mitte«, das heißt: dem direkt vom siegreichen Herrscher, als Hausmacht, durch seine Beamten: persönliche Klienten und Ministerialen, verwalteten »inneren« Gebiet um den Königssitz herum, wurden immer mehr durch Tributärfürsten beherrschte »Außen«-Gebiete angegliedert, in deren Verwaltung der Kaiser: der Herrscher des Reichs der Mitte, soweit, und nur soweit, eingriff, als die Erhaltung seiner Macht und die mit ihr verbundenen Tributinteressen dies unbedingt erheischten und: als er es vermochte. Daher naturgemäß bei zunehmender Entfernung vom Hausmachtgebiet mit abnehmender Stetigkeit und Intensität. Ob die Beherrscher der Außengebiete praktisch absetzbare oder erbliche Dynasten waren, wie oft das in der Theorie des Tschou-li anerkannte Beschwerderecht ihrer Untertanen beim Kaiser praktisch war und zu Eingriffen seiner Verwaltung führte, ob die neben und unter ihnen stehenden Beamten, wie die Theorie wollte, von den Beamten des Kaisers ernannt und entsetzt und praktisch von ihnen abhängig waren, ob also die Zentralverwaltung der drei großen und drei kleinen Räte (kung und ku) praktisch über die Hausmacht hinausgreifen konnte und ob die Wehrkraft der Außenstaaten dem Oberlehensherrn praktisch zur Verfügung stand: dies waren die jeweils durchaus labil gelösten politischen Probleme. Die politische Feudalisierung, welche sich aus diesem Zustand entwickelte, nahm nun hier die gleiche Wendung, wie wir sie in konsequentester Durchführung in Indien wiederfinden werden: Berücksichtigung bei der Besetzung der abhängigen Stellungen, vom Tributärfürsten bis zu dessen höfischen und Provinzialbeamten, beanspruchten und erreichten nur Sippen schon herrschender politischer Gewalthaber und ihrer Gefolgschaft. Vor allem die kaiserliche Sippe selbst. Ebenso aber die Sippen derjenigen Fürsten, welche sich ihm rechtzeitig unterworfen und im vollen oder teilweisen Besitz ihrer Herrschaft belassen waren[1]. Und endlich die Sippen aller derjenigen, die sich als Helden und Vertrauensleute ausgezeichnet hatten. Das Charisma haftete jedenfalls längst nicht mehr am einzelnen streng persönlich, sondern — wie wir dies als Typus später bei Erörterung der indischen Verhältnisse näher kennen lernen werden — an seiner Sippe. Nicht der durch freie Kommendation in die Vasallität und Investitur erlangte Lehensbesitz schuf den Stand, sondern — im Prinzip wenigstens — umgekehrt: die Zugehörigkeit zu jenen adligen Sippen qualifizierte, je nach dem herkömmlichen Rang der Familie, zu einem Amtslehen bestimmten Ranges. Minister- und selbst bestimmte Gesandtenposten finden wir im chinesischen feudalen Mittelalter fest in den Händen bestimmter Familien und auch Konfuzius war vornehm, weil er von einer Herrscherfamilie abstammte. Die auch in den Inschriften späterer Zeiten hervortretenden »großen Familien« waren diese charismatischen Sippen, die ihre Stellung ökonomisch vorwiegend aus politisch bedingten Einkünften, daneben aus erblich zusammengehaltenem Grundbesitz bestritten. Der Gegensatz gegen den Okzident war natürlich in mancher Hinsicht relativ, aber in seiner Bedeutsamkeit immerhin nicht gering. Im Okzident war die Erblichkeit der Lehen erst Entwicklungsprodukt. Und vollends die ständische Scheidung der Lehensinhaber, je nachdem sie Gerichtsbann erhalten hatten oder nicht, die Scheidung der beneficia nach der Art des Dienstes, endlich die ständische Scheidung des Ritterstandes von anderen, zuletzt auch vom

---

[1]) Wegen der Macht der Ahnengeister charismatischer Sippen scheint man sich oft geradezu gescheut zu haben, unterworfene Häuptlingsfamilien ganz des Landes zu berauben (E. H. Parker, Ancient China simplified, London 1908, p. 57). Im übrigen erklärt aber auch umgekehrt diese sippencharismatische Bedingtheit der Lehen- und Pfründenchancen die starke Stellung der Ahnengeister, wennschon sie nicht etwa ihre einzige Quelle war.

städtischen Patriziat, vollzog sich innerhalb einer schon fest durch Appropriation des Bodens und (weitgehend) aller möglichen Verkehrserwerbschancen gegliederten Gesellschaft. Die erbcharismatische Stellung der (in vielem noch sehr hypothetischen) »Dynasten« im frühesten deutschen Mittelalter würde den chinesischen Verhältnissen am ehesten entsprechen. Aber in den Kerngebieten des westlichen Feudalismus war unter dem Umsturz der traditionalen Rangordnungen durch die Eroberung und Wanderung offenbar das feste Gefüge der Sippen stark gelockert, und die Kriegsnotwendigkeiten erzwangen gebieterisch die Aufnahme jedes tüchtigen, militärisch geschulten, Mannes in die Ritterschaft, also: die Zulassung jedes ritterlich Lebenden zur Ritterwürde. Erst die weitere Entwicklung führte dann zum Erbcharisma, schließlich zur »Ahnenprobe«. In China war dagegen das Erbcharisma der Sippe — in der für uns zugänglichen Zeit — stets das Primäre (mindestens der Theorie nach [1]); erfolgreiche Parvenus hat es immer gegeben). Nicht etwa (wie später im Okzident) die Erblichkeit des konkreten Lehens also: — die vielmehr als grober Mißbrauch galt —, sondern der durch den ererbten Sippenrang gegebene Anspruch auf ein Lehen bestimmten Ranges. Daß die Tschou-Dynastie die fünf Adelsgrade »eingerichtet« und dann das Prinzip der Vergebung von Lehen nach dem Adelsrang eingeführt haben soll, ist wohl Legende; daß aber damals die hohen Vasallen (Tschou-Lou, die »Fürsten«) nur aus Nachkommen alter Herrscher ausgelesen wurden, ist glaubhaft [2]). Das entsprach japanischen Frühzuständen und war: »Geschlechterstaat«. Als die Wei (nach dem Sturze der Han-Dynastie) ihre Hauptstadt nach Lo yang verlegten, führten sie nach der Annalistik die »Aristokratie« mit sich. Diese bestand aus ihrer eignen Sippe und aus alten erbcharismatischen Sippen. Ursprünglich also natürlich: Stammeshäuptlingsfamilien. Damals aber schon: Nachkommen von Amtslehen- und Amtspfründeninhabern. Und nun verteilten sie — noch da-

[1]) »Eine Familie schätzt man nach dem Alter, einen Gebrauchsgegenstand nach der Neuheit«, sagt ein Spruch im Schu-king.

[2]) Vgl. für die Daten: Fr. Hirth, The ancient Hist. of China, New York 1908. Uebersetzung der »Bambus«-Annalen von Biot im Journ. Asiat. 3e Série vol. XII p. 537 ff., XIII p. 381 ff. Ueber die Inschriften der Bronzevasen und die Oden des Schu-king als Quellen der Periode vom 18.—12. Jahrhundert v. Chr. Frank H. Chalfant, Early Chinese Writing, Mem. of the Carnegie Mus. (Pittsburgh) IV Sept. 1906.

malsl — den »Rang« (und dementsprechend den Anspruch auf Pfründen) je nach dem Amt, das einer der Vorfahren der Familie gehabt hatte (ganz das Prinzip der römischen Nobilität und des russischen Mjestnitschestwo)[1]. Ganz ebenso wie in der Teilstaatenzeit die höchsten Aemter fest in den Händen bestimmter Sippen (hohen erbcharismatischen Ranges) sich befanden[2]. Die Entstehung eines eigentlichen »Hofadels« tritt erst in der Zeit Schi hoang Ti's (von 221 vor Chr. an) gleichzeitig mit dem Sturz des Feudalismus auf: damals zuerst wird eine Rang verleihung in der Annalistik erwähnt[3]. Und da gleichzeitig die finanziellen Notwendigkeiten erstmalig den Aemterkauf — also: die Auslese der Beamten nach dem Geldbesitz — erzwangen, verfiel der Erbcharismatismus trotz prinzipieller Aufrechterhaltung der Rangunterschiede. Noch 1399 findet sich die Degradation zum »Plebejer« (ming) erwähnt[4], allerdings damals unter ganz anderen Verhältnissen und in anderem Sinne[5]. In der Feudalzeit entsprach der erbcharismatischen Rangabstufung eine Ordnung der Lehen, nach Beseitigung der Subinfeudation und Uebergang zur Beamtenverwaltung: der Pfründen, die bald fest klassifiziert wurden: unter den Tsin und, nach ihrem Muster, den Han, in 16 Klassen von Geld- und Reisrenten fest abgestuft[6]. Das bedeutete schon die volle Beseitigung des Feudalismus. Den Uebergang stellte der Zustand dar[7]: daß die Aemter in zwei dem Range nach verschiedene Kategorien geschieden waren: koan nei heu: Landpfründen, und lie heu: Rentenpfründen, die auf die Abgaben bestimmter Ortschaften angewiesen waren. Die ersteren waren die Nachfolger der alten Lehen der reinen Feudalzeit. Diese bedeuteten natürlich praktisch sehr weitgehende herrschaftliche Rechte über die Bauern. Sie bestanden so lange, als nicht das Ritterheer durch das fürstliche, später kaiserliche, aus Bauern ausgehobene und disziplinierte stehende Heer

[1] S. dazu Chavannes Journ. As. X, Ser. 14, 1909, p. 33, Note 2.

[2] S. Kun-Yu (Discours des Royaumes) ed. de Harlez Louvain 1895, p. II, V. 110.

[3] S. Se Ma Tsien's Biographie Schi-Hoang-Ti's ed. Chavannes (1897) p. 139.

[4] Yu tsiuan tung kian kong mu (Ming-Annalen) redigiert von Kaiser Kian Lung, übers. v. Delamarre h. a.

[5] Nämlich damals: vom Graduierten, deshalb vor Fronden und Stockhieben Geschützten, zum Fronpflichtigen.

[6] S. Chavannes' Ausgabe von Se Ma Tsien d. II App. I, p. 526, Note 1.

[7] Se Ma Tsien's Biographie Schi Hoang Ti's, ed. Chavannes p. 149, Anm.

ersetzt war. Aeußerliche Aehnlichkeit des alten Feudalismus mit dem okzidentalen bestand also, trotz der innerlichen Unterschiede, in weitgehendem Maße. Insbesondere waren die nicht (ökonomisch und durch Waffenübung) Wehrfähigen natürlich von jeher in China ebenso von allen politischen Rechten entblößt wie überall sonst. Und zwar dies sicher schon vor dem Feudalismus. Daß angeblich der Fürst in der Tschou-Zeit das »Volk« vor Kriegen und bei Kapitalstrafen befragt, das heißt: die wehrhaften Sippen, entsprach den bei Bestand eines Heerbanns allgemein herrschenden Zuständen. Vermutlich ist durch das Aufkommen der Kriegswagen die alte Heeresverfassung gesprengt oder obsolet geworden und der erbcharismatische »Feudalismus« zuerst entstanden, der dann auf die politischen Aemter übergriff. Das älteste schon zitierte Dokument über die Verwaltungsorganisation: das Tschou-Li [1]), zeigt bereits ein stark schematisch konstruiertes [2]), aber immerhin auf bureaukratisch geleiteter Bewässerung, ebenso geleiteten Spezialkulturen (Seide), Rekrutierungslisten, Statistik, Magazinen ruhendes, sehr rational durch Beamte geleitetes Staatswesen, dessen Realität freilich recht problematisch erscheinen muß, da diese Rationalisierung der Verwaltung auf der anderen Seite, nach der Annalistik, erst als Produkt der Konkurrenz der feudalen Teilstaaten auftrat [3]). Immerhin mag man glauben, daß der Feudal-

---

1) Uebersetzt von Biot: Le Tscheou-li, ou rites des Tscheou, 2 Bde. Paris 1851. Angeblich stammt es aus der Regierung Tschong Wangs, 1115 bis 1079 v. Chr. Es wird nur in seinem Kern für »echt« gehalten.

2) In den Bezeichnungen des Hausmeiers, Ackerbauministers, Zeremonienmeisters, Kriegsministers, Justizministers, Arbeitsministers als: Minister des Himmels, der Erde, des Frühlings, Sommers, Herbstes, Winters wohl zweifellos Literatenprodukt. Auch die Voraussetzung eines »Budgets«, welches der Himmelsmandarin feststellt, ist sicher unhistorisch.

3) Se Ma Tsien hat uns die tatsächliche Verwaltungsorganisation der Tsin und Han aufbewahrt (s. dieselbe in T. II der von Chavannes besorgten Ausgabe von Se Ma Tsien App. II). Neben 2 Veziern stand darnach (bis auf Kaiser U) der Tai Wai als Militärchef der Generäle; der Tschong Tscheng als Kanzler und Vorgesetzter der Missi dominici und Provinzialbeamten; der fong tscheng für den Opferkult, zugleich Groß-Astrologe, Groß-Augur, Groß-Arzt und — charakteristischerweise — verantwortlich für Deiche und Kanäle; dann die po sche (Literaten); der lang tschong ling: Palastintendant; der wei wei: Palastgardenchef; der tai pu: Rüstkämmerer; der ting wei: Chef der Justiz; der tien ko: Chef der Vasallen und Barbarenfürsten; der tsong tscheng: Aufseher der kaiserlichen Familie; der tsche su nei sche: Magazinaufseher (und daher Minister für Ackerbau und Handel); der schao fu: Chef des kaiserlichen Haushalts (unter ihm der schang schu, ein Eunuch); der tschong wei: Chef der hauptstädtischen Polizei; der tsiang tso schao fu: Bau-Intendant; der tschong sche:

zeit eine patriarchale Epoche nach Art des »Alten Reichs« in Aegypten vorausging [1]). Denn hier wie dort ist an dem sehr hohen Alter der — aus der Königsklientel erwachsenen — Wasser- und Baubureaukratie kein Zweifel möglich. Ihre Existenz temperierte von Anfang an den feudalen Charakter der Teilstaatenepoche und lenkte das Denken der Literatenschicht — wie wir sehen werden — immer wieder in die Bahn des verwaltungstechnischen und utilitarischen Bureaukratismus. — Aber für mehr als ein halbes Jahrtausend hat jedenfalls der politische Feudalismus geherrscht.

Eine Periode faktisch so gut wie ganz unabhängiger Lehenstaaten füllte die Zeit vom 9.—3. Jahrhundert vor Chr. aus. Von den in Kürze schon oben berührten Zuständen dieses Feudalzeitalters gibt die Annalistik [2]) ein immerhin leidlich klares Bild. Der Kaiser war Oberlehensherr; vor ihm stiegen die Vasallen vom Wagen; auf Verleihung durch ihn allein konnten letztlich »rechtmäßige« politische Besitztitel zurückgeführt werden. Er erhielt von den Vasallenfürsten Geschenke, deren Freiwilligkeit ihn mit wachsender Ohnmacht in peinliche Abhängigkeit brachte. Er verlieh fürstlichen Rang in Abstufungen. Die Untervasallen hatten keinen direkten Verkehr mit ihm [3]). Die Entstehung der

Vorsteher des Hauses der Kaiserin und des Thronfolgers; der nei sche: Präfekt der Hauptstadt; der später mit dem tien ko (s. o.) vereinigte tschu tsio tschong wei: Kontrolleur der Vasallen. Man sieht, diese Liste weist — sehr im Gegensatz zu den rationalen und deshalb historisch nicht sehr glaubhaften Konstruktionen des Tschou li — alle Irrationalitäten eines aus der häuslichen, rituellen und Militär-Verwaltung durch Hinzutritt von Justiz-, Wasserwirtschafts- und rein politischen Interessen herausgewachsenen Patrimonialbeamtentums auf.

[1]) »Patriarchal« aber natürlich nicht im sultanistischen Sinn, sondern im Sinn des erbcharismatischen Sippenpatriarchalismus mit überragender Macht eines vielleicht zuerst durch Designation (welche auch die klassischen Bücher an den Anfang stellen), dann erbcharismatisch überlieferten Ritualpontifex.

[2]) Zugänglich durch (teilweise) Uebersetzung sind vor allem die Annalen Se Ma Tsien's (1. Jahrh. vor Chr., hrsg. von Chavannes). Zusammenstellungen der aus den Annalen zu entnehmenden politischen Entwicklung der Feudalstaaten von Tsin, Han, Wei, Tschao und U von P. Tschepe (S. 7) a. a. O. (trotz der unvermeidlichen, oft etwas naiv wirkenden, »christlichen« Betrachtungen brauchbar). Wenn Tschepe ohne Zusatz zitiert ist, sind die Tsin-Annalen gemeint. Dazu die schon mehrfach zitierten »Discours des royaumes«.

[3]) Dieser politisch höchst wichtige Grundsatz für die fu yung (Untervasallen) erklärt sich am ungezwungensten aus dem Hervorgehen vieler politischer Vasallen aus ursprünglich selbständigen, dann tributär gewordenen Fürsten. Die Gaben der Vasallen selbst an den Kaiser galten — außer der pflichtmäßigen Militärhilfe — als freiwillig und der Kaiser hatte die Pflicht, sie durch Gegen-

Lehen aus der Uebergabe einer Burg zur Bewachung, die dann zur Verleihung wurde, ist mehrfach (so für die Entstehung des Lehensstaats Tsin) berichtet. Die Lehen waren in der Theorie im Erbfall neu zu muten und der Kaiser verlieh sie rechtlich nach Ermessen dem qualifizierten Erben; indessen bei einem Konflikt zwischen der Bestimmung des Vaters und der des Kaisers über die Person des Erben gab, nach Bericht der Annalen, der Kaiser nach. Die Größe der Ritterlehen hat wohl geschwankt. Es findet sich in der Annalistik [1]) die Notiz, daß Lehen 10 000 bis 50 000 Mou (à 5,26 Ar, also 526—2630 Hektar) mit 100—500 Menschen umfassen sollen. An andren Stellen wird die Stellung eines Kriegswagens auf 1000 Menschen [2]) als normal gerechnet, nach andren (594 vor Chr.) rechneten 4 Siedlungseinheiten (wohl nicht bestimmter Größe [3])) = 144 Kriegern, wieder andre (später) rechnen bestimmte Deputate von Kriegswagen, Gepanzerten, Pferden und Proviant (Vieh) auf bestimmte — später meist sehr große — Einheiten [4]). Die ganze Art der späteren Steuer-, Fron- und Rekrutierungsumlegung knüpfte offensichtlich an diese Ueberlieferungen der Feudalzeit an: auch sie gingen in der älteren Zeit von Wagen- und Ritter-Gestellungen, erst später von der Gestellung der Rekruten für die Armee, Fronarbeitern und Natural-, dann Geldlieferungen aus, wie wir sehen werden.

Gesamtlehen, also Ganerbschaften unter Leitung des Aeltesten [5]), fanden sich. Die Primogenitur und die Designation des Nachfolgers aus den Söhnen und Anverwandten durch den Herrscher oder durch die höchsten Beamten standen auch im Kaiserhaus nebeneinander. Gelegentlich nahmen die Vasallen die Uebergehung des ältesten Sohnes oder des Sohnes der Hauptfrau zu-

---

gaben zu entgelten. (Vgl. über diese Verhältnisse E. H. Parker, Ancient China simplified, London 1908, p. 144 f.)

[1]) Zitiert bei P. Alb. Tschepe (S. J.), Hist. du Royaume de Tsin, 777—207.

[2]) Nämlich auf 1000 Salzkonsumenten im Staat Tsin, der zuerst rationalisiert wurde, nach Hirths Interpretation (in dessen Ancient History of China, New York 1908) einer Stelle bei Kuan Tse.

[3]) Denn die Angaben bei E. H. Parker, Ancient China simplified (Lond. 1908) p. 83 scheinen nicht annehmbar.

[4]) Davon wird bei Besprechung der Bodenbesteuerung noch die Rede sein.

[5]) Es war die rituelle Stellung der jüngeren Söhne zugunsten des Aeltesten eine geminderte. Sie galten nicht mehr als »Vasallen«, sondern als Beamte (Ministerialen) und opferten nicht an dem großen alten Ahnenaltar der Familie, sondern an Seitenaltären (s. Se Ma Tsiens Traktat »Riten« Vol. III der Ausgabe von Chavannes).

gunsten eines jüngeren oder eines Konkubinensohns zum Anlaß der Auflehnung gegen den Kaiser. Später und bis in die letzte Zeit der Monarchie galt, aus rituellen Gründen, die mit den Ahnenopfern zusammenhingen, die Regel: daß der Nachfolger aus einer dem toten Herrscher gegenüber jüngeren Generationsstaffel gewählt werden solle [1]). Politisch waren die oberlehensherrlichen Rechte fast auf ein Nichts zusammengeschrumpft. Das war die Folge davon, daß nur die Grenzvasallen: die Markgrafen, Kriege führten, und also: Militärmächte waren, der Kaiser — wohl eben deshalb — zunehmend nur pazifistischer Hierarch.

Der Kaiser war Oberpontifex mit rituellen Vorrechten: die höchsten Opfer zu bringen blieb ihm vorbehalten. Ein Krieg gegen ihn seitens eines Vasallen galt in der Theorie als rituell verwerflich und konnte magische Nachteile bringen, — was nicht hinderte, daß er gegebenenfalls dennoch unternommen wurde. Er beanspruchte, wie im römischen Reich der Bischof von Rom den Vorsitz der Konzilien, so seinerseits für sich oder seinen Legaten den Vorsitz in den von der Annalistik als mehrfach vorgekommen erwähnten Fürstenversammlungen; indessen in der Zeit der Hausmeier-(Protektor-)Macht einzelner großer Vasallen wurde dieser Anspruch mißachtet, (was freilich in den Augen der literarischen Theorie ein ritueller Verstoß war). Solche Fürstenkonzile kamen öfter vor: ein solches von 650 vor Chr. wendete sich z. B. gegen die Entrechtung des wahren Erben, gegen Erbämter, gegen Ämterkumulation, gegen die Todesstrafe bei hohen Beamten, gegen »krumme« Politik, gegen Verkaufsschranken für Getreide und trat für Pietät, Ehrung des Alters und der Talente ein.

Nicht in diesen gelegentlichen Fürstenversammlungen, sondern in der »Kultureinheit« kam die Einheit des Reichs praktisch zum Ausdruck. Und wie im Okzident im Mittelalter, so auch hier war jene Kultureinheit durch drei Elemente repräsentiert: 1. die Einheit der ständischen Rittersitte, 2. die religiöse, das hieß: rituelle Einheit und 3. die Einheit der Literatenklasse. Die rituelle Einheit und die Einheit des Standes der ritterlichen wagenkämpfenden Vasallen, der Burglehensinhaber, äußerte sich

[1]) Dies hatte die Folge, daß in den letzten Jahrzehnten der Monarchie ein Minderjähriger auf den andern als Kaiser folgte und teils ein Verwandter (Prinz Kung), teils Kaiserinnen-Witwen die Regierung führten.

in ähnlichen Formen wie im Okzident. Wie dort »Barbar« und »Heide« identisch waren, so galt in China als Merkmal des Barbaren oder Halbbarbaren vor allem die rituelle Unkorrektheit: daß er die Opfer fehlerhaft darbrachte, ließ den Fürsten von Tsin noch weit später als einen Halbbarbaren erscheinen. Ein Krieg gegen einen rituell unkorrekten Fürsten galt als verdienstliches Werk. Auch später ist jede der zahlreichen tatarischen Erobererdynastien Chinas von den Trägern der rituellen Tradition alsbald als »legitim« behandelt worden, wenn sie sich den rituellen Regeln (und damit der Macht der Literatenkaste) korrekt angepaßt hatte. Teils rituellen, teils ritterlich-ständischen Ursprungs waren nun auch diejenigen »völkerrechtlichen« Ansprüche, welche wenigstens die Theorie als Ausdruck der Kultureinheit an das Verhalten der Fürsten stellte. Es findet sich der Versuch, durch eine Fürstenversammlung einen Landfrieden zu vereinbaren. Rituell unkorrekt war nach der Theorie ein Krieg gegen einen in Trauer oder gegen einen in Not befindlichen, namentlich einen durch Hungersnot bedrängten Nachbarfürsten; gegenüber diesem statuierte die Theorie die brüderliche Nothilfepflicht als ein den Geistern wohlgefälliges Werk. Wer seinen Lehensoberen Böses zufügte oder für eine ungerechte Sache focht, gewann keinen Platz im Himmel und Ahnentempel [1]). Die Ansage von Ort und Zeit der Schlacht galt als Rittersitte. Der Kampf mußte irgendwie zur Entscheidung gebracht werden: »man muß wissen, wer Sieger und Besiegter ist [2])«, denn der Kampf war Gottesurteil.

Die Praxis der Fürstenpolitik sah freilich in der Regel wesentlich anders aus. Sie zeigte einen rücksichtslosen Kampf der großen und kleinen Vasallen gegeneinander; die Untervasallen benutzten jede Gelegenheit sich selbständig zu machen, die großen Fürsten warteten ausschließlich auf jede Chance, die Nachbarn zu überfallen, und die ganze Epoche war ein Zeitalter von — nach den Annalen zu schließen — unerhört blutigen Kriegen. Die Theorie war gleichwohl nicht bedeutungslos, sondern wichtig als Ausdruck der Kultureinheit. Deren Träger wurden: die Literaten, d. h. die Schriftkundigen, deren sich die Fürsten im Interesse der Rationalisierung ihrer Verwaltung im Machtinteresse in ähnlicher Art bedienten, wie die indischen Fürsten der Brahmanen und die okzidentalen Fürsten der christlichen Kleriker. Noch die Oden

---

1) Tschepe a. a. O. p. 54.
2) Tschepe a. a. O. p. 66.

aus dem 7. Jahrhundert besingen nicht: Weise und Literaten, sondern: Krieger. Der stolze altchinesische Stoizismus und die völlige Ablehnung der »Jenseits«-Interessen war eine Erbschaft dieser militaristischen Epoche. Aber für 753 wird die Ernennung eines offiziellen Hofannalisten (und das hieß auch: Hofastronomen) im Tsin-Staat erwähnt. Die »Bücher« — Ritualbücher und Annalen (Sammlungen von Präzedenzfällen) — der Fürsten begannen, auch als Beuteobjekte, eine Rolle zu spielen [1]) und die Bedeutung der Literaten stieg sichtlich. Sie führten die Rechnungen und die diplomatische Korrespondenz der Fürsten, von welcher die Annalistik zahlreiche (vielleicht als Paradigmata redigierte) Beispiele erhalten hat; sie gaben die meist recht »machiavellistischen« Mittel an, auf kriegerischem und diplomatischem Wege die Nachbarfürsten zu überwinden, schmiedeten die Allianzen und sorgten für die Kriegsbereitschaft. Vor allem durch rationale Heeresorganisation, Magazin- und Steuerpolitik: es ist offenbar, daß sie als Rechnungsführer der Fürsten dazu befähigt waren [2]). Die Fürsten suchten sich gegenseitig in der Wahl der Literaten zu beeinflussen, sie sich abspenstig zu machen, die Literaten ihrerseits korrespondierten miteinander, wechselten den Dienst, führten oft eine Art von Wanderleben [3]) von Hof zu Hof wie etwa okzidentale Kleriker und Laienintellektuelle des ausgehenden Mittelalters. Sie fühlten sich als eine ebenso einheitliche Schicht wie diese.

Die Konkurrenz der Teilstaaten um die politische Macht entband die Rationalisierung der Wirtschaftspolitik der Fürsten [4]).

[1]) Die technische Beschaffenheit dieser alten »Bücher« muß hier ganz dahingestellt bleiben. Papier ist erst ein weit späteres (Import-)Produkt. Aber geschrieben und gerechnet wurde längst vorher und zweifellos lange vor Konfuzius. Die später zu erwähnende Annahme v. Rosthorns, daß die Ritual-»Literatur« mündlich überliefert worden und der »Bücherbrand« daher eine Legende sei, scheint von de Groot, der diesen noch in seinem letzten Werk als Tatsache annimmt, nicht anerkannt zu werden.

[2]) Die Annalistik (Tschepe a. a. O. p. 133) bewahrt Berechnungen der Militärkraft der einzelnen Teilstaaten anläßlich eines Allianzplans auf. Darnach sollte z. B. ein Areal von 1000 Quadrat-Li (1 Li = 537 Meter) 600 Kriegswagen, 5000 Pferde, 50 000 Mann (davon 10 000 Train, der Rest Kämpfer) haben stellen können. Ein (angeblicher) Lastenreformplan aus dem 12. Jahrh. vor Chr. (vermutlich — nach vorderasiatischen Analogien — einige Jahrhunderte nach der Zeit der Einführung des Kriegswagens) verlangte von der gleichen Fläche 10 000 Kriegswagen.

[3]) Vgl. Tschepe a. a. O. p. 67.

[4]) Die Teilstaatenepoche war eine Zeit sehr starken Patriotismus, besonders in den Grenzstaaten gegen die Barbaren (vor allem: Tsin). Als der Tsin-König

Sie war das Werk jener Literatenschicht. Ein Literat: Yong, gilt als Schöpfer der rationalen inneren Verwaltung, ein anderer, Wei Jan, als Schöpfer der rationalen Heeresverfassung in demjenigen Teilstaat, der später alle anderen überflügelte. Große Volkszahl und vor allem: Reichtum — des Fürsten wie seiner Untertanen — wurde hier wie im Okzident als Machtmittel politisches Ziel [1]). Wie im Okzident, so hatten auch hier die Fürsten und ihre literarisch-rituellen Berater den Kampf vor allem gegen ihre eigenen Untervasallen zu führen, von deren Renitenz ihnen das gleiche Schicksal drohte, welches sie ihren eigenen Lehensherren bereitet hatten. Fürstenkartelle gegen die Subinfeudation, die Festlegung des Grundsatzes durch die Literaten: daß die Erblichkeit einer Beamtenstelle rituell anstößig und daß Nachlässigkeit in der Ausführung der Amtspflicht magische Nachteile (frühen Tod) nach sich ziehe [2]), kennzeichnen die Verdrängung der alten Verwaltung durch Vasallen und also: durch die charismatisch qualifizierten großen Familien, zugunsten der Beamtenverwaltung. Schaffung von fürstlichen Leibgarden [3]), fürstlich equipierten und verpflegten Heeren mit Offizieren statt der Vasallenaufgebote brachten in Verbindung mit der Steuer- und Magazinpolitik die entsprechende Umwälzung auf militärischem Gebiet. Der ständische Gegensatz der großen charismatisch qualifizierten Sippen: derjenigen, welche dem Fürsten auf ihren Kriegswagen mit ihrem Gefolge in das Feld folgten, gegenüber dem gemeinen Volk, wird in der Annalistik überall als selbstverständlich vorausgesetzt. Es bestanden feste Kleiderordnungen [4]); die »großen Familien« suchten durch Ehepolitik [5]) ihre Stellung zu sichern und auch die rationalen Ordnungen der Teilstaaten, z. B. diejenigen Yongs im Tsin-Staate, hielten die Ständescheidung fest. »Edle« und Volk werden stets geschieden,

---

in Gefangenschaft geraten war, brachten »2500« Familien durch Subskription die Mittel zur Fortführung des Krieges auf. Der Versuch eines Han-Kaisers im Jahre 112 n. Chr., bei schwerer Finanzlage auf eine solche »Kavaliersanleihe« zu greifen — wie sie bekanntlich noch im leopoldinischen Oesterreich des 17. Jahrhunderts vorkamen — scheint dagegen einen schwachen Erfolg gehabt zu haben.

[1]) Tschepe a. a. O. p. 142.

[2]) Beides in dem Vortrag eines Literaten, wiedergegeben bei Tschepe a. a. O. p. 77.

[3]) Tschepe a. a. O. p. 61.

[4]) Tschepe a. a. O. p. 59.

[5]) Tschepe a. a. O. p. 14.

— wobei jedoch deutlich hervortritt: daß unter »Volk« freie, nur von der Lehenshierarchie, dem Ritterkampf und der Ritterbildung ausgeschlossene Plebejersippen, nicht etwa: Hörige, zu verstehen sind. Es findet sich [1]) eine von den Edlen abweichende politische Stellungnahme des »Volks«. Immerhin wird sich uns später zeigen, daß die Lage der Masse der Bauern prekär war und erst die Entwicklung der Patrimonialstaaten hier wie überall die Fürsten mit den nicht privilegierten Schichten gegen den Adel zusammenführte.

Der Kampf der Teilstaaten verringerte deren Zahl zunehmend auf einen immer kleineren Kreis rational verwalteter Einheitsstaaten. Schließlich gelang es im Jahre 221 dem Fürsten von Tsin, nach Verdrängung der nominellen Dynastie und aller andern Vasallen als »erster Kaiser« ganz China dem »Reich der Mitte«, dem Patrimonium des Herrschers, einzuverleiben, d. h. der eigenen Beamtenverwaltung zu unterstellen. Eine echte »Selbstherrschaft«, unter Beseitigung des alten feudalen Kronrats, mit zwei Großwesiren (nach Art der praefecti praetorio), Scheidung der Militär- von den Zivilgouverneuren (nach Art der spätrömischen Institutionen), beide überwacht von fürstlichen Aufsichtsbeamten (nach persischer Art), aus denen später die reisenden »Zensoren« (missi dominici) entwickelt wurden, und streng bureaukratische Ordnung mit Avancement nach Verdienst und Gnade bei allgemeiner Zulassung zum Amt traten an die Stelle der alten theokratisch-feudalen Ordnung. Für diese »Demokratisierung« des Beamtentums wirkte dabei nicht nur das überall wirksam gewesene natürliche Bündnis des Selbstherrschers mit den Plebejerschichten gegen die ständisch Vornehmen, sondern auch ein finanzielles Moment: Es ist, wie schon bemerkt, kein Zufall, daß die Annalistik diesem »ersten Kaiser« (Schi Hoang Ti) die erstmalige Praktizierung des Aemter v e r k a u f s zuschreibt. Dieser mußte ja die Folge haben: bemittelte Plebejer in die Staatspfründen zu bringen. Indes der Kampf gegen den Feudalismus war prinzipiell. Alle Verlehnung politischer Macht, auch innerhalb der Sippe des Kaisers, wurde verboten. Die ständische Gliederung blieb zwar unangetastet [2]). Aber mit der Etablie

---

[1]) Tschepe p. 38.

[2]) »Edle und Volk halten sich in den Schranken ihres Ranges« sagt der Kaiser in einer in den Annalen überlieferten Inschrift (Tschepe a. a. O. p. 261). In einer andern werden »Edle, Beamte und Volk« unterschieden.

rung einer festen Aemterhierarchie, für welche die Vorstufen schon in einigen der Teilstaaten geschaffen worden waren, steigerte sich die Chance des Aufstiegs von Beamten niederer Herkunft. Tatsächlich setzte sich das neue Kaisertum gegen die feudalen Gewalten mit Hilfe plebejischer Mächte durch. Bis dahin war Leuten plebejischer Abkunft der Aufstieg zu politischem Einfluß nur innerhalb der Schicht der Literaten unter besonderen Umständen möglich gewesen. Es finden sich in den Annalen der Teilstaaten seit dem Beginn der Rationalisierung der Verwaltung Beispiele von fürstlichen Vertrauensmännern armer und unedler Abkunft, welche ihre Stellung nur ihrem Wissen verdankten [1], und die Literaten beanspruchten kraft dieser ihrer Fähigkeiten und der Beherrschung der Riten für die höchsten Aemter den Vorzug selbst vor den nächsten Angehörigen der Fürsten [2]. Aber nicht nur war diese Stellung von den großen Vasallen nicht unbestritten, sondern in aller Regel fand sich der Literat in einer unoffiziellen Stellung, als eine Art von Minister ohne Portefeuille oder, wenn man will, von »Beichtvater« des Fürsten, und im Kampf mit dem Lehensadel, der hier, wie auch im Okzident, die Heranziehung von Fremden bei der Besetzung der Aemter, welche er selbst zu monopolisieren trachtete, bekämpfte. In den ersten Jahren Schi Hoang Ti's — im Jahre 237, noch vor Einigung des Reichs — findet sich denn auch eine Austreibung der fremdbürtigen Literaten (und Händler) berichtet. Aber die Machtinteressen des Fürsten führten ihn zunächst zum Widerruf dieser Maßregel [3]) und sein erster Minister blieb seitdem ein Literat, der sich selbst als Parvenu niederer Abkunft bezeichnet. Nach der Einigung des Reichs aber wendete sich der rationale traditionsfeindliche Absolutismus des Selbstherrschers — wie er auch in seinen Inschriften deutlich zutage tritt [4]) —

[1]) S. die später zu erörternde Stelle bei Tschepe, Hist. du R. de Han, Var. Sinol. 31 p. 43 (für das Wei-Fürstentum im Jahre 407 v. Chr.).

[2]) a. a. O. (vorige Anmerkung).

[3]) Die Tradition läßt den Literaten Li-se, den seither allmächtigen Minister, die Bedeutung der Literaten (und der Fremdbürtigen, auch der Kaufleute, überhaupt) für die Fürstenmacht in einer Denkschrift darlegen (Tschepe a. a. O. p. 231).

[4]) Z. B. in der von Se Ma Tsien in seiner Biographie (ed. Chavannes T. V, p. 166) aufbewahrten: alles Handeln gegen die Vernunft sei verwerflich. Zahlreiche andere Inschriften (ebendort wiedergegeben) rühmen die rationale Ordnung, die der Kaiser im Reiche hergestellt habe. — Dieser »Rationalismus« hinderte ihn nicht, nach dem Unsterblichkeitselixir suchen zu lassen.

mit Wucht auch gegen die soziale Macht der Bildungsaristokratie der Literaten. Das Altertum sollte nicht über die Gegenwart und seine Interpreten nicht über den Monarchen herrschen: »der Kaiser ist mehr als das Altertum«[1]). In einer gewaltigen Katastrophe suchte er — wenn wir der Ueberlieferung glauben können — die gesamte klassische Literatur und den Literatenstand selbst zu vernichten. Die heiligen Bücher wurden verbrannt und angeblich 460 Literaten lebendig begraben. Das damit inaugurierte Hereinbrechen des reinen, auf persönliche Günstlinge ohne Rücksicht auf Herkunft oder Bildung sich stützenden, Absolutismus kennzeichnete die Ernennung eines Eunuchen zum Großmeister des Haushalts[2]) und zum Lehrer des zweiten Sohnes, den nach dem Tode des Kaisers der Eunuch in Gemeinschaft mit dem Parvenuliteraten gegen den ältesten Sohn und den Kommandierenden des Heeres auf den Thron hob. Die von der Bildungsaristokratie der Literaten fortan durch alle Jahrhunderte des Mittelalters mit wechselndem Erfolg stets bekämpfte Günstlingswirtschaft des reinen orientalischen Sultanismus mit ihrer Verbindung von ständischer Nivellierung und absoluter Autokratie schien nun über China hereinzubrechen. Der Kaiser hatte, als Ausdruck der Stellung, die er beanspruchte, den alten Namen »Volk« (Min) für die Gemeinfreien beseitigt und den Namen Kien tscheu, »Schwarzköpfe«, sicherlich gleichbedeutend mit: »Untertanen«, an die Stelle gesetzt. Die kolossale Anspannung der Fronlasten[3]) für die kaiserlichen Bauten erforderte die rücksichtslose ungefesselte Disposition über die Arbeitskräfte und Steuerkräfte[4])

---

[1]) Ausspruch Schi Hoang Ti's, überliefert in seiner Biographie von Se Ma Tsien (ed. Chavannes T. II, p. 162). Uebrigens war, — wie später zu besprechen sein wird, — die Meinung der Literatenminister in den Teilstaaten und selbst noch die Meinung Wang An Schi's (11. Jahrhundert nach Chr.) grundsätzlich nicht immer einer ähnlichen Auffassung abgeneigt.

[2]) Die Eunuchenwirtschaft findet sich, scheint es, erstmalig im 8. Jahrhundert v. Chr.

[3]) Die Zahl der an der großen Mauer Frondenden wird auf 300 000 (?) angegeben, noch höhere Zahlen finden sich für die Fronlast im ganzen. Zwar ist die große Mauer im Lauf von langen Zeiträumen entstanden (da sie nach der Rechnung von Elisée Reclus mindestens 160 Millionen Kubikmeter aufgemauertes Massiv umfaßt, ließe sich die erforderliche Arbeit wohl abschätzen).

[4]) Für diese kam namentlich die Heranschaffung des erforderlichen Proviants für die fronenden Soldaten und Sträflinge in Betracht. Die Annalistik berechnete (Tschepe a. a. O. p. 275), daß auf dem Transport bis zur Konsumstätte 18 200 % Kosten entstanden seien (von je 182 Ladungen sei, infolge des Verzehrs unter-

des Landes, nach Art des pharaonischen Reichs. Andererseits wird von dem unter Schi Hoang Ti's Nachfolger allmächtigen Palasteunuchen ausdrücklich berichtet [1]), daß er empfohlen habe, die Herrscher sollten sich mit dem »Volk« verbinden und die Aemter ohne Rücksicht auf Stand oder Bildung vergeben; es sei jetzt die Zeit, wo der Säbel herrschen müsse, nicht aber feine Manieren: ganz dem typischen orientalischen Patrimonialismus entsprechend. Der Kaiser wehrte andrerseits den Versuch der Magier [2]) ab, ihn — unter dem Vorwand der Erhöhung seines Prestiges — »unsichtbar« zu machen, d. h. wie den Dalai Lama zu internieren und die Verwaltung ganz in die Hände der Beamten zu legen, behielt sich vielmehr die »Selbstherrschaft« im eigentlichsten Sinn vor.

Die gewaltsame Reaktion gegen diesen schroffen Sultanismus kam gleichzeitig teils von seiten der alten Familien, teils von seiten des Literatenstandes, teils von seiten des durch die Schanzarbeit erbitterten Heeres und der durch Rekrutierung, Fronden und Abgaben überlasteten Bauernsippen unter der Führung von Männern niederer Herkunft [3]). Nicht die vornehmen Schichten aber, sondern ein Parvenu errang den Sieg, stürzte die Dynastie und begründete, während das Reich zunächst wieder in Teilstaaten zerfiel, die Macht der neuen Dynastie, welche das Reich

---

wegs, immer nur eine an den Bestimmungsort gelangt, eine natürlich nur für einen Einzelfall vielleicht einmal zutreffende Angabe).

[1]) Tschepe p. 363 f. Der Eunuch selbst war aus vornehmer, aber vorbestrafter Familie.

[2]) Von diesem Versuch berichtet die Annalistik, insbesondere Se Ma Tsien in seiner Biographie Schi Hoang Ti's (ed. Chavannes, II, p. 178) einiges. »Meister Lu«, ein Taoist, den er mit dem Aufsuchen des Unsterblichkeitskrauts betraut hatte, scheint der Urheber des Plans gewesen zu sein. Der »echte Mensch«, hieß es, »verberge sich und zeige sich nicht (eine besondre Art von Anwendung gewisser später zu besprechender Grundsätze Lao tse's). Aber Schi Hoang Ti regierte tatsächlich selbst und es war die Klage der »Weisen« aller Richtungen, daß sie von ihm nicht gebührend vorher befragt würden (p. 179 l. c.). Erst der Nachfolger, Eul schi hoang ti, lebte als »tschen«, »Verborgener«, unter der Obhut seines Günstlings, erteilte aber infolgedessen auch seinerseits den Beamten keine Audienz (p. 266 l. c.): die typische Klage der Konfuzianer, wenn die Taoisten und Eunuchen (beide meist verbündet, worüber später) herrschten. Sein Sturz brachte schon unter dem Gründer der Han-Dynastie die »Gefolgschaft«, d. h. die Feudalherren, wieder ans Ruder, obwohl die gesamte Bureaukratie Schi Hoang Ti's bestehen blieb und, vor allem, der Literateneinfluß wieder hergestellt wurde.

[3]) Tschen-tschu, der Führer der Heeresrevolte, war Arbeiter, Liu kang, der Führer der Bauern und Gründer der Han-Dynastie, Feldwächter eines Dorfs. Ein Bund seiner Sippe mit andern Bauernsippen bildete den Kern seiner Macht.

wieder einte. Aber der Erfolg fiel schließlich doch wiederum den Literaten zu, deren rationale Wirtschafts- und Verwaltungspolitik auch diesmal für die Herstellung der Kaisermacht ausschlaggebend und der von ihnen stets bekämpften Günstlings- und Eunuchenverwaltung damals technisch überlegen war. Vor allem wirkte aber das gewaltige Prestige ihrer Ritual- und Präzedenzienkenntnis und ihrer — damals noch eine Art von Geheimkunst bildenden — Schriftkunde entscheidend in dieser Richtung.

Schi Hoang Ti hatte Einheit der Schrift, des Maßes und Gewichtes, der Gesetze und Verwaltungsreglements geschaffen oder doch erstrebt. Er rühmte sich, den Krieg abgeschafft [1]) und Frieden und innere Ordnung gestiftet, dies alles durch »Arbeit Tag und Nacht« erreicht zu haben [2]). Von der äußeren Einheitlichkeit blieb nicht alles erhalten. Aber das Wichtigste war die Abschaffung des Feudalsystems und die Durchführung eines Regiments von durch persönliche Eignung qualifizierten Beamten. Als Frevel an der alten theokratischen Ordnung von den Literaten verwünscht, wurden diese patrimonialistischen Neuerungen doch von der Restauration der Han-Dynastie beibehalten und kamen schließlich nur den Literaten zugute.

Rückschläge in den Feudalismus sind auch weit später noch eingetreten. In der Epoche Se Ma Tsien's (2. Jahrhundert vor Chr.), unter den Kaisern Tschu fu yen und U, mußte der neuerstandene Feudalismus abermals niedergeworfen werden, der zuerst aus der Verlehnung von Aemtern an kaiserliche Prinzen wieder entstanden war. Zunächst wurden kaiserliche Ministerresidenten an die Höfe der Vasallen zur Ueberwachung geschickt, dann die Ernennung aller Beamten an den kaiserlichen Hof gezogen, dann (127 vor Chr.) die Erbteilung der Lehen verfügt, um die Macht der Vasallen zu schwächen, schließlich (unter U) niedrig Geborenen (darunter einem gewesenen Schweinehirten) die bisher vom Adel beanspruchten Hofämter verliehen. Gegen die letzte Maßregel opponierte der Adel heftig, die Literaten aber setzten (124 vor Chr.) durch, daß *ihnen* die hohen Aemter vorbehalten blieben. Wir werden später sehen, wie in diese für Chinas politische und kulturliche Struktur entscheidenden Kämpfe der Gegensatz der konfuzianischen Literaten gegen den — damals mit den Aristokraten. später mit den Eunuchen ver-

---

1) Tschepe p. 259 f. (angebliche Inschrift).

2) Tschepe p. 267 f.

bündeten, literatenfeindlichen und der Volksbildung im Interesse ihrer Magie abgeneigten — Taoismus hineinspielte. Zum endgültigen Austrag kam der Kampf auch damals nicht. In der Standesethik des Konfuzianismus wirkten feudale Reminiszenzen stark nach. Für Konfuzius selbst darf als unausgesprochene, aber selbstverständliche, Voraussetzung unterstellt werden: daß die klassische Bildung, welche er als entscheidende Voraussetzung der Zugehörigkeit zum Herrenstande verlangte, der Tatsache nach auf die herrschende Schicht der überlieferten »alten Familien« beschränkt sei, zum mindesten der Regel nach. Auch der Ausdruck: Kiün tse, »fürstlicher Mann«, für den konfuzianisch Gebildeten stammt — ursprünglich den »Helden«, aber allerdings schon bei Konfuzius selbst den »Gebildeten« bedeutend — aus der Periode ständischer Herrschaft jener erbcharismatisch zur politischen Gewalt qualifizierten Sippen. Immerhin konnte dem neuen Prinzip des »aufgeklärten« Patrimonialismus: daß das persönliche Verdienst, und nur dieses, zu den Aemtern, einschließlich selbst des Herrscheramts, qualifiziere, die Anerkennung nicht ganz wieder entzogen werden [1]). Die feudalen Bestandteile der sozialen Ordnung traten immer stärker zurück, und in allen wesentlichen Punkten wurde doch der Patrimonialismus [2]), wie sich zeigen wird, die für den Geist des Konfuzianismus grundlegende Strukturform.

Wie bei ausgedehnten patrimonialstaatlichen Gebilden unter unentwickelter Verkehrstechnik durchweg, so blieb auch hier das Maß der Zentralisation der Verwaltung eng begrenzt. Auch nach Durchführung des Beamtenstaates blieb nicht nur der Gegensatz der »inneren«, d. h. im altkaiserlichen Patrimonium angestellten, zu den »äußeren«, den Provinzialbeamten und der Rangunterschied beider bestehen, sondern es blieb — mit Ausnahme einer Anzahl der höchsten Aemter in jeder Provinz — die Aemterpatronage und vor allem, nach stets neuen vergeblichen Zentralisationsversuchen, fast die gesamte Finanzwirtschaft schließlich den einzelnen Provinzen überlassen. Darum

[1]) Freilich setzte es sich äußerst langsam und unter fortwährenden Rückschlägen selbst rein theoretisch durch. Wie es in der Praxis stand, davon ist später zu reden.

[2]) Es tritt in der Annalistik (vgl. Tschepe p. 67 und oft, auch in den früher zitierten Stellen) sehr deutlich der Gegensatz zu den Vasallen und deren Haß und Verachtung gegen die von Hof zu Hof wandernden Scholaren zutage. Vgl. die Auseinandersetzung Yong's mit den Großen des Hofs des Fürsten Hiao Kong bei Tschepe p. 118.

ist freilich in allen großen Finanzreformperioden immer erneut gekämpft worden. Wang-An-Schi (11. Jahrhundert) ebenso wie andre Reformer haben die effektive Durchführung der Finanzeinheit: Ablieferung aller Steuererträge nach Abzug der Kosten der Erhebung und: Reichsbudget, gefordert. Die ungeheuren Transportschwierigkeiten und das Interesse der Provinzialbeamten haben stets wieder Wasser in diesen Wein gegossen. Außer unter ganz ungewöhnlich energischen Herrschern haben die Beamten — wie schon die Zahlen der publizierten Katastrierungen ergaben — ganz regelmäßig sowohl die steuerpflichtige Fläche als die Kopfzahl der Zensiten um ca. 40 % zu niedrig angegeben [1]). Die lokalen und provinzialen Unkosten mußten ferner natürlich vorabgezogen werden. Dann aber ergab sich für den Zentralfiskus eine höchst schwankende Resteinnahme. Schließlich kapitulierte er: Die Statthalter wurden seit Anfang des 18. Jahrhunderts bis zur Gegenwart wenigstens der Tatsache nach ähnlich den persischen Satrapen auf einen in Normalpauschalien festgesetzten, nur theoretisch nach Bedarf variablen, Tribut gesetzt. Davon wird noch zu reden sein. Diese Steuerkontingentierung hatte Folgen für die Machtstellung der Provinzialstatthalter auf allen Gebieten.

Sie präsentierten die meisten Beamten des Bezirkes zur Anstellung. Diese erfolgte zwar durch die Zentralgewalt. Aber schon die kleine Zahl der offiziellen Beamten [2]) führt zu dem Schluß:

---

[1]) Dafür sind insbesondre die von Ma tuan lin wiedergegebenen Gesamteinkunftsziffern der Zentralkasse charakteristisch, deren riesige und völlig unmotivierte Differenzen (besonders im 16. Jahrhundert) von chinesischen Autoren auf diesen Grund zurückgeführt werden (vgl. Biot N. J. Asiat. 3, Ser. 5, 1838 und das. 6, 1838, p. 329). Es ist ja doch klar, was es bedeutet, wenn — nachdem schon 1370: 8,4 Mill. King (= 48 Mill. Ha) steuerbares Land katastriert war — 1502: 4,2 Mill, 1542: 4,3 Mill., 1582 aber wieder: 7 Mill. King (= 39,5 Mill. Ha) gezählt wurden. (1745 sollen — 30 Jahre nach der Steuerkontingentierung — 161,9 Mill. Ha gezählt worden sein.)

[2]) Am Ende des Jahrgangs 1879 der »Peking Gazette« ist eine Berechnung der ungefähren Zahl der gleichzeitig lebenden mit dem zweiten (Zivil-)Grade promovierten, also zu den ordentlichen Aemtern voll befähigten Amtsanwärter angestellt, aufgemacht nach dem durchschnittlichen Lebensalter der Promovierten — deren Maximalkontingent für jeden der beiden Grade festgelegt ist — und der Lebenswahrscheinlichkeit: — zu hoch, sofern die Zahl der in höheren Jahren Promovierenden nicht ganz gering ist, zu niedrig, weil zu ihnen die Zahl der aus der Militärkarriere übernommenen — namentlich der Mandschus — und infolge von Kauf der Qualifikation zur Verfügung stehenden Anwärter hinzutritt. Nimmt man aber selbst an, daß die Zahl der gleichzeitig lebenden Anwärter darnach statt rund 21 200 etwa 30 000 betrage, so würde, bei Annahme von 350 Millionen Einwohnern, auf etwa 11—12 000 Einwohner nur

daß unmöglich sie selbst die Verwaltung ihrer riesigen Sprengel zu führen in der Lage sein konnten. Bei den schlechthin alles umfassenden Pflichten eines chinesischen Beamten konnte ein Bezirk vom Umfang eines preußischen Kreises, der einen Beamten hatte, selbst von Hunderten solcher nicht sachgemäß verwaltet werden. Das Reich glich einer Konföderation von Satrapien mit pontifikaler Spitze. Die Macht lag formell — auch nur: formell — bei den großen Provinzialbeamten. Die Kaiser ihrerseits aber verwendeten nach der Schaffung der Reichseinheit in ingeniöser Weise die dem Patrimonialismus eigentümlichen Mittel der Erhaltung ihrer persönlichen Gewalt: kurze Amtsfristen: offiziell drei Jahre, nach deren Ablauf der Beamte in eine andere Provinz versetzt werden sollte [1]), Verbot der Anstellung eines Beamten in seiner Heimatprovinz, Verbot der Anstellung von Verwandten im gleichen Sprengel, und ein systematisches Spionagesystem in Gestalt der sogenannten »Zensoren«. All dies aber, ohne damit — aus gleich zu erwähnenden Gründen, — sachlich eine präzise Einheitlichkeit der Verwaltung herzustellen. Das Prinzip, in den zentralen Kollegialbehörden den Präsidenten des einen Yamen zugleich als Mitglied anderer Kollegien anderen zu unterstellen, hemmte die Präzision der Verwaltung, ohne die Einheitlichkeit wesentlich zu

ein solcher Anwärter kommen. Unterste staatliche Verwaltungsbezirke, denen je ein selbständiger staatlicher Beamter (der Tschih-hsien) vorsteht, gab es aber in den 18 Provinzen einschließlich der Mandschurei nur 1470, also (unter der gleichen Annahme) einen auf etwa 248 000 Einwohner; mit Einschluß der höheren »etatsmäßig« vorgesehenen selbständigen Aemter käme etwa ein höheres Amt auf 200 000 Einwohner. Rechnete man selbst noch einen Teil der unselbständigen und unständigen Beamten hinzu, so würde sich doch ein Verhältnis ergeben, bei welchem z. B. Deutschland mit nur etwa 1000 Verwaltungs- und richterlichen Beamten von Assessorenrang alles in allem auskommen müßte. — Ganz andere Zahlen ergeben sich, wenn man die chinesische polizeiliche Fortschreibung der Familien- und Einwohnerzahl zugrunde legt. Die Zahlen, welche für 1895/6 aus diesen Materialen Sacharow (Arbeiten der Kaiserl. Russ. Gesandtschaft — einer geistlichen Mission —, übersetzt von Abel und Meckenberg, Berlin 1858) zur Verfügung gestellt wurden, ergaben als allein in dem Bezirk Peking und zwei andern Bezirken beheimatet (also nicht: dort angestellt) an Militär- und Zivilbeamten 1845: rund 26 500, 1846 gar: 15 866 etatsmäßige und 23 700 disponible (zwei schwer miteinander vereinbare Ziffern). Es sind hier aber offenbar nicht nur die mit dem zweiten Grade promovierten, sondern auch die Exspektanten und alle Mandschuoffiziere einbegriffen.

[1]) Bei einigen der höchsten Beamten wurde das Prinzip aus zwingenden Gründen häufig durchbrochen: Li Hung Tschang z. B. blieb mehrere Jahrzehnte höchster Verwaltungschef in Tschili. Aber im übrigen wurde, abgesehen von der Erlaubnis einer einmaligen Verlängerung um weitere 3 Jahre, das Prinzip bis in die neueste Zeit ziemlich streng durchgeführt.

fördern. Erst recht versagte sie gegenüber den Provinzen. Die einzelnen großen lokalen Verwaltungsbezirke bestritten, sahen wir — mit gelegentlichen Unterbrechungen in Zeiten starker Herrscher — ihre heimischen Ausgaben aus den Steueraufkünften vorab und machten falsche Katasterangaben. Soweit die Provinzen finanziell — als Militär- oder Arsenalstandorte — »passiv« waren, bestand ein verwickeltes System von Anweisungen auf die Einnahmen der Ueberschußprovinzen und im übrigen kein verläßlicher Etat, weder der Zentrale noch der Provinzen, sondern traditionelle Appropriationen. Klarer Einblick in die Finanzen der Provinzen fehlte der Zentralgewalt, wir werden sehen mit welchem Resultat. Bis in die letzten Jahrzehnte waren es die Provinzialstatthalter und nicht die Zentralregierung: — die dafür nicht einmal ein Organ besaß —, welche die Verträge mit den fremden Mächten abschlossen. Fast alle wirklich wichtigen Verwaltungsanordnungen gingen formell von den Provinzialstatthaltern, in Wahrheit, wie wir sehen werden, von den ihnen untergeordneten, und zwar den unoffiziellen, Beamten aus. Die Anordnungen der Zentralgewalt wurden daher bis in die Gegenwart von den Unterinstanzen oft mehr als ethisch maßgebliche Vorschläge oder Wünsche, denn als Befehle behandelt, wie dies ja der pontifikalen, charismatischen, Natur des Kaisertums entsprach. Sie stellten auch inhaltlich, wie jeder Blick zeigt, mehr Kritiken der Amtsführung als Anordnungen dar. Der einzelne Beamte persönlich war freilich jederzeit frei absetzbar. Aber die reale Macht der Zentralgewalt zog davon keinen Vorteil. Denn das Prinzip: keinen Beamten in seiner Heimatprovinz anzustellen, und der vorschriftsmäßige dreijährige Wechsel von Provinz zu Provinz oder doch von Amt zu Amt, führte zwar dazu, daß diese Beamten der Zentralgewalt gegenüber nicht zu selbständigen Mächten nach Art feudaler Vasallen emporwuchsen und daß also die äußerliche Einheit des Reichs erhalten blieb. Aber um den Preis: daß diese offiziellen Beamten in ihren Amtssprengeln niemals bodenständig wurden. Der Mandarin, welcher, begleitet von einer ganzen Schar von Sippengenossen, Freunden und persönlichen Klienten, sein Amt in einer ihm unbekannten Provinz antrat, deren Dialekt er in aller Regel nicht verstand, war zunächst schon sprachlich meist auf die Dienste eines Dolmetschers angewiesen. Er kannte ferner das örtliche Recht der Provinz nicht, welches auf zahlreichen Präzedenzfällen beruhte, die er — da sie der Ausdruck heiliger Tradition waren — nicht ohne Gefahr zu verletzen wagen durfte. Und er war deshalb völlig abhängig von den Belehrungen eines unoffiziellen, ebenso wie er selbst literarischen, aber mit den örtlichen Gewohnheiten kraft örtlicher Abstammung genau vertrauten Beraters, einer Art von »Beichtvater«, der als sein »Lehrer« bezeichnet und von ihm mit Respekt, oft mit Devotion, behandelt wurde. Nächstdem war er abhängig von seinen nicht zu den offiziellen, vom Staat bezahlten, dem Fremdbürtigkeitszwang unterliegenden Beamten, sondern zu dem von ihm aus seiner Tasche zu bezahlenden unoffiziellen Beamtenstab gehörigen Gehilfen. Diese wählte er naturgemäß aus der Zahl der aus der Provinz gebürtigen, zum Staatsdienst qualifizierten, aber noch nicht mit einem Amt beliehenen Amtsanwärter, auf deren örtliche Personen- und Sachkunde er sich verlassen konnte, aber auch, in Ermangelung aller eigener Orientiertheit, mußte. Und endlich war er, wenn er einen Gouverneurposten in einer neuen Provinz übernahm, abhängig von der geschulten Sach- und Ortskunde der Chefs der üblichen Ressorts [1]) jeder Provinz, welche immerhin einige Jahre Kenntnis der örtlichen Verhältnisse vor ihm voraus hatten. Es ist völlig klar, was die Folge sein mußte: die wirkliche Macht lag in der Hand jener unoffiziellen, ortsgebürtigen Unterbeamten, welche in ihrer Geschäftsführung zu kontrollieren und zu korrigieren ganz außerhalb der Macht der offiziellen Beamten lag, und

---

[1]) Oft bis zu 6. Aber die offiziellen, wirklich wichtigen Persönlichkeiten waren unter dem »Vizekönig« nur die Gouverneure, Provinzialrichter und Provinzialschatzmeister. Der Schatzmeister war davon der ursprünglich alleinige und höchste Verwaltungsbeamte, der Gouverneur ein schließlich seßhaft gewordener Missus dominicus (früher oft Eunuch). Diese beiden Beamten: für Finanz und Justiz, waren allein vorgesehen, alle andern »Ressorts« unoffiziell. Auch der unterste (hsien =) Beamte, dessen offizieller Name »Hirt« bedeutet, hatte zwei Sekretäre: für Justiz und für Finanzen. Der über ihm stehende Präfekt (des »fu«) hatte immerhin noch übersichtliche oder doch konkret angebbare Funktionen (Wasserwege, Landwirtschaft, Stuterei, Korntransport, Unterbringung der Soldaten, allgemeine Verwaltung im polizeilichen Sinn), galt jedoch wesentlich als Ueberwachungs- und Durchgangsbehörde für die Korrespondenz nach oben. Die Funktionen des untersten Beamten dagegen waren schlechterdings enzyklopädisch: er war schlechthin für alles da und verantwortlich. Besondere »Taotai's« waren bei den großen Provinzialbehörden für die Salzgabelle, den Wegebau usw. angestellt. Sonderbeamte mit Aufträgen und Kompetenzen ad hoc kamen hier wie in allen Patrimonialstaaten vor. Ueber den Begriff eines »Juristen« in China (Kenner der Präzedenzien) und die Advokatur s. Alabaster Notes and Commentaries on Chinese Criminal Law (mir jetzt nicht zugänglich gewesen).

ihnen um so weniger möglich war, je höher ihr eigener Rang war. Die Orientiertheit sowohl der von der Zentralverwaltung angestellten Lokal- wie der Zentralbeamten über die lokalen Verhältnisse war daher viel zu labil, um konsequent und rational durchgreifen zu können.

Das weltberühmte und höchst wirksame Mittel des chinesischen Patrimonialismus, eine feudal-ständische Emanzipation der Amtsträger von ihrer Macht zu unterbinden: die Einführung der Examina und die Verleihung der Aemter nach Bildungsqualifikationen, statt nach Geburt und ererbtem Rang, war zwar für den Charakter der chinesischen Verwaltung und Kultur von einschneidendster Bedeutung, wie später zu besprechen sein wird. Aber einen präzis funktionierenden Mechanismus in den Händen der Zentralinstanz vermochte man angesichts jener Verhältnisse dadurch nicht herzustellen. Wir werden aber, wenn wir auf die Beamtenbildung näher zu sprechen kommen, sehen, daß dem auch Hindernisse, die aus der innersten Eigenart der (zum Teil religiös bedingten) Standesethik des Beamtentums folgten, sich in den Weg stellten. Die Patrimonialbureaukratie war zwar in China wie im Okzident der feste Kern, an dessen Entfaltung die Bildung des Großstaats anknüpfte. Das Auftreten von Kollegialbehörden und die Entwicklung von »Ressorts« waren dabei hier wie dort die typischen Erscheinungen. Aber der »Geist« der bureaukratischen Arbeit war hier und dort — wie wir sehen werden — ein überaus verschiedener.

Soweit dieser abweichende »Geist« auf rein soziologischen Momenten beruhte, hing er mit dem System der öffentlichen Lasten zusammen, wie es sich in China in Verbindung mit dem Schwanken der Geldwirtschaft entwickelt hatte.

Der ursprüngliche Zustand war hier wie anderwärts der: daß dem Häuptling bzw. Fürsten ein Ackerlos (Kong tien, dem homerischen τέμενος entsprechend) ausgewiesen und von den Volksgenossen gemeinsam bestellt wurde[1]). Hier liegt der Ursprung der allgemeinen Fronpflicht, die dann in der zwingenden Notwendigkeit der Wasserbauten ihre weitere Stütze fand. Diese »Schaffung« des Landes durch die Strombauverwaltung legte auch den immer wieder auftauchenden und noch jetzt

[1]) Daraus ist auch das »Brunnensystem« mit seinem von 8 Quadraten umgebenen Mittelfeld des Staats erwachsen.

(wie in England) terminologisch erhaltenen Gedanken des Bodenregals des Kaisers nahe, — der aber die Scheidung verpachteter Domänen und besteuerten Privatlandes hier so wenig wie in Aegypten hinderte. Die Steuern andrerseits scheinen sich teils — nach einzelnen Resten in der Terminologie — aus den üblichen Geschenken, teils aus Tributpflichten Unterworfener, teils aus dem Bodenregalanspruch entwickelt zu haben. Staatsland, Steuerpflicht, Fronpflicht standen in wechselnden Relationen dauernd nebeneinander. Was von ihnen vorwog, richtete sich teils nach dem jeweiligen Grade der — wie wir sahen, aus Valutagründen höchst labilen — Geldwirtschaft des Staats, teils nach dem Grade der Befriedung, teils schließlich nach dem Maß der Verläßlichkeit des Beamtenapparats.

Die ursprüngliche Herkunft des Patrimonialbeamtentums aus der Vorflut- und Kanalisierungsarbeit, also aus dem Bauwesen, die Herkunft der Machtstellung des Monarchen aus den, zunächst im Wasserregulierungsinteresse, unumgänglichen Fronden der Untertanen (wie in Aegypten und Vorderasien), die Herkunft des Einheitsreichs aus dem immer weiter um sich greifenden Interesse an Einheitlichkeit dieser Wasserregulierung für immer größere Gebiete im Zusammenhang mit dem Bedürfnis nach politischer Sicherung des Kulturlandes gegen die Nomadeneinbrüche drücken sich anschaulich darin aus, daß nach der Legende der »heilige« (legendäre) Kaiser Yü die Vorflut und den Kanalbau reguliert, und der erste rein bureaukratische Herrscher, der »Schi Hoang Ti«, zugleich als größter Bauherr für Kanäle, Straßen und Festungen und, vor allem, als Erbauer der großen Mauer galt (die in Wahrheit von ihm nur zu einem gewissen Abschluß gebracht wurde). Diese Bauten dienten sämtlich, neben der Bewässerung, fiskalischen, militärischen und Verproviantierungsinteressen, der berühmte Kaiserkanal vom Yangtse zum Hoangho z. B. dem Transport des Reistributs aus dem Süden nach der neuen Hauptstadt (Peking) des Mongolenkhans [1]). 50 000 Fronarbeiter waren in einem bestimmten Zeitpunkt nach einem amtlichen Bericht an der Eindeichung eines Flusses beschäftigt und die Bauzeiten erstreckten sich über viele Jahrhunderte stückweiser Fertigstellung. Als die eigentlich ideale Form der Deckung des öffentlichen Bedarfes galt noch dem

[1]) Er hieß amtlich: »Kanal der Tribut-Transporte«. S. darüber P. Dom. Gandar S. J., Le canal impérial. Var. Sinol. Heft 4, Schanghai 1894.

Mencius die Fron und nicht die Steuer. Wie in Vorderasien siedelte der König seine Untertanen trotz ihres Widerstandes um, nachdem die Divination den geeigneten Ort für eine neue Hauptstadt bezeichnet hatte. Teils strafweise Deportierte, teils im Wege der Zwangsrekrutierung beschaffte Soldaten bewachten die Deiche und Schleusen und stellten einen Teil der Arbeitskräfte für die Bauten und Rodungen. Schritt für Schritt wurde in den Grenzprovinzen des Westens durch die Arbeitskräfte des Heeres der Wüste Boden abgewonnen [1]). Schwermütige Klagen über die furchtbare Last dieses eintönigen Schicksals, vor allem bei den Fronden an der großen Mauer, finden sich in erhaltenen Gedichten [2]). Die klassische Lehre mußte sehr nachdrücklich gegen die Vergeudung der Untertanenfronden zu privaten fürstlichen Bauzwecken nach ägyptischer Art Front machen, welche auch hier die Begleiterscheinung der Entwicklung einer bureaukratischen Organisation der öffentlichen Arbeiten war. Anderseits: sobald das Fronsystem in Verfall geriet, begann nicht nur in den zentralasiatischen Gebieten das Vordringen der Wüste auf Kosten des ihr abgerungenen, heute völlig versandeten Kulturbodens [3]), sondern wankte die politische Leistungsfähigkeit des Reichs überhaupt. Ueber die mangelhafte Bestellung der Krongüter durch die Bauern wird in den Annalen geklagt. Nur Ausnahmepersönlichkeiten vermochten den Fronstaat einheitlich zu organisieren und zu leiten.

Die Fron blieb aber die klassische Form der Staatsbedarfsdeckung. Wie naturalwirtschaftliche (durch Fronden bewirkte) und geldwirtschaftliche (durch Submission bewirkte) Deckung

---

[1]) Die Aufzeichnungen und Quittungen darüber sind teilweise in den von Aurel Stein gesammelten Urkunden aus Turkestan (kurz vor und nach Chr.) erhalten. Täglich 3 Schritt schritt stellenweise die Nutzbarmachung des Trockenlandes vor. (C h a v a n n e s, Les documents chinois découverts par Aurel Stein dans le sable du Turkestan oriental, Oxford 1913.)

[2]) Bei Chavannes p. XI ff. a. a. O. Oft fast lebenslang dauert der Dienst: die Frauen entbehren der Gatten und es ist besser, die Söhne gar nicht erst aufzuziehen.

[3]) Es ist durchaus unsicher, ob dabei, wie meist angenommen wird, klimatische Veränderungen mitbeteiligt waren. Es genügte an sich der Verfall des Fronsystems. Denn in diesen Gebieten konnte der Boden nur dann bestellungsfähig erhalten werden, wenn die Frage der »Kosten« überhaupt nicht auftauchte. Seine eigene Vollexistenz konnte ein Arbeiter nie aus ihm herauswirtschaften, sondern nur die nackte Nahrung, vielleicht selbst diese nur bei bestimmten Kulturen. Der Boden wurde offenbar trotz sicher gewaltiger Zuschüsse urbar erhalten nur im Interesse der Verproviantierung von Garnisonen und Gesandtschaften mit schwer transportfähigen Gütern.

der Staatsbedürfnisse sich praktisch zueinander verhielten, zeigt (für das 17. Jahrhundert) eine Erörterung vor dem Kaiser über die Frage, nach welchem von beiden Systemen gewisse Reparaturen am Kaiserkanal zu bewerkstelligen seien. Man beschloß, die Bauten gegen Geld zu vergeben, da sonst die Reparaturen zehn Jahre in Anspruch genommen hätten [1]). Eine Entlastung der Zivilbevölkerung wurde immer wieder — in Friedenszeiten — durch Heranziehung des Heeres zum Frondienst versucht [2]).

Neben den Militärgestellungen, Fronden und Leiturgien finden sich schon in früher Zeit Steuern. Die Fron auf dem Königsland scheint besonders früh (im 6. Jahrhundert v. Chr.) im Teilstaat Tsin abgeschafft zu sein, dessen Herrscher später (im 3. Jahrhundert v. Chr.) der »erste Kaiser« des Gesamtreiches wurde.

Abgaben haben natürlich schon in weit älterer Zeit existiert. Die Bedürfnisse des kaiserlichen Hofhalts waren, wie fast überall, als spezifische Naturalabgaben auf die einzelnen Gebiete verteilt [3]), und dies System ist in Resten bis in die Gegenwart erhalten geblieben. Das Naturalabgabensystem stand mit der Schaffung des patrimonialen Heeres und Beamtentums im engsten Zusammenhang. Denn beide wurden hier wie sonst aus den fürstlichen Magazinen verpflegt und es entwickelten sich feste Naturalpräbenden. Dennoch war zuweilen auch die Geldwirtschaft des Staats daneben, zum mindesten unter der Han-Dynastie, um den Beginn unserer Zeitrechnung, schon weit vorgeschritten, wie die Urkunden zeigen [4]). Und dies Nebeneinander von gelegentlichen

[1]) P. D. Gandar, S. J. Le canal impérial (Var. Sinol. 4, Schanghai 1894) p. 35.

[2]) So galt unter den Ming bis 1471 die Vorschrift: daß der Transport des Getreides zur Hauptstadt je zur Hälfte von dem Heere und von der Zivilbevölkerung zu beschaffen sei. In jenem Jahre wurde verfügt: daß das Heer allein diese Fronden zu beschaffen habe. (Yu tsiuan tung kian kang mu, Gesch. der Ming-Dynastie des Kaisers Kian Lung, übers. v. Delamarre, Paris 1865, p. 351.)

[3]) S. die oben S. 284, Anm. , wiedergegebenen Abrechnungen der Zentralregierung aus dem 10., 11. und 14. Jahrhundert. Im ganzen sollen — nach der Annalistik — die Natural-Abgaben je nach der Entfernung von der Hauptstadt so abgestuft gewesen sein, daß z. B. die erste Zone Getreide mit Stroh, die zweite nur Getreide und so jede folgende spezifisch hochwertigere, also in höherem Grade arbeitsintensivere, Güter schickte. Das ist durchaus glaubhaft und stimmt mit anderen Nachrichten überein.

[4]) Vgl. die von Chavannes a. a. O. edierten Funde A. Steins aus der Zeit von 98—137 n. Chr. Der Sold der Offiziere, fraglich: ob auch der Soldaten, wird in Geld gezahlt (Nr. 62), Monturen für letztere wenigstens teilweise für Geld gekauft Nr. 42). Vollends das (freilich wesentlich spätere) Ausgabejournal eines

Fronden (für Bauzwecke vor allem, daneben für Kurierdienste und Verkehr), Natural- und Geldabgaben und Gebühren, mit fürstlicher Oikenwirtschaft für gewisse Luxusbedürfnisse [1]) des Hofes, hat unter, im allgemeinen, zunehmender Verschiebung nach der Seite der Geldwirtschaft bis in die Gegenwart fortbestanden.

Diese Verschiebung nach der Seite der Geldsteuern hat sich auch und vor allem auf die bis in die allerletzte Zeit weitaus wichtigste Steuer: die Grundsteuer, erstreckt, deren interessante Geschichte hier im einzelnen zu verfolgen nicht die Absicht ist [2]). Wir kommen darauf weiter unten, soweit nötig, bei Erörterung der Agrarverfassung etwas näher zu sprechen. An dieser Stelle genügt es zu sagen, daß auch hier, wie in den Patrimonialstaaten des Okzidents, das gelegentlich stärker differenzierte Steuersystem, weil das nicht in Grund und Boden angelegte Vermögen für die Steuertechnik der extensiven kaiserlichen Verwaltung nicht »sichtbar« blieb, zunehmend in der Richtung der Unifizierung der Steuern durch Verwandlung aller anderen Abgaben in Zuschläge zur Grundsteuer sich entwickelte. Diese Tendenz zur Verflüchtigung alles nicht sichtbaren Besitzes ist vielleicht für die stets erneuten Versuche, den Staatsbedarf tunlichst naturalwirtschaftlich: durch Fronden und Leiturgien, zu decken, mitbestimmend gewesen. Daneben und in Wahrheit wohl in erster Linie auch: die Währungsverhältnisse. Für die Grundsteuer selbst aber galten zwei ebenfalls in extensiv verwalteten Patrimonialstaaten universelle Entwicklungstendenzen: Einmal die zur Umwandlung in Geldabgaben, von welcher auch alle anderen Lasten, insbesondere die Fronden und sonstigen Leiturgien, ergriffen wurden. Ferner aber die Tendenz zur Umwandlung in eine Repartitionssteuer und schließlich in einen fest kontingentierten Tribut, der auf die Provinzen nach festem Maßstabe verteilt

---

Buddhatempels (ebenda Nr. 969) zeigt volle Geldwirtschaft: Miete der Handwerker, die im Lohnwerk beschäftigt werden, ebenso alle anderen Ausgaben in Geld. Gegenüber diesem Zustand trat später ein starker Rückschlag ein.

[1]) Seiden- und Porzellanlieferungen der kaiserlichen Manufakturen an den Hof allein im Jahre 1883 (Peking Gazette vom 23. 1., 24. 1., 27. 1., 30. 1., 13. 6., 14. 6.) für zusammen 405 000 Taëls (Selbstkosten!). Dazu traten dann die Naturallieferungen der Provinzen, die mindestens teilweise (Seide, kostbares Papier usw.) für Hofzwecke, daneben (Eisen, Schwefel usw.) für politische Zwecke verwendet wurden. Die Provinz Schansi petitionierte 1883 (Peking Gazette vom 15. 12.) vergebens um Zu-Geld-Setzung, da sie die zu liefernden Naturalien (außer Eisen) selbst erst kaufen müsse.

[2]) S. darüber die noch immer in vielem brauchbare Arbeit von Biot in Nouv. Journ. Asiat. 3 Ser. 6, 1838.

wurde. Der ungemein wichtige Vorgang wurde schon einmal kurz berührt. Die Befriedung des Reichs unter der Mandschu-Dynastie gestattete dem Hof den Verzicht auf bewegliche Einkünfte und führte zu dem berühmten, als Quelle der neuen Blüte Chinas im 18. Jahrhundert gepriesenen Edikt von 1713, welches die Grundsteuerpflichtigkeiten der Provinzen — der Absicht nach — in feste Abgaben verwandelte. Wir werden davon gleich zu reden haben. Neben der Grundsteuer spielten namentlich die Salzgabelle, die Bergwerke und erst in letzter Linie die Zölle eine Rolle in den Einkünften der Zentralverwaltung. Auch für sie wurde aber der nach Peking abzuführende Betrag tatsächlich ein traditionell feststehender. Erst die Kriege mit europäischen Mächten und die finanzielle Notlage im Gefolge der Taiping-Revolution (1850—64) ließen die »Likin«-Zölle unter der glänzenden Finanzverwaltung Sir Robert Harts in den Vordergrund der Finanzen des Reichs treten.

Die Befriedung des Reichs im Zusammenhang mit dieser Steuerkontingentierung und ihren Folgen: der Entbehrlichkeit und dem Wegfall der Fronausnutzung, des Paßzwangs und aller Freizügigkeitsschranken, aller Kontrolle über Berufswahl, Hausbesitzverhältnisse und Produktionsrichtung, hat eine gewaltige Vermehrung der Bevölkerung im Gefolge gehabt. Während es scheint, daß die nach den freilich zum Teil äußerst problematischen Katasterziffern sehr stark schwankende Volksdichte Chinas zu Beginn der Mandschu-Herrschaft nicht wesentlich höher war als unter Schi-Hoang-Ti fast 1900 Jahre zuvor, jedenfalls aber die angebliche Volkszahl jahrhundertelang zwischen 50 und 60 Millionen schwankte, wuchs sie von Mitte des 17. bis Ende des 19. Jahrhunderts von 60 auf etwa 350—400 Millionen [1]), entfaltete sich der sprichwörtliche chinesische Erwerbstrieb im

[1]) Diese Zahlen sind allerdings höchst wenig vertrauenswürdig. Denn es ist zu bedenken, daß die Beamten der Zeit vor dem Steuerkompromiß von 1713 ein Interesse daran hatten, die Zahl der Steuerpflichtigen (es bestand damals Kopfsteuer!) in den Berichten zu verringern oder stabil zu halten, was seit der Fixierung der Steuerquoten fortfiel (s. u.). Seitdem lag es umgekehrt im Interesse der Beamten, mit großen Volkszahlen zu glänzen. Denn die Volkszahlen interessierten seitdem nur noch die Götter selber, denen sie mitgeteilt wurden, — sie bewiesen also, wo sie hoch waren, das Charisma des betreffenden Beamten. Noch manche Zahlen des 19. Jahrhunderts (z. B. die abnorme Vermehrung der Bevölkerung in der Provinz Se tschuan) sind höchst verdächtig. Immerhin berechnet Dudgeon (Population of China, J. of the Peking Oriental Society III, 3, 1893) die Volkszahl von 14 Provinzen für die 80er Jahre auf 325 Millionen.

kleinsten wie im größten und wurden auch sehr bedeutende Einzelvermögen akkumuliert. Was nun aber als etwas höchst Auffallendes an dieser Epoche erscheinen muß, ist: daß trotz dieser erstaunlichen Entwicklung der Volkszahl und ihres materiellen Befindens nicht nur die geistige Eigenart Chinas in eben dieser Zeit gänzlich stabil blieb, sondern auch auf ökonomischem Gebiet, trotz jener scheinbar so überaus günstigen Bedingungen, nicht der geringste Ansatz zu einer modern-kapitalistischen Entwicklung sich findet. Daß ferner auch der einst bedeutende Eigenhandel Chinas nach außen keinerlei Neubelebung erfuhr, sondern nur Passivhandel in einem einzigen, den Europäern unter strenger Kontrolle geöffneten Hafen (Kanton) stattfand. Daß auch von einem von innen, aus eigenem kapitalistischen Interesse der Bevölkerung heraus, entstandenen Streben, diese Schranke zu sprengen, nicht das mindeste (sondern ausschließlich: das Gegenteil) bekannt ist. Und daß überhaupt auf dem Gebiet der Technik, Wirtschaft und Verwaltung auch nicht die geringste, im europäischen Sinn, »fortschrittliche« Entwicklung einsetzte, vollends aber die Steuerkraft des Reichs, wenigstens dem Anschein nach, keinem ernsten Stoß gewachsen war, als die Erfordernisse der Außenpolitik dies gebieterisch erheischt hätten. Wie ist dies alles angesichts jener bei aller Kritik doch nicht zu bezweifelnden ganz ungewöhnlich mächtigen Volkszunahme zu erklären? Das ist unser Zentralproblem.

Es hatte sowohl ökonomische wie geistige Ursachen. Die ersteren, von denen jetzt zunächst zu sprechen ist, waren durchaus staatswirtschaftlicher und also politisch bedingter Natur, teilten aber mit den »geistigen« den Umstand: daß sie aus der Eigenart der führenden Schicht Chinas: des Beamten- und Amtsanwärterstandes (der »Mandarinen«), hervorgingen. Von ihnen ist jetzt zu reden, und zwar zunächst von ihrer materiellen Lage.

Der chinesische Beamte war, sahen wir, zunächst auf Naturalpräbenden aus den königlichen Magazinen angewiesen. Später traten in zunehmendem Maß Geldgehalte an die Stelle. So blieb es. Formell also zahlte die Regierung ihren Beamten Gehalt. Aber einmal zahlte sie nur einem kleinen Bruchteil der wirklich in der Verwaltung tätigen Kräfte aus ihren eigenen Mitteln Gehalt, und dann bildete dies Gehalt nur einen kleinen, oft geradezu einen verschwindenden Teil ihres Einkommens. Der Beamte hätte davon gar nicht leben und noch weniger die ihm amtlich obliegenden Kosten der Verwaltung daraus bestreiten können. Das Verhältnis war vielmehr in Wahrheit stets dies: daß der Beamte, ebenso wie ein Feudalherr oder Satrap, der Zentralregierung (und der Unterbeamte der Provinzialregierung) für die Ablieferung bestimmter Abgabenbeträge haftete, seinerseits aber fast alle Kosten seiner Verwaltung aus den von ihm wirklich erhobenen Abgaben: Steuern und Gebühren, bestritt und den Ueberschuß für sich behielt. So wenig dies, in voller Konsequenz wenigstens, offiziell anerkanntes Recht war, so zweifellos galt es tatsächlich, und zwar definitiv infolge der seit der Kontingentierung der Regierungseinnahmen bestehenden Verhältnisse.

Die sogenannte Fixierung der Grundsteuer im Jahre 1713 war der Sache nach eine finanzpolitische Kapitulation der Krone voı den Amtspfründnern. Denn in Wahrheit wurde ja nicht etwa die Steuerpflichtigkeit der Grundstücke in eine feste Grundrente verwandelt (wie z. B. in England), sondern es wurde vielmehr dasjenige, was den Provinzialbeamten von der Zentralverwaltung als Steueraufkommen ihres Bezirks angerechnet wurde: der Betrag also, von welchem sie einen Pauschalquotienten als Tribut an die Krone abzugeben hatten, fixiert und so — auf den Effekt gesehen — nur die Höhe der Besteuerung der Pfründen dieser Satrapen durch die Zentralverwaltung für alle Zeiten festgelegt [1]). Dem genuinen Charakter aller spezifisch patrimonialen Verwaltung entsprechend wurde das Einkommen, welches der Beamte aus der Verwaltung seines Bezirks zog, als seine Pfründe behandelt, die von seinen Privateinkünften nicht wirklich geschieden war [2]). Die Inhaber der

[1]) Daß dies der Sinn der Maßregel war, geht schon aus der sonst ganz widersinnigen Formulierung hervor: daß fortan eine bestimmte Anzahl von Einheiten in der betreffenden Provinz »steuerpflichtig«, alle übrigen aber »steuerfrei« sein sollten und tatsächlich bei den periodischen Volkszählungen so angeführt wurden. Natürlich waren nicht etwa eine entsprechende Anzahl Einwohner frei von Steuern, sondern: diese Anzahl wurde den Beamten nicht als steuerzahlend angerechnet. Die Unterscheidung der beiden Kategorien bei den Zählungen wurde denn auch bald — 1735 — von den Kaisern als zwecklos aufgegeben.

[2]) Alle Projekte direkter Steuern der letzten 30 Jahre scheiterten schon daran, daß sie vor allem Steuern auf die Mandarinenpfründen hätten sein müssen. Die patrimoniale Auffassung der Beamteneinkünfte trat von jeher besonders plastisch in der Wirkung der Totentrauer eines Beamten zutage. Dem uralten Sinn der Trauer entsprechend, wie er in China in deren Familien besonders eindeutig erhalten blieb, diente diese der Abwendung des Zorns und Neides des Totengeistes gegen diejenigen, welche sich nach seinem Tode als Erben seinen Besitz angeeignet haben. Abgesehen also davon, daß ihm ursprünglich bedeutende Bruchteile seiner Habe (einschließlich von Witwen- und anderen Menschen-

Amtspfründen ihrerseits dagegen waren soweit wie möglich davon entfernt, die Grundsteuer (oder irgendwelche andere Pflichtigkeit) der Steuerzahler als in ihrem Gesamtaufkommen pauschaliert zu behandeln. Und es konnte auch praktisch gar keine Rede davon sein, daß die Reichsregierung eine solche Festlegung hätte ernstlich beabsichtigen können. Der Amtsinhaber mußte ja, wiederum dem patrimonialen Prinzip entsprechend, von den ihm zur Verfügung stehenden Einnahmen nicht nur alle sachlichen Bedürfnisse der bürgerlichen Verwaltung und Rechtspflege seines Bezirks bestreiten, sondern, und zwar vor allem, auch seinen unoffiziellen — von Kennern selbst für die kleinste Verwaltungseinheit (hsien) auf zwischen 30 und 300 schwankend geschätzten, gar nicht selten aus dem Abhub der Bevölkerung rekrutierten — Beamtenstab, ohne den er, wie wir sahen, in der ihm fremden Provinz die Verwaltung zu führen gar nicht in der Lage war. Seine persönlichen waren von den Verwaltungsausgaben nicht geschieden. Die Zentralverwaltung hatte also keinerlei Uebersicht über die wirklichen Bruttoeinkünfte der einzelnen Provinzen und Bezirke, der Provinzialstatthalter keine über diejenigen der Präfekten usw. Auf seiten der Steuerzahlenden andererseits stand nur der eine Grundsatz fest: sich nach Möglichkeit der Erhebung n i c h t t r a d i t i o n e l l feststehender Abgaben zu widersetzen, und wir werden sehen, daß und warum sie dies innerhalb weiter Grenzen mit großem Erfolg zu tun in der Lage waren. Indessen abgesehen von der prekären Natur dieses wesentlich von der Machtlage abhängigen Widerstands gegen die trotz allem stets erneut versuchten Uebererhebungen hatten die Beamten zwei Mittel, die Einkünfte zu steigern. Einmal die Erhebung eines Zuschlags für die Erhebungskosten (mindestens

opfern) in den Hades mitgegeben wurden, mußten die Erben geraume Zeit das Totenhaus und die Berührung der Besitztümer meiden und ärmlich gekleidet in einer anderen Hütte wohnen, sich auch des Genusses ihres Besitzes enthalten. Das Amt nun wurde so sehr nur als »Pfründe« und die Pfründe so sehr nur als Privatbesitz des Pfründners gewertet, daß ein trauerpflichtiger Todesfall den Rücktritt vom Amt zur unbedingten Folge hatte. Die fortwährenden massenhaften Vakanzen zahlreicher Aemter, die zeitweise Unverwendbarkeit zahlreicher Beamten, die Aufstauung von durch Trauer amtlos gewordenen Anwärtern waren eine, zumal bei Seuchen, politisch höchst lästige Kalamität. Abwechselnd verboten die Kaiser im Staatsinteresse die allzulange Dauer der Trauer und schärften, in Angst vor den Geistern, sie wieder ein, beides bei Prügelstrafe. Noch Li Hung Tschang wurde beim Tode seiner Mutter vergebens von der Kaiserin in scharfer Form gemahnt, statt des Rücktrittes nur Urlaub zu nehmen (Peking Gazette vom 1. 5. 1882).

10%) und für jegliche Nichtinnehaltung des Termins, mochte diese vom Schuldner freiwillig oder unfreiwillig oder (und oft genug) geradezu absichtlich durch die Beamten herbeigeführt sein. Dann aber und namentlich: die Umwechslung der Naturalsteuer in Geld, der Geldsteuer zuerst in Silber, dann wieder in Kupfer und nochmals in Silber, zu wechselnden Kursen, deren Bestimmung der Steuereinnehmer sich vorbehielt [1]). Vor allen Dingen aber ist zu bedenken, daß jegliche Amtshandlung eines Beamten, nach patrimonialen Grundsätzen, durch »Geschenke« zu entgelten war und gesetzliche Gebührentarife nicht existierten. Mit Einschluß dieser Extraverdienste war die Gesamtbruttoeinnahme des Beamten dazu da, zunächst die sachlichen Unkosten seines Amtes und die diesem obliegenden Verwaltungsaufgaben vorab zu bestreiten. Der Bruchteil, den diese eigentlichen »Staats«-Ausgaben der inneren Verwaltung ausmachten, war aber meist überaus gering. Demnächst und namentlich aber war dies Bruttoeinkommen des auf der untersten Staffel, unmittelbar an der Steuerquelle selbst, stehenden Beamten nun der Fonds, aus welchem die über ihm stehenden Beamten ihre Einnahmen schöpften. Er hatte an seinen Vorgesetzten abzuführen nicht nur den vergleichsweise recht oft nicht großen Betrag, den nach dem überkommenen Kataster beizubringen ihm oblag. Sondern außerdem und vor allem hatte er ihm beim Amtsantritt und sodann in regelmäßigen Fristen »Geschenke« zu machen, so hoch wie nur irgend möglich, um dessen für sein eigenes Schicksal maßgebendes Wohlwollen zu erhalten [2]). Und er hatte dabei dessen unoffizielle Berater und Subalternbeamte, soweit sie von Einfluß auf sein Schicksal sein konnten (bis zum Türhüter herab, wenn er eine Audienz wünschte) mit reichlichen Trinkgeldern zu versehen. Dies setzte sich von Staffel zu Staffel bis zu dem Palasteunuchen fort, der auch von den allerhöchsten Beamten seinen Tribut nahm. Das Verhältnis zwischen offiziell bekanntgegebenem und tatsächlichem Steueraufkommen aus der Grundsteuer allein wird von guten Kennern [3]) wie 1 : 4 geschätzt. Das Kompromiß

[1]) Einflußreiche Leute zogen daher stets die Zahlung in Naturalien vor und setzten sie durch.

[2]) Es erinnert dies etwa an die Besteuerung der von dem gewählten Haupt der obsiegenden Partei ernannten Beamten durch die Bosses für sich und die Parteikassen in den Vereinigten Staaten, nur daß diese im ganzen fest bestimmt war.

[3]) Jamieson, Parker. S. die Berechnungen und Schätzungen des letzteren in »Trade and Administration of the Chinese Empire« p. 85 ff.

von 1712/13 zwischen der Zentralregierung und den Provinzialbeamten entsprach in geldwirtschaftlicher Form etwa der naturalwirtschaftlichen Fixierung der Feudalpflichten im Okzident. Mit dem Unterschiede zunächst: daß es sich in China, wie in allen spezifischen Patrimonialstaaten, nicht um Lehen, sondern um Pfründen handelte, und nicht um Militärdienstleistungen sich selbst ausrüstender Ritter, auf deren Heeresdienst der Fürst angewiesen war, sondern um Natural- und, vor allem, Geldtribute der für Patrimonialstaaten typischen Gebühren- und Steuerpfründner, auf deren Verwaltungsleistungen die Zentralgewalt angewiesen war. Und noch ein weiterer wichtiger Unterschied gegenüber dem Okzident lag vor. Dort kannte man die Pfründe, auch die Gebühren- und Steuerpfründe ja auch. Am frühesten auf kirchlichem, später, nach dem kirchlichen Muster, auf dem Gebiet der Patrimonialstaaten. Aber sie war dann entweder lebenslänglich (außer bei Entsetzung auf Grund eines förmlichen Verfahrens) oder auch erblich appropriiert, wie das Lehen auch, oft sogar durch Kauf übertragbar. Und die Gebühren, Zölle, Steuern, auf denen sie ruhte, waren durch Privileg oder feste Gewohnheit fixiert. In China war, sahen wir, gerade der »etatsmäßige« Beamte frei absetzbar und versetzbar, ja: mußte er in kurzen Fristen versetzt werden. Teils (und vor allem) im Interesse der Erhaltung der politischen Macht der Zentralverwaltung; daneben aber auch — wie gelegentlich hervortritt: — damit auch andere Anwärter die Chance hätten, einmal an die Reihe zu kommen [1]). Das Beamtentum als Ganzes war im Genuß des gewaltigen Pfründeneinkommens gesichert, der einzelne Beamte dagegen gänzlich prekär gestellt und daher, da der Erwerb des Amts (Studien, Kauf, Geschenke und »Gebühren«) ihm gewaltige Kosten gemacht und ihn oft in Schulden gestürzt hatte, genötigt, in der kurzen Amtszeit soviel als möglich aus dem Amt herauszuwirtschaften. Er war infolge des Fehlens fester Taxen und Garantien dazu auch in der Lage. Daß das Amt dazu da sei, ein Vermögen zu erwerben, verstand sich durchaus von selbst, und nur das Uebermaß galt als tadelnswert [2]).

[1]) Diese Auffassung tritt besonders deutlich in dem in der Peking Gazette vom 11. 1. 95 abgedruckten Reskript hervor. Es wird getadelt, daß gewisse (Unter-)Beamte die Pfründen länger als 3 Jahre behalten, so daß andere Anwärter nicht »drankommen«.

[2]) Dies geht aus mannigfachen Reskripten hervor. So etwa in der Peking Gazette vom 23. 3. 1882: ein Beamter in Kanton hat in wenigen Monaten 100 000

Aber noch andere und weiter reichende Wirkungen gingen auf diesen Zustand zurück. Zunächst: die Machtstellung der Zentralverwaltung gegenüber den Personen der Beamten wurde allerdings durch das System der Versetzungen auf das wirksamste gesichert. Jeder Beamte war infolge dieser fortwährenden Umschichtungen und des steten Wechsels seiner Chancen der Konkurrent jedes anderen um die Pfründe. Ihre Lage war infolge dieser Unmöglichkeit, ihre persönlichen Interessen zu vereinigen, gänzlich prekär nach oben: die ganze autoritäre innere Gebundenheit dieses Beamtentums hing damit zusammen. Zwar gab es unter den Beamten »Parteien«. Zunächst nach Landsmannschaften und, damit zusammenhängend, nach der überkommenen Eigenart der Schulen, die sie erzogen hatten. Der »konservativen« Schule der nördlichen Provinzen stand in den letzten Jahrzehnten die »fortschrittliche« der mittleren Provinzen und die »radikale« der Kantonesen gegenüber; von dem Gegensatz der Anhänger der Erziehung nach der Methode der Sung gegen die der Han innerhalb eines und desselben Yamen sprachen kaiserliche Edikte noch in dieser Zeit. Indessen infolge des Grundsatzes der Fremdbürtigkeit der Beamten und der steten Versetzung von Provinz zu Provinz und weil überdies die Anstellungsbehörde sorgsam auch darauf hielt, die rivalisierenden Schulen und Landsmannschaften in einem und demselben Amtsbezirk und derselben Aemterstaffelung möglichst zu mischen, konnte sich wenigstens auf dieser Basis kein landsmannschaftlicher Partikularismus entwickeln, der die Einheit des Reichs gefährdet hätte: — dieser hatte ganz andere Grundlagen, wie gleich zu erwähnen ist. Auf der anderen Seite war aber die Schwäche der Beamten nach oben mit ihrer schon erörterten ebenso großen Schwäche nach unten erkauft. Und eine noch weit wichtigere Folge der Struktur dieses Pfründentums war der extreme administrative und wirtschaftspolitische T r a d i t i o n a l i s m u s, den sie mit sich führte. Soweit dieser g e s i n n u n g s mäßig begründet war, ist später von ihm zu sprechen. Aber er hatte daneben auch höchst »rationale« Gründe.

Jeglicher Eingriff irgendwelcher Art in die überkommene Wirtschafts- und Verwaltungsform griff in unabsehbar viele Sportel-

---

Taëls m e h r a l s g e w ö h n l i c h (NB.!) zusammengebracht. Ein gemieteter Schreiber in Fuh kien konnte sich die Präfektenstelle in Kiangsu kaufen. Zollbeamte hatten Einnahmen von 100—150 000 Taëls jährlich.

und Pfründeninteressen der ausschlaggebenden Schicht ein. Und da jeder Beamte einmal in die mit Verkürzung der Einnahmechancen bedrohte Stellung versetzt werden konnte, so stand die Beamtenschaft in solchen Fällen wie ein Mann zusammen und obstruierte mindestens ebenso stark wie die Steuerträger gegen den Versuch, Aenderungen des Sportel- oder Zoll- oder Steuersystems durchzuführen. Die okzidentale Art der dauernden Appropriation von Zoll-, Geleit-, Brücken- und Wegegeld-, Stapel- und Straßenzwang-, Sportel- und anderen Einnahmechancen machte dagegen die im Spiel befindlichen Interessen übersehbar und ermöglichte es in aller Regel, bestimmte Interessentengruppen zusammenzuschließen und mit Gewalt oder durch Kompromiß oder Privileg die einzelnen Verkehrsobstruktionen abzulösen. Aber davon war in China keine Rede. Diese Einnahmechancen waren ja dort, soweit die Interessen der *obersten*, ausschlaggebenden, Beamtenschicht in Betracht kamen, *nicht* individuell appropriiert, sondern: dem Stande dieser versetzbaren Beamten als *Ganzem*. *Geschlossen* stand er daher jedem Eingriff entgegen und verfolgte die einzelnen rationalistischen Ideologen, welche nach »Reform« riefen, solidarisch mit tödlichem Haß. Nur eine gewaltsame Revolution, sei es von unten, sei es von oben, hätte hier Wandel schaffen können. Die Beseitigung des Tributtransports auf dem Kaiserkanal mit Kähnen zugunsten des um ein Vielfaches billigeren Dampfertransports zur See, die Aenderung der überkommenen Arten der Zollerhebung, Personenbeförderung, Erledigung von Petitionen und Prozessen, alle und jede Neuerungen überhaupt *konnten* die Sportelinteressen jedes einzelnen, gegenwärtige oder künftig mögliche, gefährden. Wenn man etwa die Reihe der Reformprojekte des Kaisers aus dem Jahre 1898 überblickt und sich klar macht, welche ungeheuren Umwälzungen der Einkommensverhältnisse der Beamten sie bei auch nur teilweiser Durchführung herbeigeführt hätten, so kann man ermessen, welche ungeheuren materiellen Interessen gegen sie engagiert waren und wie völlig aussichtslos sie, in Ermangelung irgendwelcher außerhalb der Interessenten selbst stehenden Organe der Durchführung, sein mußten. In diesem Traditionalismus lag auch die Quelle des »Partikularismus« der Provinzen. Er war in erster Linie Finanzpartikularismus und dadurch bedingt, daß die Pfründen der Provinzialbeamten und ihres unoffiziellen Anhangs durch jede

Zentralisierung der Verwaltung auf das schwerste gefährdet werden mußten. Hier lag das absolute Hemmnis einer Rationalisierung der Verwaltung des Reichs vom Zentrum aus ebenso wie einer einheitlichen Wirtschaftspolitik.

Es war aber ferner — und dies zu erkennen ist prinzipiell wichtig — das allgemeine Schicksal rein patrimonialer Staatsgebilde, wie die Mehrzahl der orientalischen es waren: daß gerade die Durchführung der G e l d wirtschaft den Traditionalismus stärkte, statt ihn zu schwächen, wie wir erwarten würden. Deshalb, weil gerade erst sie durch ihre Pfründen jene Erwerbschancen der ausschlaggebenden Schicht schuf, welche nicht nur den »Rentnergeist« im allgemeinen [1]) stärkten, sondern die Erhaltung der bestehenden, für den Gewinnertrag der Pfründen ausschlaggebenden wirtschaftlichen B e d i n g u n g e n zu einem alles beherrschenden Interesse der daran partizipierenden Schicht machte. Gerade mit Fortschreiten der Geldwirtschaft und gleichmäßig damit zunehmender V e r p f r ü n d u n g der Staatseinnahmen sehen wir deshalb in Aegypten, in den Islamstaaten und in China, nach kurzen Zwischenperioden, die nur dauerten, solange die Pfründenappropriation noch nicht vollzogen war, jene Erscheinung eintreten, welche man als »Erstarrung« zu werten pflegt. Es war daher eine allgemeine Folge des orientalischen Patrimonialismus und seiner Geldpfründen: daß regelmäßig nur militärische Eroberungen des Landes oder erfolgreiche Militär- oder religiöse Revolutionen das feste Gehäuse der Pfründnerinteressen sprengten, ganz neue Machtverteilungen und damit neue ökonomische Bedingungen schaffen konnten, jeder Versuch einer Neugestaltung von innen aber an jenen Widerständen scheiterte. Die große historische Ausnahme bildet, wie gesagt, der moderne europäische Okzident. Zunächst deshalb, weil er der Befriedung in einem einheitlichen Reich entbehrte. Wir erinnern uns, daß die gleiche Staatspfründnerschicht, welche im Weltreich die Rationalisierung der Verwaltung hemmte, dereinst in den Teilstaaten ihr mächtigster Förderer gewesen war. Aber der Anreiz war nun fortgefallen. Wie die Konkurrenz um den Markt die Rationalisierung der privatwirtschaftlichen Betriebe erzwang, so erzwang bei uns und

---

[1]) Ueber diesen vgl. z. B. E. H. P a r k e r , China, her history, diplomacy and commerce (London 1901). »Er ist ein 2000-Zentner-(Reis-)Mann« (bezieht jährlich eine Rente dieses Wertbetrages) war die übliche Klassifikation eines wohlhabenden Mannes.

in dem China der Teilstaatenzeit die Konkurrenz um die politische Macht die Rationalisierung der staatlichen Wirtschaft und Wirtschaftspolitik. Und wie andererseits in der Privatwirtschaft jede Kartellierung die rationale Kalkulation, die Seele der kapitalistischen Wirtschaft, abschwächt, so ließ das Aufhören der machtpolitischen Konkurrenz der Staaten miteinander die Rationalisierung des Verwaltungsbetriebs, der Finanzwirtschaft und der Wirtschaftspolitik kollabieren. Das Weltreich enthielt dazu keinen Antrieb mehr, wie er einst bei der Konkurrenz der Teilstaaten bestanden hatte. Aber dies war nicht der einzige Grund. Auch in der Epoche der Staatenkonkurrenz war in China die Rationalisierung der Verwaltung und Wirtschaft in engere Schranken gebannt als im Okzident. Deshalb, weil im Okzident — abgesehen von den schon erwähnten Unterschieden der Appropriation — starke, auf eigenen Füßen stehende Mächte vorhanden waren, mit welchen entweder die Fürstenmacht sich verbinden und die traditionellen Schranken zerbrechen konnte, oder welche, unter sehr besonderen Bedingungen, ihrerseits aus eigener militärischer Macht heraus die Bindungen durch die Patrimonialmacht abwerfen konnten, wie die fünf großen, für das Schicksal des Okzidents entscheidenden Revolutionen, die italienische des 12. und 13., die niederländische des 16., die englische des 17., die amerikanische und französische des 18. Jahrhunderts es getan haben. Gab es diese Mächte in China nicht? —

III. Soziologische Grundlagen. C. Verwaltung und Agrarverfassung.

Die ganz außerordentliche Entwicklung und Intensität des chinesischen Erwerbstriebs schon seit langer Zeit unterliegt nicht dem allergeringsten Zweifel. Seine Vehemenz und — soweit Nicht-Sippengenossen in Betracht kamen — Skrupellosigkeit war, von den Ausnahmen der durch die Monopolgilden im Geschäftsinteresse ethisch stark temperierten Groß- und (besonders) Außenhändler abgesehen, jeder Konkurrenz anderer Völker gewachsen. Der Fleiß und die Arbeitsfähigkeit der Chinesen galt immer als unerreicht. Die Organisationen der Handelsinteressenten in ihren Gilden waren, sahen wir, so machtvoll wie in keinem Lande der Erde, ihre Autonomie faktisch fast unbeschränkt. Bei einer so riesigen Bevölkerungszunahme, wie sie China seit Anfang des 18. Jahrhunderts erlebte, in Verbindung mit stetiger Vermehrung der Edelmetallvorräte, müßte man nach europäischen Begriffen eine sehr günstige Chance für die Entwicklung von Kapitalismus annehmen. Immer wieder gelangen wir zu dem Problem zurück, welches an die Spitze dieser Erörterungen gestellt wurde. Einige Erklärungsgründe für die Tatsache, daß trotzdem die kapitalistische Entwicklung ausblieb, sind vorstehend schon beigebracht. Aber damit können wir uns noch nicht begnügen. — Die auffallendste und im schroffsten Gegensatz gegen den Okzident stehende Erscheinung in der Entwicklung Chinas ist: daß nicht, wie in England, eine (relative) Abnahme, sondern eine ungeheure Zunahme der ländlichen, bäuerlichen Bevölkerung die Epoche seit Beginn des 18. Jahrhunderts kennzeichnet, daß auch nicht, wie im deutschen Osten, landwirtschaftliche Großbetriebe, sondern bäuerliche Parzellenbetriebe zunehmend das Gesicht des Landes bestimmten, daß schließlich, damit zusammenhängend, der Rindviehstand ganz gering, das Schlachten von Rindern selten (eigentlich nur zu Opferzwecken) war, Milchgenuß fehlte und »Fleisch essen« soviel hieß wie »vornehm sein« (weil es Teilnahme am Opferfleischgenuß, der den Beamten zukam, bedeutete). Woher das Alles?

Die Entwicklung der chinesischen Agrarverfassung [1]) zu

---

[1]) Auf die Vorgeschichte, insbesondere das von den Sinologen behauptete ursprüngliche Nomadentum der Chinesen, kann hier unmöglich eingegangen werden. Natürlich haben auch in vorgeschichtlicher Zeit stets neue Einbrüche der innerasiatischen Nomadenvölker immer erneut das Niederungsland unterworfen. Aber nur die Mongolen haben zeitweise ernsthaft Miene gemacht, sich gegen die überlegene Kultur der Ackerbauer als Nomaden zu behaupten (durch Verbot des Bodenanbaus in einem bestimmten Umkreis der Hauptstadt). Den Chinesen ihrerseits aber war — und das spricht deutlicher als alle Ueberlieferung für die Kontinuität der uralten Hack- und Gartenkultur — der Milchgenuß fremd geblieben und zu den Ritualakten des kaiserlichen Oberpontifex gehörte die Führung des Pflugs als Zeremonie. Demgegenüber dürfte für die Kulturkontinuität die Abstammung eines Teils oder selbst der ganzen alten Herrenschicht von Nomaden doch bedeutungslos sein. Die Existenz des »Männerhauses« (s. o.) hat natürlich nichts mit »Nomadentum« zu tun, sondern bedeutet, daß Krieg und Jagd von diesen Gemeinschaften, die Bodenkultur aber von den Frauen gepflegt wird. Das Fehlen des Milchgenusses ist in China doch offenbar recht alt und widerspricht der »Nomaden«-Hypothese. Großvieh war Arbeitsvieh oder Opfertiere, dem normalen Fleischgenuß diente nur Kleinvieh.

schildern wäre für den Nicht-Sinologen nach dem Stand der ihm zugänglichen Quellen durchaus unmöglich. Sie ist für unseren Zusammenhang auch nur soweit zu berücksichtigen, als sich in der Problematik der chinesischen Agrarpolitik die Eigenart des Staatswesens aussprach. Denn jedenfalls dies ist auf den ersten Blick unverkennbar: daß die tiefgehendsten Wandlungen der Agrarverfassung durch die Umgestaltung der Militär- und Fiskalpolitik der Regierung bedingt wurden. Die chinesische Agrargeschichte zeigt aus eben diesem Grunde ein monotones Hin und Her zwischen verschiedenen gleich möglichen Prinzipien der Besteuerung und der aus ihr folgenden Behandlung des Bodenbesitzes, die mit innerer »Entwicklung« keinerlei Verwandtschaft hat, seitdem der Feudalismus zerschlagen war.

Im Feudalzeitalter waren die Bauern zweifellos, mindestens zum Teil — wennschon keineswegs notwendiger- oder nur wahrscheinlicherweise alle [1]) —, Hintersassen der Feudalherren, denen sie Abgaben und zweifellos auch Dienste leisteten. Der von der Annalistik mit kien ping bezeichnete Zustand, daß sich die Bauern infolge kriegerischer Bedrohung und Unsicherheit oder infolge von Steuer- oder Darlehensüberschuldung um die Höfe der besitzenden Schichten »zusammengedrängt«, d. h. sich ihnen als Klienten (tien ke) kommendiert hatten, wurde von der Regierung in aller Regel scharf bekämpft. Man suchte die Immediatsteuerpflicht der Bauern aufrecht zu erhalten, vor allem aber das Aufkommen einer politisch gefährlichen Grundherrenkaste zu hindern. Immerhin bestand unter den Han nach ausdrücklichen Berichten [2]) mindestens zeitweise der Zustand:

Zur Geschichte der Agrarverfassung im Zusammenhang mit dem Fiskalsystem: N. J. Kochanowskij, Semljewladjenie i semljedjelje w Kitaje (Wladiwostok 1909, in den Iswjestija Wostotschnawo Instituta d. g. isd. 1907/8 tom. XXIII w. 2) und A. J. Iwanoff, Wang-An-Schi i jewo reformy (S. Petersburg 1906). Leider war mir die sonstige russische Literatur nicht zugänglich. (Auch A. M. Fielde, Land Tenure in China, Journal of the China Branch of the R. Asiat. Soc. 1888 vol. 23 p. 110 konnte ich mir — ebenso wie fast alle Publikationen dieser Zeitschrift — zurzeit nicht zugänglich machen.) — Einige andere Literatur weiterhin.

[1]) Denn es scheint, daß sie zur Zeit Schi Hoang Ti's ein gewisses Maß von Wehrhaftigkeit bewahrt hatten. Auch wenn dies nicht der Fall gewesen sein sollte, war damit nicht notwendig eine »grundherrschaftliche Hörigkeit« gegenüber den Feudalherren in unserem Sinn des Worts gegeben, sondern: politische und durch die Stromregulierung bedingte Unterwerfung unter die Macht der Fürsten nach ägyptisch-vorderasiatischer Art.

[2]) Wiedergegeben bei Biot a. a. O.

daß die Grundherren die Steuer für ihre Kolonen zahlten. Ebenso wie der Militärmonarch Schi Hoang Ti, suchte auch der Militär-»Usurpator« Wang Mang diese Stellung der Grundherren durch Einführung des kaiserlichen Bodenregals zu vernichten, — aber anscheinend vergeblich. Inwieweit es Anfänge einer Fronhofswirtschaft okzidentaler Art gegeben hat, wissen wir nicht. Doch ist es jedenfalls unwahrscheinlich, daß sie — soweit sie nachweisbar sein sollte — als typische Erscheinung anzusehen wäre, und erst recht: daß sie als Folge des Feudalismus zu gelten hätte. Denn die Art der rechtlichen Behandlung der Lehen macht es unsicher, ob sie die Grundlage für eigentliche Grundherrschaften okzidentalen Gepräges darstellen konnten. Die einem Nichtfachmann zugänglichen Quellen lassen auch nichts Sicheres über die Art der Feldgemeinschaft erkennen und es muß zweifelhaft bleiben, ob und eventuell wie sie mit dem Feudalsystem — wie es in typischer Art der Fall zu sein pflegt [1]) — im Zusammenhang stand oder vielmehr — wie so oft — fiskalischen Ursprungs war. Dies wäre an sich wohl möglich. Unter der Tang-Dynastie z. B. wurden 624 zu Steuerzwecken die Bauern nach kleinen Verwaltungsbezirken (hiang) gegliedert und innerhalb dieser ihnen bestimmte Besitzeinheiten garantiert und eventuell aus Staatsland zugewiesen [2]). Der Austritt und — in diesem Fall — der Verkauf des Landes war zwar gestattet, setzte aber den Einkauf in eine andere Steuergemeinschaft voraus. Bei dieser nur relativen Geschlossenheit der Grundbesitzerverbände ist es aber ganz unzweifelhaft oft nicht geblieben. Die höchst radikalen Umgruppierungen der Bevölkerung in solidarisch haftende Steuer-, Fron- und Aushebungs-Verbände läßt es als ganz sicher erscheinen, daß die, von der Annalistik auch ausdrücklich erwähnte, Pflicht zur Bodenbestellung (im fiskalischen Interesse) stets erneut als das Primäre, das entsprechende »Recht« auf Land als das daraus Abgeleitete galt. Es scheint nun aber nicht, daß daraus eine, sei es den germanischen, sei es den russischen, sei es den indischen Verhältnissen entsprechende Kommunionwirtschaft der Dörfer entstanden

---

[1]) Vgl. dazu die (nicht in allen Punkten, insbesondere nicht für die Antike, wohl aber in diesem Punkt zutreffenden) Ausführungen von R. Leonhard in Schmollers Jahrbuch (Anzeige des wertvollen, aber freilich etwas einseitigen Buchs von Lacombe, L'évolution de la propriété foncière).

[2]) An der Realität ist nicht zu zweifeln, da Japan die Institution übernommen hat. S. später.

ist. Die Existenz von Dorfallmenden im Sinn der okzidentalen Verhältnisse kann nur als eine Erscheinung der fernen Vergangenheit aus gelegentlichen Andeutungen erschlossen werden. Die kaiserlichen Steuerordnungen machen nämlich nicht das Dorf, sondern die Familie und deren arbeitsfähige (ting) Mitglieder (gerechnet meist vom 15.—56. Jahre) zur Steuereinheit und schlossen, spätestens seit dem 11. Jahrhundert unsrer Zeitrechnung — wahrscheinlich aber schon lange vorher — diese zu jenen künstlichen Haftungsverbänden zusammen. Daß das Dorf gleichwohl einen Verband mit weitestgehender Selbstverwaltung darstellte, wird noch zu besprechen sein. Hier interessiert zunächst die angesichts jener scharfen fiskalischen Eingriffe keineswegs selbstverständliche Tatsache, daß ein anderer, ursprünglich vielleicht auf die Vornehmen beschränkter[1]), Verband seit einer für uns nicht greifbaren Vorzeit die Gesamtheit der (als vollwertig angesehenen) Landbevölkerung in sich umschloß und durch diese Fiskalmaßregeln nicht zerstört worden ist.

Denn was sich mit Sicherheit erkennen läßt, ist der durch alle Jahrtausende ungebrochen fortbestehende Zusammenhalt der Sippe und die überragende Stellung des Sippenhaupts. Die ältere Grundherrschaft dürfte in China von da aus entstanden sein. Auf die Sippen waren — wie bemerkt — ursprünglich die Militärleistungen und, vermutlich, alle öffentlichen Lasten überhaupt repartiert und das Sippenhaupt haftete folglich — nach allen Analogien und auch nach Rückschlüssen aus den späteren Veränderungen — für die Repartierung und Ableistung. Nach Durchführung der Privateigentumsordnung, d. h. der formellen Appropriation des Bodens (oder: seiner Nutzung) an die Einzelfamilien hören wir gelegentlich, daß das Sippenhaupt in dieser Funktion durch die vermögendsten Grundbesitzer ersetzt wurde (nach der Tradition 1055), daß also der mit der Repartierung der auf dem Boden ruhenden Lasten betraute, deshalb mit Autorität bekleidete und in den Chancen, Besitz zu akkumulieren, bevorzugte »Senior« sich in einen Grundherren und die verarmten Sippengenossen in seine Hintersassen verwandelt haben, — eine Er-

---

[1]) Dies würde dann als sicher anzusehen sein, wenn Conrady mit seiner These: daß sich Totem-Verbände in China nachweisen lassen, im Recht sein sollte. Denn die Entwicklung der Sippe scheint überall die Form gewesen zu sein, in welcher die entstehende Herrenschicht sich dem (wesenhaft-plebejischen) Totem-Verband entzog.

scheinung, die bekanntlich zahlreiche Parallelen hat [1]). Inwieweit es neben den Sippengenossen — wie überall einer Oberschicht, die ihrerseits das Monopol des Boden- und Sklavenbesitzes zu beanspruchen pflegt [2]) — von jeher eine Schicht sippen l o s e r Höriger gegeben hat, ist für den Nichtfachmann nicht entscheidbar. Daß es Hörige gab und daß ihnen ursprünglich ein sehr großer Teil, wohl der weitaus größte, der Bauernschaft angehörte, steht fest. Der Besitz von Hörigen war im 4. Jahrhundert vor Chr. nur den (damals amtsfähigen) Kuan-Familien gestattet; die Hörigen zahlten weder ko (Grundsteuer) noch leisteten sie ju (Fronden), sondern wurden, offenbar, durch ihre Herren versteuert, so weit diese nicht Immunität erworben hatten. Einzelne Familien besaßen nach der Annalistik »bis zu 40« davon, was immerhin auf einen nur bescheidenen Umfang der d a m a l i g e n Grund- und Leibherrschaften schließen läßt. Sklaverei hat es in China zu allen Zeiten gegeben. Ihre ökonomische Bedeutung aber scheint nur in den Zeiten der Akkumulation großer Geldvermögen durch Handel und Staatslieferungen: als Schuldsklaverei oder Schuldhörigkeit, wirklich erheblich gewesen zu sein, — wovon bald zu reden sein wird.

Die entscheidenden Wandlungen der Agrarverfassung gingen anscheinend stets von der Regierung aus und hingen mit der Regelung der Militär- und Abgabenpflicht zusammen. Von dem »ersten Kaiser« (Schi Hoang Ti) wird berichtet, daß er eine allgemeine E n t w a f f n u n g des Landes durchgeführt habe. Zweifellos richtete sich diese in erster Linie gegen die Streitkräfte der von ihm radikal unterdrückten Feudalherren [3]). Gleichzeitig wurde — was in China seitdem sich noch öfter wiederholt hat — das »Privateigentum« durchgeführt. Das heißt: es wurde der Boden den Bauernfamilien (welchen? ist wohl kaum feststellbar) unter Befreiung von den (welchen?) bisherigen Lasten appropriiert und die neuen Staatslasten ihnen unmittelbar auf-

[1]) Uebrigens wurde damals dies »Privileg« der Vermögenden nicht als Vorrecht, sondern vielmehr als Leiturgie empfunden und war auch so gemeint. Man suchte sich der Last durch fiktive Landverkäufe und durch Familienteilungen zu entziehen.

[2]) Das Recht zum Sklavenbesitz war auch in China ständisch begrenzt.

[3]) Aber der Verlauf des Aufstandes, der zum Sturz seiner Dynastie führte, scheint zu zeigen, daß bis dahin auch breite Schichten der Bauern noch (wie in Deutschland bis zur Entwaffnung nach dem Bauernkrieg) wehrhaft waren. Denn der Begründer der Han-Dynastie und andere Empörer waren Bauern und stützten sich (mindestens: auch) auf die Wehrkraft ihrer S i p p e n.

erlegt. Diese Staatslasten waren teils Abgaben, teils Fronden, teils Rekrutengestellungen für das patrimonialfürstliche Heer des Kaisers. Und für die folgende Entwicklung war offensichtlich entscheidend: in welchem relativen Umfang auf die Wehrkraft, in welchem auf die Fronleistungspflicht und in welchem auf die Steuerfähigkeit der Bauern reflektiert war, ob mehr Natural- oder mehr Geldsteuern bestanden, ob — im Zusammenhang damit — das Heer aus zum Dienst gepreßten Untertanen oder aus Söldnern zusammengesetzt war, und schließlich: welche technischen Mittel die Verwaltung schuf, um die Ableistung der — je nachdem verschieden gearteten — Lasten zu sichern [1]. Alle diese Komponenten nun haben gewechselt und die durch die ganze chinesische Literatur sich hinziehenden Gegensätze der Literatenschulen sind zum nicht unerheblichen Teil mit an diesen verwaltungstechnischen Problemen verankert gewesen. Sie haben sich daher namentlich in der Zeit des drohenden Mongolensturms, seit dem Anfang des 11. Jahrhunderts unserer Aera, besonders stark zugespitzt. Ein zentrales Problem aller damaligen Sozialreformer war immer (ganz ebenso wie bei den Gracchen) die Erhaltung oder Neuschaffung eines gegen die Nordwest-Barbaren hinlänglich schlagkräftigen Heeres und der dafür erforderlichen Finanzmittel, in Geld oder: Naturalleistungen. Das typische, wiederum keineswegs China allein eigentümliche, Mittel zur Sicherung der — in ihrer Art wechselnden — Leistungen der Bauern war die Bildung von solidarisch haftenden Zwangsverbänden (von je 5 oder 10 Familien, die ihrerseits wieder zu Verbänden zusammengeschlossen wurden) und von Leistungsklassen der Bodenbesitzer, je nach dem Besitz verschieden (z. B. in 5 Klassen) abgestuft. Ferner

[1] Im Staat Lu (dem konfuzianischen Musterstaat) wurden z. B. in einem Zeitpunkt auf die damalige Katastereinheit (von 64 »tsing) ausgeschrieben: 1 Kriegswagen, 4 Pferde, 10 Haupt Rindvieh, 3 Gepanzerte, 64 (nicht gepanzerte) Fußsoldaten. Es ist klar, daß diese Matrikel von der Voraussetzung ausging: daß die zu der betreffenden Katastereinheit zusammengeschlossenen Sippen die zu stellenden Militärkräfte ihrerseits durch Soldzahlung beschafften. Das Zurückgreifen auf unmittelbare Zwangsaushebung blieb vermutlich subsidiär. (Die Art, wie ähnliche Zustände sich in Indien zu grundherrlichen Pfründen entwickelt haben, werden wir später kennen lernen.) In andern Fällen ist in China (wie bald zu erörtern) die Heeresgestellung so geregelt gewesen, daß unmittelbar auf die einzelnen Familien gegriffen wurde. Schon jene Ordnung im Staat Lu zeigt aber an Stelle eines Vasallenaufgebots eine Vorstufe patrimonialfürstlicher »Rekrutierung«, also die Beseitigung des Feudalismus als Militärsystem. Europäische Analogien finden sich (Delbrück hat diese Verhältnisse für das Feudalheer Europas sehr glücklich geschildert).

aber immer wieder der Versuch, um die Zahl der prästationsfähigen Bauern zu erhalten und zu vermehren, also: die Besitzakkumulation und die Entstehung von unbebauten oder extensiv bebauten Ländern zu verhindern: Besitzmaxima zu schaffen, das Bodenbesitzrecht an die effektive Bebauung zu knüpfen, Siedelungsland zu erschließen und eventuell Landumteilungen herbeizuführen auf der Basis eines auf die einzelne bäuerliche Arbeitskraft entfallenden durchschnittlichen Bodenbesitzanteils, der also etwa dem russischen »Nadjel« entsprochen hätte.

Die chinesische Steuerverwaltung stand schon durch ihre überaus ungenügend entwickelte Maßtechnik vor erheblichen Schwierigkeiten sowohl bei diesen wie bei allen Kataster-Problemen. Das einzige eigentlich wissenschaftlich »geometrische« Werk [1]), im wesentlichen den Hindus entlehnt, scheint erkennen zu lassen, daß nicht nur trigonometrische Vermessungen nach dem Stande der Kenntnisse ausgeschlossen waren, sondern daß auch die Vermessung der einzelnen Ackerstücke kaum die altgermanische, gar nicht aber die wahrlich primitive Technik der römischen Agrimensoren erreichte. Erstaunliche Vermessungsirrtümer — ebenso erstaunlich wie die Rechenfehler der mittelalterlichen Bankiers — scheinen alltäglich gewesen zu sein. Die Maßeinheit: der chinesische »Fuß« blieb trotz Schi Hoang Ti's Reform offenbar provinziell verschieden, der kaiserliche Fuß (= 320 mm) meist der größte; Schwankungen zwischen 255, 306, 315, 318, 328 mm finden sich. Das grundlegende Landmaß war das mou, in der Theorie ein langer Landstreifen von ursprünglich 100, später 240 × 1 pu = bald 5 bald 6 Fuß, im letzteren Fall also bei Zugrundelegung des Fußes von 306 mm = 5,62 Ar, wovon 100 auf ein king (= 5 Hektar 62 Ar) gingen. Unter den Han galten 12 mou, von denen jedes 1½ schi Reis produzierte, als — russisch ausgedrückt — nötiger »Seelen-Nadjel« für jedes Individuum. Die ältesten Notizen scheinen zu behaupten, daß in der Zeit vor Wen Wang (12. Jahrhundert vor Chr.) 50 mou (zu, damals, 3,24 Ar) auf ein Individuum gerechnet worden seien, wovon damals ein Zehntel, also 5, als Kong tien (Königsland) für den Fiskus bestellt wurden, so daß also für jedes Individuum ein Besitz von 2,916 Hektar als normal

---

[1]) Suan fa tong tsang S. Biot N. Journ. Asiat. 3 Ser. 5, 1838 (Darstellung auf Grund des Wen hian tong kao).

gegolten hätte. Auf diese Notiz ist indessen gar kein Verlaß [1]). Man rechnete noch ein Jahrtausend und mehr später normalerweise immer wieder nicht nach Bodeneinheiten, sondern nach Familien, und klassifizierte eventuell diese — wie schon gesagt — nach der Zahl der zu ihnen gehörigen »ting«, der arbeitsfähigen Individuen [2]). Den Boden aber klassifizierte man in höchst roher Form entweder einfach in »schwarzen« und »roten« Boden, also (dürfen wir wohl als sicher annehmen:) in bewässertes und unbewässertes Land. Das ergab zwei Steuerklassen. Oder nach dem Maße der Brache in 1. bracheloses (also: bewässertes), 2. Dreifelder- und 3. Feldgraswirtschaftsland. Vom ersteren rechnete man — in den ältesten zugänglichen Notizen — 100 Mou (5,62 Hektar), vom zweiten 200 (11,24 Hektar), vom dritten 300 (16,86 Hektar) als Normallandanteil einer Familie. Auch das entspräche einer Einheitssteuer auf die Familie, nicht auf die Bodeneinheit. Die Verschiedenheit der Größe und der Altersgliederung der Familie führte dabei gelegentlich zu dem Gedanken, große Einheiten auf guten, kleinere auf schlechten Boden zu setzen. Inwieweit dies praktisch wurde, ist natürlich sehr fraglich. Umsiedelungen der Bevölkerung hatten zwar immer als leicht anwendbares Mittel der Ausgleichung des Ernährungsstandes und der Steuer- und Fronfähigkeit gegolten. Aber diese Möglichkeit hätte doch schwerlich der ganzen regulären Steuerveranlagung zugrunde gelegt werden können. Oder man schied die Familien nach dem Inventar: spannfähige und nicht spannfähige (5. Jahrhundert nach Chr.). Dieses Personalsteuer-(tsu-)System wechselte aber immer wieder mit reinen Grundsteuer-(tu-)Systemen verschiedener Art ab. Entweder Naturalquotensteuern. So schon nach dem Vorschlag des Ministers Tschang yang (360 vor Chr.), im Staat Tsin in sehr bedeutender Höhe (⅓—½ des Rohproduktes angeblich), — was für die Stärke der Herrschergewalt und für die Ohnmacht der Bauern dort spricht. Trotz dieser Höhe aber, nach der Annalistik, mit der Folge, daß die Bebauung des Bodens sich, infolge des Eigeninteresses am Anbau, hob. Später regelmäßig

[1]) Man muß immer beachten, daß das erste als leidlich sicher geltende (Chavannes) chronologische Datum der chinesischen Geschichte das Jahr 841 vor Chr. ist.

[2]) Bei nicht rein gartenmäßiger Bebauung rechnet man heut: daß eine Familie von 5 Köpfen von 15 Mou (etwa 85 Ar) gerade leben könne, eine für uns noch immer fast unglaubwürdig kleine Zahl.

mit weit geringeren Quoten (ein Zehntel bis ein Fünfzehntel) Oder: feste Naturalabgaben je nach Bodengüte. So anscheinend unter Tschang ti (78 vor Chr.) und (anscheinend) wieder im 4. Jahrhundert nach Chr., jedesmal unter einer ziemlich rohen Klassifikation des Bodens. Oder endlich: Geldsteuern. So 766 nach Chr. (15 tsien vom mou). Der unbefriedigende Ertrag nötigte dabei dazu, 780 die Leistung in Naturalien unter Abschätzung des Geldwertes durch die Steuerbehörden zu gestatten, — eine Quelle endloser Mißbräuche. Immer wieder wurde, nachdem die Versuche der staatlichen Geldfinanzwirtschaft immer erneut zusammengebrochen waren, auf diese Experimente zurückgekommen und zwar ganz offenbar um militärisch wirklich brauchbare, und das hieß: Soldheere halten zu können. Die Form wechselte. So 930 unter dem Usurpator Heu tung: die als Steuer erhobenen Naturalien wurden den Steuerpflichtigen »zurückverkauft«, man kann sich denken: mit welchem Ergebnis. Entscheidend war das Fehlen einer verläßlichen Steuerbureaukratie, die zuerst 960 von der Sung-Dynastie zu schaffen versucht wurde. Aber die Denkschrift Pao tschi's von 987 schilderte die Massenflucht der Steuerpflichtigen in düsteren Farben und der Versuch Wang An Schi's (1072) unter dem Kaiser Schin Tsong, eine universelle Katastrierung durchzuführen, kam nicht zu Ende: etwa 70 % des Landes war bei Ende seines Regiments untarifiert und das Budget von 1077 [1]) zeigt zwar eine Zunahme der Geldeinnahmen auf Kosten der Naturaleinnahmen, ist aber sehr weit von einem auch nur überwiegenden Geldbudget entfernt. Die Papiergeldwirtschaft hat im 13. Jahrhundert ebenso wie schon die Münzentwertung unter Tschang ti (1. Jahrhundert vor Chr.) immer wieder den Kollaps in die Naturalsteuerwirtschaft zur Folge gehabt, und erst unter den Ming steht neben einer sehr bedeutenden Getreideeinnahme und einer (relativ) mäßigen Seidenmenge ein bedeutender Betrag von Silber. Die Befriedung des Reichs unter den Mandschus — zum Teil eine Folge der Domestikation der Mongolen durch den Buddhismus — hat im Verein mit der Steuerkontingentierung von 1712/13 die Steuer auf einen mäßigen und festen Betrag sinken lassen (etwa $^1/_{10}$ des Produkts in der ersten Hälfte des 19. Jahrhunderts) und die letzten Reste der »Pflicht zum Lande« und der Beaufsichtigung der Bodenbestellung beseitigt.

[1]) S. o. unter I.

Kaiserliche Edikte der letzten Jahrzehnte verboten die Haftbarmachung der Zehntschaftsobmänner für die Lasten [1]).

Aber in den beiden Jahrtausenden seit Schi Hoang ti waren die Bodenbestellungspflicht aller »ting«, d. h. aller Arbeitsfähigen, und daher auch Fronpflichtigen, und die Fron- und Steuerhaftungsgemeinschaften der Sippen und der aus ihnen gebildeten Zehnschaften, das Bodenbesitzmaximum und das Recht der Umsiedelung immerhin nicht bloße Theorie, sondern gelegentlich recht fühlbare Realitäten gewesen. Soweit die Steuer und die Fronlasten auf die Familien umgelegt wurden [2]) — und dies war, sahen wir, tatsächlich immer wieder der Fall, weil die Schaffung eines Bodenkatasters überaus schwierig schien — begünstigte, ja erzwang der Fiskus mit aller Macht Familienteilungen, um die Zahl der Pflichtigen nach Möglichkeit zu erhöhen. Auf die Entstehung der für China typischen Zwergbetriebe dürfte das von erheblichem Einfluß gewesen sein. Aber sozial angesehen, hatte die Wirkung ihre feste Grenze.

Alle diese Maßregeln hemmten zwar die Entstehung von größeren Betriebseinheiten. Aber sie förderten — dem tatsächlichen Ergebnis nach — das Zusammenhalten der altbäuerlichen Sippen als Träger des Bodeneigentums (oder, soweit ein Bodenregal in Anspruch genommen wurde, des Bodennutzungsrechts): die Sippen [3]) waren die tatsächlichen Kaders für die Haftungsverbände [4]). Alle Versuche, wirkliche Besitzgleichheit im Sinne des Nadjel-Prinzips zu schaffen, scheiterten immer aufs neue an den völlig unzulänglichen Verwaltungsmitteln. Und die letztlich rein fiskalisch motivierten »staatssozialistischen« Experimente des 11. Jahrhunderts und einzelner späterer Herrscher hinterließen offensichtlich nur eine intensive Abneigung gegen alle und jede Intervention der zentralistischen

---

[1]) Peking Gazette vom 14. VI. 83.

[2]) Beispiele einer japanischen Hausliste nebst Berechnung des danach zustehenden Landanteils bringt Nachod in seiner Darstellung der Geschichte Japans Band III der »Weltgeschichte« von Pflugk-Hartung.

[3]) Dem Sinn der Zehntschaften nach waren diese Verbände von je zehn Sippen. Der wiederholte Versuch, auf die Familie oder die einzelnen statt auf die Sippe zu greifen, hat wohl erst spät Erfolg gehabt.

[4]) Wenn russische Schriftsteller in dem Normallandanteil den Nadjel der russischen Obschtschina wiederfinden wollen, so ist nicht außer acht zu lassen: ein Dorfkommunismus folgte aus diesen rein fiskalisch bedingten Maßregeln nur unter den russischen Voraussetzungen: vor allem: Haftung des Dorfverbandes. Und diese scheint nicht bestanden zu haben.

politischen Gewalten, in der sich die lokalen Amtspfründner mit allen Bevölkerungsschichten zusammenfanden. Das entscheidende Verlangen der Zentralregierung (z. B. im 10. Jahrhundert): daß nicht feste Pauschalien, sondern alle Ueberschüsse der Auflagen (Fronden und Steuern) über den Lokalbedarf zu ihrer Verfügung zu stehen hätten, ist nur durch ungewöhnlich energische Kaiser zeitweise effektiv durchgeführt worden, kollabierte immer wieder und wurde — wie erwähnt — unter den Mandschus schließlich aufgegeben. — Wenigstens einige Seiten dieser fiskalischen Agrarpolitik mögen im Anschluß an das Gesagte noch herausgehoben werden, um das Bild zu vervollständigen.

Eine Sonderstellung innerhalb der Agrarverfassung nahm zunächst die für den Eigenbedarf des Hofs, aber auch für den Außenhandel wichtige Seidenzucht, dann die »nasse« (bewässerte) Reiskultur ein. Die erstere — ein sehr alter Zweig der Gartenkultur und hausgewerblichen Arbeit — wurde in Verbindung mit Obstpflanzungen nach der Annalistik im 5. Jahrhundert unserer Zeitrechnung den bäuerlichen Haushaltungen in bestimmtem Verhältnis zum Landanteil oktroyiert. Die letztere aber dürfte die reale oder doch die ursprüngliche Grundlage des sog. »Brunnen«-Systems sein, welches bei chinesischen Autoren eine Art von Klassizität als eigentlich nationales Landteilungssystem genoß [1]): ein durch Drittelung der Seiten eines Quadrats in 9 Teile zerlegtes Feld, dessen mittelster Teil von den 8 Umliegern für den Fiskus (eventuell: den Grundherren) zu bestellen war. An eine irgendwie universelle Verbreitung ist gar nicht zu denken, — sie stände, abgesehen von der inneren Unwahrscheinlichkeit, mit den annalistisch feststellbaren Daten über die Schicksale des Bodenrechts im Widerspruch. »Abschaffung« des Brunnensystems (so z. B. unter den Tsin im 4. Jahrhundert n. Chr.) — diese wohl identisch mit Ersatz des Systems des »Königsfeldes« überhaupt durch Abgaben — und (zugestandener-

[1]) »Brunnen«-System angeblich nach dem Schriftzeichen, welches ein neungeteiltes Quadrat darstellt, — aber doch wohl mindestens auch: weil Bewässerungsgräben und -rohre und eine langdauernde Ueberflutung des eingedämmten Landstücks für den Reisanbau unumgänglich waren. Ueberall in Asien (so in Java) bedeutete dies höchst durchgreifende Neuerungen der Appropriationsverhältnisse und überall insbesondere fiskalisches Eingreifen, wofür die unentbehrliche Wasserzuleitung die Grundlage gab. Es ist aber gewiß möglich, daß das System, dessen Alter ziemlich hoch eingeschätzt zu werden pflegt, aus ursprünglicher Bestellung des Häuptlingslandes durch die Sippengenossen heraus rationalisiert worden ist.

maßen erfolglose) »Wiedereinführung« desselben wechselten ab. Fest steht wohl, daß es nur lokal: zweifellos wesentlich bei Bewässerung von Reisfeldern, bestand, allenfalls von da gelegentlich auf Ackerland übertragen worden ist. Jedenfalls war es historisch nicht die agrarische Grundinstitution Chinas, wie zuweilen früher angenommen wurde, sondern eben nur eine auf die nasse Reiskultur gelegentlich angewendete Form des alten Kong-tien-(Königsland-)Prinzips.

Rechtlich nahmen in allem Wechsel der Agrarverfassung die immer wieder geschaffenen lebenslänglichen, aber den Nachkommen im Fall der Eignung und Uebernahme der Pflichten regelmäßig wiederverliehenen Apanagen- und Lehengüter eine Sonderstellung ein. Teils waren sie offensichtlich Pfründen, welche den Unterhalt der Bewidmeten als Krieger decken sollten: daher die Bestimmung, daß der Betreffende mit 60 Jahren ins Altenteil zu gehen habe (wie beim japanischen inkyo). Diese Militärlehen treten — nach Klassen der Krieger abgestuft — besonders seit dem 1. Jahrhundert n. Chr. und in der Zeit vom 7.—9. Jahrhundert auf und haben bis in die Ming-Dynastie ihre Rolle gespielt. Erst die Mandschus haben sie verfallen lassen oder vielmehr durch ihre eigenen »Bannerlehen« ersetzt. Ebenso hat es in den verschiedensten Epochen Dienstland für Beamte (statt der Deputate, besonders bei Verfall des Magazinsystems, der Grundlage der Naturaldeputate) gegeben. Teils waren sie plebejische Kleinlehen, belastet mit Leiturgien aller Art (Wasser-, Wege-, Brückenfronden, ganz wie in der Antike: lex agraria von 111, und mehrfach im Mittelalter). Solche Besitzstände sind noch im 18. Jahrhundert neu begründet worden [1].

Im übrigen lassen sich, nach der sog. Schaffung des »Privateigentums« (Schi Hoang Ti), die verschiedensten Wandlungen der Bodenverteilung feststellen. Zeiten starker innerer Unruhen sahen, wie erwähnt, stets das Entstehen großer Grundherrschaften, als Folge von freiwilligen Kommendierungen, Vergewaltigungen und Auskauf verarmter und wehrloser Bauern. Der Gedanke einer Maximalgrenze des Besitzes führte natürlich immer wieder zur Fesselung der Bauern an ihre Scholle oder vielmehr: an die Haftungsverbände. Formell führten diese wesentlich nur fronfiskalisch bedingten Eingriffe unter der östlichen Tsin-

---

[1]) Die mit Kanalleiturgien belasteten Anlieger des Kaiserkanals haben noch in der Taipingrebellion eine erhebliche Rolle gespielt.

Dynastie (nach einigen älteren Anfängen) im 4. Jahrhundert zuerst zur Erklärung des staatlichen Bodenregals. Es ist aus den Nachrichten offensichtlich, daß eine entscheidende Absicht auch dabei die Ermöglichung universeller Fronregulierung war. Der erwähnte Gedanke des gleichen »Seelen«-Anteils (für jeden im Alter von 15—60 Jahren Stehenden) mit — in der Theorie! — jährlicher Neuumteilung trat in den Teilreichen des 3. Jahrhunderts, — nachdem das ziemlich rohe System der Kombination von Kopfsteuer (von jeder ting-Seele) und Bodenbesitzsteuer (zunächst einfach: von jedem Hof) zu ganz unbefriedigenden Ergebnissen geführt hatte —, 485 n. Chr. und erneut unter den Tang (7. Jahrh.) auf und wurde (in der Theorie) mehrfach »sozialpolitisch« abgewandelt (Fürsorge für gesondert wohnende Alte, Kriegsverletzte und ähnliche Personenkategorien). Erblicher und nach Art etwa von badischen Allmendäckern wechselnder oder durch Rang bedingter Besitz konnten dabei in verschiedener Weise miteinander verbunden werden. 624 z. B. wurde im Tang-Staat ein bestimmtes Grundmaß als erblicher Besitz für jeden Hof zugelassen und je nach der Seelenzahl ein Landzuschlag gestattet. Von der so geschaffenen Steuereinheit wurden Kornabgaben und Fronden teils kumulativ, teils alternativ erhoben. Anfang des 11. Jahrhunderts wurde der zulässige Bodenbesitz nach dem Rang abgestuft. Bei Landmangel war Uebersiedelung gestattet: es war damals viel Siedelungsland im Norden vorhanden und dies erklärt wohl die wenigstens zeitweise Möglichkeit einer Durchführung. Im Fall der Uebersiedelung oder des Landüberschusses über die Norm sollte freihändiger Verkauf, sonst nur im Fall »echter Not« (Fehlen der Mittel zur Beerdigung) nach Vorangebot an die Sippe gestattet sein. Tatsächlich aber herrschte alsbald wieder ein sehr freier Bodenverkehr und mißlang der Versuch, Besitzgleichheit herzustellen, besonders nachdem das neue Steuersystem von 780 das Interesse der Verwaltung an der Militär- und Fronprästationsfähigkeit wieder abgeschwächt hatte. Mit den fiskalischen und militärischen Bedürfnissen hingen eben, wie wir sahen, all diese Maßregeln zusammen. Nach dem Scheitern des Bodenbesitzausgleichs begnügte sich die Verwaltung mit Eingriffen in die Pachtrentenbildung im Interesse des Bauernschutzes. Auch mußte das Verbot, Fronden, besonders Kurier- und Vorspanndienste, für privaten Nutzen zu beanspruchen, mehrfach eingeschärft werden (10. Jahrh.). Die Beamten, welche vom Frondienst befreit waren, nutzten diese Möglichkeit zur Bereicherung und Akkumulation von Boden, weshalb 1022 für sie speziell ein Bodenbesitzmaximum festgesetzt wurde. Der außerordentlich prekäre Charakter des Bodenbesitzes gegenüber allen diesen Eingriffen und die leiturgischen Vorbelastungen des Besitzes hinderten — nach der Annalistik — in hohem Maße jede Bodenmelioration. Der Leiturgiestaat drohte immer wieder finanziell und militärisch zu versagen, und diese Schwierigkeiten waren es, welche für die zahlreichen Bodenreformversuche den Anlaß und die richtunggebenden Interessen schufen. Dafür war der berühmte Reformversuch Wang-An-Shi's im 11. Jahrhundert ein Beispiel, der primär durchaus militärfiskalisch orientiert war. Sehen wir uns seine Bedingtheit etwas an.

Die Entwaffnung des Landes unter Schi Hoang Ti (die Tradition behauptet: die von den Beamten in 36 dazu gebildeten Bezirken gesammelten Waffen seien in Glocken umgeschmolzen worden) sollte dauernde Befriedung des Landes bedeuten (wie der Kaiser in seinen Edikten immer wieder verkündete). Aber die Festungen an der Grenze mußten besetzt werden und daher wurde die Bevölkerung zum Dienst abwechselnd in den Grenzsiedelungen und in der Robott für die kaiserlichen Bauten (je 1 Jahr) gepreßt. Zwar dies Ausmaß blieb rein theoretisch. Die Schaffung des Einheitsreichs ging aber, wie schon erwähnt, mit einer riesigen Anspannung der Fronlasten der Zivilbevölkerung für Bauzwecke Hand in Hand. Dabei war das Heer dennoch wesentlich ein Berufsheer geblieben. Dies Prätorianerheer brachte chronischen Bürgerkrieg. Unter den Han wurde daher der Versuch gemacht, das stehende Berufsheer durch eine gepreßte Armee zu ersetzen (oder doch: zu ergänzen). Jeder 23jährige sollte 1 Jahr im stehenden Heer (Wei Schi, »Herde«) dienen, dann 2 Jahre in der Miliz (zai huang schi); Uebungen im Bogenschießen, Reiten, Wagenlenken waren vorgesehen, die mit dem 55. Jahr aufhörten. Die Fronpflicht sollte 1 Monat im Jahr betragen. Stellvertreter zu mieten war gestattet. In welchem Maße aus diesen Plänen, eine riesige Militärmacht zu schaffen, je Wirklichkeit wurde, steht wohl dahin. Jedenfalls war im 6. Jahrhundert n. Chr. die Fronpflicht stark angespannt: offiziell je nach der Ernte theoretisch 1—3 Dekaden im Jahr für je einen Arbeiter auf die Familie. Dazu traten die militärischen Uebungen und die auch in der chinesischen Poesie besonders schwer beklagten Grenzerdienste im fernen Westen, welche die Familien für Jahre auseinanderrissen. Die Fronden steigerten sich: bei der oben erwähnten Bodenbesitz-»Reform« der Tang für Nichtsteuerzahler bis zu 5 Dekaden. Für die großen Flußbauten sollen zuweilen über 1 Million Seelen gleichzeitig aufgeboten worden sein. Die formelle allgemeine Wehrpflicht (Milizpflicht) aber blieb offensichtlich toter Buchstabe und hinderte nur die Entstehung eines technisch brauchbaren Heeres. Unter der San-Dynastie bestand die »Garde« als stehende Truppe, neben zwei Formationen örtlicher Truppen und Milizen, die miteinander verschmolzen und verfielen. Die Rekruten für die »Garde« wurden damals gepreßt und (wenigstens in einigen Provinzen) nach vorderasiatischer Art gebrandmarkt (1042). Den Kern des Heeres bildeten aber, wie aus allen zugänglichen Nachrichten hervorgeht, immer wieder nur die Söldner, deren Verläßlichkeit stets fraglich und insbesondere an regelmäßige Soldzahlung gebunden war. Die chronischen Finanznöte zwangen 1049 zu einer Einschränkung des Heeres in einer Zeit beständig drohender Ueberfälle der nordwestlichen Barbaren. In dieser Lage versuchte Wang-An-Schi durch eine rationale Reform die Mittel für die Aufstellung einer zureichenden und brauchbaren nationalen Armee zu schaffen. Wenn man diesen Reformversuch »staatssozialistisch« genannt hat, so trifft dieser Ausdruck nur etwa im gleichen sehr engen Sinne (wenn auch nicht ganz in gleicher A r t) zu, wie für die monopolistische Bank- und Getreidespeicherpolitik der Ptolemäer, die auf einem sehr entwickelten geldwirtschaftlichen Fundament ruhte.

In Wahrheit [1]) handelte es sich um den Versuch, durch planmäßige Unterstützung und Regulierung des Anbaus und Monopolisierung und planmäßige Ordnung des Absatzes von Getreide in den Händen der Zentralgewalt, unter gleichzeitigem Ersatz der Fronden und Naturalabgaben durch Geldsteuern (tsian-schu-fa-System) G e l d einnahmen zu schaffen und so die Mittel zu gewinnen, ein diszipliniertes und geschultes, unbedingt zur Verfügung des Kaisers stehendes großes nationales Heer zu schaffen. Der Theorie nach sollte von je 2 Erwachsenen einer zum Heer eingezogen werden können und wurden zu diesem Behufe Volkslisten vorgeschrieben und in Verbindung damit das System der

[1]) S. die Denkschrift Wang-An-Schi's bei Iwanoff p. 51 f.

Zehntschaften (bao tsja fa) unter gewählten Aeltesten, mit Rügepflicht und schichtweisem Nachtwachtdienst erneuert. Es sollten ferner Waffen (Bogen) von Staats wegen an die zur örtlichen Miliz reihum Eingezogenen verteilt, Pferde vom Staat gekauft, in Nutzung und Pflege der zum Reiterdienst Gemusterten gegeben und jährlich — unter Haftbarkeit des Uebernehmers und, eventuell, Zahlung von Prämien — gemustert werden. Die staatliche Magazinverwaltung, bisher durch die Naturalabgaben gespeist und leiturgisch von den Besitzenden versehen: — eine für diese ruinöse Last, die zugleich zu allen denkbaren Erpressungen führte, — sollte fortan in die Hände bezahlter Beamter gelegt, auf geldwirtschaftliche Grundlage gestellt und in den Dienst systematischer Wirtschaftspflege gestellt werden. Die Verwaltung gab Saatgutvorschüsse (Kin Miau: »Grüne Saat«), und Darlehen in natura oder in Geld: gegen 20% Zinsen. Der Landbesitz sollte neu bonitiert und darnach, je nach der Klasse, Steuer, Fron (Mo zi) und Seelenanteil bestimmt werden. Statt der in Geld ablösbaren Fronden wollte man aus den Geldsteuererträgen Arbeiter dingen. Neben der Geldsteuerdurchführung war die Monopolisierung des Getreidehandels der seitdem in verschiedenen Formen immer wieder auftauchende Kernpunkt der Reformvorschläge. Die Regierung sollte in der billigen Zeit (Ernte) kaufen, magazinieren und aus diesen Vorräten die erwähnten Darlehen geben, außerdem aber Spekulationsgewinnste machen. Die Schaffung eines Fachbeamtentums, insbesondere: geschulter Juristen, sollte die Reform technisch, die jährliche Aufstellung und Vorlage von Budgets durch sämtliche lokale Behörden die Einheit der Finanzverwaltung ökonomisch ermöglichen.

Die (konfuzianischen) Gegner Wang-An-Shi's beanstandeten, neben 1) dem militaristischen Charakter des Systems als solchem, besonders: 2) die für die Autorität der Beamten gefährliche, weil zu Aufständen reizende Volksbewaffnung und 3) die für die Steuerkraft bedenkliche Ausschaltung des Handels, vor allem: 4) den »Kornwucher« des Kaisers: die verzinslichen Saatdarlehen und die Experimente mit der Geldsteuer[1]. — Wang-An-Schi's Reform scheiterte in dem entscheidenden Punkt:

---

[1] Vgl. die beiden Berichte Su Schi's gegen Wang-An-Schi bei Iwanoff a. a. O. p. 167 ff., 190 f. und die Einwände anderer Gegner, darunter Se Ma Huang's, das. 196.

der Militärverfassung, völlig, — nach allen Analogien zweifellos: weil der dafür unentbehrliche Verwaltungsstab fehlte und die Geldsteuern bei der ökonomischen Verfassung des Landes nicht prompt einzubringen waren. Die nach seinem Tode (1086) ausgesprochene Kanonisation und Einrichtung von Opfern wurde im 12. Jahrhundert wieder sistiert. Der Kern des Heeres bestand schon Ende des 11. Jahrhunderts wieder aus Soldtruppen. Die Schaffung des Fachbeamtentums wußten die dadurch in ihren Pfründeninteressen bedrohten Literaten: — deren Interessen waren die entscheidende Kraft in dem ganzen Kampf um die Reform! — zu hintertreiben, und auch die Kaiserinnen, deren Eunuchen durch eine solche Neuordnung in ihrem Machtinteresse sich gefährdet sahen, hatten von Anfang an gegen sie Stellung genommen [1]).

Wenn so die Reform Wang An Schi's im entscheidenden Punkt scheiterte, so scheint sie doch insofern tiefe Spuren zurückgelassen zu haben, als das chinesische »Selbstverwaltungssystem«, wie später zu erörtern sein wird, durch diese Rationalisierung der schon mehrfach erörterten Zehner- und Hunderterverbände seine noch heute nachwirkende Form behielt.

Tiefe Eingriffe der Regierung in die Grundbesitzverteilung hat es auch später noch mehrfach gegeben. 1263, im Kampf gegen die Mongolen, enteignete sie allen über eine bestimmte Besitzgrenze (»100 Mou«) hinausgehenden Bodenbesitz gegen Staatsschuldscheine, um Mittel zu beschaffen, und auch die folgenden Zeiten brachten gelegentlich starke Vermehrungen des unmittelbaren Staatsbesitzes durch Konfiskationen (in Tschekiang soll bei Antritt der Ming-Dynastie nur $^1/_{15}$ des Bodens voller Privatbesitz gewesen sein). Das staatliche Magazinsystem (tsiun-schu) war an sich alt [2]) und spielte schon vor Wang-An-Schi's Plänen eine bedeutende Rolle. Seit dem 15. Jahrhundert etwa nahm es die Form an, die ihm dann blieb: der Ankauf im Herbst und Winter, Verkauf im Frühling und Sommer wurde zunehmend eine im Interesse der Erhaltung der inneren Ruhe vorgenommene preisregulierende Maßregel. Ursprünglich war der Ankauf kein freiwilliger, sondern wurde oktroyiert: der abzuliefernde Quotient der Ernte schwankte normalerweise um etwa ½ und wurde

[1]) Auf diese, mit der Struktur der inneren Verwaltung zusammenhängenden Punkte kommen wir später zurück.

[2]) Es sollen schon im 8. Jahrhundert Magazine auch für Seide und Leinen bestanden haben.

dann auf die Steuern verrechnet. Deren Höhe hat stark geschwankt: $^1/_{15}$—$^1/_{10}$ des Ertrags, also eine sehr niedrige Quote, waren, sahen wir, unter den Han die Normalsätze, wobei immer zu bedenken ist, daß Fronden dazutraten. Die Entwicklung der Sätze im einzelnen interessiert hier schon deshalb nicht, weil sie aus eben diesem Grunde gar kein Bild der realen Belastung geben.

Als Resultat der wechselnden Bodenreformbestrebungen fiskalischen Charakters ist jedenfalls zweierlei anzusehen: die Nichtentstehung rationaler landwirtschaftlicher Großbetriebe und die tiefgehende mißtrauische Abneigung der gesamten Landbevölkerung gegen jede Art wie immer gearteten Eingriffs der Regierung in den Bodenbesitz und die Art der Bewirtschaftung: die laissez-faire Theorien zahlreicher chinesischer Kameralisten erfreuten sich bei der Landbevölkerung zunehmender Popularität. Konsum- und teuerungspolitische Maßregeln blieben selbstverständlich, als unvermeidlich, erhalten. Aber im übrigen fand nur die Bauernschutzpolitik der Regierung, weil gegen kapitalistische Akkumulation: Verwandlung von im Amt, im Handel, in der Steuerpacht akkumuliertem Besitz in Landvermögen gerichtet, Rückhalt an der Bevölkerung. Diese zum Teil schon vorstehend mitbesprochene Gesetzgebung ist durch diese Stimmung überhaupt erst ermöglicht worden und hat sich, aus eben diesem Grunde, sehr tiefe Eingriffe in den Besitzstand der Vermögenden gestatten dürfen. Hervorgegangen aus dem Kampf der autokratischen Regierung mit den Vasallen und den ursprünglich allein voll wehrfähigen vornehmen Sippen, hatte sie sich später stets erneut gegen die kapitalistisch bedingte Neubildung von Grundherrschaften zu wenden.

Die Art der Eingriffe hat dabei stark gewechselt, wie die bisherige Darstellung schon zeigte. In den Annalen wird für den Staat Tsin [1]), aus dem der »erste Kaiser« Schi Hoang Ti hervorging, für die Regierung Hiao Kongs (361—338) berichtet, daß der Literat Wei Yang, sein Minister, ihn als die »höchste Weisheit« gelehrt habe die Kunst: »wie man Herr seiner Vasallen wird«. Neben einer Reform der Steuerverfassung, vor allem: Ersatz der Landbestellungsfronden durch die allgemeine Grundsteuer, steht dabei die Zerteilung des Grundbesitzes im Vorder-

[1]) Vgl. die Exzerpte aus den Annalen bei P. Alb. Tschepe (S. J.), Histoire du Royaume de Tsin, 777—207 (Variétés Sinol. 27, bes. p. 118 f.).

grund: Zwangsteilung der Familienkommunionen, Steuerprämien auf Familiengründung, Fronfreiheit bei intensiver Produktion, Familienregister und Beseitigung der Privatrache: alles typische Mittel des Kampfes gegen die Entstehung und Erhaltung von Grundherrschaften und zugleich Ausdruck des typischen populationistischen Fiskalismus. Die Gesetzgebung hat, sahen wir, geschwankt: abwechselnd lieferte die Regierung die landlosen Bauern durch Beschränkung der Freizügigkeit den Großgrundbesitzern aus oder ließ doch ihre Kommendierung in Hörigkeit geschehen, und befreite sie wieder. Aber im ganzen überwog die Tendenz zum Bauernschutz entschieden. 485 n. Chr. (unter der Wei-Dynastie) erlaubte sie offenbar aus populationistischen Gründen den Verkauf von überflüssigem Land. Bauernschutz bezweckte 653 n. Chr. das Verbot des Handels in Land und namentlich des Aufkaufs durch Wohlhabende, und 1205 n. Chr. das Verbot, Land zu verkaufen und als Höriger des Käufers auf dem Grundstück sitzen zu bleiben [1]). Die beiden letzten Bestimmungen lassen mit vollster Sicherheit erkennen, daß zur Zeit ihres Erlasses und — wie andere Nachrichten zeigen — sehr lange vorher ein faktisch veräußerliches Privateigentum an Boden bestand. Denn was hier verhindert werden sollte, war jene Entwicklung, welche an zahlreichen Stellen der ganzen Erde, vor allem in der althellenischen Polis, z. B. in Athen, eingetreten ist: daß im Handel oder aus politischen Quellen akkumulierte Geldvermögen Anlage im Grundbesitz suchten, die verschuldeten Bauern auskauften und als Schuldknechte oder hörige Pächter auf den zusammengekauften Parzellen verwendeten. — Doch genug dieser monotonen Wiederholungen, welche ja eine wirkliche »Wirtschaftsgeschichte« doch nicht bieten können. Die entscheidenden Daten (Preise, Löhne usw.) dafür fehlen bisher. Was aus allem hervorgeht, ist der lange Jahrhunderte, man darf sagen: 1½ Jahrtausende lang, höchst prekäre Charakter der Bodenappropriation und die weitgehende, politisch-fiskalisch bedingte, zwischen willkürlichem Eingriff und völligem Gehenlassen schwankende Irrationalität des Bodenbesitzrechts. Eine Rechts**kodifikation** wurde von den Literaten mit der charakteristischen Begründung abgelehnt: daß das Volk

---

[1]) Dies Verbot scheint tatsächlich die Entwicklung des Kolonats hintangehalten zu haben. Denn noch heut ist die Kleinpacht von (ländlichem) Boden anscheinend nicht sehr häufig.

die leitenden Klassen verachten werde, wenn es sein Recht kenne. Unter solchen Umständen war die Erhaltung der Sippe als Selbsthilfeverband der einzige Ausweg.

Das heutige Immobiliarrecht in China trägt daher neben scheinbar modernen Zügen die Spuren ältester Struktur an sich [1]). Die Katastrierung alles Landes und die — freilich stets wieder an der Obstruktion der Bevölkerung scheiternde — fiskalische Vorschrift, daß jede Verkaufsurkunde der (gebührenpflichtigen) Siegelung (schoei ki) durch die zuständige Staatsbehörde bedürfe und daß der Besitz dieser Erwerbstitel, Katasterauszüge und Quittungen über die Zahlung der Steuern als Eigentumsbeweis gelte, hat die Uebertragung des Bodens (durch bloße Urkundenbegebung) überaus erleichtert. Die in jeder Verkaufsurkunde (Mai Ki) enthaltene Klausel: daß der Besitz »infolge eines wirklichen Geldbedarfs für einen legalen Zweck« veräußert werde, ist heute eine leere Formel. Aber sie läßt — im Zusammenhang mit der erwähnten ausdrücklichen Bestimmung von 485 n. Chr. — mit Sicherheit darauf schließen, daß ursprünglich der Verkauf nur bei »echter Not« zulässig war, zumal ein heute ebenfalls rein formelhaftes, früher aber zweifellos obligatorisches Vorangebot an die Verwandten danebensteht, und vollends angesichts der noch heute als »Unsitte« bestehenden Gepflogenheit des Verkäufers und unter Umständen sogar seiner Nachfahren, bei eintretender Not durch tan ki (»billet de géminance«) [2]) vom Käufer eine oder mehrere Nachzahlungen als »Almosen« zu verlangen [3]). Der typische Landkäufer war eben hier wie in der alten Polis des Okzidents der reiche Geldbesitzer und Schuldherr, der Bodenbesitz aber war ursprünglich durch Retraktrechte sippengebunden. Die eigentlich nationale Form der Veräußerung war daher auch nicht der unbedingte Verkauf auf ewig, sondern teils der überall als Notgeschäft sich findende Verkauf unter Vorbehalt des Rückkaufs (hsiao mai), die Vererbpachtung (denn die Stellung eines Erbpächters nahm offenbar der tien-mien, der

---

[1]) Die Bannerlehen der Mandschugarnisonen und die erblichen Landpfründen der leiturgiepflichtigen Grenzertruppen, Kanalanlieger, Straßenanlieger usw. bleiben hier billig außer Betracht.

[2]) So übersetzt P. Pierre Hoang Notion technique sur la propriété en Chine, Schanghai 1897 (Variétés Sinol. 11) § 20 den Ausdruck.

[3]) Und zwar gerichtlich! Der Richter mußte zwar die Klage abweisen, pflegte aber den Käufer zu »ermahnen«, nicht hartherzig zu sein und zu zahlen. Nur einflußreiche Personen konnten sich dem entziehen (Hoang a. a. O.). Siehe weiterhin im Text.

Eigentümer der Oberfläche, im Gegensatz zum tien ti, Eigentümer des Bodens, ein) und die Antichrese (tien-tang) bei ländlichen Grundstücken (die Hypothek, ti-ya, war nur bei städtischem Boden üblich).

Alle anderen Erscheinungen der Agrarverfassung weisen in die gleiche Richtung: den Kampf der alten Sippengebundenheit des Bodens mit der Geldmacht der Bodenaufkäufer und das temperierende, aber doch wesentlich fiskalisch interessierte Eingreifen der patrimonialpolitischen Gewalt. Die offizielle Terminologie schon des Schi-king und der Annalen der Han-Dynastie unterscheidet, ebenso wie das römische Recht, nur Privatbesitz und öffentlichen Besitz: Staatspächter auf dem Königsland, Steuerzahler auf dem Privatland (»Volksland«, mien ti). Von diesem blieb das unteilbare und unveräußerliche Ahnenland (die Grabstätten und das Land für die Unterhaltung der Ahnenopfer) Familieneigentum[1]); in den Rang des Erblassers sukzedierte der älteste Sohn der Hauptfrau und dessen Nachfahren; dagegen das Vermögen einschließlich des Bodens unterlag seit dem Siege des Patrimonialismus rechtlich der Naturalteilung unter alle Kinder, wobei Verfügungen des Erblassers nur als ethisch verpflichtend (als »Fideikommisse« in diesem eigentlichen Sinne des Begriffs) galten. Als Pachtformen fanden sich zuletzt Teilpacht, Natural- und Geldpacht nebeneinander, wobei der Pächter durch Leistung einer »Kaution« Unkündbarkeit erlangen konnte. Die üblichen Schemata von Pachtkontrakten über ländlichen Boden aber[2]) zeigen auf das deutlichste, daß der Pächter als ein »Colon« im Sinn des antiken und südeuropäischen Parzellenpachtverhältnisses zu denken war, welcher neben dem Recht auch die Verpflichtung zur Bebauung des Bodens übernahm und in aller Regel dem Verpächter verschuldet blieb. Als typischer Verpächter aber war — ganz entsprechend dem früher Gesagten — ein Bodenmagnat gedacht, der Streubesitz durch Verpachtung verwertete. Und zwar offenbar besonders oft die Familienkommunion einer Sippe, welche zahlreiche Landparzellen ererbt und erkauft hatte, die Erwerbsurkunden dieser Streugrundherrschaft in besonderen Akten und Inventarienbüchern verwahrte und

---

[1]) Das Ahnenland wird in der Peking Gazette häufig erwähnt.

[2]) Bei Hoang a. a. O., z. B. Appendix XXIII p. 119. Daß Pacht relativ nicht sehr häufig ist, wurde schon erwähnt. Außer dem allgemeinen Verbot des Kolonats von 1205 ist vor allem wohl die Schwierigkeit, die Pacht e i n z u t r e i b e n, dafür maßgeb nd.

registrierte [1]), im Kataster mit einem besonderen Kommunionsnamen [2]) wie unter einer Firma für alle Parzellen verzeichnet war [3]): dem gleichen Namen, der in der Familienhalle auf einer Tafel angeschlagen war. Durch ihren Aeltesten regierte sie die Kolonen ähnlich, auch dem Ton nach, patriarchalisch, wie ein antiker oder südeuropäischer Grundherr oder ein englischer Squire. Die großen alten Familien sowohl wie die durch Handel und politischen Erwerb reich gewordenen Parvenus hielten, wie überall, so auch hier ihr Vermögen fest in Kommunionen zusammen, um ihre Machtstellung erblich zu sichern. Es ist klar, daß dies die ökonomische Surrogatform für die vom Patrimonialismus gebrochene ständische Vorzugsstellung des alten Adels war.

Das bis in die Gegenwart in teilweise beachtenswertem (z. Z. leider nicht statistisch feststellbaren) Umfang [4]) bestehende Bodenmagnatentum war also nur zum Teil alten Datums, und es

---

[1]) Hoang a. a. O. p. 12, Nr. 31 p. 152, 157 f.

[2]) Z. B. »Familie des ewigen Friedens«.

[3]) Das Schema des Kataster- und Grundbuchsystems wurde in diesem Zusammenhang zuerst durch eine Notiz (von Bumbaillif) in der China Review 1890/1 (Land Tenure in China) aufgeklärt. Die Katastereinheit war ein nach dem zur Zeit der Katasteraufstellung als Sippenhaupt fungierenden Ahnen einer Sippe bezeichneter Sippenbesitz (oder, falls damals schon eine Teilung stattgefunden hatte: die damaligen Teilbesitzstände). Auch bei Besitzteilung oder Besitzwechsel blieb diese ursprüngliche Katasternummer mit ihrer Bezeichnung bestehen und es wurde lediglich vermerkt: von wem (welcher Familie) nunmehr die Steuer bzw. ein Teil der Steuer, und welcher, zu erheben war. 10 (oder ungefähr diese Zahl) Sippenhäupter bildeten eine Zehnschaft, welche noch jetzt nach altem Recht solidarisch für Steuern hafteten und denen die Friedensbürgschaft auferlegt war. Diese Zehnschaft besaß auch Gemeinschaftsland, welches die Häupter abwechselnd bewirtschafteten (oder verpachteten). Jedes Sippenhaupt sammelte die Steuern seiner Sippe ein. Wer bis zum 16. November seine Steuerquittung nicht vorlegen konnte, dem konnte die Zehnschaft seinen Landbesitz entziehen. Konnten die Haushaltungen einer Sippe die Steuer nicht aufbringen, so mußte auf das Ahnenland der Sippe gegriffen werden. Veränderlich waren die Zehnschaften in ihrer Zusammensetzung: die erwähnte Notiz berichtet von dem Antrag eines Sippenhauptes (bzw. Sippenteilhauptes) in Gemeinschaft mit 9 anderen, sie zu einer neuen Zehnschaft zusammenzufassen. Die Größe der Sippenbesitzstände war sehr verschieden. Eine verschieden große Anzahl von Zehnschaften war zu einer Hundertschaft zusammengefaßt, ebenfalls für bestimmte, ursprünglich militärische und leiturgische, Lasten. Ueber die Sippen siehe im übrigen weiterhin im Text.

[4]) Es wird behauptet, daß einigermaßen zusammenhängende Besitzungen von 300 ha zwar vorkamen, daß jedoch wesentlich darüber hinausgehende zusammenliegende Besitzeinheiten einzelner Grundherren nicht häufig seien. Die mir im letzten Augenblick zu Gesicht kommende (Frankfurter) Dissertation von Wen Hsian Liu (Die Vorteile des ländlichen Grund und Bodens und seine Bewirtschaftung in China, Berlin 1920) bringt auch keine Zahlen.

war ferner offenbar in starkem Umfang Streubesitz. Immerhin bestand es doch noch bis jetzt und vermutlich früher in noch höherem Grade, und mit ihm der in Patrimonialstaaten typische Kolonat. Aber auf die Macht der Grundherren sehr stark temperierend wirkten nun jene beiden China eigentümlichen Umstände ein: die bald näher zu besprechende Macht der Sippen auf der einen Seite, die Extensität und Ohnmacht der staatlichen Verwaltung und Justiz auf der anderen Seite. Der Grundherr, der seine Macht rücksichtslos gebrauchen wollte, hätte wenig Chance gehabt, durch eine prompte Justiz sein formales Recht durchgesetzt zu finden, außer wenn er über persönliche Verbindungen verfügte oder durch den immerhin kostspieligen Weg der Bestechung die Machtmittel der Verwaltung für sich in Bewegung setzte. Und auch dann mußte der staatliche Beamte ebensolche Rücksichten bei dem Versuch der Erpressung von Grundrenten für den Grundherren wie bei der Erpressung von Steuern für sich selbst nehmen. Alle Unruhen erregten, als Symptome drohender magischer Uebel, die Sorge der Zentralregierung und konnten ihm das Amt kosten. Höchst bezeichnende Gepflogenheiten der Verpächter und Vermieter zeigen, daß diese Lage für sie den Uebergang zu intensiver Ausnutzung ihrer Kolonen ausschloß. Die ungeheure Arbeitsintensität [1]) der Kleinbetriebe und deren ökonomische Ueberlegenheit trat in den gewaltigen Bodenpreisen [2]) und dem relativ niedrigen Zinssatz des landwirtschaftlichen Kredits [3]) greifbar zutage. Irgendwelche anderen technischen Verbesserungen waren bei der weitgehenden Parzellierung fast ausgeschlossen: die Tradition herrschte, trotz der weitgehenden Geldwirtschaft.

Der patrimonialistischen Bureaukratisierung entsprach also auch hier die Tendenz zur sozialen Nivellierung. Die Produktion blieb in der Landwirtschaft, der arbeitsintensiven Technik des Reisbaues entsprechend, fast ausschließlich kleinbäuerlich, m Gewerbe handwerksmäßig. Die Naturalteilung im Erbgang

---

[1]) Es fehlte ja, bis auf etwa 15 offizielle Feiertage, jede Art von »Sonntagsruhe«.

[2]) In den Ebenen mit Gartenkultur vor ca. 1½ Jahrzehnten 3—4000 M. pro ha (wobei die gegenüber dem Okzident um das Vielfache größere Kaufkraft des Geldes in Rechnung zu stellen ist). Rentabilität angeblich dabei ca. 7—9% (richtiger: »Arbeitsertrag« denn mit steigender Bodengüte sank, nach den vorliegenden Angaben, der Prozentsatz dieser »Rente«).

[3]) 8—9%, gegen 12—30% im kleinen und mittleren Handel und Gewerbe.

hatte den Grundbesitz auf die Dauer doch ziemlich stark demokratisiert, so sehr auch die Erbengemeinschaft im Einzelfall den Prozeß verlangsamte. Wenige Hektar Land galten als ein erheblicher Besitz, weniger als ein Hektar (15 Mou = 85 Ar) als auskömmlich bei nicht gartenmäßiger Bestellung für 5 Köpfe. Die feudalen Bestandteile der Sozialverfassung waren, wenigstens dem Recht nach, ihres ständischen Charakters entkleidet. Noch in den letzten Jahrzehnten sprachen amtliche Berichte zwar stets von »Notabeln« des Landes als der sozial ausschlaggebenden Schicht. Eine staatlich garantierte Stellung gegenüber den Unterschichten hatte aber diese ländliche »Gentry« der Dorfhonoratioren (s. u.) nicht. Sondern dem Recht nach stand über dem Kleinbürger und Kleinbauern unmittelbar der patrimonialbureaukratische Mechanismus. Es fehlte dem Recht und im wesentlichen auch der Sache nach die feudale Zwischenschicht des mittelalterlichen Okzidents.

Kapitalistische Abhängigkeitsverhältnisse okzidentalen Charakters andererseits brachte in typischen Formen erst die neueste Zeit unter europäischem Einfluß. Warum?

IV. Soziologische Grundlagen: D. Selbstverwaltung, Recht und Kapitalismus.

In der Zeit der Konkurrenz der Einzelstaaten um die politische Macht scheint wohl der in Patrimonialstaaten übliche politisch bedingte Kapitalismus der Geldgeber und Lieferanten der Fürsten hier wie überall unter gleichen Umständen erhebliche Bedeutung gehabt und mit hohen Profitraten gearbeitet zu haben. Daneben werden Bergwerke und Handel als Quellen der Vermögensakkumulation angeführt. Unter der Han-Dynastie soll es, in Kupfer gerechnet, Multimillionäre gegeben haben. Aber die politische Vereinheitlichung zum Weltreich hat hier, wie im kaiserlich römischen geeinigten orbis terrarum, offenbar einen Rückgang dieses ganz wesentlich am Staat und seiner Konkurrenz mit anderen Staaten verankerten Kapitalismus zur Folge gehabt. Die Entwicklung des rein marktmäßigen, am freien Tausch orientierten, Kapitalismus andererseits hielt sich in keimhaften Grenzen. Innerhalb des Gewerbes war natürlich überall, auch in den gleich zu besprechenden genossenschaftlichen Unternehmungsformen, hier wie sonst die Ueberlegenheit des Kaufmanns über den Techniker augenfällig. Sie trat schon in den üblichen Gewinnverteilungsschlüsseln bei Assoziationen deutlich hervor. Und auch die interlokalen Gewerbe brachten offenbar oft erheblichen spekulativen Gewinn. Die alte klassische Hochwertung des Ackerbaues als des eigentlich heiligen Berufs hinderte daher nicht, daß schon im 1. Jahrhundert v. Chr. (ähnlich wie im Talmud) die Gewinnchancen des Gewerbes höher als die der Landwirtschaft und die des Handels am höchsten eingeschätzt wurden.

Aber das bedeutete keinen Ansatz zur Entwicklung eines modernen Kapitalismus. Gerade jene charakteristischen Institutionen, welche schon das in den mittelalterlichen Städten des Okzidents aufblühende Bürgertum entwickelte, fehlten bis in die Gegenwart entweder ganz oder zeigten eine sehr charakteristisch verschiedene Physiognomie. Es fehlten in China die Rechtsformen und auch die soziologischen Unterlagen des kapitalistischen »Betriebs« mit seiner rationalen Versachlichung der Wirtschaft, wie sie in dem Handelsrecht der italienischen Städte schon früh in unverkennbaren Ansätzen vorhanden waren. Was dort in ferner Vergangenheit als Entwicklungsansatz für die Personalkreditentwicklung zurücklag: die Haftung der Sippe für ihre Mitglieder, blieb nur im Steuer- und politischen Kriminalrecht erhalten. Weitere Entwicklungsstufen fehlten. Zwar hatte die auf den Hausgemeinschaften ruhende Assoziation der Erben zu einer Erwerbsgemeinschaft gerade in den besitzenden Schichten eine, jenen okzidentalen Hausassoziationen, aus denen später (wenigstens in Italien) unsre »offene Handelsgesellschaft« hervorging, verwandte Rolle gespielt. Aber mit einem charakteristisch anderen ökonomischen Sinn. Wie stets im Patrimonialstaat, so hatte auch hier der B e a m t e, als solcher und als Abgabenpächter: — und die Beamten waren der Sache nach solche, — die optimalen Chancen der Vermögensakkumulation [1]). Verabschiedete Beamte legten ihr mehr oder minder legal erworbenes Vermögen in Grundbesitz an. Die Söhne blieben, im Interesse der Erhaltung der Vermögensmacht, als Ganerben in Erbengemeinschaft und

[1]) Der »Hoppo« (Zollaufseher und Zollpächter) in Kanton war berühmt wegen seiner riesigen Akkumulationschancen: die Einkünfte des ersten Jahrs (200 000 Taëls) gingen auf das Amtskaufgeld, die des zweiten auf »Geschenke«, die des letzten, dritten, behielt er für sich (Rechnung des »North China Herald«).

brachten die Mittel auf, wieder einige Mitglieder der Familie studieren zu lassen, um ihnen die Möglichkeit zu verschaffen, in die einträglichen Aemter zu gelangen und dadurch wiederum ihre Erbengemeinschaft zu bereichern und ihren Sippengenossen — wie es im weitesten Umfang als selbstverständlich galt — Aemter zu verschaffen. Es hatte sich so auf der Basis der politischen Besitzakkumulation ein, wenn auch labiles, Patriziat und ein Bodenmagnatentum mit Parzellenverpachtung entwickelt, welches weder feudales noch bürgerliches Gepräge trug, sondern auf Chancen rein politischer Aemterausbeutung spekulierte. Es war also, wie in Patrimonialstaaten typisch, nicht vorwiegend rationaler ökonomischer Erwerb, sondern, — neben dem Handel, der gleichfalls zu Anlage von Gelderwerb in Land führte, — vor allem innenpolitischer Beutekapitalismus, der die Vermögens-, insbesondere auch die Boden-Akkumulation beherrschte. Denn ihr Vermögen machten die Beamten, wie wir sahen, u. a. durch Steueragiotage: die willkürliche Festsetzung des Kurses, zu welchem die Pflichtigkeiten in Courant umzurechnen waren. An dieser Krippe mitgefüttert zu werden gaben die Examina Anwartschaft. Sie wurden daher stets erneut unter die Provinzen repartiert, wennschon nur ausnahmsweise fest kontingentiert. Die Einstellung der Examina in einem Bezirk war eine höchst wirksame, weil ökonomisch höchst empfindliche Strafe für die beteiligten Honoratiorenfamilien. Es ist klar, daß diese Art von Erwerbsgemeinschaft der Familie in der gerade entgegengesetzten Richtung wie die Entwicklung rationaler ökonomischer Betriebsgemeinschaften lag. — Vor allem aber war sie überdies streng *sippen*gebunden. Damit kommen wir nun auf die schon wiederholt berührte Bedeutung der Sippenverbände zusammenhängend zu reden.

In China war die im okzidentalen Mittelalter schon so gut wie völlig erloschene Bedeutung der *Sippe* sowohl für die lokale Verwaltung der kleinsten Einheiten wie für die Art der ökonomischen Assoziation vollkommen erhalten geblieben und hatte sich sogar in einem Maß entwickelt, wie es anderwärts, auch in Indien, unbekannt geblieben ist. Die patrimoniale Regierung von oben her stieß mit den als Gegengewicht gegen sie fest ausgestalteten Organisationen der Sippen von unten her zusammen. Ein sehr bedeutender Bruchteil aller politisch gefährlichen »geheimen Gesellschaften« bestand bis in die Gegenwart aus Sippen [1]). Die Dörfer hießen vielfach nach dem Namen einer Sippe [2]), welche in ihnen ausschließlich oder vorwiegend vertreten war. Oder sie waren Sippenkonföderationen. Die alten Grenzsteine zeigen, daß das Land nicht Einzelnen, sondern den Sippen zugeteilt war und die Sippenkommunion erhielt diesen Zustand in ziemlich weitem Umfang aufrecht. Aus der an Zahl mächtigsten Sippe wählte man den — oft besoldeten — Dorfvorstand. »Aelteste« (der Sippen) standen ihm zur Seite und beanspruchten das Recht der Absetzung. Die einzelne Sippe aber, von der jetzt zunächst zu reden ist, beanspruchte als solche selbständig die Macht, ihr Mitglied zu strafen und setzte dies durch, so wenig die moderne Staatsgewalt es offiziell ankannte [3]).

Der Zusammenhalt der Sippe und seine Bewahrung — trotz der rücksichtslosen Eingriffe der Patrimonialverwaltung mit ihren mechanisch konstruierten Haftungsverbänden, ihren Umsiedelungen, Bodenumteilungen und Gliederungen der Bevölkerung nach ting: arbeitsfähigen Individuen, — beruhte zweifellos ganz und gar auf der Bedeutung des Ahnenkults als des einzigen nicht durch die cäsaropapistische Regierung und ihre Beamten, sondern durch den Hausvorstand als Hauspriester, unter Assistenz der Familie besorgten, aber unzweifelhaft klassischen und uralten »Volkskults«. Schon im »Männerhaus« der militaristischen Urzeit scheinen die Ahnengeister eine Rolle gespielt zu haben, — was beiläufig bemerkt, mit wirklichem Totemismus schwer vereinbar scheint und auf den Gefolgschaftscharakter und das daraus entwickelte Erbcharisma des Fürsten und der Gefolgen unter der Form des Männerhauses als die älteste als wahrscheinlich zu erschließende Organisationsform hinweisen könnte [4]). Wie dem sei: in historischer Zeit war von jeher der Glaube an die Macht der Ahnen-

[1]) So der Kern der Taiping-»Rebellen« (1850—64). Noch 1895 wurde der Hang Yi Tang, die Sippe des Stifters der Taiping-Religion, als geheime Gesellschaft verfolgt (Peking Gazette).

[2]) Z. B. (Conrady a. a. O.): Tschang hia tsung-»Dorf der Familie Tschang«.

[3]) Offiziell anerkannt blieb nur das Gericht der kaiserlichen Sippe über deren Mitglieder und: die Hausgewalt.

[4]) Vielleicht bestand beides — »genossenschaftliches« und »herrschaftliches« Männerhaus — regional nebeneinander, denn es ist andererseits richtig, daß die von Quistorp a. a. O. zusammengetragenen Notizen im ganzen mehr für das erstere sprechen. Immerhin: Der legendäre Kaiser Yau übergibt seinem Nachfolger Schun die Regierung im Ahnentempel. Ein Kaiser bedroht

geister, nicht nur der eignen [1]), aber vor allem der eignen, an ihre rituell und literarisch bezeugte Vermittler-Rolle für Wünsche der Nachfahren beim Himmelsgeist oder -Gott [2]), an die unbedingte Notwendigkeit, sie durch Opfer zu befriedigen und günstig zu stimmen, der schlechthin grundlegende Glaube des chinesischen Volks. Die Ahnengeister der Kaiser waren die nahezu gleichgeordneten Gefolgschaft des Himmelsgeistes [3]). Ein Chinese, der keinen männlichen Nachfahren hatte, mußte unbedingt zur Adoption schreiten, und wenn er dies unterließ, so nahm die Familie eine posthume fiktive Adoption für ihn vor [4]), — weniger in seinem, als in ihrem eignen Interesse: um Ruhe vor seinem Geist zu haben. Die soziale Wirkung dieser alles beherrschenden Vorstellungen liegt klar zutage. Zunächst die ungeheure Stärkung der patriarchalen Gewalt [5]). Dann aber

seine Vasallen mit dem Zorn ihrer Ahnengeister. Solche Beispiele, die bei Hirth (Anc. Hist. of China) zusammengestellt sind, ebenso: daß ein Ahnengeist des Kaisers bei Mißregierung erscheint und Rechenschaft fordert und die Rede des Kaisers Pang-kong im Schu-king (Legge p. 238) sprechen für die letztere Annahme. Reste von Totemismus zusammengestellt bei Conrady a. a. O. (nicht wirklich ganz überzeugend, wenn auch gewichtig).

1) Die schon erwähnte Schonung des letzten Nachfahren einer gestürzten Dynastie führt auf die Sorge zurück, deren — immerhin, als frühere Kaiser, mächtige — Ahnengeister nicht in Unruhe zu bringen. (Vgl. noch in der Peking Gazette vom 13. 4. und 31. 7. 83: — Beschwerde des Tschang Tuan, des Repräsentanten der Ming-Dynastie, über Bebauung des Ming-Ahnenlandes.) Ebenso die früher erwähnten offiziellen staatlichen Opfer für Geister von ohne Nachkommen Abgeschiedenen und — s. gleich — die Adoptionen.

2) S. die Rede des Fürsten von Tschou im Schu-king (Legge S. 175) und das Gebet für den kranken Kaiser an die Ahnen (nicht: den Himmel) das. S. 391 ff.

3) Daß der Himmelsgeist als »primus inter pares« behandelt wird, geht sehr deutlich aus den Belegen hervor, die de Groot (Universismus) dafür gibt. Die »Geister der Ahnen« waren es nach dem in der Peking Gazette vom 29. 9. 98 publizierten Reskript, welche die (damals) gescheiterten Reformversuche des Kaisers und Kang Yu Wei's verurteilten. — Neben dem eigenen Verdienst sieht der Himmel auch auf das Verdienst der Ahnen (de Groot, The Rel. of the Chin. N. Y. 1910, p. 27, 28). Daher wohl auch die konfuzianische Lehre: daß der Himmel die Sünden einer Dynastie eine Weile mit ansehe und erst bei gänzlicher Degeneration einschreite. Dies war natürlich eine leidlich bequeme »Theodizee«.

4) Es finden sich Fälle, in denen eine Adoption rückgängig gemacht wird, weil die Totenopfer des natürlichen Vaters gefährdet sind (Peking Gazette vom 26. 4. 78).

5) »Vatermord« galt als ein so furchtbares (mit »langsamem Tode« zu bestrafendes) Ereignis, daß der Gouverneur der betreffenden Provinz ebenso abgesetzt wurde, wie bei Naturkatastrophen (Peking Gazette vom 7. 8. 94). Daß ein Trunkenbold den Großvater erschlug, führte 1895 (Peking Gazette vom 12. 7.) zur Bestrafung auch des Vaters, der den Sohn nicht so erzogen habe, daß er »auch die strengsten Strafen des Aelteren duldete«.

der Zusammenhalt der Sippe als solcher. In Aegypten, wo der Toten- aber nicht: der Ahnen-Kult alles beherrschte, zerbrach ebenso (aber ganz erheblich früher) wie in Mesopotamien der Zusammenhalt der Sippe unter dem Einfluß der Bürokratisierung und des Fiskalismus. In China erhielt und stärkte er sich und wuchs zu einer den politischen Herrengewalten ebenbürtigen Macht empor.

Im Prinzip jede Sippe hatte (und zwar bis in die Gegenwart hinein) ihre Ahnenhalle [1]) im Dorf. Außer den Kultparamenten enthielt sie oft eine Tafel der von der Sippe anerkannten »Moralgesetze«. Denn das Recht, sich selbst Statuten zu geben, war für die Sippe faktisch nie bezweifelt und wirkte nicht nur praeter, sondern — sogar in Ritualfragen — unter Umständen auch contra legem [2]). Die Sippe stand nach außen solidarisch zusammen. Existierte auch, außerhalb des Kriminalrechts, wie erwähnt, Solidarhaft nicht, so pflegte sie doch, wenn möglich, die Schulden eines Mitglieds zu ordnen. Unter Vorsitz des Aeltesten verhängte sie nicht nur Prügel und Exkommunikation — welche bürgerlichen Tod bedeutete — sondern, wie der russische Mir, auch Strafexil. Das oft starke konsumtive Leihebedürfnis wurde gleichfalls wesentlich innerhalb der Sippe befriedigt, wo die Nothilfe als sittliche Pflicht besitzender Mitglieder galt. Freilich mußte auch einem Nichtmitglied, bei hinlänglich vielen Kotaus, geliehen werden: denn man konnte nicht riskieren, die Rache des Geistes des Verzweifelnden, wenn er Selbstmord beging, auf sich zu ziehen [3]). Und freiwillig scheint niemand leicht zurückgezahlt zu haben, am wenigsten dann, wenn er eine starke Sippe hinter sich wußte. Immerhin: eine klar geregelte Nothilfepflicht und Kreditbeihilfe war primär nur innerhalb der Sippe gegeben. Die Sippe führte nötigenfalls Fehden nach außen [4]): die rücksichtslose Tapferkeit hier, wo

[1]) Eventuell hatten Zweigsippen ihre »Unter-Ahnenhallen«.

[2]) Nach klassischem Ritual durfte die Adoption nur innerhalb der Sippe erfolgen. Die Familienstatuten verfügten aber darüber — auch inerhalb des gleichen Dorfes — ganz verschieden. Manche Abrogationen des alten Rituals hatten sich fast allgemein eingebürgert. So daß die Schwiegertochter jetzt nicht mehr nur — wie offiziell vorgeschrieben — um die Schwiegereltern, sondern auch um die eigenen Eltern trauerte. Ebenso, daß jetzt auch um die Mutter, nicht nur — wie offiziell — um den Vater »tiefe« Trauer stattfand.

[3]) Deshalb ist die Lesart von A. Merx: »μηδένα ἀπελπίζοντες« statt »μηδὲν ἀπελπίζοντες« so sehr wahrscheinlich: auch hier Angst vor dem »Schreien« zu Gott und, bei Selbstmord, dem »Geist« des Verzweifelten.

[4]) Anlaß dazu boten neben Steuerrepartierungen und Blutrache namentlich

es sich um persönliche Interessen und persönliche Verbundenheit handelte, kontrastierte auf das augenfälligste mit der vielberufenen »Feigheit« der aus gepreßten Rekruten oder aus Söldnern bestehenden Heere der Regierung. Die Sippe sorgte nötigenfalls für Medikamente, Arzt und Begräbnis, versorgte die Alten und Witwen, vor allen Dingen: die Schulen. Die Sippe besaß Eigentum, vor allem: Grundeigentum (»Ahnenland«: schi tien [1]) und, bei wohlhabenden Sippen, oft umfangreiches Stiftungsland. Sie verwertete dies durch Verpachtung (meist durch Auktion auf 3 Jahre), Veräußerungen davon galten nur bei Dreiviertelmehrheit für zulässig. Der Ertrag wurde an die Hausväter verteilt. Typisch so: daß alle Männer und alle Witwen eine Einheit, vom 59. Jahr an zwei, vom 69. an drei Einheiten erhielten. Innerhalb der Sippe galt eine Kombination erbcharismatischer und demokratischer Prinzipien. Alle verheirateten Männer hatten gleiches Stimmrecht, die nicht verheirateten Männer nur beratende Stimmen, die Frauen waren, wie vom Erbe (sie hatten nur Mitgiftanspruch), so von den Sippenberatungen ausgeschlossen. Als Verwaltungsausschuß fungierten die Aeltesten, nach Erb s t ä m m e n, aber: von allen Sippengenossen als Wählern, jährlich gekoren, welche die Einkünfte einzuziehen, den Besitz zu verwerten und den Ertrag zu verteilen, vor allem die Ahnenopfer zu besorgen und Ahnenhallen und Schulen in Ordnung zu halten hatten. Den Wahlvorschlag machten die Abtretenden, und zwar nach der Altersrangfolge; im Fall der Ablehnung wurde der Nächstfolgende präsentiert.

Gemeinsamer Erwerb von Land durch Kauf oder Pacht und Verteilung an die Hausväter war bis in die Gegenwart üblich. Mandarine, Kaufleute oder sonst endgültig vom Land Verziehende wurden abgefunden, erhielten einen Auszug aus dem Familienbuch als Ausweis, blieben der Sippenjurisdiktion unterworfen, konnten aber ihr Anteilsrecht zurückkaufen. Wo noch

---

die Konflikte, die das Fung Schui: die Geomantik, zwischen Nachbarn hervorrief. Es wird später zu erwähnen sein, daß jeder Bau und, vor allem, jedes neue Grab den Ahnengeistern schon bestehender Gräber Schaden tun oder die Geister der Felsen, Bäche, Hügel usw. in Erregung setzen konnte. Solche Fehden waren dann oft wegen der auf b e i d e n Seiten im Spiel befindlichen geomantischen Interessen fast unschlichtbar.

[1]) In der Peking Gazette z. B. Ankauf von 2000 Mou (à 5,62 ar) für 17 000 Taël. Ausdrücklich wird dabei neben den Opfern auch 1. Witwen- und Waisenunterstützung, — 2. Unterhaltung der Schule für die Kinder aus den Renten erwähnt (14. 12. 83).

die alten Verhältnisse herrschten, ging Erbland selten in fremde Hände über. Die Hausspinnerei, -weberei und -schneiderei der Frauen ließ ein selbständiges Textilgewerbe nur in mäßigem Umfang aufkommen, zumal die Frauen auch für den Absatz arbeiteten [1]). Auch die Kopf- und Fußbekleidung waren meist Hausprodukte. Da die Sippe 1) auch Trägerin der für den Einzelnen wichtigsten Feste (meist zweimal jährlich für die Ahnen) und Objekt der von den Hausvätern zu schreibenden Familiengeschichte war, da es 2) noch bis in die Gegenwart als Sache der Sippe galt, dem Lehrling und mittellosen Lohnwerker gegen sehr billigen Zins das Kapital darzuleihen, um zum »selbständigen« Handwerker aufzusteigen, da ebenso 3) wovon schon gesprochen ist: die Sippenältesten die jungen Leute auswählten, welche sie für das Studium für qualifiziert hielten und die Vorbereitungs-, Prüfungs- und Amtskauf-Kosten verschafften, — so bedeutete offensichtlich dieser Verband neben einer starken ökonomischen Stütze für die Versorgungsautarkie der Haushaltungen, also: für Beschränkung der Entfaltung des Marktes, sozial: schlechthin das Ein und Alle für die Existenz seiner Mitglieder, auch die in der Fremde, insbesondre in der Stadt lebenden [2]).

Die »Stadt« war, wie im allgemeinen schon früher angedeutet, eben infolgedessen nie die »Heimat«, sondern eigentlich die typische »Fremde« für die Mehrzahl ihrer Einwohner. Um so mehr als sie sich vom Dorf, von dem nun zu sprechen ist, durch den früher erwähnten Mangel an organisierter Selbstverwaltung unterschied. Man kann, ohne allzugroße Uebertreibung, sagen, daß die chinesische Verwaltungsgeschichte ausgefüllt ist von dem stets erneuten Streben der kaiserlichen Verwaltung, sich auch außerhalb der Stadtbezirke zur Geltung zu bringen. Abgesehen von Kompromissen in der Steuerleistung aber gelang ihr dies nur auf kurze Zeiten und konnte, bei der ihr eigenen Extensität, dauernd auch nicht gelingen. Diese Extensität: die geringe Zahl der wirklichen Beamten, war bedingt durch die Finanzen (und bedingte ihrerseits wieder deren Lage). Die offizielle kaiserliche Verwaltung blieb, der Sache nach, eine Verwaltung von Stadtbezirken und Stadt-

[1]) Zum Vorstehenden s. Eug. Simon, La cité chinoise (Paris 1885) und Leong und Tao, Village and Town Life in China. London, s. a. (1915).

[2]) Noch 1899 (Peking Gazette vom 12. 10.) wurde eingeschärft, daß nach dem Auslande gehende Leute, die an ihrem Ahnenland noch beteiligt seien, nicht als »unbekannte Fremde« (polizeilich) zu behandeln seien.

unterbezirken. Hier, wo ihr die massiven Blutsverbände der Sippen nicht so wie draußen gegenüberstanden, konnte sie — wenn sie sich mit den Gilden und Zunften verhielt — effektiv wirken. Außerhalb der Stadtmauern hörte ihre Gewalt sehr schnell auf, wirklich effektiv zu sein. Denn neben der an sich schon großen Gewalt der Sippen stand hier auch noch die organisierte Selbstverwaltung des Dorfes als solchen ihr gegenüber. Da auch Bauern zahlreich in den Städten wohnten, diese also meist »Ackerbürgerstädte« waren, so besteht nur der verwaltungstechnische Unterschied: »Stadt« gleich Mandarinensitz ohne Selbstverwaltung, — »Dorf« gleich Ortschaft mit Selbstverwaltung ohne Mandarinen!

Die dorfmäßige Siedelung [1]) als solche beruhte in China auf dem Bedürfnis nach Sicherheit, welches die jedes Begriffs von »Polizei« ermangelnde extensive Verwaltung des Reichs niemals hat befriedigen können. Die Dörfer waren meist befestigt, ursprünglich und, wie es scheint, oft noch heute: pallisadiert, wie die alten Städte, häufig aber auch: ummauert. Sie stellten, zur Ablösung der Reih-um-gehenden Wachtpflicht (s. gleich) die besoldeten Wächter an. Von der »Stadt« unterschieden sie sich — zuweilen viele Tausende von Einwohnern zählend — eben dadurch: daß sie selbst diese Funktionen wahrnahmen und dazu, im Gegensatz zur Stadt [2]), ihr Organ hatten. Dies war, da ein »Korporations«-Begriff dem chinesischen Recht und vollends den Denkgewohnheiten der Bauern natürlich völlig fehlte: — der Dorftempel [3]), der in der Neuzeit meist irgendeinem der populären Götter: dem General Kwan Ti (Kriegsgott), dem Pah Ti (Handelsgott), dem Wan Tschang (Gott der Schulen), dem Lang Wang (Regengott), dem Tuti (einem unklassischen Gott, dem wegen der »Conduite« des Toten im Jenseits jeder Todesfall notifiziert werden mußte) usw. dediziert zu sein pflegte, — welchem? scheint ziemlich gleichgültig gewesen zu sein. Denn ähnlich wie im klassischen Altertum des Okzidents beschränkte sich die »religiöse« Bedeutung des Tem-

[1]) Mit Streubesitz der einzelnen Besitzungen in oft 5—15 Stücken: Folgen der Erbteilungen.

[2]) In der nur die Gilden oft sehr weitgehende Funktionen der Selbstverwaltung usurpiert hatten, wie wir sahen.

[3]) Auch hierzu ist die zit. Schrift der beiden chinesischen bachelors zu vergleichen (ungleich besser in dem Teil, der das Dorf behandelt: über die »Stadt« als soziales Gebilde ist eben wenig zu sagen!). Analogien: im germanischen Recht!

pels [1]) auf wenige rituelle Manipulationen und gelegentliche Gebete einzelner und hatte er im übrigen seine Bedeutung nur in profanen sozialen und rechtlichen Vorgängen.

Der Tempel hatte, wie die Ahnenhalle, Eigentum, vor allem: Grundeigentum [2]). Aber sehr oft auch Geldbesitz, den er zu nicht immer niedrigen Zinsen [3]) auslieh. Der Geldbesitz stammte vor allem aus den traditionellen Marktabgaben: die Marktstände standen von altersher, wie fast überall in der Welt, unter dem Schutz des Lokalgotts. Das Tempelland wurde, wie das Ahnenland, verpachtet, und zwar vorzugsweise an die Besitzlosen des Dorfes, die daraus entspringenden Renten und überhaupt alle Einkünfte des Tempels wurden jährlich ebenfalls an Einnahmepächter vergeben, der nach Abzug der Kosten bleibende Reinertrag verteilt. Die Wahrnehmung der Tempelverwalterstellen war, scheint es, meist eine Leiturgie der Hausväter des Dorfes: sie gingen reihum von Haus zu Haus; das Dorf war dazu in Bezirke von 100—500 Einwohnern geteilt. Neben diesen Verwaltern aber standen die »Honoratioren« des Dorfs: die Sippenältesten und Literaten, mit — nominellen — Remunerationen. Nur *sie* erkannte die jeder Legalisierung von Korporationen oder Korporationssurogaten abgeneigte politische Regierung als Vertreter des Dorfs an. Sie ihrerseits aber handelten im Namen »des Tempels«. Der »Tempel« schloß durch sie Kontrakte für das Dorf ab. Der »Tempel« hatte Gerichtsbarkeit in Bagatellsachen und usurpierte sehr oft solche in Sachen aller Art, ohne daß die Regierung — außer bei Staatsinteressen — intervenierte. Dies Gericht, nicht die staatliche Gerichtsbehörde, genoß das Vertrauen der Bevölkerung. Der »Tempel« sorgte für Straßen, Kanäle, Verteidigung, polizeiliche Sicherheit, — durch Turnus-Wachtpflicht, die faktisch meist abgelöst wurde, — Verteidigung gegen Räuber oder Nachbardörfer, für Schule, Arzt, Medikamente, Begräbnis, soweit die Sippen dies nicht tun konnten oder wollten. Der Dorftempel

---

[1]) Die Dorftempel galten *nicht* als »taoistische« Kultstätten (s. später unter VII).

[2]) Insbesondere auch für den Tempelpriester. War er von Donatoren gestiftet, so wurden diese mit Ehrentiteln (schan tschu, Meister der Jugend) entlohnt. Die Priester lebten von Kasualien und Getreideabgaben: je mehr Tempel, desto ärmer war daher das Dorf. Nur einer der Tempel aber war *der* »Dorftempel«.

[3]) Es galt als verdienstlich, beim Tempel zu leihen. S. dazu Doolittle, Social Life of the Chinese London 1866. über diesen Punkt.

enthielt das Waffendepot des Dorfs. Durch den Dorftempel, der in dieser Funktion der »Stadt« fehlte, war das Dorf rechtlich und faktisch als Kommunalkörper aktionsfähig. Vor allem: das Dorf, nicht aber die Stadt, war ein, im Umkreis der Interessen der Dorfbewohner, tatsächlich wehrhafter Verband.

Nicht immer hat sich die Regierung derart auf den laissez-faire-Standpunkt gegenüber dieser inoffiziellen Selbstverwaltung gestellt, wie in der letzten Zeit des alten Regims. Unter den Han versuchte sie z. B. den reinen patrimonialen Absolutismus Schi Hoang Ti's durch geordnete Heranziehung der Gemeindeältesten zu Selbstverwaltungsämtern (san lao) abzubauen und die urwüchsige Selbstverwaltung so zu reglementieren und zu legalisieren[1]. Der Dorfvorsteher (Schou saih yen) sollte gewählt und bestätigt werden, unter Garantie der Grundbesitzer für seine gute Aufführung: nur gelegentlich aber ging das wirklich so zu. Und die Regierung ignorierte auch immer wieder das Dorf als Einheit. Denn immer wieder schlugen die reinen fiskalischen Interessen durch. Wang An Schi insbesondere rationalisierte, wie schon in anderm Zusammenhang erwähnt, das System unter diesem Gesichtspunkte. Formal hatten noch heute je 10 Familien, als »pai« zusammengefaßt, ihren Obmann, je 100: jede »chia«, ihr Haupt: po chia, gewöhnlich »tipao« genannt. An jedem Haus sollte in Dorf und Stadt ein Plakat kleben (und klebte auch tatsächlich da, wo die Tradition lebte), welches die Hausnummer, chia, pai, Eigentümer, Namen des Familienhauptes, Geburtsort (Heimatsrecht) der Familie, ihre Glieder und Mieter und deren Beruf, abwesende Glieder (seit wann?), die Pachtrente, Steuerpflicht, Zahl der selbst bewohnten und der vermieteten Räume enthielt. Für die Polizei und Aufsicht auf

---

[1]) Neben den Sippenältesten, über deren Existenz aus allen Epochen Daten vorhanden zu sein scheinen, standen damals wechselnd gebildete Unterabteilungen mit ihren, in aller Regel (unter den Han: aus den Fünfzigjährigen) gewählten, Beamten, denen Sicherheitspolizei, Gemeinbürgschaft mit Rügepflicht, Opferaufsicht, Fronumlage, Steuereinhebung und also: Steuerhaftung, unter Umständen Friedensgerichtsbarkeit und Volksbildungspflege, aber gelegentlich auch Gestellung und Veranstaltung von Uebungen der Miliz auferlegt war. Unter den Han bildeten nach der damals getroffenen Neuordnung offiziell 9 × 8 Familien ein »Li«, 10 Li ein »Tin« unter einem gewählten Aeltesten, 10 Tin ein »San« unter einem gewählten San-lao, dessen Aufgabe vor allem Volksbildung sein sollte. Dazu traten der Se fu: Steuerkontrolleur und Friedensrichter, und der ju tsi: Polizeikommissär. Der Hauptzweck war militärisch. S. darüber A. J. Iwanoff, Wang-An-Schi i jewo reformy, St. Petersburg 1906.

Verbrecher und Geheimklubs haftete offiziell der po chia. Nicht zu seinen unwichtigsten Aufgaben gehörte die Verantwortlichkeit für die Durchführung der später zu besprechenden kaiserlichen Religionspolizei. — Dieser Selbstverwaltungsbeamte (tipao) sollte die Verbindung zwischen dem obrigkeitlichen und dem Selbstverwaltungs-Regiment herstellen. Er pflegte sich namentlich, wo und solange das System funktionierte, einige Zeit auf dem Bureau des hsien-Magistrates aufzuhalten, um ihn zu informieren. Indessen war dies in der neuesten Zeit alles bereits wesentlich formal geworden, das Amt des »tipao« hatte sich vielfach — es scheint nach chinesischen Autoren: der Regel nach — einfach in eine unklassische, deshalb minder bewertete, staatliche Stellung verwandelt. Die Kräfte, mit denen der Staatsapparat eigentlich zu rechnen hatte, waren die eventuell nach Art einer Veme in Funktion tretenden, im Fall von Konflikten gefährlichen Sippenältesten, die hinter der Dorfverwaltung standen.

Dabei darf man sich das Leben des Bauern in einem chinesischen Dorf, allen Anzeichen nach, keineswegs als eine harmonische patriarchale Idylle vorstellen. Nicht nur die Fehden nach außen bedrohten den Einzelnen recht oft. Nein: vor allem fungierte die Sippenmacht und auch die Verwaltung des Dorftempels überaus oft in gar keiner Weise genügend, um Besitz: zumal überragenden Besitz, zu schützen. Die, sozusagen, »effektiven« Bauern (»lao schih« genannt) waren dann in sehr typischer Art der Willkür der »Kung kun:«, der »Kulaki« (»Fäuste«), wie man in russischer Bauernterminologie sagen würde, einfach ausgeliefert. Und zwar nicht, wie in Rußland, der Herrschaft einer »Dorf-Bourgeoisie« von Wucherern und ihren Interessenverwandten (wie es die dortigen »Kulaki« waren): dagegen hätte sich, sahen wir, leicht göttliche und menschliche Hilfe gefunden. Sondern umgekehrt den von jenem Kung kun organisierten Besitzlosen[1]), also der »bjednata« (»Dorfarmut«) im Sinn der Terminologie des Bolschewismus, der darin seine Anziehungskraft auf China begründet finden dürfte. Gegen diese Organisation war jeder einzelne (oder auch eine Gruppe einzelner) größerer Besitzer oft völlig schutz- und machtlos[2]). Und

[1]) Mancherlei darüber bei A. H. Smith, Village life in China (Edinburgh 1899).

[2]) Der Kung kun war regelmäßig gymnastisch trainiert, er erstrebte, wie der

wenn in den letzten Jahrhunderten größere Besitzungen in China zu den Ausnahmen gehörten, so hat dazu sicher dieser Umstand: eine Art von ethisch und durch die Sippenmacht stark temperiertem naivem »Bauernbolschewismus«, der einfach die Folge mangelnder Garantien des Besitzes durch die Zwangsgewalt des Staates war, das Seinige beigetragen. — Unterhalb des hsien-Bezirks, der immerhin etwa die Größe einer englischen »county« hatte, existierten nur solche autochthon: offiziell: im Ehrenamt, tatsächlich oft: als »Kulaki«, funktionierende Selbstverwaltungsinstanzen. Aber auch neben der offiziellen Verwaltung der Bezirke, bis zur Provinz hinauf, existierten sehr vielfach Personengremien, welche durch jederzeit wiederrufliche, auf 3 Jahre begrenzte, »Delegierung« — tatsächlich: durch anerkanntes oder usurpiertes Charisma — bestellt waren und die Beamten »berieten«[1]). Ihre Struktur soll uns hier nicht interessieren.

Mit jenem Gremium einer fest zusammenhaltenden lokalen Honoratiorenschicht innerhalb des Dorfes, die ihm gegenüberstand, mußte man dort bei jedem Versuch etwa einer Erhöhung der traditionellen Abgaben, aber auch bei allen sonstigen Aenderungen irgendwelcher Art paktieren, um irgend etwas durchzusetzen. Denn andernfalls war der Beamte hartnäckiger Renitenz ebenso sicher, wie, im gleichen Fall, der Grundherr, Vermieter, Arbeitgeber, überhaupt jeder außerhalb der Sippe stehende »Vorgesetzte«. Wie ein Mann stand die Sippe des sich benachteiligt Fühlenden zu ihrem Sippengenossen[2]), und ihr geschlossener Widerstand wirkte naturgemäß ungleich nachhaltiger als etwa bei uns ein Streik einer frei gebildeten Gewerkschaft. Schon dadurch wurde jede »Arbeitsdisziplin« und freie Marktauslese der Arbeiterschaft, wie sie modernen Großbetrieben eignet, ebenso durchkreuzt wie jede rationale Verwaltung okzidentaler Art. Gegenüber der literarisch gebildeten Beamtenschaft war das

---

Camorrist oder Mafiusu, unoffizielle Beziehungen zum Yamen des Hsien-Beamten, der ihm gegenüber ja machtlos war. Es konnte sich ein Dorfangestellter: der Dorfvorstand oder ein Schiedsrichter oder umgekehrt: ein Bettler, zum Kung kun entwickeln; und hoffnungslos wurde die Lage der übrigen Dorfinsassen dann, wenn er literarisch gebildet und womöglich obendrein mit einem Beamten verwandt war.

[1]) Sie sind gemeint, wenn die Verfügungen in der Peking Gazette von »Gentry and notables« sprechen, deren Gutachten einzuholen sei.

[2]) Vgl. den Bericht in der Peking Gazette vom 14. 4. 1895 über die Befreiung eines vom Steuerkollektor Festgenommenen durch zwei Sippenverbände.

aliterarische Alter also solches das stärkste Gegengewicht. Dem absolut bildungslosen Aeltesten seiner Sippe hatte sich innerhalb der durch die Tradition festgelegten Sippenangelegenheiten auch der durch noch so viele Examina gegangene Beamte bedingungslos zu fügen.

Ein praktisch erhebliches Maß von ursurpierter und konzessionierter Selbstverwaltung stand jedenfalls einerseits: in Gestalt der Sippen, andererseits: dieser Organisationen der Armut, der Patrimonialbureaukratie gegenüber. Deren Rationalismus befand sich hier gegenüber einer im ganzen und auf die Dauer ihm weit überlegenen, weil stetig und vom engsten persönlichen Verbande gestützt wirkenden, entschlossen traditionalistischen Macht. Jede Neuerung, welcher Art immer, konnte ja überdies bösen Zauber stiften. Sie erschien aber vor allem des Fiskalismus verdächtig und stieß auf scharfen Widerstand. Keinem Bauern würde es je eingefallen sein, dabei an »sachliche« Motive zu glauben, — darin ganz wie die russischen Bauern in Tolstoys »Auferstehung«. Die Sippenältesten waren es auch: — das geht uns hier besonders an —, deren Einfluß für die Annahme oder Verwerfung religiöser Neuerungen meist entscheidend war und, selbstverständlich, fast ausnahmslos in die Wagschale der Tradition fiel, insbesondere wo sie Bedrohung der Ahnenpietät witterten. Diese gewaltige Macht der streng patriarchal geleiteten Sippen war in Wahrheit der Träger jener viel beredeten »Demokratie« in China, welche nur der Ausdruck 1. des Fortfalls feudaler Ständebildung, 2. der Extensität der patrimonial-bureaukratischen Verwaltung und 3. der Ungebrochenheit und Allgewalt der patriarchalen Sippen andererseits war und mit »moderner« Demokratie gar nichts gemein hatte.

Auf realer oder nachgeahmter persönlicher Versippung ruhten fast alle diejenigen organisatorischen Gebilde ökonomischer Art, welche über den Rahmen der Einzelwirtschaft überhaupt hinausgriffen. Zunächst die Tsung-tse-Gemeinschaft. Die in dieser Form organisierte Sippe besaß neben der Ahnenhalle und dem Unterrichtsgebäude auch Sippenhäuser für Vorräte und Geräte zur Reisverarbeitung, Konservenbereitung, Weberei und andere Hausproduktionen, eventuell mit einem dafür angestellten Verwalter, abgesehen davon, daß sie ihre Mitglieder in Notlagen durch gegenseitige Hilfe und unentgeltlichen oder billigen Kredit stützte. Sie bedeutete also: produktivgenossenschaftlich erweiterte Sippen- und kumulative Hausgemeinschaft. Andererseits bestanden neben dem gewerblichen Einzelmeisterbetrieb in den Städten spezifisch kleinkapitalistische (genossenschaftliche) Betriebsgemeinschaften in gemeinsamen Ergasterien mit oft weitgehender manueller Arbeitsteilung, oft mit durchgeführter Spezialisierung der technischen und kaufmännischen Betriebsführung und mit Verteilung des Gewinns nach Maßgabe teils (und namentlich) der Kapitalanteile, teils der spezifischen (z. B. kaufmännischen oder technischen) Leistungen. Aehnliches hat das hellenistische Altertum und das islamische Mittelalter gekannt. Es scheint, daß solche Ergasterien sich in China namentlich in Saisongewerben zum gemeinsamen Durchhalten durch die absatzlose Zeit fanden, im übrigen natürlich zur Erleichterung der Kreditbeschaffung und zu arbeitsteiliger Produktion. Alle Diese Formen der Schaffung größerer Wirtschaftseinheiten hatten, sozial angesehen, einen spezifisch »demokratischen« Charakter. Sie stützten die Existenz des einzelnen gegen die Gefahr der Proletarisierung und kapitalistischen Unterjochung. Rein ökonomisch konnte diese sich allerdings in Gestalt von hohen Einlagen nicht mitarbeitender Kapitalisten und in der Uebermacht und den hohen Gewinnanteilen der angestellten Verkäufer einnisten. Das Verlagssystem dagegen, welches bei uns die kapitalistische Unterjochung einleitete, steckte anscheinend bis in die Gegenwart, — in welcher es quantitativ bedeutend namentlich in den Fernabsatzgewerben entwickelt ist, — organisatorisch noch in den verschiedenen Formen rein faktischer Abhängigkeit des Handwerkers vom Händler und war nur in einzelnen Gewerben bis zur Heimarbeit mit eingesprengten Zwischenmeisterwerkstätten und zentralem Verkaufsbureau vorgeschritten. Die — wie wir sahen — außerordentlich geringe Chance, Leistungen Abhängiger überhaupt und zumal in vorgeschriebener Qualität, Quantität und Frist zu *erzwingen*, war dafür wohl entscheidend. Privatkapitalistische Großmanufakturen sind anscheinend historisch kaum nachweisbar, für Massenartikel auch unwahrscheinlich, da der stetige Markt fehlte. Die Textilindustrie kam gegen das Hausgewerbe schwer auf; nur die Seide hatte ihren Markt, auch Fernmarkt. Aber diesen letzteren okkupierten die Seidenkarawanen des kaiserlichen Oikos. Die Metallindustrie konnte bei der großen Unergiebigkeit der Bergwerke nur bescheidene Dimensionen annehmen. Diese Unergiebigkeit ihrerseits war Folge jener allgemeinen Gründe, von denen teils schon geredet ist, teils noch zu reden sein wird. Für die Teebereitung finden sich bildliche Darstellungen großer arbeitsteiliger Werkstätten, vergleichbar den altägyptischen Bildern ähnlicher Art. Die staatlichen Manufakturen stellten (normalerweise) Luxusartikel her (wie im islamischen Aegypten); die Erweiterung der staatlichen Metallindustrie aus valutarischen Gründen war vorübergehend. Die Zünfte, von denen schon gesprochen wurde, regulierten zwar das Lehrlingswesen. Von besonderen Gesellenverbänden hören wir dagegen nichts. Die Arbeiter schlossen sich nur in Einzelfällen gegen die Meister zu einem Streik zusammen, zeigten aber im übrigen anscheinend kaum Ansätze zur Entwicklung einer eigenen Klasse. Aus ähnlichen Gründen wie, bis vor 30 Jahren, in Rußland. Sie gehörten, soviel bekannt, den Zünften zu gleichem Recht mit an. Richtiger: dem durchaus kleinhandwerklichen, im allgemeinen nicht einmal kleinkapitalistischen Charakter des Gewerbes entsprach es, daß eine monopolistische Schließung der Zunft gegen den Nachwuchs im allgemeinen nicht stattfand. Ebenso hat die immer wieder aufgetauchte und zeitweise anscheinend durchgeführte Absicht leiturgischer Schließung der Berufe, der zur Kastenbildung hätte führen können, letztlich diesen Erfolg nicht gehabt. Die Annalistik spricht namentlich von einem Ende des 6. Jahrhunderts gemachten vergeblichen Versuch dieser Art. Ein Rest magisch »unreiner« Stämme und Berufe war geblieben. Man pflegt [1]) neun Arten degradierter »Kasten« zu unterscheiden, teils bestimmte Sklavenarten, teils bestimmte Sklaven- oder Kolonen-Abkömmlinge, teils Bettlerkasten, teils Abkömmlinge früherer Insurgenten, teils Abkömmlinge zugewanderter Barbaren (Gaststämme), teils Musiker und bestimmte an Familienzeremonien beteiligten Akteure, ferner Schauspieler und Gaukler — wie im okzidentalen Mittelalter. Für die unreinen Berufe bestanden, wie unter indischen Verhältnissen, feste, vererbliche und verkäufliche Kundschaften. Konnubium, Kommensalität und Zulassung zu den Graden blieb allen degradierten Kasten versagt. Jedoch war kraft kaiserlicher Erlasse für diejenigen, welche einen unreinen Beruf aufgaben, gerichtliche Rehabilitierung zulässig (und wurde z. B. noch 1894 für einzelne dieser Kasten ver-

[1]) S. Hoang, Mélanges sur l'admin. (Var. sinolog. 21, Schanghai 1902, p. 120 f.)

fügt). Sklaverei entstand seit Einstellung der Eroberungskriege durch Ergebung oder Verkauf seitens der Eltern oder (strafweise) seitens der Regierung. Der Freigelassene schuldete dem Patron Obödienz — wie im Okzident — und war unfähig, Grade zu erwerben. Die Kontraktarbeiter (Ku kong) schuldeten während des Dienstes Obödienz und entbehrten der Kommensalität mit dem Herren [1]).

Was von solchen kastenartigen Erscheinungen bis in die Gegenwart geblieben war, bildete nur einen kümmerlichen Rest der einstigen ständischen Gliederung, deren praktische Konsequenz vor allem in der Befreiung der privilegierten Stände (»große Familien« — der Ausdruck: »die hundert Familien« für »das Reich« meinte diese Schicht — und Literaten) von der Fronpflicht und Prügelstrafe (die bei ihnen in Geld und Haft umgewandelt wurde) bestand. Degradation zum »Plebejer« war möglich. Die alte erbcharismatische ständische Gliederung wurde schon früh durch die für fiskalische Zwecke stets erneut vorgenommene Gliederung nach reinen Besitzklassen durchbrochen.

Neben den Sippen, den Gilden und Zünften blühte im neuzeitlichen China — für die Vergangenheit ist für den Außenstehenden [2]) Sicheres nicht zu ermitteln — die Assoziation in Form des Klubs, hwui, auf allen, auch ökonomischen, kreditgenossenschaftlichen, Gebieten [3]). Dies soll uns im einzelnen hier nicht interessieren. Ziel und Sporn des Ehrgeizes und soziale Legitimation für den, der sie erreichte, war jedenfalls in modernen Zeiten die Zugehörigkeit zu einem angesehenen Klub in der chinesischen Nivelliertheit wie in der amerikanischen Demokratie. Ganz ebenso wie das am Laden angeheftete Aufnahmediplom der chinesischen Zunft dem Käufer die Warenqualität

---

[1]) Die Kolonen und Landarbeiter — ehemals: Heloten der Herrenschicht — gehörten nicht zu dieser Kategorie.

[2]) Einige neueste gute Dissertationen darüber blieben mir unzugänglich.

[3]) Insbesondere auch in den an griechische ἔρανοι erinnernden Formen. Entweder so, daß durch eine Kreditgenossenschaft (shê) ein Geldkapital akkumuliert und dann dessen Nutzung verauktioniert oder verlost wird (Smith, Village Life in China, Edinburgh 1859). Oder auch in der Art, daß der Schuldner des von Freunden ihm gegebenen Darlehens der Klub-Präsident wurde, der den Genossen (seinen Gläubigern) auf diese Art seine Schulden ratenweise zurückzuzahlen durch Klub-Ehre angehalten wurde. Doolittle (Social life of the Chinese, London 1866) führt (p. 147 f.) Beispiele solcher Klubs an. Die Empfänger der Rückzahlungsraten wurden oft ausgelost. Es ist das der Kunstersatz für den alten Nachbarschaftskredit und: für den Konkursverwalter.

garantierte[1]). Die Extensität der patrimonialbureaukratischen Verwaltung in Verbindung mit dem Fehlen einer rechtlich gesicherten ständischen Gliederung bedingte auch diese Erscheinungen.

Außer einem verliehenen Titularadel existierten in der Neuzeit — wenn die strenge Scheidung der im Mandschu-Heerbann registrierten Familien, der Ausdruck der seit dem 17. Jahrhundert bestehenden Fremdherrschaft, beiseite gelassen wird — geburtsständische Unterschiede unter Chinesen selbst, sahen wir, nicht mehr. Und nachdem zuerst im 8. Jahrh. die »bürgerlichen« Schichten eine starke Lockerung der polizeistaatlichen Fesselung erlangt hatten, bestand im 19. Jahrhundert, und zwar offenbar seit langer Zeit: Freizügigkeit, obwohl auch diese in offiziellen Edikten nicht anerkannt war. Die Zulassung zur Ansiedelung und zum Grundbesitz in einer andern als der Heimatgemeinde ist sicherlich, wie im Okzident, erst durch den Fiskalismus erzwungen worden. Seit 1794 erwarb man die Ortszugehörigkeit durch Erwerb von Grundbesitz und 20 jährige Steuerzahlung und verlor damit die Ortszugehörigkeit in der Heimatgemeinde[2]). Ebenso bestand seit langem — so sehr (1671) das »Heilige Edikt« noch das Bleiben im Beruf empfahl — freie Berufswahl. In der Neuzeit bestand weder Paßzwang noch Schul- oder Militärdienstzwang. Ebenso fehlten Wucher- und ähnliche den Güterverkehr beschränkende Gesetze. Immer wieder muß angesichts all dessen betont werden: Dieser, der freien Entfaltung des bürgerlichen Erwerbs scheinbar höchst förderliche Zustand hat dennoch keine Entwicklung eines Bürgertums okzidentalen Gepräges hervorgebracht. Wie wir sahen, sind nicht einmal diejenigen Formen kapitalistischen Erwerbes zur Vollreife gelangt, welche im Okzident schon das Mittelalter kannte. Es hätte sich, — wieder die alte Frage: aus den erwähnten kleinkapitalistischen Ansätzen, rein ökonomisch angesehen, recht gut ein rein bürgerlicher, gewerblicher Kapitalismus entwickeln können. Eine Reihe von

[1]) Oder ein entsprechender Anschlag den Grundsatz: fester Preise (»one price«, »truly one price« nach Doolittle a. a. O.) — aber im Gegensatz zu den Puritanern ohne alle Garantie der wirklichen Durchführung des Grundsatzes.

[2]) Von staatlichem Interesse war diese Frage für die Meldungen zum Examen, da die Zahl der Pfründen nach Provinzen repartiert war. In den offiziellen Listen, z. B. den Heereslisten schon der Han-Zeit, wird dem Namen stets die Orts- und Bezirksangehörigkeit (damals zweifellos durch die Heimat der Sippe bestimmt) zugefügt.

Gründen lernten wir schon kennen. Sie führten fast alle auf die Staats struktur zurück.

Politisch stand die patrimoniale Staatsform, vor allem der patrimoniale Charakter der Verwaltung und Rechtsfindung mit ihren typischen Folgen: dem Nebeneinander eines Reiches der unerschütterlichen heiligen Tradition und eines Reiches der absolut freien Willkür und Gnade, hier wie überall der Entwicklung wenigstens des in dieser Hinsicht besonders empfindlichen gewerblichen Kapitalismus im Wege: das rational kalkulierbare Funktionieren der Verwaltung und Rechtspflege, welches ein zum rationalen Betrieb sich entwickelndes Gewerbe bedurfte, fehlte. In China, wie in Indien, wie im islamischen Rechtsgebiet und überhaupt überall, wo nicht rationale Rechtsschaffung und Rechtsfindung gesiegt hatte, galt der Satz: »Willkür bricht Landrecht«. Er konnte aber der Entwicklung kapitalistischer Rechtsinstitute nicht, wie er es im okzidentalen Mittelalter tat, zugute kommen, weil einerseits die korporative Autonomie der Städte als politischer Einheiten und andererseits die privilegienmäßig garantierte und fixierte Festlegung der entscheidenden Rechtsinstitutionen: — die, beide zusammen, im Mittelalter, gerade mit Hilfe dieser Grundsätze, alle dem Kapitalismus gemäßen Rechtsformen geschaffen haben, — fehlte. Das Recht war zwar in weitem Umfang nicht mehr eine von Ewigkeit her geltende und nur — durch magische Mittel — richtig zu »findende« Norm. Denn die kaiserliche Verwaltung war sehr fruchtbar gewesen in der Schaffung massenhaften Statutarrechtes. Und zwar zeichnen sich ihre Bestimmungen, im Gegensatz etwa zu den patriarchalen Belehrungen und Vermahnungen buddhistischer Monarchen Indiens, — mit denen die ethischen oder verwaltungsmäßigen Anordnungen manche Aehnlichkeit haben —, wenigstens auf dem eigentlichen Rechtsgebiet durch relativ knappe geschäftliche Form, und z. B. auf dem Gebiet des Strafrechtes, wie besonders J. Kohler betont hat, durch ein ziemliches Maß von Sublimierung der Tatbestände (Berücksichtigung der »Gesinnung«) aus. Diese Statuten sind auch (im Ta Tsing Liu Li) systematisch gesammelt. Aber privatrechtliche Bestimmungen gerade über die für den Verkehr in unserem Sinn wichtigsten Gegenstände vermißt man fast völlig (sie erscheinen hie und da indirekt). Wirklich garantierte »Freiheitsrechte« des einzelnen fehlten im Grunde gänzlich. Der Rationalismus des

Literatenbeamtentums in den miteinander konkurrierenden Teilstaaten hatte in einem Einzelfall (536 n. Chr. im Staate Tsheng) die Kodifikation des Rechts (auf Metalltafeln) in Angriff genommen. Aber bei der Diskussion dieser Frage innerhalb der Literatenschicht wurde nach der Annalistik [1]) mit Erfolg (durch einen Minister des Tsin-Staates) geltend gemacht: »Wenn das Volk lesen kann, wird es seine Oberen verachten.« Das Charisma der gebildeten Patrimonialbureaukratie schien in Gefahr, an Prestige zu verlieren, und diese Machtinteressen ließen einen solchen Gedanken seitdem nie wieder aufkommen. Verwaltung und Rechtsfindung waren zwar formal durch den Dualismus der Fiskal- und Justizsekretäre, aber nicht wirklich in der Art ihrer Ausübung getrennt, wie auch — durchaus patrimonial — die Hausdiener des Beamten, die er auf seine Kosten engagierte, die Polizisten und Subalternbeamten für seine Verwaltung hergaben. Der antiformalistische patriarchale Grundzug verleugnete sich nirgends: anstößiger Lebenswandel wurde gestraft auch ohne Spezialbestimmung. Das Entscheidende war aber der innerliche Charakter der Rechtsfindung: Nicht formales Recht, sondern materiale Gerechtigkeit erstrebte der ethisch orientierte Patrimonialismus hier wie überall. Eine offizielle Präjudiziensammlung fehlte daher, trotz des Traditionalismus, weil der formalistische Charakter des Rechts abgelehnt wurde und, vor allem, kein Zentralgericht wie in England bestand. Die Präjudizien kannte der lokale »Hirte« des Beamten. Wenn dem Beamten empfohlen wurde: nach bewährten Mustern zu verfahren, so entsprach das äußerlich etwa der Gepflogenheit des Arbeitens nach »Similia« bei unseren Assessoren. Aber was hier Impotenz, war dort höchste Tugend. Die Edikte der Kaiser selbst über Verwaltungsmaßregeln hatten meist jene lehrhafte Form, welche päpstlichen Bullen des Mittelalters eignet, nur ohne deren dennoch meist vorhandenen präzisen rechtlichen Gehalt. Die bekanntesten von ihnen stellten Kodifikationen von ethischen, nicht von rechtlichen Normen dar und zeichneten sich durch literarische Gelehrsamkeit aus. Noch der vorletzte Kaiser gab z. B. die Wiederauffindung des Dekrets eines entfernten Vorfahren in der Peking Gazette kund, dessen Publikation als Lebensnorm er in Aussicht stellte. Die ganze kaiserliche Verwaltung stand — soweit sie orthodox orientiert war — unter dem Einfluß einer dem Wesen nach theokratischen,

[1]) Vgl. dazu E. H. Parker, Ancient China simplified, London 1908, p. 112 ff.

etwa einer Kongregation der päpstlichen Kurie entsprechenden Literatenbehörde: der sog. »Akademie« (Han-lin-yuan), der Hüterin der reinen (konfuzianischen) Orthodoxie, die uns mehrfach begegnet ist.

Die Justiz blieb demgemäß weitgehend »Kadi«- und eventuell »Kabinet«-Justiz [1]). Das war zwar, den unteren Klassen gegenüber, z. B. auch in der Friedensrichterjustiz Englands der Fall. Aber für die kapitalistisch wichtigen Vermögenstransaktionen bestand dort das unter dem stetigen, schon durch die Rekrutierung der Richter aus den Advokaten garantierten, Einfluß der Interessenten geschaffene, nicht rationale, aber berechenbare und der Vertragsautonomie weitgehenden Spielraum gebende Präjudizienrecht mit der ihm entsprechenden Kautelarjurisprudenz. In der patriarchalen chinesischen Justiz war dagegen für Advokaten im okzidentalen Sinn gar kein Platz. Als Anwälte fungierten für die Sippengenossen etwaige literarisch gebildete Mitglieder; sonst fertigte ein Winkelkonsulent die Schriftsätze. Es war eben die in allen spezifischen Patrimonialstaaten, am meisten in den theokratischen oder ethisch-ritualistischen Patrimonialstaaten orientalischen Gepräges, wiederkehrende Erscheinung: daß zwar neben der wichtigsten, aber nicht »kapitalistischen« Quelle der Vermögensakkumulation: der rein politischen Amts- und Steuerpfründe, auch »Kapitalismus«: der Kapitalismus der Staatslieferanten und Steuerpächter, also: politischer Kapitalismus, blühte und unter Umständen wahre Orgien feierte, daß ferner auch der rein ökonomische, d. h. vom »Markt« lebender Kapitalismus des Händlertums sich entwickeln konnte, — daß dagegen der rationale gewerbliche Kapitalismus, der das Spezifische der modernen Entwicklung ausmachte, unter diesem Regime nirgends entstanden ist. Denn die Anlage von Kapital in einem gewerblichen »Betrieb« ist viel zu empfindlich gegen die Irrationalitäten dieser Regierungsformen, und viel zu sehr auf die Möglichkeit angewiesen, das gleichmäßige rationale Funktionieren des staatlichen Apparats

[1]) Noch in den letzten Jahrzehnten hatten sich kaiserliche Reskripte damit zu befassen, daß die Richter die Prozesse auf Grund von Privatbriefen einflußreicher Persönlichkeiten entschieden (Peking Gazette vom 10. 3. 94). Die Endlosigkeit der Prozesse war derart, daß kaiserliche Reskripte ungünstige Witterungsverhältnisse nebst der dadurch herbeigeführten Dürre und die Vergeblichkeit der Gebete darauf zurückführten (Peking Gazette vom 9. 3. 99). Irgendwelche sicheren Rechtsgarantien fehlten völlig. Welchen antagonistischen Parteiintriguen im Beamtentum überdies die Gründung einer Fabrik ausgesetzt war, lassen kaiserliche Reskripte (Peking Gazette vom 4. 3. 95) zwischen den Zeilen lesen.

nach Art einer Maschine kalkulieren zu können, um unter einer Verwaltung chinesischer Art entstehen zu können. Aber warum blieb diese Verwaltung und Justiz so (kapitalistisch angesehen) irrational? — dies ist die entscheidende Frage. Einige im Spiel befindliche Interessen lernten wir kennen. Aber sie bedürfen der vertieften Erörterung.

Wie die von materialer Individualisierung und Willkür unabhängige Justiz, so fehlten für den Kapitalismus auch politische Vorbedingungen. Es fehlte zwar nicht die Fehde: — im Gegenteil ist die ganze Geschichte Chinas voll von großen oder kleinen Fehden bis zu den massenhaften Kämpfen der einzelnen Dorfverbände und Sippen. Aber es fehlte, seit der Befriedung im Weltreich, der rationale Krieg und, was noch wichtiger war, der diesen ständig vorbereitende bewaffnete Friede mehrerer miteinander konkurrierender selbständiger Staaten gegeneinander und die dadurch bedingten Arten von kapitalistischen Erscheinungen: Kriegsanleihen und Staatslieferungen für Kriegszwecke. Die partikulären Staatsgewalten des Okzidents mußten um das freizügige Kapital konkurrieren, in der Antike (vor dem Weltreich) sowohl wie im Mittelalter und der Neuzeit. Wie im römischen Weltreich, so fiel das auch im chinesischen Einheitsreich fort [1]). Ebenso fehlten diesem die Uebersee- und Kolonialbeziehungen. Das bedeutete ein Hemmnis für die Entfaltung auch aller derjenigen Arten von Kapitalismus, welcher im Okzident der Antike und dem Mittelalter mit der Neuzeit gemeinsam war: jener Abarten des Beutekapitalismus, wie sie der mittelländische, mit Seeraub verbundene Ueberseehandels- und der Kolonialkapitalismus darstellten. Dies beruhte zum Teil auf den geographischen Bedingungen eines großen Binnenreichs. Aber zum Teil waren, wie wir sahen, die Schranken der Ueberseeausdehnung auch umgekehrt Folgeerscheinungen des allgemeinen politischen und ökonomischen Charakters der chinesischen Gesellschaft.

Der rationale Betriebskapitalismus, dessen spezifische Heimat im Okzident das Gewerbe wurde, war eben außer durch das Fehlen des formal garantierten Rechts und einer rationalen Ver-

[1]) Diesen wichtigen Grund für den Zusammenbruch des (politisch orientierten) Kapitalismus hat inzwischen, soviel ich weiß, nur J. Plenge (auf Grund eigener Gedankengänge) gelegentlich (ich kann die Stelle im Augenblick nicht finden) so erwähnt, daß es fraglos ist, daß er seine Bedeutung weitgehend erkannt hat.

waltung und Rechtspflege und durch die Folgen der Verpfründung auch durch das Fehlen gewisser gesinnungsmäßiger Grundlagen gehemmt worden. Vor allem durch diejenige Stellungnahme, welche im chinesischen »Ethos« ihre Stätte fand und von der Beamten- und Amtsanwärterschicht getragen wurde. Davon zu reden ist unser eigentliches Thema, zu dem wir nunmehr endlich gelangen.

V.

Der Literatenstand.

Ritualistischer und verwaltungstechnisch orientierter Charakter des chinesischen Humanismus. Die Wendung zum Pazifismus S. 395. — Konfuzius S. 401. — Entwicklung des Prüfungswesens S. 404. — Stellung der konfuzianischen Erziehung innerhalb der soziologischen Erziehungstypen S. 408. — Ständischer Charakter des Literatentums. Feudalen- und Scholaren-Ehre S. 417. — Das Gentleman-Ideal S. 420. — Ansehen der Beamten S. 422. — Wirtschaftspolitische Ansichten S. 424. — Politische Gegner des Literatentums: der Sultanismus und die Eunuchen S. 426.

In China bestimmte seit zwölf Jahrhunderten, weit mehr als der Besitz, die durch Bildung, insbesondere: durch Prüfung, festgestellte Amtsqualifikation den sozialen Rang. China war das Land, welches am exklusivsten, noch weit exklusiver als die Humanistenzeit Europas oder als zuletzt Deutschland, die literarische Bildung zum Maßstab sozialer Schätzung gemacht hatte. Schon im Zeitalter der Teilstaaten reichte die literarisch — das hieß zunächst nur: durch Schriftkenntnis — vorgebildete Amtsanwärterschicht, als Träger der Fortschritte zur rationalen Verwaltung und aller »Intelligenz«, durch die sämtlichen Teilgebilde hindurch und bildete — wie das Brahmanentum in Indien — den entscheidenden Ausdruck der Einheitlichkeit der chinesischen Kultur. Solche Gebiete (auch: Enklaven) welche nicht nach dem Muster der orthodoxen Staatsidee von literarisch geschulten Beamten verwaltet wurden, galten der Staatstheorie als heterodox und barbarisch, ganz ebenso wie die nicht von Brahmanen reglementierten Stammesgebiete innerhalb des Gebietsbereichs des Hinduismus diesem, oder wie die nicht als Polis organisierten Landschaften dem Hellenen dafür galten. Diese zunehmende bureaukratische Struktur der politischen Gebilde und seiner Träger hat auch den Charakter der ganzen literarischen Ueberlieferung geprägt.

Die — mit Unterbrechungen und unter oft heftigen Kämpfen, aber doch stets erneut und stets zunehmend — herrschende Schicht in China sind und waren, endgültig seit reichlich zweitausend Jahren, die Literaten. Sie, und nur sie, redete, 1496 nach der Annalistik zum erstenmal, der Kaiser mit »meine Herren« an [1]). Es ist nun von unermeßlicher Wichtigkeit für die Art der Entwicklung der chinesischen Kultur gewesen, daß diese führende Intellektuellenschicht niemals den Charakter der Kleriker des Christentums oder Islam, auch nicht der jüdischen Rabbinen, auch nicht der indischen Brahmanen oder der altägyptischen Priester oder der ägyptischen oder indischen Schreiber gehabt hat. Sondern daß sie herausgewachsen ist zwar aus ritueller Schulung, doch aber aus einer vornehmen Laienbildung. Die »Literaten« des Feudalzeitalters, damals offiziell: puo tsche, »lebendige Bibliotheken«, genannt, waren zwar vor allem Kenner des Rituals. Aber im Gegensatz zu Indien waren sie weder aus Priesteradelsgeschlechtern (wie die Rischi-Sippen des Rigveda) noch aus einer Zauberergilde (wie, wahrscheinlich, die Brahmanen des Atharva-Veda) hervorgegangen, sondern, wenigstens dem Schwerpunkt nach, Abkömmlinge, meist wohl jüngere Söhne, feudaler Familien, welche sich literarische Bildung, vor allem: Schriftkunde, angeeignet hatten und deren soziale Stellung auf dieser Schrift- und Literaturkunde beruhte. Die Schriftkunde konnte sich — wenn auch bei dem chinesischen Schriftsystem nur schwer — auch ein Plebejer aneignen, und dann nahm er an dem Prestige des Schriftgelehrtentums teil: es ist schon in der Feudalzeit die Literatenschicht kein erblicher Stand und nicht exklusiv gewesen, im Gegensatz zu den Brahmanen. Im Gegensatz zur wedischen Bildung, welche bis tief in historische Zeiten auf der Ueberlieferung von Mund zu Mund beruhte und die schriftliche Fixierung der Tradition, wie alle zunftmäßige Kunst von Berufsmagiern dies zu tun pflegt, geradezu perhorreszierte, reicht die Schriftlichkeit der Ritualbücher, des Kalenders und der Annalistik in China in vorgeschichtliche Zeiten zurück [2]). Schon der ältesten Ueberlieferung galten die alten

[1]) Yu tsiuan tung kian kang mu, Gesch. der Ming von Kaiser Khian Lung, h. a. (p. 417).

[2]) Dies bestreitet zwar eine so bedeutende Autorität wie v. Rosthorn, The Burning of the Books (im Journal of the Peking Oriental Society, Vol. IV, Peking 1898, p. 1 ff.). Er glaubt an mündliche Ueberlieferung der heiligen Texte bis in die Han-Zeit, also so wie sie im älteren Indien tatsächlich ausschließlich

Schriften als magische Objekte [1]) und die Schriftkundigen als Träger magischen Charismas. Und, wie wir sehen werden, ist dies so geblieben. Aber nicht das Charisma magischer Zauberkraft, sondern die Schrift- und Literaturkenntnis als solche, daneben ursprünglich vielleicht astrologische Kenntnisse, machten ihr Prestige aus. Nicht ihnen oblag es, durch Zauber Privaten zu helfen, etwa: Kranke zu heilen, wie den Magiern. Sondern dafür gab es, wie später zu erwähnen, gesonderte Berufe. Die Bedeutung der Magie war zwar selbstverständliche Voraussetzung hier wie überall. Aber, soweit dabei Interessen der Gemeinschaft in Frage kamen, lag die Beeinflussung der Geister in den Händen der Vertreter der Gemeinschaft: für die politische Gemeinschaft des Kaisers als Oberpontifex und der Fürsten, für die Familie des Sippenhaupts und Hausvaters. Die Beeinflussung des Gemeinschaftsschicksals, vor allem: der Ernte, erfolgte eben seit sehr alter Zeit durch rationale Mittel: die Wasserregulierung, und daher war die richtige »Ordnung« der Verwaltung von jeher das grundlegende Mittel der Beeinflussung auch der Geisterwelt. Neben Schriftkunde als Mittel der Kenntnis der Tradition war Kalender- und Sternenkunde zur Ermittlung des himmlischen Willens, vor allem: der dies fasti und nefasti nötig, und es scheint, daß die Stellung der Literaten jedenfalls a u c h aus der Hofastrologenwürde heraus sich entwickelt

---

herrschte. Dem Außenstehenden kommt kein Urteil zu, und es darf vielleicht nur das gesagt werden: daß wenigstens die Annalistik nicht auf mündlicher Ueberlieferung beruhen kann und, wie die Nachrechnung der Sonnenfinsternisse ergibt, bis ins 2. Jahrtausend zurückgeht. Ebensowenig würde damit — w e n n man nämlich diese Ansicht des hervorragenden Kenners ü b e r die rituelle (und doch wohl: die in poetische Form gebrachte) Literatur hinaus erstrecken würde — sehr vieles, was sonst über die Archive der Fürsten und die Bedeutung der Schrift und der Schriftlichkeit des Verkehrs der Literaten (nach der üblichen Annahme: zuverlässig) berichtet ist, vereinbar sein. Indessen können hier natürlich nur die sinologischen Fachleute das letzte Wort sprechen und eine »Kritik« seitens eines Nichtfachmanns wäre eine Anmaßlichkeit. Das Prinzip der strikt m ü n d l i c h e n Tradition hat fast überall nur für charismatische Offenbarung und charismatische Kommentierung dieser gegolten, nicht für Poesie und Didaktik. Das sehr hohe Alter der Schrift als solcher tritt nicht nur in ihrer bildhaften Form, sondern auch in ihrer Anordnung hervor: die senkrechten, durch Linien geteilten Kolumnen wiesen noch spät auf den Ursprung aus nebeneinandergelegten gekerbten B a m b u s stock-Scheiben zurück. Die ältesten »Kontrakte« waren Bambuskerbhölzer oder Knotenschnüre; — die Ausfertigung j e d e s Kontrakts und aller Akten in je 2 Exemplaren gilt wohl mit Recht als Rest davon (Conrady).

[1]) Dies erklärt auch die Stereotypierung der Schrift in einem entwicklungsgeschichtlich so überaus frühen Stadium und wirkt also noch heute nach.

hat [1]). Diese rituell (und ursprünglich wohl auch horoskopisch) wichtige Ordnung zu erkennen und darnach die berufenen politischen Gewalten zu beraten war das, was die Schriftkundigen und nur sie vermochten. Eine Anekdote der Annalen [2]) zeigt in plastischer Art die Konsequenzen. Im Feudalstaate der Wei konkurrieren ein bewährter General (U Ki, der angebliche Verfasser des bis heute maßgebenden Leitfadens der rituell richtigen Strategie) und ein Literat um die Stellung als erster Minister. Nachdem der letztere ernannt ist, entsteht zwischen beiden ein heftiger Disput. Der Literat gibt bereitwillig zu: daß er seinerseits weder Kriege zu führen noch ähnliche politische Aufgaben so wie der General zu bewältigen vermöge, bemerkt jedoch dem General, der daraufhin sich für den Qualifizierteren erklärt: es drohe der Dynastie eine Revolution, — worauf der General ohne weiteres zugibt, daß zu deren Verhütung nicht er, sondern der Literat der Geeignetere sei. Für die richtige innere Ordnung der Verwaltung und für die charismatisch richtige Lebensführung des Fürsten —, rituell und politisch, — war eben der schriftkundige Kenner der alten Tradition der allein Kompetente. Im schärfsten Gegensatz zu den wesentlich außenpolitisch interessierten jüdischen Propheten waren also die chinesischen rituell geschulten Literaten-Politiker primär an den Problemen der inneren Verwaltung orientiert, mochten diese auch — wie wir früher sahen — vom Standpunkt ihrer Fürsten aus durchaus im Dienst der Machtpolitik stehen und mochten sie selbst auch, als fürstliche Korrespondenzführer und Kanzler, tief in die Leitung der Diplomatie hineingezogen werden.

Diese stete Orientierung an den Problemen der »richtigen« Staatsverwaltung bedingte einen weitgehenden praktisch-politischen Rationalismus der Intellektuellenschicht des Feudalzeitalters. Im Gegensatz gegen den strengen Traditionalismus der späteren Zeit zeigen uns die Annalen die Literaten gelegentlich als kühne politische Neuerer [3]). Grenzenlos war ihr Bildungs-

[1]) Chavannes, Journ. of the Peking Or. Soc. III, 1, 1890, p. IV, übersetzt Tai sche ling mit »Großastrologe« statt, wie meist geschieht, mit »Hofannalist«. Die spätere, namentlich aber die neuere Zeit, kennt jedoch die Repräsentanten der Literatenbildung als scharfe Gegner der Astrologen. S. später.

[2]) Bei Tschepe, Hist. du R. de Han; Var. Sinol. 31. Schanghai 1910, p. 48.

[3]) Als im 4. Jahrhundert die Vertreter der feudalen Ordnung, voran die an ihr interessierten fürstlichen Sippen, gegen die beabsichtigte Bureaukrati-

stolz [1]) und weitgehend — wenigstens nach der Aufmachung der Annalistik — die Deferenz der Fürsten [2]). Entscheidend für die Eigenart der Literatenschicht war nun ihre intime Beziehung zum Dienst bei patrimonialen Fürsten. Von Anbeginn unserer Kunde an bestand diese. Der Ursprung des Literatentums ist für uns in Dunkel gehüllt. Anscheinend waren sie die chinesischen Auguren und es ist für ihre Stellung der pontifikale, cäsaropapistische Charakter der kaiserlichen Gewalt und der daraus folgende Charakter der Literatur: offizielle Annalen, magisch bewährte Kriegs- und Opfergesänge, Kalender, Ritual- und Zeremonialbücher, das entscheidende Moment gewesen. Sie stützten mit ihrer Wissenschaft jenen kirchlichen Anstaltscharakter des Staats und gingen von ihm als der gegebenen Voraussetzung aus. Sie schufen in ihrer Literatur den »Amts«-Begriff, vor allem das Ethos der »Amtspflicht« und des »öffentlichen Wohls« [3]). Sie sind, wenn der Annalistik einigermaßen getraut werden darf, von Anfang an Gegner des Feudalismus und Anhänger der amtsmäßigen Anstaltsorganisation des Staats gewesen. Ganz begreiflich: weil von ihrem Interessenstandpunkt aus nur der (durch literarische Bildung) persönlich Qualifizierte verwalten sollte [4]). Andererseits nahmen sie für sich in Anspruch,

---

sierung im Tsin-Staate einwenden: »durch Erziehung, nicht durch Aenderung der Verwaltung hätten die Alten das Volk gebessert« (durchaus im Einklang mit den späteren Theorien der konfuzianischen Orthodoxie), bemerkt der neue Literaten-Minister Yang höchst unkonfuzianisch: »der gewöhnliche Mensch lebt nach der Tradition; die höheren Geister aber schaffen sie und für das Außeralltägliche geben die Riten keine Anweisung; das Wohl des Volks ist das höchste Gesetz«, und der Fürst tritt ihm bei (s. die Stellen bei Tschepe Hist. du R. de Tsin, a. a. O. p. 118). Es ist recht wahrscheinlich, daß die konfuzianische Orthodoxie bei der Prägung und Purifikation der Annalistik diese Züge zugunsten des später als korrekt geltenden Traditionalismus sehr stark hinwegretouchiert hat. Andererseits sind natürlich die nachstehend referierten Berichte über die den alten Literaten gezollte erstaunliche Ehrerbietung nicht alle einfach für bare Münze zu nehmen!

[1]) Obwohl der Erbprinz von Wei vom Wagen steigt, erhielt er von dem Hofliteraten des Königs, einem Parvenü, auf mehrfach wiederholten Gruß keine Erwiderung. Auf die Frage: »ob die Reichen oder die Armen stolz sein dürften«, erwidert dieser: »die Armen« und motiviert dies damit, daß er jeden Tag bei einem anderen Hof Verwendung finden könne (Tschepe, Hist. du R. de Han a. a. O. p. 43). Darüber, daß der Bruder des Fürsten ihm für den Posten als Minister vorgezogen wird, gerät (s. ebenda) ein Literat in größte Wut.

[2]) Der Fürst von Wei hört den Vortrag des Hofliteraten, eines Schülers des Konfuzius, nur stehend an (a. a. O., vorige Anmerkung).

[3]) S. die Aeußerungen bei Tschepe, H. du R. de Tsin, p. 77.

[4]) Die Erblichkeit der Ministerwürde gilt den Literaten als rituell verwerflich (Tschepe a. a. O. p. 77). Als der Fürst von Tschao seinen Minister beauftragt,

den Fürsten den Weg der militärischen Eigenregie: — eigene Waffenfabrikation und Festungsbau — gewiesen zu haben, als Mittel: »Herr ihrer Länder« zu werden [1]).

Diese im Kampf des Fürsten mit den feudalen Gewalten entstandene feste Beziehung zum Fürstendienst scheidet die chinesische Literatenschicht sowohl von der althellenischen wie von der altindischen (Kschatriya-)Laienbildung und nähert sie den Brahmanen an, von denen sie sich jedoch durch ihre rituelle Unterordnung unter den cäsaropapistischen Pontifex einerseits, durch das damit und mit der Schriftbildung eng zusammenhängende Fehlen der Kastengliederung andererseits stark unterscheiden. Die Art der Beziehung zum eigentlichen Amt freilich hat gewechselt. In der Zeit der Feudalstaaten konkurrierten die verschiedenen Höfe um die Dienste der Literaten und sie suchten die Gelegenheit, Macht und — nicht zu vergessen — Erwerb [2]) zu finden, da, wo sie am günstigsten war. Es bildete sich eine ganze Schicht vagierender »Sophisten« (tsche-sche), den fahrenden Rittern und Gelehrten des Mittelalters im Okzident vergleichbar. Und es fanden sich auch — wie wir sehen werden — prinzipiell amtsfrei bleibende Literaten. Dieser freibewegliche Literatenstand war damals der Träger philosophischer Schulbildungen und Gegensätze, wie in Indien, im hellenischen Altertum und bei den Mönchen und Gelehrten des Mittelalters. Dennoch fühlte sich der Literatenstand als solcher als Einheit, sowohl in seiner Standesehre [3]) wie als einziger Träger der einheitlichen chinesischen Kultur. Und für den Stand als Ganzes blieb eben die Beziehung zum Fürstendienst als der normalen oder mindestens normalerweise erstrebten Erwerbsquelle und Betätigungsgelegenheit das ihn von den Philosophen der Antike und wenigstens der Laienbildung Indiens (deren Schwerpunkte außerhalb des Amtes lagen) Unterscheidende. Konfuzius wie

---

geeignetes Land als Lehen für mehrere verdiente Literaten ausfindig zu machen, erklärt er auf dreimalige Mahnung dreimal, er habe noch immer keines gefunden das ihrer würdig sei. Darauf endlich versteht der Fürst und macht sie zu Beamten (Tschepe, H. du R. de Han, p. 54/5).

[1]) S. die Stelle über die betr. Frage des Königs von U bei Tschepe, Hist. du R. de U. Var. Sinol. 10, Schanghai 1891.

[2]) Daß auch dies der Zweck war, verstand sich von selbst, wie die Annalen erkennen lassen.

[3]) Als eine Konkubine eines Fürsten über einen Literaten lacht, streiken seine sämtlichen Literaten, bis sie hingerichtet wird (Tschepe, Hist. du R. de Han, p. 128).

Laotse waren Beamte, ehe sie amtlos als Lehrer und Schriftsteller lebten, und wir werden sehen, daß diese Beziehung zum staatlichen (»kirchenstaatlichen«) Amt für die Art der Geistigkeit dieser Schicht grundlegend wichtig blieb. Vor allem: daß diese Orientierung immer wichtiger und ausschließlicher wurde. Im Einheitsstaat hörten die Chancen der Konkurrenz der Fürsten um die Literaten auf. Jetzt konkurrierten umgekehrt diese und ihre Schüler um die vorhandenen Aemter und es konnte nicht ausbleiben, daß dies die Entwicklung einer einheitlichen, dieser Situation angepaßten, orthodoxen Doktrin zur Folge hatte. Sie wurde: der Konfuzianismus. Und mit der wachsenden Verpfründung des chinesischen Staatswesens hörte daher die anfänglich so freie Bewegung des Geistes der Literatenschicht auf. Diese Entwicklung war in jener Zeit schon in vollem Gange, als die Annalistik und die meisten systematischen Schriften der Literaten entstanden und als die von Schi Hoang Ti ausgerotteten heiligen Bücher »wiedergefunden« [1]) wurden und nun, revidiert, retouchiert und kommentiert von den Literaten, kanonische Geltung erlangten.

Daß diese Gesamtentwicklung mit der Befriedung des Reichs eingetreten oder vielmehr: in ihre Konsequenzen getrieben ist, ergibt die Annalistik klar. Ueberall ist Krieg die Angelegenheit der Jugend gewesen und der Satz: »sexagenarios de ponte« war eine gegen den »Senat« gerichtete Kriegerparole. Die Literaten aber waren die »Alten« oder: vertraten sie. Daß er gesündigt habe, indem er auf die »Jungen« (die Krieger) gehört habe, nicht auf die »Alten«, die zwar keine Kraft, aber Erfahrung haben, wird als paradigmatisches öffentliches Bekenntnis des Fürsten Mu Kong (von Tsin) in der Annalistik überliefert [2]). In der Tat: das war der entscheidende Punkt bei der Wendung zum Pazifismus und — dadurch — Traditionalismus: an die Stelle des Charisma trat: die Tradition.

Die klassischen, mit dem Namen des im Jahre 478 v. Chr. verstorbenen Kung tse: Konfuzius, als Redaktor verknüpften Schriften lassen in ihren ältesten Teilen noch die Zustände der charismatischen Kriegskönige erkennen. Die Heldenlieder des

---

[1]) Der Vorgang erinnert an die »Auffindung« des heiligen Gesetzes unter Josiah bei den Juden. Der gleichzeitig lebende große Annalist Se ma tsien erwähnt ihn nicht.

[2]) Tschepe S. J., Hist. du R. de Tsin, Var. Sinol. 27, p. 53.

Hymnenbuches (Schi-king) singen wie die hellenischen und indischen Epen von wagenkämpfenden Königen. Aber in ihrem Gesamtcharakter sind sie schon nicht mehr, wie die homerischen und germanischen Epen, Verkünder individuellen oder überhaupt rein menschlichen Heldentums. Das Heer der Könige hatte schon zur Zeit der jetzigen Redaktion des Schi-king nichts mehr von Gefolgschafts- oder homerischer Aventiuren-Romantik, sondern besaß schon den Charakter einer bureaukratisierten Armee mit Disziplin und, vor allem, mit »Offizieren«. Und — was für den Geist entscheidend ist — die Könige siegen schon im Schi-king nicht, weil sie die größeren Helden sind, sondern weil sie vor dem Himmelsgeist sich moralisch im Recht befinden und ihre charismatischen Tugenden die überlegenen, die Feinde aber gottlose Verbrecher sind, welche sich am Wohle ihrer Untertanen durch Bedrückung und Verletzung der alten Sitten versündigt haben und so ihr Charisma verwirkten. Zu moralisierenden Betrachtungen hierüber weit mehr als zu heldenhafter Siegesfreude gibt der Sieg Veranlassung. Im Gegensatz zu den heiligen Schriften fast aller anderen Ethiken fällt ferner sofort das Fehlen jeder irgendwie »anstößigen« Aeußerung, jedes auch nur denkbarerweise »unschicklichen« Bildes auf. Hier hat offensichtlich eine ganz systematische Purifikation stattgefunden und diese dürfte wohl die spezifische Leistung des Konfuzius sein. Die pragmatische Umprägung der alten Ueberlieferung in der Annalistik, wie sie die amtliche Historiographie und die Literaten produzierten, ging über die im Alten Testament, etwa im »Buch der Richter«, vorgenommene priesterliche Paradigmatik offenbar hinaus. Die Chronik, deren Verfasserschaft besonders ausdrücklich dem Konfuzius selbst zugeschrieben wird, enthält die denkbar dürrste und sachlichste Aufzählung von Kriegszügen und Rebellenbestrafungen, in dieser Hinsicht vergleichbar etwa den assyrischen Keilschriftprotokollen. Wenn Konfuzius wirklich die Meinung ausgesprochen haben sollte: man werde sein Wesen aus diesem Werke besonders deutlich erkennen — wie die Ueberlieferung sagt —, dann müßte man wohl der Ansicht derjenigen (chinesischen und europäischen) Gelehrten zustimmen, welche dies dahin verstehen: eben diese systematische pragmatische Korrektur der Tatsachen unter dem Gesichtspunkt der »Schicklichkeit«, welche sie dargestellt haben muß (für die Zeitgenossen — denn für uns ist der pragmatische Sinn meist undurchsichtig geworden[1]) —), sei das Charakteristische gewesen. Fürsten und Minister der Klassiker handeln und reden als Paradigmata von Regenten, deren ethisches Verhalten der Himmel belohnt. Das Beamtentum und sein Avancement nach Verdienst ist Gegenstand der Verklärung. Es herrscht zwar noch Erblichkeit der Fürstentümer und zum Teil auch der lokalen Aemter als Lehen, aber mindestens für die letzteren wurde dies System von den Klassikern skeptisch betrachtet und galt letztlich als nur provisorisch. Und zwar in der Theorie auch einschließlich der Erblichkeit der Kaiserwürde selbst. Die idealen legendären Kaiser (Yau und Schun) designieren ihre Nachfolger (Schun und Yü) ohne Rücksicht auf Abkunft aus dem Kreise ihrer Minister und über den Kopf ihrer eigenen Söhne lediglich nach ihrem, von den höchsten Hofbeamten bescheinigten, persönlichen Charisma, und ebenso alle ihre Minister, und erst der dritte von ihnen, Yü, designiert nicht seinen ersten Minister (Y), sondern seinen Sohn (Ki).

Eigentliche Heldengesinnung sucht man in den meisten klassischen Schriften (ganz im Gegensatz zu den alten echten Dokumenten und Monumenten) vergebens. Die überlieferte Ansicht des Konfuzius geht dahin: daß Vorsicht der bessere Teil der Tapferkeit sei und ein unangebrachtes Einsetzen seines eigenen Lebens dem Weisen nicht zieme. Die tiefe Befriedung des Landes zumal seit der Mongolenherrschaft hat diese Stimmung sehr gesteigert. Das Reich wurde nunmehr ein Reich des Friedens. »Gerechte« Kriege gab es in seinen Grenzen, da es ja als Einheit galt, nach Mencius überhaupt nicht. Die Armee war im Verhältnis zu seinem Umfang schließlich geradezu winzig geworden. Daß die Kaiser nach Loslösung der Literatenschulung vom Zusammenhang mit der ritterlichen Bildung neben den literarischen Staatsprüfungen auch sportliche und literarische Wettkämpfe um Militärdiplome[2]) beibehielten — deren Erlangung übrigens seit langem mit der wirklichen Militärkarriere in fast keinem

[1]) Einzelne Verschweigungen (z. B. der Angriff des Staates U gegen seinen eigenen Staat Lu) stehen fest. Aber im übrigen ist angesichts der Dürftigkeit ernstlich die Frage aufgeworfen worden, ob nicht vielmehr der große, stark moralisierende Kommentar zu jenen Annalen als sein Werk zu gelten habe.

[2]) Die Kaiserin-Regentin vermerkte noch 1900 den Antrag eines Zensors auf Abschaffung sehr ungnädig. Vgl. die Reskripte über die »orthodoxe Armee« (vom 10. 1. 99), über die »Besichtigung« während des japanischen Krieges (vom 21. 12. 94), über die Bedeutung der Militärgrade (vom 1. und 10. 11. 98 und aus älterer Zeit z. B. vom 23. 5. 78) in der Peking Gazette.

Zusammenhang mehr stand [1]) —, hatte daran nichts geändert, daß der Militärstand ebenso verachtet blieb wie in England seit zwei Jahrhunderten, und daß ein literarisch Gebildeter mit Offizieren nicht auf gleichem Fuß verkehrte [2]).

Der Mandarinenstand, aus deren Mitte sich alle Klassen der chinesischen Zivilbeamten rekrutierten, war in der Zeit der Einheitsmonarchie eine Schicht diplomierter Pfründenanwärter geworden, deren Amtsqualifikation und Rang nach der Zahl der bestandenen Prüfungen sich richtete. Diese Prüfungen gliederten sich in drei Hauptstufen [3]), welche jedoch zufolge der Zwischen-, Wiederholungs- und Vorprüfungen, sowie der zahlreichen Sonderbedingungen um ein vielfaches vermehrt wurden: es gab allein zehn Arten von Prüflingen ersten Grades. »Wieviel Examina er bestanden habe?«, war die Frage, welche an einen Fremden, dessen Rang unbekannt war, gestellt zu werden pflegte. Nicht: wieviele Ahnen man hatte, bestimmte also — trotz des Ahnenkults — den sozialen Rang. Vielmehr genau umgekehrt: vom eigenen amtlichen Rang hing es ab, ob man einen Ahnentempel

---

[1]) S. über die Praxis: Etienne Zi S. J., Pratique des Examens Militaires en Chine (Variétés Sinologiques Heft 9). Prüfungsgegenstände waren Bogenschießen, gewisse gymnastische Kraftproben und früher die Herstellung einer Dissertation, seit 1807 aber die Niederschrift eines Abschnitts von 100 Buchstaben aus dem U-King (Kriegstheorie), angeblich aus der Zeit der Tschou-Dynastie. Sehr viele Offiziere erwarben keine Grade, die Mandschus waren davon überhaupt befreit.

[2]) Ein kaiserliches Reskript (Peking Gazette vom 17. 9. 94) bemerkt mit Bezug auf eine Beschwerde gegen einen aus dem Offizierstand wegen militärischer Verdienste in die Zivillaufbahn übernommenen Taotai (Präfekten), obwohl dessen Verhalten in der fraglichen Angelegenheit sachlich einwandfrei gefunden wird, dennoch: er habe seine »rauhen Soldatenmanieren« in der Art und Weise seines Betragens gezeigt, »und wir müssen uns fragen, ob er die kultivierten Manieren besitzt, welche bei jemandem von seinem Rang und Stellung unumgänglich erscheinen müssen«. Es wird daher empfohlen, daß er wieder eine Militärstellung übernehmen möge. — Die Abschaffung des uralten Bogenschießens und anderer sehr alter Sports als Bestandteile der »militärischen« Ausbildung war durch das in seinen Anfängen wohl noch an das »Männerhaus« anknüpfende Ritual fast unmöglich gemacht. Auf dies bezieht sich denn auch die Kaiserin bei ihrer Ablehnung der Reformanträge.

[3]) Von den französischen Autoren wird seng yuen, siu tsai meist mit »Baccalaureat«, kiu jin mit »Lizenziatur«, tien se mit »Doktorat« bezeichnet. Der unterste Grad gab nur den besten Prüflingen das Anrecht auf ein Studienstipendium. Diese stipendierten Bakkalaureen hießen lin scheng (»Magazinpfründner«), die vom Direktor ausgelesenen und nach Peking geschickten pao kong, die aus ihnen zur Studienanstalt zugelassenen yu kong, dagegen die durch Kauf in den Besitz des Bakkalaureen-Grades gelangten kien scheng.

(oder, wie die Illiteraten, nur eine Ahnentafel) haben und wieviel Ahnen darin erwähnt werden d u r f t e n[1]). Selbst der Rang eines Stadtgottes im Pantheon hing von dem Rang des Mandarinen der Stadt ab.

Der konfuzianischen Zeit (6./5. Jahrh. n. Chr.) war diese Möglichkeit des Aufstiegs zu Beamtenstellen und vollends das Prüfungswesen noch unbekannt. Die »großen Familien« waren, wie es scheint, in den Feudalstaaten zum mindesten in aller Regel im Besitz der Macht. Erst die Han-Dynastie, — selbst durch einen Parvenü begründet, — stellte den Grundsatz der Verleihung der Aemter nach der Tüchtigkeit auf. Und erst die Tang-Dynastie schuf (690 n. Chr.) das Reglement für die Prüfung höchsten Grades. Es darf — wie schon gesagt — als höchstwahrscheinlich gelten, daß die literarische Bildung, vielleicht von Einzelausnahmen abgesehen, zunächst faktisch und vielleicht auch rechtlich ebenso Monopol der »großen Familien« blieb, wie die vedische Bildung in Indien. Reste davon bestanden bis zuletzt. Die Kaisersippe war zwar nicht von allen Prüfungen, wohl aber von der Prüfung ersten Grades entbunden. Und die Bürgen, welche jeder Prüfungskandidat zu stellen hatte, mußten bis zuletzt auch seine Abstammung aus »guter Familie« bezeugen (was in der Neuzeit nur den Ausschluß der Abkömmlinge von Barbieren, Bütteln, Musikern, Hausdienern, Trägern usw. bedeutete). Aber daneben bestand das Institut der »Mandarinatskandidaten«: Abkömmlinge von Mandarinen genossen bei der Kontingentierung der Maximalzahl der Prüflinge der Provinzen eine Sonder- und Vorzugsstellung. Die Promotionslisten brauchten die offizielle Formel »aus einer Mandarinenfamilie und aus dem Volk«. Die Söhne verdienter Beamter hatten den untersten Grad als Ehrentitel: alles Reste älterer Zustände.

Wirklich voll durchgeführt seit Ende des 7. Jahrhunderts, war das Prüfungswesen eines der Mittel, durch welche der Patrimonialherrscher die Bildung eines ihm gegenüber geschlossenen Standes, der das Recht auf die Amtspfründen nach Art der Lehensleute und Ministerialen monopolisiert hätte, zu hindern wußte. Seine ersten Spuren s c h e i n e n sich in dem später

---

[1]) Die charismatischen Qualitäten des Nachkommen bildeten eben einen Beweis für diejenigen seiner Sippe, also der Vorfahren. Schi Hoang Ti hatte s. Z. diese Sitte abgeschafft, da der Sohn nicht über den Vater richten solle. Aber fast jeder neue Dynastiegründer hat seitdem Ränge an seine Ahnen verliehen.

alleinherrschend gewordenen Teilstaat Tsin etwa in der Zeit des Konfuzius (und Huang Kong) zu finden: wesentlich nach militärischer Tüchtigkeit bestimmte sich die Auslese. Indessen schon das Li Ki und Tschou Li [1]) verlangen ganz rationalistisch: daß die Bezirkschefs ihre Unterbeamten periodisch auf ihre Moral hin prüfen, um sie danach dem Kaiser zum Avancement vorzuschlagen. Im Einheitsstaat der Han begann der Pazifismus die Richtung der Auslese zu bestimmen. Die Macht des Literatenstandes konsolidierte sich ganz gewaltig, seit es ihm (21 n. Chr.) gelungen war, gegen den populären »Usurpator« Wang mang den korrekten Kuang wu auf den Thron zu erheben und zu erhalten. In den später zu besprechenden wütenden Pfründenkämpfen der Folgezeit schloß er sich ständisch zusammen.

Nachdem die noch heut vom Glanz: der eigentliche Schöpfer von Chinas Größe und Kultur gewesen zu sein, umstrahlte Tang-Dynastie die Stellung der Literaten erstmalig reglementiert und Kollegien für die Ausbildung eingerichtet (7. Jahrhundert), auch das Han lin yüan, die sog. »Akademie«, zunächst zur Redaktion der Annalen für die Gewinnung von Präzedenzien, und an deren Hand: Kontrolle der Korrektheit des Kaisers, geschaffen hatte, wurden nach den Mongolenstürmen durch die nationale Ming-Dynastie im 14. Jahrhundert die, im wesentlichen, abschließenden Statuten erlassen [2]). In jedem Dorf sollte auf je 25 Familien eine Schule gegründet werden. Da sie nicht subventioniert wurde, blieb dies toter Buchstabe, — oder vielmehr: wir sahen früher, welche Gewalten sich der Schule bemächtigten. Beamte wählten die besten Schüler aus und nahmen sie in bestimmter Zahl in die — in der Hauptsache verfallenen, zum Teil neu entstandenen — Kollegien auf. 1382 wurden für diese »Studenten« Reisrente-Pfründen ausgeworfen, 1393 ihre Zahl bestimmt. Seit 1370 sollten nur Examinierte Amtsanwartschaft haben. Sofort setzte der Kampf der Regionen, besonders von Nord und Süd, ein. Der Süden lieferte schon damals gebildetere, weil aus der umfassenderen Umwelt stammende, Examensanwärter; aber der Norden war militärisch der Grundstein des Reichs. Der Kaiser griff also ein und bestrafte (!) Examinatoren, die einen Südländer als »Primus« placiert hatten. Es entstanden

---

[1]) Beiläufig: ein ziemlich sicheres Sympton für dessen Jugend!

[2]) Vgl. hierzu: Biot, Essai sur l'histoire de l'instruction publique en Chine et de la corporation des Lettrés, Paris 1847 (noch immer nützlich).

gesonderte Listen für Nord und Süd. Aber es entstand ferner auch sofort: der Kampf um die Amtspatronage. Schon 1387 wurden besondere Examina für Offiziers-Söhne bewilligt. Die Offiziere und Beamten gingen aber weiter und verlangten die Befugnis der Nachfolgerdesignation (also: die Re-Feudalisierung). 1393 wurde dies konzediert, aber schließlich doch nur in der Form: daß die Präsentaten den Vorzug bei Aufnahme in die Kollegien haben und Pfründen für sie reserviert werden sollten: 1465 für drei Söhne, 1482 für einen Sohn. Einkauf in die Kollegien (1453) und Aemter (1454) trat im 15. Jahrhundert bei militärischem Geldbedarf, wie stets, auf, wurde 1492 abgeschafft, 1529 wieder eingeführt. Ebenso kämpften die Ressorts. Das Ressort der Riten examinierte (seit 736), das Ressort der Aemter aber stellte an. Boykott der Examinierten durch letzteres und Examensstreiks durch ersteres als Antwort waren nicht ganz selten. Formal war der Ritenminister, material der Aemterminister (Hausmeier) zuletzt der mächtigste Mann in China. Es kamen nun Kaufleute in die Aemter, von denen man sich — sehr zu Unrecht natürlich — erhoffte, daß sie minder »geizig« sein würden [1]). Die Mandschus begünstigten die alten Traditionen, damit die Literaten und — soweit möglich — die »Reinheit« der Aemterbesetzung. Aber nach wie vor bestanden nebeneinander die drei Wege: 1. kaiserliche Gnade für die Söhne der »Fürsten«-Familien (Examensprivilegien), — 2. leichte Prüfung (alle 3—6 Jahre offiziell) für die Unterbeamten durch die höheren mit Patronage dieser, wobei dann das Aufrücken auch in die höheren Stellen unvermeidlich stets neu eintrat, — 3. effektive reine Examensqualifikation: der einzige legale Weg.

Seine vom Kaiser ihm zugedachten Funktionen hat das Prüfungswesen in der Hauptsache wirklich erfüllt. Die gelegentlich (1372) dem Kaiser — man kann denken: von woher — als Konsequenz des orthodoxen Tugendcharismas suggerierte Konsequenz: daß man das Examen abschaffen müsse, da nur die Tugend legitimiere und qualifiziere, wurde schnell wieder verlassen. Ganz begreiflich: beide Teile — Kaiser und Graduierte — fanden schließlich doch ihren Vorteil dabei oder glaubten dies doch. Vom Standpunkt des Kaisers aus entsprach das Examen durchaus der Rolle, welche das Mjestnitschestwo des russischen Despotismus — ein im übrigen technisch hetero-

[1]) Klagen bei Ma Tuan Lin, übers. bei Biot p. 481.

genes Mittel — für Rußlands Adel gespielt hat. Es hat tatsächlich durch den Konkurrenzkampf der Pfründensuchenden um die Aemter, welcher jeden Zusammenschluß zu einem Amtsadel feudalen Charakters ausschloß, und durch die Offenhaltung des Zutritts zum Pfründenanwärterstand für jedermann, der die Bildungsqualifikation nachwies, seinen Zweck durchaus erfüllt.

Uns interessiert jetzt die Stellung dieses Bildungswesens innerhalb der großen Typen der Erziehung. Eine soziologische Typologie der pädagogischen Zwecke und Mittel kann freilich hier nicht im Vorbeigehen gegeben werden. Einige Bemerkungen darüber sind aber vielleicht am Platze.

Die beiden äußersten historischen Gegenpole auf dem Gebiete der Erziehungs *zwecke* sind: Erweckung von Charisma (Heldenqualitäten oder magischen Gaben) einerseits, — Vermittlung von spezialistischer Fachschulung andererseits. Der erste Typus entspricht der charismatischen, der letzte der *rational*-bureaukratischen (modernen) Struktur der Herrschaft. Beide stehen nicht beziehungs- und übergangslos einander gegenüber. Auch der Kriegsheld oder Magier bedurfte der Fachschulung. Auch dem Fachbeamten pflegt nicht nur Wissen angeschult zu werden. Aber sie sind Gegenpole. Zwischen diesen radikalsten Gegensätzen stehen alle jene Erziehungstypen mitten inne, welche eine bestimmte Art einer, sei es weltlichen oder geistlichen, in jedem Falle aber: einer ständischen, *Lebensführung* dem Zögling *ankultivieren* wollen.

Die charismatische Zucht der alten magischen Askese und die Heldenproben, welche Zauberer und Kriegshelden mit dem Knaben vornahmen, wollten dem Novizen zu einer im animistischen Sinne »neuen Seele«: zu einer Wiedergeburt also, verhelfen; in unserer Sprache ausgedrückt: eine Fähigkeit, die als rein persönliche Gnadengabe galt, nur *wecken* und erproben. Denn ein Charisma kann man nicht lehren oder anerziehen. Es ist im Keim da oder wird durch ein magisches Wiedergeburtswunder eingeflößt, — sonst ist es unerreichbar. Die Facherziehung will die Zöglinge zu praktischer Brauchbarkeit für Verwaltungszwecke: — im Betrieb einer Behörde, eines Kontors, einer Werkstatt, eines wissenschaftlichen oder industriellen Laboratoriums, eines disziplinierten Heeres, — *abrichten*. Das kann man, sei es auch in verschiedenem Grade, prinzipiell mit einem jeden vornehmen. Die Kultivationspädagogik schließlich will einen, je nach dem Kulturideal der maßgebenden Schicht verschieden gearteten, »Kulturmenschen«, das heißt hier: einen Menschen von bestimmter innerer und äußerer Lebensführung, e r z i e h e n. Auch das kann, prinzipiell, mit jedem geschehen. Nur das Ziel ist verschieden. Ist eine ständisch abgesonderte Kriegerschicht der ausschlaggebende Stand, — wie in Japan —, so wird die Erziehung einen die Federfuchserei, wie der japanische Samurai es tat, verachtenden höfisch stilisierten Ritter, im Einzelfalle sehr verschiedenen Gepräges, — ist es eine Priesterschicht, so wird sie einen Schriftgelehrten oder doch einen Intellektuellen, ebenfalls sehr verschiedenen Gepräges, aus dem Zögling zu machen trachten. Die zahlreichen Kombinationen und Zwischenglieder — denn in Wahrheit kommt keiner dieser Typen jemals rein vor — können bei dieser Gelegenheit nicht erörtert werden. Hier kommt es auf die Stellung der chinesischen Erziehung innerhalb dieser Formen an. Die Reste der urwüchsig charismatischen Wiedergeburts-Erziehung; der Milchname, die (früher kurz erörterte) Jünglingsweihe, der Namenswechsel des Bräutigams usw. waren längst zur Formel (nach Art unserer Konfirmation) geworden neben der von der politischen Gewalt monopolisierten Prüfung der Bildungsqualifikation. Diese aber war, wenn man auf die Bildungsmittel sieht, eine »Kultur«-Qualifikation im Sinne einer allgemeinen Bildung, von einer ähnlichen, aber noch spezifischeren Art, als etwa die überkommene okzidentale h u m a n i s t i s c h e Bildungsqualifikation, welche bei uns, bis vor kurzem fast ausschließlich, den Eintritt in die Laufbahn zu den mit Befehlsgewalt in der bürgerlichen und militärischen Verwaltung ausgerüsteten Aemtern vermittelte und die dazu heranzuschulenden Zöglinge zugleich auch als s o z i a l zum Stande der »Gebildeten« gehörig abstempelte. Nur ist bei uns — darin liegt der sehr wichtige Unterschied des Okzidents gegen China — neben und zum Teil an Stelle dieser ständischen Bildungsqualifikation die rationale F a c h abrichtung getreten.

Die chinesischen Prüfungen stellten nicht, wie die modernen, rational bureaukratischen Prüfungsordnungen unserer Juristen, Mediziner, Techniker usw., eine Fachqualifikation fest. Andererseits aber auch nicht den Besitz eines Charisma, wie die typischen Erprobungen der Magier und Männerbünde. Wir werden freilich bald sehen, welcher Einschränkungen dieser Satz bedarf. Immerhin galt er wenigstens für die Technik der Prüfungen.

Diese ermittelten den Besitz literarischer Durchkultivierung und der daraus folgenden, dem vornehmen Manne angemessenen Denkweise. Dies war in weit spezifischerem Grade als bei unseren humanistischen Gymnasien der Fall, deren Zweck man heute meist praktisch: durch die formale Schulung an der Antike, rechtfertigt. Soweit die bei den Prüfungen den Schülern gestellten Aufgaben schließen lassen, hatten diese auf den Unterstufen [1]) etwa den Charakter von Aufsatzthemen in einer Prima eines deutschen Gymnasiums oder, vielleicht noch richtiger, der Selekta einer höheren deutschen Töchterschule. Alle Stufen sollten Proben der Schreibkunst, der Stilistik, der Beherrschung der klassischen Schriften [2]), endlich aber — ähnlich etwa wie bei uns im Religions-, Geschichts- und deutschen Unterricht — Proben einer einigermaßen vorschriftsmäßigen Gesinnung [3]) sein. Der einerseits rein weltliche, andererseits aber an die feste Norm der orthodox interpretierten Klassiker gebundene und höchst exklusiv literarische, buchmäßige, Charakter dieser Bildung war dabei das für unsere Zusammenhänge Entscheidende.

In Indien, im Judentum, Christentum und Islam war der literarische Charakter der Bildung Folge davon, daß sie ganz in die Hände der literarisch gebildeten Brahmanen und Rabbinen oder der berufsmäßig literarisch geschulten Geistlichen und Mönche von Buchreligionen geraten war. Der hellenische vornehme Gebildete dagegen war und blieb in erster Linie Ephebe und Hoplit, solange die Bildung hellenisch — und nicht »hellenistisch« — war. Mit jener Wirkung, die in nichts deutlicher als etwa in der Konversation des Symposion hervortritt: daß sein Sokrates im Felde nie, nach unserer studentischen Terminologie, »gekniffen« hat, ist Platon ersichtlich reichlich so wichtig wie alles andere, was er den Alkibiades sagen läßt. Im Mittelalter gab die ritterlich-militärische und dann die renaissancemäßig-vornehme Salonbildung ein ganz entsprechendes, nur sozial anders

---

[1]) Themata für diese führt Williams an. Vgl. Zi a. a. O.

[2]) Dies namentlich bei den Prüfungen der Mittel-(»Lizentiaten«-)Stufe wo das Thema der Dissertation oft (vgl. das Beispiel bei Zi a. a. O. p. 144) eine gelehrte, literarhistorische und philologische Analyse des betreffenden klassischen Textes forderte.

[3]) Dies namentlich bei der höchsten (»Doktorats«-) Stufe, für welche oft der Kaiser persönlich die Themata stellte und die Klassierung der Absolventen vornahm. Administrative Opportunitätsfragen, mit Vorliebe anknüpfend an eine der »sechs Fragen« des Kaisers Tang (Biot S. 209 Anm. 1), waren dabei übliche Themata (s. ein solches bei Zi a. a. O. p. 209 Anm. 1).

geartetes, Gegengewicht gegen die buchmäßige, priesterlich und mönchisch vermittelte Bildung, während im Judentum und in China ein solches Gegengewicht teils ganz, teils so gut wie ganz fehlte. Hymnen, epische Erzählungen, rituelle und Zeremonialkasuistik waren in Indien wie in China der sachliche Gehalt der literarischen Bildungsmittel. In Indien aber unterbaut durch die kosmogonischen und religionsphilosophischen Spekulationen, derengleichen bei den Klassikern und rezipierten Kommentaren in China zwar nicht gänzlich fehlte, letztlich aber doch offenbar seit jeher nur eine sehr nebensächliche Rolle spielte. Statt dessen hatten die chinesischen Autoren rationale sozialethische Systeme entwickelt. Die chinesische Bildungsschicht war eben nie ein autonomer Gelehrtenstand, wie die Brahmanen, sondern eine Schicht von Beamten und Amtsanwärtern.

Die chinesische höhere Bildung hatte nicht immer ihren heutigen Charakter gehabt. Die öffentlichen Lehranstalten (Pan kung) der Feudalfürsten vermittelten, neben Kenntnis der Riten und der Literatur: Tanz- und Waffenkunst. Erst die Befriedung des Reichs im patrimonialen Einheitsstaat und endgültig das reine Amtsprüfungswesen wandelten jene der althellenischen wesentlich näher stehende Erziehung in die bis in dies Jahrhundert bestehende um.

Die mittelalterliche Erziehung, wie sie auch das maßgebliche orthodoxe Siao-Hio: »Jugendlehre«, wiedergibt, legte noch erhebliches Gewicht auf Tanz und Musik. Zwar der alte Kriegstanz scheint nur noch in Rudimenten vorhanden, aber im übrigen lernten die Kinder je nach der Altersstufe bestimmte Tänze. Als Zweck wird Bändigung der bösen Leidenschaften hingestellt: wenn ein Kind bei der Erziehung nicht gut tut, soll man es tanzen und singen lassen. Musik bessert den Menschen, Riten und Musik sind die Grundlage der Selbstbeherrschung [1]). Die magische Bedeutung der Musik war dabei das Primäre: Richtige Musik — d. h. die nach den alten Regeln und streng im alten Maß verwendete Musik — hält die Geister im Zaum« [2]). — Bogenschießen und Wagenlenken galt noch im Mittelalter als allgemeiner Erziehungsgegenstand vornehmer Kinder [3]). Aber wesentlich war

---

[1]) Siao Hio ed. de Harlez, V, 11, I, 29. 40. Vgl. das Zitat aus Tschu Tse p. 46 das. Ueber die Frage der Altersstufen I, 13.

[2]) A. a. O. I, 25, ferner 2. Einleitung Nr. 5 f.

[3]) Auch dafür existierten literarische Vorschriften.

das nur noch Theorie. Die Durchmusterung der Jugendlehre zeigt, daß die häusliche Erziehung — seit dem 7. Lebensjahre streng nach Geschlechtern getrennt — im wesentlichen in der Einprägung eines über alle okzidentalen Begriffe gehenden Zeremoniells, speziell der Pietät und Ehrfurcht gegen die Eltern und alle Vorgesetzten und älteren Personen überhaupt bestand und im übrigen fast nur Regeln der Selbstbeherrschung darbot.

Neben diese häusliche trat nun die Schulerziehung, für welche in jedem Hsien eine Volksschule vorhanden sein sollte. Die höhere Bildung setzte das Bestehen der ersten Zulassungsprüfung voraus.

Vor allem blieb also dieser chinesischen (höheren) Bildung zweierlei eigentümlich. Zunächst: daß sie ebenso, wie anderwärts alle priesterlich geschaffene Bildung, ganz unmilitärisch und rein literarisch war. Dann aber, daß der in wörtlichem Sinne literarische: s c h r i f t mäßige Charakter hier ins Extrem gesteigert wurde. Dies scheint zum Teil eine Folge der Eigentümlichkeit der chinesischen Schrift und der aus ihr erwachsenen literarischen Kunst [1]). Da die Schrift in ihrem bildhaften Charakter verharrte und nicht zu einer Buchstabenschrift, wie sie die Handelsvölker des Mittelmeeres geschaffen haben, rationalisiert wurde, so wendete sich das literarische Produkt an Auge und Ohr zugleich und an das erstere wesentlich mehr als an das letztere. Jedes »Vorlesen« der klassischen Schriften war schon eine Uebersetzung aus dem Schriftbild in das (nicht geschriebene) Wort, denn der anschauliche Charakter zumal der alten Schrift stand dem Gesprochenen dem inneren Wesen nach fern. Die monosyllabische Sprache, welche nicht nur das Laut-, sondern auch das Tongehör in Anspruch nimmt, steht, in ihrer nüchternen Knappheit und ihrem Zwang syntaktischer Logik, im äußersten Gegensatz zu jenem rein anschaulichen Charakter der Schrift. Aber trotz oder vielmehr — wie Grube geistvoll darlegt — zum Teil wegen ihrer, der Struktur nach, stark rationalen Qualitäten hat sie weder der Dichtung noch dem systematischen Denken noch der Entfaltung der rednerischen Kunst die Dienste leisten können, welche der hellenische, lateinische, französische, deutsche und russische Sprachbau, jeder in anderer Art, dar-

---

[1]) Es bedarf kaum der Bemerkung, daß das hier über die Sprache und Schrift Gesagte durchaus n u r wiedergibt, was so hervorragende Sinologen wie namentlich der verstorbene W. Grube den Nichtkenner lehren, und n i c h t etwa eigenen Studien entstammt.

geboten hat. Der Schriftzeichenschatz blieb weit reicher als der unvermeidlich fest begrenzte Wortsilbenschatz, und aus der dürftigen formelhaften Verstandesmäßigkeit dieses flüchteten sich daher alle Phantasie und aller Schwung in die stille Schönheit jenes zurück. Die übliche Dichtungs s p r a c h e galt der Schrift gegenüber als im Grunde subaltern, nicht das Sprechen, sondern das Schreiben und das die Kunstprodukte des Schreibens rezipierende Lesen als das eigentlich künstlerisch Gewertete und des Gentleman Würdige. Das Reden blieb eigentlich eine Sache des Pöbels. Im schärfsten Gegensatz gegen das Hellenentum, dem die Konversation alles, die Uebertragung in den Stil des Dialoges die adäquate Formung jedes Erlebten und Erschauten war, verharrten gerade die feinsten, weit über der charakteristischerweise gerade in der Mongolenzeit blühenden Dramatik gewerteten, Blüten der literarischen Kultur gewissermaßen taubstumm in ihrer seidenen Pracht. Von den namhaften Sozialphilosophen hat Meng Tse (Mencius) sich der Dialogform systematisch bedient. Eben deshalb erscheint er uns leicht als der einzige zu voller »Klarheit« gediehene Repräsentant des Konfuzianismus. Die sehr starke Wirkung der (von Legge) sog. »konfuzianischen Analekten« auf uns beruht ebenfalls darauf, daß die Lehre hier (wie übrigens gelegentlich auch sonst) in die Form von (teilweise wohl authentischen) sentenziösen Antworten des Meisters auf Fragen der Schüler gekleidet, also, für uns, in die S p r a c h form transponiert ist. Im übrigen enthält die epische Literatur die oft in ihrer lapidaren Wucht höchst eindrucksvollen Anreden der alten Kriegskönige an das Heer und besteht ein Teil der didaktischen Annalistik aus Reden, deren Charakter jedoch eher pontifikalen »Allokutionen« entspricht. Sonst spielt die Rede in der offiziellen Literatur keine Rolle. Ihre Unentwickeltheit wurde, wie wir gleich sehen werden, durch soziale und politische Gründe mitbedingt. Einerseits blieb so trotz der logischen Qualitäten der Sprache das Denken weit stärker im Anschaulichen stecken und erschloß sich die Gewalt des Logos, des Definierens und Räsonierens, dem Chinesen nicht. Andererseits löste diese reine Schriftbildung den Gedanken n o c h stärker von der Geste, der Ausdrucksbewegung, als dies der literarische Charakter einer Bildung ohnedies zu tun pflegt. Zwei Jahre lang lernte der Schüler etwa 2000 Schriftzeichen lediglich malen, e h e er in ihren Sinn eingeführt wurde. Weiterhin bildete der Stil, die Verskunst und die Bibelfestigkeit in den Klassikern, endlich die zum Ausdruck gebrachte Gesinnung des Prüflings, den Gegenstand der Aufmerksamkeit.

Sehr auffällig tritt in der chinesischen Bildung, selbst der Volksschulbildung, das Fehlen einer Schulung im Rechnen hervor. Und zwar obwohl im 6. Jahrhundert v. Chr., also in der Periode der Teilstaaten, der Positionsgedanke entwickelt war[1]), die »Rechenhaftigkeit« im Verkehr alle Schichten der Bevölkerung durchdrungen hatte und die Abrechnungen der Verwaltungsstellen ebenso minutiös wie — aus den früher erwähnten Gründen — unübersichtlich waren. Die mittelalterliche Jugendlehre (Siao Hio I, 29) zählt zwar unter den sechs »Künsten« auch das Rechnen auf und zur Zeit der Teilstaaten gab es eine Mathematik, welche angeblich neben Regeldetri und kaufmännischem Rechnen auch Trigonometrie einschloß. Angeblich sei diese Literatur bei der Bücherverbrennung Schi Hoang Ti's bis auf Trümmer verloren gegangen[2]). Jedenfalls ist von der Rechenkunst weiterhin in der Erziehungslehre nirgends mehr auch nur die Rede[3]).

Innerhalb der Erziehung des vornehmen Mandarinentums trat die Schulung im Rechnen im Lauf der Geschichte immer mehr zurück und verschwand schließlich ganz: die gebildeten Kaufleute lernten es erst im Kontor. Der Mandarin war seit der Reichseinheit und der Erschlaffung der Rationalisierungstendenz in der Staatsverwaltung ein vornehmer Literat, nicht aber ein Mann, der sich mit der »σχολή« des Rechnens befaßte.

Der weltliche Charakter dieser Bildung stand im Gegensatz gegen andere, ihr sonst verwandte, Erziehungssysteme literarischen Gepräges. Die literarischen Prüfungen waren rein politische Angelegenheit. Der Unterricht erfolgte teils durch private Einzellehre, teils in gestifteten Kollegien mit Lehrkörpern. Doch kein Priester war an ihm beteiligt. Die christlichen Universitäten des Mittelalters entstanden, als eine rationale, weltliche und kirchliche, Rechtslehre und eine rationale (dialektische) Theologie für praktische und für ideelle Zwecke

---

[1]) J. Edkins, Local Value in Chines. Arithmetical notation, Journ. of the Peking Oriental Society I Nr. 4, p. 161 f. Der chinesische abacus verwendete den (dezimalen) Positionswert. Das verschollene ältere Positionssystem scheint babylonischen Ursprungs zu sein.

[2]) de Harlez, Siao Hio, p. 42 Anm. 3.

[3]) Auch Timkovski, Reise durch China (1820/1), deutsch von Schmid (Leipzig 1825), hebt das hervor.

Bedürfnis wurden. Die Universitäten des Islam trieben nach dem Muster der spätrömischen Rechtsschulen und der christlichen Theologie Kasuistik des heiligen Rechts und der Glaubenslehre, die Rabbinen Gesetzesauslegung, die Philosophenschulen der Brahmanen spekulative Philosophie, Ritual und heiliges Recht. Stets bildeten geistliche Standespersonen oder Theologen entweder überhaupt allein den Lehrkörper oder doch dessen Grundstock, an den sich die in den Händen weltlicher Lehrer befindlichen anderen Fächer angliederten. Im Christentum, Islam, Hinduismus waren Pfründen die Ziele, um derenwillen das Bildungspatent erstrebt wurde. Außerdem natürlich die Qualifikationen zu ritueller oder seelsorgerischer Tätigkeit. Bei den »gratis«arbeitenden alten jüdischen Lehrern (Vorläufern der Rabbinen) n u r die Qualifikation zum religiös unentbehrlichen Unterricht der Laien im Gesetz.

Stets aber war die Bildung dabei durch heilige oder kultische Schriften gebunden. Nur die hellenischen Philosophenschulen pflegten eine reine Laienbildung ohne alle Schriftgebundenheit, ohne alle direkten Pfründeninteressen und nur im Interesse der Erziehung hellenischer »Gentlemen« (Kaloikagathoi). Die chinesische Bildung diente Pfründeninteressen und war schriftgebunden, dabei aber reine Laienbildung teils rituell-zeremonialen, teils traditionalistisch-ethischen Gepräges. Weder Mathematik noch Naturwissenschaft, noch Geographie, noch Sprachlehre trieb die Schule. Die Philosophie selbst hatte weder spekulativ-systematischen Charakter, wie die hellenische und, teilweise und in anderem Sinne, die indische und die okzidental-theologische Schulung, noch rational-formalistischen, wie die okzidental-juristische, noch empirisch-kasuistischen, wie die rabbinische, die islamische und, teilweise, die indische. Sie gebar keine Scholastik, da sie nicht, wie der Okzident und vorderasiatische Orient, beide auf hellenistischer Basis, eine fachmäßige L o g i k betrieb. Dieser Begriff sogar blieb der rein an den praktischen Problemen und Standesinteressen der Patrimonialbureaukratie orientierten, schriftgebundenen und undialektischen chinesischen Philosophie schlechterdings fremd. Was es bedeutete, daß dieser Kernproblemkreis aller abendländischen Philosophie ihr unbekannt blieb, tritt in der Art der Denkformen der chinesischen Philosophen, Konfuzius an der Spitze, ungemein deutlich zutage. Bei größter praktischer Nüchternheit verharrten die geistigen Werkzeuge in einer Gestalt, die — gerade bei manchen wirklich geistvollen, dem Konfuzius zugeschriebenen Aussprüchen — in ihrer Gleichnishaftigkeit eher an die Ausdrucksmittel indianischer Häuptlinge als an eine rationale Argumentation erinnert. Das Fehlen des Gebrauchs der Rede als eines rationalen Mittels zur Erzielung politischer und forensischer Wirkungen, wie es historisch zuerst in der hellenischen Polis gepflegt wurde, wie es aber in einem bureaukratischen Patrimonialstaat mit nicht formalisierter Justiz gar nicht entwickelt werden konnte, machte sich darin fühlbar. Die chinesische Justiz blieb teils summarische Kabinettsjustiz (der hohen Beamten), teils Aktenjustiz. Es gab kein Plädoyer, sondern nur schriftliche Eingaben und mündliche Einvernahme der Beteiligten. In gleichem Sinn aber wirkte die Uebermacht der Gebundenheit an die konventionellen Schicklichkeitsinteressen der Bureaukratie, welche die Erörterung »letzter« spekulativer Probleme als praktisch unfruchtbar, unziemlich und für die eigene Position, wegen der Gefahr von Neuerungen, bedenklich ablehnte.

Wenn so die Technik und der sachliche Gehalt der Prüfungen rein weltlichen Charakter hatten und eine Art von »Literatenkultur-Examen« darstellten, so verband doch die volkstümliche Anschauung mit ihnen einen ganz anderen, magisch-charismatischen, Sinn. In den Augen der Massen war der chinesische, erfolgreich geprüfte Kandidat und Beamte keineswegs nur ein durch Kenntnisse qualifizierter Amtsanwärter, sondern ein erprobter Träger magischer Qualitäten, die — wie wir bald sehen werden — dem diplomierten Mandarin ebenso anhafteten wie dem geprüften und ordinierten Priester einer kirchlichen Gnadenanstalt oder dem zünftig erprobten Magier. Und auch die Stellung des mit Erfolg geprüften Kandidaten und Beamten entsprach in wichtigen Punkten derjenigen etwa eines katholischen Kaplans. Die Absolvierung des Unterrichts und der Prüfung bedeutete kein Ende der Unmündigkeit des Zöglings. Der zum »Baccalaureat« Geprüfte unterstand der Disziplin des Schuldirektors und der Examinatoren. Bei schlechter Führung wurde er aus den Listen gestrichen. Er erhielt unter Umständen Schläge in die Hand. Hatte dann der Amtsanwärter die Prüfungen der höheren Grade mit ihrer strengen Klausur glücklich passiert: — in den Klausurzellen der Prüfungslokalitäten waren schwere Erkrankungen, Todesfälle durch Selbstmorde nicht selten und galten, der charismatischen Auffassung der Prüfung als magischer »Erprobung« entsprechend, als Beweis sündhaften Lebenswandels des Betroffenen, — und rückte er dann, je nach der Rangnummer der bestandenen Prüfung und der Patronage, die er besaß, in ein Amt ein, so blieb er auch weiterhin sein Leben lang unter Schulkontrolle. Nicht nur unterstand er, außer der Gewalt seiner Vorgesetzten, der beständigen Aufsicht und Kritik der Zensoren: ihre Rüge erstreckt sich ja auch auf die rituelle Korrektheit des Himmelssohnes selbst. Und nicht nur war von jeher vorgeschrieben und nach Art der katholischen Sündenbeichte als Verdienst gewertet die Selbstanklage der Beamten [1]). Sondern periodisch, der Regel nach alle drei Jahre, sollte im Reichsanzeiger [2]) (wie wir sagen würden) seine durch die amtlichen Erhebungen der Zensoren und Vorgesetzten festgestellte Konduite veröffentlicht werden: das Verzeichnis seiner Verdienste und Fehler; und je nach dem Ausfall dieser öffentlichen Schulzensur wurde er in der Stelle belassen, hinauf oder auch hinab versetzt [3]). Daß für den Ausfall dieser Konduiten regelmäßig andere als nur sachliche Momente den Ausschlag gaben, ist eine Sache für sich. Hier kommt es auf den »Geist« an und dieser war der eines lebenslänglichen Pennalismus von Amts wegen.

Alle, auch die nur examinierten, nicht angestellten Literaten waren ständisch privilegiert. Die Literaten erfreuten sich nach Festigung ihrer Stellung bald spezifischer ständischer Privilegien. Die wichtigsten waren: 1. Freiheit von den »sordida munera«, den Fronden, — 2. Freiheit von der Prügel-

---

[1]) Eine solche Selbstanklage eines unachtsam gewesenen Grenzoffiziers (aus der Han-Periode, also lange vor der Einführung der Examina) s. in Nr. 567 der von E. de Chavannes herausgegebenen Dokumente Aurel Steins.

[2]) Die Anfänge der heutigen »Peking Gazette« gehen auf den zweiten Herrscher der Tang-Dynastie (618—907) zurück.

[3]) Tatsächlich finden sich in der »Peking Gazette«, besonders oft am Jahresschlusse, aber auch sonst massenhaft, teils unter Bezugnahme auf Berichte von Zensoren, teils der Vorgesetzten, Belobigungen und Beförderungen (oder die Inaussichtstellung solcher) für verdiente Beamten, Degradationen ungenügend qualifizierter zu andern Aemtern (»damit er Erfahrungen sammeln kann«, a. a. O. 31. 12. 97 und oft), Amtssuspensionen mit Stellung zur Disposition, Ausstoßungen ganz unbrauchbarer und auch die Feststellung, daß tüchtigen Leistungen eines Beamten Fehler gegenüberstehen, die er vor weiterer Beförderung zu bessern habe. Fast immer unter eingehender Begründung. Auch finden sich posthume Prügelstrafdekrete für (offenbar) posthum Degradierte. (Peking Gazette vom 26. 5. 95.)

strafe, — 3. Pfründen (Stipendien). Dies letztere Privileg ist durch die Finanzlage in seiner Tragweite längst ziemlich stark reduziert. Es bestanden zwar für Seng zum (»Baccalaureen«) noch Studienstipendien (10 $ jährlich) unter der Bedingung, alle 3—6 Jahre der Kiu jie-(»Lizentiaten«-)Prüfung sich zu unterziehen. Aber das bedeutete natürlich nichts Entscheidendes. Die Lasten der Ausbildung und: der Karenzzeiten fielen faktisch der Sippe anheim, wie wir sahen, — sie hoffte durch das schließliche Einlaufen ihres Mitgliedes in den Hafen des Amts auf ihre Kosten zu kommen. Die beiden andern waren noch bis zuletzt von Bedeutung. Denn Fronden kamen, wenn auch in sinkendem Ausmaß, immer noch vor. Prügel aber blieben die nationale Strafform. Sie entstammten ihrerseits der fürchterlichen Prügelpädagogik der chinesischen Volksschule, deren Eigenart in folgenden an unser Mittelalter erinnernden, aber doch offenbar noch extremer entwickelten, Zügen bestehen soll [1]: Die Väter (der Sippen oder Dörfer) stellten die »rote Karte« (Schülerliste, Kuan tan) zusammen, engagierten aus den stets in Ueberangebot vorhanden amtslosen Literaten den Schulmeister auf Zeit, der Ahnentempel (oder andere ungenutzte Räume) war der bevorzugte Schulraum; von früh bis spät ertönte das Unisono-Brüllen der geschriebenen »Linien«; der Schüler war den ganzen Tag in einem Zustande der »Verbiesterung« (das Zeichen dafür — meng — ist: ein Schwein im Kraut). Der Student und Graduierte erhielt noch »Tatzen« (in die Hand, nicht mehr: auf das — nach der Terminologie deutscher Mütter alten Schlages: — »gottgewollte Plätzchen«), die hoch Promovierten waren, solange sie nicht degradiert wurden, ganz frei davon. Die Fronfreiheit findet sich im Mittelalter als ganz feststehend. Immerhin, trotz (und: wegen) dieser Privilegien — die wie gesagt, prekär waren, weil sie durch die nicht seltene Degradation sofort entfielen — war auf diesem Boden: der Prüfungsdiplomierung als Standesqualifikation, der möglichen Degradation, der jugendlichen und der bei Degradierten noch im Alter möglichen und nicht ganz seltenen Prügel die Entwicklung feudaler Ehrbegriffe ausgeschlossen. Solche hatten einst, in der Vergangenheit, mit gewaltiger Intensität das Leben beherrscht.

»Offenheit« und »Loyalität« rühmte die alte Annalistik als

---

[1]) Vgl. dazu A. H. Smith, Village life in China (Edinburg 1899, p. 66 ff.).

Kardinaltugenden [1]). »Mit Ehre zu sterben« war die alte Parole. »Unglücklich sein und nicht zu sterben wissen ist feig.« So insbesondere ein Offizier, der nicht »bis zum Tode« kämpfte [2]). Selbstmord eines Generals, der eine Schlacht verloren hatte, war eine Tat, die er sich als Privileg rechnete: ihn ihm zu gestatten hieß: auf das Recht der Strafe verzichten und galt daher als nicht unbedenklich [3]). Durch die patriarchale Hiao-Vorstellung waren diese feudalen Begriffe abgewandelt worden: man soll Verleumdungen leiden und unter ihren Folgen in den Tod gehen, wenn es der Ehre des Herrn nutzt; man kann (und soll) überhaupt durch treuen Dienst alle Fehler des Herrn ausgleichen, und das war hiao. Der Kotau vor dem Vater, älteren Bruder, Gläubiger, Beamten, Kaiser war gewiß kein Symptom feudaler Ehre: vor einer Geliebten zu knien wäre dagegen für den korrekten Chinesen ganz perhorresziert gewesen. Alles umgekehrt wie bei Rittern und cortegiani im Okzident.

Die Ehre des Beamten behielt in starkem Maße einen Einschlag von durch Prüfungsleistungen und öffentliche Zensuren der Vorgesetzten geregelter Scholarenehre, auch wenn er die höchsten Prüfungen absolviert hatte. Ganz anders noch als dies für jede Bureaukratie (wenigstens auf den unteren Staffeln, und in Württemberg mit seinem berühmten »Note- I-Fischer«, auch in den höchsten Amtsstellungen) ebenfalls in gewissem Sinn galt.

Der eigentümliche Scholarengeist, den das Prüfungswesen züchtete, hing eng mit den Grundvoraussetzungen zusammen, von welchen die orthodoxe (und übrigens auch fast jede heterodoxe) chinesische Lehre ausging. Der Dualismus der Schen und Kwei, der guten und bösen Geister, der himmlischen Yang- gegenüber der irdischen Yin-Substanz auch innerhalb der Seele des einzelnen Menschen mußte es als einzige Aufgabe der Erziehung, auch der Selbsterziehung, erscheinen lassen: die Yang-

---

[1]) S. zum folgenden: Kun Yu (Discours des royaumes, Ann. Nat. des états Chin. de X au V s., ed. de Harlez, London 1895, p. 54. 75. 89. 159. 189 u. ö.).

[2]) Tschepe, Var. Sinol. 27 p. 38. Er bittet um Bestrafung. Aehnlich in den Dokumenten A. Steins (mehrfach oben zitiert, ed. Chavannes) Nr. 567.

[3]) Vgl. aber das Reskript in der Peking Gazette vom 10. 4. 95, wodurch den Offizieren, die nach der Uebergabe von Wei hai wei sich den Tod gaben, posthume Rangerhöhung zuteil wurde (offenbar weil sie die Schuld auf sich nahmen und so eine Kompromittierung des Charisma des Kaisers durch die Schand hinderten).

Substanz in der Seele des Menschen zur Entfaltung zu bringen [1]). Denn der Mensch, in welchem sie gänzlich die Oberhand über die dämonischen (Kwei-) Mächte, die in ihm ruhen, gewonnen hat, besitzt Macht — nach der alten Vorstellung: magische Macht — über die Geister. Die guten Geister aber sind diejenigen, welche Ordnung und Schönheit, die Harmonie der Welt, schützen. Die Selbstvervollkommnung zu einem Abbild dieser Harmonie ist daher das höchste und einzige Mittel, jene Macht zu erlangen. Der »Kiün-tse«, der »fürstliche Mensch«, einst: der »Held«, war der Literatenzeit der zu allseitiger Selbstvervollkommnung gelangte Mensch: ein »Kunstwerk« im Sinne eines klassischen, ewig gültigen, seelischen Schönheitskanons, wie ihn die überlieferte Literatur in die Seelen ihrer Schüler pflanzte. Daß andererseits die Geister die »Güte« im Sinn der sozialethischen Tüchtigkeit belohnen, war seit der Han-Zeit spätestens [2]) feststehender Glaube der Literaten. Güte, temperiert durch klassische (= kanonische) Schönheit, war daher das Ziel der Selbstvervollkommnung. Kanonisch vollendete schöne Leistungen waren, wie der letzte Maßstab der höchsten Prüfungsqualifikation, so die Sehnsucht jedes Scholaren. Ein vollkommener Literat, das heißt, ein (durch Erringung der höchsten Grade) »gekrönter Dichter« zu werden, war der Jugendehrgeiz Li Hung Tschangs' [3]): daß er ein Kalligraph von großer Meisterschaft ist, daß er die Klassiker, vor allem des Konfuzius »Frühling und Herbst« (die früher erwähnten, für unsere Begriffe unendlich dürftigen »Annalen«) wörtlich hersagen kann, blieb sein Stolz und war für seinen Oheim, nachdem er dies erprobt, Anlaß, ihm seine Jugenduntugenden zu verzeihen und ein Amt zu verschaffen. Alle anderen Kenntnisse (Algebra, Astronomie) galten ihm nur als unumgängliche Mittel, »ein großer Poet zu werden«. Die klassische Vollendung des Gedichts, welches er als Gebet im Tempel der Seidenbau-Schutzgöttin im Namen der Kaiserin-Witwe verfaßt hatte, erwarb ihm die Gunst der Herrscherin. Wortspiele, Euphuismen, Anspielungen auf klassische Zitate und eine feine, rein literarische Geistigkeit galt als

---

[1]) Indessen gab es wenigstens in einem Distrikt auch einen Tempel des Tai ki, der Urmaterie (Chaos), aus welchem sich die beiden Substanzen erst durch Teilung entwickelt haben sollten (Schih Luh Kuoh Kiang Yuh Tschi, übers. von Michels p. 39). S. schon oben.

[2]) Nach de Groot.

[3]) S. die auszugsweisen Uebersetzungen der Gräfin Hagen aus seinen Memoiren (Berlin 1915), p. 27, 29, 33.

Ideal der Konversation vornehmer Männer, von der alle aktuelle Politik ausgeschlossen blieb [1]). Daß diese sublimierte, klassisch gebundene »Salon«-Bildung zur Verwaltung großer Gebiete befähigen sollte, mag uns befremdlich erscheinen. Und in der Tat: mit bloßer Poesie verwaltete man auch in China nicht. Aber der chinesische Amtspfründner bewährte seine Standesqualifikation, sein Charisma, durch die kanonische Richtigkeit seiner literaturgerechten Formen, auf welche deshalb auch im amtlichen Verkehr bedeutendes Gewicht gelegt wurde. Zahlreiche wichtige Kundgebungen der Kaiser, als der Hohenpriester der literarischen Kunst, hatten die Form von Lehrgedichten. Und andererseits hatte der Beamte sein Charisma darin zu bewähren, daß seine Verwaltung »harmonisch«, d. h. ohne Störungen durch unruhige Geister der Natur oder der Menschen, ablief, mochte die wirkliche »Arbeit« auch auf den Schultern von Subalternen ruhen. Belohnend, strafend, scheltend, ermahnend, aufmunternd, belobend stand, sahen wir, über ihm der kaiserliche Pontifex, seine Literatenakademie und sein Zensorenkollegium, dies alles: vor aller Oeffentlichkeit.

Die ganze Verwaltung und die Laufbahn-Schicksale der Beamten mit ihren (angeblichen) Gründen, spielte sich infolge jener Drucklegung der »Personalakten« und der Publikation aller Berichte, Anträge und Gutachten vor der breitesten Oeffentlichkeit ab, weit mehr als irgendeine parlamentarisch kontrollierte Verwaltung bei uns, welche auf Wahrung des »Dienstgeheimnisses« das entschiedenste Gewicht legt. Wenigstens der offiziellen Fiktion nach war die amtliche Zeitung eine Art fortlaufender Rechenschaftsbericht des Kaisers vor dem Himmel und den Untertanen: der klassische Ausdruck jener besonderen Art von Verantwortlichkeit, welche aus seiner charismatischen Qualifikation folgte. Wie fragwürdig immer die Realität der offiziellen Begründung und die Vollständigkeit der Wiedergabe sein mochte, — was für die Mitteilungen unserer Bureaukratie an unsere Parlamente schließlich doch wohl ganz ebenso gilt, — so war dies Verfahren doch immerhin geeignet, dem Druck der öffentlichen Meinung gegen-

[1]) S. die formgewandten und geistreichen, wenngleich etwas reichlich seichten, für Europäer bestimmten Aufzeichnungen Tscheng Ki Tong's (China und die Chinesen, deutsch von A. Schultze, Dresden und Leipzig 1896), p. 158. Ueber chinesische Konversation manche durchaus mit dem Gesagten übereinstimmende Beobachtungen in dem »Reisetagebuch eines Philosophen« des Grafen Keyserling.

über der Amtsführung der Beamten ein ziemlich starkes und oft recht wirksames Ventil zu öffnen.

In China, wie überall, waren es vor allem die unteren, mit der Bevölkerung praktisch in die nächste Berührung gelangenden Stufen der Hierarchie, gegen die sich der allem Patrimonialismus gemeinsame Haß und das Mißtrauen der von ihnen Regierten und deren ebenfalls überall typische, apolitische Vermeidung jeder nicht unbedingt nötigen Berührung mit dem »Staat« wendete. Aber dieser Apolitismus tat der Bedeutung der offiziellen Bildung für die Prägung des Volkscharakters keinen Eintrag.

Die starken Ansprüche an die Ausbildungszeit, — zum Teil durch die Eigenart der chinesischen Schrift, zum Teil durch die des Lernstoffes bedingt, — und die oft sehr lange Wartezeit nötigten diejenigen, welche nicht aus eigenem oder geliehenem oder in der früher erwähnten Art von der Familie erspartem Vermögen leben konnten, vor Abschluß des Bildungsganges in praktische Berufe aller Art, vom Kaufmann bis zum Wunderdoktor, abzuspringen. Sie gelangten dann nicht bis zu den Klassikern selbst, sondern nur bis zum Studium des letzten (sechsten) Lehrbuchs, der durch Alter ehrwürdigen »Jugendlehre« (Siao Hioh) [1], welche wesentlich Extrakte aus Klassikern enthielt. Nur dieser Unterschied des Bildungs n i v e a u s , nicht aber der Bildungsa r t schied diese Kreise von der Bureaukratie. Denn eine andere Bildungsart als die klassische gab es nicht. Der Prozentsatz der durch das Examen fallenden Kandidaten war ganz außerordentlich groß. Der infolge der festen Kontingentierung [2]) prozentual geringe Bruchteil der in den höheren Graden Diplomierten übertraf dennoch an Zahl die verfügbaren Amtspfründen stets um ein Vielfaches. Um diese konkurrierten sie durch per-

---

[1]) Siao Hioh (übersetzt von de Harlez, Annales du Musée Guimet XV 1889) ist das Werk Tschu Hi's (12. Jahrh. n. Chr.), dessen wesentlichste Leistung die endgültige Kanonisierung des Konfuzianismus in der von ihm systematisierten Form war. (Ueber ihn: G a l l , Le Philosophe Tchou Hi, sa doctrine etc., Variétés sinologiques 6. Shanghai 1894.) Es ist wesentlich ein mit historischen Beispielen arbeitender populärer Kommentar zum Li Ki und war in China jedem Volksschüler geläufig.

[2]) Die Zahl der »Lizentiaten« war unter die Provinzen aufgeteilt. Wenn eine Notanleihe ausgeschrieben wurde, kam es vor — noch nach der Taiping-Revolution —, daß den Provinzen für die Aufbringung bestimmter Minimalsummen höhere Quoten zugesagt wurden. »Doktoranden« wurden bei jeder Prüfung nur zehn promoviert, deren drei erste besonders hohe Schätzung genossen.

sönliche Patronage [1]) oder durch eigenes oder entliehenes Kaufgeld: Pfründenverkauf fungierte hier wie in Europa als ein Mittel der Aufbringung von Kapital für Staatszwecke und ersetzte [2]) sehr oft die Prüfungsqualifikation. Die Proteste der Reformer gegen den Aemterverkauf haben, wie die zahlreichen Eingaben dieser Art in der Peking Gazette zeigen, bis in die letzten Tage des alten Systems gedauert.

Die kurze offizielle Amtsfrist der Beamten (drei Jahre) — ganz entsprechend ähnlichen islamischen Einrichtungen — ließ irgendeine intensive rationale Beeinflussung der Wirtschaft durch die staatliche Verwaltung als solche trotz deren theoretischer Allgewalt nur unstet und stoßweise aufkommen. Es ist erstaunlich, mit wie wenig fest angestellten Beamten die Verwaltung auskommen zu können glaubte. Die Ziffern allein schon ergeben zur Evidenz: daß in aller Regel der Gang der Dinge, soweit er nicht staatliche Macht- und Fiskalinteressen berührte, sich selbst überlassen gewesen sein muß und die Mächte der Tradition: Sippen, Dörfer, Gilden und andere Berufsverbände, die normalen Träger der Ordnung blieben. Dennoch und trotz des eben erwähnten starken Apolitismus der Massen war der Einfluß der Anschauungen der Amtsanwärterschicht auch auf die Art der Lebensführung der Mittelstandsschichten sehr bedeutend. Zunächst und vor allem infolge der volkstümlichen m a g i s c h-charismatischen Auffassung der durch die Prüfung erprobten Amtsqualifikation. Der Geprüfte hatte durch Leistung der Prüfung erwiesen, daß er in eminentem Maße Träger des »schen« sei. Hohe Mandarinen galten als magisch qualifiziert. Sie selbst konnten immer, — die

[1]) Die beherrschende Stellung dieser illustriert die Vergleichung zwischen der Provenienz der drei Höchstgraduierten und derjenigen der höchsten Mandarinen bei Zi a. a. O. App. II p. 221, Anm. 1. Abgesehen davon, daß von den 1646—1914 besetzten 748 hohen Beamtenstellen 398 mit Mandschus besetzt wurden, obwohl nur drei von diesen sich unter den Höchstgraduierten (die drei vom Kaiser als Erste placierten Tien sche) befanden, stellte die Provinz Honan 58 = $^1/_6$ aller hohen B e a m t e n, lediglich kraft der Machtstellung der Familie Tseng, während unter den Höchst g r a d u i e r t e n fast $^2/_3$ aus anderen an diesen Aemtern zusammen nur mit 30% beteiligten Provinzen stammten.

[2]) Zuerst durch die Ming-Kaiser 1453 systematisch. (Aber schon unter Schi Hoang Ti als Finanzmaßregel.) Der unterste Grad kostete ursprünglich 108 Piaster gleich dem kapitalisierten Wert der Studienpfründen, dann 60 Taëls; nach einer Ueberschwemmung des Hoangho wurde der Preis zur Erweiterung des Markts behufs ausgiebiger Geldbeschaffung auf 20—30 Taëls herabgesetzt. Seit 1693 wurden auch die Käufer des »Baccalaureats« zu den höheren Prüfungen zugelassen. Eine Taotai-Stellung kostete mit allen Nebenspesen etwa 40 000 Taëls.

»Bewährung« des Charisma vorbehalten, — nach dem Tode und schon bei Lebzeiten Gegenstand eines Kults werden. Die überall urwüchsige magische Bedeutung des Schreibwesens und der Urkunde gab ihren Siegeln und ihrer Handschrift apotropäische und therapeutische Bedeutung und dies konnte sich bis auf das Prüfungsgerät der Kandidaten erstrecken. Ein vom Kaiser als Erster placierter Prüfling des höchsten Grades galt als Ehre und Vorteil der Provinz [1]), aus der er stammte, und jeder, dessen Name nach bestandener Prüfung öffentlich angeschlagen wurde, der hatte »einen Namen im Dorf«. Alle Gilden und anderen Klubs von irgendwelcher Bedeutung bedurften eines Literaten als Sekretärs, und diese und ähnliche Stellen standen denjenigen Promovierten offen, für welche eine Amtspfründe nicht zur Verfügung stand. Die Amtsinhaber und geprüften Amtsanwärter waren kraft ihres magischen Charisma und ihrer Patronagebeziehungen, gerade soweit sie aus Kleinbürgerkreisen stammten, statt der in Indien die gleiche Rolle versehenden Brahmanen (»Gurus«), die naturgemäßen »Beichtväter« und Berater in allen wichtigen Angelegenheiten für ihre Sippen. Der Amtsinhaber war, wie wir ebenfalls schon sahen, neben dem Staatslieferanten und großen Händler, diejenige Persönlichkeit, welche am meisten Chancen hatte, Besitz zu akkumulieren. Oekonomisch wie persönlich war daher der Einfluß dieser Schicht auch außerhalb der eigenen Sippe, — innerhalb deren ja, wie früher betont, die Autorität des Alters ein starkes Gegengewicht bildete, — für die Bevölkerung annähernd so groß, wie im antiken Aegypten diejenige der Schreiber und Priester zusammengenommen. Ganz unabhängig von der »Würdigkeit« der im Volksdrama oft verspotteten *einzelnen* Beamten stand dies Prestige der literarischen Bildung *als solcher* doch bei der Bevölkerung felsenfest, so lange, bis es durch moderne, okzidental geschulte Mitglieder der eigenen Schicht untergraben wurde.

Der soziale Charakter der Bildungsschicht bestimmte nun auch ihre Stellungnahme zur Wirtschaftspolitik. Wie so viele andere typischen Züge patrimonial-bureaukratischer Gebilde theokratischer Prägung trug das Staatswesen seiner eigenen Legende nach schon seit Jahrtausenden den Charakter eines religiös-

[1]) Weshalb die Kaiser unter Umständen bei der Placierung darauf Rücksicht nahmen, ob der Kandidat einer Provinz angehörte, welche noch keinen an erster Stelle Placierten aufzuweisen hatte.

utilitarischen Wohlfahrtsstaates. Allerdings hatte die reale Staatspolitik die Wirtschaftsgebarung, wenigstens soweit Produktion und Erwerb in Betracht kam, in China ebenso wie im alten Orient, seit schon sehr langen Zeiten im wesentlichen — soweit nicht Neusiedelungen, Meliorationen (durch Bewässerung) und fiskalische oder militärische Interessen im Spiel waren — immer wieder sich selbst überlassen, aus den schon erörterten Gründen. Nur die militärischen und militärfiskalischen Interessen hatten immer aufs neue — wie wir sahen — leiturgische, monopolistische oder steuerlich bedingte, oft recht tiefe, Eingriffe in das Wirtschaftsleben: teils merkantilistische, teils ständische Reglementierung, hervorgerufen. Mit dem Ende des nationalen Militarismus fiel alle derartige planmäßige »Wirtschaftspolitik« dahin. Die Regierung, im Bewußtsein der Schwäche ihres Verwaltungsapparates, begnügte sich nun mit der Sorge für Vorflut und Unterhaltung der Wasserstraßen, welche für die Reisversorgung der führenden Provinzen unentbehrlich waren, im übrigen mit der typischen patrimonialen Teuerungs- und Konsumpolitik. Sie besaß keine Handelspolitik[1]) im modernen Sinne: die Zölle, welche die Mandarinen an den Wasserstraßen errichteten, hatten, soviel bekannt, nur fiskalischen, niemals wirtschaftspolitischen Charakter. Sie verfolgte auch sonst, im ganzen genommen, kaum andere als fiskalische und polizeiliche wirtschaftspolitische Interessen, wenn man von den — bei dem charismatischen Charakter der Herrschaft — stets politisch gefährlichen Notstandszeiten absieht. Der, soviel bekannt, großzügigste Versuch einer einheitlichen Wirtschaftsorganisation: das Staatshandelsmonopol für den ganzen Ernteertrag, wie es im 11. Jahrhundert durch Wang An Schi geplant wurde, sollte neben fiskalischen Gewinnen

---

[1]) Ein ganz gutes Beispiel chinesischer Kameralistik bildet Se Ma Tsien's Traktat (Nr. 8, Kap. XXX in Vol. III von Chavannes Ausgabe) von der Handelsbilanz (ping schoan), zugleich das älteste erhaltene Dokument chinesischer Nationalökonomie. Große Händlerprofite der Teilstaatenzeit, Degradierung der Kaufleute im Einheitsreich, Ausschluß von Aemtern, Gehälterfixierung und d a r n a c h Fixierung der Grundsteuer, Steuern auf Handel, Forst, Wasser (appropriiert von Großen), Frage der privaten Münzprägung, Gefahr der zu großen Bereicherung Privater (aber: bei Reichtum herrscht — ganz konfuzianisch — T u g e n d), Transportkosten, Titelkauf, Salz- und Eisenmonopole, Kaufmanns r e g i s t e r , Binnenzölle, Preisstabilisierungspolitik, Kampf gegen Submission an Staatslieferanten (direkte Submission an Handwerker) sind die (für unsre Vorstellung nicht zur »Handelsbilanz« gehörigen Gegenstände: i n n e r e Ruhe durch Stabilität, nicht: Außen-Bilanz ist eben der kameralistisch-finanzpolitische Gegenstand.

in erster Linie dem Preisausgleich dienen und war mit einer Bodensteuerreform verknüpft. Der Versuch mißlang. Wie die Wirtschaft daher in weitem Maße sich selbst überlassen blieb, so setzte sich auch die Abneigung gegen »Staatsintervention« in ökonomischen Dingen, vor allem gegen die dem Patrimonialismus überall als Fiskalmaßregel geläufigen Monopolprivilegien [1]) als eine dauernde Grundstimmung fest. Allerdings nur als eine neben ganz andern, aus der Ueberzeugung von der Abhängigkeit alles Wohlergehens der Untertanen von dem Charisma des Herrschers hervorgehenden Vorstellungen, die oft ziemlich unvermittelt daneben standen und die typische Vielregiererei des Patrimonialismus wenigstens als Gelegenheitserscheinung immer erneut erstehen ließen. Und ferner stets mit dem selbstverständlichen Vorbehalt der teuerungs- und nahrungspolitischen Reglementierung des Konsums, wie sie auch die Theorie des Konfuzianismus in zahlreichen Spezialnormen über Ausgaben aller Art kennt. Vor allem aber mit der jeder Bureaukratie selbstverständlichen Abneigung gegen zu schroffe, rein ökonomisch durch freien Tausch bedingte Differenzierung. Die zunehmende Stabilität der ökonomischen Zustände unter den Bedingungen des ökonomisch im wesentlichen autark gewordenen und sozial gleichartig gegliederten Weltreichs ließ ökonomische Probleme, wie sie die englische Literatur des 17. Jahrhunderts erörterte, gar nicht entstehen. Es fehlte durchaus jene selbstbewußte und politisch von der Regierung nicht zu ignorierende bürgerliche Schicht, an deren Interessen sich die »pamphlets« jener Zeit in England in erster Linie wendeten. Nur »statisch«: wo es der Erhaltung der Tradition und ihrer speziellen Privilegien galt, war die Haltung der Kaufmannsgilden für die Verwaltung eine ernsthaft in Rechnung zu stellende Größe, wie überall unter patrimonial-bureaukratischen Verhältnissen. Dynamisch dagegen fiel sie nicht ins Gewicht, weil expansive kapitalistische Interessen von hinlänglicher Stärke nicht (nicht mehr!) existierten, um, wie in England, die Staatsverwaltung in ihren Dienst zwingen zu können. —

Die politische Gesamtstellung der Literaten wird nur verständlich, wenn man sich gegenwärtig hält, gegen welche Mächte

---

[1]) Das bis 1892 bestehende Monopol der Ko Hong-Kaufleute auf den Handel in dem einzigen den Ausländern geöffneten Hafen von Kanton wurde zum Zweck der Unterbindung jeglichen Verkehrs der Barbaren mit den Chinesen geschaffen; die ungeheuren Gewinste, die es abwarf, machten die beteiligten Amtspfründner jeder freiwilligen Aenderung dieses Zustands abhold.

sie zu kämpfen hatten. Vorerst sehen wir von den Heterodoxien ab, von denen später (Nr. IV) die Rede sein wird. In der Frühzeit waren ihre Hauptgegner die »großen Familien« der Feudalzeit gewesen, die sich nicht aus ihrer Amtsmonopolstellung hatten drängen lassen wollen. Sie haben sich mit den Bedürfnissen des Patrimonialismus und der Ueberlegenheit der Schriftkunde abfinden müssen und haben Mittel und Wege gefunden, durch kaiserliche Gnade ihren Söhnen den Weg zu ebnen. Sodann: die kapitalistischen Amtskäufer: die natürliche Folge der ständischen Nivellierung und Geldwirtschaft in den Finanzen. Hier konnte der Kampf nicht dauernd und absolut, sondern nur relativ erfolgreich sein, weil jeder Kriegsbedarf als einziges Finanzierungsmittel der finanzlosen Zentralverwaltung Pfründenverschacherung darbot, auch bis in die jüngste Gegenwart. Sodann: die rationalistischen Interessen der Verwaltung am Fachbeamtentum. Schon 601 unter Wen ti hervorgetreten, feierten sie 1068 unter Wang An Schi in der Not der Verteidigungskriege einen kurzlebigen vollen Triumph. Aber die Tradition siegte abermals und nun endgültig. — Es blieb nur ein dauernder Hauptfeind: der Sultanismus und die ihn stützende Eunuchenwirtschaft [1]): der Einfluß des eben deshalb von den Konfuzianern mit tiefstem Mißtrauen angesehenen Harems. Ohne die Einsicht in diesen Kampf ist die chinesische Geschichte vielfach fast unverständlich.

Schon unter Schi Hoang Ti begann dieses zwei Jahrtausende dauernde Ringen und setzte sich dann unter allen Dynastien fort. Denn energische Herrscher versuchten natürlich stets erneut, mit Hilfe der Eunuchen und plebejischer Parvenus die Bindung an die ständisch vornehme Bildungsschicht der Literaten abzuschütteln. Zahlreiche Literaten, die gegen diese Form des Absolutismus auftraten, haben ihr Leben für die Macht ihres Standes lassen müssen. Aber auf die Dauer blieben die Literaten immer wieder siegreich [2]). Jede Dürre, Ueber-

---

[1]) Nicht nur die offiziellen Ming-Geschichten (nächste Anm.) sondern auch das Tschi li kuo kiang yu tschi (Hist. géogr. des XVI royaumes, ed. Michels, Paris 1891) ist davon voll. So: p. 7: für 1368 Ausschluß des Harems von Staatsgeschäften (auf Antrag der Hanlin-Akademie), 1498 Eingabe der Hanlin anläßlich des Palastbrandes und der (bei Unfällen typischen) Aufforderung, »frei zu sprechen«, gegen den Favorit-Eunuchen (s. nächste Anm.).

[2]) Zahlreiche Beispiele dieses Ringens z. B. im Yu tsiuan tung kian kang mu (Ming-Geschichte des Kaisers Kian Lung, ed. Delamarre). Nehmen wir das

schwemmung, Sonnenfinsternis, Niederlage und jedes auftretende und bedrohliche Ereignis überhaupt spielte ihnen sofort wieder die Macht in die Hände, da es als Folge des Bruches der Tradition und des Verlassens der klassischen Lebensführung angesehen wurde, deren Hüter die Literaten, vertreten durch Censoren und »Hanlin-Akademie«, waren. »Freie Aussprache« wurde in allen solchen Fällen gewährt, die Beratung des Thrones erbeten und der Erfolg war dann stets: Abstellung der unklassischen Regierungsform, Tötung oder Verbannung der Eunuchen, Zurückführung der Lebensform in die klassischen Schemata, kurz: Anpassung an die Literaten-Anforderungen. Die Gefahr der Haremswirtschaft war, infolge der Art der Thronfolge, recht groß: unmündiger Kaiser unter Weibervormundschaft waren zeitweise geradezu Regel geworden. Noch die letzte Kaiserin-Regentin: Tsu hsi, hat mit Eunuchen zu regieren gesucht [1]). Welche Rolle bei diesen durch die ganze chinesische Geschichte sich ziehenden Kämpfen die Taoisten und Buddhisten gespielt haben: — warum und inwieweit sie natürliche, inwieweit Konstellations-Koalierte der Eunuchen waren, — ist hier noch nicht zu erörtern. Mehr beiläufig sei bemerkt, daß auch die Astrologie wenigstens dem modernen Konfuzianismus als unklassische Superstition [2]) und Konkurrenz gegen die a l l e i n i g e Bedeutung des Tao-Charisma des Kaisers für den Gang der Regierung galt, was ursprünglich nicht der Fall war. Hier dürfte die Ressort-Kon-

---

15. Jahrhundert: p. 155 (1404): ein Eunuch an der Spitze der A r m e e (seitdem öfter, so 1428, p. 223), daher auch, 1409 (p. 168): Eindringen der Palastbeamten in die Verwaltung. 1443 (p. 254): ein Hanlin-Doktor verlangt Abschaffung der Kabinettsregierung und Fronerleichterung, vor allem Beratungen des Kaisers mit den L i t e r a t e n. Ein Eunuch tötet ihn. 1449 (p. 273): der Favorit-Eunuch wird auf Verlangen der Literaten getötet, — aber 1457 werden ihm T e m p e l errichtet. — 1471: Die Berater müssen durch den Eunuchen mit dem Kaiser verkehren (p. 374). (Genau das gleiche wird von Hiao Kong (361—328 v. Chr.) berichtet). 1472: Eunuchen als Geheimpolizisten (p. 273) — was 1481 auf Verlangen der Zensoren a b g e s c h a f f t wird (p. 289). 1488: Herstellung des alten Rituals. (So in zahlreichen Epochen). — Peinlich für die Literaten verlief die Absetzung eines Eunuchen 1418, bei dem man die Liste der ihn b e s t e c h e n d e n Literaten fand. Man setzte durch, daß diese sekretiert und für die Absetzung der Bestechenden ein anderer Vorwand gefunden wurde (eod. p. 422).

[1]) S. Bland and Backhouse, China unter der Kaiserin-Witwe. Deutsch von Rauch, Berlin 1812, und die berühmte Denkschrift Tao Mo's aus dem Jahr 1901 dagegen.

[2]) Als 1441 eine von den Astrologen angesagte Sonnenfinsternis n i c h t erfolgte, gratulierte die Ritualbehörde, — aber der Kaiser lehnte das ab.

kurrenz der Hanlin-Akademie gegen das Astrologenkollegium entscheidend mitgespielt haben [1], vielleicht auch die jesuitische Provenienz der astronomischen Meßinstrumente.

Nach der Ueberzeugung der Konfuzianer brachte das Zutrauen zur Magie, welches die Eunuchen pflegten, alles Unheil. In seiner Denkschrift vom Jahre 1901 wirft Tao Mo der Kaiserin vor, daß im Jahre 1875 durch ihre Schuld der wahre Thronerbe beseitigt sei, trotz Protestes der Zensoren, was der Zensor Wu Ko Tu ihr mit Selbstmord quittiert habe. Männliche Schönheit zeichnet diese hinterlassene Denkschrift an die Regentin und den Brief an seinen Sohn aus [2]. An der reinen und tiefen Ueberzeugung bleibt nicht der mindeste Zweifel. Auch der Glaube der Kaiserin und zahlreicher Prinzen an die magische Begnadung der Boxer, der ihre ganze Politik allein erklärt, war sicher Eunuchen-Einflüssen zuzuschreiben [3]. Auf dem Totenbett hat die immerhin imposante Frau als ihren Rat hinterlassen: 1. nie wieder ein Weib in China herrschen zu lassen, — 2. die Eunuchen-Wirtschaft für immer abzutun [4]. — Anders als sie — wenn der Bericht zutrifft — zweifellos gedacht, ging dies in Erfüllung. Aber man darf nicht im Zweifel sein: daß für den echten Konfuzianer alles seither Geschehene, vor allem: die »Revolution« und der Sturz der Dynastie, nur eine Bestätigung der Richtigkeit der Glaubens an die Bedeutung des Charisma klassischer Tugend der Dynastie bedeuten kann und im (unwahrscheinlichen aber möglichen) Fall einer konfuzianischen Restauration so verwertet werden würde.

Das konfuzianische, letztlich pazifistische, an innenpolitischer Wohlfahrt orientierte, Literatentum stand natürlich den militärischen Mächten ablehnend oder verständnislos gegenüber. Von der Beziehung zu den Offizieren wurde schon geredet. Die ganze Annalistik ist davon paradigmatisch erfüllt, sahen wir. Proteste dagegen, daß man »Prätorianer« zu Zensoren (und Beamten) mache, finden sich in der Annalistik [5]. Besonders da die Eunuchen als Favorit-Generäle

---

[1]) S. die (früher zitierte) Denkschrift der Hanlin-Akademie an die Regentinnen von 1878.

[2]) A. a. O. Kap. IX p. 130 f.

[3]) S. das Dekret der Kaiserin vom Februar 1901.

[4]) A. a. O. p. 457.

[5]) Z. B. Yu tsiuan tung kian kang mu des Kaisers Kian Lung (p. 167, 223) 1409

nach Art des Narses beliebt waren, lag diese Gegnerschaft gegen das rein sultanistisch-patrimoniale Heer nahe. Den populären militärischen Usurpator Wang Mang rühmen sich die Literaten gestürzt zu haben: die Gefahr des Regierens mit Plebjern lag eben bei Diktatoren stets sehr nahe. Nur dieser eine Versuch aber ist bekannt. Dagegen der faktischen, auch rein durch Usurpation (wie die Han) oder Eroberung (Mongolen, Mandschu) geschaffenen Gewalt haben sie sich, auch unter Opfern — die Mandschus nahmen 50 % der Aemter, ohne Bildungsqualifikation — gefügt, wenn der Herrscher sich seinerseits ihren rituellen und zeremoniellen Anforderungen fügte: dann stellten sie sich, modern ausgedrückt, »auf den Boden der Tatsachen«.

»Konstitutionell« konnte — das war die Theorie der Konfuzianer — der Kaiser nur durch diplomierte Literaten als Beamte regieren, »klassisch« nur durch orthodox konfuzianische Beamte. Jede Abweichung davon konnte Unheil und, bei Hartnäckigkeit, Sturz des Kaisers und Untergang der Dynastie bringen. — Welches war nun der materiale Gehalt der orthodoxen Ethik dieses für den Geist der Staatsverwaltung und der herrschenden Schichten maßgebenden Standes?

VI.

Die konfuzianische Lebensorientierung.

Wie von der Macht des zunehmend expropriierten Feudalismus und des nie entwickelten Bürgertums, so ist die Patrimonialbureaukratie auch von der Konkurrenz einer selbständigen Hierokratie verschont geblieben. Von einer sozial machtvollen Prophetie — sei es vorderasiatischen, iranischen

---

und 1428. Ein Verbot ähnlicher Art, sich in die Verwaltung zu mischen, an das Militär schon 1388, ebenda h. a.

oder indischen Gepräges — ist nicht das Geringste bekannt [1]). Niemals sind im Namen eines überweltlichen Gottes ethische »F o r d e r u n g e n« durch Propheten gestellt worden. Der ungebrochen gebliebene Charakter der Religiosität schließt ihre Existenz geradezu aus: die pontifikale, cäsaropapistische, Gewalt hat nur mit Feudalen, nicht mit Propheten, ernstlich zu kämpfen gehabt. Sie schaltete jede an solche auch nur erinnernde Bewegung als heterodoxe Häresie gewaltsam und systematisch aus. N i e ist die chinesische »Seele« durch einen Propheten revolutioniert worden [2]). »Gebete« der P r i v a t e n gab es nicht: der rituelle, literarische, A m t s t r ä g e r und vor allem: der Kaiser sorgten für alles. N u r sie k o n n t e n das.

Ein machtvolles Priestertum hat es, soweit geschichtliche Kunde reicht — mit den für den Taoismus zu machenden Vorbehalten — nicht gegeben. Vor allem keine eigene Erlösungslehre, keine eigene Ethik und: keine eigene E r z i e h u n g durch autonome religiöse Mächte. Es lebte sich also der intellektualistische Rationalismus einer Beamtenschicht frei aus, der hier wie überall im Innersten die Religionen v e r a c h t e t e, wo er ihrer nicht zur Domestikation benötigte, ihren berufsmäßigen Trägern aber nur dasjenige Maß von offizieller Geltung beließ, welches für jene Domestikationszwecke unerläßlich und der starken traditionsgebundenen Macht der lokalen Sippenverbände gegenüber unausrottbar war. Jede weitere äußere und innere Entwicklung aber wurde radikal abgeschnitten. Staatsangelegenheit waren die Kulte der großen Gottheiten des Himmels und der Erde, verbunden mit einigen vergötterten Heroen und Spezialgeistern [3]). Sie wurden nicht durch Priester, sondern durch die Träger der politischen Gewalt selbst, gepflegt. Staatlich vorgeschriebene »Laienreligion« war allein der Glaube an die Macht der Ahnengeister und ihr Kult. Alle sonstige Volksreligiosität blieb — wie wir sehen werden — im Prinzip ein ganz systemloses Nebeneinander magischer und heroistischer Spezialkulte. Weit entfernt, daß der Rationalismus der Patrimonialbureaukratie diesen von ihm innerlich verachteten chaotischen Zustand systematisch umzuformen getrachtet hätte, akzeptierte er ihn vielmehr schlechthin. Denn einerseits mußte

[1]) Ueber die Anachoreten der älteren Zeit s. bei Nr. VII.

[2]) Ueber den Buddhismus s. später (Nr. VII und Band II dieser Aufsätze).

[3]) S. oben I.

auch vom Standpunkt der konfuzianischen Staatsraison aus »dem Volke die Religion erhalten« werden: ohne Glauben konnte, nach einem Wort des Meisters, die Welt nicht in Ordnung gehalten werden und seine Erhaltung war daher politisch sogar noch wichtiger als die Fürsorge für die Nahrung. Andererseits aber war die kaiserliche Gewalt ihrerseits das höchste religiös geweihte Gebilde. Sie stand in gewissem Sinne über dem Gewimmel der Volksgottheiten. Zwar ruhte die persönliche Stellung des Kaisers, wie wir sahen, ausschließlich auf seinem Charisma als Vollmachtträger (»Sohn«) des Himmels, in dem seine Ahnen weilten. Aber — wie wir gleichfalls schon sahen — auch die Ehrung und Bedeutung der einzelnen Gottheiten war, ganz ebenso wie etwa diejenige des Heiligen eines neapolitanischen Kutschers oder Bootführers, noch gänzlich dem charismatischen Prinzip der Bewährung unterworfen. Gerade dieser charismatische Charakter der Religiosität nun entsprach dem Selbsterhaltungsinteresse des Beamtentums. Denn alles Unheil, welches das Land betraf, desavouierte nun nicht die Beamtenschaft als solche, sondern nur allenfalls den einzelnen Beamten und den einzelnen Kaiser, dessen göttliche Legitimation dann verwirkt erschien. Oder: den Spezialgott. Es war also durch diese besondere Art von irrationaler Verankerung der irdischen Ordnungen das Optimum der Vereinigung von Legitimität der Beamtenmacht mit dem absoluten Minimum von selbständiger, mit dem Beamtentum denkbarerweise konkurrierender Gewalt überweltlicher Mächte und ihrer irdischen Vertretung erzielt. Jede Rationalisierung des Volksglaubens zu einer selbständigen, überweltlich orientierten Religion würde dagegen unentrinnbar eine selbständige Gewalt gegenüber der Beamtenmacht konstituiert haben. Dies »Pragma« machte sich immer wieder, bei jedem Ansatz, einen Stein aus diesem geschichtlich verwachsenen Gebäude zu lösen, in Gestalt entschlossenen Widerstandes der Beamten geltend. Ein besonderes Wort für »Religion« kennt die Sprache nicht. Es gab: 1. »Lehre« (einer Literatenschule), 2. »Riten«, ohne Unterschied: ob sie religiösen oder konventionellen Charakters waren. Der offizielle chinesische Namen für den Konfuzianismus war: »Lehre der Literaten« (ju kiao).

Die Beziehung zum Religiösen, einerlei ob magischen oder kultischen Charakters, blieb dabei ihrem Sinn nach diesseitig gewendet, weit stärker und prinzipieller als dies auch sonst überall und immer die Regel ist. Gerade in den Kulten, welche neben dem eigentlichen Staatskult der großen Geister am meisten begünstigt wurden, spielte die Hoffnung auf Verlängerung des Lebens eine Hauptrolle und es ist möglich, daß der ursprüngliche Sinn aller eigentlichen »Gottes«-Vorstellungen in China geradezu auf dem Glauben ruhte, daß es Menschen von höchster Vollkommenheit gelungen sei, sich dem Tode zu entziehen und in einem seligen Reich ewig zu leben [1]). Jedenfalls gilt allgemein der Satz: Um des eigenen d i e s s e i t i g e n Schicksals willen: für langes Leben, Kinder und Reichtum, in sehr geringem Maße um des Wohlergehens der Ahnen selbst, gar nicht aber um der eigenen »jenseitigen« Schicksale willen verrichtete — in starkem Gegensatz gegen die ägyptische, ganz und gar auf das eigene Jenseitsschicksal abgestellten Totenpflege — der orthodoxe konfuzianische Chinese (anders: der Buddhist) seine Riten. Die, zwar nicht offizielle, aber tatsächlich überwiegende, Ansicht der aufgeklärten Konfuzianer ließ schon seit langem die Seele nach dem Tode überhaupt sich verflüchtigen, in die Luft zerstieben oder sonst untergehen. Diese Lehre wurde durch Wang Tschung's Autorität gestützt, dessen Gottesbegriff, wie gesagt, widerspruchsvoll war: Gott ist nicht anthropomorph vorzustellen, aber doch »Leib« (ein formloses Fluidum), in welches der ihm wesensähnliche Menschengeist beim Tode, der für das Individuum ein »Verlöschen« ist, wieder aufgeht. Das endgültige Schwinden der persönlichen Gottes- und der Unsterblichkeitsidee — durch den Materialisten und Atheisten Tschu Fu Tse im 12. Jahrhundert erreicht —, hinderte nicht, daß nachher orthodoxe Philosophen, die an einen persönlichen Gott glaubten, sich fanden. Aber der offizielle Konfuzianismus, wie er im heiligen Edikt Kaiser Kang Hi's (17. Jahrh.) redet, steht seitdem, wie früher schon erwähnt, auf jenem Standpunkt.

Zum mindesten herrschte bei ihm seit langem allen Jenseitshoffnungen gegenüber eine absolut agnostische, wesentlich negative, Stimmung. Aber auch wo diese Stellungnahme nicht durchgedrungen oder durch die später zu besprechenden taoistischen und buddhistischen Einflüsse überwogen war, blieb doch das Interesse am eigenen Jenseitsschicksal gänzlich untergeordnet

---

[1]) So Chavannes, Vorwort zu seiner Ausgabe von Se Ma tsien's Traktaten über die Fong- und Schang-Opfer (Journ. of the Peking Oriental Society III, 1, 1890).

dem Interesse an dem möglichen Einfluß der Geister auf das diesseitige Leben.

Es findet sich zwar in China [1]) — wie fast überall in patrimonialen Verbänden — die »messianische« Hoffnung auf einen diesseitigen Heiland-Kaiser. Aber nicht: als Hoffnung auf eine absolute Utopie, — wie in Israel.

Da sonst jede Eschatologie und jede Erlösungslehre, überhaupt jedes Greifen nach transzendenten Werten und Schicksalen fehlte, so blieb auch die staatliche Religionspolitik sehr einfach gestaltet. Zum einen Teil war sie Verstaatlichung des Kultbetriebes, zum anderen Gewährenlassen des aus der Vergangenheit überkommenen, für den Privatmann unentbehrlichen privatberuflich ausgeübten Zauberpriestertums.

Der Staatskult war absichtsvoll nüchtern und schlicht: Opfer, rituelles Gebet, Musik und rhythmischer Tanz. Alle orgiastischen Elemente waren streng — auch aus der offiziellen, pentatonischen, Musik offenbar absichtsvoll — ausgemerzt. Fast alle Ekstase und Askese, im offiziellen Kult auch: Kontemplation, fehlten [2]) und galten als Elemente einer Unordnung und irrationalen Erregung, welche dieser Beamtenrationalismus nicht ertrug und für ebenso gefährlich halten mußte, wie etwa der römische Amtsadel den Dionysoskult. Dem offiziellen Konfuzianismus fehlte natürlich das individuelle Gebet im okzidentalen Sinne des Worts. Er kannte nur Ritualformeln. Der Meister persönlich soll in Krankheit abgelehnt haben, daß für ihn gebetet werde und bekannt haben, daß er selbst es seit langen Jahren nicht getan habe. Gebete der Fürsten und hohen Beamten für das Wohl des politischen Verbandes dagegen sind von jeher und bis in die Gegenwart als wirksam geschätzt worden.

Es fehlte dem Konfuzianismus aus diesen Gründen auch notwendig die Erfahrung von der (ihm übrigens auch ganz gleichgültigen) ungleichen (religiösen) Qualifikation der Menschen und daher jeder Gedanke religiöser Differenzierung eines »Gnadenstandes«: dieser Begriff selbst mußte schon an sich ihm notwendig unbekannt bleiben.

Dem politischen Gegensatz der Patrimonialbureaukratie gegen den Feudalismus und jede geburtsständische Gliederung

---

[1]) Auch in der Dichtung Kiu Yung, 3. Jahrh. S. dazu Conrady in den »Hochschulvortr. f. jedermann« XIX, XX, Leipzig 1903.

[2]) Ueber die Ansätze dazu s. Nr. VII.

entsprach daher in der klassischen konfuzianischen Lehre auch auf ethischem Gebiet die Voraussetzung der prinzipiellen Gleichheit der Menschen. Diese Vorstellung war, wie wir sahen, nichts urwüchsiges. Die Zeit des Feudalismus ruhte auf der Vorstellung von der charismatischen Verschiedenheit der Sippen der »Edlen« gegenüber dem Volk. Und die Literaten-Herrschaft schuf die schroffe Kluft der Gebildeten gegenüber den Ungebildeten, dem »dummen Volk« (yun min), wie es der Gründer der Ming-Dynastie (14. Jahrh.) nannte. Indessen die offizielle Theorie hielt sich doch nunmehr daran: daß nicht Geburt, sondern die im Prinzip allgemein zugängliche Bildung entscheide. Die »Gleichheit« bedeutete dabei natürlich auch jetzt keine unbedingte Gleichheit aller naturgegebenen Qualitäten. Der eine besaß sehr wohl etwas mehr natürliche Anlage zu dem, was der andere sich erst erarbeiten mußte. Aber wenigstens das, was die niemals nach den Sternen greifende konfuzianische bureaukratische Staatsraison und Sozialethik verlangte, war jedem zu erreichen möglich. Und jeder hatte daher, eine gute staatliche Verwaltung vorausgesetzt, im übrigen den Grund seiner äußeren und inneren Erfolge oder Mißerfolge bei sich selbst zu suchen. Der Mensch war an sich gut, das Schlechte kam von außen, durch die Sinne, in ihn hinein, und die Unterschiede der Qualität waren Unterschiede der harmonischen Entwicklung des einzelnen: die charakteristische Konsequenz des Fehlens eines überweltlichen ethischen Gottes; daneben auch: eine Widerspiegelung der ständischen Verhältnisse im Patrimonialstaat. Freilich wollte der Vornehme seinen Namen nach seinem Tode geehrt wissen. Aber: ausschließlich um eigener Tüchtigkeit willen.

Prinzipiell nur die Lebenslage differenzierte den Menschen. Gleiche ökonomische Lage und gleiche Erziehung machte sie einander auch an Charakter wesensgleich. Und zwar war, wie schon vorweg bemerkt sei, materieller Wohlstand, — im denkbar schärfsten Gegensatz gegen die einmütige Ansicht aller christlichen Konfessionen —, ethisch betrachtet, nicht etwa in erster Linie Quelle von Versuchungen (obwohl natürlich solche anerkannt wurden), sondern vielmehr: das wichtigste Mittel zur Beförderung der Moral. Dies aus Gründen, die wir noch kennen lernen werden. Andererseits fehlte jede naturrechtliche Sanktionierung irgendeiner persönlichen Freiheitssphäre des einzelnen. Selbst ein Wort für »Freiheit« war der

Sprache fremd. Das ist aus der Eigenart des Patrimonialstaates und aus historischen Reminiszenzen ohne weiteres erklärlich. Das einzige praktisch schließlich — aber nach langen Perioden leiturgischer Negierung der Privatsphäre — mit leidlich sicheren (wie wir sahen, nicht im okzidentalen Sinn garantierten) Schranken umgebene Institut war: der private Sachgüterbesitz. Sonst gab es gesetzlich garantierte Freiheitsrechte nicht. Auch dies »Privateigentum« an Sachgütern war nur faktisch relativ gesichert und genoß nicht den Nimbus jener Heiligkeit, wie sie z. B. in Aeußerungen Cromwells gegenüber den Levellern [1]) sich findet. Zwar die patrimonialistische Theorie, daß der Kaiser Niemandes Gast, der vorgesetzte Beamte nicht Gast der Untergeordneten sein könne, weil ihm von Rechts wegen aller Besitz des Untergebenen zu eigen gehöre, war wesentlich nur noch von zeremonialer Bedeutung. Aber die gelegentlich starken, offenbar vorwiegend fiskalisch bedingten Eingriffe der Amtsgewalt in die Art der Bewirtschaftung und Verteilung des Grundbesitzes hatten unter anderem auch den Nimbus des halb legendären Tsing-tien-Systems mit seinem patrimonial regulierten »Recht auf Land« durch alle Jahrhunderte hindurch lebendig erhalten. Und die in solchen Idealen sich äußernde nahrungspolitische Vorliebe für möglichste Gleichheit der Eigentumsverteilung im Interesse der Erhaltung der sozialen Ruhe paarte sich mit einer staatlichen Magazinpolitik ägyptischer Art im teuerungspolitischen Interesse. Materiale Gerechtigkeit, nicht formales Recht, war auch auf diesem Gebiet das Ideal des Patrimonialismus. Daher blieben Eigentum und Erwerb Probleme einerseits praktischer Zweckmäßigkeit, andererseits sozialethischer Fürsorge für die Ernährung der Massen, nicht aber einer naturrechtlich individualistischen Sozialethik, wie sie in der Neuzeit im Okzident gerade aus der Spannung zwischen formalem Recht und materialer Gerechtigkeit entsprang. Die gebildeten und regierenden Schichten sollten nach ihrer eigenen Ansicht begreiflicherweise eigentlich auch die am meisten Besitzenden sein. Aber das letzte Ziel war doch: möglichst universell verbreiteter Besitz im Interesse der universellen Zufriedenheit.

---

[1]) In den Stenogrammen aus dem Feldlager in dem Clerk papus gelegentlich der (in der Welt erstmaligen!) naturrechtlichen Diskussion des gleichen Wahlrechtes bekannt.

Göttliches unwandelbares Naturrecht gab es lediglich in Gestalt des in seinen magischen Wirkungen von jeher erprobten heiligen Zeremoniells und der heiligen Pflichten gegen die Geister der Ahnen. Eine naturrechtliche Entwicklung modern okzidentalen Gepräges hätte neben so manchem anderen auch eine Rationalisierung des positiv geltenden Rechtes vorausgesetzt, wie sie der Okzident im römischen Recht besaß. Dies aber war ein Erzeugnis zuerst: autonomen städtischen Geschäftslebens, welches feste Klageschemata erzwang, dann: der Rationalisierung durch die Kunstlehre der juristischen römischen Honoratiorenschicht und schließlich: der oströmischen Bureaukratie. In China fehlte ein Juristenstand, weil die Advokatur im okzidentalen Sinn fehlte. Und diese fehlte, weil dem Patrimonialismus des chinesischen Wohlfahrtsstaates mit seiner schwachen Amtsgewalt der Sinn für die formale Entwicklung des weltlichen Rechtes abging. Dem früher Gesagten ist hinzuzufügen: nicht nur galt kraft des Satzes: »Willkür bricht Landrecht« das örtliche Herkommen auch contra legem. Sondern vor allem entschied der chinesische Richter, als typischer Patrimonialrichter, durchaus patriarchal, d. h. soweit die geheiligte Tradition ihm dazu Raum ließ, ausdrücklich nicht nach formalen Regeln: »ohne Ansehen der Person«. Vielmehr weitgehend gerade umgekehrt je nach deren konkreter Qualität, und je nach der konkreten Situation: nach Billigkeit und Angemessenheit des konkreten Resultats. Dieser »salomonischen« Kadi-Justiz fehlte auch ein heiliges Gesetzbuch im Sinne des Islam. Die systematische kaiserliche Gesetzsammlung galt nur soweit als unverbrüchlich, als sie zwingende magische Tradition für sich hatte. Unter solchen Umständen fehlte auch die im Okzident, im Islam und in gewissem Umfange selbst in Indien bestehende Spannung zwischen heiligem und profanem Recht vollkommen. Eine Naturrechts-Lehre im Sinne der Antike (besonders der Stoa) und des Mittelalters hätte gerade jene Spannung philosophischer oder religiöser Postulate gegenüber der »Welt« und eine daraus entspringende »Urstands«-Lehre vorausgesetzt, wie sie offenbar im Konfuzianismus unmöglich erstehen konnte. Denn alle ethischen Zentralbegriffe, welche dafür erforderlich gewesen wären, waren ihm fremd. Davon später.

Unsere moderne okzidentale Rechtsrationalisierung war das Erzeugnis zweier nebeneinander wirkender Mächte. Einmal des kapitalistischen Interesses an streng formalem und daher — in seinem Funktionieren — möglichst wie eine Maschinerie k a l k u l i e r b a r e m Recht und, vor allem, Rechtsgang. Dann: des Beamtenrationalismus der absolutistischen Staatsgewalten mit seinem Interesse an kodifizierter Systematik und Gleichförmigkeit des, von einer rational geschulten und nach interlokal gleichmäßigen Avancementschancen strebenden Bureaukratie zu handhabenden, Rechtes. Wo auch nur e i n e der beiden Mächte fehlte, entstand kein modernes Rechtssystem. Denn der moderne Kapitalismus konnte, wie das angelsächsische Common Law zeigt, recht gut auf dem Boden eines unsystematischen, einer streng rechtslogischen Gliederung entbehrenden, aber: formalen, in der Art des Rechtsdenkens am römischen und kanonischen Recht geschulten und dabei — als Schöpfung einer A n w a l t s klasse — die Autonomie der ökonomisch Mächtigen garantierenden, Rechtes leben. Der rationalistischen Bureaukratie andererseits lag formal die kompendiöse Zusammenfassung und, schon im Interesse der Ubiquität der Verwendbarkeit des Beamten, die Rechtsgleichmäßigkeit, vor allem die Ueberlegenheit der o b r i g k e i t lichen Satzung gegenüber der Unverbrüchlichkeit des Herkommens: der Willkür der Autonomie der lokalen und sozialen Differenzierung des Rechtes, am Herzen. Inhaltlich aber, überall da wo sie allein zu schalten vermochte, nicht sowohl die formale juristische Vollendung der Rechtsnormen; als deren m a t e r i a l e »Gerechtigkeit«, die ja ihrem immanenten Ethos allein entsprechen konnte. Wo ihr nicht ökonomisch mächtige kapitalistische Interessen oder ein sozial mächtiger Juristenstand das Gegengewicht hielten, hat sie das Recht material rationalisiert und systematisiert, die formale, gegen die materiale »Gerechtigkeit« gleichgültige, juristische Technik aber zerstört. Der chinesische Patrimonialismus hatte nun seit der Einheit des Reiches weder mit mächtigen und für ihn nicht zu bändigenden kapitalistischen Interessen, noch mit einem selbständigen Juristenstand zu rechnen. Wohl aber mit der Heiligkeit der Tradition, die allein seine eigene Legitimität verbürgte. Und ebenso mit den Intensitätsgrenzen seiner Verwaltungsorganisation. Daher fehlte nicht nur die Entwicklung einer formalen, Jurisprudenz, sondern ist auch eine systematische m a t e r i a l e Durchrationalisierung des Rechtes nie versucht worden. Die Rechtspflege behielt also im allgemeinen denjenigen Charakter, welcher der theokratischen Wohlfahrtsjustiz zu eignen pflegt.

So fehlte neben der philosophischen und theologischen auch die Entwicklung einer juristischen »Logik«. Auch eine Entfaltung systematischen naturalistischen Denkens blieb aus. Die Naturwissenschaft des Okzidents mit ihrem mathematischen Unterbau ist eine Kombination rationaler, auf dem Boden der antiken Philosophie gewachsener, Denkformen mit dem auf dem Boden der Renaissance. und zwar zuerst nicht auf dem Gebiet der Wissenschaft, sondern auf demjenigen der Kunst, entstandenen technischen »Experiment«: dem spezifisch modernen Element aller naturalistischen Disziplinen. Die »experimentierende« hohe Kunst der Renaissance war ein Kind einer einzigartigen Vermählung von zwei Elementen: des auf handwerksmäßiger Grundlage erwachsenen empirischen Könnens der okzidentalen Künstler und ihres, kulturhistorisch und sozial bedingten, durchaus rationalistischen Ehrgeizes: ihrer Kunst Ewigkeitsbedeutung und sich selbst soziale Geltung dadurch zu gewinnen, daß sie sie zum gleichen Rang wie eine »Wissenschaft« erhöben. Dies letzte gerade war das dem Okzident Spezifische. Hier steckte auch die stärkste Triebfeder der »Rückkehr« zur Antike, so, wie man diese verstand. Neben dem durch Lionardo repräsentierten Typus war namentlich die Musik, vor allem im 16. Jahrhundert mit seinen Experimentier-Klaviaturen (Zarlino), ein Mittelpunkt dieses mit dem charakteristischen künstlerischen »Natur«-Begriff der Renaissance operierenden gewaltigen Ringens. Besondere soziale Bedingungen für die hochgradig agonale Ausgestaltung der Kunstübung waren dabei, ebenso wie im Altertum, mitwirksam. Oekonomische und technische Interessen der nordeuropäischen Wirtschaft, vor allem: Bedürfnisse des Bergbaues, halfen dann den geistesgeschichtlichen Gewalten dabei, das Experiment in die Naturwissenschaft hinüberzutragen. Das Nähere gehört nicht hierher. Der virtuosenhaft verfeinerten chinesischen Kunst fehlte jeder dieser Antriebe zum rationalistischen Ehrgeiz (im Sinne der okzidentalen Renaissance), und der Agon der Herrenschicht mündete innerhalb der Verhältnisse der Patrimonialbureaukratie gänzlich in die Pfründner- und literarische Graduierten-Konkurrenz aus, die alles andere erstickte. Die relativ sehr geringe Entwicklung des gewerblichen Kapitalismus ließ überdies auch die für einen Uebergang von der empirischen zur rationalen Technik nötigen ökonomischen Prämien in China nicht entstehen [1]). So blieb alles sublimierte Empirie.

Im Ergebnis konnte sich also hier die immanente Stellungnahme einer Beamtenschaft zum Leben, der nichts, keine rationale Wissenschaft, keine rationale Kunstübung, keine rationale Theologie, Jurisprudenz, Medizin, Naturwissenschaft und Technik, keine göttliche und keine ebenbürtige menschliche Autorität Konkurrenz machte, in dem ihr eigentümlichen praktischen Rationalismus ausleben und eine ihr kongruente Ethik schaffen, begrenzt nur durch die Rücksicht auf die Mächte der Tradition in den Sippen und im Geisterglauben. Es trat ihr keines der anderen Elemente spezifisch modernen Rationalismus, welche für die Kultur des Westens konstitutiv waren, zur Seite, weder konkurrierend noch unterstützend. Sie blieb aufgepfropft auf eine Unterlage, welche im Westen schon mit der Entwicklung der antiken Polis im wesentlichen überwunden war. Es kann also die von ihr getragene Kultur annähernd als ein Experiment gelten: welche Wirkung rein von sich aus der praktische Rationalismus der Herrschaft einer Amtspfründnerschaft hat. Das Resultat dieser Lage war: der orthodoxe Konfuzianismus. Die Herrschaft der Orthodoxie war ein Produkt der Einheit des theokratischen Weltreiches mit seiner obrigkeitlichen Reglementierung der Lehre. In der Zeit der wilden Kämpfe der Teilstaaten haben wir, ganz ebenso wie in der Polis-Kultur der okzidentalen Antike, den Kampf und die Beweglichkeit der geistigen Richtungen. Die chinesische Philosophie in allen ihren Gegensätzen ist in etwa dem gleichen Zeitraum wie die der Antike entwickelt worden. Seit der Konsolidierung der Einheit, etwa mit dem Beginn unsrer Zeitrechnung, ist ein ganz selbständiger Denker

[1]) Neben der Erfindung des Kompasses (der in der Binnenschiffahrt und für die Orientierung von Boten auf den innerasiatischen Landwegen benutzt wurde), des Buchdrucks (für Verwaltungszwecke, infolge der Langsamkeit der schriftlichen Vervielfältigung), des Papiers, Porzellans, der Seide, der Alchemie, Astronomie (für astrologische Staatszwecke benutzt) ist auch das Schießpulver in China erfunden und militärisch im 12. Jahrhundert wahrscheinlich, im 13. sicher verwendet, also jedenfalls ein Jahrhundert vor der beglaubigten Anwendung in den Kriegen der Florentiner. Aber in technisch höchst primitiver Art. Die Befriedung des Reiches regte eben nicht zur Vervollkommnung an. (Ueber die Erfindungen s. W. A. P. Martin, Chinese discoveries in art and science, Journ. of the Peking Or. Soc. Vol. IV, p. 19 ff.) Die Geschütze des Okzidents wurden, scheint es, anfänglich vornehmlich ihrer vermeintlich magisch bedingten Wirkung wegen gefürchtet und zu importieren gesucht.

nicht mehr aufgetreten. Und nur die Kämpfe der Konfuzianer, Taoisten und Buddhisten und, innerhalb der anerkannten oder zugelassenen konfuzianischen Lehre, die Kämpfe philosophischer und — damit zusammenhängend — verwaltungspolitischer Schulen blieben bestehen, bis die Mandschuherrschaft die konfuzianische Orthodoxie endgültig kanonisierte.

Der Konfuzianismus war, ebenso wie der Buddhismus, nur Ethik (»Tao«, darin [1]) entsprechend dem indischen »Dhamma«). Aber er war, im schärfsten Gegensatz zum Buddhismus ausschließlich innerweltliche Laiensittlichkeit. Und in noch schärferem Kontrast zu ihm war er: Anpassung an die Welt, ihre Ordnungen und Konventionen, ja, letztlich eigentlich nur ein ungeheurer Kodex von politischen Maximen und gesellschaftlichen Anstandsregeln für gebildete Weltmänner. Die kosmischen Ordnungen der Welt waren ja fest und unverbrüchlich, und nur ein Sonderfall von ihnen waren die Ordnungen der Gesellschaft. Die kosmischen Ordnungen der großen Geister wollten offensichtlich das Glück der Welt und insbesondere der Menschen. Die Ordnungen der Gesellschaft ebenso. Die »glückliche« Ruhe des Reiches und das Gleichgewicht der Seele sollte und konnte also nur durch Einordnung in jenen in sich harmonischen Kosmos erreicht werden. Gelang diese im Einzelfalle nicht, so war menschlicher Unverstand, und zwar vor allem: ordnungswidrige Leitung des Staats und der Gesellschaft, daran schuld So wurde etwa in einem Edikt (im 19. Jahrhundert) das Vorherrschen schlechter Winde in einer Provinz darauf zurückgeführt, daß die Bevölkerung gewisse polizeiliche Pflichten (Auslieferung Verdächtiger) versäumt und dadurch die Geister in Unruhe versetzt habe, oder: daß Prozesse verschleppt werden. Die charismatische Auffassung von der Kaisergewalt und der Identität von Ordnung im Kosmos und in der Gesellschaft bedingte diese Grundvoraussetzung. Auf das Verhalten der Menschen, welche für die Leitung der als eine große patrimonial regierte Gemeinschaft gedachten Gesellschaft verantwortlich waren: der Beamten, kam daher alles an. Die bildungslose Masse des Volkes sollte der Monarch als Kinder behandeln. Materielle und ideelle Fürsorge für die Beamtenschaft dagegen und eine gute und achtungsvolle Beziehung zu ihr gehörte zu seinen ersten Pflichten. Der einzelne Privatmann aber diente dem Himmel

[1]) Der Ausdruck ist vieldeutig, wie wir noch sehen werden.

am besten durch Entwicklung seiner eigenen wahren Natur, die unfehlbar das in jedem Menschen verborgene Gute zum Vorschein bringen werde. Alles war also ein Erziehungsproblem mit dem Ziel der Selbstentwicklung aus der eigenen Anlage heraus. Es gab das »radikal Böse« nicht, — man muß bis in das 3. Jahrhundert vor Chr. zurückgehen, um Philosophen zu finden, welche die heterodoxe Lehre von der ursprünglichen Verderbtheit des Menschen vertraten [1]) —, sondern nur: Fehler, und diese als Folge ungenügender Bildung. Die Welt, insbesondere die soziale Welt, war, so wie sie ist, gewiß ebensowenig vollkommen wie die Menschen: — es gab eben die bösen Dämonen neben den guten Geistern, — aber sie war so gut wie sie es eben nach dem jeweiligen Bildungsstande der Menschen und nach der charismatischen Qualität der Herrscher sein konnte. Ihre Ordnungen waren ein Produkt rein natürlicher Entwicklung der Kulturbedürfnisse, der unvermeidlichen Arbeitsteilung und der daraus folgenden Interessenkollisionen. Oekonomische und sexuelle Interessen waren nach der realistischen Auffassung des Meisters die grundlegenden Triebfedern des menschlichen Handelns. Daher waren nicht kreatürliche Verderbtheit und kein »Sündenstand« der Grund auch der als schlechthin gegeben hingenommenen Notwendigkeit von Zwangsgewalt und sozialer Unterordnung. Sondern — in sehr realistischer Art — ein schlichter ökonomischer Sachverhalt: die Knappheit der gegebenen Subsistenzmittel im Verhältnis zu den immer weiter vermehrbaren Bedürfnissen, woraus ohne die Zwangsgewalt der Krieg aller gegen alle folgen würde. Die Zwangsordnung als solche, die Besitzdifferenzierung und die ökonomischen Interessenkämpfe waren daher prinzipiell gar keine Probleme.

---

[1]) Und diese mit der höchst unchristlichen Schlußfolgerung: daß das Gute im Menschen Kunstprodukt der Kultur sei, also im Resultat mit noch emphatischerer Bejahung der »Welt« der »Kultur«, vor allem: der Bedeutung der Erziehung, als selbst die orthodoxe Lehre.

Immerhin scheinen sich einige ihr eigene metaphysische Aufstellungen angeben zu lassen (vgl. F. Farjenel im Journ. Asiat. G. Soc. 20, 1902, p. 113 ff.) Ewigkeit der Materie, deren geistiges Prinzip (ai-ki), pantheistisch als Prinzip der Güte gedacht, die Welt hervorbringt, — logisch, wie es scheint, mit wenig Konsequenz seit dem 11. Jahrhundert durch eine orthodoxe Kommentatorenschule vertreten. Im übrigen wird angenommen, daß schon Konfuzius die später von Se Ma Tsien vertretene astrologisch unterbaute Kosmogonie (die 5 Elemente folgen aufeinander in Gestalt der alten Herrscher) geglaubt habe (so Chavannes, Vorrede zu Band I seiner Ausgaben Se Ma Tsien's, Paris 1895, p. CXLIII). Davon später.

Der Konfuzianismus war — obwohl die Schule auch eine Kosmogonie entwickelt hat — an sich von jedem metaphysischen Interesse in sehr hohem Grade frei. Nicht minder bescheiden waren die wissenschaftlichen Ansprüche der Schule. Die Entwicklung der Mathematik, einst bis zu trigonometrischen Erkenntnissen vorgeschritten[1]), verfiel früh, weil sie nicht gepflegt wurde [2]). Konfuzius selbst hat offenbar von der Präzession der Aequinoktien, die in Vorderasien längst bekannt war, nichts gewußt [3]). Das Amt des Hofastronomen (d. h. des Kalenderordners, wohl zu scheiden von dem Hofastrologen, der zugleich Annalist und einflußreicher Berater war) ging, als Träger von Geheimwissen, im Erbgang über; aber irgend erhebliche Kenntnisse können kaum entwickelt worden sein, wie der große Erfolg der Jesuiten mit ihren europäischen Instrumenten beweist. Die Naturwissenschaften im ganzen blieben rein empirisch. Von dem alten botanischen (= pharmakologischen) Werk, angeblich eines Kaisers, scheinen nur Zitate erhalten. Den historischen Disziplinen kam die Bedeutung der alten Zeit zugute. Die archäologischen Leistungen scheinen im 10. und 12. Jahrhundert auf der Höhe gestanden zu haben, ebenso wie, bald nachher, die Kunst der Annalistik. Einen Fachjuristenstand zur Besetzung der Aemter zu schaffen, hat Wang-An-Schi vergebens versucht. Für andere als rein antiquarische oder rein praktische Gegenstände interessierte sich jedenfalls gerade der orthodoxe Konfuzianismus nicht. (Die Einschränkung dieser Behauptung ergibt sich aus dem unter Nr. VII Gesagten.)

Seine grundsätzliche Stellung zur Magie war also die: daß er, sowenig wie die Juden, Christen und Puritaner die Realität der Magie bezweifelte (man hat auch in Neu-England Hexen verbrannt). Aber die Magie hatte keine

---

[1]) Der angeblich im 6. Jahrhundert in der chinesischen Arithmetik bekannte Stellenwert der Zahlen (s. J. Edkins, Local value in Chin. Arithm. Not., Journ. of the Peking Or. Soc. I, Nr. 4, p. 161 f., der seine Kenntnis auf Babylon — ? — zurückführt) bleibt problematisch. Im 19. Jahrhundert benutzte man den Abacus mit Lokalwert der Kugeln, wie schon gesagt.

[2]) Immerhin gab es bis in die Gegenwart unter den neun Fächern des fakultativen Zusatzexamens, dem man sich teils zur Erlangung vorzugsweiser Beförderung, teils als Versicherung für den Fall der Degradation unterziehen konnte, auch Mathematik als Prüfungsgegenstand.

[3]) So Eitel, China Review XVIII, p. 266. Der babylonische Ursprung der altchinesischen Kultur ist gleichwohl von T. de Lacouperie (Western Origin of the ancient Chin. civil., London 1894) vertreten worden.

Heilsbedeutung: Das war das Entscheidende. Wie bei den Rabbinen der Satz galt: »für Israel gelten keine Planeten«, d. h. die astrologische Determiniertheit ist machtlos gegen Jahwes Willen für den Frommen, so im Konfuzianismus der entsprechende: die Magie ist machtlos gegen die Tugend: Der klassisch Lebende hat die Geister nicht zu fürchten, nur Untugend (Hochstehender) gibt ihnen Macht.

Vollends die Kontemplation des buddhistischen Heiligen und seiner taoistischen Nachahmer lag ihm gänzlich fern. Nicht ohne polemische Spitze gegen den mystischen Taoismus Laotse's läßt die Tradition den Meister es ablehnen, »im Verborgenen zu leben und Wunder zu tun, um dann bei späteren Geschlechtern Nachruhm zu ernten«. Die Stellungnahme zu einigen der großen Weisen der Vergangenheit, welche sich nach der Tradition in die Einsamkeit zurückzogen, mußte dabei freilich etwas gewunden werden: nur aus dem schlecht regierten Staat dürfe man sich zurückziehen. Im übrigen verheißt — die einzige scheinbar auf mystische Grundlagen deutende Wendung — der Meister gelegentlich als Lohn der vollendeten Tugend die Gabe der Kenntnis der Zukunft. Sieht man näher zu, so handelt es sich aber nur um die Fähigkeit, Omina richtig zu deuten, also: nicht hinter den berufsmäßigen Divinationspriestern zurückzubleiben. Die schon erwähnte, in der ganzen Welt verbreitete einzige »messianische« Hoffnung auf einen künftigen Musterkaiser (dem, nach Rezeption dieser Märchenfigur, der Phönix vorangehen sollte) [1]), war volkstümlichen Ursprungs und wurde vom Konfuzianismus weder verworfen noch angetastet. Denn diesen interessierten lediglich die Dinge dieser Welt, wie sie einmal war.

Der konventionell Gebildete wird die alten Zeremonien mit gebührendem und erbaulichem Anstand mitmachen, ebenso wie er alle seine Handlungen, einschließlich der physischen Gesten und Bewegungen, nach den ständischen Sitten und den Geboten der »Schicklichkeit« — ein konfuzianischer Grundbegriff! — in Höflichkeit und Anmut regelt. Die Quellen verweilen gern bei der Schilderung, wie der Meister, in den vom Standpunkt der Etikette kompliziertesten Situationen, alle Beteiligten dem Range gemäß weltmännisch zu begrüßen und sich dabei in vollendeter Eleganz zu bewegen wußte. Der in sich und in bezug auf

[1]) S. das Schih Luh Kuoh Kiang Yu Tschi, übersetzt von Michels, p. XXI der »Notes« zum Kommentar.

die Gesellschaft harmonisch abgestimmte und ausgeglichene »höhere (»fürstliche«, »vornehme«) Mensch« — jener in vielen überlieferten Aeußerungen des Meisters wiederkehrender Zentralbegriff — benimmt sich in jeder gesellschaftlichen Lage, sei sie hoch oder niedrig, dieser entsprechend und ohne seiner Würde etwas zu vergeben. Ihm eignet beherrschte Gelassenheit und korrekte Contenance, Anmut und Würde im Sinne eines zeremoniell geordneten höfischen Salons. Also, im Gegensatz zu der Leidenschaft und Ostentation des feudalen Kriegers im alten Islam: wache Selbstbeherrschung, Selbstbeobachtung und Reserve, vor allem: Unterdrückung der Leidenschaft, die in jeder Form, auch der der Freude, das Gleichgewicht der Seele und ihre Harmonie, die Wurzel alles Guten, stört. Also die Loslösung nicht, wie im Buddhismus, von allem, aber von allem irrationalen Begehren, nicht, wie im Buddhismus, um der Erlösung von der Welt, sondern um der Einfügung in die Welt willen. Der Gedanke einer Erlösung fehlte der konfuzianischen Ethik natürlich völlig. Weder von der Seelenwanderung noch von jenseitigen Strafen (die beide der Konfuzianismus nicht kannte), noch vom Leben (das er bejahte), noch von der gegebenen sozialen Welt (deren Chancen er durch Selbstbeherrschung klug zu meistern gedachte), noch vom Bösen oder einer Erbsünde (von der er nichts wußte), noch von irgend etwas sonst, außer: von der würdelosen Barbarei der gesellschaftlichen Ungeschliffenheit, begehrte der Konfuzianer »erlöst« zu werden. Und als »Sünde« konnte ihm nur die Verletzung der einen sozialen Grundpflicht gelten: der Pietät.

Denn wie der Feudalismus auf der Ehre, so ruhte der Patrimonialismus auf der Pietät als Kardinaltugend. Auf der ersten ruhte die Verläßlichkeit der Vasallentreue des Lehensmannes, auf der letzteren die Unterordnung des herrschaftlichen Dieners und Beamten. Der Unterschied war freilich kein Gegensatz, sondern mehr eine Akzentverschiebung. Auch der Vasall des Okzidents »kommendierte« sich und hatte, ebenso wie der japanische Lehensmann, Pietätspflichten. Auch der freie Beamte hat Standesehre, auf welche als Motiv seines Handelns gerechnet wird, in China wie im Okzident und im Gegensatz zum vorderasiatischen und ägyptischen Orient, dessen Beamte aus dem Sklavenstande aufstiegen. Die Beziehung des Offiziers und Beamten zum Monarchen behält eben überall gewisse feudale

Züge. Auch heute ist schon der ihm persönlich geleistete Eid ihr Merkmal. Gerade diese Elemente in der Amtsbeziehung pflegen die Monarchen aus dynastischem, die Beamten aus ständischem Interesse zu betonen. Der chinesischen Standesethik haftete die Erinnerung an den Feudalismus noch ziemlich stark an. Die Pietät (hiao) gegen den Lehensherrn wurde neben derjenigen gegen Eltern, Lehrer, Vorgesetzte in der Amtshierarchie und Amtsträger überhaupt aufgezählt, — denn ihnen allen gegenüber war das hiao prinzipiell gleichen Charakters. Der Sache nach war die Lehenstreue auf die Patronagebeziehung innerhalb der Beamtenschaft übertragen. Und der grundlegende Charakter der Treue war patriarchal, nicht feudal. Die schrankenlose Kindespietät gegen die Eltern [1]) war, wie immer wieder eingeschärft wurde, die absolut primäre aller Tugenden. Sie ging im Konfliktsfalle andern vor [2]). Es wird in einem Ausspruch des Meisters lobend erwähnt, daß ein hoher Beamter die unzweifelhaften Mißbräuche, die sein Vater in der gleichen Stellung geduldet hatte, aus Pietät, um ihn nicht zu desavouieren, weiter duldete, im Gegensatz allerdings zu einer Stelle des Schu-king, wo der Kaiser einem Sohn das Amt des Vaters beläßt, auf daß er dessen Verfehlungen wieder gut machen könne [3]). Keines Mannes Tun galt dem Meister als erprobt, ehe man gesehen hat, in welcher Art er um seine Eltern trauert. Es ist sehr begreiflich, daß in einem patrimonialen Staat einem Beamten — Konfuzius war zeitweise Minister — die Kindespietät, da sie auf alle Unter-

---

[1]) Auch gegen die Mutter. Ein Sohn war (im Jahre 1882) in der Trunkenheit gegen die ihn scheltende Mutter handgreiflich geworden. Diese engagiert einige Männer, läßt den Sohn fesseln und trotz inständiger Bitte aller Beteiligten l e b e n d i g b e g r a b e n. Die Mitbeteiligten wurden wegen formeller Inkorrektheit bestraft, aber sofort begnadigt. Eine Bestrafung der Mutter kommt gar nicht in Frage (Reskript in der Peking Gazette vom 13. 3. 1882).

[2]) Auch dem Gehorsam gegen den Fürsten. Auf Befehl eines Fürsten soll in der Feudalzeit ein Beamter den eigenen Sohn wegen Felonie ergreifen und festnehmen. Er weigert sich und das gleiche tut ein Beamter, der den Vater wegen dieses Ungehorsams festnehmen soll. Der Vater begeht darauf Selbstmord und die Tradition belastet mit der Sünde dieses Verschuldens den Fürsten (Tschepe a. a. O. p. 217).

[3]) Vgl. den in der Peking Gazette vom 8. 6. 96 abgedruckten Bericht über das Ansuchen des Sohnes des im Kriege mit Japan wegen Feigheit zur Zwangsarbeit an den Poststraßen im Westen degradierten Kommandanten von Niutschwang: statt seines durch die Strapazen erkrankten Vaters seinerseits die Strafe übernehmen oder ihn mit 4000 Taëls auslösen zu dürfen. Der Bericht wird unter Hinweis auf die löbliche Pietät des Antragsstellers an den Kaiser weitergegeben.

ordnungsverhältnisse übertragen wird, als diejenige Tugend galt, aus der alle anderen folgen und deren Besitz die Probe und Garantie abgibt für die Erfüllung der wichtigsten Standespflicht der Bureaukratie: der unbedingten Disziplin. Die soziologisch grundlegende Wandlung des Heeres vom Heldenkampf zur disziplinierten Truppe liegt in China vor der historischen Zeit. Der Glaube an die Allmacht der Disziplin auf allen Gebieten findet sich in sehr alten Anekdoten und stand schon bei den Zeitgenossen des Konfuzius völlig fest. »Insubordination ist schlimmer als niedrige Gesinnung«: deshalb ist »Extravaganz« — gemeint ist: prahlerischer Aufwand — schlimmer als Sparsamkeit. Aber — lautet die Kehrseite — Sparsamkeit ihrerseits führt zur »niedrigen«, d. h. plebejischen, im Sinne des Gebildeten unstandesgemäßen, Gesinnung, deshalb ist auch sie nicht positiv zu werten. Man sieht: die Stellung zum Oekonomischen ist hier, wie bei jeder ständischen Ethik, ein Problem des Konsums, nicht: der Arbeit. Das Wirtschaften zu erlernen lohnt sich für den »höheren« Menschen nicht. Ja es schickt sich eigentlich nicht für ihn. Nicht etwa aus grundsätzlicher Ablehnung des Reichtums als solchen. Im Gegenteil: ein gut verwalteter Staat ist der, in welchem man sich seiner Armut s c h ä m t (in einem schlecht verwalteten seines — im Zweifel im Amt unehrlich erworbenen — Reichtums). Die Vorbehalte galten nur der Sorge um Reichtums- E r w e r b. Die ökonomische Literatur war Mandarinen-Literatur. Wie jede Beamtenmoral so lehnte natürlich auch diejenige des Konfuzianismus die eigene Teilnahme des Beamten am Erwerb, direkt wie indirekt, als ethisch bedenklich und standeswidrig ab. Um so eindringlicher, je mehr tatsächlich der Beamte, dessen Bezüge an sich nicht hoch waren, und überdies, wie in der Antike, vorwiegend in Naturalien-Deputaten bestanden, auf Ausbeutung seiner Amtsstellung als solcher angewiesen blieb. Irgendwelche prinzipiell antichrematistische Theorien aber hat diese utilitarische, weder feudal noch asketisch gestimmte, Ethik nicht entwickelt. Im Gegenteil. Der Konfuzianismus hat sehr modern klingende Theorien von Angebot und Nachfrage, Spekulation und Profit hervorgebracht. Die Rentabilität des Geldes (der Zins heißt chinesisch wie griechisch »Kind« des Kapitals) versteht sich im Gegensatz zum Okzident von selbst und auch von Zinsschranken weiß die Theorie anscheinend nichts (während allerdings kaiserliche Statuten gewisse Arten von »Wucher« verwarfen). Nur sollte der Kapitalist als privater Interessent nicht Beamter werden. Der literarisch Gebildete persönlich bleibe dem Chrematismus fern. Wo soziale Bedenken gegen das Gewinnstreben als solches auftraten, waren sie wesentlich politischer Natur.

Gewinnsucht galt dem Meister als Quelle sozialer Unruhen. Gemeint ist hier ersichtlich die Entstehung des typischen vorkapitalistischen Klassenkonflikts zwischen den Interessen der Aufkäufer und Monopolisten und den Konsumenteninteressen. Der Konfuzianismus war dabei naturgemäß vorwiegend konsumentenpolitisch orientiert. Aber Feindschaft gegen ökonomischen Gewinn lag ganz fern. Dies ist auch in der volkstümlichen Vorstellung nicht anders gewesen. Erpresserische und ungerechte Beamte, besonders Steuer- und andere Subalternbeamte, wurden bitter im Drama gegeißelt. Aber von Anklagen oder Verhöhnungen gegen Kaufleute und Wucherer scheint (relativ) sehr wenig die Rede zu sein. Die zornige Feindschaft des Konfuzianismus gegen das buddhistische Klosterwesen, welche zu dem Vernichtungsfeldzug des Kaisers Wu- Tsung im Jahre 844 führte, wurde in erster Linie damit begründet, daß die Klöster das Volk von nützlicher Arbeit ablenkten (tatsächlich spielte, sahen wir, »Währungspolitik« dabei eine Rolle). In der gesamten orthodoxen Literatur tritt die Schätzung ökonomischer Aktivität stark hervor. Auch Konfuzius würde nach Reichtum streben, »selbst als Diener mit der Peitsche in der Hand«, — wenn nur der Erfolg dieses Strebens einigermaßen verbürgt wäre. Aber das ist eben nicht der Fall und daraus folgt der einzige, in der Tat sehr wesentliche Vorbehalt gegen Wirtschaftserwerb: Das Gleichgewicht und die Harmonie der Seele wird durch die Risiken des Erwerbs erschüttert. Der Standpunkt des Amtspfründners tritt so in ethischer Verklärung auf. Die amtliche Stellung ist vor allem auch deshalb die einzige eines höheren Menschen würdige, weil sie allein die Vollendung der Persönlichkeit gestattet. Ohne beständiges Einkommen, meint Mencius, vermöge der Gebildete nur schwer, das Volk aber gar nicht eine beständige Gesinnung zu haben. Wirtschaftlicher, ärztlicher, priesterlicher Erwerb ist der »kleine Weg«. Denn — ein mit dem vorigen eng zusammenhängender höchst wichtiger Punkt :— er führt zur fachlichen Spezialisierung. Der vornehme Mensch aber strebt nach Allseitigkeit, die nur die Bildung (im konfuzianischen

Sinne) gibt und die gerade das Amt — charakteristisch für das Fehlen der rationalen Fachspezialisierung im Patrimonialstaat, — vom Manne verlangt. Allerdings finden sich, wie politisch in Wang An Schi's Reformversuch, so auch in der Literatur, Andeutungen, welche die Schaffung von Fachkompetenzen der Beamten nach Art einer modernen Bureaukratie empfehlen, statt der traditionellen, unmöglich von einem einzelnen zu beherrschenden Allseitigkeit der Amtsgeschäfte. Aber eben diesen sachlichen Anforderungen und damit auch der Durchführung einer rationalen Versachlichung der Verwaltung nach Art unserer europäischen Mechanismen stand das alte Bildungsideal der Chinesen schroff gegenüber. Es mußte dem konfuzianisch gebildeten Amtsanwärter, der aus der alten Tradition herkam, fast unmöglich sein, in einer Fachbildung europäischen Gepräges etwas anderes als Abrichtung zum schmutzigsten Banausentum zu sehen [1]. Hier lag unzweifelhaft ein Teil der wichtigsten Widerstände gegen alle »Reform« im okzidentalen Sinne. Der grundlegende Satz: »Ein Vornehmer ist kein Werkzeug«, bedeutete: er war Selbstzweck, und nicht, wie das Werkzeug, nur Mittel zu einem spezifizierten nützlichen Gebrauch. Im geraden Gegensatz gegen das sozial orientierte platonische Ideal, welches, auf dem Boden der Polis geschaffen, von der Ueberzeugung ausging: daß der Mensch nur, indem er in einer Sache Tüchtiges leiste, zu seiner Bestimmung gelangen könne, und in noch weit stärkerer Spannung zum Berufsbegriff des asketischen Protestantismus stand hier das ständische Vornehmheitsideal des allseitig gebildeten konfuzianischen »Gentleman« (wie schon Dvořak den Ausdruck Kiün tse, »fürstlicher Mann«, übersetzt hat). Diese, auf Allseitigkeit ruhende »Tugend«, d. h. die Selbstvollendung, war mehr als der nur durch Vereinseitigung zu gewinnende Reichtum. Man konnte in der Welt nichts ausrichten, auch in der einflußreichsten Stellung nicht, ohne die aus Bildung entspringende Tugend. Aber freilich auch umgekehrt nichts mit noch so viel Tugend ohne einflußreiche Stellung. Diese, und nicht Erwerb, suchte daher der »höhere« Mensch.

Dies sind in kurzer, meist dem Meister selbst zugeschriebener,

---

[1]) Das Memorial, welches dem Reskript betreffend Abschaffung der alten »Kultur«-Examina vom 2. 9. 1905 zugrunde lag, ist ziemlich inhaltsleer und macht wesentlich nur geltend: daß der Eifer für Volks- (Realschul-)Bildung dadurch gehemmt werde, daß jedermann sich auf das Examen als Titel für eine Pfründe verlasse.

Fassung die Grundthesen der Stellung zu Berufsleben und Besitz: der feudalen Freude am Aufwand, wie sie im alten Islam schon in Aeußerungen des Propheten selbst hervortritt, ebenso entgegengesetzt wie der buddhistischen Verwerfung alles Hängens an den Weltgütern, der hinduistischen streng traditionalistischen Berufsethik und der puritanischen Verklärung der innerweltlichen asketischen Erwerbsarbeit im rational spezialisierten Beruf. Mit deren nüchternem Rationalismus besteht, wenn man von diesem Grundgegensatz einmal absieht, im einzelnen mancherlei Verwandtschaft. Die Versuchungen der Schönheit meidet der »fürstliche« Mensch. Denn, sagt der Meister richtig: »Niemand liebt die Tugend wie man ein schönes Weib liebt« [1]). Nach der Ueberlieferung hatte den Meister aus seiner Stellung beim Fürsten von Lu der eifersüchtige Nachbarfürst dadurch verdrängt, daß er dessen Herrn eine Kollektion schöner Mädchen zum Präsent machte, — an welcher der moralisch übel beratene Fürst mehr Gefallen fand als an den Lehren seines politischen Beichtvaters. Jedenfalls fand dieser persönlich das Weib, als ein durch und durch irrationales Wesen, ebenso schwierig zu behandeln wie die Dienstboten [2]). Herablassung zu ihnen lasse beide die Distanz verlieren, Strenge wiederum mache sie übel gelaunt. Die durch Weltflucht bedingte Frauenscheu des Buddhismus fand daher in der durch rationale Nüchternheit bedingten Nichtachtung der Frau im Konfuzianismus ihr Gegenbild. Die neben der einen legitimen Frau schon im Interesse der Nachkommenerzeugung notwendig zugelassenen Konkubinen grundsätzlich zu verpönen ist selbstverständlich für den Konfuzianismus nie in Frage gekommen: das schon mehrfach erwähnte Kartell der Feudalfürsten wendete sich nur gegen die Gleichstellung der Konkubinensöhne als Erben, und der Kampf gegen die illegitimen Einflüsse des Harems kleidete sich in das Gewand des Kampfes gegen die drohende Uebermacht der Yin- (weiblichen) Substanz über die Yang (männliche). Treue in der Freundschaft wird hoch gepriesen. Man bedarf der Freunde. Aber man suche sie sich unter Gleichgestellten aus. Für die niedriger Gestellten habe man

[1]) Se Ma Tsien's Biographie des Konfuzius ed. Chavannes p. 336.

[2]) Die »Sinnlichkeit« wird als die Feindin aller Tugend schon in der alten Annalistik als unheilbar angesehen (Kun Yu, Discours des Royaumes, p. 163 als Ausspruch eines Leibarztes über einen kranken Fürsten). Der Konflikt zwischen Liebe und Staatsraison wird glatt zugunsten dieser gelöst: in der Poesie findet sich eine »Tragik« dieser Lage wenigstens einmal behandelt.

freundliches Wohlwollen. Im übrigen aber ging auch hier alle Ethik auf das urwüchsige Austauschprinzip des bäuerlichen Nachbarverbandes zurück: wie Du mir, so ich Dir, — die »Reziprozität«, welche vom Meister gelegentlich einer Anfrage geradezu als Fundament aller Sozialethik hingestellt wird. Die Feindesliebe der radikalen Mystiker (Laotse, Mo Ti) aber wurde, als der gerechten Vergeltung: einem Prinzip der Staatsräson, zuwiderlaufend entschieden abgelehnt: Gerechtigkeit gegen Feinde, Liebe für Freunde — was solle man diesen noch bieten, wenn man den Feinden Liebe böte? Der vornehme Gentleman des Konfuzianismus war alles in allem ein Mann, der »Wohlwollen« mit »Energie«, und »Wissen« mit »Aufrichtigkeit« verband. Alles aber innerhalb der Grenzen der »Vorsicht«, deren Fehlen dem gemeinen Mann den Weg zur »richtigen Mitte« versperrte. Und vor allem — dies gab dieser Ethik erst ihr spezifisches Gepräge: — innerhalb der Grenzen des gesellschaftlich Schicklichen. Denn erst der Sinn für Schicklichkeit ist es, der den »fürstlichen« Mann zur »Persönlichkeit« im konfuzianischen Sinne formt. An den Geboten der Schicklichkeit hat daher auch die Kardinaltugend der Aufrichtigkeit ihre Schranke. Nicht nur also gingen dieser die Pietätspflichten unbedingt vor (Notlüge aus Pietät), sondern auch die gesellschaftlichen Anstandspflichten, nach des Meisters eigener, durch die Tradition geschilderter Praxis. »Wo wir zu Dritt sind, finde ich meinen Meister«, soll Konfuzius gesagt haben: das hieß: ich füge mich der Mehrheit. Nach dieser »Schicklichkeit« sind auch die klassischen Schriften von ihm ausgelesen. Se Ma Tsien weiß angeblich von 3000 (?) Schi-King-Oden, aus denen Konfuzius 306 ausgewählt habe. —

Keinerlei Vollkommenheit aber konnte anders erreicht werden als durch nie aufhörendes Lernen, und das hieß: durch literarisches Studium. Der »fürstliche« Mensch reflektiert und »studiert« über alle Dinge unausgesetzt und immer erneut. Und in der Tat waren angeblich neunzigjährige Kandidaten bei den offiziellen Staatsprüfungen durchaus keine Seltenheit. Aber dies unausgesetzte Studium war lediglich Aneignung vorhandener Gedanken. Aus der eigenen Brust zu schöpfen und durch bloßes Denken vorwärts zu kommen versuchte der Meister nach einer ihm zugeschriebenen Mitteilung noch im Alter vergebens und warf sich daher wieder auf das Lesen, ohne welches nach seiner

Ansicht der Geist sozusagen »im Leergang« arbeitete. An Stelle des Satzes: »Begriffe ohne Anschauung sind leer«, stand also hier der Satz: »Denken ohne Lesefrüchte ist steril«. Denn ohne Studium, wird gesagt, vergeudet der Wissensdurst den Geist, macht uns das Wohlwollen dumm, Aufrichtigkeit unvorbedacht, Energie roh, führt Kühnheit zu Insubordination und Charakterfestigkeit zu Extravaganzen. Es wurde dann eben die »rechte Mitte« verfehlt, welche das höchste Gut dieser Ethik der gesellschaftlichen Anpassung war, innerhalb deren es nur eine wirklich absolute Pflicht gab: die Pietät als Mutter der Disziplin, und nur ein universelles Mittel der Vervollkommnung: die literarische Bildung. Als Regierungsweisheit des Fürsten aber galt: die Auswahl der (im klassischen Sinn) »richtigen« Minister, wie Konfuzius dem Herzog von Ngai gesagt haben soll.

Diese Bildung aber wurde allein vermittelt durch das Studium der alten Klassiker, deren schlechthin kanonische Geltung in der von der Orthodoxie purifizierten Form selbstverständlich wurde. Zwar findet sich gelegentlich eine Aeußerung referiert. wonach ein Mann, der für die Probleme der Gegenwart das Altertum befrage, leicht Unheil anrichten könne, — allein dies ist wohl als Ablehnung der alten Feudalzustände zu deuten, schwerlich aber, wie Legge annimmt, im antitraditionalistischen Sinn. Denn der ganze Konfuzianismus wurde rücksichtslose Kanonisierung des Traditionellen. Wirklich antitraditionalistisch war die berühmte, direkt gegen den Konfuzianismus gerichtete, ministerielle Relation Li-Se's, welche die große Katastrophe der Bücherverbrennung nach der Schaffung des bureaukratischen Einheitsstaates herbeiführte (213 v. Chr.). Die Literatenzunft, hieß es darin, lobe das Altertum auf Kosten der Gegenwart, sie leite also zur Verachtung der Gesetze des Kaisers an, die sie am Maßstab ihrer Buchautoritäten kritisiere. Nützlich seien — in charakteristischer Umkehrung der konfuzianischen Werte — nur die Bücher über Wirtschaft, Medizin und Divination. Man sieht: dieser restlos utilitarische Rationalismus des Vernichters des Feudalsystems streifte zugunsten der eigenen Machtstellung die Traditionsgebundenheit ab, welche überall die Schranke des konfuzianischen Rationalismus war. Aber er brachte damit jenen klugen Kompromiß zwischen einerseits den Machtinteressen und andererseits dem Legitimitätsinteresse der herrschenden Schicht ins Schwanken, auf welchem die Staatsräson dieses Systems beruhte. Und es waren daher zweifellos Gründe der eigenen Sicherheit, welche bald darauf die Han-Dynastie veranlaßten, in aller Form auf den Konfuzianismus zurückzugreifen. In der Tat konnte ein in absoluter Machtstellung befindliches und dabei zugleich die offizielle Priesterfunktion monopolisierendes Patrimonialbeamtentum nicht anders als traditionalistisch gesonnen sein in bezug auf eine Literatur, deren Heiligkeit allein die Legitimität der seine eigene Stellung tragenden Ordnung verbürgte. Es mußte seinem Rationalismus an diesem Punkte ebenso Schranken ziehen wie gegenüber dem religiösen Volksglauben, dessen Bestand die Domestikation der Massen und, wie wir sahen, die Grenzen der Kritik am Regierungssystem garantierte. Der einzelne Regent konnte schlecht, also vom Charisma entblößt, sein. Dann war er nicht gottgewollt und ebenso abzusetzen wie der untaugliche Beamte. Das System als solches aber mußte auf der Grundlage der Pietät ruhen, welche mit jeder Erschütterung der Tradition in Gefahr geriet.

Der Konfuzianismus hat aus diesen uns schon bekannten Gründen auch nicht den geringsten Versuch gemacht, den bestehenden religiösen Glauben ethisch zu rationalisieren. Den offiziellen Kultus, der durch den Kaiser und die Beamten erfolgte, und den Ahnenkult des Hausvaters setzte er als Bestandteil der gegebenen weltlichen Ordnung voraus. Der Monarch des Schu-King faßt seine Entschlüsse nach Konsultierung nicht nur der Großen des Reiches und des »Volkes«, d. h. damals zweifellos: des Heeres, sondern auch zweier überkommener Divinationsmittel, und es wird lediglich kasuistisch erörtert, wie man sich beim Widerspruch dieser Erkenntnisquellen untereinander zu verhalten habe. Die Bedürfnisse des Privatlebens nach seelsorgerischer Beratung und religiöser Orientierung aber verharrten, vornehmlich infolge jener Haltung der Bildungsschicht, auf der Stufe des magischen Animismus und der Funktionsgötterverehrung, ganz wie überall sonst vor dem Eingreifen von Prophetien, die in China nicht aufkamen.

Dieser magische Animismus nun ist vom chinesischen Denken in ein System gebracht, welches de Groot mit dem Namen »Universismus« bezeichnet hat. An seiner Schaffung ist aber n i c h t der Konfuzianismus allein beteiligt gewesen und wir müssen die, von ihm aus gesehen, heterodoxen Mächte betrachten, die dabei mitwirkten. Zunächst aber machen wir uns kurz deutlich, daß der Konfuzianismus auch von den Literatenlehren zwar die schließlich allein rezipierte, aber nicht die immer allein rezipiert gewesene Lehre war.

Der Konfuzianismus ist durchaus nicht immer die staatlich allein approbierte Philosophie — hung fan (= großer Plan) ist der technische Ausdruck dafür — Chinas gewesen. Auch war Literatentum mit konfuzianischer Orthodoxie, je weiter man zurückgeht, desto weniger identisch. Die Zeit der Teilstaaten kannte die Konkurrenz der Philosophenschulen, die aber auch im Einheitsreich keineswegs verschwand: er war jeweils auf dem Tiefstand der Kaisermacht besonders scharf. Der Sieg des Konfuzianismus entschied sich erst etwa im 8. Jahrhundert unserer Zeitrechnung. Es liegt hier nun fern, die Geschichte der chinesischen Philosophie zu rekapitulieren. Immerhin sei die Entwicklung zur Orthodoxie in folgenden Daten veranschaulicht:

Die Stellung Lao tse's und seiner Schule bleibt, als ganz abseits stehend, vorerst beiseite (s. Nr. VII). Noch nach Konfuzius finden sich Philosophen wie Yang tschu: ein epikuräischer Fatalist, der im Gegensatz zu den Konfuzianern die Bedeutung der Erziehung ausschaltete, weil die Eigenart eines Menschen sein unabwendbares »Schicksal« sei, und Mo Ti, der weitgehend traditionsfrei war. Vor und in Mencius' Zeit (4. Jahrh. vor Chr.: Tiefstand der Kaisermacht) stand Sun Kung, aktiver Beamter in einem Teilstaat, auf dem antikonfuzianischen Boden der Verderbtheit der Menschennatur, standen die Dialektiker, die Asketen (Tschöu Tschang), die reinen Physiokraten (Hu Hing) mit wirtschaftspolitisch sehr verschiedenen Programmen gegeneinander und noch im 2. Jahrh. nach Chr. stand das Tschung Lun des Tsui Schi auf strikt antipazifistischem Standpunkt: die Sitten verschlechtern sich in langen Friedenszeiten, führen zu Ausschweifungen und Sinnenlust [1]).

Alles das waren unklassische Ketzereien, — Mencius bekämpfte die seiner eigenen Zeit. Aber sein Zeitgenosse Hsün Tse der die Güte des Menschen (konfuzianisch) als Kunstprodukt ansah, aber nicht Gottes, sondern des Menschen selbst: — politisch gewendet: »Gott ist der Ausdruck der Herzen des Volkes« — und der absolute Pessimist Yang Tschu, der das

[1]) Fr. Kuhn, Abh. der Berl. Ak. 1914, 4.

Ertragen des Lebens und die Abschüttelung der Todesfurcht für der Weisheit letzten Schluß hielt, standen ihm gegenüber abseits. Daß Gottes Wille »unstet« sei, wurde oft als Grund des Leidens der Frommen hingestellt. Eine Systematik der antagonistischen Literatenschulen seiner Zeit findet sich bei Se Ma Tsien, dessen Vater Taoist gewesen zu sein scheint [1]). Sechs Schulen werden unterschieden: 1. Metaphysiker: die Yin- und Yang-Spekulation, gegründet auf Astronomie, — 2. Mi Tse (Micius und seine Schule): mystisch beeinflußt, für absolute Einfachheit der Lebensführung, auch des Kaisers, auch für die Beerdigungen, — 3. die Schule der Philologen mit Wortinterpretation und Begriffsrealismus (relativ unpolitisch, aus der Sophisten-Zeit überkommen), — 4. die Schule der Gesetze: Vertreter der Abschreckungstheorie (später durch Tsui Schui vertreten, s. o.) — 5. die Taoisten (von ihnen später), — 6. die »Literatenschule«: Konfuzianer, zu denen sich Se Ma Tsien selbst bekennt. Immerhin vertritt auch er den konfuzianischen Standpunkt noch in einer später in mehrfacher Hinsicht unklassisch erscheinenden Art. Er schätzte den bekannten zum Anachoreten gewordenen Kaiser Hoang Ti (taoistische Reminiszenzen [2]). Seine Kosmogonie (5-Elementen-Lehre) ist offenbar astrologischen Ursprungs. Seine Schätzung des Reichtums würden die orthodoxen Konfuzianer wohl mitmachen, auch die Motivierung: daß nur der Reiche die Riten richtig befolge. Aber die Empfehlung auch des Handels als Mittel des Erwerbes war ihnen anstößig [3]). Den Zweifel an der absolut determinierenden »Vorsehung« würden manche von ihnen nicht beanstandet haben: daß tugendhafte Leute vor Hunger starben, war bekannt. Auch die Monumente der Han-Zeit sagen ähnliches [4]). Immerhin war

[1]) S. Chavannes, Vorrede zu seiner Ausgabe, p. XIII.

[2]) Edkins, The place of Hwang Ti in early Taoism, China Rev. XV, p. 233 f.

[3]) Hiergegen Pen Piao in der App. II von Chavannes a. a. O. abgedruckten Stelle.

[4]) Grabinschrift aus der Han-Zeit (ca. 25 v. Chr.), Journ. As. X Ser. 14, 1909, ed. Chavannes p. 33: Trauerinschrift für den vorzeitigen Tod eines Mannes: »Menschen, die einen untadeligen Wandel führten, ohne dafür Lohn zu empfangen, hat es seit dem Altertum gegeben« (Beispiel). »Sein Andenken besteht weiter« (cf. Se Ma Tsien). »Er wird seine Nachfahren adeln« (dies die alte, erbcharismatische Auffassung, anders die neue, wie erwähnt). »Er ist in ein kaltes Schattenreich gezogen.«

Grabinschrift v. 405 n. Chr.:

»Alles Lebende muß sterben.« Der vollendete Mensch hat keine individuellen Merkmale (ist mit dem Tao vereinigt, s. VII, Einfluß Tschang tse's ?).

dies nicht unbedenklich. Daß Heroismus »unnütz« sei, entsprach der späteren, auf den Meister zurückgeführte Lehre. Aber daß der gefeierte Name alles sei — wie der Kastrat Se Ma Tsien lehrte —, daß die Tugend als »Selbstzweck« dargestellt wurde, daß andererseits unmittelbar didaktische Wirkungen für Fürsten beabsichtigt wurden, war wieder kaum klassisch. Dagegen stimmte der von Se Ma Tsien virtuos geübte absolute Gleichmut des Tons der Annalistik vorzüglich zu Konfuzius' eigener Praxis. Am meisten orthodox konfuzianisch mutet der Brief an, den Se Ma Tsien, der als politisch verdächtig kastriert [1]), dann aber angestellt worden war, dem in Haft befindlichen Freund Jen Ngan schrieb, der sich um seine Hilfe (vergeblich) bewarb [2]):

Ihm real helfen kann (oder: will) er (um selbst nichts zu riskieren) nicht. Aber: die Seele dessen, »der den langen Weg angetreten hat« [3]), könnte Zorn gegen ihn (Se Ma Tsien) behalten (also ihn schädigen), daher will er ihm die Gründe dafür auseinandersetzen. Denn: »der wertvolle Mensch gibt sich Mühe für den, der ihn zu würdigen weiß« (echt konfuzianisch). Statt des Eingehens auf das Schicksal des Unglücklichen findet sich aber lediglich eine Darlegung des eigenen Unglücks: der Kastration. Wie hat sich der Schreiber darüber hinausgeholfen? Die wichtigsten Punkte, heißt es, seien vier: 1. nicht die eigenen Ahnen entehren, — 2. nicht sich selbst entwürdigen, — 3. nicht die Vernunft und Würde und schließlich: — 4. nicht die »für alle gültigen Regeln« verletzen. Er, der Schreiber, werde die Schande durch sein Buch abwaschen.

Wenn der ganze Brief etwas an Abaelards uns durch ihre kalte Lehrhaftigkeit so verletzenden Briefe an Héloise erinnert (aus, vermutlich, ähnlichen Gründen!), so ist doch diese kühle Temperierung der Beziehung von Mensch zu Mensch echt konfuzianisch. Und wir wollen — wenn unserem Gefühl einiges wider-

Gerühmt wird der Gleichmut gegen Beförderung und Amtsverlust, (p. 36). Beförderung motiviert mit: »Gradheit«, »Kindespietät«, »Totenpietät«. Aber im ganzen:

»Der Himmel kennt keine Gnade, er wurde krank und starb.« — Ein »Gott« wird nie genannt. Die Gesamtgesinnung und -stimmung ist Se Ma Tsien verwandt. Der gewaltsame Optimismus der späteren Zeit fehlt.

[1]) Ein für Chinesen furchtbares Unglück wegen des Ahnenkults!

[2]) S. ihn bei Chavannes Vol. I, App. I, p. CCXXVI f.

[3]) Unsterblichkeitsglaube wäre unklassisch. Es handelt sich nur um Geisterglauben.

streben möchte — nicht vergessen: daß auch die am Schluß des vorigen Abschnitts zitierten prachtvollen und stolzen Dokumente solche konfuzianischen Geistes sind. Die von Se Ma Tsien [1]) wiedergegebene Inschrift Schi Hoang Ti's, welche Handeln gegen die »Vernunft« als verwerflich bezeichnet, würde von ihm (und den Konfuzianern) so interpretiert werden: daß die Anleitung dafür, wie man vernunftgemäß handeln, nur durch Studium [2]) und Wissen erlangt werde. »Wissen« — im Sinne der durch literarische Studien erlangten Kenntnis der Tradition und der klassischen Norm — blieb im Konfuzianismus das letzte Wort und dadurch schied er sich — wie wir nun sehen müssen — von andern Systemen chinesischer Einstellung zur Welt.

Die »Vernunft« des Konfuzianismus war ein Rationalismus der Ordnung: »besser ein Hund und in Frieden als ein Mensch und in der Anarchie leben«, sagt Tscheng Ki Tong [3]).

Und sie war, wie dieser Ausspruch zeigt, eben deshalb essentiell pazifistischen Charakters [4]). Diese Eigenart hat sich historisch stetig gesteigert, bis Kaiser Khian Lung in der Geschichte der Ming-Dynastie den Satz schreiben konnte [5]): »Nur wer kein Menschenblut zu vergießen trachtet, kann das Reich zusammenhalten«. Denn »die Wege des Himmels sind wandelbar und nur die Vernunft hilft uns«. Das war — während noch Konfuzius selbst Rache für die Tötung von Eltern, älteren Brüdern und Freunden als Mannespflicht gefordert hatte, — das Endprodukt der Entwicklung im Einheitsreich. Pazifistisch, innerweltlich und nur an der Angst vor den Geistern orientiert blieb also diese Ethik.

Es fehlte zwar nicht eine sittliche Qualifikation der Geister. Im Gegenteil: wir sahen schon, daß, wie in Aegypten, auch in China die irrationale Justiz auf dem spätestens unter der Han-Dynastie entwickelten festen, aus idealisierter Projektion der Bureaukratie und des Beschwerderechts in den Himmel erwachsenen Glauben ruhte: daß der Schrei des Be-

---

[1]) p. 166 seiner Biographie Schi Hoang Ti's, ed. Chavannes.

[2]) Gerühmt in den eben zitierten Inschriften der Han-Zeit.

[3]) China und die Chinesen, deutsch von A. Schultze (1896), p. 222.

[4]) Schon Konfuzius selbst soll sich in militärischen Dingen als unkompetent bezeichnet haben.

[5]) Yu tsiuan tung kian kang mu, übers. von Delamarre (Paris 1865), p. 20. Zahlreiche ähnliche Dikta ließen sich zusammentragen.

drückten unfehlbar die Rache der Geister herbeiführe, vor allem gegen jeden, dessen Opfer an Selbstmord, Kummer, Verzweiflung gestorben sei. Auch daß die große, jeden Beamten zur Nachgiebigkeit zwingende, Macht der im Cortège heulenden Massen (Begleiter eines wirklich oder angeblich Bedrückten) — zumal bei der Gefahr, daß die hysterischen Massenemotionen Selbstmorde herbeiführen könnten — auf dem gleichen Glauben beruhte. Gegen einen Mandarinen, der seinen Küchenjungen geschlagen hatte, so daß dieser starb, wurde durch die Menge ein Todesurteil erzwungen (1882) [1]: der Geisterglaube in dieser Funktion war die einzige, aber sehr wirksame offizielle Magna Charta der Massen in China. Die Geister wachten aber auch über den Verträgen aller Art. Sie versagten dabei ihren Schutz erzwungenen oder unsittlichen Kontrakten [2]. Die Legalität als Tugend wurde also auch in concreto, nicht nur als Gesamthabitus, animistisch garantiert. Aber was fehlte, war: die zentrale methodisch lebensorientierende Macht einer Erlösungsreligion. Die Wirkung davon, daß sie fehlte, werden wir weiterhin kennen lernen.

VII.

Orthodoxie und Heterodoxie (Taoismus) [3].

Der offizielle chinesische Staatskult diente, wie überall, nur den Gemeinschaftsinteressen, der Ahnenkult Interessen der Sippe. Rein individuelle Interessen blieben bei beiden außer Spiel. Die zunehmende Verunpersönlichung der großen Natur-

---

[1]) Giles, China and the Chinese, New York 1912, p. 105.

[2]) »Erzwungene Verträge sind kraftlos, da die Geister nicht über sie wachen« schon in ältester Zeit: E. H. Parker, Ancient China simplified, London 1908, p. 99.

[3]) Vgl. zum Taoismus die Quellen bei de Harlez und Legge. — Allgemein ferner die schon zitierte vorzügliche posthume Schrift von W. Grube, Religion und Kultus der Chinesen. Jetzt vor allem: de Groot's »Universismus«.

geister, die Reduktion ihres Kultes auf das amtliche Ritual, die Entleerung dieses Rituals von allen emotionalen Elementen, endlich seine Gleichsetzung mit bloßen gesellschaftlichen Konventionen: — Alles das Werk der vornehm gebildeten Intellektuellenschicht, — ließen die typischen religiösen Bedürfnisse der Massen ganz beiseite. Der stolze Verzicht auf das Jenseits [1]) und auf individuelle religiöse Heilsgarantien im Diesseits waren nur innerhalb einer vornehmen Intellektuellen-Schicht durchführbar. Daß diese Stellungnahme durch den Einfluß der klassischen Lehre, als einzigen Unterrichtes überhaupt, auch den Nichtmandarinen oktroyiert wurde, konnte jene Lücke nicht ausfüllen. Es ist nicht gut denkbar, daß erst in der Zeit bald nach Konfuzius, wo plötzlich Funktionsgötter aller Art und dann weiterhin vergöttlichte Heroen literarisch zuerst auftauchen, ein Prozeß der Bildung solcher Göttergestalten auch erstmalig begonnen habe. Denn diese Bildungen sind überall sonst gerade früheren Stadien: gewisse typische Funktionsgötter (»Herren«) des Donners, der Winde usw. der Religion der Bauernschaft, vergöttlichte Helden der, damals in China schon vergangenen, Epoche feudalen Heldenkampfes eigen. Nur die starke Spezialisierung und Fixierung der Funktionsgötter, bis hinab zur Abtrittsgöttin, dürfte, wie die gleichartige Spezialisierung der Numina in Rom, erst Produkt des in China unter der Herrschaft der Bureaukratie zunehmenden kultischen Konventionalismus gewesen sein. Und nur für die Feststellbarkeit der Persönlichkeit eines historischen Menschen als Gegenstand eines Kultes ist die Kanonisierung des Konfuzius das erste sichere Beispiel [2]). In der zweideutigen offiziellen Terminologie und mehr noch in bildlichen Darstellungen lassen zahlreiche Züge den Himmelsgott als ein ursprünglich persönlich gedachtes Wesen erkennen: wir sahen ja, daß erst das 12. Jahrhundert unserer Aera den (materialistisch bedingten) Abschluß der Verunpersönlichung

---

[1]) Außer den früher zitierten monumentalen Dokumenten auch die Literatur. So wird in der Jugendlehre (Siao Hio, übers. von Harlez a. a. O. V. Buch, Nr. 86) vor den Schwindeleien der Buddhapriester gewarnt, die den Toten jenseitiges Heil verschaffen wollen. Den Toten könne man nicht nützen oder schaden, denn wenn ihr Körper verwest sei, so schwinde auch der Geist.

[2]) Wie in der katholischen Kirche machte die patrimoniale Gnadenanstalt übrigens auch hier den Unterschied: daß der kanonisierte Mensch nur, katholisch ausgedrückt, »Verehrung« und nicht, wie die großen Naturgeister, »Anbetung« genoß; — für die Vorstellung der Massen freilich war dies in diesem wie in ähnlichen Fällen nur eine formale Scheidung.

brachte. Für die Massen, welchen zu dem verunpersönlichten höchsten Wesen des Staatskultes der direkte Zutritt in Gebet und Opfer versperrt war, scheint der urwüchsige »Herr des Himmels«, später mit Geburts-, Regierungs-, Einsiedelei- und Himmelfahrtslegenden ausgestattet, immer weitergelebt und im Hauskult verehrt worden zu sein, natürlich von seiten der Träger des amtlichen Himmelskultes ignoriert. Ebenso werden sicher andere der in der Neuzeit bekannten, vom offiziellen Kult ignorierten, vom Konfuzianismus nur unter die Schar der »Geister« gerechneten Volksgottheiten sehr alte Funktionsgötter sein. Dem schwierigen Problem des Verhältnisses des ursprünglichen und späteren Charakters dieser Gottheiten freilich (Frage der Stellung des »Animismus«) und der Art der Auffassung der wundertätigen Naturobjekte und Artefakte (Frage der Stellung des »Fetischismus«) könnte nur ein Fachmann überhaupt näher kommen. Sie hat uns aber hier nicht zu beschäftigen. Uns soll vielmehr der Zwiespalt zwischen der Stellungnahme der Amtskirche und der unklassischen Volksreligion unter dem Gesichtspunkte interessieren: ob die letztere etwa Quelle einer abweichend orientierten Lebensmethodik werden konnte und geworden ist. Dies könnte so scheinen. Denn die Kulte der meisten Volksgottheiten galten, soweit sie nicht buddhistischen Ursprungs waren, als Angelegenheit einer vom Konfuzianismus und der von ihm beherrschten Heilsanstalt immer wieder als Heterodoxie behandelten Richtung, welche, wie die konfuzianisch orientierte Gnadenanstalt selbst, einerseits Kult- (und Zauber-)Praxis, andrerseits aber auch: Lehre, war. Es wird bald von ihr zu reden sein. Zunächst aber scheint es nützlich, das grundsätzliche Verhältnis der alten Volksgötter zur ethischen Lehre des Konfuzianismus uns weiter zu verdeutlichen.

Nehmen wir dazu das uns nächstliegende Beispiel: die Beziehung der hellenischen, schulmäßig philosophischen Sozialethik zu den alten hellenischen Volksgöttern, so ist auch da die prinzipiell allen vornehmen Intellektuellenschichten aller Zeiten gegenüber dem historisch gegebenen massiven Volksglauben gemeinsame Verlegenheitssituation zu beobachten. Der hellenische Staat ließ metaphysischen und sozialethischen Spekulationen freien Raum. Er verlangte nur Innehaltung der überlieferten kultischen Pflichten, deren Vernachlässigung Unheil über die Polis als solche bringen konnte. Die ihrer spezifisch sozialethischen Orientierung nach dem Konfuzianismus entsprechenden griechischen Philosophenschulen ließen, in ihren Hauptvertretern der klassischen Zeit, die Götter der Sache nach ebenso dahingestellt, wie die chinesischen Intellektuellen der konfuzianischen Schule dies taten. Sie machten die nun einmal überkommenen Riten mit, im ganzen ähnlich, wie dies die vornehmen Intellektuellenkreise in China taten und im allgemeinen auch bei uns tun. Aber in einem Punkt bestand ein bedeutsamer Unterschied. Der konfuzianischen Redaktion der klassischen Literatur war es geglückt: — vielleicht war dies, wie schon einmal angedeutet, die wichtigste Leistung des Konfuzius —, nicht nur diese Volksgottheiten selbst, sondern auch alles für ihren eigenen ethischen Konventionalismus Anstößige aus der kanonisierten Literatur pädagogisch auszumerzen. Man braucht nur Platons berühmte Auseinandersetzung mit Homer in der Politeia zu lesen, um zu erkennen: *wie gern* die Sozialpädagogik der klassischen hellenischen Philosophie das gleiche getan hätte. Auch für Homer war im ethisch rationalen Staat kein Platz. Aber Homer war eine ungeheure und als klassisch geltende Macht in der überkommenen ritterlichen Erziehung. Es war ganz aussichtslos, in der kriegerischen Polis ihn und seine Heldengötter zu einer von Amts wegen und in der Erziehung ignorierten Rolle herabzudrücken und eine reine Literatenherrschaft auf der Basis einer ethisch purifizierten Literatur (und Musik) aufzurichten, wie dies der Patrimonialismus in China in seinem politischen Interesse, wie wir sahen, durchsetzte. Es konnte ferner, auch als die Domestikation der Polis im befriedeten Weltreich die rein politischen Hemmungen dafür beseitigt hatte, keiner der nebeneinander stehenden Philosophenschulen gelingen, zu ausschließlicher kanonischer Geltung zu gelangen, wie dies der Konfuzianismus für sich in China erreichte. Denn dies ist die Analogie: die Rezeption als allein korrekte Staats*philosophie* — so also, als ob die Cäsaren die Stoa allein toleriert und nur Stoiker in Aemter berufen hätten. Dies war im Okzident um deswillen unmöglich, weil keine Philosophenschule jene *Legitimität* des absoluten Traditionalismus für sich in dem Sinne in Anspruch nahm und in Anspruch nehmen konnte, wie Konfuzius es für seine Lehre zu tun in der Lage war und höchst absichtsvoll tat. Aus diesem Grunde vermochten sie auch politisch einem Weltherrscher und seinen Beamten nicht das gleiche zu leisten wie die konfuzianische Lehre. Sie alle waren ja, ihrer innersten Eigenart nach, an den Problemen der freien Polis orientiert: »Bürger«-Pflichten, nicht »Untertanen«-Pflichten war ihr Grundthema. Es fehlte die innere Verknüpfung mit altgeheiligten religiösen Pietätsgeboten solcher Art, wie sie in den Dienst des Legitimitätsinteresses eines Patrimonialherrschers hätten gestellt werden können. Und dem Pathos gerade der politisch einflußreichsten von ihnen lag jene absolute Weltanpassung und jene Ablehnung bedenklicher metaphysischer Spekulationen ganz fern, welche den Konfuzianismus den chinesischen Machthabern so dringend empfehlen mußte. Die Stoa blieb bis auf die Antonine die Lehre der opportunitätsfeindlichen Opposition und erst das Schwinden dieser nach Tacitus ermöglichte ihre Annahme durch diese Kaiser. Dies war die ideengeschichtlich wohl wichtigste Folge der Eigenart der antiken Polis.

So blieb die Spannung der philosophischen Lehre und Sozialethik gegen den volkstümlichen Kult im vorchristlichen Okzident in dem Sinne bestehen: daß der (entsprechend weiterentwickelte) Kult der alten »homerischen« Helden- und Volksgötter die offizielle Institution, die Lehre der Philosophen aber unverbindliche Privatangelegenheit war: — genau umgekehrt wie in China, wo eine kanonische Lehre und von ihr kanonisierte religiöse Staatsriten neben Göttern bestanden, deren Kult eine teils, wie wir sehen werden, nur offiziös gepflegte, teils nur geduldete, teils mit Mißtrauen angesehene Privatangelegenheit blieb. Solche nicht offiziell anerkannten, teilweise verdächtigen, Privatkulte gab es natürlich, neben dem offiziellen Götterkult, auch im antiken Okzident, und ein Teil von ihnen zeichnete sich durch den Besitz einer eigenen Soteriologie und einer durch diese bestimmten Ethik aus, vom Pythagoräismus angefangen bis zu den Erlöserkulten der Kaiserzeit. Das gleiche war bei manchen nicht offiziellen Kulten in China der Fall. Aber während im Okzident die Entwicklung zu jenem welthistorischen Bündnis einer dieser soteriologischen Gemeinschaften: des Christentums, mit der Amtsgewalt führte, welches noch heute nachwirkt, verlief die Entwicklung in China anders. Es konnte einige Zeit scheinen: — wir reden davon später gesondert —, als ob der Buddhismus dort eine ähnliche Rolle spielen sollte, nachdem er von den Kaisern in aller Form rezipiert worden war. Indessen die schon angedeuteten Interessen: der Widerstand der konfuzianischen Bureaukratie, merkantilistische und Währungsinteressen und schließlich eine gewaltige Katastrophe beschränkte ihn auf die Stelle eines (immerhin einflußreichen) geduldeten Kultbetriebes neben anderen. Und vor allem war in China sein Einfluß gerade in dem uns hier besonders interessierenden Punkte: der Wirtschaftsgesinnung, wie wir später sehen werden, relativ gering. Die meisten alten Volksgottheiten aber, vermehrt um eine ganze Schar von Neuschöpfungen, sind in China unter die Patronage einer geduldeten Priesterschaft geraten, welche ihren Ursprung auf eine Philosophengestalt und eine Lehre zurückführen zu dürfen behauptet, deren ursprünglich nicht prinzipiell abweichender Sinn in Gegensatz geriet zu dem des Konfuzianismus und schließlich als durchaus heterodox galt. Wir können einen Blick auf diese Heterodoxie nicht umgehen.

Individuelle mystische oder asketische Heilssuche, wie sie in Indien aus den Schichten der priesterlich nicht gebundenen Laienbildung, zumal des vedisch geschulten oder doch halbgebildeten Adels, hervorquoll, war ein dem (klassischen) Konfuzianismus gänzlich fremdes Interesse. Sie hatte im chinesischen Beamtenrationalismus ganz natürlich ebensowenig eine Stätte, wie sie jemals der Lebensführung irgendeiner Bureaukratie entsprochen hat.

Anachoreten [1]) hat es, nicht nur nach Tschung Tse [2]), sondern auch nach den erhaltenen Bildwerken [3]) und nach dem eigenen Zugeständnis der Konfuzianer, in China seit alter Zeit immer gegeben. Es finden sich selbst Notizen, welche zu der Annahme führen könnten: die Helden und Literaten hätten ursprünglich als Altersstadium ein Waldleben in der Einsamkeit geführt. In einer reinen Kriegergesellschaft war in der Tat oft der »Alte«, als wertlos, der Aussetzung preisgegeben, und es ist schon möglich, daß daher diese »Altersklassen« der Anachoreten sich zunächst aus ihnen rekrutierten. Indessen das sind unsichere Vermutungen: in historischer Zeit war eine Vanaprastha-Existenz der Alten nie, wie in Indien, als normal angesehen. Immerhin: nur die Zurückziehung von der »Welt« schuf Zeit und Kraft für das Denken ebenso wie das mystische Fühlen, — Kon-

---

[1]) Schi = Heilige, tun, jih, jin = Abgesonderte, Sien (Zeichen aus »Mensch« und »Berg«) = Anachoreten.

[2]) S. die Darstellung bei de Groot, Universismus, ferner Conrady a. a. O. und die Bemerkungen in Se Ma Tsien's Annalen, ed. Chavannes.

[3]) Gemälden, welche die Rischis als struppige Plebejer darzustellen pflegen.

fuzius ebenso wie sein Widerpart: Lao tse lebten allein und ohne Amt. Der Unterschied war nur, daß die Mystiker, — Lao tse ebenso wie Tschung Tse — das Amt im Interesse der eigenen Heilssuche ablehnten, Konfuzius es entbehrte. Auch für politisch erfolglose Literaten galt dies Anachoretentum als normale Form des Ausscheidens aus der Politik, statt Selbstmord oder Antrag auf Bestrafung [1]). Ein Teilfürstenbruder, Tschong yong, in U, geht in die Einsiedelei [2]). Und auch von einem erfolgreichen Kaiser: Hwang ti, berichtet Tschung, daß er abdiziert habe und Anachoret geworden sei. Das »Heilsziel« der alten Anachoreten darf man sich nur als 1. makrobiotisch, — 2. magisch orientiert denken: langes Leben und magische Kräfte waren das Ziel der Meister und der, in kleiner Zahl, bei ihnen weilenden und sie bedienenden Jünger. Aber daran anschließend konnte sich eine »mystische« Einstellung zur Welt und eine auf ihr ruhende Philosophie bilden und hat dies getan. Der Weise kann nur die aus der Welt, insbesondere weltlichen Würden und Aemtern, ausgeschiedenen Anachoreten etwas lehren, — erhält Kaiser Hwang ti zur Antwort. Sie sind die »Gelehrten die zu Hause sitzen«, d. h. kein Amt annahmen: der spätere Gegensatz gegen die konfuzianischen Amtsanwärter deutet sich hier schon an. Die »Philosophie« des Anachoretentums ging darüber weit hinaus. Wie aller genuinen Mystik war die absolute Weltindifferenz das selbstverständliche, auch — nicht zu vergessen — das makrobiotisch wichtige Ziel. Und Lebensverlängerung war, wie gesagt, eine Tendenz des Anachoretentums. Wichtig unter diesem Gesichtspunkt schien nun, nach der primitiven »Metaphysik«, vor allem: sparsames und rationales Umgehen (»Wirtschaften«, möchte man sagen) mit dem offensichtlichen Träger des Lebens: dem Atem. Die physiologisch feststellbare Tatsache, daß Atemregulierung Gehirnzustände spezifischer Art begünstigen kann, führte weiter. Der »Heilige« soll »weder tot noch lebend« sein, sich so verhalten, als lebte er nicht: — »ich bin ein dummer (also: der Welt-

[1]) Paradigma in der Annalistik: der Minister Fan ti im Staat Youe. Als sein König eine Stadt verliert, erklärt er, nach alten Regeln Selbstmord begehen zu müssen, unterläßt es aber. Sein enormes, als Minister gesammeltes, Vermögen vermehrt er dann anscheinend noch durch einen glücklichen Krieg mit Tsi, verteilt dies aber dann wirklich an seine Freunde und wird Anachoret, ganz wie noch bis in die Gegenwart manche indische Minister. (S. Tschepe, Hist. du R. de Ou. Var. Sinol. 10, Schanghai 1891, p. 157, 1. Append.)

[2]) Tschepe a. a. O. (6. Jahrh. v. Chr.).

klugheit entronnener) Mensch«, sagt Laotse zur Erhärtung seiner Heiligkeit, und Tschuang Tse wollte sich nicht (durch ein Amt) »Zügel anlegen« lassen, sondern lieber »wie ein Schwein im schlammigen Graben« existieren. »Sich dem Aether gleichmachen«, »den Körper abwerfen«, wurde das Ziel. Ob indische Einflüsse auf die ziemlich alte Erscheinung eingewirkt haben, darüber sind die Fachleute verschiedener Ansicht [1]). Spurlos scheinen sie nicht bei dem berühmtesten dieser aus dem Amt geflüchteten Anachoreten, dem, wenn die Tradition recht hat [2]), älteren Zeitgenossen des Konfuzius: Laotse.

Er geht uns hier nicht als Philosoph [3]) an, sondern in seiner soziologischen Stellung und Wirkung. Der Gegensatz gegen den Konfuzianismus tritt schon in der Terminologie hervor. Den harmonischen Zustand, der dem charismatischen Kaiser eignet, kennzeichnet Tse tse, der Enkel des Konfuzius, im Tschung yung als Gleichgewichtszustand, — in den durch Laotse beeinflußten oder sich als ihm anhängend ausgebenden Schriften heißt er: Leere (hu) oder Nichtssein (wu), erreichbar durch »Wu wei« (Nichts tun) und puh yen (Nichts sagen): ersichtlich typisch mystischen, keineswegs nur chinesischen, Kategorien. Nach konfuzianischer Lehre ist das Li: die Zeremonialregeln und Riten, das Mittel zur Erzeugung des Tschung [4]), — nach der Ansicht der Mystiker waren sie völlig wertlos. Sich so verhalten, als hätte man keine Seele, dadurch die Seele von den Sinnen zu befreien, — das ist die innere Haltung, die allein zur Gewalt des Tao-schi (gewissermaßen: Tao-Doktors) führen kann. Leben ist gleich dem Besitz eines »schen«, also Makrobiotik gleich der Pflege des schen, — dies lehrt das dem Laotse zugeschriebene Tao te king [5]) ganz in Uebereinstimmung mit den Konfuzianern. Nur die Mittel waren eben verschieden, der makrobiotische Ausgangspunkt aber der gleiche.

Die uns schon wiederholt begegnete Grundkategorie: »Tao«,

---

1) Dagegen, für die alte Zeit, neuestens de Groot.

2) Für diese neuestens de Groot.

3) Man darf heut wohl sagen: Mode-Philosoph. Daß L. eine halbmythische Gestalt, das Tao-te-king der massenhaften Interpolation stark verdächtig und erst spät als existierend nachweislich ist, interessiert uns nicht. Wäre er eine erdichtete Gestalt, so bliebe doch der hier allein interessierende Gegensatz der Richtungen Tatsache.

4) Tshung = Gleichgewicht (englisch: „weak"), ein konfuzianischer Grundbegriff, — taoistisch in „Leer" umgedeutet.

5) § 30. S. de Groot, Religion in China, London 1912.

nach der sich später die Heterodoxie als »Taoisten« von den Konfuzianern schied, war beiden Schulen, überhaupt: allem chinesischen Denken, dauernd gemeinsam. Ebenso alle alten Götter, — während allerdings der »Taoismus« das Pantheon um zahlreiche der Orthodoxie als unklassisch geltende Gottheiten, wesentlich durch Apotheose von Menschen: — eine Umbiegung der Makrobiotik, — bereichert hat. Gemeinsam beiden war auch die klassische Literatur, — nur daß bei den Heterodoxen Laotse's Tao te king und die Schriften Tschuangs dazu traten, die von den Konfuzianern als unklassisch abgelehnt wurden. Auch Konfuzius selbst aber hat — worauf de Groot großen Nachdruck legt — die Grundkategorien der Gegner, auch das Wu wei (laissez faire) nicht abgelehnt und offenbar gelegentlich der Lehre von dem magischen Charisma des im Tao vollendeten Nichtstuenden nahe gestanden. Gehen wir dem Gegensatz etwas weiter nach.

Der Konfuzianismus hatte alle ekstatischen und orgiastischen Reste aus dem Kult beseitigt und lehnte sie, wie der römische Amtsadel, als würdelos ab. Aber die magische Praxis hatte Ekstase und Orgiasmus hier wie überall gekannt. Die Wu (Männer oder Weiber) und Hih (Männer), die alten Medizinmänner und Regenmacher existieren bis in die Gegenwart und finden sich zu allen Zeiten literarisch erwähnt. Bei Tempelfesten waren sie noch zuletzt ekstatisch tätig; ursprünglich nahmen sie die magische »Kraft«, dann den »Geist«, dann den »Gott« in sich auf und wirkten durch ihn. Die Wu und Hih präsentierten sich später (und galten bis zur Gegenwart) als »taoistisch«. Aber im Anfangsstadium war es die nicht orgiastische — von ihnen sicher als würdelos abgelehnte, — sondern umgekehrt: die apathische Ekstase, welche Laotse und seine vornehmen Schüler suchten, wie alle Intellektuellen als Mystiker dies tun. Erst später, — wir werden sehen: wie — einigte sich die Gesamtheit der Magier, sich selbst als „taoistische“ Nachfolger Laotse's anzusehen, ihn als ihren Archegeten, weil er eben: Literat war oder dafür galt. In ihrer vollen Diesseitigkeit, ihrer Makrobiotik, waren diese Mystiker eher noch radikaler als die Konfuzianer. Doch worin bestanden die beiderseitigen Zentrallehren und Unterschiede? Die Heterodoxie wird gern als »»Taoismus« bezeichnet.

»Tao« ist an sich ein orthodox konfuzianischer Begriff:

die ewige Ordnung des Kosmos und zugleich dieser Ablauf selbst: eine in aller nicht dialektisch durchgeformten Metaphysik häufige Identifikation [1]). Bei Laotse ist es in Beziehung zur typischen Gottsuche des Mystikers gesetzt: es ist das allein Unveränderliche und deshalb absolut Wertvolle, sowohl Ordnung wie zeugender Realgrund, wie Inbegriff der ewigen Urbilder alles Seins, kurz das göttliche Alleine, dessen Teilhaftigkeit man — ganz wie in aller kontemplativen Mystik — durch absolute Entleerung des eigenen Ich von Weltinteressen und Leidenschaften bis zu völliger Nichttätigkeit (Wu-Wei) sich aneignet. Das konnte nicht nur Konfuzius selbst, sondern auch seine Schule akzeptieren und sie haben das auch getan. »Tao« war bei ihm ganz das gleiche wie bei Laotse und ein ebenso geltender Begriff. Aber: sie waren keine Mystiker. Das Interesse an der gottinnigen, durch Kontemplation zu erreichenden Zuständlichkeit hätte, wie bei der Mystik meist, so bei Laotse zur völligen Entwertung der innerweltlichen Kultur als einer Quelle religiösen Heils führen müssen. Und bis zu einem gewissen Grade traf dies auch zu. Denn das höchste Heil war auch bei Laotse eine seelische Zuständlichkeit, eine unio mystica, nicht aber ein aktiv handelnd sich bewährender Gnadenstand wie bei der Askese des Okzidents. Nach außen hin wirkte diese wie alle Mystik nicht rational, sondern nur psychologisch bedingt: die universelle akosmistische Liebesgesinnung ist typische Folgeerscheinung der objektlosen Euphorie dieser Mystiker in der apathischen Ekstase, die ihnen charakteristisch, vielleicht durch Laotse geschaffen, war. Diese an sich rein psychische Gegebenheit wurde nun auch hier rational ausgedeutet: Himmel und Erde sind als die größten Götter durch die absolute Selbstlosigkeit ihrer Leistungen für den Menschen legitimiert, durch jene bedingungslose Güte, welche nur dem Göttlichen eignet und: — der makrobiotische Einschlag der Lehre: — der Grund der dem allein ewigen Tao wenigstens angenäherten Dauer dieser Naturmächte ist. Nach diesem Muster richtet sich das eigene Verhalten des Mystikers. Wiederum wird dabei die physiologisch bedingte innere Lage rational gedeutet. Die Erhaltung der eigenen Güte und Demut in der Welt durch ein innerweltliches Inkognitoleben ist ja überall der Inhalt, jene spezifische Gebrochenheit der Weltbeziehung des

---

[1]) Zu allem folgenden vgl. besonders de Groot, der auf den sekundären Charakter der Spaltung den größten Nachdruck legt.

Mystikers, welche das Handeln, wenn sie es nicht absolut aufhebt, dann doch minimisiert, die einzige mögliche Bewährung seines Gnadenstandes, weil der einzig mögliche Beweis: daß ihm die Welt nichts anhat. Sie sind zugleich, entsprechend der eben erwähnten Theorie Laotses, die beste Gewähr der eigenen Dauer im Erdenleben, ja: vielleicht über das Erdenleben hinaus. Eine eigentliche Unsterblichkeitslehre hat Laotse selbst (oder sein schriftstellerischer Interpret) nicht entwickelt, sie scheint späteres Erzeugnis. Aber der Gedanke der Entrückung in ein ewiges Paradies bei vollendetem Tao ist wohl ziemlich alt. Allein maßgebend war er nicht. Bei Laotse selbst war vielmehr die Minimisierung des Welthandelns wenigstens primär direkte Folge der Art des mystischen Heilsbesitzes. Gewisse Folgerungen aller mystischen Religiosität hat Laotse überhaupt nur angedeutet, nicht vollzogen. Zwar der »Heilige«, den er dem konfuzianischen Ideal des »Gentleman« überordnet, bedarf der Welttugend nicht nur nicht, sie ist ihm vielmehr als Ablenkung vom eigenen Heil im Grunde gefährlich: die weltliche Tugend und ihre Hochschätzung ist — in der bei Chinesen beliebten paradoxen Formulierung — ein Zeichen, daß die Welt unheilig und gottlos geworden ist. Und auf der niedrigsten Stufe steht ihm eine solche Welt, welche durch die konfuzianische Kardinaltugend des »Li«, der »Schicklichkeit«, zusammengehalten wird. Indessen: diese Welt ist nun einmal da und es gilt also, sich in sie zu schicken.

Das geht nur durch Relativierungen irgendwelcher Art. Denn die Konsequenz der entschlossenen Weltabwendung, vor allem der grundsätzlichen Ablehnung des im Mandarinenstand lebendigen Ideals des gebildeten Gentleman (Kiün-tse) hat Laotse eben nicht gezogen. Hätte er es getan, so wäre wohl keine Spur seiner Gedanken auf uns gekommen. Er forderte freilich gegenüber der Weltanpassung des Konfuzianismus als der »kleinen« die »große« Tugend, d. h. die absolute Vollkommenheits-Ethik gegenüber der sozial relativierten. Aber diese Forderung konnte letztlich für ihn weder, einerseits, zu asketischen Konsequenzen, noch, andererseits, zu positiven Forderungen in der Sozialethik führen. Teils deshalb nicht, weil die kontemplative Mystik an sich solche Forderungen nicht zu gebären vermag. Aber eben auch deshalb nicht, weil die letzten Folgerungen nicht gezogen wurden. Der persönliche Gegensatz des Konfuzius gegen Laotse war, nach der (in ihrer Realität fraglichen, aber von manchen bedeutenden Fachmännern noch geglaubten) Ueberlieferung, nur durch gewisse, schon stark relativierte, Konsequenzen der Mystik des letzteren für die politischen Ideale bedingt. Auf der einen Seite der Zug zum Zentralismus des rational von Beamten regierten Wohlfahrtsstaates bei dem rationalistischen Literaten. Auf der andern Seite die möglichste Autonomie und Autarkie der einzelnen Staatsteile als kleiner Gemeinwesen, die eine Stätte schlichter bäuerlicher oder bürgerlicher Tugend bilden könnten und daher die Parole: möglichst wenig Bureaukratie, bei dem Mystiker, dessen Selbstvervollkommnung durch staatliche geschäftige Zivilisationspolitik ja unmöglich gefördert werden konnte. »Banne der Herr seinen stolzen Geist, seine vielen Wünsche, sein schmeichelhaftes Wesen, seine ausschweifenden Pläne«, schreibt die Tradition dem Laotse als Mahnung an Konfuzius bei dem berühmten Zusammentreffen beider zu, mit der vom Standpunkt des Mystikers ebenso selbstverständlichen, wie von dem des rationalistischen Sozialethikers unzulänglichen, Begründung: »Dies alles ist ohne Nutzen für deine Person« ,d. h. für die Erreichung der »unio mystica« mit dem göttlichen Prinzip des »Tao«. Diese Erlangung der mystischen »Erleuchtung« (ming), auf Grund deren dem Menschen dann alles andere von selbst zufällt, war ein — wenn man aus seinen überlieferten Aeußerungen etwas schließen darf — dem Stifter des Konfuzianismus persönlich unzugängliches, außerhalb der Grenzen seiner Begabung liegendes Ziel. Die ihm in den Mund gelegte staunende Aeußerung über Laotse als den »Drachen« zeigt das. Der für Laotse grundlegende Begriff der Heiligkeit (sching) spielt im konfuzianischen System keine Rolle. Er ist nicht etwa unbekannt. Er gilt aber dem Konfuzius als kaum jemals, auch von ihm selbst nicht, erreicht und steht daher beziehungslos neben dem konfuzianischen Ideal des Kiün-tse, des »vornehmen« Menschen. Oder er wird gar, wie bei Mencius, im Grunde als ein ins Vollkommene gesteigerter Gentleman angesehen. Dagegen das Schriftzeichen für die Heiligkeit Laotses drückt Demut aus und der Laotsesche Heiligkeitsbegriff liegt, als eine Kategorie der streng individualistischen Selbsterlösung, in seiner Konsequenz in der gerade entgegengesetzten Richtung wie das konfuzianische, am Maßstab der Bildung und Angepaßtheit an die Welt und Gesellschaft, wie sie einmal ist, orientierte Ideal. Aus dem gleichen Grund, aus welchem in aller Regel der okzidentale

Mystiker die Theologie als das recht eigentlich von Gott Abführende ablehnt, verwirft Laotse dies hier die Theologie vertretende Schriftgelehrtentum. Und wie gegenüber jeder konsequenten Erlösungsmystik, so ist auch gegenüber der Laotseschen der typische und ganz natürliche Vorwurf von seiten der auf die Beherrschung und Ordnung des realen Lebens gerichteten Sozialethik, im vorliegenden Falle also von seiten des Konfuzianismus der: jene sei »Egoismus«. In der Tat konnte sie, konsequent durchgeführt, nur das eigene Heil suchen, auf andere nur exemplarisch: durch Beispiel, nicht durch Propaganda oder gar durch soziales Handeln wirken wollen. In voller Konsequenz müßte sie das innerweltliche Handeln als für das Seelenheil irrelevant gänzlich ablehnen. Einige Ansätze zu prinzipiellem Apolitismus finden sich denn auch deutlich genug ausgeprägt. Indessen ist es nun zugleich der charakteristische Zug und die Quelle aller Paradoxien und Schwierigkeiten des Laotseschen Systems, daß es darin Konsequenz nicht besitzt.

Auch Laotse (oder sein Interpret) gehörte der gleichen Schicht an wie Konfuzius und auch für ihn verstanden sich daher zunächst gewisse Dinge durchaus von selbst, wie für jeden Chinesen. Erstens — in unvermeidlichem Widerspruch mit dem jenseits der Welt liegenden Selbsterlösungszweck — der positive Wert der Regierung. Er folgte vor allem aus dem überall vorausgesetzten charismatischen Beruf des Herrschers: von seinen Qualitäten hing auch für Laotse letztlich das Wohl der Menschen ab. Nur ergab sich daraus für den Mystiker: daß der Regent persönlich das Charisma des mystisch mit dem Tao Geeinten haben müsse, auf daß diese mystische Erlösung auch ebenso allen Untertanen durch die charismatische Wirkung dieser seiner Qualitäten als Gnadengabe zuteil werde. Während für den nichtmystischen Sozialethiker es genügte, daß der Regent als solcher vom Himmel gebilligt, seine Tugenden als sozialethisch vom Standpunkt der Geister aus zulängliche seien. Nicht minder war die Annahme des gesamten offiziellen Pantheon und ebenso der Geisterglaube beiden, oder wenigstens den Nachfolgern beider, gemeinsam (während allerdings das Tao-te-king anscheinend von Magie weitgehend frei war). Ein an der praktischen Politik orientierter chinesischer Gebildeter durfte dies alles nicht ablehnen. Da ein überweltlicher persönlicher Schöpfergott und Weltregent, der über alles Kreatürliche nach seinem Ermessen schaltete und dem gegenüber alles Kreatürliche unheilig war, der chinesischen Bildung ebenso unvollziehbar blieb, wie — in der Hauptsache — der indischen, so war der Weg zu einer an dem Gegensatz von Gott und Kreatur orientierten asketischen Ethik verschlossen. Daß die gegebene, wesentlich animistische, Religion für den Erlösung suchenden Mystiker letztlich wenig bedeutete, versteht sich von selbst. Daß das gleiche für den konfuzianisch gebildeten Sozialethiker der Fall war, sahen wir und werden es immer wieder sehen. Gemeinsam war beiden aber auch die Ueberzeugung: daß eine gute Ordnung des irdischen Regiments die Dämonen am sichersten in Ruhe halten werde. In dieser charismatischen Wendung des Dämonenglaubens lag einer der Gründe, welcher radikal apolitische Konsequenzen auch für die Schüler Laotses unmöglich machte. Es ist andererseits verständlich, daß für eine Intellektuellenschicht von Beamten und Amtsanwärtern eines patrimonialen Staates die individualistische Heilssuche und gebrochene Demut des Mystikers als solche, vor allem aber die Forderung charismatischer mystischer Qualifikationen für den Herrscher und die Regierenden ganz unannehmbar war, — ganz ebenso unannehmbar wie für die römische Bischofskirche das Erfordernis des persönlichen pneumatischen Charisma. Und erst recht war selbstverständlich, daß in der politischen Staatspraxis der bureaukratische Machtstaat des Rationalisten das Feld behielt. Beides geschah so sehr, daß, — während man immer wieder die Empfindung hat: nur ein Chinese könne den Konfuzianismus im einzelnen richtig interpretieren, — die europäische Wissenschaft einigermaßen einig darüber ist, daß wahrscheinlich keinem korrekten Chinesen die Anschauungen Laotses (oder seines Interpreten) in ihrem ursprünglichen inneren erlebnismäßigen Zusammenhang heute ganz nacherlebbar sind.

Die ethischen Konsequenzen der Laotseschen Mystik, wie sie bei seinen Nachfolgern, oder denen, die sich als solche ausgaben, hervortraten, mußten vollends dazu beitragen, dem Konfuzianismus das Uebergewicht zu sichern. Dazu trug die innere Inkonsequenz der Haltung der Mystiker bei.

Bei Laotse selbst fehlt, wie bei der kontemplativen Mystik meist, jede religiös motivierte aktive Gegensätzlichkeit gegen die Welt: — die kontemplativ bedingte Forderung rationaler Genügsamkeit wird damit motiviert, daß sie das Leben verlängere. Es fehlt aber überhaupt jene Spannung des Göttlichen gegenüber dem Kreatürlichen, wie sie nur durch die Festhaltung eines schlechthin überkreatürlichen, außerweltlichen, persönlichen Weltschöpfers und Weltregenten garantiert worden wäre. Auch ihm war die Güte der Menschennatur selbstverständlicher Ausgangspunkt. Und da die Konsequenz der wirklichen Weltindifferenz oder gar der Weltablehnung nicht, sondern nur die der Minimisierung des Welttuns gezogen wurde, so konnte sich aus dem allem in der innerweltlichen, für die reale Welt, wie sie war, geltenden Sozialethik im Effekt lediglich eine weitere Steigerung des konfuzianischen ökonomischen Utilitarismus ins Hedonische ergeben. Der Mystiker »genießt« Tao. Die andern, die das nicht können oder wollen, mögen genießen, was ihnen zugänglich ist. Darin drückt sich offensichtlich ein ganz prinzipieller Gegensatz zum Konfuzianismus in der Frage der ethischen und religiösen Qualifikation der Menschen aus. Der gemeine im Gegensatz zum höheren Menschen war auch für den Konfuzianer derjenige, der *nur* an die leiblichen Bedürfnisse denkt; aber eben diesen würdelosen Zustand wollte er durch Schaffung von Wohlstand und Erziehung von oben her behoben sehen. Denn die Tugend war an sich jedem zugänglich. Qualitative Grundunterschiede unter den Menschen gab es für ihn nicht, wie wir sahen. Für den *mystischen* Taoisten dagegen mußte der Unterschied zwischen dem mystisch Erleuchteten und dem Weltmenschen ein solcher der charismatischen *Begabung* sein. Darin kommt der immanente Heilsaristokratismus und Gnadenpartikularismus aller Mystik: die Erfahrung von der *Verschiedenheit* der religiösen Qualifikation der Menschen, zum Vorschein. Wer die Erleuchtung nicht hatte, der stand — okzidental ausgedrückt — außerhalb der Gnade. Er mußte und mochte also bleiben wie er war. »Den Bauch der Untertanen möge der Herrscher füllen, nicht ihren Geist, ihre Glieder stark machen, nicht ihren Charakter«: zu dieser eigentümlichen Konsequenz gelangte die Durchführung des literatenfeindlichen Erleuchtungsaristokratismus bei einem Schriftsteller, der als zur Schule Laotses gehörig zu gelten pflegt. Daß der Staat gut tue, sich auf die Fürsorge für den bloßen Unterhalt der Menschen zu beschränken, war aber eine Ansicht, die sich schon bei Laotse selbst findet, begründet bei ihm durch Abneigung gegen das literarische Wissen, welches an der wahren

Erleuchtung ja nur hinderte. Soweit der mystisch erleuchtete Regent nicht durch sein bloßes Dasein direkt charismatisch und exemplarisch wirken konnte, enthielt er sich besser alles Tuns. Man möge doch die Dinge und Menschen gehen lassen, wie sie können und mögen. Zuviel Kenntnisse der Untertanen und zuviel Regieren des Staates seien die eigentlich gefährlichen Uebel. Nur absolute Fügsamkeit in die unabänderlichen kosmischen und sozialen Ordnungen führten eben zum »Stillewerden«, zu jener Bändigung der Leidenschaften, welche im übrigen auch in der Heilslehre Laotses durch Musik, andächtige Uebung der Zeremonien, Schweigsamkeit und Schulung zur Ataraxie befördert wurde. In Konsequenz dessen stellte schon das dem Laotse zugeschriebene Tao-te-king der — mit den früher gemachten Einschränkungen — in der klassischen konfuzianischen Lehre vorwiegenden Neigung zur patriarchalen Bevormundung der Untertanen das Verlangen nach möglichster Nichtintervention entgegen, da ja doch das Glück des Volkes durch die naturgesetzliche Harmonie des Kosmos am sichersten befördert werde. Nichtinterventionstheorien fanden sich auch auf dem Boden der orthodoxen Lehre, wie wir sahen. Sie ließen sich ja außerordentlich leicht aus dem Gedanken der providentiellen Harmonie, (des Tao), der Welt, welcher schon sehr früh zu Theorien von der Interessenharmonie der Klassen, fast nach Art Bastiats, geführt hatte, herleiten und entsprachen der tatsächlich geringen Intensität und Unstetheit der Veıwaltung gegenüber dem Wirtschaftsleben. Die Stellungnahme des heterodoxen Taoismus war darin nur noch konsequenter. Gänzlich fehlte aber natürlich diesem chinesischen, und zwar gerade dem taoistischen, »Manchestertum«, infolge seines kontemplativ-mystischen Unterbaues, die aktive Note der »Berufsethik«, welche nur eine asketisch orientierte Laiensittlichkeit, die aus einer Spannung zwischen Gottes Willen und den Ordnungen der Welt stammt, hätte bieten können. Auch die stark betonte taoistische Tugend der Sparsamkeit trug daher keinen asketischen, sondern wesentlich kontemplativen Charakter (das konkrete Hauptobjekt des Streites mit der Orthodoxie war dabei: das Sparen an den Kosten der Totentrauer). —

Wenn hier mehrfach von »Nachfolgern« und »Schülern« Laotses geredet worden ist, so entspricht übrigens diese Bezeichnung nicht dem Sachverhalt. Eine »Schule« hat Laotse, mag seine persönliche Lehre historisch wie immer ausgesehen haben, wohl nicht hinterlassen. Wohl aber gab es schon geraume Zeit vor Se Ma Tsien Philosophen, die sich auf ihn beriefen, und die Mystik fand noch in weit späterer, historischer, Zeit in China einige bedeutende Vertreter, die wenigstens teilweise sich als »Schüler« Laotses betrachteten. Uns geht hier diese Entwicklung nur in einigen Punkten etwas an.

Den persönlichen Gegensatz zwischen Konfuzius und Laotse schildert die (halblegendäre) Tradition. Aber von einem »Schulgegensatz« konnte noch keine Rede sein, vor allem nicht von einem solchen, der exklusiv diese beiden Gegner entzweit hätte. Es war mehr ein, allerdings scharfer, Unterschied der Naturen, der Lebensführung und der Stellung insbesondere zu praktischen Staatsproblemen (Amt), der da vorlag. Der Schulgegensatz ist offenbar (de Groot) erst durch den Enkel des Konfuzius, Tse tse einerseits, schließlich wohl durch die scharf pointierte Polemik Tschuangs andererseits geprägt worden. Es ist sicher und von den Fachleuten (de Groot vor allem) betont: daß die typisch mystische Verwerfung des rationalen Wissens als Mittel für das (eigene oder allgemeine) Wohl zu wirken, die wichtigste (theoretische) für die Konfuzianer und schon ihren Meister unakzeptable These war. Alles andere wäre tolerabel gewesen. Insbesondere betont de Groot scharf: daß auch dem Konfuzianer der »Quietismus« (Wu Wei) nicht einfach fremd war. Die gemeinsame Herkunft aus dem alten einsamen »Denkertum« sorgte dafür. Aber freilich hatte sich unter dem Druck der politischen Geschäfte der »Sophisten« in der Teilstaatenzeit die alte Haltung gewaltig geändert. Wie sollte man ohne sichere Kenntnis der echten Riten — die nur durch Studium zu gewinnen war — dem Tao sich anpassen, welches die »Alten« als Besitz gehabt hatten? Dahinter stand natürlich der tiefe Gegensatz der mystischen Weltindifferenz dort, der Weltanpassung und des Weltreformwillens hier. Tschuang formulierte den Widerspruch gegen die Konfuzianer, Laotses Formulierungen verschärfend, dahin: 1. Sucht nach »Verstand« heißt: Hang am Aeußerlichen, — 2. nach »Vernunft«: Hang am Schall (Worten), — 3. an »Menschenliebe«: Verwirrung der eigenen Tugendübung, — 4. an Pflichterfüllung: Auflehnung gegen die Naturgesetze (die Allmacht des Tao), — 5. an »Li« (Regeln): Hang an Aeußerlichkeiten, — 6. Musik: Hang an Unsitte, — 7. an Heiligkeit:

Hang an Verkünstelung, — 8. an Wissen: Haarspalterei [1]). Die Punkte 1, 2, 5, 8 dürften die vom Konfuzianismus am stärksten perhorreszierten gewesen sein. Denn die vier Kardinalqualitäten des konfuzianischen Menschen waren: schen: Menschenliebe, li: Lebensregeln, I: Freigebigkeit (Pflichten), tschi: Wissen und von ihnen waren li und tschi die wichtigsten. Ketzerisch und unklassisch (pu king), unrichtig (pu tuan), sittlich bedenklich linkes (falsches) tao (tso Tao) war alles was davon abwich.

Die Spaltung war seit Tse tse's Angriffen da. Aber erst die Schulentwicklung und die Konkurrenz um Pfründen und Macht schufen die Bitterkeit des Streites. Denn trotz des Wu-wei-Prinzips und der Aemter-Perhorreszierung haben diejenigen späteren Literaten, die sich als »Nachfolger« Laotse's fühlten, eine der konfuzianischen Literatenschaft ähnliche Organisation zu schaffen wenigstens gelegentlich versucht. Das Tao te king — von den Konfuzianern nicht als absolut in toto ketzerisch verdammt, aber ebenso wie Tschung tse und Kuan tschong stets als unklassisch abgelehnt, d. h. nicht zu den »heiligen« Schriften gerechnet — ist wenigstens einmal kurze Zeit von den Kaisern unter die von den Kandidaten für das Examen zu studierenden Klassiker eingereiht worden. Die Konfuzianer ihrerseits haben ihre These von der Bedeutung des »Wissens« als Tugend auch des Kaisers: — der, wenn er »Gelehrter« ist, sich »ruhig« verhalten kann, aber nur dann — durch die Anlegung der riesigen offiziellen Enzyklopädien (Ku kin tu schu tsi tsing, 1715 erschienen) betätigt. Die entscheidende Bedeutung des kaiserlichen Charisma, die das Schu king bereits ausdrücklich enthielt, ist von keiner von beiden Parteien angezweifelt worden: nur die Deutung war verschieden.

Nun kam der Entwicklung einer Sonderschule auf dem Boden der Lehre Laotse's aber eine allgemeine Tendenz aller chinesischen »Wertungen« entgegen: die Schätzung des physischen Lebens rein als solchen, also: des langen Lebens und der Glaube, daß also der Tod ein absolutes Uebel sei, welches eigentlich für einen wirklich Vollkommenen vermeidbar sein müßte. Denn der wirklich Vollkommene (tschen, tsing, schin) muß ja unverletzlich und magisch begabt sein [2]), — worin sollte sich sonst seine Vortrefflichkeit praktisch bewähren [3])?

[1]) de Groot a. a. O.

[2]) Bei Wan Fei (3. Jahrh. n. Chr.). Vgl. de Groot a. a. O.

[3]) Vgl. dazu die früher zitierten Inschriften.

Dieser Schätzungsmaßstab war sehr alt. Sowohl die Schätzung der Schafgarbe — deren Kombinationen in den bekannten Orakel-Linien-Gruppen des I li eine solche Rolle spielen — wie die Schildkröte als Orakeltier erlangten ihre Rolle durch ihre Langlebigkeit. Tugendübung und speziell Studien wirkten nach dem konfuzianischen Glauben makrobiotisch, ebenso Schweigen und Meidung körperlicher Anstrengung ohne absolutes Nichtstun. Vor allem aber wurde die früher erwähnte Atemgymnastik als makrobiotisches Mittel entwickelt. Makrobiotische Pflanzen wurden spezifische Arzneimittel und das Suchen nach dem Lebenselixier systematisch betrieben, — wir sahen, daß Schi Hoang Ti eben deshalb dieser Schule seine Gnade zuwendete. Da Einschränkung der Erregung und stilles Leben nach aller Erfahrung makrobiotisch wirkten, — also: das Wu wei der Anachoreten und Mystiker, — so schien die These unanfechtbar: Meidung der Leidenschaften war die *erste* makrobiotische Kardinaltugend. Von da aus ging dann, unter dem Einfluß der gleichfalls beiden Parteien gemeinsamen Dämonenlehre, die Entwicklung weiter. War man einmal mit der Systematisierung der Makrobiotik vorgegangen, so lag es nahe, die Gesamtheit der apotropäischen und therapeutischen Magie zu rationalisieren. Das ist tatsächlich geschehen und die *theoretischen* Resultate sind im wesentlichen Gemeingut beider Schulen geworden, während allerdings die *praktische* Verwertung der unklassischen Schule überlassen blieb, da für den Konfuzianer *jede* Abwendung von dem Dogma, daß die (klassisch orientierte) *Tugend* schlechthin allmächtig sei, die Einheit der Ethik *und*, — nicht zu vergessen: — den Einfluß auf den Kaiser gefährdete, der durch den Harem ja ständig im magischen Sinn beeindruckt wurde. Eben diese *rein* magische Wendung der Laotse'schen Tao-Lehre ermöglichte und provozierte geradezu das Einströmen der Gesamtheit der alten Magier in diese Gemeinschaft. Sie waren im Süden, dem üppigsten Ackerbaugebiet, am zahlreichsten und dort ist denn auch diese Entwicklung vor allem vor sich gegangen.

Die Vereinigung des Lehrers mit den Lernenden, außerhalb der Städte, in der Einsamkeit, war in China ebenso wie in Indien (und im Gegensatz zum Okzident) die Keimzelle der „taoistischen" Klöster. Ist es schon nicht ganz unstreitig, inwieweit bereits Laotse durch indische Muster beeindruckt war (so selbständig er geistig dastand), so läßt sich vollends das gleiche Problem für die taoistische Klosterbildung nicht lösen: der Taoismus mit seinen Einsiedeleien bereitete dem Buddhismus vermutlich den Weg, die buddhistische Konkurrenz brachte die taoistische Klosterbewegung: — Bewegung zum organisierten Zusammenschluß der Einsiedler, — vermutlich in schnellen Gang. Die Eigenständigkeit des Taoismus scheint am deutlichsten dadurch bewährt, daß nicht nur nicht alle vielmehr gerade nicht die charakteristischten Funktionäre: die Magier, in Klostergemeinschaften lebten [1]). Der Taoismus war eben hervorgegangen aus der Verschmelzung der weltflüchtigen Intellektuellen-Lehre mit dem innerweltlichen, an sich uralten Gewerbe der Magier. Die »Tao Schi«, die eigentlichen Praktikanten, lebten in der Welt, verheiratet, betrieben von da aus ihre Kunst als Beruf, veranlaßten die massenhafte Stiftung von Altären für alle möglichen Heiligen: — oft schon nach kurzer Zeit, wegen Nichtbewährung, verlassen —, schufen die große offizielle Sammlung der Vorschriften und Leiturgien im 16. Jahrhundert [2]) und betrieben gegebenenfalls: Politik.

Denn, kaum allgemein verbreitet, hatte der Taoismus schon eine feste hierokratische Organisation angenommen. In der Provinz Kiang si hatte eine erbcharismatische Sippe die Fabrikation von Lebenselixieren monopolisiert [3]) und den Namen Tsien Schi (himmlischer Lehrmeister) sich appropriiert. Ein Nachfahre des Tschang ling, — der als Ratgeber der Han über Atemkunst geschrieben hatte, — stiftete in der unruhigen Zeit der Schwäche der Han-Dynastie eine Organisation, die mit eigenem Verwaltungsstab, Steuern, strenger Disziplin der politischen Gewalt erfolgreich Konkurrenz machte und schließlich, in Se tschuan, wirklich einen autonomen, zunächst allerdings als kamorristische Geheimorganisation existierenden »Kirchenstaat« schuf: das Tai Ping Kiao (Reich des Friedens: ferner Vorläufer des modernen Gebildes, von dem noch zu reden sein wird). Durch einen Apostaten 184 denunziert, von den Han verboten und verfolgt, hielt sich der Kirchenstaat infolge des sogenannten »Aufstandes der gelben Kopftücher« (einer typi-

[1]) Dies gilt freilich auch für den Mahayana-Buddhismus mit seinen »Bonzen« als Weltklerus. Aber bei ihm ist der sekundäre Charakter der Erscheinung ganz klar, beim Taoismus nicht.

[2]) Das Tao Tsang ist m. W. nicht übersetzt und scheint selten zu sein.

[3]) S. auch dazu de Groot, nach Ko Hung's Hagiographie.

schen Süd-Organisation gegen den Norden) in einem wilden Religionskrieg (dem ersten seiner Art) gegen die Regierung, bis, 215 n. Chr., der Erbhierarch es klug fand, sich dem General Wei als Tributärfürst zu unterwerfen [1]), als welcher er mit hohen Ehren bestätigt und anerkannt wurde. Seine weltliche Gewalt schwand, unter Nachhilfe der Regierung, stark: offiziell wurde er, nach Grubes glücklichem Ausdruck, nur der »Führer der Götter-Konduitenliste«, — nicht der einzige übrigens, — für Kanonisationsfälle. Denn neben Ahnenkult war Menschen-Apotheose die Quelle der mächtig angeschwollenen Zahl »unklassischer«, »taoistischer«, vom klassischen Kult ignorierter, Götter, deren höchster, Panku, der Himmelskönig, thronend auf dem Jaspisberg des Westens mit seinen Gattinen, der alten persönlichen Gottesvorstellung vom Himmelsherrn entnommen ist.

Die Macht über die Dämonen, die sich die Tao Schi zuschrieben, war die Grundlage ihrer politischen Laufbahn, die nun begann. Denn im Kampf zwischen den Literaten und den ihnen feindlichen Gewalten finden wir fortan die Taoisten stets auf der Gegenpartei. Sie waren zuerst »aristokratisch«: die bildungslosen Feudalinteressenten brauchten sie als Werkzeuge. Ihre Gegnerschaft gegen die konfuzianischen Riten und Zeremonien [2]) und gegen die konfuzianische Ordnungs- und Erziehungswut befähigte sie zu dieser Stellungnahme: »das Volk soll bildungslos bleiben«. In Se Ma Tsien's Epoche war dies ihre Stellung und erst 124 gelang es den Literaten, ihrer Herr zu werden und durchzusetzen, daß alle Pfründen ihnen reserviert und die Pepinière der 70 Hofliteraten aus allen Teilen des Reichs rekrutiert wurde [3]). Dann aber, als es mit dem Feudalismus zu Ende war und der Hauptgegner der Literaten der Sultanismus, gestützt auf Eunuchen, Generäle und aliterarische Günstlinge, wurde, schlugen sich die Taoisten ganz regelmäßig auf deren Seite. Jedes Aufflammen der Eunuchenmacht führte zu politischem Einfluß der Magier. Auch dieser, stets wieder

---

[1]) Benutzt ist de Groot a. a. O. und die gangbare Literatur. de Groots Vortrag in den Transactions of the 2d Intern. Congr. for the Hist. of Rel. Oxford 1907, Vol. I war mir z. Z. nicht zugänglich. Ebenso nicht: Imbanet-Huart, La légende du premier pape taoiste et l'histoire de la famille pontificale du Tschang (Journ. As. Nov.-Dec. 1884, p. 389).

[2]) Ueber diese Gegnerschaft vgl. Chavannes zu Se Ma Tsien's Traktat »Riten« Vol. III, p. 210, Anm. 1.

[3]) Vgl. Chavannes' Vorrede zu Se Ma Tsien. Dieser, ihr Gegner, beklagt ihr stets neues Emporkommen.

— am entschiedensten unter den pazifistischen Mandschu — mit dem Siege der Literaten endigende, Kampf hat bis in die Regierung der Kaiserin-Witwe gedauert. Und man darf sich keine falschen, an unserem Konfessions-Begriff orientierten, Vorstellungen machen: a u c h der konfuzianische Mandarin nahm für g e w i s s e Dienste den Taoisten in Anspruch [1]), wie der klassische Hellene den, sonst verachteten, »Propheten« oder (später) Horoskopisten. Eben darauf beruhte die Unausrottbarkeit des Taoismus, daß die siegreichen Konfuzianer s e l b s t sich das Ziel radikaler Ausrottung der Magie überhaupt, und dieser Magie im besonderen, nie stellten, sondern nur: der Monopolisierung der Amtspfründen.

Indessen nicht einmal dies gelang vollständig. Wir werden später sehen, welche (geomantische) Gründe sehr oft der restlosen Beseitigung einmal existierender Baulichkeiten im Wege standen. Ließ man aber die Klöster bestehen, so mußte man wohl oder übel auch die Insassen gewähren lassen, — was auch für die Buddhisten galt, wie wir sehen werden. Und die Deisidaimonie und Magie a l l e r Literatenschichten scheute auch immer wieder vor der Reizung der »Geister«, auch der unklassischen, zurück. Daher b l i e b e n die Taoisten staatlich geduldet, ja, in gewissem Sinn, anerkannt. Die offizielle Stellung der dem Tschang Tien Scha, dem taoistischen Erbhierarchen, untergeordneten Tao Luh Se ist offenbar der von buddhistischen Superioren nachgebildet. An bestimmten Staatstempeln existieren taoistische Staatspriesterstellen, regelmäßig: 1. ein Direktor, 2. ein Hierophant, 3. ein Thaumaturgist (für Dürre und Ueberschwemmung), 4. einfache Priester [2]). Inschriften mancher unabhängig gewordener Nachbarfürsten zeigen ausgeprägt taoistische Züge [3]). Die absolute Verwerfung des Taoismus durch Kang Hi's heiliges Edikt und alle Mandschu-Herrscher hat daran nichts geändert.

Ehe wir zu dem, von Orthodoxen und Heterodoxen gemeinsam geschaffenen spezifisch chinesischen »Weltbild« zurückkehren, registrieren wir hier, vorgreifend, nur kurz: daß die Stellung des aus Indien, im Interesse der Gewinnung von be-

---

[1]) So Jung Lu 1903.

[2]) Vgl. das W. Fr. M a y e r sche offizielle Pfründenlexikon des chinesischen Staats: The Chinese Government (Schanghai 1878), p. 70.

[3]) So die schon zitierten des Nan-Tschao-Königs, ed. Chavannes, Journ. Asiat. 9 Ser. 16, p. 1900.

quemen schreibkundigen Verwaltungskräften und eines weiteren Mittels der Massendomestikation, importierten Buddhismus, politisch angesehen, sehr ähnlich war [1]).

Der spezifisch an die weibliche Gefühlsseite appellierende, aliterarische, Charakter des reformierten (Mahayana-) Buddhismus [2]) machte ihn zu einer Lieblingskonfession des Harems. Immer wieder finden wir die Eunuchen als seinen Begünstiger, genau wie beim Taoismus, besonders im 11. Jahrhundert unter den Ming [3]).

Neben dem erwähnten währungspolitischen und dem merkantilistischen Interesse des Konfuzianismus (und, natürlich, der vielfachen Pfründenkonkurrenz) war dessen Gegensatz gegen den Sultanismus, den die Buddhisten stützten, eine der Triebfedern der furchtbaren Verfolgungen. Aber: — sowenig wie den Taoismus hat man den Buddhismus wirklich »ausgerottet«, so scharf sich die Edikte der Kaiser aussprachen und trotz aller an ihn anknüpfenden Geheimgesellschaften (»weißer Lotos«). Neben dem später zu erwähnenden geomantischen Grunde war dafür auch wieder maßgebend: daß es Zeremonien gab, die der Chinese nicht missen wollte und welche nur der Buddhismus bot: Totenmessen insbesondere, und daß der Seelenwanderungsglaube eine der populären Jenseitsvorstellungen geblieben war, nachdem er einmal Fuß gefaßt hatte. Daher finden sich ganz ebenso wie taoistische auch buddhistische anerkannte Pfründen [4]), deren Stellung uns hier noch nicht beschäftigen soll. — Denn wir kehren hier zum Taoismus zurück. —

Der aliterarische und antiliterarische Charakter des späteren Taoismus wurde der Grund, weshalb er — was uns hier interessiert — gerade in Kaufmannskreisen starke (nicht: exklusive!) Wurzeln faßte: ein sehr deutliches Paradigma (das wir

[1]) Hergang, Verlauf und Wirkung der Rezeption weiterhin in der Geschichte des Buddhismus. Hier nur gewisse formale Seiten.

[2]) Darüber an gegebenem Ort. Er war nicht das Ursprüngliche.

[3]) S. die Registrierung der Fälle in Kaiser Khien Lung's Yu tsiuan thung kian kong mu. Beispiele: 1451 wurden 50 000 Bonzen ordiniert trotz Protestes der Konfuzianer (p. 288 bei Delamarre), 1452 war der maßgebliche Eunuch Buddha-Anhänger (p. 292 das.) und daher Feind »der Beamten« (Konfuzianer), 1481 wurde ein Bonze Großalmosenier (p. 379), der dann 1487 (p. 385) auf Verlangen der Beamten — nach Fallen eines Aërolithen — abgesetzt wurde.

[4]) Mayer's Staatspfründebuch a. a. O. Die Auswahl der Sung Luh se (Superior), deren es in jedem Distrikt zwei gibt, erfolgt durch die Lokalbehörden aus den fang sheng (Aeltesten) der Klöster; für das Wohlverhalten der Bonzen haften die Superioren.

noch oft kennen lernen werden) dafür: daß die ökonomischen Bedingungen allein nirgends die Art der Religiosität einer Schicht bestimmt haben[1]). Umgekehrt konnte seine Eigenart nicht gleichgültig für die Lebensführung der Kaufleute bleiben. Denn er war eine absolut antirationale und dabei — sagen wir es offen: — höchst subaltern gewordene magische Makrobiotik, Therapeutik und Apotropie geworden. Vorzeitigen Tod zu verhindern — der ihm als Sündenstrafe galt[2]), — den (taoistischen, unklassischen) Reichtumsgott und die zahlreichen apotheosierten Beamten- und Funktionsgötter günstig zu stimmen: das versprach er zu leisten. Irgend so etwas wie eine »bürgerliche Ethik« aber war bei ihm natürlich am allerwenigsten zu finden. Insofern interessiert er uns hier schlechterdings nicht. Sondern nur in seinen indirekten, negativen, Wirkungen.

Die der Orthodoxie und Heterodoxie gemeinsame Duldung und die dem Taoismus eigene positive Pflege der Magie und der animistischen Vorstellungen haben praktisch den Fortbestand der ungeheuren Macht dieser im chinesischen Leben entschieden. Werfen wir einen Blick auf die Wirkungen. Allgemein läßt sich sagen: jede Art von Rationalisierung des an sich uralten empirischen Wissens und Könnens in China hat sich in der Richtung des magischen Weltbildes bewegt. Die Astronomie wurde Astrologie, soweit sie nicht Kalenderwissenschaft war. Als solche war sie uralt und stand zunächst im Dienst der Verteilung der Ackerbaugeschäfte auf die Jahreszeiten. Die Technik war primitiv und reichte in keiner Art an die babylonischen Leistungen heran. Mit der Neuredaktion des Kalenders unter dem literatenfeindlichen Schi Hoang Ti begann der Aufstieg der Chronomantik: eine rein nach Analogien und makrokosmischen Vorstellungen vorgenommene Verteilung der Obliegenheiten auf die Monate, auf dies fasti und nefasti (je für konkrete Dinge, nicht: allgemein). Die »Ta Schi« (»hohe Schriftsteller«) als Kalenderbehörde, ursprünglich mit den Annalisten identisch, sind in die offizielle Abteilung für Astronomie und Astrologie

---

[1]) Wie gegenüber den früheren Aufsätzen über den Puritanismus oft behauptet wurde.

[2]) Auch der Orthodoxie. Vgl. Se Ma Tsien, ed. Chavannes, Tome I, p. 196: »nicht der Himmel sendet von sich aus vorzeitigen Tod. Sondern er richtet sich nach dem Verhalten des Menschen«. Vgl. aber die zu Nr. II a. E. zitierten monumentalen Dokumente.

übergegangen. Der chronomantische Betrieb aber — an der Hand der massenhaften Nachdrucke des von der Regierung hergestellten Schi Hien Schan (Kalenders, chronomantischen Grundbuchs) wurde eine Erwerbsquelle der »Tagemeister«, welche bei jeder Wahl eines Tages gefragt werden sollten.

Die Astrologie andererseits stand mit der sehr alten Meteorologie im Zusammenhang. Konjunkturen, Sichtbarkeit der Venus, Art des Leuchtens der Gestirne, Feststellung der Winde, — ursprünglich, wie de Groot [1]) annimmt, durch die Bedeutung der Passate bedingt, — dann aber: Erdbeben, Bergrutsche, Aërolithen, monströse Geburten, aber auch Deutung zufälliger Aeußerungen von Kindern (als besonders unmittelbarer Medien) und dergleichen magische »Meteorologie« aller Art haben eine ungeheure Literatur entstehen lassen, die ausschließlich der Prüfung dienen: ob die »Geister« in Ordnung sind oder nicht: — worauf, im negativen Fall, das Weitere die Staatsleitung angeht. Die Wu und Hih, uralte meteorologische Magier und Regenzauberer, die dies betrieben, galten als »taoistisch«; — nicht selten waren es hysterische (clairvoyante) Weiber, die diesen Erwerb besonders einträglich betrieben.

Die Arzneilehre und die mit ihr zusammenhängende Pharmakologie, einst achtbare empirische Leistungen aufweisend, wurden völlig animistisch rationalisiert. Es wurde schon erwähnt, daß makrobiotische Pflanzen die Schen-jo-Arzneien lieferten; sie wuchsen in Unmassen, wie die Bäume des Lebens der Hebräer, in dem »Paradies des Westens«, dem Hain der Königin Si wang mu. Inwieweit die chinesische Expansion auch durch die Hoffnung nach dessen Entdeckung mitbestimmt wurde (wie Schi Hoang Ti's See-Expedition nach dem Lebenselixier) muß wohl dahingestellt bleiben. Die älteren Zustände kennzeichnet jene (absolut geglaubte) Legende von dem Fürsten der die Krankheitsgeister in seinen Eingeweiden sich darüber unterhalten hört (!), wie sie sich am besten einnisten (Fieber-Träume animistisch rationalisiert!). Aber das ist noch relativ recht primitiv gegen die weitere Rationalisierung. Elemente, Jahreszeiten, Geschmacksarten, Wetterarten werden mit den 5 (!) menschlichen Organen, dadurch wieder: Makrokosmus mit Mikrokosmus, in Beziehung gesetzt und daran die magische

[1]) Universismus p. 343; — das Buch ist hier überall benutzt, wie jeder Leser sieht.

Therapie orientiert. Die alte Atemtechnik mit dem Ziel: den Atem, als Träger des Lebens, im Körper »aufzuspeichern«, wie das Tao te king riet, und dazu: Gymnastik, bestand daneben als Therapie fort. Schon Tang tschuan schu (2. Jahrh. v. Chr.) lehnte die Leidenschaft als Gefährdung der Atemwirkung ab, das (nach de Groot) nachchristliche Su Wen galt als klassisches Lehrbuch der wissenschaftlichen Atemkunstlehre. Dazu traten »Fu« (Pinselstriche der — charismatischen — Mandarinen) als Amulette und dergleichen.

Doch lassen wir diese, de Groot entnommenen, Dinge. Denn ungleich wichtiger ist für uns die gewaltige Entwicklung der Praxis der Geomantik, des Jang Schu oder Fung Schui (»Wind und Wasser«). Zeit für die Bauten aller Art gaben, sahen wir (mit de Groot), die Chronomanten (Schi) an. Aber die Hauptsache kam dann erst: die Formen und Oerter. Nach einem Kampf zwischen mehreren geomantischen Schulen siegte [1]) im 9. Jahrh. die »Formen«-Schule über die mehr material animistische Gegnerin: die weit größeren Sportelchancen dieser Geomanten dürften dabei entscheidend beteiligt sein. Denn seitdem galt als ausgemacht: daß alle Formen von Bergen, Höhen, Felsen, Flächen, Bäumen, Gräsern, Gewässern geomantisch bedeutsam seien, ein einziger Felsblock durch seine Form ganze Gebiete vor Angriffen übler Dämonen schützen könne, es also nichts, schlechthin gar nichts Unerhebliches auf diesem Gebiete geben könne, vor allem die geomantisch furchtbar empfindlichen Gräber wahre Pestherde geomantischer Einflüsse seien, daß also für jeden Bau, selbst intern (Wasserrinnen in Wohnungen) geomantische Kontrolle unentbehrlich sei: denn jeder Todesfall beim Nachbar konnte, auf den eigenen Bau zurückgeführt, Rache bedeuten, jede neue Grabanlage alle Grabgeister stören und furchtbares Unheil stiften. Vor allem aber: die Art des Bergwerkbetriebs war stets geeignet, im Fall von Neuerungen die Geister zu erregen; vollends Eisenbahnanlagen, Fabrikanlagen mit Rauch — man kannte und benutzte die Steinkohle in China in vorchristlicher Zeit — hätten ganze Gegenden magisch verpestet. Die magische Stereotypierung der Technik und Oekonomik, verankert an diesem Glauben und an den Sportelinteressen der Geomanten, schloß die Entstehung von Verkehrs- und gewerb-

[1]) de Groot a. a. O. S. 373.

lichen Betrieben moderner Art als bodenständiges Produkt völlig aus. Es bedurfte erst des im Sattel sitzenden Hochkapitalismus und des Engagements gewaltiger Mandarinen-Vermögen in den Eisenbahnkapitalien, um diese ungeheure Barriere zu überrennen und die Wu und Hih ebenso wie die Chrono- und Geomanten zunehmend unter die »Schwindler« zu verweisen. Aus eigener Kraft konnte das nie geschehen.

Denn es war keine Seltenheit, daß viele Kilometer weite Umwege dauernd gemacht wurden, weil ein Kanal-, Straßen- oder Brückenbau vom geomantischen Standpunkt aus gefährlich war, daß buddhistische, also ketzerische, Klöster wegen des Fung Schui, als geomantische »Verbesserung« der Natur also, gestattet und den Mönchen gegen starken Entgelt die Verpflichtung auferlegt wurde, geomantisch wichtige Zeremonien zu halten. Vollends die Gewinne der Geomanten selbst — und jede Partei zahlte sich einen, wenn es sich um Baustreit und dergleichen handelte — sollen ins Fabelhafte gegangen sein.

So ist über dies alte schlichte empirische Können der Frühzeit, dessen Reste wir überall finden, und über eine technisch nicht geringe Begabung — wie die »Erfindungen« zeigen, — ein Ueberbau magisch »rationaler« Wissenschaft gestülpt: Chronometrie, Chronomantik, Geomantik, Meteoromantik, Annalistik, klassische, mantisch bedingte, Staatskunde, Medizin, Ethik. Waren dabei die volkstümliche Stellung und die magischen Erwerbsinteressen, also die Heterodoxie oft praktisch führend, so hat die Literatenkaste ihrerseits sich an dieser Rationalisierung entscheidend beteiligt. Die kosmogonische Spekulation mit der heiligen Fünfzahl: 5 Planeten, 5 Elemente, 5 Organe usw., Makrokosmus und Mikrokosmus in Entsprechung (ganz nach babylonischer Art, aber absolut eigenständig, wie jeder Vergleich zeigt [1]), — diese chinesische »universistische« Philosophie und Kosmogonie verwandelte die Welt in einen Zaubergarten. Jedes chinesische Märchen zeigt die Volkstümlichkeit der irrationalen Magie: wilde, durch nichts motivierte dei ex machina durchschwirren die Welt und können alles machen; nur Gegenzauber hilft. Von der ethischen Rationalität des Wunders ist keine Rede.

Dies wurde — um es deutlich zu sagen — nicht nur be-

---

[1]) Die »panbabylonistische« These wird angesichts des de Grootschen Buches wohl verlassen werden.

stehen gelassen und geduldet, sondern gesteigert durch die Anerkennung des magischen Weltbildes und seine Verankerung an den massenhaften Erwerbschancen, die es den Wu, Hih, Schi aller Art bot. Der Taoismus war nicht nur ebenso traditionalistisch wie der Konfuzianismus, sondern, infolge seiner aliterarischen Irrationalität, weit mehr. Ein eigenes »Ethos« aber kannte er überhaupt nicht: Zauber, nicht Lebensführung, entschieden über das Schicksal. Dies schied ihn, in dem Endstadium seiner Entwicklung, von dem — wie wir sahen — darin gerade umgekehrt orientierten Konfuzianismus, dem die Magie gegen die Tugend als machtlos galt. Aber die eigene Hilflosigkeit gegenüber dem magischen Weltbild hinderte es völlig, daß der Konfuzianismus jemals die grundlegenden rein magischen Vorstellungen der Taoisten, mochte er sie auch verachten, auszurotten in der inneren Lage gewesen wäre. Jede Antastung der Magie erschien als Gefährdung der eigenen Macht: »wer wird den Kaiser hindern zu tun was er will, wenn er die omina und portenta nicht mehr glaubt?« — war s. Z. die entscheidende Antwort eines Literaten auf die Anregung: mit diesem Unsinn Schluß zu machen. Der magische Glaube gehörte zu den konstitutionellen Grundlagen der chinesischen Regierungsmachtverteilung.

Aber auch die taoistische Lehre — die von diesen magischen Kruditäten und auch von der »universistischen« Theorie unterschieden werden kann, — wirkte nicht rationaler und bildete kein Gegengewicht. Die Lehre »von den Handlungen und Vergeltungen«, ein Produkt des Mittelalters, galt als taoistisch, und mit dem gleichen Namen pflegte — sahen wir — derjenige magische Betrieb bezeichnet zu werden, welcher nicht von buddhistischen Bonzen ausgeübt wurde, sondern, soweit sichere historische Kunde zurückreicht, in den Händen jener besonderen Priester- oder vielmehr Zaubererklasse plebejischen Charakters und plebejischer Rekrutierung lag. Mit dem Konfuzianismus teilte er, wie nach dem Gesagten zu erwarten, einen Teil auch der nicht rituellen Literatur: so galt angeblich ein Buch »vom geheimen Segen« als gemeinsam. Ebenso, sahen wir, die allgemeinen magischen Voraussetzungen. Nur waren diese eben in der geschilderten Art außerordentlich viel ausschließlicher entwickelt und außerdem, im Gegensatz zum Konfuzianismus mit bestimmten positiven Verheißungen für das Diesseits und

Jenseits verknüpft. Denn in diesen bestand ja der Wert der von der vornehmen Intellektuellenschicht mißachteten volkstümlichen Gottheiten für die Massen. Was der Konfuzianismus unterließ, das nahm eben deshalb die plebejische Priesterschaft des Taoismus in Angriff: dem Bedürfnis nach einer gewissen Systematik des Pantheon einerseits, nach Kanonisierung bewährter menschlicher Wohltäter oder Geister andererseits abzuhelfen. Der Taoismus hat so den von der offiziellen Lehre verunpersönlichten alten persönlichen Himmelsgott als Yü-hoang-schang-ti mit Laotse und einer dritten Figur unbekannter Herkunft zu der Trias der »Drei Reinen« zusammengefaßt, die überall verehrten volkstümlichen 8 Hauptgenien (zum Teil historische Personen) und die sonstigen himmlischen Heerscharen leidlich schematisiert, den Stadtgott (sehr oft einen kanonisierten Mandarinen der Stadt) in seiner Funktion als amtlichen Konduitenlistenführer für das Jenseitsschicksal der Einwohner und also als Herren über Paradies und Hölle gesichert, und die Kultorganisation für ihn und die sonstigen kanonisierten Naturgeister oder Heroen in die Hand genommen, soweit ein solcher dauernd organisierter Kult überhaupt entstand. Meist wurden die Mittel durch Subskription und Turnusdienst der lokalen Interessenten aufgebracht und nur an den großen Festen von Priestern Messen gelesen.

Neben dieser Schaffung eines unoffiziellen, aber geduldeten eigentlichen Kultes ging ferner, bereits seit den Zeiten der frühesten bekannten, sich als »Schüler« Laotses bekennenden Schriftsteller jene Esoterik her, welche die mit dem Besitz des Tao Begnadeten als Träger übermenschlicher Kräfte aller Art behandelte und ihnen die Spendung magischen Heils an die Bedürftigen zuschob.

Besteht nach allem Gesagten historisch die Verknüpfung dieses esoterischen Taoismus mit Laotse oder anderen Mystikern wirklich zu Recht, so war diese Entwicklung keineswegs erstaunlich. Denn die Weiterentwicklung der schon an sich unklassischen Kontemplation und vor allem des alten Anachoretentums mußte hier, wie überall da, wo der Weg von dem heilsaristokratischen Charisma des Begnadeten zu einer rationalen Askese nicht gefunden wurde, von der mystisch-pantheistischen Vereinigung mit dem Göttlichen aus direkt zu sakramentaler Magie: zu zauberischer Beeinflussung der Geisterwelt und praktischer Anpassung an die magische Gesetzlichkeit ihres Wirkens führen. Ein anderer Weg vom Heilsaristokratismus des der Erleuchtung Teilhaftigen zu einer Volksreligiosität war kaum möglich, wie schon in der Einleitung dargetan ist.

Anthropolatrische Entwicklungen, wie sie sonst bei ritualistischer Umbiegung als Anpassung der aristokratischen Erleuchtungs-Erlösung an die Massenbedürfnisse eintreten: — der begnadete Magier wird, als Träger von »Yang«-Substanz, Anbetungsobjekt und lebender »Heiland« — hat die chinesische Regierung aus politischen Gründen früher sowenig wie im 19. Jahrh. geduldet. Kultartige Verehrung eines lebenden Charismaträgers — Anbetung und Gebet um gute Ernte — findet sich aus dem 4. Jahrhundert v. Chr. berichtet [1]). Die spätere Praxis der Orthodoxie ließ dies indessen nur für Verstorbene, namentlich für charismatisch bewährte Beamte zu und suchte sorgsam alle und jede Qualifizierung von lebenden Menschen als Propheten oder Heilande, sobald sie über die unausrottbare Verwendung der Spezialisten bestimmter magischer Techniken hinauszugehen und vollends, sobald sie zu hierokratischen Bildungen zu führen drohte, hintanzuhalten.

Dem Taoismus ist es aber immerhin, sahen wir, wiederholt gelungen, von den Kaisern anerkannt zu werden. Im 11. Jahrhundert wurde sogar ein taoistisches Prüfungswesen nach dem Muster des konfuzianischen, mit 5 Graden, neben den orthodoxen Prüfungen etabliert. In solchen Fällen handelte es sich also darum, taoistisch gebildeten Studenten die Aemter und Pfründen zugänglich zu machen; jedesmal aber erhob sich hiergegen der geschlossene Protest der konfuzianischen Schule, der es denn auch gelang, die Taoisten aus dem Pfründengenuß wieder hinauszuwerfen. Drehte sich so der Streit ökonomisch und sozial um die Frage: wer den Genuß der Steuererträge des Reichs haben sollte, so wirkte sich in diesen Kämpfen doch auch der tiefe innere Gegensatz des Konfuzianismus gegen alle emotionellen Formen der Religiosität und Magie aus. Fast stets waren es, sahen wir, Harem und Eunuchen, die traditionellen Feinde der Literaten, durch welche die taoistischen Zauberer den Weg zum Palaste fanden: — bei dem Versuch von 741 wurde

[1]) de Groot, Religion, p. 64 f. Die Anbetung lebender Menschen (Mandarinen) wird noch in einem Reskript von 1883 (Peking Gazette vom 18. 1. 83) für strafbar erklärt.

ein Eunuch Akademiepräsident. Und stets war es der stolze, maskuline, rationale und nüchterne, darin dem Römertum verwandte, Geist des Konfuzianismus, der sich dagegen sträubte, die hysterische Erregung der Weiber und ihre Zugänglichkeit für Aberglauben und Mirakel sich in die Leitung der Staatsgeschäfte mischen zu lassen. Der Gegensatz ist in dieser Art bis zuletzt bestehen geblieben. In einem in anderem Zusammenhang zitierten Bericht eines Hanlin-Professors aus dem Jahre 1878 anläßlich der allgemeinen Erregung bei einer großen Dürre wird den beiden regierenden Kaiserinnen nachdrücklich vorgetragen: daß nicht Erregung, sondern ausschließlich und allein ein »gefaßter und unerschütterter Geist«, im übrigen aber die korrekte Erfüllung der rituellen und ethischen Staatspflichten die kosmische Ordnung erhalten und wiederherstellen könne. Der Antragsteller fügt mit deutlicher Spitze echt konfuzianisch hinzu: er beanspruche seinerseits nicht, die Geheimnisse der Dämonen und Geister enthüllen oder aus Zeichen wahrsagen zu können, aber Eunuchen und Gesinde des noch jugendlichen Kaisers sollten sich vor abergläubischem Geschwätz hüten, welches die Gefahr der Heterodoxie mit sich bringe. Er schließt mit der schon früher zitierten Mahnung, die Kaiserinnen sollten durch Uebung der Tugend und nicht auf andere Weise der Lage Rechnung tragen. Das in seinem stolzen Freimut eindrucksvolle Denkmal konfuzianischer Gesinnung [1]) zeigt zugleich unverkennbare Nachklänge der alten Gegensätze.

Für die Anhänglichkeit von Kreisen der Kaufmannschaft an den Taoismus war, sahen wir, ausschlaggebend: daß ihr Spezialgott des Reichtums, also der Berufsgott der Kaufmannschaft, ein von taoistischer Seite gepflegter Gott war. Der Taoismus hat ja eine ganze Anzahl von solchen Spezialgöttern zu Ehren gebracht. So den als Kriegsgott kanonisierten Heros der kaiserlichen Truppen, Studentengötter, Götter der Gelehrsamkeit und vor allem auch: der Langlebigkeit. Denn hierin lag eben, wie in den eleusinischen Mysterien, auch beim Taoismus der Schwerpunkt: in den Verheißungen von Gesundheit, Reichtum und glücklichem Leben im Diesseits und Jenseits. Die Lehre von den Handlungen und Vergeltungen stellt für alle Handlungen Belohnungen und Strafen durch die Geister in Aussicht, sei es im Diesseits, sei es im Jenseits, sei es an dem Täter selbst, sei

---

[2]) Peking Gazette vom 24. 6. 1878.

es — im Gegensatz zur Seelenwanderungslehre — an seinen Nachkommen. Die Jenseitsversprechungen insbesondere zogen ein großes Publikum an. Da die Lehre, daß das »richtige Leben« des einzelnen für sein Verhalten, das des Fürsten für das Schicksal des Reichs und die kosmische Ordnung entscheidend sei, den Taoisten ebenso selbstverständlich war wie den Konfuzianern, so mußte auch der Taoismus ethische Anforderungen stellen. Aber diese unsystematischen Ansätze zu einer Verknüpfung des Jenseitsschicksals mit einer Ethik blieben ohne Folge. Die nackte Magie, von der konfuzianischen Bildungsschicht nie ernstlich bekämpft, überwucherte immer wieder alles. Eben infolgedessen hat sich die taoistische Lehre in der geschilderten Art zunehmend zu einer sakramentalen Therapie, Alchimie, Makrobiotik und Unsterblichkeitstechnik entwickelt. Der Urheber der Bücherverbrennung, der Feind der Literaten ist durch die Unsterblichkeitstränke der Taoisten mit ihnen zusammengeführt worden. Seine Expedition nach den Inseln der Unsterblichen im Ostmeer wird in den Annalen verzeichnet. Andere Herrscher mehr durch ihre Versuche, Gold zu machen. Innerhalb der für die Lebensführung der Gebildeten maßgebenden Schicht des literarisch geschulten Beamtentums blieb die ursprüngliche Lehre Laotses in ihrem Sinne unverstanden und in ihren Konsequenzen schroff abgelehnt, die Magie der seinen Namen führenden Priester aber wurde mit duldsamer Verachtung als geeignete Kost für die Massen behandelt.

Darüber, daß der Taoismus sowohl in seiner hierarchischen Organisation, wie seiner Pantheonbildung (namentlich: der Trias der höchsten Götter), wie in seinen Kultformen, wenn nicht alles, so doch vieles, erst dem Buddhismus nachgeahmt hat, herrscht im allgemeinen unter den Sinologen kein Zweifel, wenn auch der Grad der Abhängigkeit bestritten ist.

In seinen Wirkungen war der Taoismus noch wesentlich traditionalistischer als der orthodoxe Konfuzianismus. Dies ist von einer durchaus magisch orientierten Heilstechnik, deren Zauberer ja an der Erhaltung der Tradition und vor allem der überlieferten Deisidaimonie direkt mit ihrer ganzen ökonomischen Existenz interessiert waren, nicht anders zu erwarten. Und es nimmt daher nicht wunder, dem Taoismus die ausdrückliche Formulierung des Grundsatzes: »führe keine Neuerungen ein«, zugeschrieben zu finden. In jedem Falle führte von hier nicht nur kein Weg zu einer rationalen — sei es inner- oder außerweltlichen — Lebensmethodik, sondern die taoistische Magie mußte eines der ernstlichsten Hindernisse für die Entstehung einer solchen werden. Die eigentlich ethischen Gebote waren im späteren Taoismus — für die Laien — materiell wesentlich die gleichen, wie im Konfuzianismus. Nur daß der Taoist von ihrer Erfüllung persönliche Vorteile, der Konfuzianer mehr das gute Gewissen des Gentleman erwartete. Der Konfuzianer operierte mehr mit dem Gegensatz: »recht« — »unrecht«, der Taoist, wie jeder Magier, mehr mit »rein« — »unrein«. Trotz seines Interesses für Unsterblichkeit und jenseitige Strafen und Belohnungen blieb er innerweltlich orientiert wie der Konfuzianer. Der Gründer der taoistischen Hierarchie soll sich das, die Aeußerung des Achilleus in der Unterwelt noch überbietende Wort des Philosophen Tschuang-Tse ausdrücklich angeeignet haben: daß »die Schildkröte lieber lebend den Schwanz durch den Kot schleifen als tot in einem Tempel verehrt werden wolle«.

Nachdrücklich ist daran zu erinnern, daß die Magie auch im orthodoxen Konfuzianismus ihren anerkannten Platz behalten hat und ihre traditionalistischen Wirkungen übte. Wenn, wie erwähnt, noch im Jahre 1883 ein Zensor dagegen protestierte, daß die Deicharbeiten am Hoangho nach moderner Technik, also anders als in den Klassikern vorgesehen, vorgenommen würden, so war dabei zweifellos die Befürchtung vor Beunruhigung der Geister ausschlaggebend. Nur die bei den volkstümlichen Magiern vorkommende emotionale und die bei den Taoisten heimische apathische Ekstase, überhaupt alle in diesem psychologischen Sinn »irrationale« Magie und jede Form von Mönchsaskese lehnte der Konfuzianismus durchaus ab.

Hinlänglich starke Motive für eine religiös orientierte, etwa puritanische, Lebensmethodik des einzelnen konnte die chinesische Religiosität also weder in ihrer offiziellen staatskultischen noch in ihrer taoistischen Wendung aus sich heraus setzen. Es fehlte bei beiden Formen jede Spur einer satanischen Macht des Bösen, mit welcher der im chinesischen Sinn fromme Mensch — er sei orthodox oder heterodox — um sein Heil zu ringen hätte. Die genuin konfuzianische Lebensweisheit war »bürgerlich« im Sinne des optimistischen aufgeklärten Beamtenrationalismus mit seinem, jeder Aufklärung leicht beigemengten, superstitiösen Einschlag. »Ständisch« aber war sie als eine Moral des literarischen Intellektuellentums: Bildungsstolz war ihre spezifische Note.

Selbst dem denkbar grenzenlosesten utilitarischen Optimismus und Konventionalismus konnte jedoch die Tatsache nicht entgehen: daß diese beste der möglichen sozialen Ordnungen, innerhalb deren Unglück und Unrecht nur die Folge von Unbildung des einzelnen oder charismatischer Unzulänglichkeit der Regierung — oder, nach taoistischer Lehre, von magisch relevanten Verfehlungen — sein sollten, angesichts der tatsächlichen Verteilung der Glücksgüter und der Unberechenbarkeit des Lebensschicksals doch oft auch mäßigen Ansprüchen nicht genügte. Das ewige Problem der Theodizee mußte auch hier entstehen. Und wenigstens dem Konfuzianer stand ein Jenseits oder eine Seelenwanderung nicht zur Verfügung. Infolgedessen findet sich in leisen Spuren innerhalb der klassischen Schriften die Andeutung einer Art von esoterischen Prädestinationsglaubens. Die Vorstellung hatte einen etwas zwiespältigen Sinn, ganz entsprechend dem Charakter der chinesischen Bureaukratie als einer dem Wesen nach dem Kriegsheldentum fernstehenden, ebenso aber auch ständisch von allem rein Bürgerlichen geschiedenen Literatenschicht. Die Konzeption einer Vorsehung fehlte dem Volksglauben, scheint es, gänzlich. Dagegen entwickelte er deutliche Ansätze eines astrologischen Glaubens an die Herrschaft der Gestirne über das Schicksal des einzelnen. Der Esoterik des Konfuzianismus — soweit man von einer solchen sprechen kann — scheint der Vorsehungsglaube nicht schlechthin fremd. Aber — namentlich bei Mencius zeigt sich das — die Vorsehung bezog sich im allgemeinen nicht auf das konkrete Schicksal des einzelnen Menschen, sondern nur auf die Harmonie und den Verlauf der Schicksale der sozialen Gesamtheit als solcher, ganz wie bei allen urwüchsigen Gemeinschaftskulten. Andererseits aber war auch die jedem rein menschlichen Heldentum — welches den Glauben an eine gütige Vorsehung überall stolz abgelehnt hat — spezifische Auffassung der Vorherbestimmung als eines irrationalen Verhängnisses im Sinne etwa der hellenischen »Moira«, einer unpersönlichen Schicksalsmacht also, welche die großen Peripetien im Leben des einzelnen bestimmt, im Konfuzianismus nicht wirklich durchgeführt. Sondern beides stand nebeneinander. Seine eigene Mission und was sie beeinflußte, sah Konfuzius offenbar als positiv providentiell geordnet an. Daneben findet sich nun der Glaube an die irrationale Moira. Und zwar in sehr charakteristischer Wendung. Nur der »höhere Mensch«, so heißt es, weiß überhaupt vom Schicksal. Und ohne Schicksalsglauben, wird hinzugefügt, kann man kein vornehmer Mensch sein. Der Glaube an eine Vorherbestimmung diente also hier, wie auch sonst, dazu, diejenige Art von stoischem Heldentum, welche dem literarischen Intellektualismus allein zugänglich ist: die »Bereitschaft«, etwa im Sinne Montaignes, zu unterbauen, um mit Gleichmut das Unabänderliche hinzunehmen und eben darin die Gesinnung des vornehm gebildeten Kavaliers zu bewähren. Der gemeine Mann jagt, schicksalsfremd oder in Angst vor dem Verhängnis, nach Glück und Gut, oder er steht — und dies schien, nach den Missionarberichten, praktisch die Regel zu sein — dem Schicksalswechsel, wenn auch nicht als einem Kismet, so doch als einem Fatum, resignierend gegenüber. Während der konfuzianische »höhere« Mensch, vom Verhängnis wissend und ihm innerlich gewachsen, in stolzem Gleichmut seiner Persönlichkeit und ihrer Pflege zu leben gelernt hat [1]). Man sieht: hier wie immer diente dieser, eine restlos rationale innerweltliche Theodizee wenigstens für den einzelnen ablehnende (daher von manchem Philosophen als die Ethik gefährdend verworfene und innerhalb des Konfuzianismus gegen den sonstigen Rationalismus des Systems in Spannung lebende) Glaube an die Irrationalität der Prädestination, der zu den andern uns schon bekannten irrationalen Bestandteilen des konfuzianischen Rationalismus hinzutritt, als Stütze der Vornehmheit. In einem charakteristisch anderen Sinne als der an einem persönlichen Gott und seiner Allmacht orientierte puritanische Prädestinationsglaube, der zwar gleichfalls die Güte der Vorsehung hart und klar ablehnte, aber dabei dennoch für sich nach dem Jenseits blickte. Das Jenseits aber kümmerte im Konfuzianismus den vornehmen so wenig wie den gemeinen Mann. Das einzige über den Tod hinausreichende Interesse des ersteren war die Ehre seines Namens, für die er den Tod zu leiden bereit sein mußte. Und in der Tat haben konfuzianische Herrscher und Generäle — wenn im hohen Spiel des Krieges und der

[1]) Bei Religionsgesprächen zwischen Konfuzianern und Buddhisten pflegte die buddhistische Karman-Theodizee besonders nachdrücklich abgelehnt zu werden: Nicht Folge früherer Taten sei die soziale Lage eines Menschen, sondern des Schicksals, welches auch von den Blättern der Bäume die einen auf Teppiche, die andern in den Schmutz wirble.

Menschenschicksale der Himmel gegen sie war — mit Stolz zu sterben gewußt, besser als wir das an ihren christlichen Kollegen bei uns zu erleben hatten. Daß dieses spezifische Ehrgefühl Kennzeichen des vornehmen Mannes war, und daß es sich wesentlich an eigene Leistungen, nicht an Geburt knüpfte, war wohl das stärkste Motiv hochgespannter Lebensführung, welches der Konfuzianismus überhaupt kannte [1]. Auch darin war diese Lebensführung durchaus ständisch und nicht in unserem okzidentalen Sinne »bürgerlich« orientiert.

Damit ist auch schon gesagt, daß die Bedeutung einer solchen Intellektuellenethik für die breiten Massen ihre Schranken haben mußte. Zunächst waren die lokalen und vor allem die sozialen Unterschiede der Bildung selbst enorme. Die traditionalistische und bis in die Neuzeit stark naturalwirtschaftliche Bedarfsdeckung, aufrechterhalten bei den ärmeren Volkskreisen durch eine nirgends in der Welt erreichte, an das Unglaubwürdige grenzende Virtuosität im Sparen (im konsumtiven Sinne des Worts), war nur möglich bei einer Lebenshaltung, welche jede innerliche Beziehung zu den Gentlemanidealen des Konfuzianismus ausschloß. Nur die Gesten und Formen des äußeren Sichverhaltens der Herrenschicht konnten hier, wie überall, Gegenstand allgemeiner Rezeption sein. Der entscheidende Einfluß der Bildungsschicht auf die Lebensführung der Massen hat sich aller Wahrscheinlichkeit nach vor allem durch einige negative Wirkungen vollzogen: die gänzliche Hemmung des Entstehens einer prophetischen Religiosität einerseits, die weitgehende Austilgung aller orgiastischen Bestandteile der animistischen Religiosität andererseits. Es muß als möglich gelten, daß dadurch wenigstens ein Teil jener Züge mitbedingt ist, welche man zuweilen als chinesische Rassenqualitäten anzusprechen pflegt. Vor allem die kühle Temperierung der konfuzianischen Sozialethik, dann ihre Ablehnung anderer als rein personaler — familialer, scholarer oder kameradschaftlicher — Bande spielten hier mit.

Die Wirkung der Erhaltung dieses Personalismus zeigt vor

---

[1]) Wie leicht freilich dieser Namensstolz auch hier in die nackte Sehnsucht zu leben, einfach um zu leben, umschlagen konnte, zeigt das kürzlich erwähnte Schildkrötengleichnis, dessen Urheber zwar kein reiner Konfuzianer war, aber den Konfuzius mit hoher Verehrung zitiert. Aber nicht dies, sondern die Briefe Se Ma Tsien's und die Denkschriften der Zensoren an die Kaiserin Tsu Hsi, die oben zitiert sind, geben die echte konfuzianische Gesinnung wieder.

allem die Sozialethik. Es fehlte in China bis in die Gegenwart das Verpflichtungsgefühl gegenüber »sachlichen« Gemeinschaften, seien sie politischer oder ideeller oder welcher Natur immer [1]). Alle Sozialethik war hier lediglich eine Uebertragung organischer Pietätsbeziehungen auf andere, die ihnen gleichartig gedacht wurden. Die Pflichten innerhalb der fünf natürlichen sozialen Beziehungen: zum Herrn, Vater, Ehemann, ältern Bruder (einschließlich des Lehrers) und Freund enthielten den Inbegriff aller unbedingt bindenden Ethik. Der konfuzianische Grundsatz der Reziprozität, welcher allen außerhalb dieser Beziehungen liegenden natürlichen sachlichen Pflichten zugrunde liegt, enthielt keinerlei pathetisches Element in sich. Alle in der genuinen Sozialethik der Nachbarschaftsverbände überall bodenständigen Pflichten, so namentlich die überall als Zeichen vornehmer Lebens-

[1]) Ueber die einen guten Typus für die Wirkung darstellende »chinesische Kreditvereinigung« (die den, mit entsprechenden Zusätzen, auch für alle Klubs üblichen Namen hwui führt) kommt mir in letzter Stunde die recht gute, von Herkner, Bertkiewicz und Eberstadt beeinflußte Berliner Dissertation von Wu Chang (1917) zu Gesicht. Sie zeigt die primitive, auf rein bäuerliche (und zwar kleinbäuerliche) Verhältnisse und streng persönliche Bekanntschaft miteinander zugeschnittene Struktur dieser schon früher (I) erwähnten Vergesellschaftungen. Nach ihrer rein persönlichen Vertrauenswürdigkeit ausgelesen, vereinigen sich die Beitragleistenden. Im einfachsten Fall: — es gibt deren drei verschiedene — derart, daß in der »ersten Versammlung« alle übrigen für das »erste Mitglied«, in der zweiten alle (einschließlich des ersten) für das »zweite Mitglied« und so fort Beiträge und die laufenden Zinsen ihrer inzwischen durch Nutzung des Kapitals etwa aufgelaufenen Schuld zahlen, bis zum »letzten Mitglied«, welches also insgesamt nur seine Beiträge nebst den Zinsen zurückerhält; die Reihenfolge der die Beiträge jeweils erhaltenden Mitglieder wird meist durch das Los bestimmt; wenn es sich um die Sanierung eines Schuldners handelt, ist natürlich dieser »erstes Mitglied«, während zum »letzten Mitglied« sich unter Umständen Mäzenaten anbieten. Die Wirkung ist: daß jeder der vor dem »letzten Mitglied« Plazierten ein — je nach der Plazierung verschieden großes — fremdes Kapital für einige Zeit zur freien Verfügung hat, zu dessen, je nachdem: Rückzahlung oder Ersparung er Beiträge (und: Zinsen) leistet. Die Kreditvereinigung, welche entweder ein gewisses Maß gegenseitiger Beaufsichtigung oder genaue gegenseitige Kenntnis der Wirtschaftsgebarung bedingte, kam offenbar in ihrer Wirkung den Raiffeisen'schen Darlehenskassen ziemlich nahe und ersetzte für die kleinbäuerliche Bevölkerung, mit der die Banken keine Geschäfte machten, z. B. auch den Hypothekenkredit für den Bodenankauf, konnte aber allen denkbaren Zwecken dienen. — Das im Gegensatz zu den früher (zweiter Aufsatz oben) geschilderten Zuständen der Sekten Charakteristische ist, von der Form abgesehen: daß hier 1. der konkrete ökonomische Zweck das Primäre, vielmehr: Ausschließliche, war, und 2. daß in Ermangelung der Qualifikationsprüfung durch die Sekte die Kreditwürdigkeit rein individuell festgestellt werden mußte. Im übrigen aber können diese Kreditvereinigungen in der Tat zur Illustration des Wesens des griechischen »Eranos« dienen.

führung geltende, von allen heiligen Sängern gepriesene, von jeder religiösen Ethik rezipierte Gastfreiheits- und Wohltätigkeitspflicht der Besitzenden, hatten unter der Einwirkung der konfuzianischen Rationalisierung und Konventionalisierung der ganzen Lebensführung sehr stark formelhaften Charakter angenommen. So namentlich das »Praktizieren der Tugend« — wie der charakteristische übliche Ausdruck lautete — in Gestalt der Gastlichkeit für Arme am 8. Tage des 12. Monats. Das Almosen — das urwüchsige Kerngebot aller ethischen Religiosität — war ein traditioneller Tribut geworden, dessen Verweigerung gefährlich war. Die christliche Bedeutsamkeit des Almosens hatte dazu geführt, die »Armen«, da ihre Existenz für das Seelenheil der Reichen notwendig war, als einen gottverordneten »Stand« innerhalb der christlichen Gemeinschaft anzusehen. In China hatten sie sich in gut organisierten Gilden zusammengeschlossen, die zu prinzipiellen Feinden zu haben niemand leicht wagte. Daß im übrigen Hilfsbereitschaft dem »Nächsten« gegenüber im allgemeinen nur erwartet wurde, wo ein konkreter persönlicher oder sachlicher Anlaß dazu vorhanden war, dürfte nicht nur in China das Normale sein und nur der Landeskenner kann beurteilen, ob tatsächlich, wie gesagt wird, hier ausgeprägter als anderwärts. Da der Volksreligiosität hier noch, wie der magischen Religiosität ursprünglich überall, dauernde leibliche Gebrechen als Folgen irgendeiner rituellen Sünde galten und das Gegengewicht religiöser Mitleidsmotive fehlte, so mag es, so sehr die Ethik (Mencius) den sozialen Wert des Mitleids rühmte, recht wohl sein, daß diese Empfindung nicht eben sehr entwickelt wurde. Jedenfalls nicht auf dem Boden des Konfuzianismus. Selbst die (heterodoxen) Vertreter der Feindesliebe (z. B. Mo ti) begründeten diese wesentlich utilitarisch. —

Die heiligen persönlichen Pflichten der Sozialethik konnten nun untereinander in Konflikt geraten. Dann mußten sie eben relativiert werden. Zwangsteilungen von Familien- und fiskalischen Interessen, Selbstmorde und Weigerungen von Vätern, ihre Söhne (als Hochverräter) zu verhaften, abwechselnd Verordnung von Bambushieben für solche Beamten, die n i c h t trauerten, und für solche, die zu v i e l trauerten (also durch Amtsablehnung der Verwaltung Schwierigkeit machten) sind Zeugnisse davon. Aber ein Konflikt der Interessen des eigenen Seelenheils mit den Anforderungen der natürlichen sozialen Ordnungen nach christlicher Art war undenkbar. Ein Gegensatz von »Gott« oder »Natur« gegen »positives Recht« oder »Konvention« oder irgendwelche andere verpflichtende Mächte, und deshalb auch irgendein religiöses oder rationales, mit einer Welt der Sünde oder des Unsinns in Spannung oder Kompromiß lebendes, r e l i g i ö s unterbautes Naturrecht fehlte, außer aus den schon erwähnten, auch aus diesem Grunde selbst in den leisesten Ansätzen, wie jeder Blick auf die Fälle, in welchen die Klassiker gelegentlich von »natürlich« reden, sofort zeigt. Denn dann ist immer der Kosmos der mit sich harmonischen Natur- und Gesellschaftsordnung gemeint. Gewiß erreicht fast kein Mensch die Stufe der unbedingten Vollendung. Aber jeder Mensch ist vollkommen zulänglich, sich innerhalb der sozialen Ordnungen, die ihn daran nicht im mindesten hindern. eine für ihn ausreichende Stufe der Vollkommenheit zu erwerben, indem er die offiziellen sozialen Tugenden: Menschenfreundlichkeit, Rechtlichkeit, Aufrichtigkeit, rituelle Pietät und Wissen, ausübt, je nachdem mehr in aktiver (konfuzianischer) oder mehr in kontemplativer (taoistischer) Färbung. Wenn die soziale Ordnung trotz Erfüllung jener Pflichten nicht zum Heil und zur Zufriedenheit aller führt, dann ist — sahen wir schon wiederholt — der charismatisch ungenügend qualifizierte Herrscher persönlich daran schuld. Darum gibt es im Konfuzianismus keinen seligen Urstand, sondern, wenigstens nach der klassischen Lehre, als Vorstufe der Kultur nur bildungslose Barbarei (für die man ja in den stets mit Einbruch drohenden wilden Gebirgsstämmen das Beispiel nahe hatte). Auf die Frage, wie man die Besserung der Menschen am schnellsten erreiche, antwortet der Meister im Lapidarstil: man möge sie zuerst bereichern und dann erziehen. Und in der Tat entsprach dem englischen formelhaften »How do you do«? — charakteristisch das ebenso formelhafte »Hast du Reis gegessen«? des Chinesen als Begrüßungsformel. Da Armut und Dummheit die einzigen beiden sozusagen »erbsündlichen« Qualitäten, Erziehung und Wirtschaft aber in der Prägung der Menschen allmächtig waren, so mußte der Konfuzianismus die Möglichkeit eines goldenen Zeitalters nicht in einem unschuldsvollen primitiven Naturstand, sondern vielmehr in einem optimalen Kulturstand erblicken.

Nun wird uns in einer merkwürdigen Stelle der klassischen Schriften einmal ein Zustand geschildert, in welchem die Herrscherwürde nicht erblich, sondern durch Wahl besetzt ist, die

Eltern nicht nur die eigenen Kinder als ihre Kinder lieben und umgekehrt, Kinder, Witwen, Alte, Kinderlose, Kranke aus gemeinsamen Mitteln erhalten werden, die Männer ihre Arbeit und die Frauen ihr Heimwesen haben, Güter zwar gespart, aber nicht zu Privatzwecken akkumuliert werden, die Arbeit nicht dem eigenen Vorteile dient, Diebe und Rebellen nicht existieren, alle Türen offen stehen und der Staat kein Machtstaat ist. Dies ist der »große Weg« und sein Resultat die »große Gleichartigkeit« — wogegen die durch Selbstsucht erzeugte empirische Zwangsordnung mit individuellem Erbrecht, Einzelfamilie, kriegerischem Machtstaat und der exklusiven Herrschaft der individuellen Interessen in charakteristischer Terminologie die »kleine Ruhe« genannt wird. Die Schilderung jener anarchistischen Idealgesellschaft fällt derart aus dem Rahmen der empirischen konfuzianischen Gesellschaftslehre heraus und ist speziell mit der Kindespietät als der Grundlage aller konfuzianischen Ethik so unvereinbar, daß die Orthodoxie sie teils auf Textverderbnis zurückführte, teils »taoistische« Heterodoxie darin witterte (wie übrigens auch Legge tut), während begreiflicherweise jetzt die moderne Schule Kang-yu-wei's gerade diesen Ausspruch als Beweis für die konfuzianische Legitimität des sozialistischen Zukunftsideales zu zitieren pflegt. Tatsächlich dürfte auch diese Stelle ebenso wie manche andere im Li-ki der Ausdruck für die von de Groot besonders klar vertretene Ansicht sein: daß viele später und jetzt als heterodox oder doch unklassisch und sogar als eine besondere Religion angesehene Lehren sich ursprünglich zur Orthodoxie etwa so verhielten, wie christliche Mystik zur katholischen Kirche und sufistische Mystik zum Islam. Wie jede kirchliche Anstaltsgnade mit der individuellen Heilssuche des Mystikers stets nur künstlich in ein Kompromiß gebracht werden konnte, obwohl andererseits die kirchliche Anstalt selbst die Mystik als solche nicht grundsätzlich verwerfen durfte, so geriet hier die letzte Konsequenz des konfuzianischen Optimismus: die Hoffnung auf Erreichung rein irdischer Vollkommenheit ganz aus eigener ethischer Kraft der Individuen und durch die Macht geordneter Verwaltung, mit der ebenfalls grundlegenden konfuzianischen Anschauung in Spannung: daß die materielle und ethische Wohlfahrt des Volkes und aller einzelnen letztlich bedingt sei nur durch die charismatischen Qualitäten des vom Himmel legitimierten Herrschers und die staatliche Anstaltsfürsorge seiner Beamten. Aber eben diese Lehre führte den Taoismus zu seinen Konsequenzen. Die als heterodox geltende Lehre vom Nichtstun der Regierung als der Quelle alles Heils war ja nur die letzte Konsequenz des ins Mystische umschlagenden orthodox konfuzianischen Optimismus. Nur ihr akosmistisches Vertrauen auf die eigene Qualifikation und die Entwertung der Anstaltsgnade, welche daraus folgte, ließ dabei sofort die Gefahr einer Häresie entstehen. Die Ueberbietung der innerweltlichen Laiensittlichkeit durch das Aufsuchen besonderer Heilswege war eben hier, wie überall, das prinzipiell der Anstaltsgnade Bedenkliche, — ganz wie im kirchlichen nicht asketischen Protestantismus. Denn an sich war ja Tao: der »Weg« zur Tugend selbstverständlich, wie wir sahen, auch ein zentraler orthodox konfuzianischer Begriff. Und ebensogut, wie die mehr oder minder konsequenten, den Eingriff des Staates nur im Falle von allzu bedenklichen Exzessen der Reichtumsdifferenzierung vorbehaltenden, oben erwähnten Laissez-faire-Theorien einiger Konfuzianer, konnte sich natürlich die Mystik auf die Bedeutung der gottgewirkten, natürlichen, kosmischen und sozialen »Harmonie« berufen, um das Prinzip des Nichtregierens daraus abzuleiten. Ebenso schwierig und zweifelhaft, wie die Feststellung, ob vom Standpunkt der mittelalterlichen Kirche ein Mystiker noch orthodox sei, war daher für den Konfuzianismus die entsprechende Feststellung für diese Lehren. Es ist also sehr verständlich, wenn de Groot die übliche Behandlung des Taoismus als einer eigentlichen Sonderreligion neben dem Konfuzianismus überhaupt ablehnt, obwohl die Religionsedikte der Kaiser selbst mehrfach und ausdrücklich neben dem Buddhismus den Taoismus als einen nur geduldeten unklassischen Glauben nennen. Der Soziologe hat sich im Gegensatz dazu an die Tatsache der hierokratischen Sonderorganisation zu halten.

Letztlich waren, material, die Scheidungen orthodoxer und heterodoxer Lehren und Praktiken ebenso wie alle entscheidenden Eigentümlichkeiten des Konfuzianismus durch seinen Charakter als einer ständischen Ethik der literarisch geschulten Bureaukratie einerseits, andererseits aber durch die Festhaltung der Pietät und speziell der Ahnenverehrung als der politisch unentbehrlichen Grundlage des Patrimonialismus bedingt. Nur wo diese Interessen bedroht schienen, reagierte der Selbsterhaltungsinstinkt der maßgebenden Schicht mit dem Stigma der Heterodoxie [1]).

In der grundlegenden Bedeutung des Ahnenkultes und der innerweltlichen Pietät als der Grundlage der patrimonialen Untertanengesinnung lag nun auch die wichtigste absolute Schranke der praktischen Toleranz des konfuzianischen Staates [2]). Diese zeigte einerseits Verwandtschaft, andererseits auch charakteristische Unterschiede zu dem Verhalten der okzidentalen Antike. Der Staatskult kannte nur die offiziellen großen Geister. Aber auch die taoistischen und buddhistischen Heiligtümer begrüßte der Kaiser gegebenenfalls, nur daß er nicht, wie z. B. selbst vor dem heiligen Konfuzius, den Kotau machte, sondern sich mit einer höflichen Verbeugung begnügte. Geomantische Dienste werden staatlich entlohnt [3]). Das Fung-schui war offiziell anerkannt [4]). Gelegentlich finden sich Unterdrückungen von Exorzisten aus Tibet, — welche die Alten »Wu« nannten, fügt das Dekret hinzu [5]), — aber sicher aus rein ordnungspolizeilichen Gründen. Am Kult des taoistischen Stadtgottes nahm der Stadtmandarin offiziell teil und die Kanonisierungen durch den taoistischen Patriarchen bedurften des kaiserlichen Plazet. Weder existierten garantierte Ansprüche auf »Gewissensfreiheit«, noch waren andererseits Verfolgungen wegen rein religiöser Ansichten die Regel, außer wo entweder magische Gründe (ähnlich den hellenischen Religionsprozessen) oder politische Gesichtspunkte sie forderten. Aber diese verlangten immerhin ziemlich Erhebliches. Die kaiserlichen Religionsedikte und selbst ein Schriftsteller wie Mencius machten die Verfolgung der Ketzerei zur Pflicht. Die Mittel und die Intensität, auch der Begriff und das Ausmaß des »Ketzerischen« wechselten. Wie die katholische Kirche die Leugnung der Sakramentsgnade und das römi-

---

[1]) Auch die Pietät freilich konnte zu Konsequenzen führen, welche die politische Gewalt ablehnen mußte. Im Gegensatz zu der merkantilistisch und ständisch motivierten Beschränkung der Luxusausgaben namentlich für Feierzwecke war und ist, entsprechend jener Bedeutung der Pietät als letzten ethischen Maßstabs, der für Trauerausgaben zugelassene Aufwand für unsere Vorstellung ganz ungeheuerlich.

[2]) Hierzu die temperamentvolle, zu Nr. I Anm. 1 zitierte Streitschrift von de Groot.

[3]) Peking Gazette vom 13. 1. 74.

[4]) Peking Gazette vom 13. 4. und 31. 3. 83.

[5]) Peking Gazette vom 2. 10. 74. S. ferner betr. einen Exorzismus an einem Irrsinnigen das. vom 20. 8. 78.

sche Reich die Ablehnung des Kaiserkults, so hat der chinesische Staat die nach seinen Maßstäben staatsfeindlichen Häresien teils durch Belehrung (noch im 19. Jahrhundert durch ein eigenes amtlich verbreitetes Lehrgedicht eines Monarchen) bekämpft, teils aber mit Feuer und Schwert verfolgt. Entgegen der Legende von der unbeschränkten Duldsamkeit des chinesischen Staates hat noch das 19. Jahrhundert in fast jedem Jahrzehnt eine Häretikerverfolgung mit allen Mitteln (einschließlich der Zeugentortur) gesehen. Und andererseits war fast jede Rebellion mit einer Häresie intim verknüpft. Der chinesische Staat war, gegenüber etwa dem antiken römischen, insofern in einer besonderen Lage, als er außer den offiziellen Staatskulten und dem obligatorischen Ahnenkult der einzelnen auch, seit der endgültigen Rezeption des Konfuzianismus, eine offiziell allein anerkannte Lehre besaß. Insofern näherte er sich einem »konfessionellen« Staat und stand im Gegensatz zum vorchristlichen antiken Imperium. Das »heilige Edikt« von 1672 gebot daher ausdrücklich (in der siebenten seiner sechzehn Sentenzen) die Ablehnung falscher Lehren. Dabei aber war die orthodoxe Lehre keine dogmatische Religion, sondern eine Philosophie und Lebenskunde. Das Verhältnis war in der Tat ähnlich, wie wenn etwa die römischen Kaiser des 2. Jahrhunderts die stoische Ethik offiziell als allein orthodox und ihre Annahme als Vorbedingung für die Uebertragung staatlicher Aemter rezipiert hätten.

Demgegenüber war nun, wie in Indien und auf dem Boden jeder zur mystischen Erlösung führenden Religiosität überhaupt, die populäre Form der Sektenreligiosität die Spendung von Sakramentsgnade. Wurde der Mystiker zum Propheten, Propagandisten, Patriarchen, Beichtvater, so wurde er damit in Asien unvermeidlich auch zum Mystagogen. Aber das kaiserliche Amtscharisma duldete gerade solche Mächte mit selbständiger Gnadengewalt neben sich so wenig wie die Anstaltsgnade der katholischen Kirche es tun konnte. Es waren dementsprechend fast immer die gleichen Tatbestände, welche den Häretikern in den Motiven der kaiserlichen Ketzeredikte vorgeworfen wurden. Zunächst natürlich die Tatsache, daß nicht konzessionierte neue Götter verehrt wurden. Da aber im Grunde überhaupt das ganze volkstümliche Pantheon, soweit es vom staatskultischen abwich, als unklassisch und barbarisch galt, so war nicht dieser

Punkt, sondern es waren die folgenden drei die wirklich entscheidenden [1]):

1. Die Ketzer tun sich, angeblich zur Pflege tugendhaften Lebens, zu nichtkonzessionierten Gesellschaften zusammen, welche Kollekten veranstalten.

2. Sie haben Leiter, teils Inkarnationen, teils Patriarchen, welche ihnen jenseitige Vergeltung predigen und das jenseitige Seelenheil versprechen.

3. Sie beseitigen die Ahnentafeln in ihren Häusern und trennen sich zu mönchischem oder sonst unklassischem Lebenswandel von der Familie ihrer Eltern.

Der erste Punkt verstieß gegen die politische Polizei, welche nichtkonzessionierte Vereine verbot. Tugend sollte der konfuzianische Untertan privatim in den fünf klassischen sozialen Beziehungen üben. Er brauchte dazu keine Sekte, deren bloße Existenz ja das patriarchale Prinzip, auf welchem der Staat ruhte, verletzte. — Der zweite Punkt bedeutete nicht nur offenbaren Volksbetrug: — denn eine jenseitige Vergeltung und ein besonderes Seelenheil gab es ja nicht —, sondern er bedeutete auch ein Verschmähen des (innerweltlichen) Anstaltscharisma des konfuzianischen Staates, innerhalb dessen für das (diesseitige) Seelenheil zu sorgen Sache der Ahnen und im übrigen ausschließlich des vom Himmel dazu legitimierten Kaisers und seiner Beamten war. Jeder derartige Erlösungsglaube und jedes Streben nach Sakramentsgnade bedrohte also die Ahnenpietät sowohl wie das Prestige der Verwaltung. Aus dem gleichen Grunde war schließlich der dritte Vorwurf der entscheidendste von allen. Denn die Ablehnung des Ahnenkults bedeutete die Bedrohung der politischen Kardinaltugend der Pietät, an der die Disziplin in der Amtshierarchie und der Gehorsam der Untertanen hing. Eine Religiosität, welche von dem Glauben an die allentscheidende Macht des kaiserlichen Charisma und der ewigen Ordnung der Pietätsbeziehungen emanzipierte, war prinzipiell unerträglich.

Dazu fügen die Motive der Dekrete je nach Umständen noch merkantilistische und ethische Gründe [2]). Das kontemplative Le-

---

[1]) Nachdrücklich sei bemerkt: daß hier n u r die Beziehung des Konfuzianismus und der Amtsgewalt zu den Sekten s k i z z i e r t wird. Auf diese selbst ist nach Darstellung des Buddhismus zurückzukommen, auf dessen Einfluß alle Bedeutendsten mit zurückgehen. (S. die Darstellung in de Groots Sectarianism and relig. persecution in China a. a. O.)

[2]) S. ganze Scharen von solchen bei de Groot a. a. O.

ben, sowohl die individuelle kontemplative Heilssuche, wie, und namentlich, die Mönchsexistenz, war, mit konfuzianischen Augen gesehen, parasitäre Faulheit. Sie zehrte am Einkommen der erwerbstätigen Bürger, die buddhistischen Männer pflügten nicht (wegen des »Ahimsa«: des Verbotes, lebende Wesen — Würmer und Insekten — zu gefährden) und die Frauen webten nicht; das Mönchtum war überdies oft genug nur Vorwand, sich den Staatsfronden zu entziehen. Selbst Herrscher, welche den Taoisten oder Buddhisten, in der Zeit von deren Macht, den Thron verdankten, wendeten sich zuweilen alsbald gegen sie. Der eigentliche Kern der buddhistischen mönchischen Askese: der Bettel, wurde dem Klerus immer erneut ebenso untersagt wie die Erlösungspredigt außerhalb der Klöster. Diese selbst wurden, nachdem sie konzessionspflichtig geworden waren, zahlenmäßig scharf beschränkt, wie wir sehen werden. Die damit kontrastierende zeitweise entschiedene Begünstigung des Buddhismus beruhte wohl (wie bei den Mongolenkhanen die Einführung des Lamaismus) auf der Hoffnung, diese Lehre der Sanftmut zur Domestikation der Untertanen benutzen zu können. Allein die gewaltige Ausbreitung der Klöster, welche sie im Gefolge hatte, und das Umsichgreifen des Erlösungsinteresses führten schon sehr bald zu scharfer Repression, bis die buddhistische Kirche im 9. Jahrhundert jenen Schlag erhielt, von dem sie sich nie wieder ganz erholt hat. Wenn ein Teil ihrer und ebenso der taoistischen Klöster erhalten und sogar auf den Staatsetat genommen wurde, jedoch unter strengem staatlichen Diplomzwang für jeden Mönch: — nach Art des preußischen Kulturkampfes wurde eine Art von »Kulturexamen« gefordert —, so war dafür, nach de Groots sehr plausibler Annahme, maßgebend wesentlich das Fung-schui: die Unmöglichkeit, einmal konzessionierte Kultstätten ohne vielleicht gefährliche Erregung von Geistern zu beseitigen. Wesentlich dies bedingte jene relative Toleranz, welche die Staatsräson den heterodoxen Kulten zubilligte. Diese Toleranz bedeutete keinerlei positive Schätzung, sondern mehr jene verächtliche »Duldung«, welche jeder weltlichen Bureaukratie der Religion gegenüber die natürliche, überall nur durch das Bedürfnis nach Domestikation der Massen temperierte Haltung ist. Der »vornehme« Mensch befolgte diesen wie allen nicht offiziell von Staats wegen verehrten Wesen gegenüber den dem Meister selbst in den Mund gelegten sehr modernen Grundsatz: die Geister durch die bewährten Zeremonien zur Ruhe zu bringen, aber von ihnen »Distanz zu halten«. Und die Praxis der Massen diesen geduldeten heterodoxen Religionen gegenüber hatte nichts mit unserem Begriff der »Konfessionszugehörigkeit« zu tun. Wie der antike Okzidentale je nach Anlaß Apollon oder Dionysos verehrte und der Süditaliener die konkurrierenden Heiligen und Orden, so zollte der Chinese den offiziellen Zeremonien der Reichsreligiosität, den buddhistischen Messen, — die dauernd bis in die höchsten Kreise beliebt waren, — und der taoistischen Mantik ganz die gleiche Beachtung oder Mißachtung, je nach Bedarf und jeweiliger Bewährung der Wirksamkeit. Für die Begräbnisriten wurden im Pekinger Volksbrauch nebeneinander buddhistische und taoistische Sakramente verwendet, während der klassische Ahnenkult die Grundfärbung abgab. Unsinn war es jedenfalls, die Chinesen als der Konfession nach »buddhistisch« zu zählen, wie früher oft geschah. Nach unserem Maßstab wären eigentlich nur die eingeschriebenen Mönche und Priester »Buddhisten«.

Aber nicht die Mönchsform der Heterodoxie allein war das Entscheidende für die Gegnerschaft der Staatsgewalt. Im Gegenteil: als nun der Buddhismus und ebenso der von ihm beeinflußte Taoismus Laiengemeinschaften mit verheirateten Weltpriestern entwickelte, als also eine Art von Konfessions-Religiosität zu entstehen begann, griff die Regierung naturgemäß erst recht scharf ein, stellte die Priester vor die Wahl, sich entweder in die konzessionierten Klöster internieren zu lassen oder in weltliche Berufe zurückzukehren und unterdrückte vor allem die von den Sekten nach indischem Muster aufgenommene Sitte der Unterscheidungszeichen in Bemalung und Tracht in Verbindung mit den besonderen Aufnahmezeremonien und der Stufenleiter der religiösen Würden der Novizen je nach dem Rang der Mysterien, zu denen sie zugelassen waren. Denn hier entwickelte sich ja die spezifische Seite alles Sektentums: Wert und Würde der »Persönlichkeit« wurden garantiert und legitimiert durch die Zugehörigkeit und Selbstbehauptung innerhalb eines Kreises spezifisch qualifizierter Genossen, nicht durch Blutsband, Stand oder obrigkeitliches Diplom. Gerade diese grundlegende Funktion aller Sektenreligiosität ist jeder Gnadenanstalt, der katholischen Kirche ebenso wie dem cäsaropapistischen Staat, noch weit odiöser als das leicht zu beaufsichtigende Kloster.

Die zeitweilige, politisch bedingte, Förderung des Lamaismus bedeutete geschichtlich wenig, und die Schicksale des recht bedeutenden chinesischen Islam [1]) und des chinesischen, eigentümlich verkümmerten und so stark, wie sonst nirgends in der Welt, seines genuinen Charakters entkleideten Judentums, sollen uns hier nicht weiter interessieren. Die islamischen Herren im fernen Westen des Reiches wurden charakteristischerweise in manchen Edikten in der Funktion erwähnt: daß Verbrecher als Sklaven in ihren Besitz verkauft werden sollten.

Die hier nicht weiter zu erörternde Verfolgung der »europäischen Verehrung des Herrn vom Himmel« — wie der amtliche Name des Christentums lautete — bedarf keiner weiteren Motivierung. Auch bei größerem Takt der Missionare wäre sie unvermeidlich eingetreten. Nur kriegerische Gewalt hat hier zu vertragsmäßiger Duldung geführt, sobald einmal die christliche Propaganda in ihrem Sinne erkannt worden war. Die alten Religionsedikte motivierten dem Volk die Duldung der Jesuiten ausdrücklich mit ihren astronomischen Diensten.

Die Zahl der Sekten (56 Nummern zählt de Groots Liste) war nicht gering und ihre Anhängerschaft groß, insbesondere in Honan, aber auch in andern Provinzen, ständisch besonders oft unter der Dienerschaft der Mandarinen und der Reistributflotte. Der Umstand, daß der orthodoxe (tsching) Konfuzianismus jede Heterodoxie (i tuan) als Versuch der Rebellion behandelte — wie ein Kirchenstaat eben verfährt — hat die meisten von ihnen recht oft dazu getrieben, zur Gewalt zu greifen. Recht viele sind über ein halbes Jahrtausend alt, manche noch älter, trotz aller Verfolgungen.

Daß nicht etwa eine unüberwindliche »natürliche Anlage« es war, welche die Chinesen gehindert hat, Religionsformen von der Eigenart des Okzidents zu produzieren, bewies gerade in der neuesten Zeit der imponierende Erfolg der magiefeindlichen und bilderstürmerischen Prophetie Hang-siu-tschuan's, des Tien Wang (»Himmlischen Königs«) des T a i p i n g [2])-tien-kwo (»Himmlischen Reichs des allgemeinen Friedens«, 1850—64), der weitaus mächtigsten und dabei durchaus hierokratischen politisch-ethi-

[1]) Daß der Islam in China gar keine Veränderungen erlitten habe, wie W. Grube gelegentlich meint, scheint etwas zu viel gesagt. Die seit etwa dem 17. Jahrhundert entwickelte eigentümliche Stellung der Imame ist sicher unter dem Einfluß des Beispiels der indisch-ostasiatischen Mystagogen entstanden.

[2]) Der Name ist alt. Wir erinnern uns, daß der Taoistische Kirchenstaat sich ebenso nannte.

schen Rebellion gegen die konfuzianische Verwaltung und Ethik, welche, soviel bekannt, China überhaupt erlebt hat [1]). Der angeblich [2]) einer verbauerten adligen Sippe angehörige Stifter, ein schwer epileptischer [3]) Ekstatiker, war, wie die byzantinischen Bilderstürmer vom Islam, so seinerseits zu seiner radikal allen Geisterglauben und alle Magie und Idolatrie puritanisch verwerfenden, halb mystisch-ekstatischen, halb asketischen Ethik vielleicht mit durch Einfluß protestantischer Missionen und der Bibel angeregt, in seiner Bildung jedoch konfuzianisch geschult (im Staatsexamen durchgefallen) taoistisch beeinflußt. Zu den kanonischen Büchern der von ihm mit Unterstützung seiner Sippe gestifteten Sekte gehörte die Genesis und das Neue Testament, zu ihren Gebräuchen und Symbolen ein der Taufe nachgeahmtes Wasserbad und statt des Abendmahls — infolge der Alkoholabstinenz — eine Art von Thee-Eucharistie, das modifizierte Vaterunser und der ebenfalls charakteristisch modifizierte Dekalog; daneben aber zitierte er das Schi King und andere klassische Werke in etwas krauser Auswahl der für seine Zwecke geeigneten Stellen, dabei natürlich, wie alle Reformer, vor allem zurückgreifend auf Aussprüche und Ordnungen der Kaiser des legendären Urzeitalters.

[1]) Die offiziellen Dokumente des Taiping-Kaisers, vor allem das »Buch der Auslegung des göttlichen Willens«, die »kaiserliche Erklärung des Tai-Ping«, das »Buch der religiösen Vorschriften«, das »Buch der himmlischen Dekrete«, der sog. »Trimetrische Kanon«, die mandschufeindliche Proklamation von 1852, die Zeremonial- und Militärorganisationsstatuten und der neue Kalender sind, nachdem das englische Kriegsschiff »Hermes« sie nach Schanghai gebracht hatte, zuerst von dem Missionar Medhurst in Schanghai mit entsprechend naivem Kommentar in einer Missionszeitschrift publiziert (als Sonderausgabe erschienen unter dem Titel Pamphlets in and by the Chinese Insurgents of Nanking, Schanghai 1853). Die große Rebellion ist oft, insbesondere in fast allen Werken über China, dargestellt, deutsch (gemeinverständlich) von C. Spillmann (Halle 1900). Mißlich ist, daß der beste Kenner der chinesischen Sektengeschichte, de Groot (a. a. O.) es verschmäht hat, auf die Art der Taiping-Rebellion näher einzugehen und die christlichen Einschläge — da sie in den von ihm vorsichtigerweise allein herangezogenen offiziellen Regierungsdokumenten (der Mandschu) nicht sicher verständlich sind, dahingestellt läßt, die Missionarliteratur aber abschätzig beurteilt. Die Darstellung bescheidet sich daher mit nur hypothetischem Wert.

[2]) Nachkontrolle der viel bestrittenen Tatachen ist mir nicht möglich.

[3]) Darauf beruht im wesentlichen das Versagen im militärisch entscheidenden Moment, ohne welches fast ohne Zweifel — nach Abschneidung der Zufuhr durch Besetzung des Kaiserkanals und Eroberung Nankings und des ganzen Yangtse-Beckens — das Schicksal der wiederholt und nahezu vernichtend geschlagenen Pekinger Regierung besiegelt und ein völlig anderer Verlauf der ostasiatischen Geschichte wenigstens nicht ausgeschlossen gewesen wäre.

Der Gottvater des Christentums [1]), daneben Jesus [2]) als ihm nicht wesensgleich, aber »heilig«, endlich der Prophet als dessen »jüngerer Bruder«, auf dem der heilige Geist ruht [3]), tiefer Abscheu gegen die Heiligen- und Bilderverehrung, ganz besonders auch gegen den Muttergotteskult, Gebete zu festen Stunden, Sabbatruhe Samstags mit zweimaligem Gottesdienst, bestehend aus Bibellesen, Litanei, Predigt, Vorlesen des Dekalogs, Hymnen, Weihnachtsfest, geistliche Schließung der (unlöslichen) Ehe, Zulässigkeit der Polygamie, Verbot der Prostitution bei Todesstrafe und strenge Absonderung der unverehelichten Weiber von den Männern, strenge Abstinenz von Alkohol, Opium, Tabak, Abschaffung des Zopfes und der weiblichen Fußverstümmelung, Opferspenden am Grabe der Toten [4]), — diese eigentümliche, an den Eklektizismus Muhammeds erinnernde Mischung christlicher mit konfuzianischen Formen war das Resultat. Wie der orthodoxe Kaiser, so war auch der Tien Wang oberster pontifex, die fünf höchsten Ressortbeamten nächst ihm führten den Titel »König« (des Westens, Ostens, Südens, Nordens und ein fünfter als Assistent), die drei Examensgrade fanden sich, unter Abschaffung des Aemterkaufs, auch im Taiping-Reich, alle Beamten wurden auch dort vom Kaiser ernannt, und auch die Magazinpolitik und die Zwangsrobot war der alten orthodoxen Praxis entnommen, während andererseits in manchen Punkten, so in der strengen Trennung der »äußeren« und »inneren« (wirtschaftlichen, unter Heranziehung weiblicher Leiter geführten) Verwaltung und in der verhältnismäßig »liberalen« Verkehrs-, Straßenbau- und Handelspolitik wichtige Unterschiede bestanden. Der prinzipielle Gegensatz war wohl der gleiche wie zwischen Cromwells Regiment

[1]) Für Gott findet sich in den offiziellen Dokumenten einmal der Name Jehovah, sonst (nach Zählung der Missionare) am häufigsten (42%) der Name des volkstümlichen Himmelsgottes, nur halb so oft (21%) der konfuzianische Name des Himmelsgeistes, etwas häufiger wiederum der (personalistische) Ausdruck Thin fu oder Thin (33%), weit seltener (4%) Schin (was meist »Geist« bedeutet).

[2]) Jesus ist verehelicht gedacht, wie der Tien Wang es war. Der Prophet hat in der Vision seine Frau gesehen.

[3]) Dagegen lehnte er sowohl das Prädikat der »Heiligkeit« wie die Bezeichnung »Vater« für sich ab.

[4]) Dies besonders war den Missionaren anstößig und stellte in der Tat, obwohl offiziell jede Deutung als eines Opfers an oder für die Ahnengeister abgelehnt wurde: — das Opfer war ein Opfer an Gott und, wie eine christliche Totenmesse, für die Seelen der Ahnengeister —, eine recht wichtige Konzession an die Tradition dar.

der Heiligen — mit einigen an den alten Islam und an das Täuferregiment in Münster erinnernden Zügen — und dem Laudschen cäsaropapistischen Staat. Der Staat war der Theorie nach das Gemeinwesen eines asketischen kriegerischen Ordens: militärischer Beutekommunismus typischer Form und ein Liebesakosmismus altchristlicher Art in Mischung miteinander, unter Zurückdrängung der nationalistischen Instinkte zugunsten der internationalen religiösen Verbrüderung. Der Beamte sollte nach religiösem Charisma und sittlicher Bewährung ausgelesen werden, die Verwaltungsbezirke waren einerseits Militärrekrutierungs- und Verproviantierungsbezirke, andererseits Kirchensprengel mit Bethallen, Staatsschulen, Bibliotheken und vom Tien Wang ernannten Geistlichen. Die militärische Disziplin war puritanisch streng wie die Lebensordnung mit ihrer Konfiskation aller Edelmetalle und Kostbarkeiten für die Gemeinschaftskosten [1]). Auch geeignete Frauen wurden in das Heer eingereiht, Renten aus der Gemeinschaftskasse den für Verwaltungszwecke in Anspruch genommenen Familien gezahlt [2]). In der Ethik ist der konfuzianische Schicksalsglaube mit der ins Neutestamentliche transponierten Berufstugend [3]) in Verbindung gebracht. Ethische »Korrektheit« — statt der zeremoniellen Korrektheit des Konfuzianers — ist »das was den Menschen vom Tier unterscheidet« [4]) und auch beim Fürsten kommt auf sie alles an [5]). Im übrigen die konfuzianische »Reziprozität«, nur daß man nicht sagen soll: man wolle den Feind n i c h t lieben. Mit dieser Ethik ist »das Glück zu erlangen leicht«, obwohl — im Gegensatz zum Konfuzianismus —

[1]) Book of Celestial Decrees a. a. O. »When you have money, you must make it public and not consider it as belonging to one or another.« (Ebenso Kostbarkeiten.)

[2]) Ueber die Einzelheiten bestehen in den zugänglichen Berichten starke Widersprüche; namentlich der faktische Umfang des Staatssozialismus bleibt dunkel. Er ist natürlich in starkem Maß als K r i e g s wirtschaft zu deuten. Ebenso ist große Vorsicht in der Annahme der von de Groot vielleicht zu schroff abgelehnten) Angaben der englischen Missionare geboten, die hier notgedrungen benutzt wurden. Denn ihr Eifer sah wohl mehr »Christliches« als da war.

[3]) Weil, auch im Geschäftsleben, der Erfolg nicht vom Menschen, sondern vom Schicksal abhängt, soll man dem Gebot der Erfüllung der Berufspflicht ohne Schielen nach dem Erfolg folgen: »follow your proper avocations and make yourselves easy about the rest (in der Imperial Declaration of the Thae-Ping« a. a. O., unter Berufung auf Konfuzius).

[4]) A. a. O.

[5]) »In trade principally regard rectitude.« »In learning be careful to live by rule« (a. a. O.).

die Natur des Menschen als von sich aus unfähig gilt, alle Gebote wirklich zu erfüllen [1]): Reue und Gebet sind Mittel der Sündenvergebung. Die militärische Tapferkeit galt als wichtigste und Gott wohlgefälligste Tugend [2]). Im Gegensatz zu der freundlichen Stellung zum Judentum und protestantischen Christentum wird die taoistische Magie und die buddhistische Idolatrie ebenso scharf verworfen wie der orthodoxe Geisterkult. Während protestantische Missionare des Dissent und der Low Church wiederholt in Taiping-Bethallen Gottesdienste gehalten haben, bestand die Feindschaft der Jesuiten — wegen der Bilderfeindschaft und der scharfen Verwerfung des Muttergotteskults — und der englischen High Church von Anfang an. Die Taiping-Heere waren, kraft der religiös bedingten Disziplin des Glaubenskampfes, den Heeren der orthodoxen Regierung ebenso überlegen wie die Cromwellsche Armee der königlichen. Die Regierung Lord Palmerstons fand es aber aus politischen und merkantilen [3]) Gründen zweckmäßig, diesen Kirchenstaat nicht aufkommen und jedenfalls den Vertragshafen Schanghai nicht in seine Hand fallen zu lassen [4]). Mit Hilfe Gordons und der Flotte wurde die Taiping-Macht gebrochen und der Tien Wang, der sich jahrelang in visionären Ekstasen und einer Haremsexistenz [5]) im Palast abgeschlossen hatte, endete, nach vierzehnjährigem Bestand des Reichs, sein Leben und das seines Harems in Selbstverbrennung in seiner Residenz Nanking. Noch ein Jahrzehnt später [6]) wurden »Rebellen«-Führer gefangen; die Menschenverluste, die finanzielle Schwächung und Verwüstung der beteiligten Provinzen sind noch weit länger nicht voll ausgeglichen worden.

Auch die Taiping-Ethik war nach dem Gesagten ein eigentümliches Mischprodukt chiliastisch-ekstatischer und asketischer Elemente, immerhin mit einem in China wohl sonst niemals so stark hervortretenden Einschlag der letzteren, vor allem aber

[1]) Das Book of religious precepts (a. a. O.) beginnt mit dem Bekenntnis, daß niemand in der Welt gelebt habe, ohne gegen die »Befehle des Himmels« zu sündigen.

[2]) Trimetrical Canon a. a. O.

[3]) Seidenzucht und Seidenexport gingen jedoch erst im letzten Kriegsjahr zurück. Vorher stiegen sie ansehnlich.

[4]) Erst im letzten Augenblick gab, infolge heftiger Angriffe im Parlament, Palmerston Order, die »Mandschu« nicht weiter zu unterstützen, — um auch sie nicht aus der Verlegenheit kommen zu lassen.

[5]) Polygamie des Tien Wang selbst und der Offiziere bestand im chinesischen Sinn (Konkubinat).

[6]) Peking Gazette vom 2. 10. 1874.

mit einer in China sonst unbekannten Sprengung der magischen und idolatrischen Gebundenheit und mit Uebernehmen des persönlichen gnädigen, universellen, von nationalen Schranken freien Weltgottes, welcher aller chinesischen Religiosität sonst ganz fremd geblieben war. Welche Bahnen der Entwicklung sie im Fall des Sieges weiter eingeschlagen hätte, läßt sich freilich schwerlich sagen. Die unvermeidliche Beibehaltung der Opfer an den Ahnengräbern — ähnlich wie sie auch die jesuitischen Missionen bis zum Einschreiten der Kurie auf die Denunziation der konkurrierenden Orden hin zugelassen hatten — und die Ansätze zur Betonung werkheiliger »Korrektheit« hätten wahrscheinlich in ritualistische Bahnen zurückgeführt und die zunehmende zeremonielle Regelung aller staatlichen Ordnung [1]) hätte wohl auch das Prinzip der Anstaltsgnade wieder zurückgebracht. Immerhin bedeutete die Bewegung in wichtigen Punkten einen Bruch mit der Orthodoxie und bot ungleich mehr Aussicht, eine bodenständige und doch dem Christentum innerlich relativ angenäherte Religion entstehen zu lassen, als die hoffnungslosen Missionsexperimente der okzidentalen Konfessionen. Es könnte recht wohl der letzte Moment für das Entstehen einer solchen Art von Religion in China gewesen sein. —

Der Begriff: »private Gesellschaft«, schon vorher politisch stark verdächtig, war seitdem vollends mit »Hochverrat« weitgehend identisch. Dem zähen Ringen dieses »schweigenden China« stand, zum mindesten in den Städten — weniger, aus verständlichen Gründen, auf dem Lande — die erbarmungslose Verfolgung der Bureaukratie äußerlich erfolgreich gegenüber. Der ruhige, korrekt lebende Mann hielt sich von derartigem ängstlich fern. Das hat jenen Zug des »Personalismus« noch verstärkt, von dem früher die Rede war. —

Es ist der konfuzianischen Literatenbureaukratie also weitgehend gelungen, durch Gewalt und durch Appell an den Geisterglauben die Sektenbildung auf ein gelegentliches Aufflammen zu beschränken. Ueberdies aber waren die sämtlichen Sekten, von deren Eigenart nähere Nachrichten vorliegen, absolut heterogen gegenüber den Sektenbewegungen, mit welchen der okzidentale

[1]) Das Zelt des Tien Wang hieß »der kleine Himmel«. Die Ablehnung der Heiligkeitsprädikate durch ihn wäre von etwaigen Nachfolgern wohl sicher nicht beachtet worden. Die Zeremonialvorschriften einschließlich der Rangtitulaturen (darunter z. B. für weibliche hohe Beamte der Titel »Eure Keuschheit«!) tragen ganz chinesischen Charakter an sich.

Katholizismus oder der Anglikanismus zu schaffen hatte. Es handelte sich stets um Inkarnationsprophetie oder um Propheten des mystagogischen Typus, welche — oft durch Generationen erblich im Besitz dieser Würde — im Verborgenen lebten, ihren Anhängern im Diesseits und (teilweise) Jenseits Vorteile versprachen, deren Heilsbedingungen aber ausschließlich magisch-sakramentalen oder ritualistischen oder allenfalls kontemplativ-ekstatischen Charakter hatten: rituelle Reinheit, die andächtige Wiederholung stets der gleichen Formeln oder bestimmte kontemplative Uebungen waren die regelmäßig wiederkehrenden soteriologischen Mittel. Nie aber, soviel bekannt, rationale Askese[1]. Die genuin heterodox-taoistische Demut: Ablehnung aller feudalen Ostentation, hatte wesentlich kontemplative Motive, wie wir sahen. Ebenso zweifellos die Enthaltung von gewissen Arten des Luxuskonsums (Parfüms, kostbarem Schmuck), welche z. B. die Lung-Hua-Sekte ihren Gläubigen außer den üblichen buddhistischen Sektenregeln auferlegte. Auch da fehlte die Askese, wo die Sekten gewaltsame Bekämpfung ihrer Bedrücker in Aussicht nahmen und deshalb, wie eine in neuerer Zeit bekannt gewordene, das Boxen systematisch übten[2]). Die »League of righteous energy«, wie die englische Uebersetzung des wirklichen Namens der »Boxer« lautete, erstrebte Unverwundbarkeit durch magisches Training[3]). Denn sie alle waren Derivate und eklektische Verschmelzungen heterodox-taoistischer mit buddhistischer Soteriologie, der sie keinerlei prinzipiell neue Elemente hinzugefügt hatten. Es scheint nicht, daß die Sekten klassenmäßig geschichtet waren. Natürlich war das Mandarinentum am strengsten orthodox konfuzianisch. Aber heterodoxe Taoisten und namentlich Anhänger der wesentlich

[1]) Wenn man nicht die Festtage, Meidung von Schmuck usw. dahin rechnen will die aber Einzelpostulate blieben.

[2]) Diese Sekte (I huo kuen) war schon im Anfang des 19. Jahrhunderts aufgetreten (de Groot, Sectarianism p. 425).

[3]) Die Sekte glaubte auch an diese Unverwundbarkeit. Im übrigen reicht das mir zugängliche gesichtete Material zu einer Darstellung nicht aus. Sie wurden nur als Orden, eine »ecclesia militans« gegen die fremden Barbaren konstituiert. Ueber sie die früher zitierte Denkschrift an die Kaiserin Tsu Hsi, die, ebenso wie die Prinzen, an ihr magisches Charisma geglaubt hatte. Ebenso wie sie — Peking Gazette vom 13. 6. 78 — an die magischen Qualitäten der Krupp-Kanonen glaubten. Angesichts dieser chinesischen Dokumente wird man in diesem Fall den Zweifel de Groots (Sectarianism p. 430 Anm. a. E.), daß Häretiker wie die »Boxer« von einer »konfuzianischen« Regierung protegiert worden seien, nicht wohl teilen dürfen.

einen gebetsformelhaften Hauskult pflegenden Lung-Hua-Sekte scheinen gerade unter den besitzenden Klassen, aus denen die Mandarinen doch ebenfalls meist hervorgingen, ziemlich verbreitet gewesen zu sein.

Im übrigen stellten offenbar die Frauen hier, wie in jeder soteriologischen Religiosität, ein starkes Kontingent. Ganz begreiflicherweise, weil ihre religiöse Wertung durch die (heterodoxen und daher unpolitischen) Sekten hier ebenso, wie im Okzident, meist erheblich über dem Niveau ihrer Schätzung im Konfuzianismus stand.

Im Alltagsleben der Massen spielten die vom Taoismus und Buddhismus entnommenen oder beeinflußten Elemente offenbar eine recht bedeutende Rolle. Es wurde einleitend allgemein dargelegt, daß die Heilands- und Erlösungsreligiosität überall ihre dauernde Stelle vornehmlich in den »bürgerlichen« Klassen finden, wo sie an Stelle der Magie zu treten pflegen, welche zunächst die einzige für Not und Leid des einzelnen als solchen zur Verfügung stehende Zuflucht bildet, und daß aus der individuellen Heilssuche beim Magier die rein religiösen Gemeinden der Mystagogen herauszuwachsen pflegen. In China, wo der Staatskult ebenfalls von der Not des einzelnen keine Notiz nahm, ist die Magie niemals durch eine große Erlösungsprophetie oder einheimische Heilandsreligiosität verdrängt worden. Nur eine teils den hellenischen Mysterien, teils der hellenischen Orphik ungefähr entsprechende Unterschicht von Erlösungsreligiosität war entstanden. Sie war zwar stärker als dort, aber rein magischen Charakters geblieben. Der Taoismus war nur Organisation der Magier, der Buddhismus in der Form, wie er importiert wurde, nicht mehr die Erlösungsreligiosität der frühbuddhistischen Zeit Indiens, sondern magische und mystagogische Praxis einer Mönchsorganisation. In beiden Fällen fehlte also, wenigstens für die Laien, das soziologisch Entscheidende: eine religiöse Gemeindebildung. Diese volkstümlichen, in Magie stecken gebliebenen Erlösungsreligiositäten waren daher in aller Regel gänzlich unsozial. Der einzelne als einzelner wendete sich an den taoistischen Magier oder den buddhistischen Bonzen. Nur die buddhistischen Feste bildeten eine Gelegenheitsgemeinschaft und nur die heterodoxen, oft politische Ziele verfolgenden, aber eben deshalb auch politisch verfolgten Sekten Dauergemeinschaften. Es fehlte nicht nur alles, was unserer Seelsorge entspricht, sondern vor allem auch jede Spur von einer »Kirchendisziplin« und also auch jedes Mittel einer religiösen Lebensreglementierung. Statt dessen hat er, wie etwa in den Mithras-Mysterien, Stufen und Grade der Heiligung und des hieratischen Ranges. —

Diese, soziologisch angesehen, verkümmerten Ansätze von Erlösungsreligiosität sind dennoch, sittengeschichtlich betrachtet, von erheblicher Wirkung gewesen. So gut wie alles, was das chinesische Volksleben an religiöser Predigt und individueller Heilssuche, Vergeltungs- und Jenseitsglauben, religiöser Ethik und andächtiger Innigkeit überhaupt aufwies, hat trotz der Verfolgungen, denen er ausgesetzt war, der Buddhismus importiert, wie ja ganz das gleiche auch für Japan gilt. Um freilich überhaupt zu einer »Volksreligion« werden zu können, mußte diese mönchische Intellektuellensoteriologie Indiens die denkbar tiefstgehenden inneren Wandlungen durchmachen. Wir werden sie also zunächst auf ihrem Heimatboden betrachten müssen. Dann wird erst ganz verständlich werden, warum von dieser Mönchskontemplation her Brücken zum rationalen Alltagshandeln nicht geschlagen werden konnten und auch, warum die Rolle, die ihr in China zugestanden wurde, trotz der scheinbaren Analogie so stark von derjenigen abweicht, welche das Christentum in der Spätantike auf sich zu nehmen vermochte.

VIII.

Resultat:

Konfuzianismus und Puritanismus.

Wir stellen das Gesagte vielleicht am zweckmäßigsten derart in den Zusammenhang unserer Gesichtspunkte, daß wir uns das Verhältnis des konfuzianischen Rationalismus — denn dieser Name gebührt ihm — zu dem uns geographisch und historisch nächstliegenden: dem Rationalismus des Protestantismus, verdeutlichen. Für die Stufe der Rationalisierung, welche eine Religion repräsentiert, gibt es vor allem zwei, übrigens miteinander in vielfacher innerer Beziehung stehende Maßstäbe. Einmal der Grad, in welchem sie die Magie abgestreift hat. Dann der Grad systematischer Einheitlichkeit, in welche das Verhältnis von Gott und Welt und demgemäß die eigene ethische Beziehung zur Welt von ihr gebracht worden ist.

In der ersten Hinsicht stellt der asketische Protestantismus in seinen verschiedenen Ausprägungen eine letzte Stufe dar.

Seine am meisten charakteristischen Ausprägungen haben der Magie am vollständigsten den Garaus gemacht. Auch in der sublimierten Form der Sakramente und Symbole wurde sie prinzipiell ausgerottet, so sehr, daß der strenge Puritaner selbst die Leichen seiner Lieben formlos verscharren ließ, um nur jeder »Superstition«, und das hieß hier: jedem Vertrauen auf Manipulationen magischen Charakters, die Quelle abzugraben. Die gänzliche Entzauberung der Welt war nur hier in alle Konsequenzen durchgeführt. Das bedeutete nicht etwa die Freiheit von dem, was wir heute als »Aberglauben« zu werten pflegen. Die Hexenprozesse haben auch in Neu-England geblüht. Aber: während der Konfuzianismus die Magie in ihrer positiven Heilsbedeutung unangetastet ließ, war hier alles Magische teuflisch geworden, religiös wertvoll dagegen nur das rational Ethische geblieben: das Handeln nach Gottes Gebot, und auch dies nur aus der gottgeheiligten Gesinnung heraus. Es ist nach der Darstellung wohl völlig klar geworden: daß in dem Zaubergarten vollends der heterodoxen Lehre (Taoismus) unter der Macht der Chronomanten, Geomanten, Hydromanten, Meteoromanten, bei der krüden und abstrusen universistischen Vorstellung vom Weltzusammenhang, beim Fehlen aller naturwissenschaftlichen Kenntnis, welche teils Ursache teils aber auch Folge jener elementaren Gewalten war, bei der Verpfründung, der Stütze der magischen Tradition, an deren Sportelchancen sie interessiert war, eine rationale Wirtschaft und Technik moderner okzidentaler Art einfach ausgeschlossen war. Die Erhaltung dieses Zaubergartens aber gehörte zu den intimsten Tendenzen der konfuzianischen Ethik. Aber innere Gründe traten hinzu und hinderten jede Durchbrechung der konfuzianischen Macht.

Die puritanische Ethik rückte, im stärksten Gegensatz zu der unbefangenen Stellungnahme des Konfuzianismus zu den Dingen der Erde, diese in den Zusammenhang einer gewaltigen und pathetischen Spannung gegenüber der »Welt«. Jede Religion, welche mit rationalen (ethischen) Forderungen der Welt gegenübertritt, gerät ja — wir werden das alsbald noch im einzelnen verfolgen — an irgendeinem Punkt mit deren Irrationalitäten in ein Spannungsverhältnis. Diese Spannungen setzen bei den einzelnen Religionen an sehr verschiedenen Punkten ein und darnach ist sowohl die Art wie der Stärkegrad der Spannung verschieden. Dies hängt in starkem Maße von der Art des durch metaphysische Verheißungen gegebenen Erlösungswegs der einzelnen Religion ab. Vor allem: der Grad der religiösen Entwertung der Welt ist dabei mit dem Grade ihrer praktischen Ablehnung nicht identisch.

Diejenige (der Absicht nach) rationale Ethik, welche die Spannung gegen die Welt, sowohl ihre religiöse Entwertung wie ihre praktische Ablehnung, auf ein absolutes Minimum reduzierte, war, wie wir gesehen haben, der Konfuzianismus. Die Welt war die beste der möglichen Welten, die menschliche Natur der Anlage nach ethisch gut und die Menschen untereinander darin, wie in allen Dingen, zwar dem Grade nach verschieden, aber prinzipiell gleich geartet und jedenfalls schrankenlos vervollkommnungsfähig und zulänglich zur Erfüllung des Sittengesetzes. Philosophisch-literarische Bildung an der Hand der alten Klassiker war das universelle Mittel der Selbstvervollkommnung, ungenügende Bildung und als deren hauptsächlichster Grund: ungenügende ökonomische Versorgung, die einzige Quelle aller Untugenden. Solche Untugenden aber, und zwar insbesondere diejenigen der Regierung, waren der wesentliche Grund alles aus der Unruhe der (rein magisch aufgefaßten) Geister entstehenden Unheils. Der rechte Weg zum Heil war die Anpassung an die ewigen übergöttlichen Ordnungen der Welt: das Tao, und also an die aus der kosmischen Harmonie folgenden sozialen Erfordernisse des Zusammenlebens. Vor allem also: pietätvolle Fügsamkeit in die feste Ordnung der weltlichen Gewalten. Für den einzelnen war die Ausgestaltung des eigenen Selbst zu einer allseitig harmonisch ausbalancierten Persönlichkeit, einem Mikrokosmos in diesem Sinne, das entsprechende Ideal. »Anmut und Würde« des konfuzianischen Idealmenschen: des Gentleman, äußerte sich in der Erfüllung der überlieferten Pflichten. Die zeremonielle und rituale Schicklichkeit also in allen Lebenslagen war, als Zentraltugend, Ziel der Selbstvervollkommnung, wache rationale Selbstkontrolle und Unterdrückung aller Erschütterung des Gleichgewichts durch irrationale Leidenschaften, welcher Art immer, das geeignete Mittel, sie zu erreichen. Irgendwelche »Erlösung« aber, außer von der Barbarei der Unbildung, begehrte der Konfuzianer nicht. Was er als Lohn der Tugend erwartete, war im Diesseits langes Leben, Gesundheit und Reichtum, über den Tod hinaus aber die Erhaltung des guten Namens. Es fehlte, genau wie bei den genuinen Hellenen, jede transzendente Verankerung der Ethik, jede Spannung zwischen Geboten eines überweltlichen Gottes und einer kreatürlichen Welt, jede Ausgerichtetheit auf ein jenseitiges Ziel und jede Konzeption eines radikal Bösen. Wer die auf das Durchschnittskönnen der Menschen zugeschnittenen Gebote innehielt, war frei von Sünden. Vergebens suchten christliche Missionare ein Sündengefühl da zu wecken, wo solche Voraussetzungen selbstverständlich waren. Ein gebildeter Chinese würde entschieden ablehnen, dauernd mit »Sünden« behaftet zu sein, wie ja übrigens für jede vornehme Intellektuellenschicht dieser Begriff etwas Peinliches, als würdelos Empfundenes zu haben und durch konventionell oder feudal oder ästhetisch formulierte Abwandlungen (etwa: »unanständig« oder »geschmacklos«) vertreten zu werden pflegt. Gewiß gab es Sünden, aber das waren auf ethischem Gebiet Verstöße gegen die überlieferten Autoritäten: Eltern, Ahnen, Vorgesetzte in der Amtshierarchie, also gegen traditionalistische Gewalten, im übrigen aber magisch bedenkliche Verletzungen der überlieferten Bräuche, des überlieferten Zeremoniells und endlich: der festen gesellschaftlichen Konventionen. Diese alle standen untereinander gleich: »ich habe gesündigt« entsprach unserem »entschuldigen Sie« bei Verstößen gegen die Konvention. Askese und Kontemplation, Mortifikation und Weltflucht waren innerhalb des Konfuzianismus nicht nur unbekannt, sondern als drohnenhaftes Schmarotzertum verachtet. Jede Form von Gemeinde- und Erlösungsreligiosität war teils direkt verfolgt und ausgerottet, teils in ähnlichem Sinne Privatangelegenheit und gering geschätzt wie etwa die orphischen Pfaffen bei den vornehmen Hellenen der klassischen Zeit. Die innere Voraussetzung dieser Ethik der unbedingten Weltbejahung und Weltanpassung war der ungebrochene Fortbestand rein magischer Religiosität, von der Stellung des Kaisers angefangen, der mit seiner persönlichen Qualifikation für das Wohlverhalten der Geister, den Eintritt von Regen und guter Erntewitterung verantwortlich war, bis zu dem für die offizielle wie für die Volksreligiosität schlechthin grundlegenden Kult der Ahnengeister, zu der inoffiziellen (taoistischen) magischen Therapie und den sonstigen bestehen gebliebenen Formen animistischen Geisterzwangs, anthropo- und herolatrischen Funktionsgötterglaubens. Mit der gleichen Mischung von Skepsis und gelegentlicher Uebermanntheit durch Deisidaimonie wie der gebildete Hellene stand der gebildete Konfuzianer, mit ungebrochener Gläubigkeit stand die in ihrer Lebensführung vom Konfuzianismus beeinflußte Masse der Chinesen innerhalb der magischen Vorstellungen. »Tor, wer nach dort die Augen blinzend richtet ....« würde der Konfuzianer mit dem alten Faust in bezug auf das Jenseits sagen, — aber wie dieser die Einschränkung machen müssen: »Könnt' ich Magie von meinem Pfad entfernen ...« Auch die im altchinesischen Sinne gebildetsten hohen Beamten zögerten selten, ein beliebiges stupides Mirakel andächtig zu verehren. Eine Spannung gegen die »Welt« war nie entstanden, weil eine ethische Prophetie eines überweltlichen, ethische Forderungen stellenden Gottes, soweit die Erinnerung zurückreicht, völlig gefehlt hat. Daß die »Geister« sie stellten — Vertragstreue vor allem forderten — war kein Ersatz dafür. Denn stets betraf das die unter ihren Schutz gestellte Einzelpflicht, — Eid oder was es war, — nie die innere Gestaltung der Persönlichkeit als solcher und ihrer Lebensführung. Die führende Intellektuellenschicht: Beamte und Amtsanwärter, hatten die Erhaltung der magischen Tradition und speziell der animistischen Ahnenpietät als ein absolutes Erfordernis der ungestörten Erhaltung der bureaukratischen Autoritäten konsequent gestützt und alle Erschütterungen durch Erlösungsreligiosität unterdrückt. Die — neben der taoistischen Divination und Sakramentsgnade — einzige, als pazifistisch und daher ungefährlich zugelassene Erlösungsreligion: die des buddhistischen Mönchtums, wirkte in China praktisch durch Bereicherung der seelischen Spannweite um einige Nuancen stimmungsvoller Innerlichkeit — wie wir sehen werden —, im übrigen aber nur als weitere Quelle magischer Sakramentsgnade und traditionsstärkender Zeremonien.

Damit ist auch schon gesagt, daß die Bedeutung einer solchen Intellektuellenethik für die breiten Massen ihre Schranken haben mußte. Zunächst waren die lokalen und vor allem die sozialen Unterschiede der Bildung selbst enorme. Die traditionalistische und bis in die Neuzeit stark naturalwirtschaftliche Bedarfsdeckung, aufrechterhalten bei den ärmeren Volkskreisen durch eine nirgends in der Welt erreichte, an das Unglaubwürdige grenzende Virtuosität im Sparen (im konsumtiven Sinne des Worts), war nur möglich bei einer Lebenshaltung, welche jede innerliche Beziehung zu den Gentlemanidealen des Konfuzianismus ausschloß. Nur die Gesten und Formen des äußeren Sichverhaltens der Herrenschicht konnten hier, wie überall, Gegenstand allgemeiner Rezeption sein. Der entscheidende Einfluß der Bildungsschicht auf die Lebensführung der M a s s e n hat sich aller Wahrscheinlichkeit nach vor allem durch einige negative Wirkungen vollzogen: die gänzliche Hemmung des Entstehens einer prophetischen Religiosität einerseits, die weitgehende Austilgung aller orgiastischen Bestandteile der animistischen Religiosität andererseits. Es muß als möglich gelten, daß dadurch wenigstens ein Teil jener Züge mitbedingt ist, welche man zuweilen als chinesische Rassenqualitäten anzusprechen pflegt. Es ließe sich heute sicherlich auch von genauen Kennern hier sowenig wie sonst etwas Bestimmtes darüber aussagen: wie weit der Einfluß des biologischen »Erbgutes« reicht. Für uns ist aber eine, sehr leicht zu machende und von namhaften Sinologen bestätigte, Beobachtung wichtig: daß, je weiter zurück man in der Geschichte geht, desto ä h n l i c h e r die Chinesen und ihre Kultur (in den für uns hier wichtigen Zügen) dem erscheinen, was man auch bei uns findet. Sowohl der alte Volksglaube, die alten Anachoreten, die ältesten Lieder des Schi king, die alten Kriegskönige, die Gegensätze der Philosophenschulen, der Feudalismus, als die Ansätze kapitalistischer Entwicklung in der Zeit der Teilstaaten erscheinen uns weit verwandter mit okzidentalen Erscheinungen als die als charakteristisch geltenden Eigenschaften des konfuzianischen Chinesentums. Mit der Möglichkeit ist also zu rechnen: daß viele seiner gern als angeboren angesprochenen Züge Produkte rein historisch bedingter Kultureinflüsse waren.

Für Züge dieser Art ist der Soziologe im wesentlichen auf die sicherlich sehr verschiedenwertige, aber schließlich doch die relativ sichersten Erfahrungen in sich bergende Missionarliteratur angewiesen. Einige stets hervorgehobene Beobachtungen: die auffällige Abwesenheit von »Nerven« in dem spezifischen Sinne des Worts, den der Europäer heute damit verbindet, die grenzenlose Geduld und beherrschte Höflichkeit, die Zähigkeit des Haftens am Gewohnten, die absolute Unempfindlichkeit gegen Monotonie und die pausenlose Arbeitsfähigkeit, die Langsamkeit der Reaktion auf ungewohnte Reize, speziell auch in der intellektuellen Sphäre: dies alles scheint eine in sich gut und verständlich zusammenhängende Einheit darzustellen. Aber sonst stehen scheinbar grelle Kontraste gegeneinander. Die außerordentliche, das übliche Maß übersteigende, als unausrottbares Mißtrauen sich äußernde Scheu vor allem nicht Bekannten und direkt zu Durchschauenden, die Ablehnung oder der Mangel an Bedürfnis nach Kenntnis alles nicht direkt handgreiflich Naheliegenden und Nützlichen kontrastieren scheinbar mit der grenzenlos gutmütigen Leichtgläubigkeit für allen noch so phantastischen magischen Schwindel. Ebenso bildet der, wie es scheint, tatsächlich oft starke Mangel echt sympathetischer Mitempfindung auch für die persönlich Nächststehenden einen scheinbaren Gegensatz zu der großen Zähigkeit des Zusammenhaltes der sozialen Verbände. Die (angeblich typische) lieblose Autoritätslosigkeit der unerwachsenen Kinder würde, wenn wirklich bestehend, scheinbar schwer zu vereinbaren sein mit der absoluten Fügsamkeit und zeremoniösen Pietät der erwachsenen Kinder gegenüber den Eltern. Ebenso scheint die — wie stets erneut behauptet wird — in der Welt nicht ihresgleichen findende Unaufrichtigkeit (z. B. selbst dem eigenen Anwalt gegenüber) schwer zu vereinbaren mit der, relativ betrachtet und mit Ländern feudaler Vergangenheit wie z. B. Japan verglichen, offenbar sehr bemerkenswerten Zuverlässigkeit der Kaufleute im großen Geschäftsverkehr (der Detailhandel freilich scheint davon sehr wenig zu wissen, die »festen Preise« auch unter den Einheimischen selbst meist fiktiv zu sein). Das typische Mißtrauen der Chinesen gegeneinander wird von allen Beobachtern bestätigt und kontrastiert gewaltig gegen das Vertrauen auf die Ehrlichkeit der Glaubensbrüder in den puritanischen Sekten, welches gerade von außerhalb der Gemeinschaft her geteilt wurde. Letzten Endes schließlich kontrastiert aber überhaupt die Einheit und Unerschüttertheit des psychophysischen Habitus gegenüber der oft berichteten Unstetheit aller jener Züge der chinesischen Lebensführung, die nicht — wie allerdings die meisten — von außen her durch feste Normen geregelt sind. Schärfer gesagt: das Fehlen einer »von Innen heraus«, aus irgendwelchen eigenen zentralen Stellungnahmen, überhaupt regulierten Einheit der Lebensführung bildet den grundlegenden Kontrast zu deren durch zahllose Konventionen hergestellter Gebundenheit. Wie erklärt sich das alles?

Das Fehlen der hysterisierenden Askese und der ihr angenäherten Formen der Religiosität und die — nicht vollständige, aber doch weitgehende — Ausschaltung aller Rauschkulte konnte nicht ohne Einfluß auf die nervöse und seelische Konstitution einer Menschengruppe sein. In bezug auf den Gebrauch der Rauschmittel gehörten die Chinesen seit der Pazifizierung (gegenüber der Bedeutung des Zechens im alten Männerhaus und an den Füistenhöfen) zu den (relativ) »nüchternen« Völkern. Rausch und orgiastische »Besessenheit« hatten alle charismatische Heiligkeitsschätzung abgestreift und galten nur als Symptome dämonischer Herrschaft. Der Konfuzianismus verwarf den Gebrauch von Spirituosen, außer — als Rudiment — bei den Opfern. Daß tatsächlich der Alkoholrausch auch in China bei den unteren Volksschichten nichts Seltenes war, ändert doch nichts an der r e l a t i v e n Bedeutung des Unterschieds. Das als spezifisch chinesisch geltende Rauschmittel aber: das Opium, wurde erst in moderner Zeit importiert und seine Zulassung ist dem Lande bekanntlich gegen den schärfsten Widerstand der herrschenden Schichten von außen her durch Krieg aufgezwungen worden. Es liegt in seinen Wirkungen überdies in der Richtung der apathischen Ekstase, also in der geraden Verlängerung der Linie des »Wu wei«, nicht aber in der Linie des Heldenrausches oder der Entfesselung aktiver Leidenschaften. Die hellenische Sophrosyne hinderte Platon nicht, im Phaidros alles Große als aus dem schönen Wahnsinn geboren anzusehen. Darin dachte der Rationalismus sowohl des römischen Amtsadels, — welcher »ekstasis« mit »superstitio« übersetzte, — wie der chinesischen Bildungsschicht völlig anders. Die »Ungebrochenheit« sowohl wie das, was als Indolenz empfunden wird, hängt vielleicht bis zu einem gewissen Grade mit diesem gänzlichen Fehlen dionysischer Elemente in der chinesischen Religiosität: — einer Folge bewußter Ernüchterung des Kults durch die Bureaukratie, — zusammen. Es gab nichts in ihr und sollte nichts in ihr geben, was die Seele aus dem Gleichgewicht hätte bringen können. Jede überstarke Leidenschaft, besonders auch der Zorn: Tschei, bewirkte bösen Zauber, und bei jedem Leiden fragte man zuerst: welchem Tschei es wohl zuzuschreiben sei. Die Erhaltung der animistischen Magie als einziger, zwar vom Gebildeten verachteter, aber doch durch den Charakter der offiziellen Kulte gestützter Form der Volksreligiosität bedingte die traditionalistische Angst vor jeder Neuerung, die bösen Zauber bringen und die Geister beunruhigen könnte. Sie erklärt die große Leichtgläubigkeit. Die Folge der Erhaltung des magischen Glaubens: daß Krankheit und Unglück Symptome selbstverschuldeten göttlichen Zornes seien, mußte eine gewisse Unterbindung jener sympathetischen Empfindungen begünstigen, welche aus dem Gemeinschaftsgefühl von Erlösungsreligionen dem Leiden gegenüber zu entspringen pflegen und daher in Indien die volkstümliche Ethik von jeher stark beherrschten. Die spezifisch kühle Temperierung der chinesischen Menschenfreundlichkeit, ja selbst der innergentilen Beziehungen, verbunden mit zeremoniöser Korrektheit und egoistischer Angst vor den Geistern, waren das Resultat.

Eine Fundgrube folkloristischer Forschung, wie sie namentlich W. Grubes Arbeiten ausnutzen, stellen die unermeßlichen zeremoniellen, in ihrer Umständlichkeit und vor allem in der Unverbrüchlichkeit aller Einzelheiten fast beispiellosen Bindungen dar, wie sie die Existenz des Chinesen vom Embryo angefangen bis zum Totenkult umgaben. Davon ist ein Teil ersichtlich magischen, namentlich apotropäischen Ursprungs. Ein anderer fällt dem Taoismus und dem weiterhin noch zu erörternden Volksbuddhismus zur Last, die beide auf dem Gebiet des Alltagslebens der Massen sehr tiefe Spuren hinterlassen haben. Aber es bleibt ein sehr bedeutender Rest rein konventionell-zeremoniellen Charakters. Die zeremoniell vorgeschriebenen Fragen, auf welche die zeremoniell vorgeschriebene Antwort zu geben war, die zeremoniell unumgänglichen Anerbietungen, deren in bestimmter Form zu gebende dankende Ablehnung zeremoniell geregelt war, die Besuche, Geschenke, Achtungs-, Beileids- und Mitfreudekundgebungen zeremoniellen Charakters lassen alles weit hinter sich, was etwa in Spanien innerhalb der (feudal und wohl auch islamisch beeinflußten) altbäuerlichen Tradition sich bis an die Schwelle der Gegenwart erhalten hatte. Und hier, auf dem Gebiet der Geste und des »Gesichtes«, ist der Ursprung aus dem Konfuzianismus im ganzen als vorwiegend anzunehmen auch da, wo er nicht nachweisbar ist. Nicht immer, wohlverstanden, in der Art des Brauches, aber: in dem »Geist«, in dem er geübt wurde, wirkte sich der Einfluß seines Schicklichkeits-Ideales aus, dessen ästhetisch kühle Temperatur alle aus feudalen Zeiten überkommenen Pflichten, insbesondere die karitativen, zum symbolischen Zeremoniell erstarren ließ. Auf der andern Seite band der Geisterglaube die Sippengenossen um so enger aneinander. Die vielbeklagte Unwahrhaftigkeit war zweifellos zum Teil, — wie auch im antiken Aegypten, — direktes Produkt des patrimonialen Fiskalismus, der überall dazu erzog — denn der Hergang der Steuerbeitreibung in Aegypten und China war sehr ähnlich: Ueberfall, Prügel, Hilfe der Versippten, Heulen der Bedrängten, Angst der Erpresser und Kompromiß. — Daneben aber sicher auch des ganz ausschließlichen Kults des zeremoniell und konventionell Schicklichen im Konfuzianismus. Aber auf der anderen Seite fehlten die lebendigen feudalen Instinkte, denen aller Handel mit dem Stichwort »Qui trompe-t-on?« gebrandmarkt ist, und es konnte sich daher aus der Pragmatik der Interessenlage des monopolistisch gesicherten und vornehmen, gebildeten Außenhandelsstandes der Ko Hang Gilde jene geschäftliche Zuverlässigkeit entwickeln, welche an ihm gerühmt zu werden pflegt. Sie wäre, wenn dies zutrifft, mehr von außen ankultiviert als von innen heraus entwickelt, wie in der puritanischen Ethik.

Dies gilt aber für die ethischen Qualitäten überhaupt.

Eine echte Prophetie schafft eine systematische Orientierung der Lebensführung an einem Wertmaßstab von innen heraus, der gegenüber die »Welt« als das nach der Norm ethisch zu formende Material gilt. Der Konfuzianismus war umgekehrt Anpassung nach außen hin, an die Bedingungen der »Welt«. Ein optimal angepaßter, nur im Maße der Anpassungsbedürftigkeit in seiner Lebensführung rationalisierter Mensch ist aber keine systematische Einheit, sondern eine Kombination nützlicher Einzelqualitäten. Das Fortbestehen der animistischen Vorstellungen von der Mehrheit der Seelen des Einzelnen in der chinesischen Volksreligiosität könnte fast als ein Symbol dieses Tatbestandes gelten. Wo alles Hinausgreifen über die Welt fehlte, mußte auch das Eigengewicht ihr gegenüber mangeln. Domestikation der Massen und gute Haltung des Gentleman konnten dabei entstehen. Aber der Stil, welchen sie der Lebensführung verliehen, mußte durch wesentlich negative Elemente charakterisiert bleiben und konnte jenes Streben zur Einheit von innen heraus, das wir mit dem Begriff »Persönlichkeit« verbinden, nicht entstehen lassen. Das Leben blieb eine Serie von Vorgängen, kein methodisch unter ein transzendentes Ziel gestelltes Ganzes.

Der Gegensatz dieser sozialethischen Stellungnahme gegen alle okzidentale religiöse Ethik war unüberbrückbar. Von außen könnten manche patriarchalen Seiten der thomistischen und auch der lutherischen Ethik Aehnlichkeiten mit dem Konfuzianismus aufzuweisen scheinen. Aber dieser Schein ist äußerlich. Denn keine, auch nicht eine mit den Ordnungen der Erde in ein noch so enges Kompromiß verflochtene christliche Ethik konnte die pessimistische Spannung zwischen Welt und überweltlicher Bestimmung des einzelnen mit ihren unvermeidlichen Konsequenzen so von Grund aus beseitigen, wie das konfuzianische System des radikalen Weltoptimismus.

Irgendwelche Spannung zwischen Natur und Gottheit, ethischen Anforderungen und menschlicher Unzulänglichkeit, Sündenbewußtsein und Erlösungsbedürfnis, diesseitigen Taten und jenseitiger Vergeltung, religiöser Pflicht und politisch-sozialen Realitäten fehlte eben dieser Ethik vollständig und daher auch jede Handhabe zur Beeinflussung der Lebensführung durch innere Gewalten, die nicht rein traditionell und konventionell gebunden waren. Die weitaus stärkste, die Lebensführung beeinflussende Macht war die auf dem Geisterglauben ruhende Familienpietät. Sie war es letztlich, welche den immer noch, wie wir sahen, starken Zusammenhalt der Sippenverbände und die früher erwähnte Art der Vergesellschaftung in Genossenschaften, welche als erweiterte Familienbetriebe mit Arbeitsteilung gelten können, ermöglichte und beherrschte. Dieser feste Zusammenhalt war in seiner Art ganz und gar religiös motiviert, und die Stärke der genuin chinesischen Wirtschaftsorganisationen reichte etwa ebensoweit, wie diese durch Pietät regulierten persönlichen Verbände reichten. Im größten Gegensatz gegen die auf Versachlichung der kreatürlichen Aufgaben hinauslaufende puritanische Ethik entfaltete die chinesische Ethik ihre stärksten Motive innerhalb der Kreise der naturgewachsenen (oder diesen angegliederten oder nachgebildeten) Personenverbände. Während die religiöse Pflicht gegen den überweltlichen, jenseitigen Gott im Puritanismus alle Beziehungen zum Mitmenschen: auch und gerade zu dem in den natürlichen Lebensordnungen ihm nahestehenden, nur als Mittel und Ausdruck einer über die organischen Lebensbeziehungen hinausgreifenden Gesinnung schätzte, war umgekehrt die religiöse Pflicht des frommen Chinesen gerade nur auf das Sichauswirken innerh a l b der organisch gegebenen persönlichen Beziehungen hingewiesen. Die allgemeine »Menschenliebe« lehnte Mencius mit der Bemerkung ab, daß dadurch Pietät und Gerechtigkeit ausgelöscht werden: weder Vater noch Bruder zu haben sei die Art der Tiere. Inhalt der Pflichten eines konfuzianischen Chinesen war immer und überall Pietät gegen konkrete, lebende oder tote Menschen, die ihm durch die gegebenen Ordnungen nahestanden, niemals gegen einen überweltlichen Gott und a l s o niemals gegen eine heilige »Sache« oder »Idee«. Denn das »Tao« war keines von beiden, sondern einfach die Verkörperung des bindenden t r a d i t i o n a l i s t i s c h e n R i t u a l s, und nicht »Handeln«, sondern »Leere« war sein Gebot. Die personalistische Schranke der Versachlichung hat auch für die Wirtschaftsgesinnung ohne allen Zweifel, als eine Schranke der objektivierenden Rationalisierung, erhebliche Bedeutung gehabt, indem sie den Einzelnen immer erneut innerlich an seine Sippen- und sippenartig mit ihm verbundenen Genossen, jedenfalls an »Personen«, statt an sachliche Aufgaben (»Betriebe«) zu binden die Tendenz hatte. Gerade sie war, wie die ganze Darstellung ergab, auf das Intimste verknüpft mit der Art der chinesischen Religiosität, mit jener Schranke der Rationalisierung der religiösen Ethik, welche die maßgebende Bildungsschicht im Interesse der Erhaltung der eigenen Stellung festhielt. Es ist von sehr erheblicher ökonomischer Bedeutung, wenn alles V e r t r a u e n, die Grundlage aller Geschäftsbeziehungen, immer auf Verwandtschaft oder verwandtschaftsartige rein persönliche Beziehungen gegründet blieb, wie dies in China sehr stark geschah. Die große Leistung der ethischen Religionen, vor allem der ethischen und asketischen Sekten des Protestantismus, war die D u r c h b r e c h u n g des Sippenbandes, die Konstituierung der Ueberlegenheit der Glaubens- und e t h i s c h e n Lebensführungsgemeinschaft gegenüber der B l u t s gemeinschaft, in starkem Maße selbst gegenüber der Familie. Oekonomisch angesehen: die Begründung des g e s c h ä f t l i c h e n V e r t r a u e n s auf e t h i s c h e Q u a l i t ä t e n der Einzelindividuen, welche in sachlicher B e r u f s arbeit bewährt waren. Die Folgen des universellen Mißtrauens Aller gegen Alle, eine Konsequenz der offiziellen Alleinherrschaft der konventionellen Unaufrichtigkeit und der alleinigen Bedeutung der Wahrung des Gesichtes im Konfuzianismus, müssen ökonomisch vermutlich — denn hier gibt es keine Maßmethoden — ziemlich hoch veranschlagt werden.

Der Konfuzianismus und die konfuzianische den »Reichtum« vergötternde Gesinnung haben wirtschafts p o l i t i s c h e Maßregeln entsprechender Art begünstigen können (wie das auch die weltoffene Renaissance im Okzident, sahen wir, tat). Aber gerade hier kann man die G r e n z e der Bedeutung der Wirtschafts p o l i t i k gegenüber der Wirtschafts g e s i n n u n g sehen. Materielle Wohlfahrt ist n i e und n i r g e n d s in Kulturländern mit solcher Emphase als letztes Ziel [1]) hingestellt worden. Die wirtschaftspolitischen Anschauungen des Konfuzius entsprachen etwa denen der »Kameralisten« bei uns. Den Nutzen des R e i c h t u m s , auch des durch Handel erworbenen, betonte der Konfuzianer Se Ma Tsien, der selbst einen Traktat über die »Handelsbilanz« — das älteste Dokument chinesischer Nationalökonomie — geschrieben hat [2]). Die Wirtschafts-p o l i t i k war eine Abwechslung von fiskalischen und laissez-faire-Maßregeln, jedenfalls aber nicht der A b s i c h t nach antichrematistisch. »Verachtet« waren die Kaufleute in unserem Mittelalter ebenso und s i n d es von den Literaten heute ebenso, wie in China. Aber mit Wirtschafts p o l i t i k schafft man keine kapitalistische Wirtschafts g e s i n n u n g. Die Gelddienste der Händler der Teilstaatenzeit waren p o l i t i s c h e r Gewinn von Staatslieferanten. Die großen Bergwerksfronden galten der Goldsuche. Kein Mittelglied führte aber vom Konfuzianismus und seiner ganz ebenso fest wie das Christentum verankerten Ethik zu einer b ü r g e r l i c h e n Lebens m e t h o d i k hinüber. Auf d i e s e allein kam es aber an. S i e hat der Puritanismus — durchaus gegen seinen Willen — geschaffen. Die Paradoxie der Wirkung gegenüber dem Wollen: — Mensch und Schicksal (Schicksal die F o l g e seines Handelns gegenüber seiner A b s i c h t) in diesem Sinn: d a s kann uns diese nur auf den allerersten oberflächlichen Blick seltsame scheinbare Umkehr des »Natürlichen« lehren.

Den radikal entgegengesetzten Typus einer rationalen Weltbehandlung stellt nun der P u r i t a n i s m s dar. Das ist, sahen wir früher, kein ganz eindeutiger Begriff. Die »Ecclesia

---

[1]) Vgl. dazu neben allem Gesagten auch noch d e G r o o t , The Rel. of the Chin., New York 1910, p. 130.

[2]) Abgedruckt in der Ausgabe von Chavannes, Vol. III, Kap. XXX. S. o.

pura« bedeutete praktisch, im eigentlichsten Sinne, vor allem die zu Gottes Ehre von sittlich verworfenen Teilnehmern gereinigte christliche Abendmahlsgemeinschaft, ruhe sie nun auf calvinistischer oder baptistischer Grundlage, und sei sie demgemäß in der Kirchenverfassung mehr synodal oder mehr kongregationalistisch geartet. Im weiteren Sinne aber kann man darunter verstehen die sittlich rigoristischen, christlich-asketischen Laiengemeinschaften überhaupt, mit Einschluß also der von pneumatisch-mystischen Anfängen ausgegangenen täuferischen, mennonitischen, quäkerischen, der asketisch-pietistischen und der methodistischen. Das Eigentümliche dieses Typus gegenüber dem konfuzianischen war nun: daß hier das Gegenteil von Weltflucht: Weltrationalisierung, trotz oder vielmehr gerade in der Form asketischer Weltablehnung, galt. Die Menschen sind, da es in der kreatürlichen Verderbtheit gegenüber Gott keine Unterschiede geben kann, an sich alle gleich verworfen und ethisch absolut unzulänglich, die Welt ein Gefäß der Sünde. Anpassung an ihre eitlen Gepflogenheiten wäre ein Zeichen der Verwerfung, Selbstvervollkommnung im konfuzianischen Sinne ein blasphemisch kreaturvergötterndes Ideal. Der Reichtum und die Hingabe an seinen Genuß wäre die spezifische Versuchung, das Pochen auf menschliche Philosophie und literarische Bildung sündlicher kreatürlicher Hochmut, alles Vertrauen auf magischen Geister- und Gotteszwang nicht nur verächtlicher Aberglaube, sondern dreiste Gotteslästerung. Alles, was an Magie erinnerte, jeder Rest von Ritualismus und Priestergewalt, wurde ausgerottet. Das Quäkertum kannte, der Theorie nach, selbst den bestellten Prediger nicht, die Mehrzahl der asketischen Sekten wenigstens keinen bezahlten Berufsprediger. In den hellen kleinen Vereinigungsräumen der Quäker fehlte jede letzte Spur von religiösen Emblemen.

Die Menschen waren von Natur alle gleich sündhaft, aber ihre religiösen Chancen waren dennoch nicht gleich, sondern höchst ungleich, und zwar nicht nur zeitweilig, sondern definitiv. Entweder direkt kraft grundloser Prädestination (wie bei den Calvinisten, den Partikularbaptisten, den Whitefieldschen Methodisten und den reformierten Pietisten). Oder doch kraft ihrer verschiedenen Qualifikation zu den pneumatischen Geistesgaben. Oder endlich kraft der verschiedenen Intensität und also auch des verschiedenen Erfolgs ihres Strebens, den bei den alten Pietisten entscheidenden Akt der Bekehrung, den »Bußkampf« und »Durchbruch«, oder wie die Wiedergeburt sonst geartet sein mochte, zu erringen. Immer waltete aber in diesen Unterschieden Vorsehung und grundlose, unverdiente, »freie« Gnade eines überweltlichen Gottes. Deshalb war der Prädestinationsglaube zwar nur eine, aber doch die weitaus konsequenteste dogmatische Formung dieser Virtuosenreligiosität. Nur wenige aus der massa perditionis waren berufen, das Heil zu erreichen, einerlei, ob es kraft Prädestination von Ewigkeit her nur ihnen bestimmt war oder zwar allen (nach den Quäkern z. B. auch Nichtchristen) angeboten, aber nur von dem kleinen Haufen, der es zu ergreifen vermag, erreicht wurde. Nach manchen pietistischen Lehren wurde das Heil nur einmal im Leben, nach anderen (den sog. Terministen) einmal zum letztenmal angeboten: — immer mußte jedenfalls der Mensch sich imstande zeigen, es sich anzueignen. Auf Gottes freie Gnade und auf das Jenseitsschicksal war also alles ausgerichtet, das diesseitige Leben entweder ein Jammertal oder doch nur ein Durchgang. Eben deshalb aber fiel auf diese winzige Zeitspanne und das, was in ihr vorging, ein ungeheurer Akzent, im Sinne etwa von Carlyles Wort: »Jahrtausende mußten vergehen, ehe du zum Leben kamst, und andere Jahrtausende warten schweigend, was du mit diesem deinem Leben beginnen wirst.« Nicht etwa weil es möglich wäre, durch rein eigene Leistung ewiges Heil zu erringen. Das war unmöglich Sondern weil die eigene Berufung zur Erlösung dem einzelnen nur zuteil und vor allem auch nur erkennbar werden konnte durch das Bewußtsein von einer zentralen einheitlichen Beziehung dieses seines kurzen Lebens auf den überweltlichen Gott und seinen Willen: in der »Heiligung«. Diese wieder konnte, wie bei aller aktiven Askese, nur in gottgewolltem Tun, einem ethischen Handeln also, auf dem Gottes Segen ruhte, sich bewähren und so dem einzelnen die Heilsgewißheit in der Sicherheit geben, daß er Gottes Werkzeug sei. Die denkbar stärkste innere Prämie wurde dadurch auf eine rationale sittliche Lebensmethodik gesetzt. Nur das Leben nach festen, von einem einheitlichen Zentrum aus geregelten Grundsätzen konnte als gottgewollt gelten. Wenn die unbefangene Hingabe an die Welt unbedingt vom Heil abführte, so war diese kreatürliche Welt und waren die kreatürlichen Menschen doch eben Gottes Schöpfung, an die er bestimmte Anforderungen stellte, die er (calvinistische Vorstellung:) »zu seinem Ruhm«

geschaffen und in denen er daher, wie kreatürlich verderbt sie auch seien, seine Ehre verwirklicht sehen wollte, indem die Sünde und nach Möglichkeit auch das Leiden gebändigt und unter ethische Zucht genommen wurden durch rationale Ordnung. Das »Wirken der Werke dessen, der mich gesandt hat, solange es Tag ist« wurde hier zur Pflicht, und diese aufgegebenen Werke waren nicht rituellen, sondern rational-ethischen Charakters.

Der Gegensatz zum Konfuzianismus ist klar. Beide Ethiken hatten ihre irrationale Verankerung: dort die Magie, hier die letztlich unerforschlichen Ratschlüsse eines überweltlichen Gottes. Aber aus der Magie folgte, da die erprobten magischen Mittel und letztlich alle überkommenen Formen der Lebensführung bei Vermeidung des Zorns der Geister unabänderlich waren: die Unverbrüchlichkeit der Tradition. Aus der Beziehung zum überweltlichen Gott und zur kreatürlich verderbten ethisch irrationalen Welt folgte dagegen die absolute Unheiligkeit der Tradition und die absolut unendliche Aufgabe immer erneuter Arbeit an der ethisch rationalen Bewältigung und Beherrschung der gegebenen Welt: die rationale Sachlichkeit des »Fortschritts«. Der Anpassung an die Welt dort stand also hier die Aufgabe ihrer rationalen Umgestaltung gegenüber. Der Konfuzianismus erforderte stetige wache Selbstbeherrschung im Interesse der Erhaltung der Würde des allseitig vervollkommneten perfekten Weltmannes, die puritanische Ethik im Interesse der methodischen Einheit der Eingestelltheit auf den Willen Gottes. Die konfuzianische Ethik beließ die Menschen höchst absichtsvoll in ihren naturgewachsenen oder durch die sozialen Ueber- und Unterordnungsverhältnisse gegebenen persönlichen Beziehungen. Sie verklärte diese, und nur diese, ethisch und kannte letztlich keine anderen sozialen Pflichten als die durch solche persönlichen Relationen von Mensch zu Mensch, von Fürst zu Diener, vom höheren zum niederen Beamten, von Vater und Bruder zum Sohn und Bruder, vom Lehrer zum Schüler, von Freund zu Freund geschaffenen menschlichen Pietätspflichten. Der puritanischen Ethik dagegen waren eben diese rein persönlichen Beziehungen, — obwohl sie sie natürlich, soweit sie nicht gottwidrig waren, bestehen ließ und ethisch regelte, — dennoch leicht verdächtig, weil sie Kreaturen galten. Die Beziehung zu Gott ging ihnen unter allen Umständen vor. Allzu intensive, kreaturvergötternde, Beziehungen zu Menschen rein als solchen waren unbedingt zu meiden. Denn das Vertrauen auf Menschen, gerade auf die natürlich nächststehenden, würde der Seele gefährlich sein. Ihre eigenen nächsten Verwandten würde — sahen wir — die calvinistische Herzogin Renata von Este verfluchen, wenn sie sie von Gott (kraft grundloser Prädestination) verworfen wüßte. Daraus folgten praktisch sehr wichtige Unterschiede beider ethischer Konzeptionen, obwohl wir doch beide in ihrer praktischen Wendung als »rationalistisch« bezeichnen werden und obwohl sie beide »utilitarische« Konsequenzen zogen. Zwar nicht nur aus jener sozialethischen Stellungnahme, — sondern auch aus Eigengesetzlichkeiten der politischen Herrschaftsstruktur —, aber doch sehr wesentlich a u c h aus jener folgte die Erhaltung der Sippengebundenheit in China, der durchaus an persönliche Beziehungen geknüpfte Charakter der politischen und ökonomischen Organisationsformen, die alle (relativ) in sehr auffallender Art der rationalen Versachlichung und des abstrakten transpersonalen Zweckverbandscharakters entbehrten, von dem Fehlen eigentlicher »Gemeinden«, speziell in den Städten, angefangen bis zum Fehlen ökonomischer Vergesellschaftungs- und Betriebsformen rein sachlich zweckgebundener Art. Aus rein chinesischen Wurzeln sind solche so gut wie gar nicht entstanden[1]). Alles Gemeinschaftshandeln blieb dort durch rein persönliche, vor allem verwandtschaftliche Beziehungen, und daneben durch Berufsverbrüderungen umspannt und bedingt. Während dagegen der Puritanismus alles versachlichte, in rationale »Betriebe« und rein sachlich »geschäftliche« Beziehungen auflöste, rationales Recht und rationale Vereinbarung an die Stelle der in China prinzipiell allmächtigen Tradition, lokalen Gepflogenheit und konkreten persönlichen Beamtengnade setzte.

Noch wichtiger scheint ein anderes. Der weltbejahende Utilitarismus und die Ueberzeugung von dem ethischen Wert des Reichtums als universellen Mittels allseitiger sittlicher Vollendung in Verbindung mit der ungeheuren Volksdichte haben in China zwar die »Rechenhaftigkeit« und Genügsamkeit zu sonst unerhörter Intensität gesteigert. Um jeden Pfennig wurde gefeilscht und gerechnet und täglich machte der Krämer seinen Kassensturz. Zuverlässige Reisende berichten, daß Geld und Geldinteressen in einem sonst seltenen Maße das Gesprächsthema der Einheimischen unter sich zu bilden schienen. Aber höchst auffallenderweise waren große m e t h o d i s c h e geschäftliche

[1]) Ueber die »Kreditvereinigung« als leisen Ansatz siehe oben.

Konzeptionen rationaler Art, wie sie der moderne Kapitalismus voraussetzte, auf ökonomischem Gebiet wenigstens, aus diesem unendlich intensiven Wirtschaftsgetriebe und dem oft beklagten krassen »Materialismus« heraus nicht entstanden und sind China überall da fremd geblieben, wo nicht (wie z. B. bei den Kantonesen) fremder Einfluß in der Vergangenheit, oder jetzt der Eindruck des unaufhaltsam vordringenden okzidentalen Kapitalismus sie ihnen lehrte. Aus eigenem sind zwar seinerzeit (wie es scheint speziell so lange die politischen Spaltungen bestanden) die Formen des politisch orientierten Kapitalismus, der Amts- und Notkreditwucher, Großhandelsprofite und auf gewerblichem Gebiet Ergasterien (auch größere Werkstätten), wie sie auch im späten Altertum, in Aegypten und im Islam vorkamen, neuerdings auch die übliche Abhängigkeit vom Verleger und Aufkäufer, auch sie jedoch im allgemeinen ohne die straffe Organisation des »sistema domestico« schon unseres Spätmittelalters, entstanden. Aber trotz des recht intensiven Binnentausch- (und des wenigstens zeitweise ansehnlichen Außenhandels-)Verkehrs kein bürgerlicher Kapitalismus moderner, nicht einmal spätmittelalterlicher Art: nicht die rationalen Formen des spätmittelalterlichen und vollends des scientistischen europäischen kapitalistischen gewerblichen »Betriebs«, nicht eine »Kapital«-Bildung europäischer Art (das chinesische Kapital, welches sich bei modernen Chancen beteiligte, war vorwiegend Mandarinen-, also durch Amtswucher akkumuliertes Kapital), keine rationale Methodik der Betriebsorganisation nach europäischer Art, keine wirklich rationale Organisation des kommerziellen Nachrichtendienstes, kein rationales Geldsystem, nicht einmal eine dem ptolemäischen Aegypten gleichkommende Entwicklung der Geldwirtschaft, nur Ansätze (charakteristische, aber wesentlich in ihrer technischen Unvollkommenheit charakteristische Ansätze) von Rechtsinstitutionen, wie sie unser Firmenrecht, Handelsgesellschaftsrecht, Wechsel- und Wertpapierrecht darstellen, und eine höchst begrenzte Verwendung der zahlreichen [1]) technischen Erfindungen für rein

[1]) Daß z. B. die Rückständigkeit des Bergbaubetriebs (Grund der Währungskatastrophen), der Nichtgebrauch der Kohle zur Eisenherstellung (trotz angeblicher Kenntnis des Verkokungsprozesses,) die zunehmende Begrenzung der Schiffahrt auf Binnenschiffahrt in traditionalen Formen und Wegen, nicht auf Defekte der technischen oder Erfinderbegabung zurückzuführen sind, ergibt sich aus den Erfindungen der Chinesen zur Sonnenklarheit. Fung Schui, Mantik aller Art, Sportelinteressen: — die Produkte der Magie und der Staatsform, — waren entscheidend.

ökonomische Zwecke, schließlich kein wirklich technisch vollwertiges kaufmännisches Schrift-, Rechnungs- und Buchführungssystem. Also, trotz des fast völligen Fehlens der Sklaven — einer Folge der Befriedung des Reichs — sehr ähnliche, aber in mancher Hinsicht vom »Geist« des modernen Kapitalismus und seinen Institutionen noch ferner abliegende Zustände, wie sie die mittelländische Antike aufweist. Eine trotz aller Ketzerrichterei im Vergleich mit der Intoleranz mindestens des calvinistischen Puritanismus weitgehende religiöse Duldung, weitgehende Freiheit des Güterverkehrs, Friede, Freizügigkeit, Freiheit der Berufswahl und der Produktionsmethoden, Fehlen aller Perhorreszierung des Krämergeistes: dies alles hat doch keinen modernen Kapitalismus in China entstehen lassen. Daß »Erwerbstrieb«, hohe, ja exklusive Schätzung des Reichtums und utilitaristischer »Rationalismus« an und für sich noch nichts mit modernem Kapitalismus zu tun haben, kann man also gerade in diesem typischsten Lande des Erwerbes studieren. Erfolg und Mißerfolg schrieb zwar der chinesische kleinere und mittlere Geschäftsmann (und auch der große, der in den alten Traditionen stand) ebenso wie der Puritaner, göttlichen Mächten zu. Der Chinese aber seinem (taoistischen) Reichtumsgott: sie waren für ihn nicht Symptome eines Gnadenstandes, sondern Folgen magisch oder zeremoniell bedeutsamer Verdienste oder Verstöße und wurden daher durch rituelle »gute Werke« wieder auszugleichen gesucht. Es fehlte ihm die zentral, von innen heraus, religiös bedingte rationale Lebensmethodik des klassischen Puritaners, für den der ökonomische Erfolg nicht letztes Ziel und Selbstzweck, sondern Mittel der Bewährung war. Es fehlte die bewußte Verschlossenheit gegen die Einflüsse und Eindrücke der »Welt«, die der Puritaner durch ein bestimmt und einseitig orientiertes rationales Wollen ebenso zu bemeistern trachtete wie sich selbst, und die ihn zur Unterdrückung gerade jener kleinlichen, jede rationale Betriebsmethodik zerstörenden Erwerbsgier anleitete, welche das Tun des chinesischen Kleinkrämers auszeichnete. Jene eigentümliche Verengerung und Verdrängung des natürlichen Trieblebens [1]), welche die streng willensmäßige ethische Rationalisierung mit sich bringt und welche dem Puritaner anerzogen wurde, war dem Konfuzianer fremd. Bei ihm hatte die Beschneidung der freien Aeußerung der urwüchsigen

[1]) Darüber sehr gute Bemerkungen in den Schriften von Ludwig Klages.

Triebe einen anderen Charakter. Die wache Selbstbeherrschung des Konfuzianers ging darauf aus, die Würde der äußeren Gesten und Manieren, das »Gesicht«, zu wahren. Sie war ästhetischen und dabei wesentlich negativen Charakters: »Haltung« an sich, ohne bestimmten Inhalt, wurde geschätzt und erstrebt. Die ebenso wache Selbstkontrolle des Puritaners richtete sich auf etwas Positives: ein bestimmt qualifiziertes Handeln, und darüber hinaus auf etwas Innerlicheres: die systematische Meisterung der eigenen, als sündenverderbt geltenden inneren Natur, deren Inventar der konsequente Pietist durch eine Art von Buchführung, so wie sie noch ein Epigone wie Benjamin Franklin täglich vornahm, feststellte. Denn der überweltliche allwissende Gott sah auf den zentralen inneren Habitus, die Welt dagegen, an die sich der Konfuzianer anpaßt, nur auf die anmutige Geste. Dem universellen, allen Kredit und alle Geschäftsoperationen hemmenden Mißtrauen, welches der nur auf die äußere »Contenance« bedachte konfuzianische Gentleman gegen andere hatte und gegen sich selbst voraussetzte, stand das Vertrauen, insbesondere auch das ökonomische, auf die bedingungslose und unerschütterliche, weil religiös bedingte Legalität des Glaubensbruders beim Puritaner gegenüber. Dieses Vertrauen war genau ausreichend, seinen tiefen realistischen und durchaus respektlosen Pessimismus in bezug auf die kreatürliche Verderbtheit der Welt und der Menschen, auch und gerade der Höchststehenden, nicht zu einem Hemmnis des für den kapitalistischen Verkehr unentbehrlichen Kredits werden zu lassen, sondern ihn nur zu einer nüchternen, auf die Konstanz der für sachliche Geschäftszwecke nach dem Prinzip: »honesty is the best policy« unentbehrlichen Motive zählenden, Abwägung des objektiven (äußeren und inneren) Könnens des Gegenparts zu veranlassen. Das Wort des Konfuzianers war schöne und höfliche Gebärde, die ihren Selbstzweck hatte, das Wort des Puritaners sachliche, knappe und absolut verläßliche geschäftliche Mitteilung: »Ja, ja, nein nein, was darüber ist, das ist vom Uebel.« Die Sparsamkeit des Konfuzianers, übrigens beim Gentleman durch ständische Schicklichkeit eng begrenzt und, wo sie zum Uebermaß wurde, wie bei der mystisch bedingten Demut Laotses und mancher Taoisten, von der Schule bekämpft, war bei dem chinesischen Kleinbürgertum ein Zusammenscharren im Grunde nach Art des Thesaurierens im Bauernstrumpf. Es geschah um der Sicherung der Totenriten und des guten Namens, daneben um der Ehre und Freude des Besitzes als solchen willen, wie überall bei noch nicht asketisch gebrochener Stellungnahme zum Reichtum. Dem Puritaner dagegen war der Besitz als solcher ebenso Versuchung wie etwa dem Mönch. Sein Erwerb war ebenso ein Nebenerfolg und Symptom des Gelingens seiner Askese wie der der Klöster. Wir haben keine Wahl, sagte (sahen wir) John Wesley, — unter ausdrücklichem Hinweis auf diese bei den puritanischen Denominationen von jeher beobachtete scheinbare Paradoxie von Weltablehnung und Erwerbsvirtuosität —, als den Menschen zu empfehlen: fromm zu sein, »u n d d a s h e i ß t« — als unvermeidliche Folge — »r e i c h z u w e r d e n«, obwohl die Gefährlichkeit des Reichtums für den einzelnen Frommen ebenso wie bei den Klöstern auf der Hand lag.

Beim Konfuzianer war der Reichtum, wie eine vom Stifter überlieferte Aeußerung ausdrücklich lehrt, das wichtigste Mittel, t u g e n d h a f t , d. h. würdig leben und sich der eigenen Vervollkommnung widmen zu können. »Bereichert sie« war daher die Antwort auf die Frage nach dem Mittel, die Menschen zu bessern. Denn nur dann konnte man »standesgemäß« leben. Beim Puritaner war der Erwerb ungewollte Folge, aber wichtiges Symptom der eigenen Tugend, die Verausgabung des Reichtums für eigene konsumtive Zwecke aber sehr leicht kreaturvergötternde Hingabe an die Welt. Reichtumserwerb würde Konfuzius an sich nicht verschmähen, aber er schien unsicher und konnte daher zur Störung des vornehmen Gleichgewichts der Seele führen und alle eigentliche ökonomische Berufsarbeit war banausisches Fachmenschentum. Der F a c h m e n s c h aber war für den Konfuzianer auch durch seinen sozialutilitarischen Wert n i c h t zu wirklich positiver Würde zu erheben. Denn — dies war das Entscheidende — »der vornehme Mann« (Gentleman) war »kein Werkzeug«, d. h : er war in seiner weltangepaßten Selbstvervollkommnung ein letzter Selbstzweck, nicht aber Mittel für sachliche Zwecke welcher Art immer. Dieser Kernsatz der konfuzianischen Ethik lehnte die Fachspezialisierung, die moderne Fachbureaukratie und die Fachschulung, vor allem aber die ökonomische Schulung für den Erwerb ab. Einer solchen »kreaturvergötternden« Maxime setzte der Puritanismus gerade umgekehrt die Bewährung an den speziellen sachlichen Zwecken der Welt und des Berufslebens als Aufgabe entgegen. Der Konfuzianer war der

Mensch literarischer Bildung und zwar, noch genauer: Buch-Bildung, Schrift-Mensch in der höchsten Ausprägung, ebenso fremd der hellenischen Hochwertung und Durchbildung der Rede und Konversation, wie der, sei es kriegerischen, sei es ökonomischen, Energie des rationalen Handelns. Die Mehrzahl der puritanischen Denominationen (wenn auch nicht alle gleichmäßig stark) lehnten, gegenüber der freilich unumgänglichen Bibelfestigkeit (die Bibel war ja eine Art von bürgerlichem Gesetzbuch und Betriebslehre), die philosophisch-literarische Bildung, die höchste Zierde des Konfuzianers, als eitlen Zeitverderb und als religiös gefährlich ab. Die Scholastik und Dialektik, Aristoteles und was von ihm kam, war ihnen ein Greuel und eine Gefahr, der z. B. Spener die kartesianische rational-mathematisch fundierte Philosophie vorzog. Nützliche Realkenntnisse, vor allem empirisch-naturwissenschaftliche und geographische Orientierung, nüchterne Klarheit des realistischen Denkens und Fachwissen als Zweck der Erziehung sind planmäßig zuerst von puritanischen, speziell in Deutschland von pietistischen Kreisen gepflegt worden. Einerseits als der einzige Weg der Erkenntnis von Gottes Ruhm und Vorsehung in dessen Schöpfung, andererseits aber als Mittel, im Beruf die Welt rational bemeistern und zu Gottes Ehre seine Schuldigkeit tun zu können. Dem Hellenentum und auch dem Wesen der Hochrenaissance standen beide, Konfuzianismus wie Puritanismus, gleich fern, jeder von ihnen aber in anderem Sinne.

Die radikale Konzentration auf gottgewollte Zwecke, der rücksichtslose praktische Rationalismus der asketischen Ethik, die methodische Konzeption sachlicher Betriebsführung, der Abscheu gegen den illegalen politischen, kolonialen, auf dem Buhlen um Fürsten- und Menschengunst ruhenden, Raub- und Monopolkapitalismus, im Gegensatz dazu die nüchterne strenge Legalität und die gebändigte rationale Energie des Alltagsbetriebs, die rationalistische Schätzung des technisch besten Weges und der praktischen Solidität und Zweckmäßigkeit statt der traditionalistischen Freude an der überkommenen Fertigkeit und der Schönheit des Produkts beim alten Handwerker, — alle diese unentbehrlichen »ethischen« Qualitäten des spezifisch modernen kapitalistischen Unternehmers und: die spezifische Arbeitswilligkeit des frommen Arbeiters: — dieser rücksichtslose, religiös systematisierte, in der jeder rationalisierten Askese eigentümlichen Art »in« der Welt und doch nicht »von« der Welt lebende Utilitarismus hat jene überlegenen rationalen Fähigkeiten und damit jenen »Geist« des Berufsmenschentums schaffen helfen, welche dem Konfuzianismus und seiner weltangepaßten, das bedeutet aber: zwar rational, aber von außen nach innen, nicht, wie beim Puritanismus, von innen nach außen determinierten Lebensführung letztlich verschlossen blieb. Der Gegensatz kann lehren, daß auch bloße Nüchternheit und Sparsamkeit in Verbindung mit »Erwerbstrieb« und Schätzung des Reichtums noch bei weitem nicht »kapitalistischer Geist« im Sinne des spezifisch modernen ökonomischen Berufsmenschentums waren oder ihn entbinden konnten. Der typische Konfuzianer verwendete seine und seiner Familie Ersparnisse, um sich literarisch zu bilden und für die Examina ausbilden zu lassen und dadurch die Grundlage einer ständisch vornehmen Existenz zu haben. Der typische Puritaner verdiente viel, verbrauchte wenig und legte seinen Erwerb, zufolge des asketischen Sparzwangs, wieder werbend als Kapital in rationalen kapitalistischen Betrieben an. »Rationalismus«, dies ist für uns die zweite Lehre, enthielt der Geist beider Ethiken. Aber nur die über weltlich orientierte puritanische rationale Ethik führte den inner weltlichen ökonomischen Rationalismus in seine Konsequenzen durch, gerade weil ihr an sich nichts ferner lag als eben dies, gerade weil ihr die innerweltliche Arbeit nur Ausdruck des Strebens nach einem transzendenten Ziel war. Die Welt fiel ihr, der Verheißung gemäß, zu, weil sie »allein nach ihrem Gott und dessen Gerechtigkeit getrachtet« hatte. Denn da liegt der Grundunterschied dieser beiden Arten von »Rationalismus«. Der konfuzianische Rationalismus bedeutete rationale Anpassung an die Welt. Der puritanische Rationalismus: rationale Beherrschung der Welt. Der Puritaner wie der Konfuzianer waren »nüchtern«. Aber die rationale »Nüchternheit« des Puritaners ruhte auf dem Untergrund eines mächtigen Pathos, welches dem Konfuzianer völlig fehlte, des gleichen Pathos, welches das Mönchtum des Okzidents beseelte. Denn die Weltablehnung der okzidentalen Askese war bei ihm mit dem Verlangen nach Weltbeherrschung als ihrer Kehrseite unauflöslich verbunden, weil ihre Forderungen im Namen eines überweltlichen Gottes an den Mönch und, in abgewandelter und gemilderter Form, an die Welt ergingen. Dem konfuzianischen Vornehmheitsideal widerstritt nichts so sehr, als der Gedanke des »Berufs«. Der »fürstliche« Mann war ästhetischer Wert und daher auch nicht »Werkzeug« eines Gottes. Der echte Christ, der — außer- oder innerweltliche — Asket vollends, wollte gar nichts anderes sein als eben dies. Denn gerade nur darin suchte er seine Würde. Und weil er dies sein wollte, war er ein brauchbares Instrument, die Welt rational umzuwälzen und zu beherrschen.

Der Chinese würde, aller Voraussicht nach, ebenso fähig, vermutlich noch fähiger sein als der Japaner, sich den technisch und ökonomisch im neuzeitlichen Kulturgebiet zur Vollentwicklung gelangten Kapitalismus anzueignen. Es ist offenbar gar nicht daran zu denken, daß er für dessen Anforderungen etwa von Natur aus »nicht begabt« wäre. Aber trotz der mannigfachsten im Verhältnis zum Okzident das Entstehen des Kapitalismus äußerlich begünstigenden Umstände ist dieser hier ebensowenig geschaffen worden wie in der okzidentalen und orientalischen Antike oder in Indien und im Bereich des Islam, obwohl in jedem von diesen Gebieten andere, aber ebenfalls: begünstigende, Umstände seiner Entstehung entgegenzukommen schienen. Von den Umständen, welche ihr in China hinderlich sein konnten oder mußten, bestanden viele auch im Okzident, — und zwar gerade in der Zeit der endgültigen Formung des modernen Kapitalismus. So die patrimonialen Züge des Herrschertums und der Bureaukratie oder etwa die Zerfahrenheit und Unentwickeltheit der Geldwirtschaft, welche im ptolemäischen Aegypten weit gründlicher durchgeführt war als im 15. und 16. Jahrhundert in Europa. Von den Umständen, welche wir als Hemmnis der kapitalistischen Entwicklung im Okzident anzusehen pflegen, fehlte in China seit Jahrtausenden die feudale und grundherrliche (teilweise auch die zünftige) Gebundenheit und anscheinend auch ein erheblicher Teil der im Okzident typischen güterverkehrshemmenden Monopole aller Art. Diejenigen politischen Zustände, welche seit der altbabylonischen Zeit und der Antike überall den politisch bedingten, der Neuzeit mit der ganzen Vergangenheit gemeinsamen Kapitalismus haben entstehen lassen: Krieg und Kriegsvorbereitung konkurrierender Staaten, hat China in der Vergangenheit ebenfalls reichlich gekannt. Man hätte glauben können: der spätere Fortfall dieser wesentlich politischen Orientierung der Vermögensakkumulation und Kapitalverwertung würde dem an freiem Tausch orientierten, spezifisch modernen Kapitalismus günstigere Chancen geben, — etwa so, wie in der neuesten Zeit das fast völlige Fehlen der Kriegsorganisation in Nordamerika dort der hochkapitalistischen Entwicklung den freiesten Raum bot. Zum mindesten erklärt die Befriedung des Weltreiches unmittelbar zwar das Fehlen des der okzidentalen Antike (bis zur Kaiserzeit), dem Orient und dem Mittelalter gemeinsamen politischen, nicht aber: des rein ökonomisch orientierten Kapitalismus in China. Es wird kaum abzuweisen sein, daß die grundlegenden Eigentümlichkeiten der »Gesinnung«, in diesem Falle: der praktischen Stellungnahme zur Welt, so gewiß sie ihrerseits in ihrer Entfaltung durch politische und ökonomische Schicksale mitbedingt wurden, doch auch kraft der ihren Eigengesetzlichkeiten zuzurechnenden Wirkungen an jenen Hemmungen stark mitbeteiligt gewesen sind.

Zwischenbetrachtung:

Theorie der Stufen und Richtungen religiöser Weltablehnung.

Das Gebiet der indischen Religiosität, in welches wir eintreten wollen, ist im stärksten Kontrast gegen China die Wiege der theoretisch und praktisch weltverneinendsten Formen von religiöser Ethik, welche die Erde hervorgebracht hat. Ebenso ist hier die entsprechende »Technik« am höchsten entwickelt. Das Mönchtum und die typischen Manipulationen der Askese und Kontemplation sind hier nicht nur am frühesten, sondern auch sehr konsequent durchgebildet worden und diese Rationalisierung hat vielleicht auch historisch von da aus ihren Weg durch die Welt gemacht. Ehe wir uns nun dieser Religiosität zuwenden, ist es wohl zweckmäßig, kurz in einer schematischen und theoretischen Konstruktion uns zu verdeutlichen, aus welchen Motiven heraus und in welchen Richtungen religiöse Ethiken der Weltverneinung überhaupt entstanden und verliefen: welches also ihr möglicher »Sinn« sein konnte.

Das konstruierte Schema hat natürlich nur den Zweck, ein idealtypisches Orientierungsmittel zu sein, nicht aber eine eigene Philosophie zu lehren. Seine gedanklich konstruierten Typen von Konflikten der »Lebensordnungen« besagen lediglich: an diesen Stellen sind diese innerlichen Konflikte möglich und »adäquat«, — nicht aber etwa: es gibt keinerlei Standpunkt, von dem aus sie als »aufgehoben« gelten könnten. Die einzelnen Wertsphären sind dabei wie man leicht sieht, in einer rationalen Geschlossenheit herauspräpariert, wie sie in der Realität selten auftreten, aber allerdings: auftreten können und in historisch wichtiger Art aufgetreten sind. Die Konstruktion ermöglicht es, da, wo sich eine historische Erscheinung einem von diesen Sachverhalten in Einzelzügen oder Gesamtcharakter annähert, deren — sozusagen — typologischen Ort durch Ermittlung der Nähe oder des Abstandes vom theoretisch konstruierten Typus festzustellen. Insoweit ist die Konstruktion also lediglich ein technischer Behelf zur Erleichterung der Uebersichtlichkeit und Terminologie. Aber daneben könnte sie allerdings unter Umständen noch etwas mehr sein. Auch das Rationale im Sinne der logischen oder teleologischen »Konsequenz« einer intellektuell-theoretischen oder praktisch-ethischen Stellungnahme hat nun einmal (und hatte von jeher) Gewalt über die Menschen, so begrenzt und labil diese Macht auch gegenüber andern Mächten des historischen Lebens überall war und ist. Gerade die der Absicht nach rationalen, von Intellektuellen geschaffenen, religiösen Weltdeutungen und Ethiken aber waren dem Gebot der Konsequenz stark ausgesetzt. So wenig sie sich auch im Einzelfalle der Forderung der »Widerspruchslosigkeit« fügten und so sehr sie rational nicht ableitbare Stellungnahmen in ihre ethischen Postulate einfügen mochten, so ist doch die Wirkung der ratio, speziell: der teleologischen Ableitung der praktischen Postulate, bei ihnen allen irgendwie und oft sehr stark bemerkbar. Wir dürfen auch aus diesem sachlichen Grunde hoffen, durch zweckmäßig konstruierte rationale Typen, also: durch Herauspräparierung der innerlich »konsequentesten« Formen eines aus fest gegebenen Voraussetzungen ableitbaren praktischen Verhaltens die Darstellung der sonst unübersehbaren Mannigfaltigkeit zu erleichtern. Und schließlich und vor allem muß und will ein religionssoziologischer Versuch dieser Art nun einmal zugleich ein Beitrag zur Typologie und Soziologie des Rationalismus selbst sein. Er geht daher von den rationalsten Formen aus, welche die Realität annehmen kann, und sucht zu ermitteln, inwieweit gewisse theoretisch aufstellbare rationale Konsequenzen in der Realität gezogen wurden. Und eventuell: weshalb nicht. —

In den einleitenden und auch manchen späteren Ausführungen wurde schon die große Bedeutung der Konzeption des überweltlichen Schöpfergottes für die religiöse Ethik berührt, insbesondere für die aktiv asketische im Gegensatz zur kontemplativ mystischen, mit der Verunpersönlichung und Immanenz der göttlichen Macht innerlich verwandten, Richtung der Heilssuche. Daß aber diese Zusammengehörigkeit [1]) keine unbedingte ist, und daß nicht der überweltliche Gott schon rein als solcher die Richtung der Askese des Okzidents bestimmt hat, ergibt die Ueberlegung: daß die christliche Trinität mit ihrem gottmenschlichen Heiland und den Heiligen eine im Grunde eher weniger überweltliche Gotteskonzeption darstellte, als der Gott des Judentums, insbesondere des Spätjudentums, oder als der islamische Allah.

Und doch hat das Judentum zwar Mystik, aber so gut wie keine Askese des okzidentalen Typus entwickelt und war im alten Islam die Askese direkt verworfen, während die Eigenart der Derwisch-Religiosität ganz anderen (mystisch-ekstatischen) Quellen entstammte als der Beziehung zum überweltlichen Schöpfergott und auch ihrem inneren Wesen nach der okzidentalen Askese fernstand. Die überweltliche Gotteskonzeption, so wichtig sie war, wirkte mithin offenbar, trotz ihrer Verwandtschaft mit der Sendungsprophetie und der Askese des Handelns, doch nicht allein, sondern nur in Verbindung mit anderen Umständen, vor allem wohl: der Art der religiösen Verheißungen und der dadurch bestimmten Heilswege. Dies wird im einzelnen immer wieder zu erörtern sein. Hier sollen zunächst, zur Klärung der Terminologie, die Ausdrücke »Askese« und »Mystik«, mit denen, als polaren Begriffen, schon vielfach operiert werden mußte, etwas weiter spezialisiert werden.

Als Gegensätze auf dem Gebiete der Weltablehnung wurden schon in den einleitenden Bemerkungen hingestellt: die aktive Askese: ein gottgewolltes Handeln als Werkzeug Gottes einerseits, andererseits: der kontemplative Heilsbesitz der Mystik, der ein »Haben«, nicht ein Handeln bedeuten will, und

---

[1]) Auf welche E. Troeltsch wiederholt sehr mit Recht nachdrücklich hingewiesen hat.

bei welchem der Einzelne nicht Werkzeug, sondern »Gefäß« des Göttlichen ist, das Handeln in der Welt mithin als Gefährdung der durchaus irrationalen und außerweltlichen Heilszuständlichkeit erscheinen muß. Radikal ist der Gegensatz, wenn auf der einen Seite die Askese des Handelns sich innerhalb der Welt als deren rationale Gestalterin zur Bändigung des kreatürlich Verderbten durch Arbeit im weltlichen »Beruf« auswirkt (innerweltliche Askese) und wenn die Mystik ihrerseits die volle Konsequenz der radikalen Weltflucht zieht (weltflüchtige Kontemplation). Der Gegensatz mildert sich, wenn auf der einen Seite die Askese des Handelns sich auf die Niederhaltung und Ueberwindung des kreatürlich Verderbten im eigenen Wesen beschränkt und infolgedessen die Konzentration auf die feststehendermaßen gottgewollten aktiven Erlösungsleistungen bis zur Meidung des Handelns in den Ordnungen der Welt steigert (weltflüchtige Askese), dadurch also dem äußeren Verhalten nach der weltflüchtigen Kontemplation sich annähert. Oder wenn andererseits der kontemplative Mystiker die Konsequenz der Weltflucht nicht zieht, sondern in den Ordnungen der Welt bleibt wie der innerweltliche Asket (innerweltliche Mystik). Der Gegensatz kann in beiden Fällen tatsächlich in der Praxis schwinden und irgendeine Kombination beider Arten der Heilssuche eintreten. Aber er kann auch unter der äußerlich ähnlichen Hülle weiterbestehen bleiben. Für den echten Mystiker bleibt der Grundsatz bestehen: daß die Kreatur schweigen muß, damit Gott sprechen könne. Er »ist« in der Welt und »schickt sich« äußerlich in ihre Ordnungen, aber, um sich: im Gegensatz gegen sie, dadurch seines Gnadenstandes zu versichern, daß er der Versuchung, ihr Treiben wichtig zu nehmen, widersteht. Wie wir bei Laotse sehen konnten, ist eine spezifisch gebrochene Demut, ein Minimisieren des Handelns, eine Art von religiösem Inkognito in der Welt, seine typische Haltung: er bewährt sich *gegen* die Welt, *gegen* sein Handeln in ihr. Während die innerweltliche Askese sich gerade umgekehrt *durch* Handeln bewährt. Für den innerweltlichen Asketen ist das Verhalten des Mystikers träger Selbstgenuß, für den Mystiker das des (innerweltlich handelnden) Asketen eine mit eitler Selbstgerechtigkeit verbundene Verflechtung in das gottfremde Treiben der Welt. Mit jener »glücklichen Borniertheit«, welche man dem typischen Puritaner zuzuschreiben pflegt, vollstreckt die innerweltliche Askese die in ihrem letzten Sinne ihr verborgenen positiven göttlichen Ratschlüsse, wie sie in den von Gott verfügten rationalen Ordnungen des Kreatürlichen vorliegen, während dem Mystiker gerade nur die Ergreifung jenes letzten, gänzlich irrationalen, Sinnes im mystischen Erlebnis allein heilsbedeutsam ist. Die weltflüchtigen Formen beider Verhaltungsweisen sind durch ähnliche Gegensätze unterscheidbar, deren Erörterung wir der Einzeldarstellung vorbehalten. —

Wir wenden uns jetzt den Spannungsverhältnissen zwischen Welt und Religion im Einzelnen zu und knüpfen auch dabei an die Bemerkungen der Einleitung an, um sie etwas anders zu wenden. —

Es wurde gesagt, daß diejenigen Arten von Verhaltungsweisen, welche, zu einer methodischen Lebensführung ausgestaltet, den Keim sowohl der Askese wie der Mystik bildeten, zunächst aus magischen Voraussetzungen erwuchsen. Entweder zur Erweckung charismatischer Qualitäten oder zur Verhütung bösen Zaubers wurden sie ausgeübt. Der erste Fall war natürlich der entwicklungsgeschichtlich wichtigere. Denn hier schon, an der Schwelle ihres Auftretens, zeigte die Askese das Doppelgesicht: Weltabwendung einerseits, Weltbeherrschung kraft der dadurch erlangten magischen Kräfte andererseits. Der Magier war der entwicklungsgeschichtliche Vorläufer des Propheten: des exemplarischen wie des Sendungspropheten und des Heilands. Der Prophet und der Heiland legitimierten sich in aller Regel durch den Besitz eines magischen Charisma. Nur daß dies bei ihnen lediglich Mittel war, der exemplarischen Bedeutung oder der Sendung oder der Heilandsqualität ihrer Persönlichkeit Anerkennung und Nachachtung zu verschaffen. Denn der Inhalt der Prophetie oder des Heilandsgebotes war: Orientierung der Lebensführung an dem Streben nach einem Heilsgut. In diesem Sinne also, mindestens relativ: rationale Systematisierung der Lebensführung. Entweder nur in Einzelpunkten oder im ganzen. Das letztere war die Regel bei allen eigentlichen »Erlösungs«-Religionen, d. h. allen denen, welche ihren Anhängern die Befreiung vom Leiden in Aussicht stellten. Und zwar, je sublimierter, verinnerlichter, prinzipieller das Wesen des Leidens gefaßt wurde, desto mehr. Denn dann galt es, den Anhänger in einen Dauerzustand zu versetzen, welcher ihn gegen das Leiden innerlich gefeit machte. Statt des durch Orgie oder Askese oder Kontemplation akut und außeralltäglich, also: vorübergehend, erlangten heiligen Zustandes sollte ein heiliger und deshalb des Heils versichernder Dauerhabitus der Erlösten erreicht werden: dies war, abstrakt ausgedrückt, das rationale Ziel der Erlösungsreligion. Entstand nun im Gefolge der Prophetie oder Heilandspropaganda eine religiöse Gemeinschaft, so fiel die Pflege der Lebensreglementierung zuerst in die Hände der charismatisch dazu qualifizierten Nachfolger, Schüler, Jünger des Propheten oder Heilandes. Weiterhin geriet sie unter bestimmten sehr regelmäßig wiederkehrenden Bedingungen, die uns hier noch nicht beschäftigen, in die Hände einer priesterlichen, erblichen oder amtlichen, Hierokratie, — während der Prophet oder Heiland selbst in aller Regel gerade im Gegensatz zu den überkommenen hierokratischen Mächten: Zauberern oder Priestern, stand, deren traditionsgeweihter Würde er ja sein persönliches Charisma entgegenstellte, um ihre Macht zu brechen oder in seinen Dienst zu zwingen.

Prophetische und Heilands-Religionen lebten, wie alles soeben Gesagte als selbstverständlich voraussetzt, in einem großen und entwicklungsgeschichtlich besonders wichtigen Bruchteil der Fälle in einem nicht nur (wie nach der angenommenen Terminologie selbstverständlich ist) akuten, sondern in einem dauernden Spannungsverhältnis zur Welt und ihren Ordnungen. Und zwar, je mehr sie eigentliche Erlösungsreligionen waren, desto mehr. Dies folgte aus dem Sinn der Erlösung und dem Wesen der prophetischen Heilslehre, sobald diese sich, und um so mehr, je prinzipieller sie sich zu einer rationalen und dabei an innerlichen religiösen Heilsgütern als Erlösungsmitteln orientierten Ethik entwickelte. Je mehr sie, heißt das im üblichen Sprachgebrauch, vom Ritualismus hinweg zur »Gesinnungsreligiosität« sublimiert wurde. Und zwar wurde die Spannung von ihrer Seite her um so stärker, je weiter auf der anderen Seite die Rationalisierung und Sublimierung des äußerlichen und innerlichen Besitzes der (im weitesten Sinne) »weltlichen« Güter auch ihrerseits fortschritt. Denn die Rationalisierung und bewußte Sublimierung der Beziehungen des Menschen zu den verschiedenen Sphären äußeren und inneren, religiösen und weltlichen, Güterbesitzes drängte dann dazu: innere Eigengesetzlichkeiten der einzelnen Sphären in ihren Konsequenzen bewußt werden und dadurch in jene Spannungen zueinander geraten zu lassen, welche der urwüchsigen Unbefangenheit der Beziehung zur Außenwelt verborgen blieben. Es ist dies eine ganz allgemeine, für die Religionsgeschichte sehr wichtige Folge der Entwicklung des (inner- und außerweltlichen) Güterbesitzes zum Rationalen und bewußt Erstrebten, durch W i s s e n Sublimierten. Machen wir uns an einer Reihe dieser Güter die typischen Erscheinungen, die bei sehr verschiedenen religiösen Ethiken irgendwie wiederkehren, klar.

Wenn die Erlösungsprophetie Gemeinschaften auf rein religiöser Grundlage schuf, so war die erste Macht, mit welcher sie in Konflikt geriet, und welche durch sie Entwertung zu befürchten hatte, die naturgegebene S i p p e n gemeinschaft. Wer seinen Hausgenossen, Vater und Mutter, nicht feind sein kann, der kann kein Jesus-Jünger sein: »Ich bin nicht gekommen, den Frieden zu bringen, sondern das Schwert« heißt es (Matth. 10, 34) in diesem (und, wohlgemerkt: nur in diesem) Zusammenhang. Gewiß reglementierte die weit überwiegende Mehrzahl aller Religionen auch die innerweltlichen Pietätsbande. Aber daß der Heiland, Prophet, Priester, Beichtvater, Bruder im Glauben dem Gläubigen letztlich näher zu stehen habe, als die natürliche Anverwandtschaft und Ehegemeinschaft rein als solche, verstand sich um so mehr von selbst, je weitgreifender und innerlicher das Ziel der Erlösung gefaßt wurde. Unter mindestens relativer Entwertung jener Beziehungen und unter Sprengung der magischen Gebundenheit und Exklusivität der Sippen schuf die Prophetie, vor allem, wo sie zur soteriologischen Gemeindereligiosität wurde, eine neue soziale Gemeinschaft. Innerhalb dieser entwickelte sie nun eine religiöse Brüderlichkeitsethik. Zunächst meist unter einfacher Uebernahme der urwüchsigen Grundsätze sozialethischen Verhaltens, welche der »Nachbarschaftsverband«: die Gemeinschaft der Dorf-, Sippen-, Zunft-, Schiffahrts-, Jagdzugs-, Heereszuges-Genossen, darbot. Diese aber kannten zwei elementare Grundsätze: 1. den Dualismus der Binnen- und Außenmoral, 2. für die Binnenmoral die einfache Reziprozität: »Wie du mir, so ich dir«. Als den ökonomischen Ausfluß dieser Grundsätze aber: das Prinzip der brüderlichen Nothilfepflicht, beschränkt auf die Binnenmoral: entgeltlose Gebrauchsleihe, zinsloses Darlehen, Gastfreiheits- und Unterstützungspflicht des Besitzenden und Vornehmen gegenüber dem Unbemittelten, unentgoltene Bittarbeit auf dem Nachbar- und ebenso auf dem Herrenhof gegen bloßen Unterhalt. Alles nach dem — natürlich nicht rational erwogenen, wohl aber im Gefühl mitschwingenden — Grundsatz: was heute dir mangelt, kann morgen mir mangeln. Dementsprechend die Beschränkung des Feilschens (bei Tausch und Leihe) und der dauernden Versklavung (z. B. als Folge von Schulden) auf die nur gegenüber dem Ungenossen geltende Außenmoral. Die Gemeindereligiosität übertrug diese alte ökonomische Nachbarschaftsethik auf die Beziehung zum Glaubensbruder. Die Nothilfepflicht der Vornehmen und Reichen für Witwen und Waisen, für den kranken und verarmten Glaubensbruder, das Almosen des Reichen zumal, von dem die heiligen Sänger und Magier ebenso wie die Asketen ökonomisch abhingen, wurden Grundgebote aller ethisch rationalisierten Religionen der Welt. Bei den Erlösungsprophetien im besonderen war nun das allen Bekennern gemeinsame, wirkliche oder stets drohende, äußere oder innere Leiden das konstitutive Prinzip ihrer Gemeinschaftsbeziehung. Je rationaler und gesinnungsethisch sublimierter die Idee der Erlösung gefaßt wurde, desto mehr steigerten sich daher jene aus der Reziprozitätsethik des Nachbarschaftsverbandes erwachsenen Gebote äußerlich und innerlich. Aeußerlich bis zum brüderlichen Liebeskommunismus, innerlich aber zur Gesinnung der Caritas, der Liebe zum Leidenden als solchen, der Nächstenliebe, Menschenliebe und schließlich: der Feindesliebe. Die Schranke des Glaubensbandes und schließlich die Tatsache des Hasses erschienen angesichts der Konzeption der Welt als einer Stätte unverdienten Leidens nun als Folgen der gleichen Unvollkommenheiten und Verderbtheiten alles Empirischen, die auch das Leiden verschulden. Rein psychologisch wirkte dabei allgemein in der gleichen Richtung vor allem die eigentümliche Euphorie aller Arten von sublimierter religiöser Ekstase. Von der andächtigen Rührung bis zum Gefühl des unmittelbaren Besitzes der Gemeinschaft mit Gott neigten sie alle zum Ausströmen in einen objektlosen Liebesakosmismus. Die tiefe ruhige Seligkeit aller Helden akosmistischer Güte schmolz deshalb in den Erlösungsreligionen stets mit dem erbarmungsvollen Wissen um die natürliche Unvollkommenheit wie des eigenen, so alles menschlichen Wesens zusammen. Dabei konnte freilich die psychologische Färbung sowohl wie die rationale ethische Deutung dieser inneren Haltung im übrigen sehr verschiedenen Charakter haben. Stets aber lag ihre ethische Anforderung irgendwie in der Richtung einer universalistischen

Brüderlichkeit über alle Schranken der sozialen Verbände, oft einschließlich des eigenen Glaubensverbandes, hinweg. Immer stieß diese religiöse Brüderlichkeit, je mehr sie in ihren Konsequenzen durchgeführt wurde, desto härter mit den Ordnungen und Werten der Welt zusammen. Und zwar pflegte — und darauf kommt es hier an — je mehr diese ihrerseits nach ihren Eigengesetzlichkeiten rationalisiert und sublimiert wurden, desto unversöhnlicher dieser Zwiespalt sich geltend zu machen.

Am offensichtlichsten wurde dies in der ökonomischen Sphäre. Alle urwüchsige, sei es magische oder mystagogische Beeinflussung der Geister und Götter im Interesse von Einzelinteressen erstrebte, neben langem Leben, Gesundheit, Ehre. Nachfahren und, eventuell, Besserung des Jenseitsschicksals, den Reichtum als selbstverständliches Ziel, die eleusinischenMysterien ebenso wie die phönikische und vedische Religion, die chinesische Volksreligion, das alte Judentum, der alte Islam und die Verheißungen für die frommen hinduistischen und buddhistischen Laien. Dagegen die sublimierte Erlösungsreligion und die rationalisierte Wirtschaft gerieten in zunehmende Spannung zueinander. Rationale Wirtschaft ist sachlicher Betrieb. Orientiert ist sie an Geldpreisen, die im Interessenkampf der Menschen untereinander auf dem Markt entstehen. Ohne Schätzung in Geldpreisen, also: ohne jenen Kampf, ist keinerlei Kalkulation möglich. Geld ist das Abstrakteste und »Unpersönlichste«, was es im Menschenleben gibt. Der Kosmos der modernen rationalen kapitalistischen Wirtschaft wurde daher, je mehr er seinen immanenten Eigengesetzlichkeiten folgte, desto unzugänglicher jeglicher denkbaren Beziehung zu einer religiösen Brüderlichkeitsethik. Und zwar nur immer mehr, je rationaler und damit unpersönlicher er wurde. Denn man konnte zwar die persönliche Beziehung zwischen Herren und Sklaven ethisch restlos regulieren, eben weil sie persönlich war. Nicht aber — wenigstens nicht im gleichen Sinn und mit dem gleichen Erfolg — die zwischen den wechselnden Inhabern von Pfandbriefen und den ihnen unbekannten und ebenfalls wechselnden Schuldnern der Hypothekenbank, zwischen denen keinerlei persönliches Band bestand. Versuchte man es doch, so waren die Folgen die, welche wir in China kennen lernten: Hemmung der formalen Rationalität. Denn formale und materiale Rationalität standen hier im Konflikt miteinander. Gerade die Erlösungsreligionen haben daher, — obwohl in ihnen, wie wir sahen, selbst die Tendenz zu einer eigenartigen Verunpersönlichung der Liebe im Sinne des Akosmismus lag, — mit tiefem Mißtrauen die Entfaltung der in einem anderen Sinne ebenfalls unpersönlichen, aber eben dadurch spezifisch brüderlichkeitsfeindlichen ökonomischen Mächte betrachtet. Das katholische »Deo placere non potest« war dauernd für ihre Stellung zum Erwerbsleben charakteristisch, und bei aller rationalen Erlösungsmethodik wurde die Warnung vor dem Haften an Geld und Gut bis zur Perhorreszierung gesteigert. — Die Gebundenheit der religiösen Gemeinschaften selbst, ihrer Propaganda und Selbstbehauptung, an ökonomische Mittel und ihre Akkommodation an die Kulturbedürfnisse und Alltagsinteressen der Massen zwang sie zu jenen Kompromissen, für welche die Geschichte der Zinsverbote nur e i n Beispiel ist. Die Spannung selbst aber war für eine echte Erlösungsethik letztlich kaum überwindlich.

Die religiöse Virtuosenethik hat auf das Spannungsverhältnis am äußerlich radikalsten durch Ablehnung des ökonomischen Güterbesitzes reagiert. Die weltflüchtige Askese durch Verbot des Individualbesitzes des Mönchs, Existenz durchweg von eigner Arbeit, und vor allem auch: entsprechende Einschränkung der Bedürfnisse auf das absolut Unentbehrliche. Die Paradoxie aller rationalen Askese: daß sie den Reichtum, den sie ablehnte, selbst schuf, hat dabei dem Mönchtum aller Zeiten in gleicher Art das Bein gestellt. Ueberall wurden Tempel und Klöster ihrerseits selbst Stätten rationaler Wirtschaft. — Die weltflüchtige Kontemplation konnte in prinzipieller Wendung nur den Grundsatz aufstellen: daß der besitzlose Mönch, für den die Arbeit ja etwas ihn von der Konzentration auf das kontemplative Heilsgut Abziehendes war, überhaupt nur das genießen dürfe, was ihm von der Natur und den Menschen freiwillig dargeboten werde: Beeren und Wurzeln und freie Almosen. Auch sie machte, durch Schaffung von Bettelsprengeln, ihre Kompromisse (so in Indien). — Der Spannung prinzipiell und i n n e r l i c h zu entgehen, gab es nur zwei konsequente Wege. Einmal die Paradoxie der puritanischen Berufsethik, welche, als Virtuosenreligiosität, auf den Universalismus der Liebe verzichtete, alles Wirken in der Welt als Dienst in Gottes, in seinem letzten Sinn ganz unverständlichen, aber nun einmal allein erkennbaren positiven Willen und Erprobung des Gnadenstandes rational versachlichte und damit auch die Versachlichung des mit der ganzen Welt als kreatürlich und verderbt entwerteten ökonomischen Kosmos als gottgewollt und Material der Pflichterfüllung hinnahm. Das war im letzten Grunde der prinzipielle Verzicht auf Erlösung als ein durch Menschen und für jeden Menschen erreichbares Ziel zugunsten der grundlosen, aber stets nur partikulären Gnade. Eine eigentliche »Erlösungsreligion« war dieser Standpunkt der Unbrüderlichkeit in Wahrheit nicht mehr. Für eine solche gab es nur die Uebersteigerung der Brüderlichkeit zu jener den Liebesakosmismus des Mystikers ganz rein darstellenden, nach dem Menschen, dem und für welchen sie sich opfert, überhaupt nicht mehr fragenden, an ihm im letzten Grunde kaum noch interessierten »Güte«, die ein für allemal das Hemd gibt, wo der Mantel gefordert wird, an jeden, der ihr zufällig in den Weg kommt, und nur, weil er ihr in den Weg kommt: — eine eigentümliche Weltflucht in Gestalt objektloser Hingabe an jeden Beliebigen, nicht um des Menschen, sondern rein um der Hingabe als solcher, mit Baudelaires Worten: um der »heiligen Prostitution der Seele«, willen. —

Die Spannung gegenüber den p o l i t i s c h e n Ordnungen der Welt mußte für die konsequente Brüderlichkeitsethik der Erlösungsreligionen ebenso scharf werden. Für die magische und Funktionsgötter-Religiosität bestand das Problem nicht. Der alte Kriegsgott und der Gott, der die Rechtsordnung garantierte, waren Funktionsgötter, welche unbezweifelte Alltagsgüter schützten. Den Lokal-, Stammes- und Reichsgott gingen nur die Interessen seiner Verbände an. Er hatte gegen andere seinesgleichen zu kämpfen wie die Gemeinschaft selbst und gerade im Kampf seine göttliche Macht zu bewähren. Das Problem entstand vielmehr erst mit Sprengung dieser Schranken durch universalistische Religionen, mit dem einheitlichen Welt-Gott also, und in voller Stärke da, wo dieser ein Gott der »Liebe« sein sollte: — für die Erlösungsreligion auf dem Boden der Brüderlichkeitsforderung. Und zwar auch hier, wie bei der ökonomischen Sphäre, je rationaler die politische Ordnung wurde, desto mehr. Sachlich, »ohne Ansehen der Person«, »sine ira et studio«, ohne Haß und daher ohne Liebe, verrichtet der bureaukratische Staatsapparat und der ihm eingegliederte rationale homo politicus, ebenso wie der homo oeconomicus, seine Geschäfte einschließlich der Bestrafung des Unrechtes gerade dann, wenn er sie im idealsten Sinne der rationalen Regeln staatlicher Gewaltordnung erledigt. Auch er ist daher kraft ihrer Verunpersönlichung einer materialen Ethisierung, so sehr der Anschein für das Gegenteil besteht, in wichtigen Punkten weniger zugänglich als die patriarchalen Ordnungen der Vergangenheit, welche auf persönlichen Pietätspflichten und konkreter persönlicher Würdigung des Einzelfalles gerade »unter Ansehung der Person« beruhten. Denn der gesamte Gang der innerpolitischen Funktionen des Staatsapparates in Rechtspflege und Verwaltung reguliert sich trotz aller »Sozialpolitik« letzten Endes unvermeidlich stets wieder an der sachlichen Pragmatik der Staatsräson: an dem absoluten — für jede universalistische Erlösungsreligion letztlich sinnlos erscheinenden — Selbstzweck der Erhaltung (oder Umgestaltung) der inneren und äußeren Gewaltverteilung. Erst recht galt und gilt dies für die Außenpolitik. Der Appell an die nackte Gewaltsamkeit der Zwangsmittel nach außen nicht nur, sondern auch nach innen ist jedem politischen Verband schlechthin wesentlich. Vielmehr: er ist das, was ihn für unsere Terminologie zum politischen Verband erst macht: der »Staat« ist derjenige Verband, der das Monopol legitimer Gewaltsamkeit in Anspruch nimmt, — anders ist er nicht zu definieren. Dem: »Widerstehet nicht dem Uebel mit Gewalt« der Bergpredigt setzt er das: »Du sollst dem Recht auch mit Gewalt zum Siege verhelfen, — bei eigener Verantwortung für das Unrecht« entgegen. Wo das fehlte, da fehlte der »Staat«: der pazifistische »Anarchismus« wäre ins Leben getreten. Gewalt und Bedrohung mit Gewalt gebiert aber nach einem unentrinnbaren Pragma alles Handelns unvermeidlich stets erneut Gewaltsamkeit. Die Staatsräson folgt dabei, nach außen wie nach innen, ihren Eigengesetzlichkeiten. Und der Erfolg der Gewalt oder Gewaltandrohung selbst hängt natürlich letztlich von Machtverhältnissen und nicht vom ethischen »Recht« ab, selbst wenn man objektive Kriterien eines solchen überhaupt als auffindbar ansieht. Jedenfalls muß jeder religiösen Rationalisierung bei konsequenter Besinnung die gerade für den rationalen Staat — im Gegensatz zum unbefangenen naturwüchsigen Heldentum — typische Erscheinung des völlig gutgläubigen »Rechthabens« einer jeden der im Gewaltkampf einander gegenübertretenden Gruppen oder Gewalthaber nur als eine Aeffung der Ethik und vollends das Hineinziehen Gottes in den politischen Gewaltkampf als ein Unnützlichführen seines Namens gelten, dem gegenüber die gänzliche Ausschaltung alles Ethischen aus dem politischen Räsonnement als das Reinlichere und allein Ehrliche erscheinen kann. Alle Politik muß ihr nur um so brüderlichkeitsfremder gelten, je »sachlicher« und berechnender, je freier von leidenschaftlichem Gefühl, Zorn und Liebe, sie ist.

Die Fremdheit beider Sphären gegeneinander bei voller Rationalisierung jeder von beiden wirkt sich nun aber besonders scharf noch darin aus, daß in entscheidenden Punkten die Politik, im Gegensatz zur Oekonomik, als direkte Konkurrentin der religiösen Ethik aufzutreten vermag. Der Krieg als die realisierte Gewaltandrohung schafft, gerade in den modernen politischen Gemeinschaften, ein Pathos und ein Gemeinschaftsgefühl und löst dabei eine Hingabe und bedingungslose Opfergemeinschaft der Kämpfenden und überdies eine Arbeit des Erbarmens und der alle Schranken der naturgegebenen Verbände sprengenden Liebe zum Bedürftigen als Massenerscheinung aus, welcher die Religionen im allgemeinen nur in Heroengemeinschaften der Brüderlichkeitsethik ähnliches zur Seite zu stellen haben. Und darüber hinaus leistet der Krieg dem Krieger selbst etwas, seiner konkreten Sinnhaftigkeit nach, Einzigartiges: in der Empfindung eines Sinnes und einer Weihe des Todes, die nur ihm eigen ist. Die Gemeinschaft des im Felde stehenden Heeres fühlt sich heute, wie in den Zeiten der Gefolgschaft, als eine Gemeinschaft bis zum Tode: die größte ihrer Art. Und von jenem Sterben, welches gemeines Menschenlos ist und gar nichts weiter, ein Schicksal, welches jeden ereilt, ohne daß je gesagt werden könnte, warum gerade ihn und gerade jetzt, welches ein Ende setzt, wo doch gerade mit steigender Entfaltung und Sublimierung der Kulturgüter ins Unermeßliche hinein stets nur ein Anfang sinnvoll sein zu können scheint: — von diesem lediglich unvermeidlichen Sterben scheidet sich der Tod im Felde dadurch, daß hier, und in dieser Massenhaftigkeit nur hier, der Einzelne zu wissen glauben kann: daß er »für« etwas stirbt. Daß, warum und wofür er den Tod bestehen muß, kann ihm — und außer ihm nur dem, der »im Beruf« umkommt — in aller Regel so zweifellos sein, daß das Problem des »Sinnes« des Todes in jener allgemeinsten Bedeutung, in welchem sich die Erlösungsreligionen mit ihm zu befassen veranlaßt sind, gar keine Voraussetzungen seiner Entstehung findet. Diese

Leistung einer Einstellung des Todes in die Reihe der sinnvollen und geweihten Geschehnisse liegt letztlich allen Versuchen, die Eigenwürde des politischen Gewaltsamkeitsverbandes zu stützen, zugrunde. Die Art aber, wie der Tod hier als sinnvoll erfaßt werden kann, liegt nach radikal anderen Richtungen als eine Theodicee des Todes in einer Brüderlichkeitsreligiosität. Dieser muß die Brüderlichkeit der kriegsverbundenen Menschengruppe als bloßer Reflex der technisch raffinierten Brutalität des Kampfes entwertet scheinen und jene innerweltliche Weihe des Kriegstodes als Verklärung des Brudermordes. Und gerade die Außeralltäglichkeit der Kriegsbrüderlichkeit und des Kriegstodes, welche er mit dem heiligen Charisma und dem Erlebnis der Gottesgemeinschaft teilt, steigert die Konkurrenz auf die äußerst mögliche Höhe. — Konsequente Lösungen gibt es auch hier nur einerseits: für den Gnadenpartikularismus der puritanischen Berufsaskese, welcher an feststehende offenbarte Gebote des im übrigen ganz unverständlichen Gottes glaubt und dessen Willen dahin versteht: daß diese Gebote dieser kreatürlichen und deshalb der Gewaltsamkeit und ethischen Barbarei unterworfenen Welt eben auch durch deren eigene Mittel: Gewalt, aufgezwungen werden sollen. Das bedeutet aber dann mindestens Schranken der Brüderlichkeitspflicht im Interesse von Gottes »Sache«. Andererseits: für den radikalen Antipolitismus der mystischen Heilssuche mit ihrer akosmistischen Güte und Brüderlichkeit, welche mit dem Satz: »Widerstehe nicht dem Uebel« und mit der in den Augen jeder selbstsicheren weltlichen Heldenethik notwendig ordinären und würdelosen Maxime vom »Hinhalten des andern Backens« dem für alles politische Handeln unentrinnbaren Gewaltsamkeitspragma sich entzieht. Alle anderen Lösungen sind mit Kompromissen oder der echten Brüderlichkeitsethik notwendig unehrlich erscheinenden oder unannehmbaren Voraussetzungen belastet. — Einige dieser Lösungen erwecken als Typen trotzdem ein prinzipielles Interesse.

Jede Organisation der Erlösung in einer universalistischen Gnaden*anstalt* wird sich für die Seelen aller, oder doch aller ihr anvertrauten, Menschen vor Gott verantwortlich und daher berechtigt und verpflichtet fühlen, auch mit rücksichtsloser Gewalt ihrer Gefährdung durch Irreleitung im Glauben entgegenzutreten und die Ausbreitung der rettenden Gnadenmittel zu fördern. Und auch der Heilsaristokratismus gebiert, wo er, wie im Calvinismus (in anderer Art im Islam), mit dem Gebot seines Gottes belastet ist: zu dessen Ruhm die Welt der Sünde zu bändigen, die Erscheinung des aktiven »Glaubenskämpfers«. Zugleich aber die Scheidung des »heiligen« oder »gerechten«, d. h. zur Vollstreckung von Gottes Gebot, um des Glaubens willen, unternommenen Krieges, der stets in irgendeinem Sinne ein Religionskrieg ist, von allen andern, rein weltlichen und daher tief entwerteten, Kriegsunternehmungen. Den Zwang, an solchen nicht als heilig und Gottes Willen entsprechend feststehenden, nicht vom eignen Gewissen bejahten, Kriegen der politischen Gewalten teilzunehmen, wird er daher — wie das siegreiche Cromwellsche Heer der Heiligen in seiner Stellungnahme gegen den Militärdienstzwang tat — ablehnen, das Söldnertum also dem Zwang zum Kriegsdienst vorziehen. Für den Fall der Vergewaltigung von Gottes Willen durch Menschen, insbesondere des Glaubens wegen, wird er kraft des Satzes: daß man Gott mehr gehorchen müsse als den Menschen, die Konsequenz der aktiven Glaubensrevolution ziehen. — Genau umgekehrt war die Stellungnahme z. B. der lutherischen Anstaltsreligiosität. Unter Ablehnung des Glaubenskrieges und des aktiven Widerstandsrechts gegen weltliche Vergewaltigung des Glaubens, als einer die Erlösung in das Gewaltpragma hineinverflechtenden Eigenmächtigkeit, kannte sie auf diesem Gebiet nur die passive Resistenz, bejahte dagegen die Unbedenklichkeit des Gehorsams gegen die Weltobrigkeit auch da, wo diese weltlichen Krieg befahl, weil sie, und nicht der Einzelne, die Verantwortung trage und weil die ethische Selbständigkeit der Ordnung der weltlichen Gewalt, im Gegensatz zur innerlich universalistischen (katholischen) Heilsanstalt, anerkannt wurde. Jener Einschlag mystischer Religiosität, der dem persönlichen Christentum Luthers eignete, zog hier halbe Konsequenzen. Denn die eigentlich mystische oder pneumatische, religiös charismatische, Heilssuche der religiösen Virtuosen ist naturgemäß überall apolitisch oder antipolitisch gewesen. Sie hat die Selbständigkeit der irdischen Ordnungen zwar bereitwillig anerkannt, aber nur um daraus konsequent auf ihren radikal diabolischen Charakter zu schließen oder, zum mindesten, jenen absoluten Indifferenzstandpunkt zu ihnen einzunehmen, dessen Ausdruck der Satz war: »Gebt dem Kaiser, was des Kaisers ist« (denn: was kommt auf diese Dinge für das Heil an?).

Die eigene Verflochtenheit der religiösen Organisationen in Machtinteressen und Machtkämpfe, der stets unvermeidliche Kollaps auch der höchstgesteigerten Spannungsverhältnisse gegen die Welt in Kompromisse und Relativierungen, die Eignung und der Gebrauch der religiösen Organisationen zur politischen Domestikation der Massen, das Bedürfnis insbesondere nach religiöser Legitimitätsweihe der bestehenden Gewalten bedingten die untereinander überaus verschiedenen empirischen Stellungnahmen der Religionen zum politischen Handeln, welche die Geschichte aufweist. Fast alle waren Formen der Relativierung der religiösen Heilswerte und ihrer ethisch rationalen Eigengesetzlichkeit. Ihr praktisch bedeutendster Typus aber war die »o r g a n i s c h e« Sozialethik, welche in mannigfachen Formen verbreitet war und deren Berufskonzeptionen das prinzipiell wichtigste Gegenbild gegen den Berufsgedanken der innerweltlichen Askese bildeten.

Auch sie steht (wo sie religiös unterbaut ist) auf dem Boden der »Brüderlichkeit«. Aber im Gegensatz zum mystischen Liebesakosmismus ist es eine kosmische, rationale, Brüderlichkeitsforderung, die sie beherrscht. Die erfahrungsgemäße Ungleichheit des religiösen Charismas ist der Ausgangspunkt. Eben dies: daß darnach das Heil nur Einigen, nicht Allen, zugänglich sein soll, ist ihr das Unerträgliche. Ihre Sozialethik sucht daher eben diese Ungleichheit der charismatischen Qualifikationen in Verbindung mit der weltlichen ständischen Gliederung zu einem Kosmos berufsteilig geordneter gottgewollter Leistungen zusammenzubiegen, innerhalb dessen jedem Einzelnen und jeder Gruppe nach persönlichem Charisma und schicksalsbedingter sozialer und ökonomischer Lage bestimmte Aufgaben zufallen. In der Regel stehen sie im Dienste der zugleich sozialutilitarisch und providentiell interpretierten Verwirklichung eines bei allem Kompromißcharakter dennoch Gott wohlgefälligen Zustandes, welcher angesichts der Sündenverderbtheit der Welt wenigstens eine relative Bändigung der Sünde und des Leidens und die Bewahrung und Errettung wenigstens möglichst vieler gefährdeter Seelen für das Gottesreich ermöglicht. Die weit pathetischere Theodicee, welche die indische Karmanlehre gerade umgekehrt vom Standpunkt der rein an den Interessen des Individuums orientierten Heilspragmatik aus der organischen Gesellschaftslehre zuteil werden ließ, werden wir bald kennen lernen. Ohne diese sehr besondersartige Verknüpfung bleibt jede organische Gesellschaftsethik für den Standpunkt der radikalen, mystischen, religiösen Brüderlichkeitsethik unvermeidlich eine Akkommodation an die Interessen der weltlich privilegierten Schichten, während ihr, vom Standpunkt der innerweltlichen Askese aus gesehen, der innere Antrieb zu einer ethischen Durchrationalisierung des individuellen Lebens abgeht. Denn es fehlt ihr dann eine Prämie für die rationale m e t h o d i s c h e Gestaltung des Lebens des einzelnen durch diesen selbst im Interesse des eigenen Heils. Der organischen Heilspragmatik ihrerseits muß dagegen der Heilsaristokratismus der innerweltlichen Askese mit ihrer rationalen Versachlichung der Lebensordnungen als die härteste Form der Lieblosigkeit und Unbrüderlichkeit, derjenige der Mystik aber als sublimiertes, in Wahrheit unbrüderliches Genießen nur des eigenen Charisma gelten, dem der planlose Liebesakosmismus nur egoistisches Mittel eigener Heilssuche wird. Beide verdammen ja die soziale Welt letztlich zur absoluten Sinnlosigkeit oder mindestens Gottes Ziele mit ihr zur vollkommenen Unverständlichkeit. Der Rationalismus der religiösen organischen Gesellschaftslehre erträgt diesen Gedanken nicht und sucht seinerseits die Welt als einen in aller Sündenverderbtheit doch die Spuren des göttlichen Heilsplanes an sich tragenden, also mindestens relativ rationalen Kosmos zu erfassen. Eben diese Relativierung aber ist dem absoluten Charismatismus der Virtuosenreligiosität das eigentlich Verwerfliche und Heilsfremde. –

Wie das ökonomische und das politische rationale Handeln seinen Eigengesetzlichkeiten folgt, so bleibt jedes andere rationale Handeln innerhalb der Welt unentrinnbar an die brüderlichkeitsfremden Bedingungen der Welt, die seine Mittel oder Zwecke sein müssen, gebunden und gerät daher irgendwie in Spannung zur Brüderlichkeitsethik. Es trägt aber eine tiefe Spannung auch in sich selbst. Denn es scheint kein Mittel zum Austrag schon der allerersten Frage zu geben: von woher im einzelnen Fall der ethische Wert eines Handelns bestimmt werden soll: ob vom E r f o l g oder von einem — irgendwie ethisch zu bestimmenden — E i g e n wert dieses Tuns an sich aus. Ob und inwieweit also die Verantwortung des Handelnden für die Folgen die Mittel heiligen oder umgekehrt der Wert der Gesinnung, welche die Handlung trägt, ihn berechtigen soll, die Verantwortung für die Folgen abzulehnen, sie Gott oder der von Gott zugelassenen Verderbtheit und Torheit der Welt zuzuschieben. Die gesinnungsethische Sublimierung der religiösen Ethik wird der letzteren Alternative zuneigen: »der Christ tut recht und stellt den Erfolg Gott anheim«. Damit aber wird bei wirklich konsequenter Durchführung das eigene Handeln gegenüber den Eigengesetzlichkeiten der Welt zur Irrationalität der Wirkung verurteilt [1]). Angesichts dessen kann die Konsequenz einer sublimierten Heilssuche zu einer Steigerung des Akosmismus bis dahin führen, das zweckrationale Handeln schon rein als solches, also alles Handeln unter den Kategorien: Mittel und Zweck, als weltgebunden und gottfremd abzulehnen, wie dies, wie wir sehen werden, in verschiedener Folgerichtigkeit vom biblischen Gleichnis von den Lilien auf dem Felde angefangen bis zu den prinzipielleren Formulierungen, z. B. im Buddhismus geschah.

Die organische Sozialethik ist überall eine eminent konservative, revolutionsfeindliche Macht. Aus der eigentlichen Virtuosenreligiosität dagegen können unter Umständen andere, r e v o l u t i o n ä r e, Konsequenzen folgen. Dies natürlich nur dann, wenn das Pragma der Gewaltsamkeit: daß sie ihrerseits Gewalt hervorruft und nur Personen und allenfalls Methoden des gewaltsamen Herrschens gewechselt werden, nicht als dauernde Qualität alles Kreatürlichen anerkannt wird. Je nach der Färbung der Virtuosenreligiosität kann aber ihre revolutionäre Wendung prinzipiell zweierlei Formen annehmen. Die eine entspringt der innerweltlichen Askese überall da, wo diese den kreatürlich verderbten empirischen Ordnungen der Welt ein absolutes göttliches »Naturrecht« entgegenzusetzen vermag, dessen Realisierung dann, nach dem in den rationalen Religionen überall in irgendeinem Sinne geltenden Satz: daß man Gott mehr gehorchen müsse als den Menschen, ihr zur religiösen Pflicht wird. Typus: die genuin puritanischen Revolutionen, zu denen sich Gegenstücke auch anderwärts finden. Diese Haltung entspricht durchaus der Pflicht zum Glaubenskrieg. — Anders da, wo, beim Mystiker, sich der psychologisch stets mögliche Umschlag vom Gottbesitz zur Gottbesessenheit vollzieht. Dies ist sinnvoll dann möglich, wenn eschatologische Erwartungen eines unmittel-

---

1) Im Bhagavadgita, wie wir sehen werden, am konsequentesten theoretisch durchgeführt.

baren Anbruches des Weltalters der akosmistischen Brüderlichkeit aufflammen, wenn also der Glaube an die Ewigkeit der Spannung zwischen der Welt und dem irrationalen hinterweltlichen Reich der Erlösung ausfällt. Der Mystiker wird dann zum Heiland und Propheten. Aber die Gebote, die er verkündet, haben keinen rationalen Charakter. Sie sind als Produkte seines Charisma Offenbarungen konkreter Art und die radikale Weltablehnung schlägt leicht in radikalen A n o m i s m u s um. Die Gebote der Welt gelten nicht für den seiner Gottbesessenheit Versicherten: „πάντα μοι ἔξεστιν". Alle Chiliastik bis zu der Täuferrevolution ruht irgendwie auf diesem Untergrund. Die Art seines Handelns ist eben für den kraft seines »Gott-Habens« Erlösten ohne Heilsbedeutung. Wir werden beim indischen djivanmukhti ähnliches finden. —

Wenn die religiöse Brüderlichkeitsethik mit den Eigengesetzlichkeiten des zweckrationalen Handelns in der Welt in Spannung lebt, so nicht minder mit jenen innerweltlichen Mächten des Lebens, deren Wesen von Grund aus arationalen oder antirationalen Charakters ist. Vor allem mit der ästhetischen und erotischen Sphäre.

Mit der ersteren steht die magische Religiosität in intimster Beziehung. Idole, Ikonen und andere religiöse Artefakte, magische Stereotypierung ihrer erprobten Formungen als erste Stufe der Ueberwindung des Naturalismus durch einen fixierten »Stil«, Musik als Mittel der Ekstase oder des Exorzismus oder apotropäischer Magie, Zauberer als heilige Sänger und Tänzer, die magisch erprobten und daher magisch stereotypierten Tonverhältnisse als früheste Vorstufen von Tonalitäten, der magisch und als Mittel der Ekstase erprobte Tanzschritt als eine der Quellen der Rhythmik, Tempel und Kirchen als größte aller Bauten, unter stilbildender Stereotypierung der Bauaufgabe durch ein für allemal feststehende Zwecke und der Bauformen durch magische Erprobtheit, Paramente und Kirchengeräte aller Art als kunstgewerbliche Objekte in Verbindung mit dem durch religiösen Eifer bedingten Reichtum der Tempel und Kirchen: dies alles machte von jeher die Religion zu einer unerschöpflichen Quelle künstlerischer Entfaltungsmöglichkeiten einerseits, der Stilisierung durch Traditionsbindung andererseits. — Für die religiöse Brüderlichkeitsethik ebenso wie für den apriorischen Rigorismus ist die Kunst als Trägerin magischer Wirkungen nicht nur entwertet, sondern direkt verdächtig. Die Sublimierung der religiösen Ethik und Heilssuche einerseits und die Entfaltung der Eigengesetzlichkeit der Kunst andererseits neigen ja schon auch an sich zur Herausarbeitung eines zunehmenden Spannungsverhältnisses. Alle sublimierte Erlösungsreligiosität blickt allein auf den Sinn, nicht auf die Form, der für das Heil relevanten Dinge und Handlungen. Die Form entwertet sich ihr zum Zufälligen, Kreatürlichen, vom Sinn Ablenkenden. Von seiten der Kunst kann zwar das unbefangene Verhältnis gerade dann ungebrochen bleiben oder sich immer wieder herstellen, solange und so oft das bewußte Interesse des Rezipierenden naiv am Inhalt des Geformten, nicht an der Form rein als solcher haftet, und solange die Leistung des Schaffenden sich entweder als (ursprünglich: magisches) Charisma des »Könnens« oder als ein freies Spiel fühlt. Indessen die Entfaltung des Intellektualismus und die Rationalisierung des Lebens verschieben diese Lage. Die Kunst konstituiert sich nun als ein Kosmos immer bewußter erfaßter selbständiger Eigenwerte. Sie übernimmt die Funktion einer, gleichviel wie gedeuteten, innerweltlichen Erlösung: vom Alltag und, vor allem, auch von dem zunehmenden Druck des theoretischen und praktischen Rationalismus. Mit diesem Anspruch aber tritt sie in direkte Konkurrenz zur Erlösungsreligion. Gegen diese innerweltliche irrationale Erlösung muß sich jede rationale religiöse Ethik wenden als gegen ein Reich des, von ihr aus gesehen, verantwortungslosen Genießens und: geheimer Lieblosigkeit. In der Tat neigt ja die Ablehnung der Verantwortung für ein ethisches Urteil, wie sie intellektualistischen Zeitaltern, infolge teils subjektivistischen Bedürfnisses, teils der Angst vor dem Anschein traditionell-philiströser Befangenheit, zu eignen pflegt, dazu: ethisch gemeinte Werturteile in Geschmacksurteile umzuformen (»geschmacklos« statt: »verwerflich«), deren Inappellabilität die Diskussion ausschließt. Gegenüber der »Allgemeingültigkeit« der ethischen Norm, welche wenigstens insofern Gemeinschaft stiftet, indem sich der einzelne, der einem Tun ethisch ablehnend aber menschlich mitlebend gegenübersteht, sich ihr selbst, um die eigene kreatürliche Bedürftigkeit wissend, mit unterstellt, kann diese Flucht vor der Notwendigkeit rationaler ethischer Stellungnahme sich der Erlösungsreligion sehr wohl als eine tiefste Form unbrüderlicher Gesinnung darstellen. Dem künstlerisch Schaffenden aber wie dem ästhetisch erregten Rezipierenden andererseits wird die ethische Norm als solche leicht als Vergewaltigung des eigentlich Schöpferischen und Persönlichsten erscheinen können. Die irrationalste Form des religiösen Sichverhaltens aber, das mystische Erlebnis, ist in seinem innersten Wesen nicht nur formfremd, unformbar und unaussagbar, sondern formfeindlich, weil es gerade im Gefühl der Sprengung aller Formen das Eingehen in das jenseits jeder Art von Bedingtheit und Formung liegende All-Eine erhoffen zu können glaubt. Ihm kann die unzweifelhafte psychologische Verwandtschaft der künstlerischen mit der religiösen Erschütterung nur ein Symptom des diabolischen Charakters jener bedeuten. Gerade die Musik, die »innerlichste« der Künste, vermag in ihrer reinsten Form: der Instrumentalmusik, als eine durch die Eigengesetzlichkeit eines nicht im Innern lebenden Reiches vorgetäuschte, verantwortungslose Surrogatform des ersten religiösen Erlebens zu erscheinen: die bekannte Stellungnahme des Tridentiner Konzils dürfte auf diese Empfindung mit zurückgehen. Die Kunst wird dann »Kreaturvergötterung«, konkurrierende Macht und täuschendes Blendwerk, das Bildnis und Gleichnis religiöser Dinge rein als solches Blasphemie.

In der empirischen Realität der Geschichte freilich hat diese psychologische Verwandtschaft immer erneut zu jenen für die Kunstentwicklung bedeutsamen Bündnissen geführt, welche die große Mehrzahl aller Religionen irgendwie eingegangen sind, um so systematischer, je mehr sie universalistische Massenreligionen sein wollten und also auf Massenwirkung und emotionale Propaganda hingewiesen waren. Am sprödesten blieb gegenüber der Kunst, aus dem Pragma des inneren Gegensatzes heraus, alle eigentliche Virtuosenreligiosität, sowohl in ihrer aktiv asketischen wie in ihrer mystischen Wendung, und zwar um so schroffer, je mehr sie entweder die Ueberweltlichkeit ihres Gottes oder die Außerweltlichkeit der Erlösung betonte. —

Wie zur ästhetischen Sphäre, so steht die religiöse Brüderlichkeitsethik der Erlösungsreligionen auch zu der größten irrationalen Lebensmacht: der geschlechtlichen Liebe, in einem tiefen Spannungsverhältnis. Und zwar auch hier um so schroffer, je sublimierter die Geschlechtlichkeit einerseits, je rücksichtsloser konsequent die Erlösungsethik der Brüderlichkeit andererseits entwickelt wird. Das ursprüngliche Verhältnis war auch hier sehr intim. Der Geschlechtsverkehr war sehr oft Bestandteil der magischen Orgiastik [1]), die heilige Prostitution — die mit angeblicher »ursprünglicher Promiskuität« gar nichts zu schaffen hatte — meist ein Rest dieses Zustandes, in dem jede Ekstase als »heilig« galt. Die profane, heterosexuelle wie homosexuelle, Prostitution war uralt und oft ziemlich raffiniert (Züchtung von Tribaden bei sog. Naturvölkern kommt vor). Der Uebergang von ihr zur rechtlich geformten Ehe war durch die Existenz von allerhand Zwischenformen flüssig. Die Auffassung der Ehe als einer ökonomischen Angelegenheit zur Sicherung der Frau und des Erbrechtes des Kindes, und daneben als einer wegen der Totenopfer der Nachkommen auch für das Jenseitsschicksal wichtigen Institution zur Gewinnung von Kindern ist vorprophetisch und universell, hat daher mit Askese an sich noch nichts zu tun. Das Geschlechtsleben als solches hatte seine Geister und Götter, wie jede andere Funktion auch. Eine gewisse Spannung trat nur in der ziemlich alten temporären, kultischen, Keuschheit der Priester zutage, bedingt wohl dadurch, daß, von einem streng stereotypierten Ritual eines regulierten Gemeinschaftskultes her angesehen, die Sexualität doch bereits leicht als spezifisch dämonisch beherrscht galt. Aber weiterhin war es dann allerdings nicht zufällig, daß die Prophetien und ebenso die priesterlich kontrollierten Lebensordnungen fast ohne jede bemerkenswerte Ausnahme den Geschlechtsverkehr zugunsten der Ehe reglementiert haben. Der Gegensatz aller rationalen Lebensregulierung gegen die magische Orgiastik und alle Arten irrationaler Rauschformen drückt sich darin aus. Die weitere Steigerung der Spannung wurde dann durch Entwicklungsmomente bedingt, welche auf beiden Seiten lagen. Bei der Sexualität durch ihre Sublimierung zur »Erotik« und damit zu einer — im Gegensatz zu dem nüchternen Naturalismus der Bauern — bewußt gepflegten und dabei außeralltäglichen Sphäre. Außeralltäglich nicht nur und auch nicht notwendig im Sinne des Konventionsfremden. Die Ritterkonvention pflegt ja gerade die Erotik zum Gegenstand der Regelung zu machen. Allerdings charakteristischerweise unter Verhüllung

---

[1]) Oder ungewollte Folge der orgiastischen Erregung. Die Gründung der Skopzen- (Kastraten-) Sekte in Rußland ging aus dem Streben hervor, dieser als sündlich gewerteten Folge des orgiastischen Tanzes (Radjenie) der Chlüsten zu entrinnen.

der naturalen und organischen Basis der Geschlechtlichkeit. Die Außeralltäglichkeit lag eben in dieser Hinwegentwicklung vom unbefangenen Naturalismus des Geschlechtlichen. Diese war aber in ihren Gründen und in ihrer Bedeutung einbezogen in die universellen Zusammenhänge der Rationalisierung und Intellektualisierung der Kultur.

Wir vergegenwärtigen uns in wenigen Strichen die Stadien dieser Entwicklung und wählen dabei die Beispiele aus dem Okzident.

Das Heraustreten der Gesamtdaseinsinhalte des Menschen aus dem organischen Kreislauf des bäuerlichen Daseins, die zunehmende Anreicherung des Lebens mit, sei es intellektuellen, sei es sonstigen als überindividuell gewerteten Kulturinhalten wirkte durch die Entfernung der Lebensinhalte von dem nur naturhaft Gegebenen zugleich in der Richtung einer Steigerung der Sonderstellung der Erotik. Sie wurde in die Sphäre des bewußt (im sublimsten Sinne:) Genossenen erhoben. Sie erschien dennoch und eben dadurch als eine Pforte zum irrationalsten und dabei realsten Lebenskern gegenüber den Mechanismen der Rationalisierung. Grad und Art, in welchem dabei auf die Erotik als solche ein Wertakzent fiel, war historisch außerordentlich wandelbar. Dem ungebrochenen Empfinden einer Kriegerschaft stand Weiberbesitz und Kampf um Weiber mit dem um Schätze und um Machteroberung annähernd gleich. Beim vorklassischen Hellenentum in der Zeit der Ritterromantik konnte für Archilochos eine erotische Enttäuschung ein Erlebnis von erheblicher und dauernder Tragweite sein und der Raub eines Weibes als Anlaß eines Heldenkrieges ohnegleichen gelten. Und auch die Nachklänge des Mythos kannten die Geschlechtsliebe noch bei den Tragikern als eine echte Schicksalsmacht. Aber im ganzen blieb ein Weib: Sappho, an erotischer Erlebnisfähigkeit von Männern unerreicht. Die klassische hellenische Zeit aber, die Periode des Hoplitenheeres, dachte, wie alle Selbstzeugnisse beweisen, auf diesen Gebieten relativ ungemein nüchtern, eher nüchterner als die chinesische Bildungsschicht. Nicht, daß sie den Todesernst der Geschlechtsliebe gar nicht mehr gekannt hätte. A b e r: nicht dies, sondern eher das Gegenteil war das ihr C h a r a k t e r i s t i s c h e: man erinnere sich — trotz Aspasia — der Rede des Perikles und, vollends, des bekannten Ausspruchs des Demosthenes. Dem exklusiv maskulinen Charakter dieser Epoche der »Demokratie« würde die Behandlung erotischer Erlebnisse, mit Frauen, als »Lebensschicksale« — in unserem Sprachschatz ausgedrückt: — fast schülerhaft sentimental erschienen sein. Der »Kamerad«, der Knabe, war das mit allem Liebeszeremoniell begehrte Objekt gerade im Zentrum der hellenischen Kultur. Der Eros Platons ist infolgedessen, bei aller Herrlichkeit, doch ein stark temperiertes Fühlen: die Schönheit der bacchantischen Leidenschaft rein als solcher war in diese Beziehung offiziell nicht rezipiert.

Die Möglichkeit einer Problematik und Tragik prinzipieller Art wurde in die erotische Sphäre zunächst durch bestimmte Verantwortlichkeitsansprüche eingeschaltet, welche im Okzident christlicher Provenienz sind. Der Wertakzent der rein erotischen Sensation als solcher aber entfaltete sich dort primär vor allem unter den Kulturbedingungen feudaler Ehrbegriffe. Dadurch nämlich, daß ritterliche Vasallensymbolik in die erotisch sublimierten Sexualbeziehungen hineingetragen wurde. Am allermeisten dann, wenn dabei irgendwelche Kombinationen mit kryptoerotischer Religiosität oder direkt mit Askese eingegangen wurden, wie dies im Mittelalter der Fall war. Die Ritterminne des christlichen Mittelalters war bekanntlich ein erotischer Vasallendienst nicht gegenüber Mädchen, sondern ausschließlich gegenüber fremden Ehefrauen mit (in der Theorie!) enthaltsamen Liebesnächten und kasuistischem Pflichtenkodex. Es begann damit — darin lag ein schroffer Gegensatz zum Maskulinismus des Hellenentums — die »Bewährung« des Mannes nicht vor seinesgleichen, sondern vor der erotischen Interessiertheit der »Dame«, deren Begriff durch eben diese Funktion erst konstituiert wurde. Eine weitere Steigerung des spezifischen Sensationscharakters der Erotik entwickelte der Uebergang von der, — in ihrer übrigens großen Unterschiedenheit, — doch wesentlich maskulin agonalen und insofern der Antike verwandteren, die christliche Ritteraskese abstreifenden Renaissancekonvention etwa noch des Cortegiano und der Shakespeareschen Zeit zum zunehmend unmilitärischen Intellektualismus der Salonkultur. Diese ruhte auf der Ueberzeugung von der Werte schaffenden Macht der intersexuellen Konversation, für welche die offene oder latente erotische Sensation und die agonale Bewährung des Kavaliers vor der Dame unentbehrliches Anregungsmittel wurde. Seit den lettres Portugaises wurde reale weibliche Liebesproblematik ein spezifisches geistiges Marktobjekt und weibliche Liebeskorrespondenz zur »Literatur«. Die letzte Steigerung des Akzents der erotischen Sphäre vollzog sich auf dem Boden intellektualistischer Kulturen schließlich da, wo sie mit dem unvermeidlich asketischen Einschlag des Berufsmenschentums zusammenstieß. Es konnte unter diesem Spannungsverhältnis zum rationalen Alltag das außeralltäglich gewordene, speziell also das ehefreie, Geschlechtsleben als das einzige Band erscheinen, welches den nunmehr völlig aus dem Kreislauf des alten einfachen organischen Bauerndaseins herausgetretenen Menschen noch mit der Naturquelle alles Lebens verband. Die so entstehende gewaltige Wertbetontheit dieser spezifischen Sensation einer innerweltlichen Erlösung vom Rationalen: eines seligen Triumphes darüber, entsprach in ihrem Radikalismus der unvermeidlich ebenso radikalen Ablehnung durch jede Art von außer- oder überweltlicher Erlösungsethik, für welche der Triumph des Geistes über den Körper gerade hier sich aufgipfeln sollte und der das Geschlechtsleben geradezu den Charakter der einzigen unausrottbaren Verbindung mit dem Animalischen gewinnen konnte. Diese Spannung aber mußte im Falle der systematischen Herauspräparierung der Sexualsphäre zu einer hochwertigen, alles rein Animalische der Beziehung verklärend umdeutenden erotischen Sensation am schärfsten und unvermeidbarsten gerade dann werden, wenn die Erlösungsreligiosität den Charakter der Liebesreligiosität: der Brüderlichkeit und Nächstenliebe, annahm. Gerade deshalb, weil die erotische Beziehung unter den angegebenen Bedingungen den unüberbietbaren Gipfel der Erfüllung der Liebesforderung: den direkten Durchbruch der Seelen von Mensch zu Mensch, zu gewähren scheint. Allem Sachlichen, Rationalen, Allgemeinen so radikal wie möglich entgegengesetzt, gilt die Grenzenlosigkeit der Hingabe hier dem einzigartigen Sinn, welchen dies Einzelwesen in seiner Irrationalität für dieses und nur dieses andere Einzelwesen hat. Dieser Sinn und damit der Wertgehalt der Beziehung selbst aber liegt, von der Erotik aus gesehen, in der Möglichkeit einer Gemeinschaft, welche als volle E i n s werdung, als ein Schwinden des »Du« gefühlt wird und so überwältigend ist, daß sie »symbolisch«: — s a k r a m e n t a l — gedeutet wird. Gerade darin: in der Unbegründbarkeit und Unausschöpfbarkeit des eigenen, durch kein Mittel kommunikablen, d a r i n dem mystischen »Haben« gleichartigen Erlebnisses, und nicht nur vermöge der Intensität seines Erlebens, sondern der unmittelbar besessenen Realität nach, weiß sich der Liebende in den jedem rationalen Bemühen ewig unzugänglichen Kern des wahrhaft Lebendigen eingepflanzt, den kalten Skeletthänden rationaler Ordnungen ebenso völlig entronnen wie der Stumpfheit des Alltages. Den (für ihn) objektlosen Erlebnissen des Mystikers steht er, der »das Lebendigste« mit sich verbunden weiß, wie einem fahlen hinterweltlichen Reich gegenüber. Wie die wissende Liebe des reifen Mannes zu der leidenschaftlichen Schwärmerei des jugendlichen Menschen verhält sich der Todesernst dieser Erotik des Intellektualismus zur ritterlichen Minne, der gegenüber sie gerade das Naturhafte der Geschlechtssphäre wieder, aber: bewußt, als leibgewordene Schöpfermacht, bejaht. — Eine konsequente religiöse Brüderlichkeitsethik steht dem allem radikal feindlich gegenüber. Nicht nur macht diese — von ihr aus gesehen — innerirdische Erlösungssensation rein als solche der Hingabe an den überweltlichen Gott oder an eine ethisch rationale göttliche Ordnung oder an die — für sie allein »echte« — mystische Sprengung der Individuation die schärfste überhaupt mögliche Konkurrenz. Sondern gerade gewisse psychologische Verwandtschaftsbeziehungen beider Sphären verschärfen die Spannung. Die höchste Erotik steht mit gewissen sublimierten Formen heroischer Frömmigkeit im Verhältnis gegenseitiger psychologischer und physiologischer Vertretbarkeit. Im Gegensatz zur rationalen aktiven Askese, welche das Geschlechtliche schon um seiner Irrationalität willen ablehnt und von der Erotik als todfeindliche Macht empfunden wird, besteht jenes Vertretbarkeitsverhältnis speziell zur mystischen Gottinnigkeit. Mit der Konsequenz einer jederzeit drohenden tödlich raffinierten Rache des Animalischen oder eines unvermittelten Hinübergleitens aus dem mystischen Gottesreich in das Reich des Allzumenschlichen. Gerade diese psychologische Nähe steigert natürlich die innerliche Sinnfeindschaft. Die erotische Beziehung muß, von jeder religiösen Brüderlichkeitsethik aus angesehen, je sublimierter sie ist nur desto mehr, der Brutalität in ganz spezifisch raffiniertem Maße verhaftet bleiben. Sie gilt ihr unvermeidlich als ein Verhältnis des Kampfes, nicht etwa nur, und nicht einmal vornehmlich, der Eifersucht und des ausschließenden Besitzwillens gegen Dritte, sondern weit mehr der innerlichsten, weil von den Beteiligten selbst niemals bemerkten Vergewaltigung der Seele des minder brutalen Teiles, als ein raffinierter, weil die menschlichste Hingabe vortäuschender Genuß seiner selbst im anderen. Keine volle erotische Gemeinschaft wird sich selbst anders als durch geheimnisvolle Bestimmung für einander: Schicksal in diesem höchsten Sinn des Wortes, gestiftet und dadurch (in einem gänzlich unethischen Sinn) »legitimiert« wissen. Aber für die Erlösungsreligion ist dies »Schicksal« nichts anderes als der reine Zufall des Entbrennens der Leidenschaft. Die so gestiftete pathologische Besessenheit, Idiosynkrasie und Verschiebung des Augenmaßes und jeder objektiven Gerechtigkeit muß ihr als die vollendetste Verleugnung aller Bruderliebe und Gottesknechtschaft erscheinen. Die sich als »Güte« fühlende Euphorie des glücklich Liebenden mit ihrem freundlichen Bedürfnis, nun auch aller Welt frohe Mienen anzudichten oder in naivem Beglückungseifer anzuzaubern, stößt daher stets (es gehören dahin z. B. die psychologisch konsequentesten Partien in Frühwerken Tolstojs [1]) auf den kühlen Spott der genuin religiös fundamentierten radikalen Brüderlichkeitsethik. Denn dieser bleibt gerade die sublimierteste Erotik eine Beziehung, welche, als notwendig im Innersten exklusiv und im denkbar höchsten Sinne subjektiv, absolut inkommunikabel, in allen diesen Hinsichten der Gegenpol aller religiös orientierten Brüderlichkeit sein muß. Ganz abgesehen davon, daß ihr natürlich schon ihr Leidenschaftscharakter als solcher als unwürdiger Verlust der Selbstbeherrschung und der Orientierung, sei es an der rationalen Vernunft gottgewollter Normen, sei es an dem mystischen »Haben« des Göttlichen erscheint, — während für die Erotik die echte »Leidenschaft« rein an sich der Typus der Schönheit und eine Ablehnung ihrer eine Lästerung ist. —

Im Einklang steht der erotische Rausch ebenso aus psychologischen Gründen wie dem Sinne nach nur mit der orgiastischen, außeralltäglichen, aber in einem besonderen Sinne innerweltlichen, Form der Religiosität. Die Anerkennung des Eheschlusses: der »copula carnalis«, als »Sakrament« in der katholischen Kirche ist eine Konzession an dieses Fühlen. Mit der zugleich

---

[1]) Namentlich in »Krieg und Frieden«. — Im übrigen stehen Nietzsches bekannte Analysen im »Willen zur Macht« der Sache nach damit völlig in Einklang, trotz und gerade wegen des klar erkannten umgekehrten Wertvorzeichens. — Die Stellung der Erlösungsreligiosität ist bei Açvagoscha recht klar festgelegt.

außerweltlichen und außeralltäglichen Mystik gerät die Erotik, bei schärfster innerer Spannung, vermöge der psychologischen Vertretbarkeit leicht in eine unbewußte und labile Surrogats- oder Zusammengeschmolzenheitsbeziehung, aus welcher dann sehr leicht der Kollaps in das Orgiastische erfolgt. Die innerweltliche rationale Askese (Berufsaskese) kann nur die rational reglementierte Ehe als eine der göttlichen Ordnungen für die durch »Konkupiscenz« hoffnungslos verderbte Kreatur akzeptieren, innerhalb deren es gilt, ihren rationalen Zwecken: Kindererzeugung und -erziehung und gegenseitige Förderung im Gnadenstande, und nur in ihm, nachzuleben. Jegliche Raffinierung zu einer Erotik muß sie als Kreaturvergötterung schlimmster Art ablehnen. Ihrerseits bezieht sie gerade die urwüchsig naturale, bäuerlich u n sublimierte Geschlechtlichkeit in eine rationale Ordnung des Kreatürlichen ein: alle »Leidenschafts«-Bestandteile aber gelten dann als Residuen des Sündenfalls, bei denen, nach Luther, Gott »durch die Finger sieht«, um Schlimmeres zu verhindern. Die außerweltliche rationale Askese (aktive Mönchsaskese) lehnt auch diese und damit alles Geschlechtliche als eine heilsgefährdende diabolische Macht ab.

Es ist am besten wohl der Quäkerethik (wie sie aus William Penn's Briefen an seine Frau spricht) gelungen, über die ziemlich grobe lutherische Deutung des Sinnes der Ehe hinaus zu einer echt menschlichen Interpretation ihrer innerlichen religiösen Werte zu gelangen. Rein innerweltlich angesehen, kann nur die Verknüpfung mit dem Gedanken ethischer Verantwortlichkeit für einander — also einer gegenüber der r e i n erotischen Sphäre heterogenen Kategorie der Beziehung — dem Empfinden dienen: daß in der Abwandlung des verantwortungsbewußten Liebesgefühls durch alle Nuancen des organischen Lebensganges hindurch: »bis zum Pianissimo des höchsten Alters«, in dem Einander-Gewähren und Einander-schuldig-werden (im Sinne Goethes) etwas Eigenartiges und Höchstes liegen könne. Selten gewährt es das Leben rein; wem es gewährt wird, der spreche von Glück und Gnade des Schicksals, — nicht: von eigenem »Verdienst«. —

Die Ablehnung aller unbefangenen Hingabe an die intensivsten Erlebnisarten des Daseins: künstlerische und erotische, ist zwar an sich nur eine negative Haltung. Allein es liegt auf der Hand, daß sie die Macht steigern konnte, mit welcher Energien in die Bahn rationaler Leistungen einströmten: ethischer sowohl wie auch rein intellektueller.

Aber freilich: am größten und prinzipiellsten wird schließlich die bewußte Spannung der Religiosität gerade zum Reich des denkenden Erkennens. Ungebrochene Einheit gibt es da im Bereich der Magie und des rein magischen Weltbildes, wie wir es in China kennen lernten. Weitgehende gegenseitige Anerkennung ist möglich auch für die rein metaphysische Spekulation. Obwohl diese leicht zur Skepsis zu führen pflegt. Nicht selten betrachtete daher die Religiosität die rein empirische, auch naturwissenschaftliche Forschung als besser mit ihren Interessen vereinbar als die Philosophie. So vor allem der asketische Protestantismus. Wo immer aber rational empirisches Erkennen die Entzauberung der Welt und deren Verwandlung in einen kausalen Mechanismus konsequent vollzogen hat, tritt die Spannung gegen die Ansprüche des ethischen Postulates: daß die Welt ein gottgeordneter, also irgendwie ethisch *sinnvoll* orientierter Kosmos sei, endgültig hervor. Denn die empirische und vollends die mathematisch orientierte Weltbetrachtung entwickelt prinzipiell die Ablehnung jeder Betrachtungsweise, welche überhaupt nach einem »Sinn« des innerweltlichen Geschehens fragt. Mit jeder Zunahme des Rationalismus der empirischen Wissenschaft wird dadurch die Religion zunehmend aus dem Reich des Rationalen ins Irrationale verdrängt und nun erst: *die* irrationale oder antirationale überpersönliche Macht schlechthin. Das Maß von Bewußtheit oder doch von Konsequenz in der Empfindung dieses Gegensatzes ist freilich sehr verschieden. Es scheint nicht undenkbar, — was behauptet wird: — daß Athanasius seine, rational angesehen, schlechthin absurde Formel vielleicht wirklich auch deshalb im Kampf gegen die Mehrzahl der damaligen hellenischen Philosophen durchgesetzt hat, um das ausdrückliche Opfer des Intellekts und eine feste Grenze des rationalen Diskutierens zu erzwingen. Alsbald aber wurde die Trinität selbst rational begründet und diskutiert. Und gerade wegen der unversöhnlich scheinenden Spannung steht die Religion, die prophetische wie die priesterliche, immer wieder in intimen Beziehungen zum rationalen Intellektualismus. Je weniger sie Magie oder bloße kontemplative Mystik und je mehr sie »Lehre« ist, desto mehr besteht für sie das Bedürfnis nach rationaler Apologetik. Von den Zauberern, welche überall die typischen Bewahrer der Mythen und Heldensage wurden, weil sie bei der Erziehung und Schulung der jungen Krieger zum Zwecke der Erweckung der Heldenekstase und Heldenwiedergeburt beteiligt waren, übernahm die Priesterschaft, als allein zur Erhaltung einer perennierenden Tradition fähig, die Schulung der Jugend im Gesetz und oft auch in rein verwaltungstechnischen Kunstlehren, vor allem: in der Schrift und im Rechnen. Je mehr nun die Religion Buchreligion und Lehre wurde, desto literarischer und daher desto mehr ein priesterfreies rationales Laiendenken provozierend wirkte sie. Aus dem Laiendenken aber entstanden immer wieder sowohl die priesterfeindlichen Propheten, wie die ihr religiöses Heil priesterfrei suchenden Mystiker und Sektierer und schließlich die Skeptiker und glaubensfeindlichen Philosophen, gegen die dann wieder eine Rationalisierung der priesterlichen Apologetik reagierte. Die antireligiöse Skepsis als solche war in China, in Aegypten, in den Veden, in der nachexilischen jüdischen Literatur im Prinzip ganz ebenso vertreten wie heute. Es sind fast keine neuen Argumente hinzugetreten. Monopolisierung der Jugenderziehung wurde daher zentrale Machtfrage für die Priesterschaft. Deren Macht konnte mit zunehmender Rationalisierung der politischen Verwaltung steigen. Wie anfänglich sie allein in Aegypten und Babylonien dem Staat die Schreiber lieferte, so noch den mittelalterlichen Fürsten mit beginnender Schriftlichkeit der Verwaltung. Von den großen Systemen der Pädagogik haben nur der Konfuzianismus und die mittelländische Antike, der erstere durch die Macht seiner Staatsbureaukratie, die letztere umgekehrt durch das absolute Fehlen bureaukratischer Verwaltung, sich dieser Macht der Priesterschaft zu entziehen gewußt und damit auch die Priesterreligion ausgeschaltet. Die Priesterschaft war sonst regelmäßige Trägerin der Schule. Nicht nur diese eigentlichsten Priesterinteressen aber bedingten die immer neue Verbindung der Religion mit dem Intellektualismus, sondern auch die innerliche Nötigung durch den rationalen Charakter der religiösen Ethik und das spezifisch intellektualistische Erlösungsbedürfnis. Im Effekt stand dabei jede Religiosität in ihrem psychologischen und gedanklichen Unterbau und in ihren praktischen Konsequenzen verschieden zum Intellektualismus, ohne daß doch die Wirkung jener letzten inneren Spannung, welche in der unvermeidlichen Disparatheit der letzten Formungen des Weltbildes liegt, je verschwände. Es gibt durchaus keine ungebrochene, als Lebensmacht wirkende, Religion, welche nicht an irgendeiner Stelle das »credo non quod, sed quia absurdum«, — das »Opfer des Intellekts«, — fordern müßte.

Es ist schwerlich nötig und wäre auch nicht möglich, die Stadien dieser Spannung zwischen Religion und intellektuellem Erkennen hier einzeln vorzuführen. Die Erlösungsreligion wehrt sich gegen den Angriff des selbstgenugsamen Intellektes am prinzipiellsten natürlich durch den Anspruch: daß ihr eignes Erkennen in einer anderen Sphäre sich vollziehe und nach Art und Sinn gänzlich heterogen und disparat sei gegenüber dem, was der Intellekt leiste. Nicht ein letztes intellektuelles Wissen über das Seiende oder normativ Geltende, sondern eine letzte Stellungnahme zur Welt kraft unmittelbaren Erfassens ihres »Sinnes« sei das, was sie darbiete. Und sie erschließe ihn nicht mit den Mitteln des Verstandes, sondern kraft des Charisma einer Erleuchtung, welche nur dem zuteil werde, der sich durch die dafür an die Hand gegebene Technik von den irreleitenden Scheinsurrogaten, welche der verworrene Eindruck der sinnlichen Welt und die in Wahrheit für das Heil gleichgültigen und leeren Abstraktionen des Verstandes als Erkenntnis liefern, befreie und so in sich für die Aufnahme der praktisch allein wichtigen Erfassung des Sinnes der Welt und des eigenen Daseins die Stätte zu bereiten wisse. In allen Unternehmungen der Philosophie, jenen letzten Sinn und die ihn erfassende (praktische) Stellungnahme demonstrabel zu machen, ebenso aber in dem Versuch, irgendwelche Intuitionserkenntnisse von prinzipiell anderer Dignität, die aber doch auch das »Sein« der Welt betreffen, zu gewinnen, wird sie nichts als das Bestreben des Intellekts sehen, seiner Eigengesetzlichkeit zu entrinnen. Und vor allem: ein ganz spezifisches Produkt eben jenes Rationalismus, dem der Intellektualismus dadurch so gern entgehen möchte. — Aber freilich wird sie selbst, von ihrer eignen Position aus gesehen, sich gleich unkonsequenter Uebergriffe schuldig machen, sobald sie die unangreifbare Inkommunikabilität des mystischen Erlebnisses aufgibt, für welches es, konsequenter Weise, nur Mittel seiner Herbeiführung als Ereignis, nicht aber: der adäquaten Mitteilung und Demonstration geben könnte. Dies zu tun, muß jeder Versuch der Wirkung auf die Welt sie in Gefahr bringen, sobald er den Charakter der Propaganda annimmt. Ebenso aber jeder Versuch einer rationalen Deutung des Weltsinns, der dennoch immer erneut gemacht worden ist. —

Die »Welt« kann, alles in allem, unter verschiedenen Gesichtspunkten mit religiösen Postulaten in Konflikt geraten. Immer ist der betreffende Gesichtspunkt zugleich der wichtigste inhaltliche Richtungspunkt für die Art des Strebens nach Erlösung.

Das bewußt als Inhalt einer Religiosität gepflegte Erlösungsbedürfnis ist stets und überall, nur in sehr verschieden stark festgehaltener Deutlichkeit des Zusammenhangs, entstanden als Konsequenz des Versuchs einer systematischen praktischen Rationalisierung der Realitäten des Lebens. Anders ausgedrückt: des Anspruchs, — der auf dieser Stufe zur spezifischen Voraussetzung aller Religion wird —, daß der Weltverlauf, wenigstens soweit er die Interessen der Menschen berührt, ein irgendwie sinnvoller Vorgang sei. Dieser Anspruch tauchte, wie wir sahen, naturgemäß zunächst als das landläufige Problem des ungerechten Leidens auf, also als das Postulat eines gerechten Ausgleichs für die ungleiche Verteilung des individuellen Glücks innerhalb der Welt. Er hatte die Tendenz, von da aus stufenweise zu einer immer weiteren Entwertung der Welt fortzuschreiten. Denn je intensiver das rationale Denken jenes Problem des gerechten vergeltenden Ausgleichs aufgriff, desto weniger konnte seine rein innerweltliche Lösung möglich und eine außerweltliche wahrscheinlich oder sinnvoll scheinen. Der Gang der Welt, so wie er tatsächlich ist, kümmerte sich, soweit der Augenschein reichte, um jenes Postulat wenig. Denn nicht nur die ethisch unmotivierte Ungleichheit der Verteilung von Glück und Leid, für die ein Ausgleich denkbar schien, sondern schon die bloße Tatsache der Existenz des Leidens als solchen mußte ja irrational bleiben. Denn dessen universelle Verbreitung konnte ja nur durch das andere, noch irrationalere Problem der Herkunft der Sünde, — die nach der Lehre der Propheten und Priester das Leiden als Strafe oder Zuchtmittel erklären sollte, — ersetzt werden. Eine zum Sündigen geschaffene Welt mußte aber ethisch noch unvollkommener erscheinen als eine zum Leiden verurteilte. Fest stand jedenfalls für das ethische Postulat die absolute Unvollkommenheit dieser Welt. Nur durch diese Unvollkommenheit schien sich ja auch ihre Vergänglichkeit sinnvoll zu rechtfertigen. Allein diese Rechtfertigung konnte geeignet erscheinen, die Welt noch weiter zu entwerten. Denn nicht nur das Wertlose, nicht einmal vornehmlich dies, zeigte sich als vergänglich. Daß aber Tod und Verfall die besten ebenso wie die schlechtesten Menschen und Dinge nivellierend ereilte, konnte als eine Entwertung gerade der höchsten innerweltlichen Güter als solcher erscheinen, sobald einmal die Vorstellung einer ewigen Dauer der Zeit, eines ewigen Gottes und einer ewigen Ordnung überhaupt konzipiert war. Wenn nun demgegenüber Werte, und gerade die am höchsten geschätzten, als »zeitlos« geltend verklärt und daher die Bedeutung ihrer Realisierung in der »Kultur« als von der zeitlichen Dauer der konkreten Realisierungserscheinung unabhängig hingestellt wurden, dann konnte sich die ethische Verwerfung der empirischen Welt wiederum weiter steigern. Denn nun konnte eine Gedankenreihe in den religiösen Horizont treten, welche von weit größerer Bedeutung war als Unvollkommenheit und Vergänglichkeit der Weltgüter im allgemeinen, weil sie geeignet war, gerade die üblicherweise höchstgestellten »Kulturgüter« unter Anklage zu bringen. Ihnen allen haftete ja die Todsünde einer unvermeidlichen spezifischen Schuldbelastetheit an. Sie zeigten sich an Geistes- oder Geschmacks-Charisma gebunden und ihre Pflege schien unvermeidlich Daseinsformen vorauszusetzen, welche der Brüderlichkeitsforderung zuwiderliefen und nur durch Selbsttäuschung sich ihr anpassen ließen. Bildungs- und Geschmackskultur-Schranken sind die innerlichsten und unübersteigbarsten aller ständischen Unterschiede. Religiöse Schuld konnte nun nicht nur als gelegentliches Akzidens, sondern als ein integrierender Bestandteil aller Kultur, alles Handelns in einer Kulturwelt und, schließlich, alles geformten Lebens überhaupt erscheinen. Gerade alles Höchste, was diese Welt an Gütern zu bieten hatte, schien dadurch mit der größten Schuld belastet. Die äußere Ordnung der sozialen Gemeinschaft, je mehr sie zur Kulturgemeinschaft des staatlichen Kosmos wurde, war offensichtlich überall nur mit brutaler, um Gerechtigkeit sich nur nominell und gelegentlich, jedenfalls nur soweit die eigene ratio es zuließ, kümmernder Gewalt aufrechtzuerhalten, die aus sich unvermeidlich immer neue Gewalttaten nach außen und innen und überdies noch unaufrichtige Vorwände für solche erzeugte, also: offene oder, was schlimmer scheinen mußte: pharisäisch verhüllte Lieblosigkeit bedeutete. Der versachlichte ökonomische Kosmos, also gerade die rational höchste

Form der für jede innerweltliche Kultur unentbehrlichen materiellen Güterversorgung, war ein Gebilde, dem die Lieblosigkeit von der Wurzel aus anhaftete. Alle Arten des Handelns in der geformten Welt schienen in die gleiche Schuld verstrickt. Verhüllte und sublimierte Brutalität, brüderlichkeitsfeindliche Idiosynkrasie und illusionistische Verschiebung des gerechten Augenmaßes begleiteten unvermeidlich die Geschlechtsliebe, und je machtvoller sie ihre Gewalt entfaltete, desto stärker und zugleich von den Beteiligten selbst unbemerkter oder auch: desto pharisäisch verhüllter. Das rationale Erkennen, an welches ja die ethische Religiosität selbst appelliert hatte, gestaltete, autonom und innerweltlich seinen eigenen Normen folgend, einen Kosmos von Wahrheiten, welcher nicht nur mit den systematischen Postulaten der rationalen religiösen Ethik: daß die Welt als Kosmos i h r e n Anforderungen genüge oder irgendeinen »Sinn« aufweise, gar nichts mehr zu schaffen hatte, diesen Anspruch vielmehr prinzipiell ablehnen mußte. Der Kosmos der Naturkausalität und der postulierte Kosmos der ethischen Ausgleichskausalität standen in unvereinbarem Gegensatz gegeneinander. Und obwohl die Wissenschaft, die jenen Kosmos schuf, über ihre eigenen letzten Voraussetzungen sicheren Aufschluß nicht geben zu können schien, trat sie im Namen der »intellektuellen Rechtschaffenheit« mit dem Anspruch auf: die einzig mögliche Form der denkenden Weltbetrachtung zu sein. Wie alle Kulturwerte, so schuf dabei auch der Intellekt eine von allen persönlichen ethischen Qualitäten der Menschen unabhängige, also unbrüderliche Aristokratie des rationalen Kulturbesitzes. Nun aber haftete diesem Kulturbesitz, und also: dem für den »innerweltlichen« Menschen Höchsten in dieser Welt, neben seiner ethischen Schuldbelastetheit auch etwas an, was ihn noch viel endgültiger entwerten mußte: die Sinnlosigkeit, wenn man ihn mit seinen eigenen Maßstäben bewertete. Die Sinnlosigkeit der rein innerweltlichen Selbstvervollkommnung zum Kulturmenschen, des letzten Wertes also, auf welchen die »Kultur« reduzierbar schien, folgte für das religiöse Denken ja schon aus der — von eben jenem innerweltlichen Standpunkt aus gesehen — offenbaren Sinnlosigkeit des Todes, welcher, gerade unter den Bedingungen der »Kultur«, der Sinnlosigkeit des Lebens erst den endgültigen Akzent aufzuprägen schien. Der Bauer konnte »lebenssatt« sterben wie Abraham. Der feudale

Grundherr und Kriegsheld auch. Denn beide erfüllten einen Kreislauf ihres Seins, über den sie nicht hinausgriffen. Sie konnten so in ihrer Art zu einer innerirdischen Vollendung gelangen, wie sie aus der naiven Eindeutigkeit ihrer Lebensinhalte folgte. Aber der nach Selbstvervollkommnung im Sinne der Aneignung oder Schaffung von »Kulturinhalten« strebende »gebildete« Mensch nicht. Er konnte zwar »lebensmüde«, aber nicht im Sinne der Vollendung eines Kreislaufs »lebenssatt« werden. Denn seine Perfektibilität ging ja prinzipiell ebenso ins Schrankenlose wie diejenige der Kulturgüter. Und je mehr sich die Kulturgüter und Selbstvervollkommnungsziele differenzierten und vervielfältigten, desto geringfügiger wurde der Bruchteil, den der einzelne, passiv als Aufnehmender, aktiv als Mitschöpfer, im Laufe eines endlichen Lebens umspannen konnte. Desto weniger konnte also die Hineingespanntheit in diesen äußeren und inneren Kulturkosmos die Wahrscheinlichkeit bieten: daß ein einzelner die Gesamtkultur, oder daß er das in irgendeinem Sinne »Wesentliche« an ihr, für welches es überdies keinen endgültigen Maßstab gab, in sich aufnehmen könne, und daß also die »Kultur« und das Streben nach ihr irgendeinen innerweltlichen Sinn für ihn haben könne. Gewiß bestand »Kultur« für den einzelnen nicht im Quantum des von ihm an »Kulturgütern« Errafften, sondern in einer geformten Auslese daraus. Aber dafür, daß diese — für ihn — ein sinnvolles Ende gerade mit dem »zufälligen« Zeitpunkt seines Todes erreicht habe, bestand keine Gewähr. Und wenn er sich gar vornehm vom Leben abwendete: — »ich habe genug, — es hat mir alles geboten (oder: versagt), was mir des Lebens wert war«, — so mußte diese stolze Haltung der Erlösungsreligion als ein blasphemisches Verschmähen der von Gott verordneten Lebenswege und Schicksale erscheinen: keine Erlösungsreligion billigt positiv den »Freitod«, den nur Philosophien verklärt haben. —

Alle »Kultur« erschien, so angesehen, als ein Heraustreten des Menschen aus dem organisch vorgezeichneten Kreislauf des natürlichen Lebens, und eben deshalb dazu verdammt, mit jedem Schritt weiter eine nur immer vernichtendere Sinnlosigkeit, der Dienst an den Kulturgütern aber, je mehr er zu einer heiligen Aufgabe, einem »Beruf«, gemacht wurde, ein um so sinnloseres Hasten im Dienst wertloser und überdies in sich überall widerspruchsvoller und gegeneinander antagonistischer Ziele zu werden.

Als Stätte der Unvollkommenheit, der Ungerechtigkeit, des Leidens, der Sünde der Vergänglichkeit, der notwendig schuldbelasteten, notwendig mit immer weiterer Entfaltung und Differenzierung immer sinnloser werdenden Kultur: in allen diesen Instanzen mußte so die Welt, rein ethisch angesehen, dem religiösen Postulat eines göttlichen »Sinnes« ihrer Existenz gleich brüchig und entwertet erscheinen. Auf diese Entwertung: eine Folge des Konfliktes zwischen rationalem Anspruch und Wirklichkeit, rationaler Ethik und teils rationalen, teils irrationalen Werten, der mit jeder Herauspräparierung der spezifischen Eigenart jeder in der Welt vorkommenden Sondersphäre immer schroffer und unlösbarer hervorzutreten schien, reagierte das Bedürfnis nach »Erlösung« derart, daß, je systematischer das Denken über den »Sinn« der Welt, je rationalisierter diese selbst in ihrer äußeren Organisation, je sublimierter das bewußte Erleben ihrer irrationalen Inhalte wurde, desto unweltlicher, allem geformten Leben fremder, genau parallel damit, das zu werden begann, was den spezifischen Inhalt des Religiösen ausmachte. Und nicht etwa nur das theoretische Denken, welches die Welt entzauberte, sondern gerade der Versuch der religiösen Ethik, sie praktisch ethisch zu rationalisieren, führte in diese Bahn.

Und schließlich: die spezifisch intellektualistische, mystische Erlösungssuche gegenüber diesen Spannungen fiel auch selbst der Weltherrschaft der Unbrüderlichkeit anheim. Einerseits war ja ihr Charisma n i c h t jedermann zugänglich. Sie war also, dem Sinne nach, Aristokratismus höchster Potenz: religiöser Heilsaristokratismus. Und inmitten einer rational zur Berufsarbeit organisierten Kultur blieb für die Pflege der akosmistischen Brüderlichkeit selbst — außerhalb der ökonomisch sorgenfreien Schichten — kaum noch Platz: das Leben des Buddha, Jesus, Franziskus zu führen, scheint unter den technischen und sozialen Bedingungen rationaler Kultur rein äußerlich zum Mißerfolg verurteilt. —

Die einzelnen weltablehnenden Erlösungsethiken der Vergangenheit setzten nun jede mit ihrer Weltablehnung an höchst verschiedenen Stellen dieser rein rational konstruierten Skala ein. Neben den zahlreichen konkreten Umständen, von welchen dies abhing, und welche zu ermitteln eine theoretische Kasuistik nicht ausreicht, spielte auch ein rationales Element dabei eine Rolle: die Struktur derjenigen T h e o d i c e e, durch welche das metaphysische Bedürfnis: trotz allem in diesen unüberbrückbaren Spannungen einen gemeinsamen Sinn zu finden, auf das Bewußtsein von deren Existenz reagierte. Von den drei in den einleitenden Ausführungen als allein konsequent bezeichneten Arten der Theodicee konnte der Dualismus jenem Bedürfnis nicht unerhebliche Dienste leisten. Das seit ewigen Zeiten und für ewige Zeiten bestehende Neben- und Gegeneinander einer Macht des Lichts, der Wahrheit, Reinheit und Güte und einer Macht der Finsternis, der Lüge, Unreinheit und Bosheit war letztlich nur eine unmittelbare Systematisierung des magischen Pluralismus der Geister mit ihrer Scheidung von guten (nützlichen) und bösen (schädlichen) Geistern, der Vorstufen des Gegensatzes von Göttern und Dämonen. In derjenigen prophetischen Religiosität, welche diese Konzeption am konsequentesten durchführte: dem Zarathustrismus, knüpfte der Dualismus direkt an den magischen Gegensatz von »rein« und »unrein« an, in den alle Tugenden und Laster eingegliedert wurden. Er bedeutet den Verzicht auf die Allmacht eines Gottes, welcher vielmehr an dem Bestehen der widergöttlichen Macht seine Schranke fand. Er ist von den heutigen Bekennern (den Parsen) tatsächlich aufgegeben worden, weil diese Schranke nicht ertragen wurde. Während in ihrer konsequentesten Eschatologie die Welt des Reinen und des Unreinen, aus deren Vermischung die brüchige empirische Welt hervorging, sich für immer wieder in zwei beziehungslose Reiche schied, läßt die modernere Endhoffnung den Gott der Reinheit und Güte ebenso siegen, wie das Christentum den Heiland über den Teufel. Diese inkonsequentere Form des Dualismus ist die volkstümliche über die ganze Erde hin verbreitete Vorstellung von Himmel und Hölle. Sie stellt die Souveränität Gottes über den bösen Geist, der sein Geschöpf ist, wieder her, glaubt dadurch die göttliche Allmacht gerettet, muß dann aber, wohl oder übel, eingestandener- oder verhüllter-maßen, etwas von der göttlichen Liebe opfern, der, wenn die Allwissenheit festgehalten wird, die Schaffung einer Macht des radikal Bösen und die Zulassung der Sünde, zumal in Gemeinschaft mit der Ewigkeit der Höllenstrafen an einem eigenen endlichen Geschöpf und für endliche Sünden, schlechterdings nicht entspricht. Konsequent ist alsdann nur ein Verzicht auf die Güte. Diesen vollzog, der Sache nach, in voller Konsequenz der Prädestinationsglaube. Die anerkannte Unmöglichkeit, Gottes Ratschlüsse mit menschlichen Maßstäben messen zu können, bedeutete in liebloser Klarheit den Verzicht auf die Zugänglichkeit eines Sinnes der Welt für menschliches Verstehen, welcher damit auch aller Problematik dieser Art ein Ende machte. Er ist in dieser Konsequenz außerhalb des Kreises eines hochgesteigerten Virtuosentums nicht dauernd ertragen worden. Gerade weil er, — im Gegensatz zum Glauben an die irrationale Macht des »Verhängnisses« —, die Annahme providentieller, also irgendwie rationaler, Bestimmtheit der Verdammten nicht nur zum Untergang, sondern zum Bösen, dennoch aber die »Strafe«, also die Anwendung einer ethischen Kategorie auf sie, fordert.

Von der Bedeutung des Prädestinationsglaubens ist in dem ersten Aufsatz dieser Sammlung gesprochen. Den zarathustrischen Dualismus behandeln wir später und zwar nur kurz, weil die Zahl seiner Bekenner gering ist. Er könnte hier gänzlich ausfallen, wenn nicht der Einfluß der persischen Endgerichtsvorstellungen, Dämonen- und Engellehre auf das Spätjudentum eine erhebliche historische Bedeutung konstituierte.

Die dritte, durch ihre Konsequenz sowohl wie durch die außerordentliche metaphysiche Leistung: Vereinigung virtuosenhafter Selbsterlösung aus eigener Kraft mit universeller Zugänglichkeit des Heils, strengster Weltablehnung mit organischer Sozialethik, Kontemplation als höchsten Heilswegs mit innerweltlicher Berufsethik, hervorragende Form der Theodicee war der indischen Intellektuellen-Religiosität eigentümlich, welcher wir uns nunmehr zuwenden.

Alphabetisches Verzeichnis der Gesammelten Aufsätze von Max Weber

RS I/II/III	=	Gesammelte Aufsätze zur Religionssoziologie I/II/III
GPS	=	Gesammelte Politische Schriften
WL	=	Gesammelte Aufsätze zur Wissenschaftslehre
SWG	=	Gesammelte Aufsätze zur Sozial- und Wirtschaftsgeschichte
SSP	=	Gesammelte Aufsätze zur Soziologie und Sozialpolitik

Lage der bürgerlichen Demokratie in Rußland – siehe: Zur...

Die Lehren der deutschen Kanzlerkrisis, GPS, S. 216–221

Methodologische Einleitung für die Erhebungen des Vereins für Sozialpolitik über Auslese und Anpassung (Berufswahl und Berufsschicksal) der Arbeiterschaft der geschlossenen Großindustrie, SSP, S. 1–60

Nachtrag zu dem Aufsatz über R. Stammlers „Überwindung" der materialistischen Geschichtsauffassung, WL, S. 360–383

Die nächste innerpolitische Aufgabe, GPS, S. 444–446

Der Nationalstaat und die Volkswirtschaftspolitik, GPS, S. 1–25

Das neue Deutschland, GPS, S. 484–487

Die „Objektivität" sozialwissenschaftlicher und sozialpolitischer Erkenntnis, WL, S. 146–214

Parlament und Regierung im neugeordneten Deutschland, GPS, S. 306–443

Politik als Beruf, GPS, S. 505–560

Die protestantische Ethik und der Geist des Kapitalismus, RS I, S. 17–206

Die protestantischen Sekten und der Geist des Kapitalismus, RS I, S. 207–236

Psychophysik – siehe: Zur...

Der Reichspräsident, GPS, S. 498–501

Roscher und Knies und die logischen Probleme der historischen Nationalökonomie, WL, S. 1–145

R. Stammlers „Überwindung" der materialistischen Geschichtsauffassung, WL, S. 291–359 *(siehe auch: Nachtrag...)*

Rußlands Übergang zum Scheinkonstitutionalismus. Auszug, GPS, S. 69–111

Rußlands Übergang zur Scheindemokratie, GPS, S. 197–215

Die siebente deutsche Kriegsanleihe, GPS, S. 226–228

Der Sinn der „Wertfreiheit" der soziologischen und ökonomischen Wissenschaften, WL, S. 489–540

Die sozialen Gründe des Untergangs der antiken Kultur, SWG, S. 289–311

Der Sozialismus, SSP, S. 492–518

Soziologische Grundbegriffe, WL, S. 541–581

Stellungnahme zur Flottenumfrage der Allgemeinen Zeitung, GPS, S. 30–32

Der Streit um den Charakter der altgermanischen Sozialverfassung in der deutschen Literatur des letzten Jahrzehnts, SWG, S. 508–556

Über einige Kategorien der verstehenden Soziologie, WL, S. 427–474

Vaterland und Vaterlandspartei, GPS, S. 229–232

Der verschärfte U-Boot-Krieg, GPS, S. 146–154

Waffenstillstand und Frieden, GPS, S. 447

Ein Wahlrechtsnotgesetz des Reichs, GPS, S. 192–196

Wahlrecht und Demokratie in Deutschland, GPS, S. 245–291

Die wirtschaftliche Zugehörigkeit des Saargebiets zu Deutschland. Auszug, GPS, Anhang, S. 565–570

Die Wirtschaftsethik der Weltreligionen, I. Konfuzianismus und Taoismus, RS I, S. 237–573

Die Wirtschaftsethik der Weltreligionen, II. Hinduismus und Buddhismus, RS II, S. 1–378

Die Wirtschaftsethik der Weltreligionen, Das antike Judentum, RS III, S. 1–400

Die Wirtschaftsethik der Weltreligionen, Nachtrag. Die Pharisäer, RS III, S. 401–442

Wissenschaft als Beruf, WL, S. 582–613

Zum Thema der „Kriegsschuld“, GPS, S. 488–497

Zur Frage des Friedenschließens, GPS, S. 130–141

Zur Geschichte der Handelsgesellschaften im Mittelalter, SWG, S. 312–443

Zur Gründung einer national-sozialen Partei, GPS, S. 26–29

Zur Lage der bürgerlichen Demokratie in Rußland, Auszug, GPS, S. 33–68

Zur Psychophysik der industriellen Arbeit, SSP, S. 61–225

Zur Untersuchung der Schuldfrage, GPS, S. 502–504

Zwischen zwei Gesetzen, GPS, S. 142–145

Max Webers 'Religionssystematik'

Herausgegeben von Hans G. Kippenberg und Martin Riesebrodt

Seit einigen Jahren ziehen Webers Studien zu den großen Religionen die Aufmerksamkeit auf sich. Webers Behauptung, daß Judentum, Christentum, Islam, Hinduismus, Konfuzianismus und Buddhismus als Mächte der Lebensregulierung Auswirkungen – positiver wie negativer Art – auf die Entstehung der modernen rationalen Kultur hatten, hat zunehmend in den Fachdisziplinen das Interesse geweckt. Kaum beachtet wurde hingegen, daß Webers Sicht ohne die Vorarbeit der zeitgenössischen vergleichenden Religionswissenschaft kaum denkbar gewesen wäre. Erst ihre Paradigmen und Konzepte haben es ihm möglich gemacht, religionshistorische Daten zu Quellen einer universalen Kulturgeschichte zu machen. Das Interesse von Wissenschaftlern und Intellektuellen an der Religionsgeschichte gründete oftmals in der Annahme, daß die moderne, scheinbar areligiöse Kultur nur im Kontext der Religionsgeschichte adäquat verstanden werden könne. Zudem stellte die Religion für viele das stärkste Gegengewicht zum modernen Utilitarismus dar, der als eine Gefährdung der sozialmoralischen Ordnung und Kultur angesehen wurde. Gerade umgekehrt: Um ihre Entstehung zu analysieren, brauchte man die Hilfe der Religionsgeschichte. Max Weber selbst hat gelegentlich von seiner Religionssoziologie als 'Religionssystematik' gesprochen.

Die Autoren der Beiträge dieses Bandes machen Webers Stellung im wissenschaftlichen Diskurs der Jahrhundertwende sichtbar, sowohl in seiner Abhängigkeit von anderen Autoren wie auch in seiner Eigenständigkeit und Kreativität.

2001. VIII, 349 Seiten. ISBN 3-16-147501-1 fadengeheftete Broschur

Mohr Siebeck
Postfach 2040
D-72010 Tübingen

Fax 07071 / 51104
e-mail: info@mohr.de
www.mohr.de

Max Webers Herrschaftssoziologie

Studien zu Entstehung und Wirkung

Herausgegeben von Edith Hanke und Wolfgang J. Mommsen

Im Zentrum der hier versammelten Beiträge steht Max Webers Herrschaftssoziologie, die neben der Rechts- und Religionssoziologie zu den wesentlichen Bausteinen seiner unvollendet gebliebenen Soziologie gehört. Nicht nur die Textüberlieferung wirft viele Fragen auf, sondern auch der bislang nur ansatzweise erforschte zeitgenössische Kontext, in dem die Konzeption der Herrschaftssoziologie entstanden ist.

Für den vorliegenden Band haben anerkannte Wissenschaftler aus der Perspektive ihres Fachs ganz unterschiedliche Facetten der Herrschaftssoziologie, ihrer Vorgeschichte und ihrer Anwendungsmöglichkeiten erforscht. Die kritische Auseinandersetzung und die zum Teil auch provokanten Thesen tragen zu einer Verständigung und Neubewertung von Max Webers komplexer und vielschichtiger Konstruktion bei.

Der Band bietet – neben werkgeschichtlichen Analysen – theoriebezogene Studien zu zentralen Themen der Herrschaftssoziologie Max Webers: zur Grundkategorie des Kampfes, dem Begriff der Patrimonialbürokratie, zur 'Monopolisierung der legitimen Gewaltsamkeit' sowie zur Konzeption der plebiszitären Führerdemokratie. Das Wissen um die zeitgenössischen Fachdebatten läßt den Charisma-Begriff sowie die Kapitalismusthese in noch prägnanteren Konturen erscheinen, während Max Webers Nichtbeachtung der zeitgenössischen Selbstverwaltungsdiskussion irritiert. Entmystifiziert wird die alte Forschungsthese, daß Webers 'elitistisches Axiom' italienisch beeinflußt sei. Die welthistorische Dimension der Herrschaftssoziologie dokumentieren neue Studien zur antiken Stadt, zu Webers Bild des okzidentalen Mittelalters und der chinesischen Geschichte. Auch wenn Webers Kenntnisstand in Detailfragen heute vielfach revisionsbedürftig erscheint, bleiben seine Ansatzpunkte von ungebrochener Aktualität. Dies belegen nicht zuletzt zwei Beiträge aus den Erziehungs- und Verwaltungswissenschaften.

2001. X, 364 Seiten. ISBN 3-16-147649-2 fadengeheftete Broschur

Wilhelm Hennis

Max Webers Wissenschaft vom Menschen

Neue Studien zur Biographie des Werks

Wilhelm Hennis knüpft mit diesen Neuen Studien zur Biographie des Werks von Max Weber an sein 1987 erschienenes Buch Max Webers Fragestellung an. Damals ging es um Max Webers Fragen nach dem Schicksal des Menschentums unter den Bedingungen der Modernität. In diesen neuen Studien geht es nun mehr darum, mit welcher Methode Max Weber diesen Fragen nachgegangen ist.

Max Weber benutzte die verstehende Soziologie als Instrument, um sein als Wissenschaft vom Menschen verstandenes Werk voranzutreiben. Es ging ihm nicht um die Etablierung der Soziologie als Fach oder als Zuständigkeitsressort für einen Bereich. Er wollte vielmehr eine Möglichkeit schaffen, die als schicksalsbestimmend erscheinenden Kulturprobleme, wie sie der moderne Kapitalismus und seine eigentümliche Rationalität aufgeworfen hatten, objektiv zu erfassen.

Thomas Nipperdey nannte Wilhelm Hennis' Buch Max Webers Fragestellung „ein leidenschaftliches, ein wildes und ein gelehrtes Buch zugleich". Mehrfach übersetzt, hat das Buch der internationalen Weber-Forschung einen neuen Anstoß gegeben. Mit seinem neuen Werk will Wilhelm Hennis die beteiligten Fächer erneut herausfordern. Er möchte Max Weber nicht als Gründervater eines Faches verstanden wissen, sondern als nüchtern-leidenschaftlichen Analytiker von Menschheitsfragen, genauer: den durch die kapitalistische Wirtschaftsweise aufgeworfenen „Culturproblemen". Den Abschluß dieses Bandes bildet eine Skizze der intellektuellen Biographie Max Webers, die eine zur Konvention erstarrte Werkgeschichte neu zu lesen sucht.

1996. VII, 229 Seiten.
ISBN 3-16-146543-1 Broschur
ISBN 3-16-146544-X Leinen

Mohr Siebeck
Postfach 2040
D-72010 Tübingen
Fax 07071 / 51104
e-mail: info@mohr.de
www.mohr.de

Guenther Roth

Max Webers deutsch-englische Familiengeschichte 1800-1950

mit Briefen und Dokumenten

Max Webers Familiengeschichte ist weitgehend unerforscht, obwohl sie seine Weltsicht und sein Werk bedeutend geprägt hat. Guenther Roth untersucht mit Hilfe von bisher unbekannten und unbenutzten Dokumenten die Geschichte von vier Generationen zwischen Kosmopolitismus und Nationalismus.

Aus Rezensionen

„Roth hat in jahrelanger mühevoller Kleinarbeit eine Fülle von bisher völlig unbekannten historischen Details zusammengetragen und sie in einer Weise zusammengefügt, die manchem als fragmentarisch erscheinen mag, die aber den Vorteil bietet, mehr einfangen zu können als eine konventionelle Biographie mit ihrem narrativen Duktus. Alle Weber-Biographen, die nach Roth kommen, werden das zu ihrem Leidwesen feststellen müssen. Fast könnte man sagen, daß die zukünftige Weber-Biographie in dem Kunststück bestehen wird, Roths viele Erzählungen zu einer einzigen zu verdichten - keine beneidenswerte Aufgabe“
Stefan Breuer in *Frankfurter Allgemeine Zeitung,* Nr. 228 (1.10.2001), S. 56

„Insgesamt handelt es sich um eine imponierende Forschungsleistung, die unsere uneingeschränkte Anerkennung verdient. Für die Erforschung des Lebens und des Werks Max Webers ist damit eine ganz neue Grundlage gelegt worden. Zugleich aber findet sich hier ein faszinierendes Gruppenporträt einer großbürgerlichen Kaufmannsfamilie des späten 18. und des 19. Jahrhunderts.“
Wolfgang J. Mommsen in Beilage der *Süddeutschen Zeitung,* Nr. 233 (10.10.2001, S. V3/20)

2001. XX, 721 Seiten. ISBN 3-16-147557-7 Leinen

Mohr Siebeck
Postfach 2040
D-72010 Tübingen

Fax 07071 / 51104
e-mail: info@mohr.de
www.mohr.de

Michael Sukale

Max Weber – Leidenschaft und Disziplin

Leben, Werk, Zeitgenossen

Dies ist die erste Gesamtdarstellung, die es unternimmt, Webers Leben, sein Werk und seine geistigen Wahlverwandtschaften zu seinen Zeitgenossen zu einem Ganzen zu vereinen. Dem Autor kommt es darauf an, Webers Werke auf dessen Grundprobleme zurück zu beziehen: Die Frage nach dem Sinn des Lebens, die Frage nach den letzten Werten und die Frage nach Macht und Herrschaft in allen Bereichen von Wirtschaft und Gesellschaft. Das lange einleitende Kapitel umreißt diese Grundprobleme, erörtert kurz Webers Hauptthesen und Grundbegriffe und beschreibt die Wirkung, die Weber auf die ersten Generationen seiner Nachfolger hatte. Danach geht das Buch chronologisch vor und gliedert Webers Leben und Werk – bis auf wenige Ausnahmen – in verschiedene zeitliche Perioden.

Dem Autor lag daran, Weber, seine Familie und Freunde, sowie seine Vorgänger und Zeitgenossen möglichst direkt zum Leser sprechen zu lassen. Er benutzt daher auch Webers Briefe, um durch ihre sorgfältige Interpretation den Bezug Webers zu seiner Zeit herauszuarbeiten. An einigen Stellen hat er die wörtliche Nachschrift eines Gesprächs eingeflochten oder einige intime Einzelheiten aus Webers Leben erzählt, um die Spannung zu erhöhen, und an vielen Stellen vergleicht er Weber mit einem oder mehreren Vorgängern oder Zeitgenossen, um wichtige Querverbindungen sichtbar zu machen. Das Buch ist so aufgebaut, daß einzelne Kapitel und auch einzelne Abschnitte gesondert lesbar sind. Eine auf den neuesten Stand gebrachte Bibliographie und eine ausführliche Zeittafel sind beigegeben.

2002. Ca. 580 Seiten. ISBN 3-16-147203-9 Leinen

Mohr Siebeck
Postfach 2040
D-72010 Tübingen

Fax 07071 / 51104
e-mail: info@mohr.de
www.mohr.de